Curso de
DIREITO FINANCEIRO BRASILEIRO

O GEN | Grupo Editorial Nacional – maior plataforma editorial brasileira no segmento científico, técnico e profissional – publica conteúdos nas áreas de concursos, ciências jurídicas, humanas, exatas, da saúde e sociais aplicadas, além de prover serviços direcionados à educação continuada.

As editoras que integram o GEN, das mais respeitadas no mercado editorial, construíram catálogos inigualáveis, com obras decisivas para a formação acadêmica e o aperfeiçoamento de várias gerações de profissionais e estudantes, tendo se tornado sinônimo de qualidade e seriedade.

A missão do GEN e dos núcleos de conteúdo que o compõem é prover a melhor informação científica e distribuí-la de maneira flexível e conveniente, a preços justos, gerando benefícios e servindo a autores, docentes, livreiros, funcionários, colaboradores e acionistas.

Nosso comportamento ético incondicional e nossa responsabilidade social e ambiental são reforçados pela natureza educacional de nossa atividade e dão sustentabilidade ao crescimento contínuo e à rentabilidade do grupo.

MARCUS ABRAHAM

Curso de
DIREITO FINANCEIRO BRASILEIRO

Prefácio | **Ministro do STF Luiz Fux**

8ª edição — Revista, atualizada e reformulada

- O autor deste livro e a editora empenharam seus melhores esforços para assegurar que as informações e os procedimentos apresentados no texto estejam em acordo com os padrões aceitos à época da publicação, e todos os dados foram atualizados pelo autor até a data de fechamento do livro. Entretanto, tendo em conta a evolução das ciências, as atualizações legislativas, as mudanças regulamentares governamentais e o constante fluxo de novas informações sobre os temas que constam do livro, recomendamos enfaticamente que os leitores consultem sempre outras fontes fidedignas, de modo a se certificarem de que as informações contidas no texto estão corretas e de que não houve alterações nas recomendações ou na legislação regulamentadora.

- Fechamento desta edição: *21.10.2024*

- O autor e a editora se empenharam para citar adequadamente e dar o devido crédito a todos os detentores de direitos autorais de qualquer material utilizado neste livro, dispondo-se a possíveis acertos posteriores caso, inadvertida e involuntariamente, a identificação de algum deles tenha sido omitida.

- **Atendimento ao cliente:** (11) 5080-0751 | faleconosco@grupogen.com.br

- Direitos exclusivos para a língua portuguesa
  Copyright © 2025 by
  Editora Forense Ltda.
  Uma editora integrante do GEN | Grupo Editorial Nacional
  Travessa do Ouvidor, 11 – Térreo e 6º andar
  Rio de Janeiro – RJ – 20040-040
  www.grupogen.com.br

- Reservados todos os direitos. É proibida a duplicação ou reprodução deste volume, no todo ou em parte, em quaisquer formas ou por quaisquer meios (eletrônico, mecânico, gravação, fotocópia, distribuição pela Internet ou outros), sem permissão, por escrito, da Editora Forense Ltda.

- Capa: Aurélio Corrêa

- **CIP-BRASIL. CATALOGAÇÃO NA PUBLICAÇÃO**
  SINDICATO NACIONAL DOS EDITORES DE LIVROS, RJ

  A139c
  8. ed.

  Abraham, Marcus
  Curso de direito financeiro brasileiro / Marcus Abraham ; prefácio do ministro Luiz Fux. - 8. ed., rev., atual. e reform. - Rio de Janeiro : Forense, 2025.
  464 p. ; 24 cm.

  Inclui bibliografia
  ISBN 978-85-3099-569-0

  1. Direito financeiro - Brasil. I. Fux, Luiz, 1953-. II. Título.

  24-94552   CDU: 347.73(81)

  Meri Gleice Rodrigues de Souza - Bibliotecária - CRB-7/6439

*A mente que se abre a uma nova ideia
jamais voltará ao seu tamanho original.*
Albert Einstein

AGRADECIMENTOS

À Mariana, pelo amor, companheirismo e amizade diários. Por me ajudar a crescer, a superar as dificuldades e a transcender a minha individualidade. Por me acolher emocionalmente e compartilhar um lar cheio de luz e paz. Obrigado.

À minha amada filha Sophia, que, com seu nascimento, iluminou meus dias.

Aos meus pais, Herman e Clara, e à minha irmã, Patrícia, por me mostrarem o puro e verdadeiro sentido de família. Por deles ter recebido, desde a minha infância, amor, carinho, segurança material e educação, alicerces imprescindíveis para a construção de uma vida íntegra, significativa e feliz. Obrigado.

Ao Ministro Luiz Fux, por ter me honrado com o seu belíssimo prefácio e pelos ricos ensinamentos jurídicos quando foi meu professor na Universidade do Estado do Rio de Janeiro, tendo sempre incentivado e apoiado a minha carreira acadêmica e profissional, sobretudo na magistratura. Obrigado.

Agradeço a toda a minha equipe de gabinete no TRF2, pela dedicação, pelo comprometimento e pelo profissionalismo, com destaque aos meus assessores, Dra. Ana Cristina, Dra. Inez Galhardo e Dr. Dalmo Rufino. Obrigado.

Agradeço ao meu amigo e assessor jurídico, Dr. Vítor Pimentel Pereira, pela valiosa e imprescindível colaboração nas pesquisas e na revisão geral do texto. Obrigado.

Agradeço aos meus professores de Direito Financeiro, José Marcos Domingues e Ricardo Lobo Torres (*in memoriam*), estando suas aulas ainda vivas na memória e seus livros ao alcance de minhas mãos.

Ao Grupo GEN, por acreditar nos meus projetos acadêmico-literários e materializá-los em livros, com profissionalismo e qualidade. Obrigado.

Marcus Abraham

SOBRE O AUTOR

Marcus Abraham é Desembargador Federal do Tribunal Regional Federal da 2ª Região desde 2012. Foi Procurador da Fazenda Nacional (2000-2012). Foi advogado de escritório de advocacia e de empresa multinacional (1992-2000).

Pós-Doutorado na Universidade Federal do Rio de Janeiro – FND/UFRJ (2019). Pós-Doutorado na Universidade de Lisboa (2018). Doutor em Direito Público pela Universidade do Estado do Rio de Janeiro – UERJ (2005). Mestre em Direito Tributário pela Universidade Candido Mendes (2000). MBA em Direito Empresarial pela EMERJ/CEE (1998). Graduação em Administração pela Universidade Candido Mendes (1996). Graduação em Direito pela Universidade Candido Mendes (1992). Ex-Diretor da Associação Brasileira de Direito Financeiro (2006-2013).

É Professor Titular de Direito Financeiro e Tributário da Universidade do Estado do Rio de Janeiro (UERJ) desde 2020, tendo ingressado como Professor Adjunto no ano de 2006. É Coordenador da FGV Conhecimento. Foi membro da Diretoria da Escola da Magistratura Regional Federal da 2ª Região – EMARF a partir de 2013, exercendo a função de Diretor-Geral no biênio 2021-2023. É Coordenador do Núcleo de Estudos em Finanças Públicas, Tributação e Desenvolvimento da Faculdade de Direito da UERJ – NEFIT/UERJ desde 2010. Foi Diretor da Escola Superior da PGFN (2003-2004). Foi Diretor da Associação Brasileira de Direito Financeiro (2006-2013). Foi Professor da Universidade Candido Mendes Ipanema (1996-2007). Foi Professor da Pós-Graduação da Fundação Getúlio Vargas – FGV (2000-2006) e do Instituto Brasileiro de Mercado de Capitais – IBMEC (2003-2010). Foi Professor da Faculdade Carioca (1996-1997).

É autor de diversos livros jurídicos, dentre eles, *Curso de Direito Tributário Brasileiro*, 5ª edição, Editora Forense, 2024; *Curso de Direito Financeiro Brasileiro*, 7ª edição, Editora Forense, 2023; *Lei de Responsabilidade Fiscal Comentada*, 3ª edição, Editora Forense, 2021; *Raízes Judaicas do Direito*, Editora Forense, 2020. É autor de mais de 100 artigos e capítulos de livros, publicados nos mais diversos meios, inclusive em jornais de grande circulação.

APRESENTAÇÃO

Em um país de tantas diferenças sociais, econômicas e culturais como é o Brasil, o conhecimento do Direito Financeiro se faz extremamente relevante. Mais que um conjunto de normas sobre o ingresso, a gestão, a aplicação e o controle dos recursos financeiros do Estado, trata-se de uma ferramenta de mudança social.

Isso ocorre porque essa ciência trata, além de tudo, da redistribuição de riquezas, do equilíbrio financeiro entre os entes federativos, da participação direta e indireta da coletividade na elaboração do orçamento, do controle da arrecadação e dos gastos públicos e da preocupação dos seus princípios com o bem-estar da comunidade. Enfim, versa sobre tudo o mais que se faz necessário para que a justiça fiscal se traduza em justiça social.

A Constituição brasileira de 1988 estabelece, no seu art. 3º, os objetivos da República Federativa do Brasil. Construir uma sociedade livre, justa e solidária, desenvolver o país, acabar com a pobreza e a marginalização e minimizar as desigualdades sociais e regionais, promovendo o bem de todos, são os nobres intentos a serem atingidos, segundo prevê a nossa Carta Maior. Esses desígnios têm como fundamentos, consignados no art. 1º, a soberania, a cidadania, a dignidade da pessoa humana e a valorização do trabalho e da livre iniciativa.

Os Direitos Humanos Fundamentais, tanto civis e políticos quanto sociais, são previstos e garantidos em nossa Constituição e estão arrolados como deveres do Estado brasileiro.

Mas de nada adiantam exaustivos debates sobre a garantia, efetividade e o alcance dessas normas, e quanto à possibilidade de judicializar esses direitos ou quanto às atribuições mínimas e máximas do Estado perante a coletividade se não houver dinheiro para financiar as necessidades e os anseios de uma sociedade mais consciente e ativa.

É inegável que, diante de tantas pretensões constitucionais, recursos financeiros se fazem mais do que imprescindíveis para atingir tais objetivos.

E, no atual contexto de globalização, de avanço tecnológico e de amplo acesso às informações, as sociedades contemporâneas e os seus cidadãos, inclusive o brasileiro, conscientes dos seus direitos e deveres, passam a demandar cada vez mais eficiência na administração dos recursos financeiros estatais e transparência na gestão pública.

Como ensina a economia política, os desejos humanos são ilimitados, mas a possibilidade material de atendê-los é restrita. Assim, no Brasil, como em todas as demais nações do mundo contemporâneo, os recursos públicos são limitados e seu governante não pode gastá-los de forma descontrolada e desarrazoada. A boa-fé pública e a responsabilidade fiscal são imperativas.

Portanto, não basta arrecadar o necessário de forma equitativa e equilibrada. A administração de tais recursos deve ser feita de forma eficiente. E, na mesma linha, sua aplicação precisa ser realizada criteriosamente para que se possa atender às necessidades públicas da maneira mais ampla e satisfatória possível. Sendo assim, não podemos descuidar do tratamento das fontes e mecanismos de arrecadação, nem das formas e escolhas para sua justa e devida gestão e aplicação.

É nesse ponto que vemos o Direito Financeiro brasileiro se destacar como sendo um complexo, porém avançado, sistema jurídico. Se bem observado, é capaz de direcionar positivamente os atos dos governantes e influenciar para melhor a vida em sociedade.

Sempre houve maior preocupação com a arrecadação das receitas públicas, especialmente a tributária, do que com a gestão e a aplicação de tais recursos. Os gastos públicos acabavam sempre por ficar em segundo plano de importância se comparados com a tributação e o Direito Tributário. Tanto assim que esse ramo do Direito ganhou destaque e autonomia própria. Hoje, porém, é preciso redirecionar o foco e dar a devida relevância e efetividade ao Direito Financeiro, a suas normas e a seus objetivos.

Um aspecto dessa ciência jurídica ganha grande relevância no cenário contemporâneo: a preocupação com a administração da coisa pública. A responsabilidade na atividade financeira é requerida em todas as etapas do processo fiscal, desde a arrecadação, passando pela gestão, até a aplicação dos recursos na sociedade de maneira responsável, ética, transparente e eficiente.

E, neste momento, nos deparamos com a necessidade do profundo conhecimento do Direito Financeiro, a permitir ao Estado brasileiro realizar a difícil tarefa de desenvolver a economia, extirpar a pobreza e as desigualdades, fomentando a livre iniciativa, tudo de forma justa e solidária, sem violar os direitos dos indivíduos e sem abrir mão dos valores sociais.

No mundo moderno, o Direito Financeiro acumula funções de estatuto protetivo do cidadão-contribuinte, de ferramenta do administrador público e de instrumento indispensável ao Estado Democrático de Direito para fazer frente a suas necessidades financeiras. Sem ele, não seria possível ao Estado oferecer os serviços públicos, exercer seu poder de polícia e intervir na sociedade, colaborando na redistribuição de riquezas e na realização da justiça social, com respeito à dignidade da pessoa humana e à manutenção do equilíbrio econômico e da prosperidade.

O conhecimento de todos os elementos jurídicos que envolvem a atividade financeira – competências financeiras, receitas e despesas públicas, técnicas de contabilidade pública, normas orçamentárias e de responsabilidade fiscal – passa a ser de suma importância para qualquer aluno, seja de graduação ou de pós-graduação, em diversas áreas das ciências sociais, seja em Direito, Administração, Economia, ou nas demais disciplinas conexas. Mas, sobretudo, o Direito Financeiro é uma ciência indispensável ao operador do Direito ou de Finanças Públicas, responsável por dar efetividade às atividades e às políticas públicas sociais. Portanto, arrecadar com justiça, administrar com zelo e gastar com sabedoria são os comandos que subjazem às normas do Direito Financeiro brasileiro.

A educação fiscal deve estimular o cidadão a compreender os seus direitos e deveres cívicos, concorrendo para o fortalecimento do ambiente republicano e democrático. A implementação de políticas públicas voltadas ao desenvolvimento da conscientização fiscal é imprescindível para qualquer nação que pretenda o bem-estar dos seus integrantes.

O crescimento da importância do Direito Financeiro no Brasil tem sido reconhecido também na esfera acadêmica, não apenas pelo aumento nos debates e na produção literária. Em abril de 2021, o Ministério da Educação tornou a disciplina Direito Financeiro matéria obrigatória nos cursos de graduação em Direito ao incluí-la no rol de disciplinas jurídicas de conteúdo essencial e de formação técnico-jurídica, a partir da alteração do art. 5º da Resolução CNE/CES nº 5/2018, que institui as Diretrizes Curriculares Nacionais do curso de graduação em Direito. E, nessa esteira, o Conselho Federal da Ordem dos Advogados do Brasil determinou a inclusão do Direito Financeiro na prova objetiva do Exame de Ordem a partir da edição XXXVIII.

Enfim, acredito no Direito Financeiro como fundamental instrumento de transformação social, por oferecer ao cidadão os mecanismos necessários para a criação de uma sociedade mais justa e digna. Contudo, para isso ocorrer, não basta conhecê-lo. É imperioso exercê-lo com sabedoria, aproximando seus ideais utópicos da nossa realidade fática e telúrica.

É com esse espírito que escrevi esta obra, na esperança de oferecer ao leitor um modesto referencial sobre o tema, mas com um pretensioso objetivo: o de estimular a busca pela efetivação da justiça fiscal.

Marcus Abraham

PREFÁCIO

O século XX mostrou-se generoso com o Direito. Ao lado de tantas transformações ocorridas em todos os ramos das ciências, o campo jurídico foi atravessado por uma devastadora produção teórica que tentou, pouco a pouco, transformar a solidez dos institutos sociais tradicionais ao caráter fluido apresentado por estes mesmos institutos na presente época.

Essa mesma evolução atinge o ofício judicante, sendo que a pretensa passividade do magistrado, em face da atividade mecânica de simples revelação da vontade objetiva da lei, foi paulatinamente desmistificada pelas modernas concepções da dogmática hermenêutica. Passou a ser reconhecido o essencial papel construtivo do intérprete na definição dos horizontes de sentido dos textos normativos. Nesse novo cenário, surge o desafio do jurista contemporâneo: interpretar os enunciados legais e racionalizar os entendimentos jurisprudenciais, guiando seus destinatários por caminhos sólidos, do ponto de vista teórico, e efetivos, sob a perspectiva prática.

A presente obra do Dr. Marcus Abraham supera, com felicidade invulgar, esse desafio. O livro é singular na sua abordagem, pois parte da combinação única entre, de um lado, o tom sempre construtivo e bastante realista, aliado ao rigor dogmático que se espera da academia jurídica – muito bem representada pela função que exerce como renomado professor adjunto de Direito Financeiro da majestosa Universidade do Estado do Rio de Janeiro (UERJ) – e, de outro lado, a visão pragmática requerida pela experiência dos problemas concretos no desempenho do honroso múnus público de Desembargador Federal do Tribunal Regional Federal da 2ª Região, trazendo na bagagem, ainda, o exercício da consultoria jurídica do Ministério da Fazenda ao ter se dedicado, em tempos pretéritos, ao louvável *mister* de Procurador da Fazenda Nacional.

Sobre o tema de fundo, desnecessário ressaltar a importância do Direito Financeiro nos dias atuais, pois cuida de ciência jurídica que permite ao Estado brasileiro realizar a árdua missão de desenvolver a economia e tentar ao máximo extirpar a pobreza e as desigualdades. Nesse contexto, a obra nos prepara para desvendar como se arrecada com obediência aos princípios constitucionais e como se gasta com decência e em cumprimento aos princípios políticos e no atendimento dos interesses públicos.

Paralelamente, o Direito Financeiro é um domínio especialmente dinâmico do direito. Tem de compreender os novos desafios político-econômicos e as necessidades práticas da economia atual, o presente estágio dos conhecimentos científicos e a mais recente evolução da matéria.

Esta obra representa um límpido retrato desse panorama. Além de desenvolver e sistematizar ideias sobre a atividade financeira – competências financeiras, receitas e despesas públicas, técnicas de contabilidade, normas orçamentárias e de responsabilidade fiscal –, procura introduzir novas reflexões sobre o sistema. A constatação e a forte crença do autor de que "arrecadar com justiça, administrar com zelo e gastar com sabedoria, são os comandos que subjazem às normas do Direito Financeiro brasileiro", parece de grande relevo para essa nova abordagem proposta.

O autor não se descura da importantíssima abordagem histórica do tema, rememorando a evolução do Estado, das finanças públicas e da atividade financeira, além de todos os diplomas que regularam as matérias tratadas, permitindo ao leitor e ao aplicador da norma uma visão da própria *mens legislatoris* ao longo do tempo.

Simultaneamente, propõe, nesta obra, metodologia e sistemática ímpares por ser conhecedor de entendimentos jurisprudenciais já consolidados e outros ainda recentes e difusos, que poderão dar a tônica da matéria em um futuro próximo. Outrossim, a pesquisa ostenta a virtude de apontar os fundamentos (*ratio decidendi*) das decisões mencionadas, não se contentando em registrar apenas sua conclusão, o que facilita sobremaneira a compreensão da racionalidade que as inspirou. Trata-se de pesquisa singular e verdadeiramente inspiradora para novos trabalhos acadêmicos na área.

Vale menção, ainda, o fato de que, no decorrer do trabalho, o autor traz situações extremamente complexas, as quais Ronald Dworkin[1] qualificaria como *hard cases*. Nessas ocasiões, para se chegar a uma resposta clara e eficiente, sem violar os direitos dos indivíduos e sem abrir mão dos valores sociais, acertadamente nos traz a hodierna solução de termos de perpassar todo o tecido principiológico constitucional, para só então descobrirmos qual é o desfecho mais correto e justo. Consectariamente, Marcus Abraham nos brinda com uma brilhante análise dos temas mais densos dessa seara jurídica, dando-lhes a roupagem que o contexto financeiro atual exige.

É forçoso, assim, concluir que quem quer que se dedique ao ramo do Direito Financeiro passa a ter como imperiosa necessidade de composição de sua biblioteca o *Curso de Direito Financeiro Brasileiro* de Marcus Abraham. Tal destaque não é novidade, pois as reconhecidas obras do autor: (i) *As Emendas Constitucionais Tributárias e os 20 Anos da Constituição Federal de 1988*; (ii) *Manual de Auditoria Jurídica: Legal Due Diligence (Org.)*; e (iii) *O Planejamento Tributário e o Direito Privado*, são de consulta obrigatória por juízes, advogados e demais operadores do Direito.

Obra de densidade temática que o autor não permitiu que fosse apenas repetição argumentativa, que tanto vemos em vários manuais atualmente publicados, como permitirá, certamente, que se formem novas reflexões a partir de um ponto de referência seguro e muito bem embasado.

Ao tratar sobre a vida do Direito, Cruex, em bela sede doutrinária, pontificou, em uma frase que hoje me guia na laboriosa e sagrada função de julgar os semelhantes: "O Direito vive para o homem e não o homem para o Direito". É nesse rumo que o autor almeja, com sua obra, servir de instrumento de transformação social, por oferecer ao cidadão os mecanismos necessários para a criação de uma sociedade mais justa e digna, estimulando, com louvor, a incansável busca pela efetivação da justiça fiscal.

Enfim, é motivo de efusiva saudação a atualização de mais um trabalho elaborado pela acuidade intelectual de Marcus Abraham, que desde muito jovem – apesar de atualmente já contar com uma formação acadêmica exemplar, sendo Doutor em Direito Público pela Universidade do Estado do Rio de Janeiro (UERJ) e Mestre em Direito Tributário pela Universidade Candido Mendes (UCAM) –, destaca-se nesse campo árido do direito financeiro, sendo merecidamente respeitado com singularidade entre os membros do Poder Judiciário e os integrantes do mundo acadêmico.

Integra, pelo notável mérito e constante aprofundamento e aperfeiçoamento, o time dos grandes mestres expoentes do Direito Financeiro, dos quais destaco Heleno Taveira Torres, Regis Fernandes de Oliveira e Ricardo Lobo Torres, cada qual com contribuição imensurável para a comunidade jurídica do país.

---

[1] DWORKIN, Ronald. *Levando os Direitos a Sério*. 5. ed. São Paulo: Martins Fontes, 2010. p. 81-83.

Honra-me prefaciar este livro, de tal sorte que convido ao público especializado a utilíssima obra, que servirá de roteiro e de guia permanente a tantos quantos se iniciam nas sendas próprias de ramo tão sensível do ordenamento jurídico brasileiro.[2]

Luiz Fux
Ministro do Supremo Tribunal Federal

---

[2] Prefácio elaborado e assinado em 18 de dezembro de 2014, para integrar a presente obra a partir de sua 3ª edição.

SUMÁRIO

Introdução	XXV
Parte I – Noções Gerais	1
Capítulo 1 – Estado, finanças públicas e atividade financeira	3
1.1. Introdução à atividade financeira	3
1.2. Evolução do Estado, das finanças públicas e da atividade financeira	8
1.3. Conceito de atividade financeira	19
1.4. Natureza e funções da atividade financeira	20
1.5. Ciência das Finanças	23
1.6. Direito Financeiro como ordenamento jurídico e como ciência	25
1.7. Autonomia do Direito Financeiro e sua relação com outras disciplinas	27
1.8. Direito Financeiro e Direito Tributário	30
1.9. Poder financeiro do Estado	35
1.10. Federalismo fiscal brasileiro	37
1.11. Cidadania fiscal	50
1.12. Educação fiscal	53
Capítulo 2 – Constituição financeira e sistemas tributário e orçamentário	57
2.1. Noções gerais sobre a Constituição Financeira	57
2.2. Direito Constitucional Financeiro	59
2.3. Competência normativa financeira na Constituição	60
2.4. Hipóteses de intervenção financeira na Constituição	63
2.5. Fiscalização financeira na Constituição	65
2.6. Constituição tributária e orçamentária	66
2.7. Constituições financeiras estaduais e Leis Orgânicas Municipais	67
Capítulo 3 – Fontes do Direito Financeiro	71
3.1. Fontes materiais e formais	71
3.2. Normas gerais em matéria financeira	72

3.3.	Normas específicas em matéria financeira	76
3.4.	Controle de constitucionalidade e de legalidade das normas financeiras	78

Parte II – Receita Pública, Crédito Público e Despesa Pública ... 83

Capítulo 4 – Receita pública ... 85

4.1.	Entradas e receitas públicas	86
4.2.	Espécies de receitas públicas	86
4.3.	Receitas públicas ordinárias e extraordinárias	98
4.4.	Receitas públicas fiscais e extrafiscais	98
4.5.	Receitas públicas originárias e derivadas	101
4.6.	Receitas públicas orçamentárias e extraorçamentárias	104
4.7.	Receitas públicas efetivas e não efetivas	105
4.8.	Receitas públicas por transferências intergovernamentais	106
4.9.	Receitas públicas tributárias transferidas	109
4.10.	Receitas dos preços públicos	118
4.11.	Receitas públicas na Lei nº 4.320/1964	120
4.12.	Estágios da receita pública	121
4.13.	Instituição, cobrança e renúncia das receitas públicas	122
4.14.	Fundos especiais e receitas públicas	123
4.15.	Receita pública e dívida ativa	128
4.16.	Desvinculação das Receitas da União (DRU), dos Estados e Distrito Federal (DRE) e dos Municípios (DRM)	130

Capítulo 5 – Receitas tributárias e direitos fundamentais ... 133

5.1.	Direitos humanos fundamentais e tributação	133
5.2.	Justiça tributária	135
5.3.	O dever fundamental de pagar tributos	138
5.4.	Sistema Tributário Nacional	141
5.5.	Impostos	144
5.6.	Taxas	148
5.7.	Empréstimos compulsórios	150
5.8.	Contribuições	151

Capítulo 6 – Crédito público ... 159

6.1.	Conceito de crédito público	159
6.2.	Evolução histórica e econômica do crédito público	160
6.3.	Crédito público como instrumento de intervenção	162

6.4.	Crédito público como fonte de receitas públicas	163
6.5.	Efeitos econômicos do crédito público	165
6.6.	Classificação do crédito público	166
6.7.	Crédito público na legislação brasileira	167
6.8.	Títulos de crédito públicos	168
6.9.	Dívida pública	171

Capítulo 7 – Despesa pública 175

7.1.	Conceito de despesa pública	175
7.2.	Características das despesas públicas	176
7.3.	Efeitos na economia das despesas públicas	177
7.4.	Natureza da determinação das despesas públicas	180
7.5.	Classificação das despesas públicas	184
7.6.	Despesas públicas constitucionalmente previstas	188
7.7.	A judicialização das despesas públicas	189
7.8.	O procedimento para a realização das despesas públicas	197
7.9.	Restos a pagar	198
7.10.	Despesas públicas na Lei de Responsabilidade Fiscal (LC nº 101/2000)	200
7.11.	Pagamento de despesas públicas de origem judicial: o precatório	202
7.12.	Corrupção com efeito de despesa pública	213
7.13.	O regime fiscal do teto dos gastos públicos	214

Parte III – Contabilidade Pública e Direito Financeiro 221

Capítulo 8 – Contabilidade pública 223

8.1.	Conceito, objeto e finalidade da contabilidade pública	223
8.2.	Distinções entre a contabilidade pública e a contabilidade empresarial	226
8.3.	Normas da contabilidade pública	227
8.4.	Usuários da contabilidade pública	228
8.5.	Aspectos da contabilidade aplicada ao setor público	231
8.6.	Principais conceitos da contabilidade pública	231
8.7.	Princípios da elaboração e divulgação da informação contábil aplicada ao setor público	237
8.8.	Plano de Contas Aplicado ao Setor Público (PCASP)	238

Parte IV – Orçamento Público 241

Capítulo 9 – Noções gerais do orçamento público 243

9.1.	História do orçamento público	243

9.2.	Orçamento público no Brasil após a Constituição Federal de 1988	247
9.3.	Conceito de orçamento público	249
9.4.	Aspectos do orçamento público	250
9.5.	Espécies de orçamento público	251
9.6.	Natureza jurídica do orçamento público	253
9.7.	Orçamento público no direito comparado	258
9.8.	O Pacto Orçamental Europeu	263
9.9.	Recomendações de boas práticas orçamentais da OCDE	265

Capítulo 10 – Elaboração e execução do orçamento público 269

10.1.	Princípios orçamentários	269
10.2.	As leis orçamentárias	286
10.3.	Processo legislativo das leis orçamentárias	291
10.4.	Créditos orçamentários	297
10.5.	Orçamento participativo	298
10.6.	Orçamento impositivo e autorizativo	304
10.7.	Ciclo orçamentário	315

Capítulo 11 – Controle do orçamento público 317

11.1.	Acompanhamento, fiscalização e controle do orçamento público	317
11.2.	Princípios da atividade de controle	319
11.3.	Aspectos e modalidades de fiscalização do orçamento público	320
11.4.	Espécies de controle do orçamento público	320
11.5.	Tribunal de Contas e Conselho de Contas	325
11.6.	Normas Brasileiras de Auditoria no Setor Público	335

Parte V – Responsabilidade Fiscal 339

Capítulo 12 – Desenvolvimento da responsabilidade fiscal no Brasil 341

12.1.	A Lei de Responsabilidade Fiscal: Lei Complementar nº 101/2000	341
12.2.	Influências externas na elaboração da Lei de Responsabilidade Fiscal	345
12.3.	Influências internas na elaboração da Lei de Responsabilidade Fiscal	348
12.4.	Implementação da Lei de Responsabilidade Fiscal	349
12.5.	A Lei de Responsabilidade Fiscal e a Lei nº 4.320/1964	354

Capítulo 13 – Lei de Responsabilidade Fiscal 357

13.1.	Objetivos e características da Lei de Responsabilidade Fiscal	357
13.2.	Destinatários da Lei de Responsabilidade Fiscal	360

13.3.	Cidadania e transparência	361
13.4.	Equilíbrio fiscal	365
13.5.	Planejamento orçamentário	366
13.6.	Execução orçamentária	369
13.7.	Das receitas e despesas em geral	370
13.8.	Das renúncias de receitas e os incentivos fiscais	375
13.9.	Das despesas de pessoal	378
13.10.	Das despesas com a seguridade social	381
13.11.	Transferências voluntárias e destinação de recursos para o setor privado	382
13.12.	Dívida pública, endividamento e operações de crédito	385
13.13.	Regime de recuperação fiscal	393
13.14.	Calamidade pública e seus efeitos na aplicação da LRF	396

Capítulo 14 – Sanções de responsabilidade fiscal ... 401

14.1.	Sanções institucionais na Lei de Responsabilidade Fiscal	402
14.2.	Sanções pessoais de natureza política, administrativa ou penal	404
14.3.	Crimes contra as finanças públicas	407
14.4.	Dos crimes de responsabilidade	411
14.5.	Dos atos de improbidade administrativa	414
14.6.	Das infrações administrativas	415

Bibliografia ... 417

INTRODUÇÃO

O Direito Financeiro evoluiu. Já não é aquela ciência jurídica que estudava apenas as finanças do Estado para a realização de suas funções perante a coletividade e, especificamente, em relação a suas receitas e a suas despesas, bem como formas de controle pautadas no ramo do Direito Orçamentário.

O estudo do Direito Financeiro engloba, hoje, questões relacionadas à efetivação da justiça fiscal. Preocupa-se com a maneira mais equitativa de arrecadação, especialmente na sua fonte tributária. Desenvolve os mecanismos de gestão do Erário, que passam a se pautar em normas de governança pública, direcionando sua atuação por medidas que se parametrizam pela moralidade, ética, transparência, eficiência e responsabilidade. Impõe aos gastos públicos novas formas de controle, a fim de observar o melhor interesse da coletividade, atribuindo ao gestor da coisa pública a responsabilização pelos seus atos e decisões na sua administração. Hoje em dia, as finanças públicas são regidas por normas que prezam a justiça na arrecadação, eficiência na aplicação, transparência nas informações e rigor no controle das contas públicas.

Assim, reduzir o Direito Financeiro apenas àquelas normas que regulam as políticas e as operações direcionadas à arrecadação, administração e aplicação de recursos financeiros para satisfazer as necessidades da coletividade é uma forma simplista de estudar essa ciência. É inegável reconhecer sua preocupação com a ética, com a moral e com o debate dos direitos humanos fundamentais, sobretudo pela efetivação da sua função social. Servir de instrumento de mudanças positivas para a sociedade, reduzindo as desigualdades sociais, extirpando a miséria da realidade brasileira e alavancando o desenvolvimento da economia, como mola propulsora de um círculo virtuoso, é o objetivo imanente às normas do Direito Financeiro brasileiro moderno.

Nesse contexto, a atividade do operador do Direito Financeiro mudou positivamente. Porém, ainda há muito em que evoluir. Há não muito tempo o que víamos era a ausência de uma efetiva formação cívica em matéria fiscal, especialmente no ensino básico, ponto de partida para a consolidação do caráter do cidadão. Não se quer, aqui, apagar ou esquecer toda aquela espoliação fiscal que assolou o Brasil Colônia pela voracidade da metrópole portuguesa, desde a descoberta até a independência. Igualmente, não se nega que as revoltas e revoluções originadas daquele cenário mudaram os rumos históricos desta nação. Porém, deve-se reconhecer que o ensino da história brasileira não colaborou positivamente para a criação de uma mentalidade pautada na cidadania fiscal. Os livros e manuais que relatam os feitos do Brasil Imperial não economizam palavras para descrever a malversação do dinheiro público pelos monarcas e ainda dão ênfase às histórias de sonegação e descaminho, como aquelas que narram os eventos ocorridos pela utilização de outras vias que não a Estrada Real (caminho oficial para circulação de mercadorias e pessoas), ou mesmo às histórias que deram ensejo ao surgimento de expressões populares como "santo do pau oco" (escondendo-se dentro da parte oca de imagens de santos católicos o desvio do minério que deveria ser tributado), como se fossem exemplos a serem seguidos, sem traçar uma linha sequer sobre os direitos de cidadania e os deveres necessários para garanti-los e exercitá-los.

De qualquer forma, o tempo passou e a mentalidade do brasileiro vem mudando para melhor. O Brasil se tornou independente e, após vivenciarmos ao longo do século XX uma alternância entre governos democráticos e autoritários, em 1988 foi promulgada uma Constituição Federal repleta de direitos sociais e humanos fundamentais.

De nada, porém, adiantará a previsão de tantas garantias e direitos se o Estado não possuir recursos, especialmente financeiros, para executá-los e oferecê-los aos cidadãos brasileiros. É exatamente nesse aspecto que reside a relevância do Direito Financeiro.

A familiaridade com os elementos jurídicos que envolvem a atividade financeira passa a ser de grande importância para o exercício da cidadania. Normas sobre justiça fiscal, competências financeiras, receitas e despesas públicas, contabilidade pública, orçamento e responsabilidade são os pilares do Direito Financeiro brasileiro de hoje. E aplicá-las corretamente passa a ser o início do caminho para escrever um futuro promissor.

Para tanto, dividimos a presente obra em cinco partes.

A primeira parte deste livro tem por escopo oferecer ao leitor noções gerais sobre o Direito Financeiro, destacando os valores que influenciam essa ciência jurídica e os mecanismos que são utilizados para se chegar à justiça fiscal. Analisamos o objeto da atividade financeira, sua evolução, suas características e funções. Identificamos o papel da Ciência das Finanças, o relacionamento do Direito Financeiro com as demais disciplinas jurídicas e compreendemos a origem, o fundamento e as formas de exercício do poder financeiro. Contextualizamos o Direito Financeiro no ordenamento jurídico brasileiro, especialmente suas disposições constitucionais, estudando a distribuição de competências, os mecanismos de intervenção e de fiscalização financeira, o sistema de repartição de receitas tributárias e o direito orçamentário. Discorremos sobre as fontes do Direito Financeiro, suas normas gerais e específicas, e sobre o controle de constitucionalidade e de legalidade.

A segunda parte trata das receitas e das despesas públicas, inclusive do crédito público. Nos seus capítulos, analisamos com detalhes os diversos instrumentos de financiamento do Estado brasileiro, desde aqueles originados do próprio patrimônio estatal até os arrecadados do cidadão, com destaque para a receita tributária, suas espécies e disposições constitucionais. Apresentamos as características do modelo de desvinculações de receitas estatais que, além da tradicional DRU (União), incluem a DRE (Estados/DF) e DRM (Municípios). Dedicamos especial atenção para a questão do relacionamento entre os direitos humanos fundamentais e a tributação, além de abordar o tema da judicialização desses direitos. Compreendemos as finalidades do crédito público, tanto como mecanismo de intervenção na sociedade, quanto como instrumento de financiamento público, ao pesquisar suas espécies, características e formas de materialização. Tratamos, ainda, das despesas públicas como concretização das políticas públicas, suas características, classificação, espécies e os procedimentos para sua realização, além da questão da corrupção sistêmica como despesa pública. Por fim, analisamos o regime fiscal do teto de gastos públicos.

A terceira parte analisa a contabilidade pública. Buscamos compreender a conexão e a interação entre as regras da Contabilidade Pública e as normas do Direito Financeiro. Procuramos demonstrar os benefícios de se conhecer e aplicar a técnica da Contabilidade Pública ao orçamento como relevante instrumento de gestão para o administrador público, assim como de eficaz sistema de informações para o cidadão. Destacamos e avaliamos seus principais conceitos, mecanismos e institutos.

A quarta parte discorre sobre o orçamento público. Estudamos esse relevante instrumento de planejamento do Estado Democrático de Direito, onde são previstas as receitas e fixadas as despesas. Aqui, compreenderemos que, mais do que um documento técnico, o orçamento público revela as políticas públicas do Estado ao procurar atender às necessidades e aos interesses da sociedade, conjugando-as com as possibilidades e pretensões de realização do governante. Analisaremos as normas que orientam sua criação, interpretação, execução, avaliação e controle.

A quinta e última parte explora as características da responsabilidade fiscal, nova cultura de gestão na Administração Pública brasileira, a partir da edição da Lei Complementar nº 101/2000. Identificamos as circunstâncias políticas e econômicas que demandaram a nova legislação, bem como as origens e os modelos normativos que influenciaram a edição da lei. Analisamos os principais elementos e aspectos da legislação de responsabilidade fiscal brasileira, tais como as regras para o equilíbrio e a transparência fiscal, a limitação de despesas e do endividamento, e as sanções aplicáveis em caso de infração a suas normas. Trazemos, ainda, breves notas sobre os efeitos da decretação de calamidade pública na aplicação das normas financeiras, sobretudo em relação à LRF.

Cada uma dessas cinco partes em que está dividido o presente livro representa uma fração de uma importante área do conhecimento humano, desenvolvida e consolidada pelo Direito Financeiro, ciência jurídica responsável por disciplinar os meios e as formas de o Estado brasileiro realizar sua função: oferecer uma vida digna e próspera a todos seus cidadãos.

E conhecer suas normas é o primeiro passo para sua concretização.

Parte I
Noções Gerais

O Estado de Direito é uma criação do homem moderno, instituído e organizado para oferecer à coletividade as condições necessárias à realização do bem comum, da paz e da ordem social. Sua função, portanto, é servir de instrumento para atender às necessidades individuais e coletivas, que se identificam e se definem por meio dos contornos políticos, jurídicos, sociais e constitucionais de cada nação.

Para tanto, o Estado depende de recursos financeiros, que advêm do seu próprio patrimônio e do patrimônio dos cidadãos que o integram. Arrecadá-los, geri-los e aplicá-los é função da atividade financeira, que se beneficia dos estudos feitos pela Ciência das Finanças, tendo no Direito Financeiro o ramo do Direito Público destinado a disciplinar essa atividade.

Entender os fatores que influenciaram o desenvolvimento da atividade financeira, conhecer suas características, natureza e funções, identificando os valores e normas que a disciplinam, são nossos objetivos iniciais.

Capítulo 1
ESTADO, FINANÇAS PÚBLICAS E ATIVIDADE FINANCEIRA

O Estado[1] é uma forma de associação coletiva, capaz de proporcionar os meios necessários para garantir a existência digna e satisfatória do homem em sociedade. Sua concepção contempla diversas teorias, as quais foram objeto de estudos de inúmeros pensadores e filósofos, desde Aristóteles e Platão, até Hugo Grotius, Immanuel Kant, Thomas Hobbes, John Locke, Jean-Jacques Rousseau e tantos outros.

As concepções acerca do Estado e tentativas de explicação desse fenômeno perpassam as mais diversas correntes do pensamento, na busca da tradução do modelo que melhor possa atender ao ser humano em suas vicissitudes. Por óbvio, é impossível chegar a uma formulação unitária do conceito de Estado, dependendo sua conceituação dos diversos pontos de vista e ideologias que informam cada autor que se propõe a estudá-lo e sobre ele teorizar, como recorda Sahid Maluf: "um esclarecimento se impõe antes de tudo: não há nem pode haver uma definição de Estado que seja geralmente aceita. As definições são pontos de vista de cada doutrina, de cada autor. Em cada definição se espelha uma doutrina."[2]

Assim, ao longo dos tempos, o Estado teve inúmeras formas e características. Hoje, podemos dizer que sua estrutura ideal é a de Estado Democrático de Direito, instituído pela vontade de todos os seus integrantes, através de um pacto social, submetido a um ordenamento jurídico (em regra fundado em uma Constituição), com a finalidade de promover o bem de todos.

Mas há um custo para atender às necessidades individuais e coletivas, e será através da atividade financeira que o Estado irá desenvolver e realizar essa tarefa.

1.1. INTRODUÇÃO À ATIVIDADE FINANCEIRA

Como bem sintetizou Platão: "O Estado nasce das necessidades humanas".[3] Portanto, o Estado simboliza o agrupamento de indivíduos que o integram, representando o produto

---

[1] Sobre o conceito de Estado e sua gênese, cf. ZIPPELIUS, Reinhold. *Teoria geral do Estado*. Trad. António Cabral de Moncada. 2. ed. Lisboa: Calouste Gulbenkian, 1984; OPPENHEIMER, Franz. *L'État, ses origines, son évolution et son avenir*. Trad. M. W. Horn. Paris: M. Giard et E. Brière, 1913; JELLINEK, Georg. *Teoría general del Estado*. Trad. Fernando de los Ríos. Buenos Aires: Albatros, 1981; BLUNTSCHLI, Johann Kaspar. *The Theory of the State*. Oxford: Clarendon Press, 1895; HELLER, Herman. *Teoría del Estado*. Trad. Luis Tobío. México D.F.: Fondo de Cultura Económica, 1971; KELSEN, Hans. *Teoria Geral do Direito e do Estado*. Trad. Luís Carlos Borges. São Paulo: Martins Fontes, 2000; MALBERG, R. Carré de. *Contribution à la théorie générale de l'État*. Tome Premier. Paris: Recueil Sirey, 1920; REALE, Miguel. *Teoria do Direito e do Estado*. 5. ed. São Paulo: Saraiva, 2000.

[2] MALUF, Sahid. *Teoria Geral do Estado*. 27. ed. São Paulo: Saraiva, 2007. p. 20.

[3] PLATÃO. *A República*. Trad. de Leonel Vallandro. Porto Alegre: Globo, 1964. p. 45.

do desenvolvimento natural de uma determinada comunidade que se estabelece em um território, com características e pretensões comuns. Quando essa determinada comunidade social alcança certo grau de desenvolvimento, a organização estatal surge por um imperativo indeclinável da natureza humana "e se desenvolve demandando seu aperfeiçoamento em consonância com os fatores telúricos e sociais que determinam fatalmente a evolução das leis".[4]

O **Estado de Direito** contemporâneo é uma organização que tem por objetivo oferecer à coletividade, através do respeito à aplicação de um ordenamento jurídico, as condições necessárias à realização do bem comum,[5] da paz e da ordem social. Existe, portanto, para atender às **necessidades públicas**[6] de uma sociedade, assim compreendidas as *necessidades individuais* dos seus integrantes, tais como alimentação, habitação, vestuário; as *necessidades coletivas*, como o policiamento, o transporte coletivo, a rede de hospitais ou de escolas, o sistema judiciário; e as *necessidades transindividuais*, que vão desde a manutenção da ordem interna à defesa nacional, o fomento e o desenvolvimento econômico, social e regional, a tutela dos direitos fundamentais e a proteção do meio ambiente.

Para realizar essas tarefas, o Estado depende de recursos financeiros, que advêm tanto do seu próprio patrimônio quanto do patrimônio do particular – dos cidadãos e empresas que integram a sociedade civil –, nas diversas modalidades de *receitas públicas*.

Sabemos, entretanto, que tais recursos são limitados e escassos, e que por isso devem ser cuidadosamente geridos. Essa questão, aliás, é objeto de estudos realizados pela Análise Econômica do Direito e tratada na Teoria dos Custos dos Direitos (*"Cost of Rights Theory"*).[7]

Ao exercer essa função, o Estado deve atender às políticas e diretrizes impostas na realização das *despesas públicas*, estabelecidas pelos respectivos governantes, conforme as limitações e os parâmetros constitucionalmente previstos.

Assim, para regular esse relacionamento entre Estado e Cidadão, temos o Direito Financeiro, que irá fixar os princípios e as regras para a arrecadação, gestão, aplicação e controle dos recursos públicos. Afinal, como já ensinava, há décadas, Ernst Blumenstein,[8] "rege a atividade

---

[4] MALUF, Sahid. *Teoria geral do estado*. 23. ed. São Paulo: Saraiva, 1995. p. 77.

[5] José Souto Maior Borges, citando Griziotti, ao tratar das necessidades públicas lembra que: "São as escolhas políticas, por consequência, que delimitam o raio de atuação do Estado; escolhas que traduzem preferências eventuais dos detentores do poder político ou das maiorias congressuais, inexistindo, no estádio atual do conhecimento científico, um critério valido, universalmente aceito, para revelar quais as necessidades a serem providas pelo Estado e quais as que deverão ser satisfeitas pelos particulares" (GRIZIOTTI. *Principios de Política, Derecho y Ciencia de la Hacienda*. p. 15-16, e p. 54; GRIZIOTTI. *Principios de Ciencia de las Finanzas*. p. 25, apud BORGES, José Souto Maior. *Introdução ao Direito Financeiro*. São Paulo: Max Limonad, 1998. p. 14).

[6] Nas palavras de Héctor Villegas, as necessidades públicas "son aquellas que nacen de la vida colectiva y se satisfacen mediante la actuación del Estado" (*Curso de Finanzas, Derecho Financiero y Tributario*. Buenos Aires: Depalma, 1975. p. 3).

[7] GALDINO, Flávio. *Introdução à Teoria dos Custos dos Direitos*: direitos não nascem em árvores. Rio de Janeiro: Lumen Juris, 2005; VELJANOVSKI, Cento. *The Economics of Law*. 2nd ed. London: The Institute of Economic Affairs, 2006; HOLMES, Stephen; SUNSTEIN, Cass R. *The Cost of Rights*: Why Liberty Depends on Taxes. New York: W. W. Norton & Company, 1999.

[8] BLUMENSTEIN, Ernst. *El orden jurídico de la economía de las finanzas*. **In**: *Tratado de Finanzas*, de Gerloff-Neumark, trad. do *Handbuch der Finanzwissenschaft*, Librería "El Ateneo" Editorial, Buenos Aires: El Ateneo, 1961, vol. I. p. 111, apud BORGES, José Souto Maior. *Introdução ao Direito Financeiro*. São Paulo: Max Limonad, 1998. p. 19.

financeira o princípio fundamental do moderno Estado de Direito, pelo qual toda manifestação do poder público se submete a um ordenamento jurídico".

Na síntese de João Ricardo Catarino,[9] "se o fim da sociedade é o bem comum, este torna-se o fim de todos e de cada um dos seus membros. Ele se distingue do bem particular e do bem governamental". Portanto, o Estado[10] que conhecemos hoje não tem um fim em si mesmo. É um mero instrumento da própria sociedade, para possibilitar sua existência. Sua *finalidade* é, portanto, a manutenção da ordem social e o desenvolvimento da comunidade em que está inserido, utilizando, para tanto, o Direito.[11] E quanto mais complexa for essa sociedade, maior será a dependência a suas normas jurídicas, face à diversidade de relações que se instauram e os possíveis conflitos que, por decorrência, surgem.

Nesse sentido, segundo o italiano Ezio Vanoni,[12] o Estado não oferece apenas segurança interna e externa, proteção à indústria, ao comércio, à agricultura, mas tende ainda, pela sua atividade, a promover obras culturais, a socorrer indigentes e os doentes, a favorecer a elevação moral e intelectual das classes menos privilegiadas etc.; em todas estas atividades, é fácil enxergar uma *função distributiva* do Estado. O Estado apresenta-se, assim, como um conjunto de indivíduos que procuram, em cooperação, a satisfação das necessidades por eles experimentadas em sua qualidade de membros do grupo político. Em sua atividade orientada para a consecução daquele fim, os indivíduos atuam ajudando-se mutuamente, enfeixando as várias energias individuais, colocando-se, não um diante do outro, mas lado a lado, para unir o seu esforço ao dos outros membros da comunidade. Fica clara aqui a **função instrumental** do Estado contemporâneo, como adverte Giorgio Del Vecchio:[13] "O Estado, não sendo um fim em si mesmo, tem por finalidade precípua atender à razão natural da vida em sociedade e promover a realização das expectativas do homem em busca da felicidade comum, ou seja, na realização do bem comum".

Assim, essa organização formal, criada pela própria coletividade para representá-la e para prover a seus integrantes um conjunto de bens e serviços que garantam seu bem-estar, irá desenvolver, através de seus órgãos e agentes, atividades de natureza política, social, administrativa, econômica, financeira e jurídica. Essas atividades, em cada nação, dependem do modelo jurídico-constitucional adotado e do ambiente jusfilosófico em que se inserem. Seja na democracia, no autoritarismo, no presidencialismo, no parlamentarismo, no liberalismo econômico ou no intervencionismo keynesiano, todos esses modelos políticos, regimes de governos e doutrinas econômicas são variantes existentes de acordo

---

[9] CATARINO, João Ricardo. *Redistribuição Tributária*: Estado Social e Escolha Individual. Coimbra: Almedina, 2008. p. 183.

[10] Segundo o *Dicionário Aurélio*, Estado é o "Organismo político administrativo que, como nação soberana ou divisão territorial, ocupa um território determinado, é dirigido por governo próprio e se constitui pessoa jurídica de direito público, internacionalmente reconhecida" (FERREIRA, Aurélio Buarque de Holanda. *Novo Dicionário Aurélio da Língua Portuguesa*. 3. ed. Curitiba: Positivo, 2004).

[11] Ensina Rubens Gomes de Sousa que o Direito é o conjunto das normas que regula a vida humana organizada em sociedade. Partindo dessa definição, é muito mais fecundo e construtivo considerarmos as normas jurídicas como instrumentos de ação do que como limitações ou restrições às faculdades de agir. Limitações ou restrições só se justificam para orientar a ação, não para constrangê-la ou cerceá-la. (As Modernas Tendências do Direito Tributário. *Revista de Direito Tributário*, v. 74 – out./dez. 1963. Rio de Janeiro: FGV. p. 1).

[12] VANONI, Ezio. *Natureza e Interpretação das Leis Tributárias*. Trad. Rubens Gomes de Sousa. Rio de Janeiro: Financeiras, 1932. p. 71-79.

[13] DEL VECCHIO, Giorgio. *Lições de Filosofia do Direito*. 5. ed. Coimbra: Arménio Amado, 1979. p. 81.

com o tempo e com o lugar, e determinarão a relação do Estado com seus integrantes e sua forma de atuação.

Explica Aliomar Baleeiro[14] que

> determinadas necessidades coletivas são consideradas públicas em determinada época, ou em certo país, e não se revestem desse aspecto em outra época ou noutro país. É que a medida das intervenções do Estado, na vida humana, varia de país para país, e até mesmo no mesmo país, conforme a época, as tradições, as instituições políticas, é menor nos países de inclinações individualistas ou de fortes iniciativas individuais.

Aqueles que detêm o poder do momento estabelecem as regras do Direito que lhes melhor convier.[15] Em todos os lugares e em todos os momentos da história isso se percebe claramente. No Brasil, assim ocorreu durante a transição entre o Império e a República, nas alternâncias de regimes democráticos e autoritários do século XX e, igualmente, na passagem do regime militar para a Nova República, com a promulgação da Constituição Federal de 1988.

A Constituição Federal de 1988, que consolidou a *redemocratização do Estado brasileiro* após vinte anos de ditadura militar, possui nitidamente um hibridismo em seu perfil, originário da multiplicidade de interesses presentes na Assembleia Constituinte instalada em 1º de fevereiro de 1987, já que demonstra uma constante tensão entre os valores *sociais* e os *liberais*, influenciando, portanto, sobremaneira a forma de atuação do Estado brasileiro, especialmente através da sua função financeira.

Na concepção jurídica moderna, a Carta Constitucional brasileira de 1988 deixa de ser um texto formal, meramente programático e passa a ser considerada um sistema normativo aberto de princípios e regras, permeável a valores jurídicos suprapositivos, no qual as ideias de justiça e de realização dos direitos fundamentais desempenham um papel central.[16] Ao conceder maior efetividade aos valores sociais constitucionalmente previstos, permite-se exercer a função estatal de maneira mais equilibrada, balanceando e ponderando seus princípios e regras, com aqueles de natureza liberal. Esse fenômeno é explicado por Luís Roberto Barroso,[17] para quem "é a superação do legalismo, não de forma abstrata ou metafísica, mas pelo reconhecimento de valores fundamentais, quer positivados ou não, expressos por princípios dando ao ordenamento unicidade e condicionando a atividade do intérprete".

Afinal, estabelece o art. 1º da Constituição de 1988 que a República Federativa do Brasil tem como fundamentos: I – a soberania; II – a cidadania; III – a dignidade da pessoa humana;

---

[14] BALEEIRO, Aliomar. *Uma Introdução à Ciência das Finanças*. 15. ed. Rio de Janeiro: Forense, 1997. p. 7.

[15] Nas lições de Diogo de Figueiredo Moreira Neto, entende-se "o poder – como a energia que move os homens e as sociedades para a realização dos seus objetivos – e o direito – como a técnica social voltada à disciplina e à contenção do poder". (Poder, organização política e Constituição: as relações de poder em evolução e seu controle. *In:* TORRES, Heleno Taveira (coord.). *Direito e poder*: nas instituições e nos valores do público e do privado contemporâneos. São Paulo: Manole, 2005. p. 257).

[16] Rui Barbosa assentou que não há, em uma Constituição, cláusula a que se deva atribuir meramente valor moral de conselhos, avisos ou lições. Todas têm a força imperativa de regras ditadas pela soberania nacional ou popular aos seus órgãos (BARBOSA, Rui. *Comentários à Constituição Federal Brasileira*, v. 2, 1933. p. 489, *apud* BARROSO, Luís Roberto. *O Direito Constitucional e a Efetividade de suas Normas*. Limites e Possibilidades da Constituição Brasileira. 7. ed. Rio de Janeiro: Renovar, 2003. p. 84).

[17] BARROSO, Luís Roberto. *Interpretação e Aplicação da Constituição*. Fundamentos de uma Dogmática Constitucional Transformadora. 5. ed. São Paulo: Saraiva, 2003. p. 41.

IV – os valores sociais do trabalho e da livre-iniciativa; V – o pluralismo político. Na lição de Ricardo Lobo Torres,[18]

> tais princípios fundantes, que são princípios de legitimidade do Estado Democrático de Direito, abrem-se para a ponderação e o balanceamento frente aos interesses em jogo em cada situação específica. Legitimam-se por princípios formais que se irradiam por todo o sistema normativo, ético e jurídico.

A *soberania* passa a ser ponderada com os direitos humanos e com a dignidade da pessoa humana, voltando a encontrar seu fundamento na liberdade do homem e no contrato social. A *cidadania* volta a fundamentar o *status* jurídico do cidadão e transforma-se em cidadania multidimensional, a compreender a dignidade da pessoa humana e simultaneamente os valores sociais do trabalho e da livre-iniciativa. A *dignidade humana* deixa de ser dominante no elenco dos princípios fundamentais, como acontecia ao tempo do fastígio do Estado de Bem-Estar Social, para se colocar também no jogo da ponderação com os outros princípios, máxime o da soberania. Os v*alores sociais do trabalho e da livre-iniciativa* são intercambiáveis, pois a noção de trabalho prescinde de vínculo empregatício. O *pluralismo político* e a *democracia*, finalmente, permitem o equilíbrio e a afirmação de todos os outros princípios fundantes, com a intermediação da ponderação e da razoabilidade.

Estão fixados no art. 3º da Constituição brasileira de 1988 os objetivos a serem realizados pela República Federativa do Brasil. Construir uma sociedade livre, justa e solidária, desenvolver o país, acabar com a pobreza e a marginalização e minimizar as desigualdades sociais e regionais, promovendo o bem de todos. São nobres intentos a serem efetivamente atingidos e não meras sugestões, recomendações ou expectativas.

Perante tantas pretensões, é imprescindível obter e manter recursos financeiros de todas as ordens à disposição do Estado, possibilitando atingir tais objetivos. E, neste momento, deparamo-nos com a difícil tarefa de equalizar as limitações financeiras do Estado brasileiro de hoje e as dificuldades de gestão pública com a necessidade de desenvolver a economia, extirpar a pobreza e as desigualdades e fomentar a livre-iniciativa, tudo de forma justa e solidária, sem violar os direitos dos indivíduos e sem abrir mão dos valores sociais.

Diante desse cenário, percebe-se que, hoje, a Fazenda Pública não se confunde mais, como outrora, com a Fazenda do Governante, do Príncipe, do Imperador ou da Coroa. Assim, o Estado Absolutista ou Patrimonialista, como muitos o denominaram, acaba por ser substituído, após longa evolução e eventos históricos relevantes, marcadamente pelo surgimento e consolidação do Constitucionalismo, pelo atual Estado Democrático de Direito, em que as regras para a realização da atividade financeira decorrem, principalmente, dos parâmetros estabelecidos na Constituição e nas respectivas normas infraconstitucionais.

Portanto, não há dificuldades em compreender e identificar a forma como o Estado Democrático brasileiro irá realizar sua atividade financeira. A aquisição de receitas, sua gestão e a respectiva aplicação de tais recursos estarão definidas a partir dos propósitos estabelecidos pelos governos de cada momento, caracterizados, sempre, numa atuação pautada nos valores previstos na Constituição Federal de 1988, a saber: a soberania da nação, o incentivo ao exercício da cidadania, a realização da dignidade da pessoa humana, das necessidades

---

[18] TORRES, Ricardo Lobo. A Legitimação dos Direitos Humanos e os Princípios da Ponderação e da Razoabilidade. *In:* TORRES, Ricardo Lobo (Org.). *Legitimação dos Direitos Humanos*. Rio de Janeiro: Renovar, 2002. p. 433.

sociais e a valorização do trabalho e da livre-iniciativa, ideais que devemos perscrutar como cidadãos e exigir como operadores do Direito.

1.2. EVOLUÇÃO DO ESTADO, DAS FINANÇAS PÚBLICAS E DA ATIVIDADE FINANCEIRA

A origem da palavra "finanças" é controvertida. Para alguns autores, vem da palavra inglesa *"fine"*, que se refere ao pagamento de multas. Outros a relacionam ao termo alemão *"finden"*, relativo a encontrar.[19] Para Benvenuto Griziotti,[20] o substantivo finanças provém do latim medieval *"financia"* e indica os diferentes meios necessários para os gastos públicos e a realização dos fins do Estado. Esclarece Héctor Villegas que o vocábulo *finanças* deriva da palavra latina *"finis"* e do verbo latino *"finire"*,[21] que gerou posteriormente, em latim medieval, o verbo *"finare"* e o termo *"finatio"*. Este último teve seu significado mudado através dos tempos.

Na Idade Média, em um primeiro momento, designava decisão judicial, depois passou a indicar a multa fixada em juízo e, finalmente, os pagamentos e prestações em geral. Em um segundo período, por volta do século XIV, os negócios financeiros eram identificados com os negócios monetários em geral, e, ao mesmo tempo, dava-se à palavra *finanz* o significado negativo de intriga, usura e fraude. Em um terceiro período, primeiro na França e depois em outros países, a palavra *finanças* passou a ser empregada unicamente em relação aos recursos e despesas do Estado e das comunas.[22]

No Brasil colonial, a palavra *finanças* era utilizada para fazer referência à fazenda real, que constituía a parte dos bens do Estado à qual o Rei tinha direito para satisfazer suas necessidades, passando, depois, a ser empregada para designar a administração do dinheiro público. Finalmente, agregou-se o adjetivo *público* à palavra *finanças*, para distinguir as finanças estatais das finanças privadas.

Podemos dizer, hoje, que as **finanças públicas** tratam dos instrumentos políticos, econômicos e jurídicos referentes à captação de recursos financeiros (receitas públicas) para o Estado, à sua administração (gestão e controle) e, finalmente, às respectivas destinação e aplicação (despesas públicas) nas necessidades públicas, assim identificadas como de interesse coletivo.

Segundo Edilberto Carlos Pontes Lima[23]

> as finanças públicas são um daqueles assuntos que ficam na fronteira entre a política e a economia. A matéria lida com decisões que têm impactos significativos sobre a renda disponível das pessoas

---

[19] VILLEGAS, Héctor B. *Curso de Finanzas, Derecho Financiero y Tributario*. Buenos Aires: Depalma, 1975. p. 1.

[20] GRIZIOTTI, Benvenuto. *Principios de Ciencia de las Finanzas*. Trad. de Dino Jarach. Buenos Aires: Depalma, 1950. p. 3.

[21] Segundo o Novíssimo Dicionário Latino-Português, o verbo latino *finire*, origem remota da palavra *finanças*, pode ter, entre outros, os seguintes significados: limitar, demarcar, determinar, especificar, prescrever, estabelecer, regular, decidir. A origem etimológica da palavra lança luz sobre algumas das funções do Direito Financeiro: indica ao mesmo tempo uma ideia de *demarcação* ou *limite entre aquilo que constitui patrimônio público e patrimônio privado, bem como regula e prescreve* condutas relativas às atividades financeiras do Estado. Cf. SARAIVA, F. R. dos Santos. *Novíssimo Dicionário Latino-Português*. 11. ed. Rio de Janeiro: Garnier, 2000 (Edição fac-similar).

[22] VILLEGAS, Héctor B. Op. cit. p. 2.

[23] LIMA, Edilberto Carlos Pontes. *Curso de Finanças Públicas*: uma abordagem contemporânea. São Paulo: Atlas, 2015. p. 2.

e das empresas, como a tributação, o acesso maior ou menor a bens e serviços, por meio dos gastos públicos, e a distribuição da arrecadação e dos gastos entre pessoas, grupos e regiões do país.

Para J. Albano Santos,[24] entende-se por finanças públicas o estudo da atividade econômica dos entes públicos destinada a obter, utilizar ou controlar os seus recursos econômicos.

Portanto, nas finanças públicas estão inseridas a atividade financeira, a ciência das finanças e o direito financeiro.

Até fins do século XVIII e início do século XIX, não se podia falar em finanças públicas e, muito menos, em uma atividade financeira estatal destinada às necessidades coletivas. Certo, também, é que não podemos comparar os modelos estatais do século XX e do início do século XXI com a estrutura e finalidade estatal da Antiguidade ou mesmo da Idade Média. Muito pelo contrário, a concepção de Estado que temos hodiernamente – que teve suas primeiras linhas rascunhadas na Antiguidade Clássica, pelas estruturas da cidade-estado grega e pelo Império Romano – foi deixada completamente de lado durante a Idade Média. E, com o declínio do regime feudal, a unificação de reinos e a ascensão da burguesia consolidaram uma nova realidade, caracterizada pelo surgimento das pequenas cidades e centros urbanos, com concentrações populacionais que demandavam inúmeros serviços públicos e a atuação de um poder central. Nessa linha é que surge a estrutura do Estado Moderno, com a necessidade de uma organização estatal para a administração e a execução de suas atividades.

Porém, até então, os governantes, para fazer face às despesas necessárias à sua existência e ao cumprimento de suas propostas e ideias, valiam-se de vários meios universalmente conhecidos, tais como as guerras de conquistas e pilhagem, as extorsões de outros povos e colônias, as doações voluntárias, a fabricação de moedas metálicas ou de papel-moeda, a exigência de empréstimos ou mesmo de confiscos, pelas rendas produzidas por seus bens e suas empresas, pela imposição de penalidades e, especialmente, pelo tributo (desprovido, inicialmente, das características de justiça que temos hoje).

Registre-se que, quando tratamos das finanças públicas e da atividade financeira nos dias de hoje, referimo-nos aos seus três componentes – arrecadação, gestão e aplicação – estudados pela ciência das finanças e disciplinados pelo Direito Financeiro. Mas, historicamente falando, o desenvolvimento das finanças públicas estava essencialmente focado no seu braço arrecadatório, ou seja, na receita pública de natureza tributária, não havendo preocupação com a administração desses recursos nem com sua destinação. Por isso, o estudo do desenvolvimento histórico dessa ciência se faz a partir da análise da evolução da tributação.[25]

Historicamente, com um viés meramente arrecadatório-tributário, já que não se podia identificar o seu braço orçamentário, a atividade financeira já podia ser encontrada na **Antiguidade Clássica**, essencialmente, para fazer face aos gastos militares com guerras de conquistas. Assim, na Grécia, identificava-se uma contribuição para sustentar o exército que defendia a cidade-estado, denominada *eisphora*, incidente sobre o patrimônio do cidadão. Em Atenas havia também uma contribuição para custear a marinha nacional, devida por todo cidadão "cuja fortuna atingia 10 talentos" (os que possuíam menos de 10 talentos se

---

[24] SANTOS, J. Albano. *Finanças Públicas*. 2. ed. Lisboa: INA, 2016. p. 3.

[25] Sobre o tema recomendam-se as seguintes obras: ARDANT, Gabriel. *Histoire de l'impôt*. Paris: Fayard, 1972; ADAMS, Charles. *For Good and Evil*: the Impact of Taxes in the Course of Civilization. New York: Madison Books, 1993; AMED, Fernando José; NEGREIROS, Plínio José Labriola de Campos. *História dos Tributos no Brasil*. São Paulo: Sinafresp, 2000.

associavam para o fornecimento de uma galera).[26] Roma, além da extorsão sobre os povos conquistados, igualmente possuía um tributo que recaía sobre a fortuna dos cidadãos. Registros históricos apresentam a *centesima rerum venalium*, criada pelo imperador romano Augusto, que incidia com uma alíquota de 1% sobre o valor das mercadorias vendidas,[27] e a *collatio lustralis*, tributo instituído por Constantino Magno, também incidindo sobre os comerciantes no Império Romano. Posteriormente, criaram-se os impostos aduaneiros (*portorium*), de mercado (*macelum*), taxas judiciais e assim por diante. É proveniente daquela época a origem da palavra "fisco", relativo ao *fiscum*, nome do cesto que o coletor usava para colocar o dinheiro arrecadado dos impostos, e a procedência da palavra "tributo", do latim *tributum*, que significava conceder, fazer elogios ou presentear, designando, naquele tempo, as exigências em bens e serviços que os conquistadores faziam aos povos conquistados, como um tributo em favor do seu dominante.[28]

Na **Idade Média** (476 a 1453), com uma estrutura político-administrativa descentralizada, baseada no feudalismo e localizada inicialmente nos campos, muitos tributos cobrados pelos senhores feudais incidiam sobre os camponeses, recaindo em até 50% sobre sua produção (*censo*, quando valor fixo, ou *meeiro*, quando por produção obtida), além das taxas de comercialização, cobrança sobre produção específica (*talhas*) e taxas para utilização de moinhos ou fornos (*banalidades*). Porém, as cobranças mais extorsivas incidiam sobre os servos, impondo-se desde o trabalho forçado dos mesmos nas terras senhoriais, para a construção e manutenção de seus imóveis e estradas (*corveia*), até a cobrança de uma taxa de casamento quando um servo se casava com uma pessoa livre (*formariage*), além da cobrança em decorrência de herança (*main-morte*). Ademais destes, era comum encontrarmos a cobrança genérica da taxa sobre o sal (*gabela*), o dízimo pago à Igreja (originalmente introduzido pelos Carolíngios, no século VIII, como indenização à Igreja pela perda de terras entregues a vassalos militares, mas que acabou se estendendo por toda a Europa ocidental como um tributo comum de 10% sobre toda a renda) e o pedágio cobrado pela passagem nas terras particulares (*péage*).[29]

Esse sistema de tributação se estendeu até a formação dos Estados Nacionais, na denominada **Idade Moderna** (1453 a 1789), com a decadência da ordem feudal, dando início ao período caracterizado pelo absolutismo monárquico. A partir da transformação dos feudos em reinos e estes em cidades, em nome de uma necessária centralização político-administrativa, a tributação passa a se dar em favor do Rei, representante do Estado, e cobrada desregrada e pesadamente dos trabalhadores, camponeses, artesãos e comerciantes (burguesia), mas não da nobreza e clero, classes sociais que nada pagavam, consideradas "parasitárias". O exemplo

---

[26] OLIVEIRA, José Marcos Domingues de. *Direito Tributário*: capacidade contributiva: conteúdo e eficácia do princípio. 2. ed. Rio de Janeiro: Renovar, 1998. p. 21-22.

[27] JUANO, Manoel de. *Tributación sobre el valor agregado*. Buenos Aires: Victor P. Zavalia, 1975, apud Meirelles, José Ricardo. *Impostos indiretos no Mercosul e integração*. São Paulo: LTr, 2000. p. 47-48.

[28] AMED, Fernando José; NEGREIROS, Plínio José Labriola de Campos. Op. cit. p. 22.

[29] Outras cobranças: *Capitation*: taxa individual criada em 1695 que pesava sobre os nobres, calculada com base nos registros da *taille*; *Centième denier*: taxa de 1% sobre as transações relativas à propriedade e aos serviços venais; *Champart*: taxa senhorial baseada em uma fração (que variava de um a dois terços em função da região) da colheita de cereais dos camponeses; *Contribution patriotique*: taxa direta extraordinária destinada a fazer face de modo urgente aos compromissos de Estado; *Ustencile*: taxa substituindo o alimento, a bebida, o aquecimento que a população deveria fornecer às tropas reais (ARNAUT, Luiz. *Glossário da Revolução Francesa*. Faculdade de Filosofia e Ciências Humanas da Universidade de Minas Gerais, Depto. de História. Texto disponibilizado em 04/07/2009 em: <http://www.fafich.ufmg.br/~luarnaut/rfglss.pdf>).

histórico mais notório da realidade econômica e social dessa era foi o Estado Nacional na França, sob o reinado de Luís XIV, conhecido pela máxima "*L'Etat c'est moi*" ("O Estado sou eu"), e cujo lema era: "Quero que o clero reze, que o nobre morra pela pátria e que o povo pague". Nesse período, com a expansão marítima, o mercantilismo e o início da industrialização, consolida-se a cobrança regular de tributos em moeda e não mais em mercadorias ou serviços, como ocorrera ao longo de toda a Idade Média, e surgem as espécies tributárias que deram origem aos impostos que temos hoje, tais como o imposto de renda, os impostos sobre a produção e sobre o comércio e os impostos aduaneiros.

No **Brasil**, após seu descobrimento, em 1500, permanecendo na condição de colônia de Portugal, onde inicialmente reinou Dom Manuel I, consolidaram-se as Ordenações do Reino (Ordenações Afonsinas e Ordenações Manuelinas), passando o Direito português a viger imediatamente no Período Colonial brasileiro.[30] Os custos do financiamento das expedições colonizadoras e, posteriormente, de proteção da costa brasileira contra os saqueadores, tornaram-se, ao longo do tempo, um elevado encargo para o erário português. Em decorrência, introduziu-se aqui um conjunto de tributos e normas impositivas que tinham como finalidade principal cobrir os gastos da Coroa portuguesa e, se possível, ainda proporcionar-lhe lucros. Entretanto, não havia um sistema financeiro e tributário organizado e, muito menos, pautado em razoabilidade, igualdade, capacidade contributiva, programação orçamentária ou justiça fiscal.

É do período **Pré-Colonial**[31] (1500-1530) a primeira forma de tributação a partir da exploração econômica em nossas terras, recaindo – na modalidade de pagamento por arrendamento – sobre a extração do pau-brasil realizada por aqueles que recebiam essa concessão da Coroa, tendo, ademais, como espécie de tributação indireta, a obrigação de defesa das terras com a construção de edificações no litoral. Destaca-se, na época, a figura do mercador lisboeta Fernão de Noronha, a quem podemos atribuir ser um dos "primeiros contribuintes" de tributos do Brasil.[32] Mas é no período **Colonial** (1530-1808), a partir da instituição das Capitanias Hereditárias, com o desenvolvimento do cultivo da cana-de-açúcar, da criação de gado, da produção e exportação de tabaco e do tráfico negreiro, que temos os primeiros tributos propriamente ditos. Nesse sentido, os tributos impostos pela metrópole abrangiam, dentre outros: os "direitos de entrada", imposto sobre a circulação de mercadorias incidente quando estas ingressavam nas regiões da Coroa por suas fronteiras; a "quinta real" ou vintena[33] sobre o pau-brasil, especiarias, fumo, açúcar e pescado; os direitos de portagem nos rios (impostos de navegação); as quintas (20%) de ouro e diamantes (a "derrama" originou-se do imposto derramado sobre todos, quando a quantidade de 100 arrobas anuais de ouro não fosse remetida para a Metrópole);[34] e os dízimos eclesiásticos (10%) sobre todas as rendas,

---

[30] MORAES, Bernardo Ribeiro de. Op. cit. p. 33.
[31] Período em que Portugal não povoou com europeus as terras conquistadas, tendo como preocupação da Coroa portuguesa apenas a manutenção das terras "achadas" com a instalação de diversas feitorias.
[32] AMED, Fernando José; NEGREIROS, Plínio José Labriola de Campos. Op. cit. p. 36-37.
[33] A vintena (20%) era conhecida também por "quinto real", tributo básico da Coroa, que incidia sobre os produtos vitais do sistema comercial luso-brasileiro (Ibidem. p. 102).
[34] Todo ouro extraído em pó ou em pepitas deveria ser levado a uma Casa de Fundição (a mais famosa foi a Casa de Fundição de Vila Rica), onde o metal seria fundido em barras, depois de deduzida a quinta parte de seu valor correspondente, sendo as barras marcadas com o selo real. Mas com a tributação em carga excessivamente elevada sobre o ouro, metais e pedras preciosas, surge também a prática da sonegação fiscal, que se operava de duas maneiras: pelo trânsito do ouro e metais em caminhos e rotas não oficiais, para fugir

ganhos ou lucros dos serviços e negócios;[35] a "finta" para custear as obras; a "barcagem",[36] que incidia sobre a passagem nos rios e a "redízima", que era a dízima sobre a dízima já cobrada.[37]

Com a transferência da Família Real para o Brasil em 1808 e o aumento dos custos para sustentar a Corte no Brasil, ampliaram-se os mecanismos de arrecadação e cobrança de impostos:[38] a abertura dos portos gerou a instituição do *Imposto sobre Importações,* na base de 24% sobre o valor das mercadorias (Carta Régia de 28 de janeiro de 1808); tivemos a instituição do *Imposto do Selo* (Alvará de 17 de junho de 1809); e a regulamentação do *Imposto Predial,* o qual tributava os imóveis urbanos, fazendo incidir a alíquota de 10% sobre o valor locativo,[39] que era inicialmente denominado "décima urbana" e, posteriormente, "imposto sobre prédios urbanos". Além desses, havia ainda a *Contribuição de Polícia* (Decreto de 13 de maio de 1809), a *Pensão para a Capela Imperial* (Alvará de 20 de agosto de 1808), o *Imposto de Sisa,* onerando em 10% toda compra, venda e arrematação de bens de raiz – imóvel urbano (Alvará de 3 de junho de 1809), a *meia sisa dos escravos,* tributando em 5% toda venda de escravos (Alvará de 3 de junho de 1809), a *décima sobre legados e heranças* (Alvará de 17 de junho de 1809), além de vários outros.[40] Com a Independência (1822), tivemos a criação do imposto de indústria e profissões, que incidia sobre a atividade industrial ou profissional, o imposto sobre os vencimentos e o imposto sobre a exportação.[41]

Do ponto de vista dos tributos, o Brasil independente herdou do período colonial uma precária estrutura. De alguma forma, pode-se dizer que o momento da independência do país, em 1822, acenava para um desejado rompimento, inclusive com os excessos fiscais que vinham da Coroa. É assim que, em Manifesto do Príncipe Regente do Reino do Brasil aos Governos e Nações Amigas, em 6 de agosto de 1822, D. Pedro afirma que Portugal desejava que "os brasileiros pagassem até o ar que respiravam e a terra que pisavam".[42]

A **Independência em 1822** faria com que a receita arrecadada pela cobrança dos tributos não mais deixasse o Brasil; todavia, a injustiça do sistema de cobrança pouco se alteraria. Mas não se pode desconsiderar o início do respeito ao Princípio da Capacidade Contributi-

---

dos pontos de controle e cobrança (daí o tipo penal-tributário "descaminho") e pelo artifício de escondê--los dentro de imagens sacras (origem da expressão "santo do pau oco") que circulavam com os clérigos, os quais não eram obrigados a aceitar revistas nas barreiras alfandegárias. A sonegação fiscal induziu a Coroa a adotar temporariamente o "Sistema de Fintas" (quotas de arrecadação), com base em uma quantia anual fixa (Ibidem. p. 111-112 e 134).

[35] Os dízimos – equivalentes ao imposto de renda de hoje – dividiam-se em reais, cobrados sobre as rendas das terras ou imóveis, e pessoais, que eram cobrados das rendas dos ofícios e profissões (Ibidem. p. 114-115).

[36] O tributo que se cobrava para dar direito de passagens sobre os rios, que incidia sobre passageiros e cargas, chegou ao Brasil no começo do século XVIII e continuou a ser cobrado até a Independência. As passagens dos rios comportavam três modalidades de arrecadação: a) direta, por agentes do fisco; b) arrematada, através de licitação, a contratadores; c) concedida, como recompensa a serviços prestados à Coroa (Ibidem. p. 105).

[37] BRASIL. Secretaria da Receita Federal. *Um Perfil da Administração Tributária.* Resp. Andréa Teixeira Lemgruber. Brasília: Escola da Administração Fazendária, 1995. p. 9.

[38] Sobre o tema, veja-se: GODOY, Arnaldo Sampaio de Moraes. *História da Tributação no Período Joanino* (Brasil – 1808-1821). Brasília: Esaf, 2008.

[39] BRASIL. Secretaria da Receita Federal. Op. cit. p. 9.

[40] MORAES, Bernardo Ribeiro de. Op. cit. p. 43.

[41] OLIVEIRA, Regis Fernandes. *Curso de Direito Financeiro.* São Paulo: Revista dos Tribunais, 2006. p. 67-74.

[42] AMED, Fernando José; NEGREIROS, Plínio José Labriola de Campos. Op. cit. p. 192.

va, identificado no art. 179, XV, da Carta outorgada em 25 de março de 1824, ao prescrever que: "Ninguém será isento de contribuir para as despesas do Estado em proporção de seus haveres". Nessa fase, desde o período regencial até a formação da República, esboçava-se a sistematização tributária, com a descentralização e a discriminação de rendas tributárias entre o Governo central, as Províncias e os Municípios.[43]

É somente com a **Proclamação da República**, em 1889, que o sistema financeiro e tributário brasileiro passou a estar definido formalmente (na Constituição Federal de 1891), podendo-se, a partir dessa Carta, dizer que o Brasil ganhou um sistema tributário, contendo inclusive limitações ao poder de tributar. Na Constituição de 1891, firma-se a competência tributária da União (art. 7º)[44] e dos Estados (art. 9º),[45] ficando a dos Municípios a critério dos Estados a que pertenciam. Muitos tributos foram aproveitados dos que já eram cobrados no período imperial, mas agora passavam a ser distribuídos na estrutura republicana. Destaca-se, então, a criação do imposto de renda (1922) e, ao longo da República, a paulatina transformação do Imposto sobre o Consumo, nas primeiras décadas do século XX, no Imposto sobre Produtos Industrializados (IPI) de hoje.

Desse breve relato histórico da tributação no mundo e no Brasil, compreende-se que, somente após uma longa evolução, em que inicialmente o Estado não conhecia qualquer limitação – atingindo seu ápice no Absolutismo Monárquico, onde aquele era apenas um instrumento de realização dos próprios governantes –, passou, após várias lutas, revoltas e revoluções,[46] o **Estado Contemporâneo** a ser estruturado com base no Estado Constitucional de Direito, que busca

---

[43] Receitas Gerais do Governo Central: Direitos sobre importação (15%), sobre o chá (30%), sobre a pólvora (50%), sobre a reexportação (2%), sobre armazenagem (1,4%), sobre exportação (7%), direitos sobre as embarcações estrangeiras que passam a ser nacionais (15% do seu valor), emolumentos de certidões, de polícia etc., dízima da chancelaria (10%), sisa dos bens de raiz (10%), imposto sobre barcos do interior, imposto sobre despachantes e corretores, imposto sobre exportação, imposto sobre mineração, imposto do Selo Imperial, imposto sobre lojas, imposto sobre seges, carruagens e carrinhos, imposto sobre loterias, taxa dos escravos. Receitas Provinciais: Décima dos legados e herança, dízima dos gêneros (açúcar, café etc.), imposto sobre a transmissão da propriedade móvel, meia-sisa dos escravos, subsídio literário, décima dos prédios urbanos. Já as Receitas Municipais eram definidas pelas Províncias a que pertenciam, variando, portanto, de uma para outra (Ibidem. p. 207-208).

[44] Constituição de 1891, Art. 7º – É da competência exclusiva da União decretar: 1º) impostos sobre a importação de procedência estrangeira; 2º) direitos de entrada, saída e estadia de navios, sendo livre o comércio de cabotagem às mercadorias nacionais, bem como às estrangeiras que já tenham pago impostos de importação; 3º) taxas de selo, salvo a restrição do art. 9º, § 1º, nº I; 4º) taxas dos correios e telégrafos federais.

[45] Constituição de 1891, Art. 9º – É da competência exclusiva dos Estados decretar impostos: 1º) sobre a exportação de mercadorias de sua própria produção; 2º) sobre Imóveis rurais e urbanos; 3º) sobre transmissão de propriedade; 4º) sobre indústrias e profissões. § 1º – Também compete exclusivamente aos Estados decretar: 1º) taxas de selos quanto aos atos emanados de seus respectivos Governos e negócios de sua economia; 2º) contribuições concernentes aos seus telégrafos e correios. § 2º – É isenta de impostos, no Estado por onde se exportar, a produção dos outros Estados. § 3º – Só é lícito a um Estado tributar a importação de mercadorias estrangeiras, quando destinadas ao consumo no seu território, revertendo, porém, o produto do imposto para o Tesouro federal.

[46] Segundo Paulo Roberto Cabral Nogueira, o estudo histórico não deixa dúvida de que a tributação foi a causa direta ou indireta de grandes revoluções ou grandes transformações sociais, como a Revolução Francesa, a Independência das Colônias Americanas e, entre nós, a Inconfidência Mineira, o mais genuíno e idealista dos movimentos de afirmação da nacionalidade, que teve como fundamental motivação a sangria econômica provocada pela metrópole por meio do aumento da derrama (*Do Imposto sobre Produtos Industrializados*. São Paulo: Saraiva, 1981. p. 7-8, apud HARADA, Kiyoshi. *Direito Financeiro e Tributário*. 4. ed. São Paulo: Atlas, 1998).

equilibrar as liberdades individuais e o poder estatal, por meio da submissão à lei, à divisão de poderes e à garantia dos direitos individuais.

Há um delicado equilíbrio no poder de tributar, o que se ilustra pela frase dita por John Marshall, então Presidente da Suprema Corte dos EUA, no caso *McCulloch v. Maryland* (1819): "*the power to tax involves the power to destroy*", ou seja, "o poder de tributar envolve o poder de destruir".

Não à toa, a tributação foi a causa de diversas revoluções, sobretudo nos últimos 800 anos.

Nesse período, a primeira revolta mais relevante se deu na Grã-Bretanha, no século XIII, quando nobreza e alto clero se opuseram contra os abusos fiscais do rei João Sem-Terra, culminando na assinatura da *Magna Carta Libertatum*, de 1215, a garantir direitos e instituir o princípio da legalidade tributária.

Já a Revolução Americana eclodiu a partir dos novos impostos (chá e selo) cobrados pelos britânicos nas suas colônias norte-americanas, levando ao início da guerra de libertação e à Declaração de Independência, em 1776, seguida pela promulgação da Constituição Americana de 1787, estabelecendo que apenas os representantes do povo no Congresso poderiam concordar com a criação de tributos.

Por sua vez, a Revolução Francesa (1789-1799), com seus ideais de liberdade, igualdade e fraternidade, também teve um substrato financeiro e tributário na sua gênese, decorrente da necessidade de financiamento de diversas guerras e dos gastos excessivos da casa real de Luís XIV, sob um regime de privilégios e isenções tributárias em favor do clero (Primeiro Estado) e da nobreza (Segundo Estado), em detrimento de comerciantes, artesãos e camponeses (Terceiro Estado).

No Brasil, tivemos a Inconfidência ou Conjuração Mineira, em 1789, tendo como mola propulsora os excessos na tributação, sob a forma de quintos (20%) do valor dos minerais preciosos, ocasionando a conhecida "derrama".

Todas essas revoltas propiciaram documentos jurídico-constitucionais limitativos dos poderes dos governantes, garantidores da liberdade e da forma justa de tributação.

Percebe-se pelas constituições contemporâneas – que concretizaram, a partir do final do século XVIII, o espírito de luta contra a opressão dos governantes que se encontravam no poder e o exerciam de forma absoluta – a supremacia do Direito, espelhada no primado da constituição e na busca da instituição de um governo não arbitrário e limitado pelo respeito devido aos direitos do homem.[47]

Sinteticamente, podemos dizer que a atividade financeira evolui no Estado Contemporâneo da seguinte maneira: inicialmente, no *Estado liberal*, com poucos investimentos e gastos públicos e mínima intervenção; em um segundo momento, no *Estado intervencionista*, em que aumentam as despesas públicas e a função interventiva estatal exacerba-se; passa-se, então, ao *Estado social* ou do Bem-estar Social, em que o atendimento dos direitos sociais para toda a sociedade torna-se prioritário e universal; finalmente, chega-se ao *Estado orçamentário*, em que as limitações orçamentárias são consideradas na realização dos deveres estatais e no atendimento dos direitos fundamentais e sociais, com uma preocupação constante com o equilíbrio fiscal entre receitas e despesas.

---

[47] FERREIRA FILHO, Manoel Gonçalves. *Direitos Humanos Fundamentais*. 5. ed. São Paulo: Saraiva, 2002. p. 1-3.

Nessa linha, Paulo Bonavides nos relata que, nos últimos dois séculos, o mundo atravessou algumas mudanças paradigmáticas que marcaram sobremaneira a sociedade contemporânea. Primeiro, o *Estado liberal*; a seguir o *Estado socialista*; depois, o *Estado social* das constituições programáticas, assim batizadas ou caracterizadas pelo teor abstrato e bem-intencionado de suas declarações de direitos; e, por último, o *Estado dos direitos fundamentais*, capacitado da juridicidade e da concreção de regras que garantem esses direitos.[48]

A tônica das primeiras constituições modernas era a *liberdade*. Na virada do século XVIII para o século XIX, surgem as primeiras constituições com o objetivo de estabelecer uma esfera de liberdade privada para os indivíduos, livres da interferência do Estado absolutista. Através das Constituições modernas e suas ideologias de liberdade, fundamentaram-se as ideias do *liberalismo econômico*, em que o mercado possuiria leis naturais e o equilíbrio seria alcançado de forma espontânea, sem nenhum tipo de interferência estatal. Era a fase conhecida como a "era do liberalismo econômico", tendo como lema o *deixar fazer*: "*Laissez-faire, laissez-passer, le monde va de lui-même*". O perfil individualista e minimalista do Estado liberal provocou imensas injustiças, e os movimentos sociais dos séculos XIX e XX, revelando a inadequação das excessivas liberdades imanentes aos preceitos burgueses, permitiram que se tivesse consciência da efetiva necessidade de criação e utilização de instrumentos para a realização de justiça social, levando ao reexame das obrigações estatais. Segundo as palavras do constitucionalista José Afonso da Silva:

> O individualismo e o abstencionismo ou neutralismo do Estado liberal provocaram imensas injustiças, e os movimentos sociais do século passado e deste especialmente, desvelando a insuficiência das liberdades burguesas, permitiram que se tivesse consciência da necessidade da justiça social.[49]

A reação à ausência estatal veio na política do *Bem-Estar Social* (teoria norte-americana do *Welfare State*), com um Estado intervencionista e provedor de inúmeros bens e serviços à sociedade. Ao mesmo tempo, tinha uma natureza autoritária e centralizadora. Entretanto, esse modelo também pecou pelo excesso, mormente por tornar-se politicamente absolutista em determinados Estados.

Em outras nações, o socialismo e o comunismo, igualmente, sofreram críticas, longa resistência e acabaram sucumbindo pelos abusos e exageros inerentes a suas respectivas propostas.

Nessa esteira evolutiva, as funções do Estado tiveram de passar por mutações substanciais tanto na forma como no conteúdo. As necessidades de uma sociedade globalizada, altamente complexa e sistematizada, passaram a requerer uma atuação efetiva, constante e dinâmica, capaz de harmonizar as relações emergentes de conflitos latentes nas sociedades massificadas. Mas, ao mesmo tempo, tal atividade assume um papel menos agressivo e interventor, atuando no seio da sociedade através de instituições políticas e sociais (no Brasil, por exemplo, temos o Ministério Público, o Poder Judiciário e o Congresso Nacional), pautando-se em fundamentos como os de segurança social, de solidariedade e de justiça, que acabam por redesenhar o relacionamento entre Estado e cidadão. Surge o que se denominou Estado Democrático Social. Esse Estado, concebido nas bases do Estado Democrático de Direito, busca conciliar os interesses da sociedade contemporânea, garantindo a livre-iniciativa privada e, ao mesmo tempo, cuida da manutenção de uma

---

[48] BONAVIDES, Paulo. *Do Estado Liberal ao Estado Social*. São Paulo: Malheiros, 1996. p. 29.
[49] SILVA, José Afonso da. *Curso de Direito Constitucional Positivo*. 13. ed. São Paulo: Malheiros, 1997. p. 116.

política social, visando assegurar a igualdade de oportunidades, redistribuição de riquezas e desenvolvimento econômico equilibrado.

O desenvolvimento das finanças públicas no **Estado de Direito Financeiro** é bem relatado por Ricardo Lobo Torres.[50] Segundo esse autor, vai do feudalismo aos dias de hoje e exibe contornos diferentes em suas várias fases: *Estado Patrimonial, Estado de Polícia, Estado Fiscal* e *Estado Socialista*.

Na Idade Média, a atividade financeira do Estado passou por um processo evolutivo, que se iniciou a partir do fim do feudalismo com o aparecimento do *Estado Patrimonial*, período em que se confundia o público e o privado, especialmente quanto aos bens e rendas do Rei e aos do Estado. Tinha, primariamente, nas rendas patrimoniais ou dominiais a fonte de financiamento das guerras e da manutenção da Corte, e, apenas secundariamente, apoiava-se nas receitas fiscais, o que demonstrava a total ausência de regras para a cobrança e muito menos para a realização das despesas. Não havia qualquer indício de regras orçamentárias no Estado Patrimonial.[51]

Essa forma, todavia, deu lugar ao denominado *Estado de Polícia*, no século XVIII, especialmente na Alemanha, Áustria, Itália, Espanha e Portugal, caracterizado por ser paternalista, intervencionista e centralizador, no sentido de garantir o bem-estar dos súditos e do Estado.[52]

Até aquele momento os direitos afetos à liberdade eram praticamente inexistentes. Não havia direitos subjetivos em relação ao Estado. Não havia delimitação da atuação e interferência do Estado na sociedade. Tudo que o rei fazia era considerado lícito. Postulados conhecidos como *"the King can do no wrong"* e *"le roi ne peut mal faire"* refletiam a total irresponsabilidade dos monarcas e governantes da época. As palavras do Rei da França Luís XIV (intitulado Rei Sol, maior encarnação do absolutismo) expondo sua concepção de Monarquia Absoluta, são provas disso:

> Todo poder, toda autoridade reside na mão do Rei e não pode haver outra autoridade no Reino a não ser a que o Rei aí estabelece. Tudo que se encontra na extensão de nossos Estados, de qualquer natureza que seja nos pertence (...) os Reis são senhores absolutos e têm naturalmente a disposição plena e inteira de todos os bens que são possuídos tanto pelas pessoas da Igreja como pelos seculares (...).[53]

---

[50] Nas palavras de Ricardo Lobo Torres: "O Estado Moderno, além dos aspectos políticos e econômicos, exibe uma dimensão financeira, que o constitui como Estado Financeiro, assim entendido o que exerce as atividades relacionadas com as finanças públicas. Desenvolve-se desde o fenecimento da estrutura feudal até os nossos dias. Nele se distinguem alguns tipos: a) o Estado Patrimonial, que vive precipuamente das rendas provenientes do patrimônio do príncipe, que convive com a fiscalidade periférica do senhorio e da Igreja e que historicamente se desenvolveu até o final do século XVII e o início do século XVIII; b) o Estado de Polícia, que aumenta as receitas tributárias e centraliza a fiscalidade na pessoa do soberano e corresponde à fase do absolutismo esclarecido (século XVIII); c) o Estado Fiscal, que encontra o seu substrato na receita proveniente do patrimônio do cidadão (tributo) e que coincide com a época do capitalismo e do liberalismo; d) o Estado Socialista, que vive do patrimônio público, especialmente das rendas industriais, e no qual o tributo, pela quase inexistência de propriedade privada, exerce papel subalterno" (*A ideia de Liberdade no Estado Patrimonial e no Estado Fiscal*. Rio de Janeiro: Renovar, 1991. p. 1).

[51] TORRES, Ricardo Lobo. *Tratado de Direito Constitucional Financeiro e Tributário,* v. V: o orçamento na Constituição. 2. ed. Rio de Janeiro: Renovar, 2000. p. 4.

[52] TORRES, Ricardo Lobo. *Curso de Direito Financeiro e Tributário.* 18. ed. Rio de Janeiro: Renovar, 2011. p. 7-8.

[53] DUPÂQUIER, Jacques; LACHIVER, Marcel. *Les temps modernes.* 4. ed. Paris: Bordas, 1970. p. 118.

Foi com o surgimento e o desenvolvimento do **Constitucionalismo**, no final do século XVIII, que nasceram as normas que trazem critérios de justiça na arrecadação e na aplicação dos recursos financeiros, tendo como marco temporal a Revolução Francesa, em 1789 (não obstante ideias limitadoras ao poder fiscal do governante, já previstas na Magna Carta inglesa, de 1215). A Constituição americana de 1787 declara, na Seção 8 do seu art. 1º, que

> Será da competência do Congresso: Lançar e arrecadar taxas, direitos, impostos e tributos, pagar dívidas e prover a defesa comum e o bem-estar geral dos Estados Unidos; mas todos os direitos, impostos e tributos serão uniformes em todos os Estados Unidos; Levantar empréstimos sobre o crédito dos Estados Unidos (...);

Até mesmo a Declaração dos Direitos do Homem e do Cidadão, de 1789, contém norma expressa sobre a arrecadação para as despesas públicas, pautada na capacidade contributiva do cidadão: "Art. 13º Para a manutenção da força pública e para as despesas de administração é indispensável uma contribuição comum que deve ser dividida entre os cidadãos de acordo com suas possibilidades". Na mesma linha, a Constituição Francesa de 1791 traz no seu art. 2º do Título I, sobre as garantias fundamentais, a determinação de que "Todas as contribuições serão igualmente repartidas entre todos os cidadãos proporcionalmente aos seus recursos". E, na mesma linha, estabelece no art. 1º do seu Capítulo III, competir ao legislativo "(...) 2º fixar as despesas públicas; 3º estabelecer as contribuições públicas, determinando sua natureza, sua quota, a duração e o modo de sua arrecadação".

A partir de então, pode-se dizer ter surgido o orçamento e as limitações à tributação. Com efeito, passa-se do Estado de Polícia ou Absolutista para o Estado de Direito,[54] estruturado sobre o *princípio da legalidade* (em decorrência do qual até mesmo os governantes se submetem à lei, em especial à lei fundamental, que é a Constituição) e sobre o *princípio da separação de poderes*, que tem por objetivo assegurar a proteção dos direitos individuais, não apenas nas relações entre particulares, mas entre estes e o Estado.[55]

Nessa esteira, ainda seguindo a lição de Ricardo Lobo Torres,[56] os modelos anteriores acabaram substituídos pelo **Estado Fiscal**, como reflexo do Estado de Direito, caracterizado por um perfil liberalista e capitalista, menos intervencionista e que se baseia nos tributos como fonte de receitas e permite aperfeiçoar a estrutura do orçamento público (receitas e despesas autorizadas e garantidas pelo legislativo), substituindo a tributação dos camponeses e servos pela dos indivíduos com direitos próprios assegurados.

Esse Estado Fiscal teve três fases distintas: a) *Estado Fiscal Minimalista*, que vai do século XVIII ao início do século XX, sendo conhecido, também, como Estado Guarda-Noturno ou Estado Liberal Clássico, que se restringia ao exercício do poder de polícia, da administração da justiça e da prestação de uns poucos serviços públicos, razão pela qual não necessitava de maior arcabouço constitucional para a arrecadação ou um sistema orçamentário amplo, por não assumir demasiados encargos na via das despesas públicas. Esse modelo feneceu na medida em que não atendia às demandas sociais da época, especialmente as dos trabalhadores, e não era capaz de superar as crises do mercado, que dependiam de instrumentos reguladores para permitir o seu pleno desenvolvimento; b) *Estado Social Fiscal*, que vai do final da segunda década

---

[54] GASPARINI, Diógenes. *Direito Administrativo*. 4. ed. São Paulo: Saraiva, 1995. p. 24.
[55] DI PIETRO, Maria Sylvia Zanella. *Direito Administrativo*. 8. ed. São Paulo: Atlas, 1997. p. 20.
[56] TORRES, Ricardo Lobo. *Curso de Direito Financeiro e Tributário*. 18. ed. Rio de Janeiro: Renovar, 2011. p. 8-10.

do século XX até o final da sua penúltima década, conhecido também por Estado do Bem-Estar Social, Estado Distribuidor ou Estado Providencial, influenciado pelas ideias econômicas de Keynes (de controle da economia pelo Estado; de redistribuição de rendimentos; de redução das taxas de juros; de elevação dos gastos públicos para ampliar o emprego, os investimentos e o consumo). O Estado deixa de ser um mero garantidor das liberdades individuais e passa a intervir na ordem econômica, ganhando a tributação feição regulatória e extrafiscal, tendo a atividade financeira se deslocado para a redistribuição de rendas e promoção do desenvolvimento econômico e social. Mas essa forma de atuação do Estado, além de passar por diversos eventos históricos desestruturantes (depressão econômica na década de 1930, duas grandes guerras mundiais, divisão política no mundo e crises de petróleo), excedeu-se na tributação e nos gastos públicos, para atender à sua política intervencionista e provedora de incentivos fiscais, de subsídios, de ampliação do assistencialismo, da previdência e da seguridade social, entrando em uma grave crise financeira e orçamentária pelo crescimento descontrolado da dívida pública; c) *Estado Democrático e Social de Direito*, a partir da última década do século XX, substitui o Estado Social Fiscal que se expandiu exageradamente e entrou em crise financeira. Tem como apanágio a diminuição do seu tamanho e do intervencionismo, característica distintiva do modelo anterior, utilizando principalmente a tributação como fonte de receitas, já que as privatizações impuseram uma redução das receitas patrimoniais. Trabalha com a ideia da esgotabilidade de recursos na via orçamentária, buscando de maneira equilibrada entre receitas e despesas oferecer prestações públicas na área da saúde, da educação, do fomento à economia e para a redução das desigualdades sociais. Nele, equilibram-se a justiça e a segurança jurídica, a legalidade e a capacidade contributiva, a liberdade e a responsabilidade na proteção e na implementação dos direitos humanos.[57]

Para Dejalma de Campos,[58] o desenvolvimento histórico das finanças estatais poderia ser divido em quatro fases: a) *Estado parasitário* – em que as finanças eram exercidas de forma empírica. Quando o Estado precisava de dinheiro, em lugar de examinar suas possibilidades de riqueza, procurava atacar o vizinho rico, escravizando-o; b) *Estado dominial* – que se constituiu com a queda do Império Romano do Ocidente em 476 d.C., surgindo um novo tipo de atividade financeira, a dominial, que durou por toda a Idade Média, até 1453, caracterizando-se pela cobrança sobre direitos reais e possessórios; c) *Estado regalista* – surgido no final da Idade Média, com a absorção das propriedades feudais formando as monarquias. Neste, a renda dos Estados não se baseava somente nos tributos, mas, também, na exploração de certas atividades comerciais, como fumo, sal e especiarias do Oriente, cujos lucros abasteciam o tesouro. Por serem atividades dominadas pelo rei, passaram a chamar-se regalias, daí a nomenclatura de Estado regalista; d) *Estado tributário* – desenvolveu-se a partir de 1789, com a Revolução Francesa, quando começavam a ser estudados cientificamente os elementos que influíam na tributação. Os Estados passam a dar importância para as riquezas provenientes do tributo, daí a denominação de Estado tributário.

Diversas teorias tentaram explicar o fenômeno da atividade financeira, o que foi muito bem sintetizado por Alberto Deodato.[59] No relato deste autor, Senior e Bastiat sustentaram a teoria da troca, que se dá entre os indivíduos que pagam tributos e as comunidades políticas que efetuam os serviços. Batista Say criou a teoria do consumo, segundo a qual o Estado, quando organiza e faz funcionar os serviços públicos, não cria riquezas, apenas consome.

---

[57] Loc. cit.
[58] CAMPOS, Dejalma de. *Direito Financeiro e Orçamentário*. 3. ed. São Paulo: Atlas, 2005. p. 35.
[59] DEODATO, Alberto. *Manual de Ciência das Finanças*. 10. ed. São Paulo: Saraiva, 1967. p. 3-7.

Gaston Jèze ofereceu a teoria da utilidade, para quem produzir é criar utilidade, com a repartição dos encargos entre os indivíduos. Para Stein, a atividade financeira explica-se pela teoria da produtividade, em que as finanças consistem num complexo de meios pecuniários destinados ao exercício de uma indústria especial, numa transformação útil de riquezas materiais. Vitti di Marco compara o Estado moderno a uma grande indústria, exercida na forma cooperativista para a produção dos bens públicos. Seligman já oferece o seu estudo sob o enfoque das necessidades individuais e coletivas.

O fato é que percebemos que o **Estado Financeiro** de hoje, através de uma postura ponderada e equilibrada no uso das finanças públicas, amparado por limites e com parâmetros pautados na justiça fiscal, aspira a harmonizar os interesses individuais com os de toda a coletividade, implementando, simultânea e equilibradamente, políticas sociais a fim de franquear igualdade de oportunidades, redistribuição de riquezas e desenvolvimento econômico sustentável. Para tanto, o Direito demanda uma maior confluência com os planos sociais, econômicos, éticos e morais, sem descuidar de valores fundamentais como os da democracia, da liberdade, da igualdade e da dignidade humana.

1.3. CONCEITO DE ATIVIDADE FINANCEIRA

A **atividade financeira** é uma das diversas funções instrumentais exercidas pelo Estado. Destina-se a prover, de forma equitativa e equilibrada, o Estado com recursos financeiros suficientes para atender às necessidades públicas, gerindo-os de maneira responsável e controlada para aplicá-los de forma eficaz, criteriosa e satisfatória. Assim, a atividade financeira envolve a *arrecadação*, a *gestão* e a *aplicação* desses recursos.

Rubens Gomes de Sousa,[60] ao caracterizar a *atividade financeira* dentro das funções do Estado, explica que

> simultaneamente com as atividades políticas, sociais, econômicas, administrativas, educacionais, policiais etc. que constituem a sua finalidade própria, o Estado exerce também uma atividade financeira, visando a obtenção, a administração e o emprego de meios patrimoniais que lhe possibilitem o desempenho daquelas outras atividades que se referem à realização dos seus fins. A atividade financeira do Estado desenvolve-se fundamentalmente em três campos: a receita, isto é, a obtenção de recursos patrimoniais; a gestão, que é a administração e conservação do patrimônio público; e finalmente a despesa, ou seja, o emprego de recursos patrimoniais para a realização dos fins visados pelo Estado.

Alberto Deodato[61] conceitua a *atividade financeira* como sendo "a procura de meios para satisfazer às necessidades públicas". E, justifica que

> essas necessidades são infinitas. De terras, de casas, de estradas, de ruas, de pontes, de navios, de defesa interna e externa, de justiça, de funcionários e trabalhadores. Um mundo, enfim, de bens e serviços... as suas funções não são mais apenas as de assegurar a ordem e a justiça, mas as de previdência e assistência. O zelo pela velhice e pela doença. Pela existência digna. Pela família. Tudo isso custa dinheiro.

---

[60] SOUSA, Rubens Gomes de. *Compêndio de Legislação Tributária*. 2. ed. Rio de Janeiro: Edições Financeiras, 1954. p. 4-5.
[61] DEODATO, Alberto. Op. cit. p. 1.

Para o argentino Giuliani Fonrouge,[62] a atividade financeira tem por finalidade tornar possível o cumprimento dos objetivos do Estado e se manifesta, fundamentalmente, nas receitas, nas despesas e na gestão dos bens e recursos públicos.

Já para o português José Manuel Cardoso da Costa,[63] com vista à satisfação das necessidades coletivas a seu cargo, têm o Estado e demais entes públicos de desenvolver uma extensa atividade tendente à obtenção de receitas e à realização de despesas, que é a atividade financeira. No Estado de Direito, esta atividade pública não é mais realizada de maneira desordenada e arbitrária, mas, sim, de acordo com as normas jurídicas. Nas palavras do professor da Faculdade de Direito de Coimbra, "é o conjunto destas normas, ou seja, das normas jurídicas que disciplinam a atividade financeira do Estado e entes públicos menores, que constitui o *direito financeiro*".

Na mesma linha, o Professor Catedrático da Faculdade de Direito de Lisboa Pedro Soares Martínez[64] ensina que as exigências da satisfação das necessidades econômicas de caráter público e de obtenção de meios indispensáveis à respectiva cobertura impõem ao Estado e às outras entidades públicas uma atividade com características próprias: *a atividade financeira*. Mas a atividade e os fenômenos que abrange não podem deixar de integrar elementos jurídicos, cujo complexo é designado por *direito financeiro*, que pode ser entendido como definição jurídica dos poderes das entidades públicas na obtenção e no emprego dos meios econômicos destinados à realização dos seus fins.

Por derradeiro, segundo José Casalta Nabais,[65] o direito financeiro é segmentado por três setores bem diversos, a saber: o direito das receitas, o direito das despesas e o direito da administração ou gestão financeira.

Neste momento, três conceitos que se influenciam mutuamente merecem distinção e destaque. A **atividade financeira** envolve a função de arrecadação, de gestão e de aplicação dos recursos estatais. Por sua vez, a **ciência das finanças** é o ramo do conhecimento que estuda os princípios e as leis reguladoras do exercício da atividade financeira estatal, sistematizando os fatos financeiros. E o **Direito Financeiro** é o ordenamento jurídico que disciplina a atividade financeira do Estado.[66]

1.4. NATUREZA E FUNÇÕES DA ATIVIDADE FINANCEIRA

Como se sabe, o Estado de Direito existe para ser um instrumento de efetivação das necessidades coletivas, classicamente compreendidas na expressão *bem-comum*. Para atender a tais intentos, a atividade financeira irá fornecer os recursos necessários. Portanto, as funções da **atividade financeira** se restringem a um papel meramente **instrumental**, ou seja, resumem-se a uma *atividade-meio*, relacionada à consecução dos objetivos estatais, a qual, por sua vez, consubstancia a *atividade-fim*. Mas nem por isso tem a sua importância diminuída, já que é graças ao *meio* que se pode atingir o *fim*.

---

[62] FONROUGE, Carlos María Giuliani. *Derecho Financiero*. 3. ed. Buenos Aires: Depalma, 1976. p. 4 e 11.
[63] COSTA, José Manuel M. Cardoso da. *Curso de Direito Fiscal*. Coimbra: Almedina, 1970. p. 1.
[64] MARTÍNEZ, Pedro Soares. *Elementos para um Curso de Direito Fiscal*. Lisboa: Centro de Estudos da Direcção-Geral das Contribuições e Impostos do Ministério das Finanças, 1971. p. 13-15.
[65] NABAIS, José Casalta. *Direito Fiscal*. 7.ed. Coimbra: Almedina, 2012. p. 32.
[66] BORGES, José Souto Maior. *Introdução ao Direito Financeiro*. São Paulo: Max Limonad, 1998. p. 28-29.

Nas palavras do argentino Horacio García Belsunce,[67] "a atividade financeira não é um fim do Estado, senão um meio de que se serve para o cumprimento dos seus objetivos".

Não devemos confundir as funções do Estado com as funções da atividade financeira. Enquanto aquele realiza uma atividade voltada a um fim próprio, razão da sua existência, qual seja, atender à coletividade, esta realiza uma atividade meramente instrumental, de fornecer os meios para tanto. Registre-se, porém, que a atividade financeira não é a única atividade instrumental do Estado. Juntamente com ela podemos identificar várias outras, como, por exemplo, a atividade regulatória.

Nesse mesmo sentido temos o entendimento de Giannini,[68] para quem a atividade financeira do Estado se distingue de outras atividades estatais, exatamente por não ser um fim em si mesma, isto é, não visa realizar, de forma direta ou indireta, a satisfação de uma necessidade coletiva, mas, sim, exerce uma função instrumental, porém de fundamental importância, na medida em que o seu funcionamento é condição indispensável para a realização das demais atividades.

Entretanto, essa natureza exclusivamente instrumental não deve ser aceita quando se distingue a atividade financeira fiscal da extrafiscal, afirma Dino Jarach.[69] Isso porque, segundo o autor, as finanças extrafiscais não se propõem à finalidade de cobrir financeiramente os gastos públicos, mas, sim, através dos meios financeiros, teriam finalidades públicas diretas (intervencionista ou regulatória).

Segundo José Souto Maior Borges,[70] entre a atividade financeira e a prestação de serviços públicos, constata-se uma relação de meios para fins. Segundo ele

> a atividade financeira consiste, em síntese, na criação, obtenção, gestão e dispêndio do dinheiro público para a execução de serviços afetos ao Estado. É considerada por alguns como o exercício de uma função meramente instrumental, ou de natureza adjetiva (atividade-meio), distinta das atividades substantivas do Estado, que visam diretamente a satisfação de certas necessidades sociais, tais como educação, saúde, construção de obras públicas, estradas etc. (atividades-fim).

Os **serviços públicos**, por sua vez, são as atividades que o Estado (representado pelo governo) realiza para satisfazer as necessidades públicas. Portanto, há uma correlação direta entre a atividade financeira, a prestação de serviços públicos e o atendimento das necessidades públicas.[71]

Os objetivos estatais, independentemente da política adotada pelos governantes, originam-se do texto constitucional adotado. No Brasil, logo os encontramos sintetizados no preâmbulo da Carta Constitucional de 1988. E, mais adiante, o art. 3º da Carta Maior estabelece expressamente como objetivos fundamentais da República Federativa do Brasil a construção de uma sociedade livre, justa e solidária; a garantia do desenvolvimento nacional; a erradicação da pobreza e da marginalização e a redução as desigualdades sociais e regionais;

---

[67] BELSUNCE, Horacio A. García. La ciencia de las finanzas públicas y la actividad financiera del Estado. *In:* BELSUNCE, Horacio A. García (Coord.). *Tratado de Tributación*, Tomo I, Derecho Tributario, vol. I. Buenos Aires: Astrea, 2003. p. 16.
[68] GIANNINI, Achile Donato. *Istituzioni di Diritto Tributario*. 8. ed. Milano: Giuffrè, 1960. p. 1.
[69] JARACH, Dino. *El hecho imponible*. Buenos Aires: Abeledo-Perrot, 1971. p. 27.
[70] BORGES, José Souto Maior. Op. cit. p. 38.
[71] VILLEGAS, Héctor B. *Curso de Finanzas, Derecho Financiero y Tributario*. Buenos Aires: Depalma, 1975. p. 7.

e, por fim, a promoção do bem de todos. E, ao longo do texto constitucional, identificamos os seus demais desígnios.

Diogo Leite de Campos[72] nos lembra de que

> o Estado de hoje ("pós-moderno") já não é o Estado dos "poderes", das sanções, das ordens a que se obedece sem se discutir. Antes de mais, assume uma função "promocional" pelo instrumento das "sanções positivas", dos incentivos, das recompensas que não visam (directamente) punir os actos socialmente indesejáveis, mas promover os socialmente desejáveis.

Para financistas clássicos, como Richard Musgrave,[73] atribuições estatais enquadram-se em três grandes categorias de objetivos: a) *promover ajustamentos na alocação de recursos*, principalmente no que se refere à satisfação das necessidades coletivas, pela participação do Governo em atividades diretamente produtivas ou estimulando o setor privado, através da concessão de subsídios e incentivos fiscais, visando ao desenvolvimento de determinados setores, especialmente os de infraestrutura; b) *promover ajustamentos na distribuição de renda*, corrigindo-se as desigualdades na repartição do Produto Nacional, utilizando-se principalmente a política fiscal; c) *manter a estabilidade econômica*, controlando-se não somente os investimentos e gastos públicos, bem como as despesas privadas, atenuando-se os impactos social e econômico de crises de inflação ou depressão, através do controle do crédito e da tributação.

Complementando, Maurice Duverger afirma que, "para este Estado moderno, as finanças públicas não são apenas um meio de assegurar a cobertura de suas despesas de administração; mas também, e sobretudo, constituem um meio de intervir na vida social, de exercer uma pressão sobre os cidadãos, para organizar o conjunto da nação".[74]

O italiano Mario Pugliese explica com clareza a natureza política e o conteúdo econômico da atividade financeira. Afirma que a natureza política dos fins estatais confere necessariamente natureza política aos procedimentos adotados para atingi-los, fazendo com que o fenômeno financeiro seja o resultado da aplicação de critérios políticos a uma determinada realidade econômica.[75]

O que se percebe é que a atividade financeira, apesar de ser meramente instrumental e acessória para a realização das atividades-fim do Estado, além de oferecer os meios para obtenção dos recursos financeiros, a respectiva gestão patrimonial e a aplicação de tais recursos na sociedade, atua de forma política, no sentido de oferecer ao Estado moderno os instrumentos necessários a possibilitar sua intervenção na sociedade.

Portanto, a atividade financeira é dotada, além da sua *função fiscal*, voltada para a arrecadação, a gestão e a aplicação de recursos, de uma *função extrafiscal* ou *regulatória*, que visa obter resultados econômicos, sociais e políticos, como controlar a inflação, fomentar a economia e a indústria nacional, redistribuir riquezas e reduzir a marginalidade e os desequilíbrios regionais.

---

[72] CAMPOS, Diogo Leite de. Por uma Evolução Fiscal na Conjuntura: Direito Português. *In*: MARTINS, Ives Gandra da Silva; POSIN, João Bosco Coelho (Orgs.). *Direito Financeiro e Tributário Comparado*. Estudos em Homenagem a Eusebio Gonzáles García. São Paulo: Saraiva, 2014. p. 683.

[73] MUSGRAVE, Richard A. *The Theory of Public Finance*. New York: McGraw-Hill, 1959, *apud* REZENDE, Fernando. *Finanças Públicas*. São Paulo: Atlas, 1978. p. 26.

[74] DUVERGER, Maurice. *Institutions Financières*. Paris: Presses Universitaires de France, 1960. p. 2.

[75] PUGLIESE, Mario. *Corso di Scienza delle Finanze*. Padova, 1938. p. 5, *apud* VILLEGAS, Héctor B. *Curso de Finanzas, Derecho Financiero y Tributario*. Buenos Aires: Depalma, 1975. p. 21.

1.5. CIÊNCIA DAS FINANÇAS

Para atingir seus objetivos, sejam os fiscais ou os extrafiscais, a atividade financeira dependerá da identificação, análise e compreensão de inúmeras variáveis, causas e efeitos. O estudo dessa atividade investigativa e de pesquisa é o objeto da **Ciência das Finanças**, que observa e descreve os fatos relevantes e inerentes à sociedade, à economia e à política, analisa abstratamente as causas e as consequências da sua realização, para, finalmente, indicar os meios ideais a fim de alcançar seus desígnios. Essa ciência vai além de uma análise puramente causal, pois busca identificar os efeitos da atividade financeira para, ao final, dizer como deve ser realizada.

A Ciência das Finanças, portanto, estuda os elementos que influenciam a obtenção de recursos financeiros, sua gestão e o emprego dos meios materiais (bens, serviços e dinheiro) na realização de uma das atividades do Estado: a atividade financeira.

Neste sentido, Geraldo Ataliba[76] esclarece que a ciência das finanças é "pré-legislativa", pois informa o legislador e lhe diz como elaborar uma lei (de direito financeiro) adequada.

De forma simples e didática, Alberto Deodato conceitua a ciência das finanças com sendo "a ciência que estuda as leis que regulam a despesa, a receita, o orçamento e o crédito público". Para esse clássico autor

> não envelheceu essa definição. O que se transformou foram as leis que regulam despesas, receitas, orçamentos e créditos públicos. Continuou, porém, a "Ciência das Finanças" a estudá-los, sob os novos ângulos das modernas concepções e novas finalidades do Estado.[77]

Esclarece Giuliani Fonrouge[78] que a ciência das finanças é necessariamente neutra, porque toda ciência tem como objetivo exclusivo o conhecimento e não a realização, a qual pertence ao poder político. Portanto, enquanto a ciência das finanças deve ser neutra, sob pena de prejudicar a própria investigação, a postura adotada pelo Estado, após a compreensão do conhecimento fornecido pela ciência das finanças, poderá ser interventiva ou não, segundo as suas convicções econômicas, políticas, sociais ou jurídicas.

Os estudos sobre a atividade financeira que influenciam a Ciência das Finanças de hoje vêm de longa data, iniciando-se desde a Antiguidade Clássica, com Xenofonte, Aristóteles, Cícero e outros. Na Idade Média tivemos as ideias de Tomás de Aquino, dando grande contribuição à matéria. No início da Idade Moderna, especialmente no período da Renascença, Maquiavel já tratava em sua obra sobre vários pontos a respeito das receitas financeiras. A partir do século XVI, identificam-se as influências dos *Mercantilistas*, com William Petty, David Hume, Jean Bodin e Colbert, dos *Cameralistas*, com Obrecht, Besold, Justi e outros e dos *Fisiocratas*, com Quesnay, Mirabeau, Turgot. No século XVIII, Adam Smith publica a célebre obra *A Riqueza das Nações*, em que dedica a quinta e última parte às finanças, estudos que lhe conferem o título de "pai" da Ciência das Finanças. Já em meados do século XIX, com o legado do liberalismo de Adam Smith, sobressaem-se os nomes de David Ricardo, Stuart Mill e J. B. Say. No século XX, de grande impacto foram as teorias de Keynes. No Brasil, nomes de influência foram os de Ferreira Borges, Ruy Barbosa, Amaro Cavalcanti, Alberto

---

[76] ATALIBA, Geraldo. *Apontamentos de Ciência das Finanças, Direito Financeiro e Tributário*. São Paulo: Revista dos Tribunais, 1969. p. 37.
[77] DEODATO, Alberto. Op. cit. p. 8.
[78] FONROUGE, Carlos María Giuliani. Op. cit. p. 4 e 16.

Deodato, Bilac Pinto, Rubens Gomes de Sousa, Aliomar Baleeiro, Amilcar Falcão, Gilberto de Ulhoa Canto, Geraldo Ataliba, José Souto Maior Borges, dentre outros.[79]

José Souto Maior Borges[80] registra que

> a atividade financeira é objeto material de estudo por diversas disciplinas de caráter científico. A Ciência das Finanças estuda os princípios e leis reguladoras do exercício da atividade financeira do Estado, sistematizando os fatos financeiros. Outras disciplinas que se preocupam com a atividade financeira do Estado são a Economia Financeira, a Política Financeira, a Técnica Financeira e o Direito Financeiro.

Existem três **disciplinas** que orientam a Ciência das Finanças: a) *Economia Financeira*, que estuda os fatores da riqueza à disposição do Estado e indica os recursos financeiros que este pode obter, retirando-os do próprio patrimônio ou do patrimônio do particular; b) *Política Financeira*, que estabelece as finalidades do Estado e indica o que constitui interesse público, escolhendo, para realizar aquelas finalidades, os meios financeiros mais adequados; c) *Técnica Financeira*, que estuda a atividade do Estado sob o ponto de vista da atuação prática das conclusões fornecidas pela economia financeira e pela política financeira, oferecendo métodos e processos para sua utilização sistemática.[81]

Nesse sentido, e lucidando o conteúdo da ciência das finanças e diferenciando-o das funções da política financeira e do direito financeiro, leciona Giuliani Fonrouge que a *Ciência das Finanças* trataria da distribuição dos gastos públicos e indicaria as condições de sua aplicação; a *política financeira* estudaria os fins a perseguir e os meios para a sua obtenção; e o *direito financeiro* estabeleceria as normas jurídicas para a realização da atividade financeira.[82]

Importante esclarecimento faz Geraldo Ataliba, para quem a norma é o único e essencial dado no Direito Financeiro, ao passo que, na Ciência das Finanças, a norma é apenas um dentre inúmeros outros dados. Segundo ele

> É nítida, total e radical a diferença entre a ciência das finanças e o direito financeiro. Este é o conjunto de normas jurídicas que regula a atividade financeira do estado. Aquele consiste num conjunto de princípios operativos (de índole econômica) e conceitos descritivos sobre a atividade financeira do estado, sob inúmeras perspectivas (política, sociológica, psicológica, ética, econômica, administrativa e jurídica) unitariamente consideradas.[83]

Com clareza, advertia Pontes de Miranda ao afirmar que "tem-se de distinguir do direito financeiro a matéria financeira. Finanças não são direito. Direito financeiro é direito, embora sobre finanças".[84]

A Ciência das Finanças, assim como as outras ciências, relaciona-se com as demais áreas do conhecimento humano que lhe afetam, a saber: a) *Economia Política*, que tem por objeto a

---

[79] BALEEIRO, Aliomar. Op. cit. p. 13-20.
[80] BORGES, José Souto Maior. *Introdução ao Direito Financeiro*. São Paulo: Max Limonad, 1998. p. 1.
[81] CAMPOS, Dejalma de. Op. cit. p. 29.
[82] FONROUGE, Carlos María Giuliani. Op. cit. p. 11-12.
[83] ATALIBA, Geraldo. *Apontamentos de Ciência das Finanças*. Direito Financeiro e Tributário. São Paulo: Revista dos Tribunais, 1969. p. 37-40.
[84] MIRANDA, Francisco Cavalcanti Pontes de. *Comentários à Constituição de 1967 com a Emenda n. 1 de 1969*. Tomo III. Rio de Janeiro: Forense, 1987. p. 164.

explicação causal da realidade social e econômica;[85] b) *História*, que estuda os fatos passados relacionados com as finanças públicas; c) *Estatística*, que ensina a registrar sistematicamente dados quantitativos referentes às finanças públicas; d) *Contabilidade*, que auxilia na elaboração do orçamento público, obedecendo a uma padronização necessária à sua utilização; e) *Direito*, que cria as normas jurídicas para a aplicação na atividade financeira do Estado.[86]

Assim, a partir das conclusões obtidas pelos estudos da Ciência das Finanças é que o legislador irá criar as normas do Direito Financeiro. Percebe-se, pois, que aquela é uma ciência eminentemente teórica, enquanto esta é uma ciência essencialmente aplicada.

1.6. DIREITO FINANCEIRO COMO ORDENAMENTO JURÍDICO E COMO CIÊNCIA

O **Direito Financeiro** é o ramo do Direito Público destinado a disciplinar a atividade financeira do Estado, ou seja, é o conjunto de normas que regula o relacionamento do Estado com o cidadão para arrecadar, gerir e aplicar os recursos financeiros, de acordo com o interesse público.

Segundo João Ricardo Catarino,[87] o Direito Financeiro "é a área do conhecimento que trata da definição jurídica dos poderes do Estado em sentido amplo, na obtenção e emprego dos meios patrimoniais destinados à realização dos seus fins próprios". E delineando a sua autonomia jurídica, Pedro Soares Martínez[88] afirma que "as normas financeiras são, e devem ser, orientadas segundo razões próprias, em dependência de princípios característicos, em obediência a um espírito inconfundível". Importante ressaltar que o Direito Tributário é considerado um ramo autônomo do Direito Financeiro, responsável por disciplinar todos os aspectos relativos à receita pública originária dos tributos, que é, apenas, uma das inúmeras fontes de financiamento do Estado regulada pelo Direito Financeiro, já que, como veremos adiante, existem outras fontes de receitas públicas, tais como aquelas originárias do próprio patrimônio estatal, da exploração de petróleo e de energia elétrica, do recebimento de heranças e legados e do pagamento de multas.

Assim, além de o Direito Financeiro englobar o Direito Tributário, trata também do *Direito Patrimonial Público*, que disciplina a utilização dos bens do Estado como fonte de receitas; do *Direito do Crédito Público*, que regula a emissão dos títulos públicos e a captação de empréstimos no mercado de capitais; do *Direito da Dívida Pública*, que disciplina o empenho até o pagamento das obrigações do Estado; do *Direito Orçamentário*, que traz as regras

---

[85] Até o século XIX, entre os economistas em geral era bastante comum o uso da expressão "Economia Política" para tratar de todos os aspectos da Economia, como se pode ver do título das seguintes obras: MILL, John Stuart. *Principles of Political Economy with some of their Applications to Social Philosophy*; SAY, Jean Baptiste. *Traité d'économie politique*.; MARX, Karl. *O Capital*: crítica da economia política; PARETO, Vilfredo. *Manual de Economia Política*. Mais recentemente, verifica-se um ressurgimento da expressão Economia Política como um ramo interdisciplinar das ciências sociais que tem por objeto o estudo da realidade social, dos fatores econômicos e dos elementos da riqueza existentes à disposição do Estado, a fim de identificar e utilizar os recursos financeiros do patrimônio público e particular que lhe estejam disponíveis. Além disso, e principalmente, tem por escopo definir as finalidades e prioridades estatais de acordo com o ambiente jurídico, econômico e social no qual se está inserido, elencando os meios financeiros mais adequados para a sua efetivação.

[86] CAMPOS, Dejalma de. Op. cit. p. 33.

[87] CATARINO, João Ricardo. *Finanças Públicas e Direito Financeiro*. 2. ed. Coimbra: Almedina, 2014. p. 20.

[88] MARTÍNEZ, Pedro Soares. Op. cit. p. 31.

para a elaboração dos orçamentos; e, finalmente, do *Direito das Prestações Financeiras*, que regula as transferências de recursos do Tesouro Nacional, como as subvenções a governos e a particulares, as participações no produto da arrecadação e os incentivos fiscais.

Embora o Direito Financeiro seja um ramo autônomo do Direito, dotado de princípios, conceitos, institutos e objetivos próprios, relaciona-se com outros ramos do Direito, como o Constitucional, o Civil, o Administrativo, o Penal, o Processual, o Internacional e outros, tendo no austríaco Von Myrbach-Rheinfeld o precursor dessa emancipação. Mas não podemos deixar de citar a contribuição dada pelos alemães Enno Becker, Klaus Tipke e Klaus Vogel; pelos italianos Giannini, Griziotti, Vanoni e Berliri; pelos americanos Musgrave, Pechman e Buchanan; pelos argentinos Giuliani Fonrouge e Dino Jarach; e, no Brasil, Ruy Barbosa, Aliomar Baleeiro, Amilcar Falcão, Rui Barbosa Nogueira, Flavio Novelli, Rubens Gomes de Sousa, Gilberto de Ulhoa Canto, Ricardo Lobo Torres, José Marcos Domingues de Oliveira, Regis Fernandes de Oliveira, Ives Gandra da Silva Martins, Hugo de Brito Machado dentre outros. Contemporaneamente, temos uma nova geração de juristas que vem contribuindo muito com o desenvolvimento dos estudos do Direito Financeiro, com destaque para Kiyoshi Harada, José Maurício Conti, Heleno Taveira Tôrres, Fernando Facury Scaff, Humberto Ávila, Estevão Horvath, Luís Eduardo Schoueri, Francisco Jucá, Marcus Lívio Gomes, Gustavo da Gama e outros.

O Direito Constitucional brasileiro influencia sobremaneira o Direito Financeiro, porque é da Constituição que se extraem as principais normas financeiras, previstas de forma minuciosa. A Constituição, especialmente entre os arts. 70 e 75 e 145 a 169, dispõe sobre o sistema financeiro e tributário nacional, traz a repartição das receitas financeiras, cria as limitações ao poder de tributar, disciplina o orçamento e a fiscalização financeira. É, aliás, na Constituição Federal de 1988, no seu art. 24, inciso I, que temos o fundamento da autonomia do Direito Financeiro, ao prescrever que: "Compete à União, aos Estados e ao Distrito Federal legislar concorrentemente sobre: I – direito tributário, financeiro, penitenciário, econômico e urbanístico".

Por meio das normas do Direito Administrativo é que o Estado irá atender às necessidades públicas e realizará sua função. Por possuir o mesmo sujeito de direito – o Estado –, o Direito Financeiro sofre grande influência dos princípios e regras do Direito Administrativo. No mesmo sentido, sofre influências do Direito Penal, que apresenta as normas sobre os crimes financeiros e tributários; do Direito Processual, ao disciplinar os instrumentos de cobrança dos tributos ou de defesa dos direitos do cidadão perante o Estado (ação de execução fiscal; ação anulatória; mandado de segurança e afins); e do Direito Internacional, para tratar das questões decorrentes dos Tratados e Convenções Internacionais.

Mas o Direito Civil também tem relações próximas com o Direito Financeiro, especialmente no que se refere à interpretação do Direito Tributário, existindo três posições doutrinárias a respeito: a) *autonomia do Direito Tributário*, que clama pela consideração da teoria da interpretação econômica do tributo, em que o Direito Tributário formaria seus próprios conceitos, independente do Direito Civil, por ser uma relação de poder, tendo em Enno Becker, Trotabas e Vannoni seus defensores; b) o *primado do Direito Civil*, de índole positivista e conceptualista; c) *equilíbrio*, em que os conceitos de Direito Tributário são os mesmos do Direito Civil, em homenagem à unidade do Direito, com ênfase na apreciação sistêmica do ordenamento, valorizando a interpretação pluralística, tendo em Tipke um de seus grandes defensores.[89]

O Direito Financeiro, como **ordenamento jurídico**, é um sistema normativo objetivo (pautado em regras positivadas), deôntico (indicando como *devem ser* as atividades financei-

---

[89] TORRES, Ricardo Lobo. *Curso de Direito Financeiro e Tributário*, Op. cit. p. 17-19.

ras) e axiológico (pautado nos valores do Estado Democrático de Direito). É no seu conjunto de normas que encontramos as regras e os princípios para a realização da receita pública, sua gestão e a despesa pública. Mas como **ciência** é o ramo do Direito que vai buscar na justiça, na ética e na moral o fundamento valorativo para a criação e interpretação de suas normas. Assim, é no atendimento das necessidades públicas que encontramos a origem das normas financeiras.

A **Ciência das Finanças** é essencialmente informativa. A atividade financeira é dotada de diversos aspectos, como o psicológico, o econômico e o contábil, que influenciam a criação da norma financeira. Busca identificar no seio da sociedade os fenômenos econômicos ideais para servir de incidência de alguma norma tributária. Estuda as efetivas necessidades da sociedade, de acordo com o interesse público, para serem atendidas dentro das funções do Estado. Depois de identificadas as necessidades, redigem-se as normas financeiras, ganhando, a partir daí, sua codificação como Direito Financeiro. Como sintetizou Geraldo Ataliba,[90] "a partir dos ensinamentos fornecidos pela ciência das finanças, decide a política como deve elaborar a disciplina da obtenção de meios para o Estado, o que fará por meio de instrumento adequado: o direito".

Assim, ao passar de manancial informativo referencial (identificação das necessidades públicas) a ordenamento jurídico posto (direito financeiro), a ciência das finanças se transforma em ordenamento jurídico.

1.7. AUTONOMIA DO DIREITO FINANCEIRO E SUA RELAÇÃO COM OUTRAS DISCIPLINAS

Para determinar se uma ciência jurídica é dotada de **autonomia**, precisamos encontrar um conjunto de normas que permitam criar um regime jurídico específico, com características, elementos e institutos típicos, conferindo-lhe uma identidade comum e um objetivo próprio. Devemos, pois, perceber sua unicidade e homogeneidade, formando um sistema normativo ordenado, permitindo ao operador do Direito aplicar seus comandos de maneira coordenada.

Esclareça-se, entretanto, que a autonomia de um ramo do Direito não significa vê-lo isoladamente ou desconsiderar a unidade do Direito, tal como adverte Estevão Horvath:[91] "o Direito é uno e os seus diversos 'ramos' coexistem, convivem simultaneamente". Aliás, já ensinava Soares Martínez[92] que:

> A autonomia de qualquer ramo de conhecimento poderá envolver uma ideia de isolamento, de independência, relativamente a quaisquer outros. Mas tal isolamento, tal independência, não deve ser considerada em termos absolutos. Não há ramos de conhecimento que prescindam de ligações e dependências. Por maioria de razão, dentro da ordem jurídica tem de se encontrar uma unidade incompatível com qualquer ideia de autonomia absoluta de algum, ou alguns, de seus ramos.

---

[90] ATALIBA, Geraldo. *Natureza Jurídica da Contribuição de Melhoria*. São Paulo: Revista dos Tribunais, 1964. p. 13.

[91] HORVATH, Estevão. Direito Financeiro versus Direito Tributário. Uma Dicotomia Desnecessária e Contraproducente. *In:* HORVATH, Estevão; CONTI, José Maurício; SCAFF, Fernando Facury (Org.). *Direito Financeiro, Econômico e Tributário*: Estudos em Homenagem a Regis Fernandes de Oliveira. São Paulo: Quartier Latin, 2014. p. 157.

[92] MARTÍNEZ, Pedro Soares. *Direito Fiscal*. 10. ed. Coimbra: Almedina, 2003. p. 8.

Não há dúvida de que o Direito Financeiro é um ramo do **Direito Público**, conjunto de normas responsável pelo relacionamento entre o Estado e a coletividade. Porém, por muito tempo o Direito Financeiro foi enquadrado dentro do Direito Administrativo e tinha o Direito Tributário como subárea não autônoma.[93] Hoje, porém, graças à evolução dessa ciência e à importância que assume perante os demais ramos do Direito, o sistema jurídico brasileiro confere ao Direito Financeiro a necessária unidade.

Assim, recorrendo mais uma vez à lição de Estevão Horvath:[94]

> Nessa linha de raciocínio, por exemplo, o Direito Financeiro é autônomo relativamente ao Direito Administrativo, tanto científica quanto didaticamente. Possui esta parte do ordenamento jurídico princípios próprios e, embora os diversos pontos que constituem o seu objeto (Receitas Públicas, Despesa Pública, Orçamento, Dívida Pública, especialmente) não possam ser analisados exatamente com a utilização dos mesmos métodos, aqueles princípios (como o da legalidade, o da supremacia do interesse público sobre o particular, o da indisponibilidade dos bens e interesses públicos, *v.g.*) aplicam-se a todos os mencionados itens componentes da disciplina. A mesma sorte acompanha o Direito Tributário, que também é autônomo com referência ao Direito Financeiro e, num segundo grau, ao Direito Administrativo.

Se iniciarmos nossa análise a partir da **Constituição Federal de 1988**, encontraremos nela todo um conjunto de princípios e regras capazes de dar ao Direito Financeiro um contorno próprio. Assim, no inciso I do seu art. 24, temos a atribuição de *competência concorrente* à União, aos Estados e ao Distrito Federal para legislarem sobre o Direito Financeiro ao lado de outros ramos do Direito, como o Tributário, o Penitenciário e o Urbanístico. Além disso, no art. 48, a Constituição atribui ao Congresso Nacional dispor sobre sistema tributário, arrecadação, distribuição de rendas, plano plurianual, diretrizes orçamentárias, orçamento anual e operações de crédito. Estipula, ainda, no art. 70, que a fiscalização contábil, financeira, orçamentária, operacional e patrimonial da União e das entidades da administração direta e indireta, quanto à legalidade, legitimidade, economicidade, aplicação das subvenções e renúncia de receitas, será exercida pelo Congresso Nacional, mediante controle externo, e pelo sistema de controle interno de cada Poder. No art. 163, estabelece que a Lei Complementar disporá sobre finanças públicas, dívida pública externa e interna, incluídas as das autarquias, fundações e demais entidades controladas pelo Poder Público, emissão e resgate de títulos da dívida pública e fiscalização financeira da Administração Pública direta e indireta. Já o art. 164, que trata dos aspectos monetários, concede à União a competência para emitir moeda, sendo exercida exclusivamente pelo Banco Central. Finalmente, entre os arts. 165 e 169, identificamos o que se convencionou denominar "Constituição Orçamentária", ao prever que leis de iniciativa do Poder Executivo estabelecerão o plano plurianual, as diretrizes orçamentárias e os orçamentos anuais.

No plano infraconstitucional, há diversas normas gerais próprias do Direito Financeiro, dentre as quais podemos destacar duas. A **Lei nº 4.320 de 1964**, que disciplina as

---

[93] Segundo as palavras de Aliomar Baleeiro: "O Direito Financeiro, à semelhança do Administrativo, é ramo do Direito público. Para alguns juristas, ele se enquadra no Direito Administrativo. Mas, para a maioria dos escritores contemporâneos, deve ser havido como ramo autônomo, a despeito de suas conexões com aquela disciplina jurídica" (*Uma Introdução à Ciência das Finanças*. 15. ed. Rio de Janeiro: Forense, 1997. p. 34).

[94] HORVATH, Estevão. Op. cit. p. 163.

normas gerais de Direito Financeiro para elaboração e controle dos orçamentos e balanços da União, dos Estados, dos Municípios e do Distrito Federal, e a **Lei Complementar nº 101 de 2000**, denominada Lei de Responsabilidade Fiscal, que estabelece as normas de finanças públicas para a responsabilidade na gestão fiscal. Estas duas leis oferecem ao Direito Financeiro as normas gerais para execução de suas funções e para a elaboração das suas leis específicas, especialmente a lei orçamentária anual, a lei de diretrizes orçamentárias e a lei do plano plurianual.

A partir desses dispositivos, é inegável conceber o Direito Financeiro como uma disciplina jurídica autônoma, dotada de método, princípios e regras exclusivas, com um objetivo comum e finalidade própria. Porém, apesar dessa sua autonomia, é uma ciência que necessariamente se relaciona com outros ramos do Direito, tais como o Tributário, o Administrativo, o Processual Civil, o Penal, o Civil e o Internacional.

A relação do Direito Financeiro com o **Direito Administrativo** é estreita, uma vez que este ramo do Direito, além de regular a estrutura, as atribuições e a organização da Administração Pública, disciplina as relações jurídicas que se instauram entre os órgãos e agentes públicos e a coletividade. Portanto, no exercício das funções estatais, toda a atividade financeira – que é realizada por agentes públicos – será desempenhada segundo os princípios e regras do Direito Administrativo.

Inegável também sua relação com o **Direito Tributário**, já que este ramo jurídico do Direito deriva do Direito Financeiro e há não muito tempo nem sequer eram segmentados. Hoje, porém, o Direito Tributário pode ser considerado como a ciência que regula uma das principais formas de receitas públicas: o tributo.

Identificamos com o **Direito Privado** relações próximas ao Direito Financeiro, já que aquele ramo do Direito cria inúmeros institutos jurídicos que serão utilizados quando da instauração das relações entre o Estado e o particular. Assim é que no campo das receitas teremos a utilização das normas sobre títulos de créditos que darão origem aos títulos da dívida pública e a sua negociação no mercado; no campo das despesas, encontraremos a formação de contratos de fornecimento de bens ou de serviços para o Estado.

Com o **Direito Penal** podemos destacar as normas sobre os crimes contra as finanças públicas e contra o Sistema Tributário Nacional, especialmente aquelas que tratam dos atos irregulares dos agentes públicos na administração financeira e aquelas contra a sonegação fiscal. Nessa linha, temos as normas sobre a responsabilização dos agentes públicos em caso de malversação do Erário, que foram introduzidas pela Lei nº 10.028 de 2000.[95] Diz-se, inclusive, que a doutrina moderna aceita a existência de um Direito Penal Financeiro.[96]

---

[95] Alguns exemplos de crimes contra as finanças públicas são: a) Deixar de apresentar e publicar o Relatório de Gestão Fiscal, no prazo e com o detalhamento previsto na lei (LRF, arts. 54 e 55; Lei nº 10.028/2000, art. 5º, inciso I). Pena: multa de 30% dos vencimentos anuais (Lei nº 10.028/2000, art. 5º, inciso I e § 1º), além da proibição de receber transferências voluntárias e contratar operações de crédito, exceto as destinadas ao pagamento da dívida mobiliária (LRF, art. 51, § 2º); b) Ultrapassar o limite de Despesa Total com Pessoal em cada período de apuração (LRF, arts. 19 e 20). Pena: cassação do mandato (Decreto-Lei nº 201, art. 4º, inciso VII); c) Expedir ato que provoque aumento da despesa com pessoal nos cento e oitenta dias anteriores ao final do mandato do titular do respectivo Poder ou órgão (LRF, art. 21). Pena: nulidade do ato (LRF, art. 21, parágrafo único) e reclusão de um a quatro anos (Lei nº 10.028/2000, art. 2º); d) Conceder garantia sem o oferecimento de contragarantia determinada pela lei (LRF, art. 40, § 1º). Pena: detenção de três meses a um ano (Lei nº 10.028/2000, art. 2º).

[96] TORRES, Ricardo Lobo. Op. cit. p. 21.

Na solução de conflitos de interesses surgidos entre o Estado e o particular na esfera financeira, teremos o **Direito Processual Civil**, estabelecendo as regras e criando os instrumentos para a sua solução. Assim, este ramo do direito traz a disciplina do contencioso na cobrança de dívidas fiscais, para a correção da conduta dos agentes públicos no exercício das atividades financeiras e também para a identificação e determinação de condutas ilícitas, após o devido processo legal. Além de oferecer os princípios básicos aos regulamentos que criam as normas sobre o *processo administrativo fiscal*, influencia sobremaneira os institutos que disciplinam os direitos fundamentais do cidadão durante o exercício da atividade financeira pelos agentes públicos, proporcionando ao particular os meios e instrumentos para garantir, defender e fazer valer seus direitos. Assim, temos as normas do Código de Processo Civil (Lei nº 13.105/2015), que traz as medidas judiciais que propiciam o questionamento perante o Poder Judiciário de atos irregulares, ilegais ou inconstitucionais, ou ainda as cobranças indevidas; a Lei do Mandado de Segurança (Lei nº 12.016/2009), para proteger direito líquido e certo em face de ato ilegal ou exercido com abuso de poder por parte de uma autoridade pública; a Lei de Execução Fiscal (Lei nº 6.830/1980), para a cobrança pelo Estado das dívidas fiscais.

Não podemos deixar de lembrar a relação do Direito Financeiro com o **Direito Internacional**, uma vez que este estabelece e disciplina as relações entre as nações, e, por consequência, influencia no momento da contratação de empréstimos externos ou na negociação de contratos internacionais, especialmente aqueles que se submetem às regras de Tratados e Convenções Internacionais dos quais o Brasil é signatário.

1.8. DIREITO FINANCEIRO E DIREITO TRIBUTÁRIO

O Direito Financeiro e o Direito Tributário são especialidades jurídicas que se comunicam, mas não se confundem. Na realidade, o Direito Financeiro, disciplina que tem por objeto a atividade financeira do Estado, foi a origem do Direito Tributário, tal como se diz, no relato bíblico, que Eva foi criada a partir de uma costela de Adão. Apesar disso, a relação entre ambas nunca deixou de existir, afinal, o Direito Financeiro e o Direito Tributário são especialidades jurídicas interdependentes e que se comunicam contínua e simbioticamente. Esse último, por sua vez, cuida de apenas uma dentre as várias espécies de receitas estatais sobre as quais versam as finanças públicas: a receita tributária.[97]

Para Fernando Facury Scaff,[98]

> No imaginário dos juristas o Direito Tributário limita a arrecadação; o Direito Financeiro busca a melhor utilização dos recursos arrecadados em prol do bem comum. Um é vinculado a uma ideia individual, de retirada de dinheiro do bolso privado; o outro é vinculado a uma ideia de bem público, de satisfação de necessidades públicas.

E, tomando de empréstimo a bela metáfora construída por Nelson Saldanha[99] - o qual, em texto memorável, poeticamente dualizou o público e o privado, denominando o lado

---

[97] Na lição de Sacha Calmon Navarro Coêlho, "o Direito Tributário cuida especificamente das receitas derivadas do patrimônio particular transferidas para o tesouro público mediante 'obrigações tributárias' previstas em lei" (COÊLHO, Sacha Calmon Navarro. *Curso de Direito Tributário Brasileiro*. 7. ed. Rio de Janeiro: Forense, 2004. p. 34).

[98] SCAFF, Fernando Facury. *Crônicas de Direito Financeiro*. Tributação, Guerra Fiscal e Políticas Públicas. São Paulo: Conjur, 2016. p. 15-19.

[99] SALDANHA, Nelson. *O Jardim e a Praça*: ensaio sobre o lado privado e o lado público da vida social e histórica. Porto Alegre: Sergio Antonio Fabris, 1986.

privado da vida de "jardim" e o lado público, de "praça" –, Scaff compara as relações existentes entre o Direito Financeiro e o Tributário, afirmando que

> o Direito Tributário representa o *jardim*, o que se esconde no recôndito da casa, no bolso das pessoas, nas contas correntes, na contabilidade das empresas; e o Direito Financeiro corresponderia à *praça*, onde se debatem as questões públicas, onde o orçamento público é discutido e votado, onde a Lei de Responsabilidade Fiscal limita os gastos a serem efetuados em itens orçamentários que muitas vezes necessitam de maior investimento público. As questões financeiras são de Estado, colocadas a público; as tributárias dizem respeito aos financiadores destes gastos.

O argentino Alejandro Altamirano[100] sintetiza, afirmando que o Direito Tributário é o setor do Direito Público cujo objeto de estudo são as normas que dispõem sobre tributos em todas as suas espécies e as relações decorrentes que se originam entre o Estado e os contribuintes, inclusive as normas relativas à aplicação, cumprimento e fiscalização das obrigações tributárias.

Se o Direito Financeiro é o ramo jurídico que orienta e regula toda a atividade financeira do Estado, que envolve as funções de arrecadar, gerir e gastar os recursos públicos, e inserida na primeira delas está a receita tributária, disciplinada pelo Direito Tributário, é razoável indagar, como pertinentemente faz Estevão Horvath,[101] por que esta disciplina jurídica não integra o campo do Direito Financeiro? E responde:

> A sua resposta é simples: por mera convenção. Da mesma forma que se convencionou destacar o Direito Financeiro do Direito Administrativo, entendeu-se por bem "criar" o Direito Tributário, para melhor se estudar a atividade tributária do Estado. Esta, por sua vez, é constituída da instituição, fiscalização e arrecadação de tributos.

Luciano Amaro[102] assevera que

> dado o extraordinário desenvolvimento do direito atinente aos tributos, ganhou foros de "autonomia" o conjunto de princípios e regras que disciplinam essa parcela da atividade financeira do Estado, de modo que é possível falar no direito tributário, como ramo "autônomo" da ciência jurídica, segregado do direito financeiro.

Por sua vez, Sacha Calmon Navarro Coêlho[103] afirma que

> o Direito Tributário, pela sua enorme importância, se desligou do Direito Financeiro, deixando de ser "atividade estatal" regrada juridicamente, para tornar-se "relação jurídica" entre sujeitos de direito em plano de igualdade. A sua inserção no Direito Financeiro vem do pretérito, até porque os primeiros tributaristas eram economistas ou administrativistas estreitamente ligados ao Estado.

E, conforme ensina Nicola D'Amati,[104]

---

[100] ALTAMIRANO, Alejandro C. *Derecho Tributario*: parte general. Buenos Aires: Marcial Pons Argentina, 2012. p. 28.
[101] HORVATH, Estevão. Op. cit. p. 157.
[102] AMARO, Luciano. *Direito Tributário Brasileiro*. 12. ed. São Paulo: Saraiva, 2006. p. 1.
[103] COÊLHO, Sacha Calmon Navarro. Op. cit. p. 34.
[104] D'AMATI, Nicola. El Derecho Tributario. **In:** AMATUCCI, Andrea (Dir.). *Tratado de Derecho Tributario*. T. I. Bogotá: Temis, 2001. p. 56.

a doutrina tradicional, considerando heterogêneas as instituições pertencentes ao Direito Financeiro, estimou conveniente, de acordo com um critério sistemático, assumir como objeto de uma doutrina jurídica distinta, aquela parte do Direito Financeiro que se refere à imposição e cobrança de tributos, cujas normas, efetivamente, se prestam para ordenar-se em um sistema científico, como aquelas que regulam, de maneira orgânica, uma matéria bem definida: a relação jurídico-tributária, sua origem e sua aplicação.

Porém, além da sua importância, desenvolvimento, complexidade, ou da mera convenção de ordem pragmática ou didática, podemos agregar outras justificativas para esse desdobramento disciplinar, de modo a fundamentar a ascensão do Direito Tributário à categoria de especialidade jurídica autônoma.

Primeiramente, é importante lembrar que, enquanto o Direito Financeiro tem em suas normas um destinatário próprio, isto é, o administrador público – no exercício do seu *munus* na atividade financeira –, o Direito Tributário disciplina a relação jurídica entre o cidadão e o Estado (Fazenda Pública), limitando o seu poder de tributar, para garantir o respeito aos direitos fundamentais do contribuinte.

Noutras palavras, o Direito Financeiro irá normatizar todos os atos e procedimentos para a realização da arrecadação pública em sentido amplo, a gestão desses recursos, o respectivo gasto público, e a elaboração e execução do orçamento público, constituição e gestão da dívida pública, tudo isso parametrizado por princípios específicos e por normas como a Lei Geral dos Orçamentos (Lei nº 4.320/1964), a Lei de Responsabilidade Fiscal (LC nº 101/2000), dentre outras, direcionando a conduta daqueles servidores públicos que agem em nome do Estado durante a realização da atividade financeira. Por sua vez, o Direito Tributário estabelecerá as normas de uma relação jurídica específica – a relação tributária – entre o cidadão e o Estado, pautada por princípios jurídicos específicos da tributação, como a legalidade tributária, a capacidade contributiva, a anterioridade, a progressividade, o não confisco etc. Assim, como bem destaca Sacha Calmon,[105] "a ênfase do Direito Tributário centra-se na 'relação jurídica' e não na 'atividade estatal' de obtenção de receitas. Não é Direito do Estado, é relação jurídica entre sujeitos de direito sob os auspícios da legalidade e da igualdade".

Além de destinatários distintos, devemos considerar que a relação tributária contém em si um latente estado de conflito entre a Fazenda Pública e o cidadão, circunstância potencializada pelo fato de que a tributação é, inequivocamente, uma exceção ao princípio da propriedade privada, sendo o tributo, hoje, a principal fonte de receitas públicas. Basta lembrarmos que a tributação abusiva de certos governantes ensejou inúmeras revoluções ao longo da história da humanidade para chegarmos à inexorável conclusão de que um ramo do Direito específico, científica e metodologicamente autônomo para disciplinar esta relação, há muito tempo se fez necessário.

Ilustrando a complexidade desta relação, o jurista Ives Gandra da Silva Martins[106] já chegou a afirmar ser a norma tributária uma norma de rejeição social, e que, sem a sanção, dificilmente seriam adimplidas as obrigações inseridas nos comandos existentes. Segundo ele, "o tributo é, por excelência, veiculado por normas de rejeição social. Dada a complexidade inerente ao crescimento da vida em sociedade, dificilmente a obrigação de recolher o tributo seria cumprida sem sanção".

---

[105] COÊLHO, Sacha Calmon Navarro. Op. cit. p. 34.
[106] MARTINS, Ives Gandra da Silva. *Teoria da imposição tributária*. 2. ed. São Paulo: LTr, 1998. p. 129.

No entanto, como bem salientou Aliomar Baleeiro,[107]

> a lenta e secular evolução da democracia, desde a Idade Média até hoje, é marcada pela gradual conquista do direito de os contribuintes autorizarem a cobrança de impostos e do correlato direito de conhecimento de causa e escolha dos fins em que serão aplicados. Da Carta Magna e das revoluções britânicas do século XVII às revoluções americana e francesa do século XVIII, há uma longa e penosa luta para conquista desses direitos que assinalam a íntima coordenação de fenômenos financeiros e políticos.

Nesta linha, nos ensina Ricardo Lobo Torres[108] que "o Direito Tributário se afirma a partir das equações representadas pelo equilíbrio entre liberdade e justiça e entre direitos fundamentais e capacidade contributiva".

Ora, se o Estado é chamado a dar efetividade às normas constitucionais e a assumir cada vez mais políticas públicas que atendam às necessidades coletivas, a outra face da moeda só pode ser a premência de recursos financeiros para fazer frente a estes gastos.[109] Assim, como o Estado contemporâneo tem nos tributos a sua principal fonte de receitas, a Administração buscará cada vez mais sofisticar o seu sistema tributário visando ampliar a arrecadação, seja a partir da criação de novas espécies tributárias ou pela majoração das já existentes, além de afinar os meios de recuperação do crédito fiscal. Portanto, a necessidade crescente de recursos originários da tributação faz emergir, infelizmente, uma mentalidade arrecadatória por parte de agentes do Fisco, e eventuais desconsiderações das garantias do contribuinte pela própria Administração Tributária passam a ser fatos comuns.

Portanto, este cenário conduz à necessidade de o Estado brasileiro (e seu ordenamento jurídico) possuir um ramo do direito autônomo, suficientemente complexo e capaz de normatizar as relações jurídicas de natureza tributária e atender aos anseios do cidadão-contribuinte, com a garantia dos seus direitos fundamentais na realização da atividade tributária.

A propósito, na lição de Marco Aurélio Greco,[110]

> o Direito Tributário é, talvez, o único ramo do Direito com data de nascimento definida. Embora, antes disso, existam estudos sobre tributação, especialmente no âmbito da Ciência das Finanças, pode-se dizer que foi com a edição da Lei Tributária Alemã de 1919 que o Direito Tributário começou a ganhar uma conformação jurídica mais sistematizada. Embora o tributo, em si, seja figura conhecida pela experiência ocidental há muitos séculos, só no século XX seu estudo ganhou uma disciplina abrangente, coordenada e com a formulação de princípios e conceitos básicos que o separam da Ciência das Finanças, do Direito Financeiro e do Administrativo.

No Brasil, identificamos o desenvolvimento do Direito Tributário como disciplina autônoma e metodologicamente estruturada, descolando-se de vez do Direito Financeiro, a partir da década de 1960, tendo como marcos normativos a edição da Emenda Constitucional

---

[107] BALEEIRO, Aliomar. *Uma introdução à ciência das finanças*. 15. ed. Rio de Janeiro: Forense, 1997. p. 80.
[108] TORRES, Ricardo Lobo. A Legitimação da Capacidade Contributiva e dos Direitos Fundamentais do Contribuinte. *In:* SCHOUERI, Luís Eduardo (Coord.). *Direito Tributário* – Homenagem a Alcides Jorge Costa. São Paulo: Quartier Latin, 2003. p. 430-434.
[109] ABRAHAM, Marcus. *Common Law* e os Precedentes Vinculantes na Jurisprudência Tributária. *Revista Nomos*, v. 34, n. 1, jan./jun. 2014. p. 157.
[110] GRECO, Marco Aurélio. *Contribuições*: uma figura sui generis. São Paulo: Dialética, 2000. p. 147.

nº 18/1965, que reorganizou o sistema tributário brasileiro, e com a Lei nº 5.172/1966, que instituiu o Código Tributário Nacional, diploma hoje com quase 60 anos de vigência em nosso ordenamento jurídico.[111]

A discussão sobre a autonomia e a distinção entre Ciência das Finanças, Direito Financeiro e Direito Tributário não assumiu aspectos somente teóricos. No próprio percurso histórico de implantação dos cursos de Direito no Brasil, tal debate apresentou reflexos concretos na elaboração do currículo das faculdades.

Tal fato já era reconhecido por Ruy Barbosa Nogueira[112] em manifestação feita no ano de 1960, ao afirmar categoricamente:

> O primeiro problema jurídico-tributário que se apresenta em nosso país é exatamente o da escassez do ensino e consequentemente da elaboração quer doutrinária, quer jurisprudencial, do Direito Tributário. Enquanto a realidade econômica e o fenômeno da tributação se agigantam em nosso país, até hoje as Faculdades de Direito não criaram, no currículo acadêmico, a cadeira de Direito Tributário.

Pois bem, no alvorecer da República, a matéria "Ciência das Finanças" foi inserida no currículo dos cursos de direito nacionais (juntamente com a "contabilidade do Estado"), por meio do art. 5º do Decreto do Governo Provisório nº 1.232-H, que aprovava o regulamento das Instituições de Ensino Jurídico no Brasil.[113] Em 1895, adveio a Lei nº 314[114], que reorganizou o ensino das Faculdades de Direito e confirmou, no 3º ano, a disciplina "Ciência das finanças e contabilidade do Estado" como continuação de "Economia Política", que era lecionada no 2º ano.

Em 1962, por meio do Parecer nº 215 do então Conselho Federal de Educação, a disciplina assume o nome atual, "Direito Financeiro e Finanças", como integrante do currículo mínimo dos cursos de Direito. Com a Resolução nº 3, de 25 de fevereiro de 1972, o Conselho Federal de Educação introduz nova alteração, sendo agora a matéria "Ciência das Finanças

---

[111] Nestas quase seis décadas, foi possível assistir aos efeitos do tempo e do legislador sobre o CTN. Merece lembrança a mudança de fundamento constitucional do sistema tributário nacional, da Emenda Constitucional nº 18/1965 para a Constituição Federal de 1988, que recepcionou o Código materialmente como Lei Complementar. Não podemos nos esquecer também das alterações que ocorreram nesse período em diversos dos seus artigos, tais como aquelas mais remotas, decorrentes do Decreto-lei nº 406/1968, que suprimiram as regras relativas ao ICMS e ao ISS (hoje regulados pela LC nº 87/1996 e LC nº 116/2003), assim como as mais recentes, derivadas da Lei Complementar nº 143/2013, que modificaram as normas sobre os fundos de participação, critérios de distribuição de recursos, cálculo e pagamento de quotas aos Estados e Municípios. Tivemos também as relevantes mudanças introduzidas pela Lei Complementar nº 104/2001 (com normas antielisivas, regras sobre parcelamento e dação em pagamento etc.), pela Lei Complementar nº 118/2005 (com novas regras sobre a recuperação do crédito tributário, sobre a interpretação do prazo prescricional para repetição do indébito etc.) e pela Lei Complementar nº 194/2022 (classificação de combustíveis, gás natural, energia elétrica, comunicações e o transporte coletivo como bens e serviços essenciais e indispensáveis, que não podem ser tratados como supérfluos).

[112] NOGUEIRA, Ruy Barbosa. *Direito Financeiro*: curso de Direito Tributário. 3. ed. São Paulo: José Bushatsky, 1971. p. 19.

[113] BRASIL. *Decretos do Governo Provisório da República dos Estados Unidos do Brazil*. Primeiro fascículo (de 1 a 31 de janeiro de 1891). Decreto nº 1.232-H, de 2 de janeiro de 1891. Rio de Janeiro: Imprensa Nacional, 1891. p. 6.

[114] Disponível em: <http://www2.camara.leg.br/legin/fed/lei/1824-1899/lei-314-30-outubro-1895-540752-publicacaooriginal-41651-pl.html>. Acesso em: 29/09/2024.

e Direito Financeiro (Tributário e Fiscal)" uma disciplina meramente optativa, ou seja, cuja oferta não era obrigatória.[115]

Somente em 1994 o Direito Tributário, agora já separado do Direito Financeiro, passa a ser uma matéria obrigatória (matéria profissionalizante), isto é, componente do currículo mínimo do curso de Direito.[116] Em 29 de setembro de 2004, a Resolução nº 9 do Conselho Nacional de Educação (Câmara de Educação Superior) – que veicula as diretrizes curriculares atuais da graduação em Direito em todo o País – manteve o Direito Tributário, em seu art. 5º, inciso II, como matéria integrante do Eixo de Formação Profissional obrigatório, mas, naquele momento, deixou de incluir o Direito Financeiro propriamente dito como disciplina obrigatória.[117]

Todavia, o Ministério da Educação, em 15 de abril de 2021, publicou no Diário Oficial da União (Edição: 70, Seção: 1, Página: 580) a homologação do Parecer CNE/CES nº 757/2020, da Câmara de Educação Superior do Conselho Nacional de Educação, aprovando a alteração do art. 5º da Resolução CNE/CES nº 5, de 17/12/2018, que institui as Diretrizes Curriculares Nacionais do curso de graduação em Direito. A alteração teve por fim incluir o Direito Financeiro no rol de disciplinas jurídicas de conteúdo essencial, tornando-a obrigatória nos cursos de graduação em Direito (juntamente com o Direito Tributário), e deixando de ser facultativo o seu oferecimento pelas Faculdades. Por sua vez, o Conselho Federal da Ordem dos Advogados do Brasil, em 05/04/2022, aprovou a inclusão do Direito Financeiro na prova objetiva do Exame de Ordem a partir da edição XXXVIII.

Hoje, o Direito Financeiro, juntamente com o Direito Tributário, assume a sua fundamental função no ordenamento jurídico brasileiro na realização do que podemos denominar de *justiça fiscal em sentido amplo*, oferecendo ao cidadão e aos governos os mecanismos necessários para a criação de uma sociedade mais digna e justa.

1.9. PODER FINANCEIRO DO ESTADO

Um dos principais destinatários das normas do Direito Financeiro é o Estado, que, através da sua soberania, exerce o poder financeiro. A soberania indica, tradicionalmente, que não há força superior no ordenamento normativo interno ou externo. Tal poder, entretanto, não é absoluto ou ilimitado, mas, ao contrário, decorre das normas jurídicas, especialmente aquelas de foro constitucional, que atribuem ao Estado a função de administrar a Fazenda Pública, assim entendida objetivamente como o conjunto de recursos e obrigações de natureza financeira destinados a atender às necessidades públicas.

Subjetivamente, a **Fazenda Pública** confunde-se com a própria pessoa jurídica titular desse direito, que poderá ser a União, os Estados, os Municípios ou o Distrito Federal. O Estado não teria como realizar seus fins sem dispor de recursos econômicos suficientes. Para tanto, lança mão do poder soberano de criar normas que vêm a regular as formas de arrecadação, de gestão e de aplicação de recursos financeiros de acordo com os interesses da sociedade. Esse poder soberano, no Estado democrático, limita-se a criar as normas jurídicas. A partir daí, nasce outra relação, agora já não derivada da soberania, mas sim fundada em uma pura relação jurídica, decorrente dos fundamentos do Estado de Direito.

---

[115] RODRIGUES, Horácio Wanderley. *Novo currículo mínimo dos cursos jurídicos*. São Paulo: Revista dos Tribunais, 1995. p. 42-43.

[116] BRASIL. Ministério da Educação. Portaria nº 1.886/94. Disponível em: <http://www.oab.org.br/visualizador/20/legislacao-sobre-ensino-juridico>. Acesso em: 29/09/2024.

[117] Disponível em: <http://portal.mec.gov.br/cne/arquivos/pdf/rces09_04.pdf>. Acesso em: 29/09/2024.

Esclarecendo essa relação, Rubens Gomes de Sousa[118] afirma que

> o Estado utiliza-se da sua soberania tão somente para fazer lei; até esse ponto, trata-se efetivamente de uma relação de soberania, porque somente o Estado tem o poder de fazer lei; mas uma vez promulgada a lei, cessam os efeitos da soberania, porque o Estado democrático, justamente por não ser autoritário, fica ele próprio submetido às leis que promulga.

Se, por um lado, o cidadão deve contribuir pagando tributos, ele o fará de acordo com a lei. E, por outro, o Estado somente poderá utilizar esses recursos conforme estabelecido na norma. Portanto, o **poder financeiro** no Estado de Direito decorre da lei e à lei se submete.

Nesse sentido, para Bernardo Ribeiro de Morais,[119]

> o Estado possui dupla fisionomia: em primeiro lugar, apresenta-se como criador do direito, como elaborador e tutelador da norma jurídica no interesse da coletividade; em segundo lugar, apresenta-se como sujeito de direitos e obrigações, submetendo-se à ordem jurídica por ele criada.

A dualidade existente entre as funções do Estado como criador do ordenamento jurídico e como sujeito de direito deste é exposta por Ezio Vanoni:[120]

A natureza daquela dualidade revela-se evidentemente a quem considera a natureza da atividade financeira. O Estado, que para realizar os seus fins tem necessidade de bens econômicos, põe em ação uma atividade orientada no sentido da obtenção de tais bens; e o ordenamento jurídico, ou seja, o Estado em sua função legiferante, garante o exercício de tal atividade.

A relação jurídico-financeira é uma relação obrigacional *ex lege* e não uma relação de poder.[121] O Estado não exercita a atividade de arrecadação de receitas de maneira arbitrária; ao contrário, o faz dentro da legalidade e utiliza a capacidade contributiva das pessoas como parâmetro de equidade. Entretanto, para fazê-lo, deve ser dotado da supremacia que lhe permita dirigir a política econômico-social do país e exigir dos particulares determinados comportamentos.[122]

A capacidade contributiva se revela na medida da condição de cada um em pagar o tributo. Ilustrativamente, essa condição se demonstra na Curva de Laffer (ou na alegoria traduzida na "lei do morcego inteligente"),[123] que se identifica com um meio círculo virado

---

[118] SOUSA, Rubens Gomes de. *Compêndio de Legislação Tributária*, cit., 1954. p. 49.
[119] MORAES, Bernardo Ribeiro de. *Doutrina e Prática do Imposto de Indústrias e Profissões*. São Paulo: Max Limonad, 1964. p. 139-140.
[120] VANONI, Ezio. *Natureza e Interpretação das Leis Tributárias*. Trad. Rubens Gomes de Sousa. Rio de Janeiro: Financeiras, 1932. p. 115.
[121] BORGES, José Souto Maior. Op. cit. p. 21.
[122] Leciona Héctor Villegas que (tradução nossa): "O poder de império, em virtude do qual a atividade financeira é exercida, pode ser chamado de 'poder financeiro'. Sua maior e mais típica manifestação encontra-se na autoridade que o Estado tem para exigir contribuições coercitivas dos indivíduos que estão sob sua jurisdição (autoridade tributária), mas essa não é sua única manifestação (...)" (VILLEGAS, Héctor B. *Curso de Finanzas, Derecho Financiero y Tributario*. Buenos Aires: Depalma, 1975. p. 30).
[123] Em 13/09/1974, o economista Arthur Laffer desenhou em um guardanapo, em um encontro com políticos norte-americanos em um restaurante de Washington, a sua teoria econômica sobre tributação para demonstrar o ponto de equilíbrio ideal entre a carga fiscal e a arrecadação. Sua teoria encontra-se também ilustrada na popularmente conhecida "lei do morcego inteligente", em que os morcegos prudentes sabem a

para baixo. Conforme as alíquotas do tributo sobem, a arrecadação total vai subindo com elas. Entretanto, essa situação vai até o ponto em que a curva chega à sua máxima altura. A partir daí, a curva começa a descer. Ou seja, depois do ponto máximo, quanto mais se majoram os tributos, menor se revela a arrecadação.[124]

Portanto, mesmo a lei que se origina do poder soberano estatal será elaborada a partir de valores inerentes ao Estado Democrático de Direito. E o poder financeiro, decorrente dessas leis, igualmente será exercido seguindo esses parâmetros.

1.10. FEDERALISMO FISCAL BRASILEIRO

Tema sobremaneira relevante no Direito Financeiro brasileiro, diante do modelo federativo[125] adotado pelo nosso país, é o **federalismo fiscal**, expressão financeira da forma com que os entes federativos – União, Estados, Distrito Federal e Municípios – se organizam e se relacionam na realização do seu *munus*, enfrentando e harmonizando cooperativamente as tensões decorrentes de uma estrutura heterogênea, diante de uma multiplicidade de interesses e das diferenças regionais de natureza cultural, social e econômica.

O Brasil é estruturado como **Estado Federal**[126] desde a formação da República, quando a Constituição de 1891, inspirada no modelo norte-americano, adotou o arquétipo federativo dual (União e Estados), ao afirmar: "a República Federativa, proclamada a 15 de novembro de 1889, constitui-se, por união perpétua e indissolúvel das suas antigas Províncias, em Estados Unidos do Brasil" (art. 1º).[127] Por sua vez, a Constituição Federal

---

exata quantidade de sangue que podem sugar de um boi a cada dia. Esse volume seria o máximo suficiente para suprir suas necessidades de alimentação e o mínimo possível para que o boi possa recompô-la até a sugada seguinte. Morcegos gulosos, segundo a lei, sugam sangue demais, matam o boi de fraqueza e acabam morrendo depois, de inanição.

[124] SANTI, Eurico Marcos Diniz de (coord.). Op. cit. p. 11-12.

[125] O termo "federal" é derivado do latim *foedus, foederis*, que significa "pacto", "aliança", "tratado".

[126] Os Estados podem se organizar de duas formas: a) *Estados Simples*, conhecidos também por Estados Unitários, dotados de um único centro de poder, com uniformidade orgânica e normativa; b) *Estados Compostos*, estruturados a partir de duas ou mais entidades políticas, podendo ter as seguintes espécies: União Pessoal, União Real, Confederação e Federação. As duas primeiras são variações de Estados Monárquicos. A terceira representa a união contratual de Estados soberanos para a realização de um fim comum. Já nos *Estados Federados* não há soberania das suas unidades, mas apenas autonomia política e administrativa de cada ente integrante, organizados e estruturados, essencialmente, a partir de uma repartição de competências constitucionalmente distribuídas, de maneira equilibrada e harmônica (ZIMMERMANN, Augusto. *Teoria Geral do Federalismo Democrático*. Rio de Janeiro: Lumen Juris, 2005. p. 14-15). Paulo Gustavo Gonet Branco identifica as características que se destacam na federação: primeira, a soberania do Estado Federal, com autonomia dos Estados-membros (descentralização do poder), a partir da incidência de ordens jurídicas distintas (União, Estados e Municípios) no mesmo território; segunda, a existência de uma Constituição Federal que confere fundamento de validade para as ordens jurídicas estaduais e municipais; terceira, a distribuição constitucional de competências de maneira sistematizada e harmônica, com atribuição de funções e recursos para a sua realização por parte dos integrantes; quarta, a participação dos entes descentralizados na vontade Federal; quinta, a inexistência de direito de secessão, em face da ausência de soberania dos Estados-membros e pela indissolubilidade do laço federativo; sexta, a centralização da solução de conflitos, com, inclusive, possibilidade de intervenção federal (MENDES, Gilmar Ferreira; BRANCO, Paulo Gustavo Gonet. *Curso de Direito Constitucional*. 7. ed. São Paulo: Saraiva, 2012. p. 856-860).

[127] Esclareça-se que a nossa federação não nasceu de uma coalizão, mas do desdobramento de um Estado unitário. Especificamente em relação às receitas tributárias, a formação da federação interessava sobremaneira

de 1988 estabeleceu nossa atual estrutura federativa contemplando a União, os Estados, o Distrito Federal e os Municípios ao prescrever que: "A República Federativa do Brasil, formada pela união indissolúvel dos Estados e Municípios e do Distrito Federal, constitui-se em Estado Democrático de Direito [...]" (art. 1º). Todos os entes federativos são dotados de autonomia na sua organização político-administrativa (art. 18), manifestada pela capacidade de auto-organização, de autogoverno e de autoadministração, inserida, nesta última, a necessária autonomia financeira.

Sobre o perfil do federalismo que se formou no Brasil, explica José Afonso da Silva[128] que:

> Os limites de repartição regional e local de poderes dependem da natureza e do tipo histórico de federação. Numas, a descentralização é mais acentuada, dando-se aos Estados federados competências mais amplas, como nos Estados Unidos. Noutras, a área de competência da União é mais dilatada, restando limitado campo de atuação aos Estados-membros, como tem sido no Brasil, onde a existência de competências exclusivas dos Municípios comprime ainda mais a área estadual.

Conforme assinala o Ministro do STF Ricardo Lewandowski, "a nova Magna Carta adotou o denominado 'federalismo cooperativo', em que se registra o entrelaçamento de competências e atribuições governamentais, caracterizado por uma repartição vertical e horizontal de competências, aliado à partilha de recursos financeiros".[129] E conclui:

> Provavelmente, a característica mais relevante do Estado Federal – pelo menos a que apresenta maiores consequências de ordem prática –, ao lado da questão da distribuição de competências, seja atribuição de rendas próprias às unidades federadas. Com efeito, é indispensável que o partícipe da federação, que exerce a sua autonomia dentro de uma esfera de competências própria, seja contemplado com a necessária contrapartida financeira para fazer face às obrigações decorrentes do exercício pleno de suas atribuições.[130]

Na lição de Reinhold Zippelius,[131] o federalismo cooperativo em sentido estrito traz consigo a ideia de uma "obrigação ao entendimento" (*Verständigungszwang*), ou seja, a necessidade de que os entes federativos se harmonizem mutuamente e até mesmo aceitem compromissos entre si. Para Tércio Sampaio Ferraz Júnior,[132] a expressão *federalismo solidário* exige, pois, como condição de efetividade, a cooperação entre os entes federados, tanto no sentido vertical quanto horizontal.

às províncias mais desenvolvidas do Sul e do Sudeste exportadoras, que buscavam desonerar a incidência fiscal sobre suas atividades; em contrapartida, às regiões menos desenvolvidas do Norte, Nordeste e Centro-Oeste foram oferecidas representações mais do que proporcionais ao que efetivamente lhes caberiam de vagas no Poder Legislativo.

[128] SILVA, José Afonso da. *Curso de Direito Constitucional Positivo*. 35. ed. São Paulo: Malheiros, 2012. p. 477.
[129] Voto no julgamento do RE nº 572.762-9. p. 2 (18/06/2008).
[130] LEWANDOWSKI, Enrique Ricardo. *Pressupostos materiais e formais da intervenção federal no Brasil*. São Paulo: Revista dos Tribunais, 1994. p. 20-21.
[131] ZIPPELIUS, Reinhold. *Teoría General del Estado*. Traducción directa del alemán por Héctor Fix-Fierro. México D. F.: Universidad Nacional Autónoma de México, 1985. p. 397.
[132] FERRAZ JR., Tércio Sampaio. Guerra Fiscal, Fomento e Incentivo na Constituição Federal. *In*. SCHOUERI, Luis Eduardo (Coord.). *Direito tributário*: estudos em Homenagem a Brandão Machado. São Paulo: Dialética, 1998. p. 278.

Edilberto Pontes Lima[133] esclarece que:

> O federalismo pode ser analisado segundo duas grandes categorias, o político e o fiscal. Enquanto o federalismo fiscal trata da divisão de responsabilidades sobre receitas, despesas e transferências entre os diversos entes federativos, o federalismo político diz respeito, principalmente, à divisão de responsabilidades administrativas e políticas de cada esfera de governo.

Destacando a importância da autonomia financeira dos entes em nosso modelo federativo, José Maurício Conti[134] leciona:

> O Brasil é uma federação, e o respeito à autonomia dos entes que a compõem é fundamental para a sustentação deste sistema. Entre os vários aspectos que se desdobra a autonomia dos entes federados, a autonomia financeira ocupa papel de destaque. Os entes federados, especialmente os chamados "entes subnacionais" (Estados, Distrito Federal e Municípios) precisam dispor de recursos suficientes para fazer frente as suas despesas, e sem depender dos demais, particularmente da União. A verdadeira, efetiva e imprescindível autonomia financeira depende, pois, do binômio "suficiência" e "independência" dos recursos financeiros.

Numa federação como a brasileira, não há hierarquia entre os seus membros,[135] e as atribuições distribuídas pela Constituição aos entes precisam ser claras e rígidas para evitar a ocorrência de conflitos de competência, seja pela invasão indevida na atribuição de um ente por outro, seja pela omissão e recusa dos entes em realizar uma determinada atividade cuja competência não foi claramente distribuída. No art. 21, a Constituição conferiu as atribuições exclusivas (privativas) da União, e no art. 30 as dos Municípios, deixando para os Estados a competência remanescente ao estabelecer no § 1º do art. 24 que "são reservadas aos Estados as competências que não lhes sejam vedadas por esta Constituição". Já no art. 23, temos as competências comuns (paralelas) da União, dos Estados e dos Municípios. Por sua vez, no art. 24 encontramos a competência concorrente entre União, Estados e Municípios para legislar sobre as matérias lá relacionadas, sendo que a competência da União limitar-se-á a estabelecer normas gerais (§ 1º), não excluindo a competência suplementar dos Estados (§ 2º). Inexistindo lei federal sobre normas gerais, os Estados exercerão a competência legislativa plena, para atender a suas peculiaridades (§ 3º), porém, a superveniência de lei federal sobre normas gerais suspende a eficácia da lei estadual, no que lhe for contrário (§ 4º).

Para garantir a plena e efetiva realização das funções distribuídas a cada um dos entes federativos, a Carta Constitucional lhes assegura fontes próprias de recursos financeiros, que advêm, essencialmente, da partilha patrimonial (de bens públicos e de recursos naturais), da competência tributária para a instituição e cobrança de tributos e das transferências financeiras intergovernamentais obrigatórias e voluntárias, a partir de um sistema de partilha e repasse de receitas.[136] Nesse sentido, afirma Antônio Roberto Sampaio Dória que:

---

[133] LIMA. Edilberto Carlos Pontes. *Curso de Finanças Públicas*: uma abordagem contemporânea. São Paulo: Atlas, 2015. p. 154-155.
[134] CONTI, José Maurício. *Levando o Direito Financeiro a Sério*. São Paulo: Blucher, 2016. p. 13.
[135] A possibilidade de intervenção da União nos Estados e Municípios, e dos Estados nos Municípios, prevista nos arts. 34 e 35 da Constituição é medida cautelar, excepcional e extraordinária, não constituindo qualquer significação de superioridade.
[136] BASTOS, Celso. *Por uma Nova Federação*. São Paulo: Revista dos Tribunais, 1995. p. 108-109.

O poder político, distribuído pelas camadas da federação, encontra seu necessário embasamento na simultânea atribuição de poder financeiro, sem o qual de pouco vale: autonomia na percepção, gestão e dispêndio das rendas próprias.[137]

A necessidade de recursos para as entidades da federação é exposta na bem elaborada síntese que formula José Maurício Conti:[138]

> As entidades descentralizadas que, unidas, compõem a Federação têm, necessariamente, que dispor de recursos suficientes para se manter, o que implica fontes de arrecadação que independem da interferência do poder central, constituindo esta uma característica fundamental do Estado Federal. Em geral, há, como já mencionado, duas formas de assegurar a autonomia financeira: a primeira é a atribuição de competência para a instituição de tributos; outras são as transferências intergovernamentais asseguradas pelo Texto Constitucional, com cláusulas que assegurem o fiel cumprimento deste dispositivo.

A respeito da mencionada *competência tributária*, esclarece Hugo de Brito Machado[139] que o princípio da competência é aquele pelo qual a entidade tributante há de restringir sua atividade de tributação àquela matéria que lhe foi constitucionalmente destinada. No Brasil, temos um sistema tributário rígido, no qual as entidades dotadas de competência tributária têm, definido pela Constituição, o âmbito de cada tributo, vale dizer, a matéria de fato que pode ser tributada.

Já quanto às *transferências financeiras intergovernamentais*, esclarece Emerson Gomes[140] que elas constituem repasses de recursos financeiros entre entes descentralizados de um Estado, ou entre estes e o poder central, com base em determinações constitucionais, legais ou, ainda, em decisões discricionárias do órgão ou da entidade concedente, com vistas ao atendimento de determinado objetivo genérico (tais como a manutenção do equilíbrio entre encargos e rendas ou do equilíbrio inter-regional) ou específico (tais como a realização de um determinado investimento ou a manutenção de padrões mínimos de qualidade em um determinado serviço público prestado).

Não se pode esquecer dos recursos decorrentes das receitas patrimoniais, no que Fernando Facury Scaff[141] denominou de *federalismo fiscal patrimonial*, que trata do rateio das receitas originárias que envolvem a exploração do patrimônio público, seja o que advém da exploração de recursos naturais (energia elétrica, produção mineral etc.), seja o das receitas dos programas de desestatização ou de fontes semelhantes.

Assim, o **federalismo fiscal**, originário do pacto federativo brasileiro, consiste na distribuição constitucional da partilha de recursos patrimoniais e das competências financeiras e tributárias para legislar, fiscalizar e cobrar recursos, assim como a redistribuição de

---

[137] DÓRIA, Antônio Roberto Sampaio. *Discriminação de Rendas Tributárias*, cit. p. 11.
[138] CONTI, José Maurício. *Federalismo fiscal e fundos de participação*. São Paulo: Juarez de Oliveira, 2001. p. 16.
[139] MACHADO, Hugo de Brito. *Curso de Direito Tributário*. 29. ed. São Paulo: Malheiros, 2008. p. 40.
[140] GOMES, Emerson Cesar da Silva. Fundamentos das Transferências Intergovernamentais. *Direito Público*, Vol. 1, nº 27, maio/jun. 2009. p. 79.
[141] SCAFF, Fernando Facury. Federalismo Fiscal Patrimonial e Fundos de Equalização. O Rateio dos Royalties do Petróleo no Brasil. *In*: HORVATH, Estevão; CONTI, José Maurício; SCAFF, Fernando Facury (Org.). *Direito Financeiro, Econômico e Tributário*: Estudos em Homenagem a Regis Fernandes de Oliveira. São Paulo: Quartier Latin, 2014. p. 181.

receitas entre os entes federados, no sentido de conferir a cada ente condições para realizar suas respectivas atribuições públicas, igualmente estabelecidas na Carta Constitucional.[142]

Na lição de José Marcos Domingues de Oliveira:

> Define-se federalismo fiscal como o conjunto de providências constitucionais, legais e administrativas orientadas ao financiamento dos diversos entes federados, seus órgãos, serviços e políticas públicas tendentes à satisfação das necessidades públicas nas respectivas esferas de competência.[143]

A estrutura de Estado Federal de um país com as dimensões do Brasil e com as diferenças socioeconômicas regionais impõe atenção para alguns aspectos tidos para nós como extremamente sensíveis, tais como: a) o equilíbrio entre atribuições distribuídas aos entes federativos e os recursos financeiros para a sua realização (fins e meios); b) critérios justos e ideais de distribuição de recursos entre entes desiguais; c) a excessiva concentração de poder fiscal nas mãos da União em prejuízo dos Estados e Municípios; d) o balanceamento entre as competências tributárias e as transferências financeiras intergovernamentais; e) o imprescindível exercício da competência tributária pelos entes federativos; f) o jogo democrático no processo orçamentário; e g) o imperioso respeito ao instrumento de lei complementar como veículo instituidor de normas gerais em matéria financeira.

Primeiramente, para que essa estrutura federativa do Estado brasileiro seja adequada para todo o país e para os seus cidadãos, deve haver um necessário equilíbrio entre as responsabilidades e funções constitucionalmente atribuídas a cada um dos entes federativos e os recursos financeiros a eles dedicados; afinal, como diz o brocardo, "quem dá os fins, dá os meios", ou, em outra formulação, "a Constituição não dá com a mão direita para tirar com a esquerda". Do contrário, não se atingirá o objetivo final da nação: o atendimento das necessidades do povo e a realização do Bem Comum. Conferir um rol de atribuições e responsabilidades aos Estados e Municípios – um poder-dever estatal de realizar – sem fornecer recursos suficientes para a sua efetivação é frustrar o próprio texto constitucional.

Em relação aos critérios de distribuição de recursos para os entes subnacionais, em um país de grande extensão territorial e com desigualdades regionais de ordem econômica, social e cultural tão evidentes, devemos indagar se os critérios e a metodologia hoje utilizados para a distribuição das competências tributárias e para as transferências intergovernamentais são adequados e suficientes para atender aos objetivos constitucionais, em especial àqueles insculpidos no art. 3º da Constituição.

A esse respeito, José Maurício Conti[144] destaca que a distribuição de recursos na Federação tem importância fundamental e pondera, em relação ao sistema tributário, que este deve ser justo não apenas sob o ponto de vista da relação fisco-contribuinte, mas também quanto à distribuição dos recursos entre os membros da Federação, para que as receitas sejam estabelecidas de modo que destine os recursos para onde sejam mais úteis e necessários, advertindo que o modelo deve, ainda, ter flexibilidade suficiente para que se façam as adaptações às transformações ocorridas com o decorrer do tempo, de modo que mudanças

---

[142] ABRAHAM, Marcus. *As Emendas Constitucionais Tributárias e os Vinte Anos da Constituição Federal de 1988*, cit. p. 230-231.
[143] OLIVEIRA, José Marcos Domingues de. Federalismo fiscal brasileiro, *Revista Nomos*, Fortaleza, Universidade Federal do Ceará, v. 26, jan./jun. 2007. p. 137-143.
[144] CONTI, José Maurício. *Federalismo fiscal*. Barueri: Manole, 2004. p. 8-9 da apresentação.

tecnológicas, econômicas, sociais, populacionais, culturais exijam novas distribuições de encargos e recursos.

De fato, a distribuição das competências tributárias entre Estados e Municípios, fixada nos arts. 145 a 156-B da Constituição, foi desenhada a partir de critérios históricos e políticos e com alguma racionalidade fiscal. Todavia, ao estabelecer homogeneamente as competências, em que todos os entes têm direito igualmente a instituir aqueles determinados impostos, deixa de levar em consideração as realidades próprias e as disparidades existentes entre eles, especialmente aquelas de ordem econômica e demográfica. Isto é, na medida em que é horizontalmente atribuída a competência de forma homogênea, porém, incidente em bases econômicas e demográficas distintas, e sem levar em consideração elementos como renda *per capita*, densidade populacional e desenvolvimento urbano, econômico e social, origina-se uma clara desigualdade arrecadatória entre os entes federativos, diante da existência de diferenças entre as unidades economicamente mais fracas e as que detêm maior desenvolvimento da base econômica e maior potencial arrecadatório.

As dificuldades inerentes ao modelo de distribuição de competência tributária são bem sintetizadas por Manoel Gonçalves Ferreira Filho:[145]

> Tal técnica, porém, apresenta como inconveniente o fato óbvio de que a diferença de condições econômicas entre regiões de um mesmo todo faz com que a mesma matéria tributável seja rendosa para um Estado e não o seja para outro. Com efeito, um imposto sobre produção agrícola, por exemplo, não renderá num Estado industrializado e assim por diante.

Igual preocupação temos em relação aos critérios de distribuição de recursos das transferências intergovernamentais, mecanismo instituído para, ao reconhecer as disparidades regionais e a incapacidade arrecadatória de alguns entes, reduzir financeiramente o desequilíbrio fiscal entre eles e permitir que possam exercer suas atribuições mais adequadamente. Entretanto, ainda que sejam levados em consideração critérios como renda e população, como ocorre com os Fundos de Participação dos Estados (FPE) e Municípios (FPM), apenas estas variáveis, a nosso ver, não são suficientes para atender as peculiaridades de cada região e ente.

Neste sentido, Heleno Taveira Torres,[146] ao examinar o modelo das transferências governamentais indiretas, não obstante reconhecer a importância do instituto, apresenta sua crítica aos critérios utilizados, ao afirmar que "os meros índices de população e renda, mantidos, para a nossa surpresa, pela LC nº 143/2013 (FPE e FPM), de nenhum modo realizam o projeto constitucional do federalismo cooperativo de equilíbrio e dirigismo transformador projetado pelo constituinte de 1988".

Destacamos, também, a preocupação quanto ao desequilíbrio do poder fiscal entre os três entes federativos, uma vez que a indesejada concentração do poder no federalismo fiscal brasileiro em favor da União, em detrimento dos Estados e Municípios, propicia negativas consequências, tais como: a) o enfraquecimento do processo democrático decorrente da luta entre as forças políticas regionais e a central; b) uma indesejada competição fiscal – vertical e horizontal – entre os entes federativos, conhecida como "guerra fiscal"; c) a incapacidade de o governo central exercer satisfatoriamente sua função coordenadora em todo o território,

---

[145] FERREIRA FILHO, Manoel Gonçalves. *Curso de Direito Constitucional*. 31. ed. São Paulo: Saraiva, 2005. p. 71.

[146] TORRES, Heleno Taveira. *Direito Constitucional Financeiro* – Teoria da Constituição Financeira. São Paulo: Revista dos Tribunais, 2014. p. 294.

gerando práticas autônomas dos governos regionais e locais incompatíveis com o interesse nacional; d) a minimização dos processos de redução das desigualdades regionais e do estímulo ao desenvolvimento social e econômico local.

Historicamente, podemos identificar uma alternância cíclica entre períodos de concentração e desconcentração do poder no federalismo brasileiro, com desdobramento direto na sua face financeira – o *federalismo fiscal*. Em finais do século XIX, a federação brasileira foi criada, com a proclamação da República, para solucionar o problema administrativo originário da dimensão do país e das diferenças regionais. Portanto, nasceu num processo de "desdobramento" de um Estado Unitário. Até 1930, período que conhecemos por República Velha, por conta de uma economia essencialmente exportadora de produtos primários, especialmente de café, o poder do governo central não era representativo. No período seguinte, que foi até 1946 – denominado de Estado Novo –, percebe-se uma forte centralização nas mãos da União, sob o comando de Getúlio Vargas. Após, identifica-se novo ciclo de desconcentração com a promulgação da nova Constituição democrática. Todavia, com a ascensão do poder militar em 1964, instaura-se um novo período de concentração do poder político-financeiro, que se seguiu até meados da década de 1980, quando então se deu o início da abertura política e o novo processo de redemocratização, que culminou com a Constituição Federal de 1988, fortalecendo a participação dos Estados e dos Municípios e conferindo a eles relevante participação no financiamento e nos gastos públicos. Naquele momento, consolidava-se a nova descentralização fiscal. Entretanto, após inúmeras emendas constitucionais que modificaram o projeto original (aumento da arrecadação através das contribuições de competência da União, criação e perpetuação do mecanismo da DRU[147] etc.), podemos dizer que se vivencia hoje um novo processo de concentração de poder fiscal para a União.[148]

A crítica de Regis Fernandes de Oliveira[149] é clara:

> No Brasil, hoje, o pacto fiscal está torto. Há manifesto desequilíbrio em favor da União. A esta devem ser atribuídos recursos suficientes e necessários para atender as suas finalidades precípuas, quais sejam, segurança externa do país, representação diplomática, justiça federal, manutenção da estrutura burocrática dos Ministérios e da Administração Direta, recursos instrumentais para pagamento de seus servidores e da manutenção de seus equipamentos, prédios etc. O mais é de ser repassado a Estados e Municípios, uma vez que destes é a dívida maior.

Igual preocupação manifestou Manoel Gonçalves Ferreira Filho[150]:

---

[147] O mecanismo constitucional da *Desvinculação de Receitas da União* (DRU) foi instituído – art. 76 do ADCT – para permitir que, originalmente, 20% (vinte por cento) das receitas vinculadas da União fossem destinadas de maneira flexível, propiciando uma alocação mais adequada de recursos orçamentários, além de não permitir que determinados itens de despesas fiquem com excesso de recursos vinculados, enquanto outras áreas apresentam carência de recursos, possibilitando, ao final, o financiamento de despesas incomprimíveis sem endividamento adicional da União. Já em 08 de setembro de 2016, através da EC nº 93, a DRU foi majorada para 30% e prorrogada até 31/12/2023 (prorrogada até 31/12/2024 pela EC nº 126/2022), sendo estendido o mecanismo de desvinculação de receitas também para os Estados, para o Distrito Federal (DRE) e para os Municípios (DRM). A EC nº 132/2023 prorrogou a DRE e a DRM para 31/12/2032.

[148] ABRAHAM, Marcus. *As Emendas Constitucionais Tributárias e os Vinte Anos da Constituição Federal de 1988*, cit. p. 230-235.

[149] OLIVEIRA, Regis Fernandes. *Curso de Direito Financeiro*. 6. ed. São Paulo: Revista dos Tribunais, 2014. p. 111.

[150] FERREIRA FILHO, Manoel Gonçalves. Op. cit. p. 77.

A divisão de rendas é, no dizer de Durand (v. *Confédération d'États et État fédéral*), a pedra de toque da Federação, pois é a medida da autonomia real dos Estados-Membros. Na verdade, essa partilha pode reduzir a nada a autonomia, pondo os Estados a mendigar auxílios da União, sujeitando-os a verdadeiro suborno. Como a experiência americana revela, pelo concurso financeiro, a União pode invadir as competências estaduais, impondo sua intromissão em troca desse auxílio.

A **guerra fiscal** é um desdobramento negativo de um modelo de federalismo fiscal que ainda não encontrou um ponto ideal de equilíbrio, revelando um conflito na federação e um abalo no ideal cooperativo. Caracteriza-se pela disputa entre entes federativos na busca da atração de investimentos, empreendimentos e recursos privados para o seu território, a partir da concessão de incentivos fiscais, com o objetivo de gerar mais renda, empregos, crescimento econômico e desenvolvimento local. Pode se dar pela renúncia fiscal na isenção ou na postergação do pagamento de impostos, doação de terrenos ou de equipamentos para instalação do empreendimento, financiamento e crédito com juros subsidiados etc. Assim, por exemplo, oferece-se uma alíquota mais reduzida de um determinado tributo para que se instale, no território de um ente federado, uma empresa, indústria ou empreendimento, e não em outro, onde a alíquota seria maior. Nas palavras de Misabel Derzi,[151]

> nossas Administrações Tributárias são competidoras desconfiadas e estão imbuídas das mesmas pretensões: atração de investimentos e/ou manutenção da arrecadação necessária. Instalou-se, entre nós, uma guerra fiscal sem precedentes que, em lugar de reduzir a carga e a regressividade do sistema, acentua-os.

A competição na guerra fiscal pode ser *horizontal* (típica), quando envolver entes federativos de mesmo nível ou estatura, e *vertical* (atípica), quando níveis distintos – mais altos e baixos – de governo são concorrentes, e neste caso, se revela na busca pela concentração de tributos em seu poder. Assim, na modalidade horizontal, temos os Estados competindo entre si, ao lançarem mão da desoneração da incidência do ICMS[152] (pelo diferimento do pagamento em longo prazo ou através de compensações fiscais), assim como os Municípios, por meio da redução de alíquotas ou isenções do ISS e IPTU. Já na espécie vertical, temos a União competindo com Estados e Municípios a partir da concentração da arrecadação tributária em seu tesouro, especialmente pelo aumento da carga-fiscal de tributos de sua competência (p. ex., contribuições sociais e de intervenção no domínio econômico), cuja consequência inexorável é a redução da autonomia financeira dos entes subnacionais e o seu respectivo enfraquecimento.

O fenômeno da guerra fiscal se materializou a partir da efetiva descentralização da federação e da autonomia concedida aos entes pela Constituição de 1988, uma vez que, no

---

[151] DERZI, Misabel Abreu Machado. Guerra fiscal, bolsa família e silêncio. *Revista Jurídica da Presidência*, Brasília, v. 16, n. 108, fev./maio 2014. p. 53-54.

[152] Como explica Sérgio Guimarães Ferreira: "esta competição ocorre mediante manipulação dos respectivos ICMS e mediante concessão de benefícios disfarçados na forma de empréstimos subsidiados e até participações acionárias. A lei complementar nº 24, de 1975, recepcionada pela atual Constituição, veda a concessão de incentivos relacionados ao ICMS, salvo nos casos previstos em convênios celebrados no âmbito do CONFAZ, cuja aprovação depende de decisão unânime dos Estados. Não obstante, os governos estaduais vêm concedendo incentivos à revelia do CONFAZ, competindo entre si para abrigar novos empreendimentos" (FERREIRA, Sérgio Guimarães. Guerra Fiscal ou Corrida ao Fundo do Tacho? *INFORME* – Boletim da Secretaria de Assuntos Fiscais do BNDES, Rio de Janeiro, nº 4, jan. 2000. p. 1).

período anterior, do regime militar de 1964, prevalecia o modelo centralizador nas mãos do Governo central, pouco remanescendo em termos de arrecadação e de investimentos aos Estados e Municípios.

Nos termos do art. 155, § 2º, inciso XII, alínea g da Constituição Federal de 1988, é a Lei Complementar nº 24/1975 que dispõe sobre os convênios para a concessão e revogação de isenções do ICMS celebrados e ratificados pelos Estados e pelo Distrito Federal, no âmbito do CONFAZ.[153] Além da isenção, também podem ser considerados como modalidades de benefícios fiscais objetos dos respectivos convênios: I – a redução da base de cálculo; II – a devolução total ou parcial, direta ou indireta, condicionada ou não, do tributo, ao contribuinte, a responsável ou a terceiros; III – a concessão de créditos presumidos; IV – quaisquer outros incentivos ou favores fiscais ou financeiro-fiscais, concedidos com base no ICMS, dos quais resulte redução ou eliminação, direta ou indireta, do respectivo ônus; V – as prorrogações e as extensões das isenções vigentes.

Não obstante a obrigatoriedade da realização de convênios para a concessão desses benefícios fiscais, diversos Estados já os concederam unilateralmente (muitos julgados inconstitucionais),[154] revelando a face negativa da guerra fiscal na esfera estadual, não apenas sob a ótica da indevida renúncia de receitas tributárias, mas também pela insegurança jurídica gerada aos contribuintes que aproveitaram o benefício fiscal concedido (por exemplo, a dúvida sobre a validade do crédito de ICMS tomado pelo destinatário das mercadorias).

Foi editada a **Lei Complementar nº 160/2017**, com a finalidade de minimizar tais efeitos negativos da concorrência fiscal estadual, permitindo a convalidação de incentivos fiscais concedidos sem a aprovação do CONFAZ e a remissão dos créditos tributários decorrentes, bem como apresentando novas regras para inibir a prática, inclusive com sanções financeiras decorrentes da Lei de Responsabilidade Fiscal aplicadas ao Estado que conceder ou mantiver os incentivos fiscais em desacordo com a LC nº 24/1975, a saber: a) não poderá receber transferências voluntárias, b) não poderá obter garantia de outro ente; c) não poderá realizar operações de crédito.

Apesar do ganho político gerado na propaganda positiva em favor do administrador público que "ganha" o duelo fiscal, com argumentos que vão desde aumento de empregos, desenvolvimento local, incremento da arrecadação futura e desconcentração industrial, as críticas à guerra fiscal são inúmeras e de diversas ordens e natureza.[155]

---

[153] O Conselho Nacional de Política Fazendária – CONFAZ é o colegiado formado pelos Secretários de Fazenda, Finanças ou Tributação dos Estados e do Distrito Federal, cujas reuniões são presididas pelo Ministro de Estado da Fazenda, competindo-lhe, precipuamente, celebrar convênios para efeito de concessão ou revogação de isenções, incentivos e benefícios fiscais e financeiros do Imposto sobre Operações relativas à Circulação de Mercadorias e sobre Prestações de Serviços de Transporte Interestadual, Intermunicipal e de Comunicação – ICMS (Constituição, art. 155, inciso II e § 2º, inciso XII, alínea g e Lei Complementar nº 24, de 7.1.1975).

[154] Veja-se, por exemplo, a ementa da ADI 5.467 (julgada em 30/08/2019), de relatoria do Ministro Luiz Fux: "1. O pacto federativo reclama, para a preservação do equilíbrio horizontal na tributação, a prévia deliberação dos Estados-membros para a concessão de benefícios fiscais relativamente ao ICMS, na forma prevista no artigo 155, § 2º, XII, g, da Constituição e como disciplinado pela Lei Complementar 24/75, recepcionada pela atual ordem constitucional. 2. *In casu*, padecem de inconstitucionalidade os dispositivos impugnados da Lei 10.259/2015 do Estado do Maranhão, porquanto concessivos de benefícios fiscais de ICMS sem atendimento à exigência constitucional (artigo 155, § 2º, XII, g). 3. Pedido de declaração de inconstitucionalidade julgado procedente, conferindo à decisão efeitos *ex nunc*, a partir da data do deferimento da medida cautelar ora confirmada (artigo 27 da Lei 9.868/99)."

[155] Sobre o tema, ver: FERREIRA, Sérgio Guimarães. Op. cit.

Em primeiro lugar, deve-se reconhecer que, apesar de um ente se beneficiar no curto prazo com o redirecionamento do empreendimento ao seu território em detrimento do outro, o que por si só já não é algo efetivamente eficiente,[156] a partir de uma visão global, a federação como um todo é que perde, não apenas pela desarmonia federativa, mas também pela privação dos recursos financeiros renunciados. Ademais, há o perigo da banalização da prática, com a multiplicação indevida do fenômeno e a perda da eficácia do estímulo, com a inexorável redução global de arrecadação.

Além disso, não há comprovação quantitativa de que os resultados dos investimentos alocados após o redirecionamento do empreendimento são superiores ao valor das renúncias concedidas, deixando dúvidas se a aplicação direta dos recursos abdicados geraria maior benefício para aquela sociedade em vez da concessão dos estímulos. E a eficácia econômica desta conta restará ainda mais duvidosa se levarmos em consideração que o maior desenvolvimento daquela localidade gerará, naturalmente, um aumento populacional e maior demanda por serviços públicos, especialmente os de saúde, segurança, transporte e saneamento, acarretando, por decorrência, um maior gasto da máquina estatal.

Outrossim, em um país com uma desigualdade regional evidente, o mecanismo potencializa ainda mais o desequilíbrio fiscal na federação, uma vez que os entes federativos desenvolvidos são os mais capazes de oferecer melhores benefícios e suportar por mais tempo as renúncias fiscais, atraindo para si maior número de investimentos e prejudicando ainda mais os entes menos desenvolvidos.

Há, ainda, a questão da insegurança jurídica para o contribuinte decorrente da concessão de benefícios fiscais realizada de forma unilateral por Estados e que acabam sendo desconsiderados por outras unidades da federação, gerando dúvidas sobre a validade dos benefícios aproveitados, com os reflexos tributários (estorno de crédito e cobrança da diferença não recolhida).

Finalmente, sob a ótica empresarial, além da questão concorrencial decorrente da desvantagem competitiva imposta às empresas não agraciadas pelos benefícios fiscais, há que se questionar a eficiência alocativa dos fatores de produção, uma vez que o empreendimento se estabelecerá em localidade escolhida por força dos benefícios fiscais e não pelas suas características próprias, desconsiderando-se, muitas vezes, fatores como o distanciamento do seu mercado consumidor e de fornecedores, custos de transporte e logística, a deficiência de qualificação da mão de obra e de infraestrutura etc.

Outra problemática existente no federalismo fiscal brasileiro decorre do balanceamento entre a distribuição de receitas e atribuições dos entes (meios e fins), e dos critérios de distribuição de recursos entre eles, sendo desejável o adequado balanceamento entre as competências impositivas próprias (poder tributário individual de cada ente) e as transferências intergovernamentais obrigatórias, realizadas, essencialmente, por meio da repartição constitucional das receitas tributárias (arts. 157 a 160 da CF/1988). Isso porque, em um país com tantas diferenças regionais, e até mesmo intrarregionais, torna-se imperioso reconhecer a necessidade de um aperfeiçoamento dessa partilha, a partir de uma precisa calibragem, para não apenas oferecer

---

[156] Em economia, encontramos a "Teoria da Eficiência de Pareto", pela qual se busca encontrar os mecanismos em que se permite a melhora da situação de uma pessoa sem prejudicar nenhuma outra. Nessa linha, explica Hal R. Varian: "Uma situação econômica é dita eficiente no sentido de Pareto se não existir nenhuma forma de melhorar a situação de uma pessoa sem piorar a de outra. A eficiência de Pareto é algo desejável – se houver algum modo de melhorar um grupo de pessoas, por que não fazê-lo?" (VARIAN, Hal. R. *Microeconomia* – Princípios Básicos. 7. ed. Rio de Janeiro: Elsevier, 2006. p. 329).

recursos equitativamente suficientes àqueles entes subnacionais executarem satisfatoriamente as suas atribuições, como também, e principalmente, para estimulá-los a um desenvolvimento sustentável local, e não gerar – como se tem visto – uma acomodação financeira que acaba por incentivar o indesejável surgimento de novos municípios. Nas palavras de Márcio Novaes Cavalcanti,[157] haveria uma "multiplicação irracional de municípios", em que várias cidades ou meros agrupamentos de vilarejos passam a reivindicar seu reconhecimento como Município, a fim de obter direitos de recebimento de fundos de repasse, e tudo isso sem o necessário cálculo prévio de sua contribuição nas receitas.

A propósito, lembra Guilherme Bueno de Carvalho[158] que os critérios para as transferências no Brasil não levam em conta qualquer critério de esforço fiscal implementado pela unidade federada beneficiária da transferência.

Este aspecto revela ainda uma outra preocupação: a do não exercício da sua competência tributária – a não instituição e cobrança de impostos – por parte de alguns Municípios, que passam a se apoiar, exclusivamente, no financiamento originário dos recursos advindos da repartição constitucional das receitas tributárias.

A este respeito, observa Rogério Leite Lobo[159] que

> (...) em dinâmica diametralmente oposta às políticas que vêm sendo adotadas nos outros Estados federais para sanar a crise centrípeta que terá acometido as bases do Federalismo Fiscal desses países (nos Estados Unidos da América e na Alemanha, ao menos) (...), tem se procurado estimular a arrecadação de tributos próprios dos entes locais, com a diminuição dos repasses verticais, "grants-in-aid", subsídios etc., o Brasil vem apostando no incremento das transferências intergovernamentais (...).

> Daí advêm as seguintes indagações: seria válido um ente federativo não instituir e cobrar um imposto que foi a ele constitucionalmente conferido? Seria isonômico um cidadão residente em uma unidade da federação ser contribuinte de um imposto ao passo que outro cidadão, de localidade próxima, não teria tal ônus por força do não exercício da competência tributária municipal?

A doutrina clássica sempre caracterizou a competência tributária – aptidão de que são dotadas as pessoas políticas para expedir regras jurídicas tributárias inovando o ordenamento jurídico –, além de outros aspectos, como sendo de natureza *facultativa*.[160] O Código Tributário

---

[157] CAVALCANTI, Márcio Novaes. *Fundamentos da Lei de Responsabilidade Fiscal*. São Paulo: Dialética, 2011. p. 63. A propósito do assunto, esse autor cita, em sua obra, entrevista dada por Fernando Abrucio e por Valeriano Costa para a revista *Veja* (edição 1950, ano 32, nº 12, 24/03/1999. p. 09-13), em que entendem a ocorrência de uma excessiva municipalização como uma das causas da crise brasileira, sendo que o mecanismo de transferências fiscais automáticas foi responsável pela criação de municípios sem condições de sobreviver com seus recursos próprios.

[158] CAMARGO, Guilherme Bueno de. A Guerra Fiscal e seus efeitos: Autonomia *x* Centralização. *In:* CONTI, José Maurício (Org.). *Federalismo fiscal*. Barueri: Manole, 2004. p. 198.

[159] LOBO, Rogério Leite. *Federalismo fiscal brasileiro*: discriminação das rendas tributárias e centralidade normativa. Rio de Janeiro: Lumen Juris, 2006. p. 162.

[160] Neste sentido, Paulo de Barros Carvalho afirma: "A boa doutrina costuma examinar a competência tributária no que diz com suas características, isto é, quanto aos aspectos que, de algum modo, poderiam conotar sua presença em face de outras categorias. Assim, o faz o ilustre professor Roque A. Carraza, salientando seis qualidades, quais sejam, privatividade (i), indelegabilidade (ii), incaducibilidade (iii), inalterabilidade (iv), irrenunciabilidade (v) e, por fim, facultatividade do exercício (vi)". Mas o mestre paulista excetua dessa regra o ICMS, para quem: "Por sua índole eminentemente nacional, não é dado a qualquer Estado-membro

Nacional reconhece essa característica no seu art. 8º, ao estabelecer que: "O não exercício da competência tributária não a defere a pessoa jurídica de direito público diversa daquela a que a Constituição a tenha atribuído". Concretamente, vemos essa facultatividade ocorrer com a União Federal, já que ela mesma ainda não instituiu o Imposto sobre Grandes Fortunas (IGF)[161] previsto no art. 153, inciso VII, da Constituição Federal.

Apesar disso, devemos indagar: como é possível realizar adequadamente as políticas públicas e atender às necessidades públicas constitucionalmente asseguradas sem a totalidade dos recursos financeiros que seriam oriundos de uma competência tributária que acaba por não ser exercida a partir de uma facultatividade do ente federativo? Não nos parece aceitável caracterizar como sendo plenamente facultativo o exercício da competência tributária se isso puder comprometer o cumprimento das obrigações estatais, prejudicando, ao final, a própria sociedade.

Nesse sentido, adverte Celso Antônio Bandeira de Mello que

> na esfera do Direito Público os poderes assinados ao sujeito não se apresentam como situações subjetivas a serem consideradas apenas pelo ângulo ativo. É que, encartados no exercício de funções, implicam dever de atuar no interesse alheio – o do corpo social –, compondo, portanto, uma situação de sujeição. Vale dizer, os titulares destas situações subjetivas recebem suas competências para as exercerem em prol de um terceiro: a coletividade que representam. Então, posto que as competências lhes são outorgadas única e exclusivamente para atender à finalidade em vista da qual foram instituídas, ou seja, para cumprir o interesse público que preside sua instituição, resulta que se lhes propõe uma situação de dever: o de prover àquele interesse.[162]

Assim, o nosso entendimento é o de que, embora não haja qualquer ilegalidade propriamente dita à luz do nosso ordenamento jurídico, esse comportamento seria inadequado e enfraqueceria a ideia da autonomia financeira dos entes federativos (parte do ideário do federalismo fiscal), além de contrariar o objetivo principal da Lei de Responsabilidade Fiscal (LC nº 101/2000), qual seja, o da *gestão fiscal responsável*, uma vez que seu art. 11[163] estabelece como requisitos essenciais da responsabilidade na gestão fiscal a instituição, previsão e efetiva arrecadação de todos os tributos da competência constitucional do ente da Federação, ficando vedada a realização de transferências voluntárias para o ente que assim não o fizer quanto aos seus impostos (parágrafo único).

---

ou ao Distrito Federal operar por omissão, deixando de legislar sobre esse gravame" (CARVALHO, Paulo de Barros. *Curso de Direito Tributário*. 19. ed. São Paulo: Saraiva, 2007. p. 239-247).

[161] A criação deste imposto vem sendo discutida em nosso Congresso Nacional, apesar de ainda tratar-se de algo remoto.

[162] MELLO, Celso Antônio Bandeira de. *Curso de Direito Administrativo*. 26. ed. São Paulo: Malheiros, 2009. p. 143.

[163] Constava contra o parágrafo único do art. 11 da LRF a ADI nº 2238-DF, afirmando haver violação e contrariedade ao art. 160 da CF/1988, dispositivo que veda qualquer condição ou restrição a entrega ou repasse de recursos aos entes federativos. A norma foi reputada constitucional pelo STF, uma vez que "o parágrafo único do art. 11 da LRF instiga o exercício pleno das competências impositivas dos entes locais e não conflita com a CF, traduzindo, na verdade, um raciocínio de subsidiariedade totalmente consentâneo com o princípio federativo, pois não é saudável para a Federação que determinadas entidades federativas não exerçam suas competências constitucionais tributárias, aguardando compensações não obrigatórias da União. Tal prática sobrecarrega o conjunto de Estados e Municípios, e erroneamente privilegia o populismo político local" (STF. Informativo nº 948, publ. 28/08/2019).

O fato é que não há uma vedação legal expressa a tal comportamento. Ao contrário, reconhece a LRF como possível a conduta ao aplicar uma única e branda sanção para o não exercício da competência tributária pelos entes federativos: a restrição ao recebimento de transferências voluntárias (aquelas decorrentes de convênios, para a assistência ou auxílio financeiro entre os entes), não atingindo o recebimento dos repasses constitucionais obrigatórios. Apesar dos indiscutíveis benefícios da cobrança dos impostos, especialmente em razão da independência política dos entes subnacionais decorrente da sua autonomia financeira, resta pouco estimulado o cumprimento da norma insculpida no art. 11 da LRF.

Comentando o dispositivo da LRF (art. 11) que trata do exercício da competência tributária, Antonio Benedito Alves afirma:

> Isso será de grande auxílio para o cumprimento das metas fiscais e alocação de recursos para fazer frente às diferentes despesas públicas, devendo o administrador público aumentar o zelo na cobrança dos impostos de competência privativa, o que, até então, não era levado a sério pelos gestores públicos que, confiados nas receitas de outros entes da Federação, agiam com ineficiência na cobrança de seus tributos, ocasionando perdas de receitas próprias e prejuízos à sociedade.[164]

Outro relevante aspecto a ser analisado no federalismo fiscal brasileiro é o jogo democrático no processo orçamentário, decorrente do modelo de *democracia fiscal* instituída pela Constituição Federal de 1988, em que o Poder Executivo tem a atribuição de elaborar e executar o orçamento público, condicionando-se a sua aprovação e controle pelo Poder Legislativo.

Não obstante os encômios à democracia fiscal orçamentária, em um país em que prevalece a mecânica do presidencialismo de coalizão, a legítima participação dos representantes das unidades federativas no Poder Legislativo durante o processo de elaboração e aprovação das leis orçamentárias traz reflexos e complexidade na sua conclusão, por decorrência de pressões pela inclusão de dotação orçamentária destinada a atender à sua base eleitoral por meio das emendas parlamentares. Essa situação, além de envolver longo processo de negociação e, por vezes, atrasos na edição das leis orçamentárias, acarreta um aumento de gastos e desequilíbrio fiscal.

Neste sentido, afirma Ana Carla Bliacheriene:[165]

> A proliferação de pequenos partidos e de pequenos municípios sem qualquer sustentabilidade financeira gerou uma verdadeira banca de negócios a fim de se manter a governabilidade, cujo garantidor é o orçamento público. Na prática, a Câmara de Deputados e o Senado passaram a funcionar como Câmara de Vereadores e Assembleia Legislativa, deixando de se legislar e de controlar adequadamente a execução orçamentária em nível nacional e preocupando-se mais com as emendas a serem liberadas no processo orçamentário para os Municípios e Estados de sua base eleitoral. O dever de pensar e propor a política pública em caráter nacional e regional foi relegado ao segundo plano, como também o foi o controle da execução orçamentária.

Fernando Facury Scaff[166] tece uma crítica ainda mais severa a este panorama, entendendo que o orçamento no Brasil acaba não sendo usado de forma republicana, ao afirmar que

---

[164] ALVES, Benedito Antonio; GOMES, Sebastião Edilson; AFFONSO, Antonio Geraldo. Op. cit. p. 35-36.
[165] BLIACHERIENE, Ana Carla. Orçamento Impositivo à Brasileira. *In*: HORVATH, Estevão; CONTI, José Maurício; SCAFF, Fernando Facury (Orgs.). *Direito Financeiro, Econômico e Tributário*: Estudos em Homenagem a Regis Fernandes de Oliveira. São Paulo: Quartier Latin, 2014. p. 53.
[166] SCAFF, Fernando Facury. *Orçamento Republicano e Liberdade Igual*: Direito Financeiro, República e Direitos Fundamentais. 2017. Tese de Titularidade (Direito Financeiro) – Faculdade de Direito, Universidade de São Paulo, São Paulo, 2017. p. 749 (não publicada).

"existem forças políticas que se apropriam do orçamento em proveito próprio, utilizando-se privadamente dos recursos públicos, que são valores pagos por toda a sociedade, e isso pode se dar de diversas formas".

Finalmente, não podemos deixar de destacar, ainda, outro importante aspecto decorrente do federalismo fiscal brasileiro: o imperioso respeito ao instrumento de *lei complementar* como veículo instituidor de normas gerais em matéria financeira (vide capítulo 3, seção 3.2). Isso porque essa espécie de norma jurídica – instituto originário nas "leis orgânicas" descritas no art. 34 da Constituição de 1891 e instituída como a temos hoje a partir da Carta de 1967 – tem como finalidade a complementação das normas constitucionais, a partir da exigência de *quórum qualificado* para deliberação a respeito de *matérias específicas expressamente a elas reservadas*, dentre as quais as normas gerais em matéria financeira (vejam-se: art. 163 e § 9º do art. 165 da CF/1988), conferindo a devida importância aos temas de interesse nacional e considerando a necessidade de um especial consenso dos parlamentares brasileiros.

Leciona Alexandre de Moraes que

> a razão da existência da lei complementar consubstancia-se no fato do legislador constituinte ter entendido que determinadas matérias, apesar da evidente importância, não deveriam ser regulamentadas na própria Constituição Federal, sob pena de engessamento de futuras alterações; mas, ao mesmo tempo, não poderiam comportar constantes alterações através do processo legislativo ordinário.[167]

Enfim, em um país de dimensões continentais como o Brasil, estruturado como Estado Federal – que exprime os ideais de *unidade* a partir da convivência da *pluralidade* de seus integrantes –, conciliar a descentralização fiscal com a redução das desigualdades regionais, propiciando uma virtuosa autonomia financeira e independência política dos seus entes federativos, com a busca do desenvolvimento socioeconômico homogêneo e equilibrado de todo o país, é a regra de ouro que deve ser perseguida a partir da observação e aplicação do princípio do federalismo fiscal em todos os seus aspectos.

1.11. CIDADANIA FISCAL

A secular complacência da sociedade com práticas como a sonegação, o contrabando, a corrupção, a malversação do Erário, o desvio de recursos públicos e a irresponsabilidade fiscal dos governantes vem sendo paulatinamente erradicada da cultura brasileira, numa inequívoca aproximação ao ideário republicano no seu viés fiscal. Isto se dá especialmente a partir do amadurecimento da democracia brasileira, com a conscientização da população dos seus direitos de cidadania, decorrentes da nossa Carta Constitucional de 1988.

Neste aspecto, o Direito Financeiro passa a constituir uma importante ferramenta de mudança social, facultando ao cidadão participar ativamente deste fundamental processo, no que hoje comumente é denominado por *cidadania fiscal*.

Etimologicamente, **cidadania** origina-se do vocábulo latino *civitas*, que tem o mesmo significado de *polis* em grego: designa o conjunto de pessoas com direitos e deveres peculiares decorrentes da pertença, na qualidade de cidadãos (*civis*, em latim; *polites*, em grego), à República Romana ou à Cidade-Estado grega (*polis*), como o direito de votar, o de ocupar cargos públicos e o dever de contribuir com gastos de guerras.

---

[167] MORAES, Alexandre de. *Direito constitucional*. 15. ed. São Paulo: Atlas, 2004. p. 569.

Para Paul Magnette, no coração do *status* de cidadão em Atenas e Roma estava a possibilidade de participação na prática do poder público. Mesmo quando alguns direitos típicos da cidadania eram estendidos a estrangeiros, não era comum que lhes fossem conferidos poderes para votar.[168]

Na Antiguidade, no entanto, a cidadania era entendida como o direito de apenas alguns indivíduos (os que preenchessem determinados requisitos[169]) em participar das decisões de interesse da cidade por meio da *ekklesia* e das *comitia*, respectivamente principais assembleias populares de Atenas e Roma, cujas reuniões ocorriam na ágora (Atenas) ou no *forum* (Roma), praças públicas em que se reuniam para esse fim.

É curioso perceber que, mesmo na Antiguidade, a questão dos recursos vindos do patrimônio particular para fazer frente às despesas públicas era parte da vida política: certos direitos ligados à cidadania poderiam ser perdidos não somente por atos de desonra, mas também pela falha no pagamento de um débito para com a Cidade-Estado (*atimia*, do grego "a", indicando negação, e "timê", significando "honra").[170] Vê-se com isso ser conatural à noção de uma sociedade política, o dever dos cidadãos de concorrerem para suportar os gastos públicos.

Hoje, o conceito de cidadania é bem mais amplo do que aquele da Antiguidade Clássica. Segundo a lição de Dalmo de Abreu Dallari,[171] a *cidadania* expressa

> um conjunto de direitos que dá à pessoa a possibilidade de participar ativamente da vida e do governo de seu povo. Quem não tem cidadania está marginalizado ou excluído da vida social e da tomada de decisões, ficando numa posição de inferioridade dentro do grupo social.

Nas palavras de Paulo Bonavides:[172]

> O conceito contemporâneo de cidadania se estendeu em direção a uma perspectiva na qual cidadão não é apenas aquele que vota, mas aquela pessoa que tem meios para exercer o voto de forma consciente e participativa. Portanto, cidadania é a condição de acesso aos direitos sociais (educação, saúde, segurança, previdência) e econômicos (salário justo, emprego) que permite que o cidadão possa desenvolver todas as suas potencialidades, incluindo a de participar de forma ativa, organizada e consciente, da construção da vida coletiva no Estado democrático.

Neste ponto, não se pode deixar de considerar a cidadania, em termos atuais, como um direito fundamental básico e essencial, sem o qual não é possível obter e exercer nenhum outro direito, o que, na concepção de Hannah Arendt,[173] se expressa na celebrada ideia de cidadania como o "direito a ter direitos", isto é, as comunidades políticas devem garantir um feixe básico de direitos a seus cidadãos.

---

[168] MAGNETTE, Paul. *Citizenship*: The History of an Idea. Colchester: ECPR, 2005. p. 7-8.

[169] Na Antiga Atenas, cidadãos, os quais possuíam o direito de votar, eram apenas os homens adultos que já houvessem completado seu treinamento militar. Mulheres, crianças, escravos, escravos libertos e os estrangeiros (*xenos*) estavam excluídos da cidadania.

[170] JOINT ASSOCIATION OF CLASSICAL TEACHERS. *The World of Athens*. Cambrigde: Cambridge University, 2003. p. 226.

[171] DALLARI, Dalmo de Abreu. *Direitos humanos e cidadania*. São Paulo: Moderna, 1998. p. 14.

[172] BONAVIDES, Paulo; MIRANDA, Jorge; AGRA, Walber de Moura. *Comentários à Constituição Federal de 1988*. Rio de Janeiro: Forense, 2009. p. 7.

[173] ARENDT, Hannah. *O sistema totalitário*. Trad. Roberto Raposo. Lisboa: Dom Quixote, 1978.

Já a expressão *cidadania participativa* ou *ativa* é a designação dada para a efetiva e direta participação do cidadão na vida social e política em determinada sociedade. Como se viu, embora limitada a apenas alguns membros da sociedade ateniense e romana, a cidadania se expressava não só em uma pertença étnica a determinado povo, mas, sobretudo na possibilidade de participar ativa e diretamente de relevantes decisões públicas.

Com o advento do Estado Moderno, e com o exponencial aumento das populações, tal forma de decisão foi substituída pela democracia representativa: o cidadão, por meio das eleições, escolhe os seus representantes, e serão estes a tomar diretamente as decisões políticas que afetarão a sociedade. Este modelo apresenta como características básicas:

> (a) a soberania do povo expressa na nomeação pela via eleitoral de representantes; (b) a representação como uma relação livre de mandato; (c) mecanismos eleitorais para garantir alguma medida de capacidade de resposta ao povo por parte dos representantes que falam e agem em seu nome; e (d) o sufrágio universal, que fundamenta a representação em um importante elemento de igualdade política.[174] (tradução nossa)

Este modelo de representatividade, contudo, vem demonstrando sinais de exaustão, ao menos em sua forma tradicional, razão pela qual as comunidades políticas têm buscado alternativas para que a tomada de decisões políticas tenha maior permeabilidade à participação direta popular.[175]

Sérgio Assoni Filho indica alguns dos sintomas desta crise do sistema representativo: a) a acirrada disputa pelo poder protagonizada pelos partidos políticos, cujas ações visam à maximização dos votos, muitas vezes tratando das políticas públicas simplesmente como meio para alcançar esse fim de perpetuação no poder; b) o atendimento prioritário, pelos políticos, dos interesses de pequenos grupos sociais influentes, que não refletem necessariamente os interesses da coletividade; c) a tendência à manutenção de privilégios dos dirigentes partidários, de caráter manifestamente oligárquico; d) a edição de programas de governo genéricos e isentos de compromissos palpáveis; e) a influência dos meios de comunicação de massa no resultado das eleições; f) o crescimento do aparato tecnocrático e burocrático.[176] Na opinião deste autor, a tentativa de solução estaria precisamente na mescla de institutos de democracia representativa e de democracia participativa.

Existem diversos mecanismos para a participação do povo reconhecidos no Estado de Direito brasileiro. O principal ainda é a escolha de seus representantes no Poder Executivo e no Poder Legislativo por meio do voto. Além disso, temos os processos referentes ao referendo e ao plebiscito na seara legislativa, a iniciativa popular de projetos de lei, as denúncias, audiências, consultas e representações na esfera administrativa, a ação popular e demais medidas processuais no campo judicial. E, na área financeira, encontra-se mais recentemente o *orçamento participativo*.[177]

---

[174] URBINATI, Nadia. Representative democracy and its critics. **In:** ALONSO, Sonia et alii (Ed.). *The future of representative democracy.* Cambridge: Cambridge University, 2011. p. 23.

[175] WESSELS, Bernhard. Performance and deficits of present-day representation. **In:** ALONSO, Sonia et al. (Ed.). *The future of representative democracy.* Cambridge: Cambridge University, 2011. p. 96.

[176] ASSONI FILHO, Sérgio. Democracia e controle social do orçamento público. *Revista Direito Administrativo, Contabilidade e Administração Pública.* São Paulo, IOB, v. 9, n. 11, nov. 2005. p. 17-35.

[177] TORRES, Ricardo Lobo. *Tratado de Direito Constitucional Financeiro e Tributário.* Vol. V: o orçamento na Constituição. 2. ed. Rio de Janeiro: Renovar, 2000. p. 101.

Por sua vez, a cidadania participativa nas finanças públicas, especificamente denominada como *cidadania fiscal*, expressa-se por meio das previsões legais que permitem o conhecimento e envolvimento do cidadão nas deliberações orçamentárias e no acompanhamento da sua execução. A promoção do acesso e da participação da sociedade em todos os fatores relacionados com a arrecadação financeira e a realização das despesas públicas se identifica nas seguintes propostas: a) programas de educação fiscal para a população; b) incentivo à participação popular na discussão e na elaboração das peças orçamentárias, inclusive com a realização de audiências públicas; c) ampla divulgação por diversos mecanismos, até por meios eletrônicos, dos relatórios, pareceres e demais documentos da gestão fiscal; d) disponibilização e publicidade das contas dos administradores durante todo o exercício financeiro;[178] e) emissão de relatórios periódicos de gestão fiscal e de execução orçamentária; e f) legitimação para o cidadão denunciar aos órgãos competentes irregularidades nas contas públicas.

Devemos reconhecer que a Lei de Responsabilidade Fiscal (LRF – Lei Complementar nº 101/2000) teve papel fundamental neste aspecto, pois, além de instituir relatórios específicos para a gestão fiscal – Relatório Resumido de Execução Orçamentária, Relatório de Gestão Fiscal e Prestação de Contas – e determinar sua ampla divulgação (inclusive por meios eletrônicos), incentiva a participação popular nas discussões de elaboração das peças orçamentárias e no acompanhamento da execução orçamentária, por meio de audiência pública. E para a efetivação do ideal participativo, a mesma LRF, no seu art. 73-A, prevê que qualquer cidadão, partido político, associação ou sindicato será parte legítima para denunciar ao respectivo Tribunal de Contas e ao órgão competente do Ministério Público o descumprimento das prescrições por ela estabelecidas.

Assim, recorrendo-se à noção de um pacto social do qual o cidadão é parte, parece-nos inquestionável conceder-lhe o direito de ter acesso a mecanismos para participar ativamente na gestão deste custo ao lado dos poderes estatais, desde a formulação das políticas públicas, passando pelo dispêndio dos recursos, até o controle da execução orçamentária.

1.12. EDUCAÇÃO FISCAL

Reconhecendo a importância da participação da sociedade no processo fiscal, assistimos hoje em dia a inúmeros governos brasileiros, nos três níveis federativos, adotarem programas de educação fiscal,[179] contribuindo para a melhoria da compreensão pública sobre tributação, responsabilidades do Estado e exercício da cidadania, aperfeiçoando, assim, a transparência na gestão pública e na prática da responsabilidade fiscal.

A Educação Fiscal deve ser compreendida como uma abordagem didático-pedagógica capaz de interpretar as vertentes financeiras da arrecadação e dos gastos públicos, estimulando

---

[178] STF. ADPF 129, Rel. Min. Edson Fachin, Pleno, julg. 05/11/2019, *DJe* 09/12/2019: "1. O Princípio de Publicidade dos Atos da Administração Pública caracteriza-se como preceito fundamental para fins de cabimento de Arguição de Descumprimento de Preceito Fundamental. 2. O Estado Democrático de Direito instaurado pela Constituição de 1988 estabeleceu, como regra, a publicidade das informações referentes às despesas públicas, prescrevendo o sigilo como exceção, apenas quando imprescindível à segurança da sociedade e do Estado. Quanto maior for o sigilo, mais completas devem ser as justificativas para que, em nome da proteção da sociedade e do Estado, tais movimentações se realizem. (...) 5. Arguição de Descumprimento de Preceito Fundamental julgada procedente".

[179] A educação fiscal é considerada componente da educação formal, e desta maneira foi contemplada na Resolução nº 07/2010 do Conselho Nacional de Educação, no seu art. 16.

o cidadão a compreender o seu dever de contribuir solidariamente em benefício do conjunto da sociedade e, por outro lado, estar consciente da importância de sua participação no acompanhamento da aplicação dos recursos arrecadados, com justiça, transparência, honestidade e eficiência, minimizando o conflito de relação entre o cidadão contribuinte e o Estado arrecadador. A Educação Fiscal deve tratar da compreensão do que é o Estado, suas origens, seus propósitos e da importância do controle da sociedade sobre o gasto público, através da participação de cada cidadão, concorrendo para o fortalecimento do ambiente democrático.[180]

No âmbito federal, identificamos o relevante *Programa Nacional de Educação Fiscal* (PNEF),[181] que objetiva sensibilizar o cidadão para a função socioeconômica do tributo, levando a todos conhecimentos básicos sobre Administração Pública, incentivando o acompanhamento pela sociedade da aplicação dos recursos públicos, para, ao final, criar condições ideais de estabelecimento de uma relação harmoniosa entre o Estado e o cidadão. Tem como objetivo promover e institucionalizar a Educação Fiscal para o efetivo exercício da cidadania, visando ao constante aprimoramento da relação participativa e consciente entre o Estado e o cidadão e da defesa permanente das garantias constitucionais. Alicerça-se na necessidade de compreensão da função socioeconômica do tributo, da correta alocação dos recursos públicos, da estrutura e do funcionamento de uma Administração Pública pautada por princípios éticos e da busca de estratégias e meios para o exercício do controle democrático.[182]

O Programa Nacional de Educação Fiscal visa contribuir para que o Estado cumpra seu papel constitucional de reduzir as desigualdades sociais e ser instrumento de fortalecimento permanente da democracia, tendo por base os seguintes fundamentos: a) *na educação*, o exercício de uma prática pedagógica que objetiva formar um cidadão autônomo, reflexivo e consciente de seu papel, capaz de contribuir para a transformação da sociedade; b) *na cidadania*, o estímulo ao fortalecimento do poder do cidadão para o exercício do controle democrático do Estado, incentivando-o à participação coletiva na definição de políticas públicas e na elaboração de leis para sua execução; c) *na ética*, a opção pelos caminhos que nos levem à adoção de condutas responsáveis e solidárias, que privilegiem sempre o bem comum; d) *na política*, a decisão de compartilhar os conhecimentos adquiridos sobre gestão pública eficiente, eficaz e transparente quanto à captação, à alocação e à aplicação dos recursos públicos, com responsabilidade fiscal e ênfase no conceito de bem público como patrimônio da sociedade; e) *no controle social*, o foco na disseminação dos conhecimentos e instrumentos que possibilitem ao cidadão atuar no combate ao desperdício e à corrupção; f) *na relação Estado-Sociedade*, o desenvolvimento de um ambiente de confiança entre a Administração Pública e o cidadão, oferecendo-lhe um atendimento respeitoso e conclusivo, com ênfase na transparência das atividades estatais; g) na *relação Administração Tributária-Contribuinte*, o estímulo ao cumprimento voluntário das obrigações tributárias e ao combate à sonegação fiscal, ao contrabando, ao descaminho e à pirataria.

---

[180] BRASIL. Ministério da Fazenda. Escola de Administração Fazendária. *Educação fiscal no contexto social*: Programa Nacional de Educação Fiscal. 4. ed. Brasília: ESAF, 2009. p. 27.

[181] A Portaria Interministerial nº 413/2002 define as competências dos órgãos responsáveis para implementação do Programa Nacional de Educação Fiscal – PNEF, com os objetivos de promover e institucionalizar a Educação Fiscal para o pleno exercício da cidadania, sensibilizar o cidadão para a função socioeconômica do tributo, levar conhecimento ao cidadão sobre Administração Pública e criar condições para uma relação harmoniosa entre o Estado e o cidadão.

[182] BRASIL. Ministério da Fazenda. Escola de Administração Fazendária. *Educação fiscal no contexto social*: Programa Nacional de Educação Fiscal. 4. ed. Brasília: ESAF, 2009. p. 3.

Assim, resumidamente, podemos dizer que o Programa Nacional de Educação Fiscal propõe-se a: 1) ser um instrumento de fortalecimento permanente do Estado democrático; 2) contribuir para robustecer os mecanismos de transformação social por meio da educação; 3) difundir informações que possibilitem a construção da consciência cidadã; 4) ampliar a participação popular na gestão democrática do Estado; 5) contribuir para aperfeiçoar a ética na Administração Pública e na sociedade; 6) harmonizar a relação Estado-cidadão; 7) desenvolver a consciência crítica da sociedade para o exercício do controle social; 8) aumentar a eficiência, a eficácia e a transparência do Estado; 9) aumentar a responsabilidade fiscal; 10) obter o equilíbrio fiscal; 11) combater a corrupção; 12) promover a reflexão sobre nossas práticas sociais; 13) melhorar o perfil do homem público; 14) atenuar as desigualdades sociais.

Portanto, a educação fiscal possui importante papel no desenvolvimento da consciência fiscal, virtude imprescindível para qualquer nação que pretenda o bem-estar dos seus integrantes, pois será por meio dela que o cidadão, conhecedor dos seus direitos e deveres, demandará ao governante o cumprimento adequado do seu múnus para que se possa ter, ao final, justiça fiscal.

Capítulo 2
CONSTITUIÇÃO FINANCEIRA E SISTEMAS TRIBUTÁRIO E ORÇAMENTÁRIO

No Estado Democrático de Direito, em que as normas jurídicas derivam do texto constitucional, a atividade financeira encontrará nesse documento não apenas seu fundamento de validade, mas também os objetivos a serem atingidos e as formas para a sua realização.

O Brasil, como federação, precisa dispor de uma estrutura normativa capaz de distribuir as competências, sem deixar de indicar os meios necessários para realizar suas atribuições, tudo de maneira equilibrada e harmônica. É necessário atender às necessidades gerais do país, sem descuidar das particularidades regionais. Será, portanto, do texto constitucional que extrairemos a estrutura financeira para o funcionamento dos entes federativos em seus três níveis.

A atuação do administrador público, da mesma maneira, será pautada pelos valores consignados na Constituição, que lhe oferecerá os instrumentos e os parâmetros para realizar sua função e atingir suas metas.

O cidadão, por sua vez, tem na Carta Constitucional o rol de direitos e deveres que lhe cabem como integrante de uma sociedade organizada de maneira a oferecer uma vida digna e próspera.

Conhecer essa matriz é etapa fundamental.

2.1. NOÇÕES GERAIS SOBRE A CONSTITUIÇÃO FINANCEIRA

Como vimos, a atividade financeira é considerada um dos instrumentos para a consecução das finalidades estatais. Sendo uma atividade-meio, precisa ser dotada de mecanismos próprios para realizar seus fins. Dependerá de um sistema normativo não somente para disciplinar a matéria, mas principalmente apto e capaz de lhe conferir efetividade.

Diante da relevância do tema, tanto o Direito Financeiro como o Direito Tributário possuem destaque no atual ordenamento jurídico brasileiro. Sua previsão deriva do texto constitucional, que influencia o conteúdo das leis complementares que disciplinam as regras gerais para a realização da atividade financeira, até chegar às leis ordinárias específicas, que dão concretude e executam a respectiva tarefa, sem deixar de mencionar os reflexos nas Constituições Estaduais e nas Leis Orgânicas Municipais.

Daí se revela a importância das normas constitucionais que tratam da atividade financeira. Conforme leciona Ricardo Lobo Torres

> o Direito Financeiro brasileiro tem a particularidade de encontrar na Constituição Financeira a sua fonte por excelência, tão minuciosa e casuística é a disciplina por ela estabelecida. Cabe

às fontes legislativas, administrativas e jurisdicionais explicitar o que já se contém, em parcela substancial, no texto básico.[1]

Sabemos que a atividade estatal e a aplicação do Direito em cada nação dependem do modelo constitucional adotado e do ambiente jusfilosófico em que se inserem.[2]

Identificamos no atual texto da Constituição Federal de 1988 um hibridismo em seu perfil e claramente uma constante tensão entre os valores sociais e os liberais, que influenciam sobremaneira a figura de um Estado atuante como o brasileiro. Ao conceder maior efetividade aos valores sociais constitucionalmente previstos, permite-se exercer sua função de maneira mais equilibrada, balanceando e ponderando seus conceitos e institutos, através de princípios como os da liberdade e da solidariedade, da autonomia individual e da capacidade contributiva, da justiça social e fiscal e da segurança jurídica. Essas características são facilmente perceptíveis nas disposições que tratam das finanças públicas.[3]

Entretanto, diante de tantas pretensões sociais previstas na Constituição Federal de 1988, recursos financeiros – originários essencialmente dos tributos – fazem-se mais que necessários para possibilitar atingir tais objetivos. E, neste momento, deparamo-nos com a difícil tarefa de equalizar as limitações financeiras do Estado brasileiro, as dificuldades de gestão pública e os objetivos a serem atingidos.[4]

A Constituição Federal de 1988, após estabelecer os objetivos do Estado brasileiro no seu art. 3º,[5] institui em seu texto o sistema de normas financeiras, necessário e suficiente para realizá-los. Podemos agrupar essas normas financeiras nos seguintes temas: a) competência

---

[1] TORRES, Ricardo Lobo. *Curso de Direito Financeiro e Tributário*, Op. cit. p. 37.

[2] Se olharmos para trás e analisarmos o contexto histórico e político de cada momento em que se proclamou uma nova Constituição no Brasil, perceberemos que a atual Carta é reflexo de um processo evolutivo político, social e econômico. Em 1823, Dom Pedro I convocou uma Assembleia para redigir a nossa primeira Constituição, cujos integrantes originais foram logo substituídos por pessoas da sua confiança e influência – já que aqueles, de maneira autônoma e independente, pretendiam restringir os poderes do imperador soberano, resultando numa Constituição outorgada em 25 de março de 1824 que, embora baseada nos ideais do liberalismo da época, restou influenciada pela elite latifundiária. A Constituição de 1891, primeira Carta brasileira republicana, foi inspirada na Constituição norte-americana, por influência de seus principais idealizadores, Prudente de Morais e Rui Barbosa, contendo o modelo federalista e descentralizador de poder, com a separação e independência dos três poderes e a abolição do "Poder Moderador", símbolo da monarquia que deixava, então, de existir. Em 1930, Getúlio Vargas havia se comprometido a convocar uma Assembleia Constituinte, mas isso só ocorreu após a pressão do Estado de São Paulo em 1932, dando ensejo à Carta de 1934, de natureza democrática. Com o golpe de Getúlio Vargas em 1937, foi imposta uma nova Constituição, baseada no diploma autoritário da Polônia. Em 1946, com a derrocada dos regimes nazistas e fascistas, o ditador Vargas foi deposto e, em 18 de setembro de 1946, promulgou-se uma Constituição pautada nos ideais democráticos do pós-guerra. Mas em 1964, com o retorno do regime ditatorial pelos militares, outorgou-se, em 15 de março de 1967, uma Constituição a legitimar as pretensões dos governantes do momento. Finalmente, em 1988, o fantasma do regime militar e o espírito libertário dos representantes eleitos indiretamente dão ensejo à criação de uma Constituição que acabou denominada de "Carta Cidadã", repleta de direitos sociais e garantias fundamentais, porém economicamente dirigente e excessivamente protecionista do capital nacional como agente soberano do desenvolvimento no seu texto original (ABRAHAM, Marcus. *As Emendas Constitucionais Tributárias e os Vinte Anos da Constituição Federal de 1988*. São Paulo: Quartier Latin, 2009. p. 49-50).

[3] Ibidem. p. 27.

[4] Ibidem. p. 28.

[5] Constituição Federal de 1988 – Art. 3º *Constituem objetivos fundamentais da República Federativa do Brasil: I – construir uma sociedade livre, justa e solidária; II – garantir o desenvolvimento nacional; III – erradicar*

normativa sobre a matéria financeira (arts. 24, 48, 52, 62 e 68); b) hipóteses de intervenção por descumprimento das obrigações financeiras (arts. 34 e 35); c) formas de fiscalização da atividade financeira (arts. 21, 70, 71 e 74); d) sistema tributário nacional (arts. 145 a 156 e 195); e) repartições de receitas tributárias (arts. 157 a 162); f) normas gerais sobre as finanças públicas e sistema monetário (arts. 163, 163-A e 164); g) disposições relativas ao orçamento (arts. 165 a 169).

Sobre as disposições orçamentárias na Constituição, mais uma vez recorremos às palavras de Ricardo Lobo Torres,[6] para quem

> a Constituição Orçamentária é um dos subsistemas da Constituição Financeira, ao lado da Constituição Tributária e da Monetária, sendo uma das Subconstituições que compõem o quadro maior da Constituição do Estado de Direito, em equilíbrio e harmonia com outros subsistemas, especialmente a Constituição Econômica e a Política.

2.2. DIREITO CONSTITUCIONAL FINANCEIRO

A nova ordem jurídica instituída com a promulgação da Constituição Federal de 1988 introduziu significativa evolução em praticamente todos os campos jurídicos, inclusive no Direito Financeiro.

Como ocorreu com todos os demais ramos jurídicos, o Direito Financeiro também sofreu os efeitos benfazejos da irradiação constitucional sobre a disciplina, sendo possível falar atualmente, com tranquilidade, de uma verdadeira *constitucionalização do Direito Financeiro*. Nesta nova forma de encará-lo, não pode mais ser vislumbrado como uma especialidade envolta apenas em números e voltada meramente para um tecnicismo contábil e formalista, em que reinava uma primazia do aspecto técnico em detrimento do axiológico, por vezes visto como um domínio reputado exótico e distante pelos juristas em geral. Vários de seus institutos não somente passam a ser previstos textualmente na Constituição, mas todos eles, onde quer que estejam expressos, tomam forma a partir dos princípios e valores constitucionais (*conformação constitucional*), deixando claro que o aspecto jurídico-constitucional agora é protagonista, e não mero coadjuvante, das grandes discussões financeiras do cenário nacional.

É dentro deste panorama que o Direito Constitucional Financeiro,[7] segundo Heleno Taveira Torres, compreende o conjunto de normas do sistema constitucional que regula, direta ou indiretamente, a atividade financeira do Estado. Desse modo, a *teoria da Constituição Financeira* tem por objeto a atividade financeira do Estado na Constituição, segundo os valores do Estado Democrático de Direito e a intertextualidade com as constituições econômica, político-federativa, tributária e social.[8]

---

a pobreza e a marginalização e reduzir as desigualdades sociais e regionais; IV – promover o bem de todos, sem preconceitos de origem, raça, sexo, cor, idade e quaisquer outras formas de discriminação.

6 TORRES, Ricardo Lobo. *Tratado de Direito Constitucional Financeiro e Tributário*: o orçamento na Constituição. 2. ed. Rio de Janeiro: Renovar, 2000. v. V. p. 1.

7 Para o estudo do tema, recomendamos a leitura da obra de mesmo nome, "Direito Constitucional Financeiro", de autoria do Professor Titular da USP Heleno Taveira Torres, originária da sua tese apresentada ao concurso de professor titular daquela renomada instituição acadêmica.

8 TORRES, Heleno Taveira. *Direito Constitucional Financeiro* – Teoria da Constituição Financeira. São Paulo: Revista dos Tribunais, 2014. p. 25.

A *Constituição Financeira* consiste, assim, na parcela material de normas jurídicas integrantes do texto constitucional, composta pelos princípios, competências e valores que regem a atividade financeira do Estado, na unidade entre obtenção de receitas, orçamento, realização de despesas de todas as competências materiais, financiamento do federalismo, custos dos direitos e liberdades, gestão do patrimônio estatal, bem como da intervenção do Estado.[9]

2.3. COMPETÊNCIA NORMATIVA FINANCEIRA NA CONSTITUIÇÃO

A Constituição Federal de 1988 traz detalhadamente em seu texto as atribuições de competência normativa da União, dos Estados, do Distrito Federal e dos Municípios para legislarem sobre as matérias financeiras, assim como a do Senado Federal, do Congresso Nacional e do Presidente da República (sanção presidencial).

Essas competências sobre a matéria financeira encontram-se distribuídas nos arts. 24, 48, 52, 62 e 68.

No **art. 24**, o texto constitucional estabelece expressamente que "Compete à União, aos Estados e ao Distrito Federal legislar concorrentemente sobre: I – direito tributário, financeiro, (...) II – orçamento". O § 1º desse mesmo dispositivo delimita que "no âmbito da legislação concorrente, a competência da União limitar-se-á a estabelecer normas gerais". Ressalva, todavia, que "a competência da União para legislar sobre normas gerais não exclui a competência suplementar dos Estados". Ainda, fixa o parágrafo seguinte que "Inexistindo lei federal sobre normas gerais, os Estados exercerão a competência legislativa plena, para atender a suas peculiaridades". Finalmente, apresenta a advertência de que "A superveniência de lei federal sobre normas gerais suspende a eficácia da lei estadual, no que lhe for contrário".

Nessas hipóteses de competência concorrente (art. 24, CF/1988), diz-se que o referido dispositivo constitucional estabelece verdadeira situação de "*condomínio legislativo*" entre a União Federal e os Estados-membros, daí resultando clara repartição vertical de competências normativas.[10]

Explica Fernanda Dias Menezes de Almeida[11] que

> das modalidades de competência legislativa concorrente, que a doutrina costuma dividir em cumulativa e não cumulativa, o constituinte preferiu, no art. 24, adotar a competência não cumulativa, que se caracteriza pela atribuição do poder de legislar sobre a mesma matéria a mais de um titular, reservando-se à União a edição de normas gerais e aos poderes periféricos a suplementação de tais normas, seja detalhando-as pelo acréscimo de pormenores (competência complementar), seja suprindo claros (competência supletiva).

Assim, no referido dispositivo constitucional, estão compreendidas a *competência estadual concorrente não cumulativa ou suplementar* (art. 24, § 2º) e *competência estadual concorrente cumulativa* (art. 24, § 3º). Na primeira hipótese, existente a lei federal de normas gerais (art. 24, § 1º), poderão os Estados e o DF, no uso da competência suplementar, preencher os vazios da lei federal de normas gerais, a fim de afeiçoá-la às peculiaridades locais (art. 24,

---

[9] Loc. cit.
[10] HORTA, Raul Machado. *Estudos de Direito Constitucional*. Belo Horizonte: Del Rey, 1995. p. 366.
[11] ALMEIDA, Fernanda Dias Menezes de. Comentários ao art. 24. **In:** CANOTILHO, J. J. Gomes [et al.]. *Comentários à Constituição do Brasil*. São Paulo: Saraiva/Almedina, 2013. Edição eletrônica.

§ 2º);[12] na segunda hipótese, poderão os Estados e o DF, inexistente a lei federal de normas gerais, exercer a competência legislativa plena para atender a suas peculiaridades (art. 24, § 3º). Sobrevindo a lei federal de normas gerais, suspende esta a eficácia da lei estadual, no que lhe for contrário (art. 24, § 4º).[13]

Encontramos, por exemplo, no IPVA – Imposto sobre Propriedade de Veículos Automotores –, o exercício da competência legislativa plena estadual por ausência de lei federal (no caso, ausente lei federal complementar de caráter nacional, nos termos do art. 146, III, "a", CF/1988). Entende-se que, deixando a União de editar normas gerais, exerce a unidade da federação a competência legislativa plena – § 3º do art. 24 do corpo permanente da Carta de 1988 –, sendo que, com a entrada em vigor do sistema tributário nacional, abriu-se à União, aos Estados, ao Distrito Federal e aos Municípios a via da edição de leis necessárias à respectiva aplicação – § 3º do art. 34 do Ato das Disposições Constitucionais Transitórias da Carta de 1988.[14]

Similar situação ocorre com o ITCMD – Imposto sobre Transmissão *Causa Mortis* e Doação. Assim, ante a omissão do legislador federal em estabelecer as normas gerais pertinentes a esse imposto, o STF decidiu que, sobre a doação de bens móveis, os Estados-membros podem fazer uso de sua competência legislativa plena com fulcro no art. 24, § 3º,[15] da Constituição e art. 34, § 3º, do ADCT.[16]

Mas, se é certo que, de um lado, nas hipóteses referidas no art. 24 da Constituição, a União Federal não dispõe de poderes ilimitados que lhe permitam transpor o âmbito das normas gerais, para, assim, invadir, de modo inconstitucional, a esfera de competência normativa dos Estados-membros, não é menos exato, de outro, que o Estado-membro, em existindo normas gerais veiculadas em leis nacionais, não pode ultrapassar os limites da competência meramente suplementar, pois, se tal ocorrer, o diploma legislativo estadual incidirá, diretamente, no vício da inconstitucionalidade. A edição, por determinado Estado-membro, de lei que contrarie,

---

[12] STF. ADI 2.903, Rel. Min. Celso de Mello, Pleno, julg. 01/12/2005, *DJe* 19/09/2008: "Se é certo, de um lado, que, nas hipóteses referidas no art. 24 da Constituição, a União Federal não dispõe de poderes ilimitados que lhe permitam transpor o âmbito das normas gerais, para, assim, invadir, de modo inconstitucional, a esfera de competência normativa dos Estados-membros, não é menos exato, de outro, que o Estado-membro, em existindo normas gerais veiculadas em leis nacionais (como a Lei Orgânica Nacional da Defensoria Pública, consubstanciada na LC 80/1994), não pode ultrapassar os limites da competência meramente suplementar, pois, se tal ocorrer, o diploma legislativo estadual incidirá, diretamente, no vício da inconstitucionalidade. A edição, por determinado Estado-membro, de lei que contrarie, frontalmente, critérios mínimos legitimamente veiculados, em sede de normas gerais, pela União Federal ofende, de modo direto, o texto da Carta Política."

[13] STF. ADI 3.098, Rel. Min. Carlos Velloso, Pleno, julg. 24/11/2005, *DJ* 10/03/2006.

[14] STF. AI 167.777-AgR, Rel. Min. Marco Aurélio, 2ª Turma, julg. 04/03/1997, *DJ* 09/05/1997.

[15] STF. RE 414.259 AgR, Rel. Min. Eros Grau, 2ª Turma, julg. 24/06/2008, *DJe* 15/08/2008; RE 601.247 AgR, Rel. Min. Ricardo Lewandowski, 2ª Turma, julg. 29/05/2012, *DJe* 13/06/2012: "Os Estados-membros estão legitimados a editar normas gerais referentes ao IPVA, no exercício da competência concorrente prevista no art. 24, § 3º, da CB".

[16] STF. RE 607.546 AgR, Rel. Min. Ricardo Lewandowski, 2ª Turma, julg. 23/08/2011, *DJe* 06/09/2011. Registre-se, porém, que o STF, no julgamento do RE 851.108 (julg. 20/04/2021 – repercussão geral), entendeu não ser permitido aos Estados exercer a competência legislativa plena quanto ao ITCMD nos casos em que a CF/1988 exige lei complementar de caráter nacional para a instituição do ITCMD, a saber, quando o doador tiver domicílio ou residência no exterior ou quando o *de cujus* possuía bens, era residente ou domiciliado ou teve o seu inventário processado no exterior (art. 156, § 1º, III, CF/1988). Nesses casos, ausente a lei complementar nacional, o Estado não poderá cobrar tal imposto sobre tais hipóteses de incidência.

frontalmente, critérios mínimos legitimamente veiculados, em sede de normas gerais, pela União Federal, ofende, de modo direto, o texto da Carta Política.[17]

Já o **art. 48** estabelece caber ao Congresso Nacional, com a sanção presidencial, dispor sobre

> *I – sistema tributário, arrecadação e distribuição de rendas; II – plano plurianual, diretrizes orçamentárias, orçamento anual, operações de crédito, dívida pública e emissões de curso forçado; (...) XIII – matéria financeira, cambial e monetária, instituições financeiras e suas operações; XIV – moeda, seus limites de emissão, e montante da dívida mobiliária federal.*

Ao explicar a representatividade da norma citada, José Roberto Rodrigues Afonso e Marcos Nóbrega[18] lembram que o dispositivo reflete "o princípio básico e secular da democracia, de que o governo não pode extrair compulsoriamente renda da sociedade sem que os representantes do povo o tenham expressa e especificamente autorizado, e regulado quanto, quando e como isso será feito". Em complemento, registram que

> é adotado outro princípio elementar das democracias: o governo não pode gastar o recurso público sem que os representantes do povo tenham autorizado expressamente. Não deve ser por outro motivo que o tratamento do orçamento aparece em segundo lugar na lista de mais de uma dezena de competências legislativas. A mesma lógica também explica por que foram mencionados não apenas as peças do processo orçamentário como também do endividamento público, inclusive o realizado através da emissão de moeda.

Por sua vez, o **art. 52** prevê competir privativamente ao Senado Federal

> *(...); V – autorizar operações externas de natureza financeira, de interesse da União, dos Estados, do Distrito Federal, dos Territórios e dos Municípios; VI – fixar, por proposta do Presidente da República, limites globais para o montante da dívida consolidada da União, dos Estados, do Distrito Federal e dos Municípios; VII – dispor sobre limites globais e condições para as operações de crédito externo e interno da União, dos Estados, do Distrito Federal e dos Municípios, de suas autarquias e demais entidades controladas pelo Poder Público federal; VIII – dispor sobre limites e condições para a concessão de garantia da União em operações de crédito externo e interno; IX – estabelecer limites globais e condições para o montante da dívida mobiliária dos Estados, do Distrito Federal e dos Municípios; XV – avaliar periodicamente a funcionalidade do Sistema Tributário Nacional, em sua estrutura e seus componentes, e o desempenho das administrações tributárias da União, dos Estados e do Distrito Federal e dos Municípios.*

O art. 52 trata das competências privativas do Senado Federal que, como tais, não podem ser delegadas nem usurpadas por qualquer outro Poder, sob pena de afronta ao Estado federal firmemente estabelecido pela Carta de 1988, e que devem ser exercidas mediante edição de *Resoluções*. Os incisos V a IX compreendem o endividamento público e o inciso XV, o Sistema Tributário Nacional, tendo como ponto comum o modelo federal insculpido na Carta de 1988. Em uma federação, como sabemos, há (ou deveria haver) uma convivência

---

[17] STF. ADI 2.903, Rel. Min. Celso de Mello, Pleno, julg. 01/12/2005, **DJe** 19/09/2008.
[18] AFONSO, José Roberto Rodrigues; NÓBREGA, Marcos. Comentários ao art. 48, incisos I e II. **In:** CANOTILHO, J. J. Gomes [et al.]. *Comentários à Constituição do Brasil*. São Paulo: Saraiva/Almedina, 2013. Edição eletrônica.

harmônica entre diferentes esferas de governo, e o Senado Federal é o *locus* adequado para dirimir distorções e estabelecer parâmetros válidos para todos esses entes.[19]

Para garantir a participação do Poder Legislativo no processo de elaboração e aprovação das leis orçamentárias, em respeito ao princípio da *democracia fiscal*, a Constituição traz duas vedações. A primeira encontra-se na alínea d do § 1º do **art. 62**, que determina ser vedado utilizar Medidas Provisórias para tratar de "planos plurianuais, diretrizes orçamentárias, orçamento e créditos adicionais e suplementares, ressalvado o previsto no art. 167, § 3º".[20] A segunda é prevista no § 1º do **art. 68**, que proíbe a utilização de leis delegadas sobre "planos plurianuais, diretrizes orçamentárias e orçamentos".

Por sua vez, o **art. 84** estabelece pertencer ao Presidente da República o dever de "enviar ao Congresso Nacional o plano plurianual, o projeto de lei de diretrizes orçamentárias e as propostas de orçamento previstos nesta Constituição" **(inc. XXIII)** e "prestar, anualmente, ao Congresso Nacional, dentro de sessenta dias após a abertura da sessão legislativa, as contas referentes ao exercício anterior" **(inc. XXIV)**.

Finalmente, pelo texto do **art. 85**, encontramos uma norma que veicula sanção de natureza político-administrativa, pela qual se considera crime de responsabilidade o ato do presidente que atentar contra "a lei orçamentária" **(inc. VI)**.[21]

2.4. HIPÓTESES DE INTERVENÇÃO FINANCEIRA NA CONSTITUIÇÃO

A **intervenção financeira** de um ente sobre outro, prevista na Constituição, é uma ação remota e excepcional, e visa tão somente resguardar e manter a unidade e a estabilidade da federação.

Nesse sentido, explica o Ministro do STF Enrique Ricardo Lewandowski[22]

> que a Federação, por suas características, repousa sobre um delicado balanço de forças. De um lado, estímulos desagregadores militam no sentido de fragmentar a associação. De outro, impulsos de caráter centralizador atuam na linha de aplainar as individualidades. Para preservar esse precário equilíbrio, a técnica constitucional desenvolveu alguns mecanismos estabilizadores, que vão desde a solução dos dissídios internos por um tribunal especializado, até a intervenção

---

[19] AFONSO, José Roberto Rodrigues; NÓBREGA, Marcos. Op. cit.

[20] Sobre o dispositivo, assim se manifestou o STF: "Limites constitucionais à atividade legislativa excepcional do Poder Executivo na edição de medidas provisórias para abertura de crédito extraordinário. Interpretação do art. 167, § 3º c/c o art. 62, § 1º, inciso I, alínea *d*, da Constituição. Além dos requisitos de relevância e urgência (art. 62), a Constituição exige que a abertura do crédito extraordinário seja feita apenas para atender a despesas imprevisíveis e urgentes (...)" (ADI 4.048-MC, Rel. Min. Gilmar Mendes, Pleno, julg. 14/05/2008, ***DJe*** 22/08/2008). No mesmo sentido: ADI 4.049-MC, Rel. Min. Carlos Britto, Pleno, julg. 05/11/2008, ***DJe*** 08/05/2009. Em sentido contrário: ADI 1.716, Rel. Min. Sepúlveda Pertence, Pleno, julg. 19/12/1997, ***DJ*** 27/03/1998).

[21] Em 31/08/2016, em julgamento de *impeachment*, o Senado Federal entendeu que a então Presidente da República teria cometido os crimes de responsabilidade consistentes em contratar operações de crédito com instituição financeira controlada pela União e editar decretos de crédito suplementar sem autorização do Congresso Nacional, previstos no art. 85, inciso VI e art. 167, V da Constituição Federal, bem como no art. 10, itens 4, 6 e 7, e art. 11, itens 2 e 3 da Lei 1.079/1950, condenando-a à perda do cargo de Presidente da República Federativa do Brasil.

[22] LEWANDOWSKI, Enrique Ricardo. Comentários ao art. 34. ***In:*** CANOTILHO, J. J. Gomes [et al.]. *Comentários à Constituição do Brasil*. São Paulo: Saraiva/Almedina, 2013. Edição eletrônica.

do conjunto dos associados em determinada unidade federada para a restauração da harmonia institucional, mas sempre em caráter excepcional.

Desse modo, em caso de descumprimento de determinadas obrigações financeiras, a Constituição prevê as hipóteses em que a União poderá intervir (supressão excepcional e temporária da autonomia dos membros da federação) nos Estados e no Distrito Federal e estes nos Municípios.

Isto porque, dada a interdependência econômica que se verifica entre as unidades da Federação, em particular nessa fase histórica da evolução do sistema, a desorganização da vida financeira de qualquer uma delas afeta, direta ou indiretamente, as demais. Acresce ainda que o descontrole nas finanças do ente federado constitui fonte de perturbação da ordem que pode extrapolar o seu território colocando em risco a paz e a tranquilidade do País como um todo.[23]

Assim sendo, no **art. 34** está prevista a possibilidade de a União intervir nos Estados e no Distrito Federal para "V – reorganizar as finanças da unidade da Federação que: a) suspender o pagamento da dívida fundada por mais de dois anos consecutivos, salvo motivo de força maior; b) deixar de entregar aos Municípios receitas tributárias fixadas nesta Constituição, dentro dos prazos estabelecidos em lei".[24]

Afinal, ao Governo central, como é evidente, não é dado permanecer impassível em tais circunstâncias, sendo-lhe lícito intervir na unidade da Federação em que se manifestar o problema, com o fim único e exclusivo de debelá-lo. Cuida-se, pois, de medida meramente reconstrutiva, embora de caráter excepcional.[25]

E, no mesmo sentido, o **art. 35** estabelece a possibilidade de os Estados-membros intervirem em Município quando: "I – deixar de ser paga, sem motivo de força maior, por dois anos consecutivos, a dívida fundada; II – não forem prestadas contas devidas, na forma da lei; III – não tiver sido aplicado o mínimo exigido da receita municipal na manutenção e desenvolvimento do ensino e nas ações e serviços públicos de saúde".

Esclareça-se que a *dívida fundada* mencionada nos dispositivos citados refere-se aos contratos de empréstimo ou financiamento com organismo multilaterais, agências governamentais ou credores privados, que geram compromissos de exigibilidade superior a doze meses, contraídos para atender a desequilíbrios orçamentários ou a financiamento de obras e serviços públicos.

---

[23] Ibidem.

[24] Embora não tenha havido pedido de intervenção federal, a retenção pelo Estado de Santa Catarina de parcela do ICMS pertencente aos Municípios poderia dar ensejo à medida extraordinária com base na letra *b* do inciso V do art. 34 da CF/88. Vide acórdão do STF: "ICMS. Repartição de rendas tributárias. PRODEC. Programa de Incentivo Fiscal de Santa Catarina. Retenção, pelo Estado, de parte da parcela pertencente aos Municípios. Inconstitucionalidade. RE desprovido. A parcela do imposto estadual sobre operações relativas à circulação de mercadorias e sobre prestações de serviços de transporte interestadual e intermunicipal e de comunicação, a que se refere o art. 158, IV, da Carta Magna pertence de pleno direito aos Municípios. O repasse da quota constitucionalmente devida aos Municípios não pode sujeitar-se à condição prevista em programa de benefício fiscal de âmbito estadual. Limitação que configura indevida interferência do Estado no sistema constitucional de repartição de receitas tributárias". (STF: RE nº 572.762, Rel. Min. Ricardo Lewandowski, Pleno, julg. 18/06/2008, **DJe** 05/09/2008, com repercussão geral). Também AI 645.282 ED, Rel. Min. Cármen Lúcia, 1ª Turma, julg. 01/02/2011, **DJe** 18/02/2011.

[25] Ibidem.

2.5. FISCALIZAÇÃO FINANCEIRA NA CONSTITUIÇÃO

Fiscalizar é verificar se os órgãos e as entidades estão realizando suas atividades de acordo com os objetivos planejados, se estão respeitando as normas legais, e se estão trabalhando de forma eficiente e impessoal, isto é, se os recursos públicos estão sendo utilizados em proveito da sociedade e não em benefício de particulares.[26] Sendo identificado qualquer tipo de irregularidade pela fiscalização, caberá a realização do controle (correção) pelo órgão competente.

A fiscalização dos recursos públicos cabe a toda a sociedade e a cada cidadão, em particular. Mas, no âmbito da Administração Pública, a Constituição Federal atribui competência para fiscalizar aos órgãos de controle interno de cada Poder (Legislativo, Judiciário e Executivo) e também: a) às Câmaras de Vereadores; b) às Assembleias Legislativas; c) aos Tribunais de Contas dos estados e dos municípios; d) à Controladoria-Geral da União (CGU); e) ao Tribunal de Contas da União (TCU); e f) ao Congresso Nacional, à Câmara dos Deputados, ao Senado Federal e às suas respectivas comissões.

Dessa forma, o texto constitucional dispõe sobre a competência da União para fiscalizar as operações financeiras, que poderá ser exercida através de *controle interno* de cada poder e de *controle externo*, através do Congresso Nacional e do Tribunal de Contas.

Assim, inicia a disciplina da fiscalização financeira ao dispor, no seu **art. 21, inciso VIII**, que compete à União "fiscalizar as operações de natureza financeira, especialmente as de crédito, câmbio e capitalização".

Por sua vez, o **art. 70** estabelece que

> a fiscalização contábil, financeira, orçamentária, operacional e patrimonial da União e das entidades da administração direta e indireta, quanto à legalidade, legitimidade, economicidade, aplicação das subvenções e renúncia de receitas, será exercida pelo Congresso Nacional, mediante controle externo, e pelo sistema de controle interno de cada Poder.

Já o **art. 71** prevê que

> O controle externo, a cargo do Congresso Nacional, será exercido com o auxílio do Tribunal de Contas da União, ao qual compete: (...); II – julgar as contas dos administradores e demais responsáveis por dinheiros, bens e valores públicos da administração direta e indireta, incluídas as fundações e sociedades instituídas e mantidas pelo Poder Público federal, e as contas daqueles que derem causa a perda, extravio ou outra irregularidade de que resulte prejuízo ao erário público.

Enquanto isso, o **art. 74** determina que

> Os Poderes Legislativo, Executivo e Judiciário manterão, de forma integrada, sistema de controle interno com a finalidade de: I – avaliar o cumprimento das metas previstas no plano plurianual, a execução dos programas de governo e dos orçamentos da União; II – comprovar a legalidade e avaliar os resultados, quanto à eficácia e eficiência, da gestão orçamentária, financeira e patrimonial nos órgãos e entidades da administração federal, bem como da aplicação de recursos públicos por

---

[26] BRASIL. Câmara dos Deputados. Comissão de Fiscalização Financeira e Controle. *Cartilha de fiscalização financeira e controle*: um manual de exercício da cidadania. 8. ed. Brasília: Câmara dos Deputados, 2017. p. 25.

entidades de direito privado; III – exercer o controle das operações de crédito, avais e garantias, bem como dos direitos e haveres da União.

Os dispositivos ora relacionados tratam da inequívoca necessidade de controle do poder público. Sobre o tema, lembram Fernando Facury Scaff e Luma C. M. Scaff[27] que

> historicamente, uma das primeiras funções atribuídas ao Poder Legislativo enquanto órgão de atuação estatal foi a de fiscalizar a atuação do Poder Executivo. Na verdade, isso remonta à Magna Carta, de 1215, quando os nobres sitiaram a Realeza, obrigando-a a prestar contas de seus atos e, como corolário, a pedir autorização para aquela Assembleia de Nobres feudal para realizar certos atos de arrecadação de fundos (poder-se-ia chamar de "tributos") ou para a realização de certos gastos (como, por exemplo, realizar gastos com o casamento de sua filha). O artigo 70 da Constituição segue esta linha de atuação, pois trata da necessidade de controle do Poder Público, sob diversos ângulos de atuação, e, embora se aplique diretamente apenas à União, é igualmente aplicável aos Estados-Membros e aos Municípios por força do artigo 75 da Constituição. [...] O controle externo é realizado pelo Congresso Nacional, auxiliado pelo Tribunal de Contas da União, na forma do art. 71 da Constituição. E o controle interno é desenvolvido através de sistemas internos a cada Poder: Legislativo, Executivo e Judiciário, conforme determina o art. 74 da Constituição.

2.6. CONSTITUIÇÃO TRIBUTÁRIA E ORÇAMENTÁRIA

O Título VI da Constituição Federal é nomeado "Da Tributação e do Orçamento". No seu Capítulo I, Seções I a V (arts. 145 a 156-B), encontramos toda a disciplina do Sistema Tributário Nacional, em que se instituem as espécies tributárias, atribui-se a competência tributária à União, aos Estados, ao Distrito Federal e aos Municípios para instituírem impostos, taxas, contribuições e empréstimos compulsórios, bem como se estabelece a reserva de matéria à lei complementar sobre determinados temas ali relacionados (conflitos de competência, regulamentação dos princípios e normas gerais em matéria tributária) e, finalmente, estabelecem-se as Limitações ao Poder de Tributar (princípios tributários, imunidades etc.). Não podemos deixar de citar o art. 195, que institui as Contribuições Sociais para Financiamento da Seguridade Social e respectivas normas gerais; o art. 212, § 5º, que se refere à Contribuição do Salário-Educação; o art. 239, que alude ao PIS; e o art. 240, que trata das Contribuições do "Sistema S" (Senai, Sesi, Senac etc.).

Assim, todas as normas tributárias seguirão os preceitos que estão previstos neste capítulo. Em face da sua relevância, complexidade, extensão e unicidade, a matéria acabou por se destacar do Direito Financeiro propriamente dito, passando a ser considerada Direito Tributário (e o Direito Constitucional Tributário), uma disciplina autônoma, que tem no seu objeto – o tributo – apenas uma das várias espécies de receitas públicas do Direito Financeiro.

Do art. 157 ao art. 162, definem-se as repartições das receitas tributárias, pelas quais se destina parcela do produto da arrecadação da União e dos Estados à distribuição entre estes, o Distrito Federal e os Municípios, bem como aos Fundos de Participação e para os programas de financiamento para o desenvolvimento regional. Este capítulo constitucional não está a disciplinar a arrecadação dos entes federativos, mas sim a distribuição do que já

---

[27] SCAFF, Fernando Facury; SCAFF, Luma Cavaleiro de Macedo. Comentários aos arts. 70, 71 e 74. *In*: CANOTILHO, J. J. Gomes [et al.]. *Comentários à Constituição do Brasil*. São Paulo: Saraiva/Almedina, 2013. Edição eletrônica.

foi arrecadado entre eles, numa típica ferramenta *redistributiva* do federalismo fiscal, a fim de oferecer aos seus integrantes maior equilíbrio participativo.

Dessa forma, o modelo de *transferências constitucionais tributárias* apresenta, de maneira sintética (detalhamento na seção 4.9 desta obra), o seguinte quadro:[28] a) a União transfere para os Estados e DF 100% do IR retido na fonte sobre rendimentos pagos por estes últimos, suas autarquias e fundações, 20% dos Impostos Residuais (se criados), 29% da CIDE-Petróleo, 10% do IPI-Exportação e do Imposto Seletivo, proporcionalmente ao valor das respectivas exportações de produtos industrializados, bem como 30% do IOF-Ouro; b) a União transfere para os Municípios 100% do IR retido na fonte sobre rendimentos pagos por estes últimos, suas autarquias e fundações, 50% do ITR, e 70% do IOF-Ouro; c) os Estados transferem aos Municípios 50% do IPVA, 25% do ICMS, 25% dos 10% de IPI e do Imposto Seletivo recebido da União e 25% dos 29% da CIDE-Combustível recebidos da União; d) a União transfere 21,5% do IR, do IPI e do Imposto Seletivo para o FPE, 25,5% do IR, do IPI e do Imposto Seletivo para o FPM e 3% do IR, do IPI e do Imposto Seletivo para o FNO, o FNE e o FCO.

Com o advento da EC nº 132/2023, também serão destinados aos Municípios 25% do produto da arrecadação do Imposto sobre Bens e Serviços – IBS (art. 158, inciso IV, "b", CF/1988), creditados conforme os seguintes critérios: I – 80% na proporção da população; II – 10% com base em indicadores de melhoria nos resultados de aprendizagem e de aumento da equidade, considerado o nível socioeconômico dos educandos, de acordo com o que dispuser lei estadual; III – 5% com base em indicadores de preservação ambiental, de acordo com o que dispuser lei estadual; IV – 5% em montantes iguais para todos os Municípios do Estado (art. 158, § 2º, CF/1988).

No Capítulo II, que se estende do art. 163 ao art. 169, temos a disciplina das "Finanças Públicas". Assim, no art. 163 encontramos a previsão da reserva de matéria a lei complementar. No art. 164, temos a previsão da competência monetária da União e do Banco Central. Finalmente, do art. 165 ao art. 169, encontramos a disciplina das leis orçamentárias (plano plurianual, diretrizes orçamentárias e orçamentos anuais) e respectivas normas gerais para a sua criação e gestão.

2.7. CONSTITUIÇÕES FINANCEIRAS ESTADUAIS E LEIS ORGÂNICAS MUNICIPAIS

A Constituição Federal de 1988 estabelece a competência concorrente entre a União, os Estados e o Distrito Federal para legislarem sobre o Direito Financeiro, inclusive sobre o orçamento (art. 24). Logo depois, afirma que os Estados organizam-se pelas normas que adotarem, seguindo os princípios da Constituição Federal (art. 25). Em sequência, fixa a forma de organização e funcionamento dos Municípios e do Distrito Federal (arts. 29 e 32). A submissão aos princípios constitucionais se repete no texto do art. 11 do Ato das Disposições Constitucionais Transitórias, ao determinar às Assembleias Legislativas estaduais e às Câmaras Legislativas municipais que instituam as respectivas Constituições Estaduais e as Leis Orgânicas Municipais, respeitando-se sempre a hierarquia normativa constitucional.[29]

---

[28] Distribuição conforme a Emenda Constitucional nº 84/2014.

[29] "O Ato das Disposições Constitucionais Transitórias, em seu art. 11, impôs aos Estados-membros, no exercício de seu poder constituinte, a estrita observância dos princípios consagrados na Carta da República. O poder constituinte decorrente, assegurado às unidades da Federação, é, em essência, uma prerrogativa

Assim, os Estados, o Distrito Federal e os Municípios encontram na Constituição Federal a matriz normativa para o estabelecimento de suas respectivas normas financeiras. Estruturam-se com base no denominado **princípio da simetria**, construção pretoriana tendente a garantir, quanto aos aspectos reputados substanciais, homogeneidade na disciplina normativa da separação, independência e harmonia dos poderes, nos três planos federativos.[30]

Entretanto, isso não significa dizer que Estados, DF e Municípios são obrigados a replicar literal e integralmente todos os preceitos orçamentários da CF/1988 em suas Constituições locais. Há certa flexibilidade para o exercício da autonomia normativa dos entes federativos, sobretudo no que se refere às questões orçamentárias de natureza secundária (aspecto não substancial), como, por exemplo, a liberdade na fixação de prazos próprios para apresentação e encaminhamento dos projetos de leis orçamentárias (PPA, LDO e LOA).[31]

A propósito, no julgamento da ADI 253 (17/06/2015), o relator Ministro Gilmar Mendes afirmou que: *"A observância da simetria não significa que cabe ao constituinte estadual apenas copiar as normas federais"*.

Como sabemos, o legislador constituinte deixou a cargo da lei complementar a regulamentação sobre o exercício financeiro, a vigência, os prazos, a elaboração e a organização do plano plurianual, da lei de diretrizes orçamentárias e da lei orçamentária anual (CF/1988, art. 165, § 9º). No entanto, essa lei complementar com normas gerais ainda não foi editada pelo Congresso Nacional. Assim, no plano federal, enquanto não editadas as normas gerais, aplica-se o disposto no art. 35, § 2º, incisos I, II e III, do ADCT. Mas nos planos estaduais e municipais remanesce certo espaço para o exercício da autonomia normativa orçamentária, desde que não viole o núcleo estrutural orçamentário desenhado na CF/1988.

Para os Estados, seu fundamento mais direto está no art. 25 da Constituição Federal e no art. 11 de seu ADCT, que determinam aos Estados-membros a observância dos princípios da Constituição da República.[32] O poder constituinte outorgado aos Estados-membros sofre as limitações jurídicas impostas pela Constituição da República. Os Estados-membros organizam-se e regem-se pelas Constituições e leis que adotarem (art. 25, CF/1988), submetendo-se, no entanto, quanto ao exercício dessa prerrogativa institucional (essencialmente

---

institucional juridicamente limitada pela normatividade subordinante emanada da Lei Fundamental" (STF. ADI 568-MC, Rel. Min. Celso de Mello, Pleno, julg. 20/09/1991, *DJ* 22/11/1991).

[30] STF. ADI 7.060, Rel. Min. Dias Toffoli, Pleno, julg. 03/07/2023, *DJe* 03/08/2023: "Ação direta de inconstitucionalidade. Artigo 151, § 12, da Constituição do Estado de Sergipe, acrescentado pela Emenda Constitucional Estadual nº 53, de 10 de dezembro de 2020. Emenda parlamentar impositiva. Vedação do cômputo de 'restos a pagar' para o cumprimento da execução orçamentária e financeira obrigatória dos programas de trabalho incluídos no âmbito daquela unidade federativa. Inconstitucionalidade. Competência da União para editar normas gerais de direito financeiro e orçamento (art. 24, incisos I e II, § 1º, da CF/88). Reserva de lei complementar federal para a edição de normas gerais sobre elaboração da lei orçamentária anual, gestão financeira e critérios para execução das programações de caráter obrigatório (art. 165, § 9º, da CF/88). Emendas Constitucionais nºs 86/15 e 100/19 e Lei Federal nº 4.320/64. Reprodução obrigatória. Princípio da simetria. Precedentes. Ação direta de inconstitucionalidade julgada procedente".

[31] STF. ADI 4.629, Rel. Min. Alexandre de Moraes, Pleno, julg. 20/09/2019, *DJe* 03/10/2019: "Constitucional. Direito Financeiro e Orçamentário. Constitucional. Direito Financeiro e Orçamentário. Emenda Constitucional 59/2011 do Estado do Rio Grande do Sul. Alteração dos prazos de encaminhamento de leis orçamentárias. Ofensa aos arts. 165 e 166 da Constituição Federal e ao Princípio da Simetria. Não ocorrência. Autonomia dos Estados-Membros. Ausência de Normas Gerais da União. Competência legislativa plena dos Estados (art. 24, § 3º, CF). Improcedência."

[32] STF. ADI 4.298-MC, voto do Rel. Min. Cezar Peluso, Pleno, julg. 07/10/2009, *DJe* 27/11/2009.

limitada em sua extensão), aos condicionamentos normativos impostos pela Constituição Federal, pois é nela que reside o núcleo de emanação (e de restrição) que informa e dá substância ao poder constituinte decorrente que a Lei Fundamental da República confere a essas unidades regionais da Federação.[33]

Igualmente, a Constituição Federal, em seu art. 29, *caput*, reza que o Município reger-se-á por lei orgânica, votada em dois turnos, com o interstício mínimo de dez dias, e aprovada por dois terços dos membros da Câmara Municipal, que a promulgará, atendidos os princípios estabelecidos na Constituição Federal e na Constituição do respectivo Estado. Assim, evidente a preocupação do legislador constituinte em atrelar o processo legislativo dos entes federados, inclusive dos Municípios, às normas constantes do Texto Maior.[34]

E nem poderia ser diferente, já que o **Princípio Federativo** (art. 18, CF/1988),[35] ao desenhar a estrutura da federação brasileira e ao instituir quatro ordens jurídicas, fixa princípios comuns para sua organização e coexistência, exigindo, sobretudo, a compatibilidade das suas normas. Trata-se, portanto, do poder constituinte decorrente, que, nas lições de Manoel Gonçalves Ferreira Filho, deriva do originário, que é incondicionado, mas não tem como objetivo rever a sua obra e, sim, existe para institucionalizar coletividades com caráter de Estado,[36] instaurando um sistema novo, porém harmônico, com a Constituição Federal. Consequentemente, é necessário haver uma ordem nacional apenas, sem prejuízo da descentralização de competências e respectivas autonomias.

Assim sendo, os Estados, o Distrito Federal e os Municípios são dotados de autonomia administrativa para realizarem sua atividade financeira, possuindo, cada qual, inclusive, previsão constitucional para as suas receitas públicas, especialmente os tributos (arts. 155 e 156) e a repartição das receitas financeiras (arts. 157 a 162).

Portanto, na linha do que traça a Constituição Federal de 1988, encontraremos nas respectivas Constituições Estaduais e Leis Orgânicas Municipais disposições expressas sobre a atividade financeira de cada ente: suas receitas, despesas, orçamento e gestão financeira.

---

[33] STF. ADI 507, Rel. Min. Celso de Mello, Pleno, julg. 14/02/1996, *DJ* 08/08/2003. No mesmo sentido: ADI 2.113, Rel. Min. Cármen Lúcia, Pleno, julg. 04/03/2009, *DJe* 21/08/2009. Também em igual sentido: ADI 4.696-MC, Rel. Min. Ricardo Lewandowski, Pleno, julg. 01/12/2011, *DJe* 16/03/2012.

[34] STF. RE 212.596, voto do Rel. Min. Cezar Peluso, Pleno, julg. 27/09/2006, *DJ* 20/04/2007.

[35] Constituição Federal – Art. 18. A organização político-administrativa da República Federativa do Brasil compreende a União, os Estados, o Distrito Federal e os Municípios, todos autônomos, nos termos desta Constituição.

[36] FERREIRA FILHO, Manoel Gonçalves. *Curso de Direito Constitucional*. São Paulo: Saraiva, 1984. p. 27.

Capítulo 3
FONTES DO DIREITO FINANCEIRO

O Direito Financeiro, como ordenamento jurídico, fornece ao seu usuário um conjunto de normas jurídicas para a realização dos seus objetivos. Essas normas, sabemos, decorrem do texto constitucional. Como o Brasil é estruturado sob a forma de federação, as fontes jurídicas do Direito Financeiro devem atender aos interesses do país e, simultaneamente, aos anseios e necessidades regionais.

Para tanto, a Constituição Federal, ao estabelecer e distribuir a competência normativa entre os entes federativos, disciplina, de maneira rígida, o uso e a aplicação dessas fontes legais, garantindo equilíbrio e a harmonia no processo legislativo sobre matérias financeiras.

São esses instrumentos normativos que passamos a estudar.

3.1. FONTES MATERIAIS E FORMAIS

Ao analisar as fontes de uma ciência jurídica, identificamos duas espécies de conhecimento: as *fontes materiais*, que nos levam à origem da formação das normas jurídicas (a causa e a finalidade de uma determinada norma); e as *fontes formais*, que nos fornecem o próprio sistema normativo aplicável àquela determinada área do Direito (Constituição, leis complementares e ordinárias, tratados, decretos, instruções normativas e portarias).

As **fontes materiais** são os elementos fáticos e concretos da vida humana em uma determinada coletividade que dão ensejo à criação das normas jurídicas. Podem ser de várias ordens: morais, históricas, religiosas, políticas, econômicas etc. As normas serão criadas a partir de certas necessidades da sociedade que o Estado identifica como sendo os objetivos a serem atendidos em sua atividade.

Como vimos, é por meio da investigação realizada pela Ciência das Finanças que se definirá a política financeira a ser adotada para uma determinada sociedade. Dados como a densidade populacional, a renda individual e coletiva, a produção econômica, o tamanho e as características da máquina estatal, as espécies e a quantidade de serviços públicos, os investimentos a serem feitos e, especialmente, a política pública a ser adotada são fundamentais na definição da estrutura normativa a ser instituída pelo Estado na construção do seu sistema normativo financeiro.

Portanto, para serem criadas as normas do Direito Financeiro que versarão sobre as receitas públicas, as despesas públicas e a gestão do Erário, hão de se identificar inúmeros dados concretos, que são extraídos da realidade de uma coletividade. Essa realidade, as necessidades públicas e as pretensões do Estado para com aquela determinada coletividade são o que denominamos fontes materiais do Direito Financeiro.

As **fontes formais**, por sua vez, representam as próprias espécies de normas jurídicas que compõem um determinado ordenamento. Numa federação como o Brasil, temos a necessidade de atender, simultaneamente, a interesses nacionais e regionais específicos. Assim, surge o imperativo de se buscar um processo legislativo que acolha as diversas demandas de maneira harmônica e equilibrada. Por essa razão, a Constituição passa a definir expressamente a estrutura normativa do Direito Financeiro e como esta se realizará em face da necessidade de distribuição de competências entre o Governo Central (União) e os demais entes federativos (Estados, Distrito Federal e Municípios).

Não é por outro motivo que a Constituição fixa que caberá à Lei Complementar – que possui *quorum* de aprovação de maioria absoluta – dispor sobre as normas gerais de finanças públicas (art. 163, I), deixando para as leis ordinárias a concretização do processo deliberativo financeiro de cada ente federativo. Igualmente, a Carta Constitucional estabelece que, em se tratando de normas gerais em matéria financeira, os Estados possuirão a competência suplementar em relação à competência da União (art. 24, § 2º).

Aqui, resta clara a distinção entre os conceitos de *lei nacional*, que se aplica em todo o território brasileiro e condiciona a elaboração das leis regionais, e de *lei federal*, de interesse e aplicação exclusivos da União (no mesmo sentido, as leis estaduais e municipais).

Assim, temos as normas gerais de Direito Financeiro, que criam os institutos e disciplinam os princípios e conceitos básicos sobre a matéria, conduzindo a elaboração das leis específicas financeiras. E temos as leis federais, estaduais e municipais, que tratam da execução financeira e orçamentária, de forma específica e individualizada, de cada um dos respectivos entes.

3.2. NORMAS GERAIS EM MATÉRIA FINANCEIRA

Como vimos no capítulo anterior, a **Constituição Federal de 1988** possui um papel extremamente relevante na configuração do sistema normativo do Direito Financeiro brasileiro, uma vez que desenha toda sua estrutura e distribui as respectivas competências. A partir do seu texto encontraremos a definição dos instrumentos normativos próprios para os diversos temas na seara fiscal, bem como a distribuição da competência legislativa em matéria financeira entre a União, os Estados, o Distrito Federal e os Municípios, harmonizando os interesses gerais da federação, com os regionais. Entretanto, o texto constitucional nos traz apenas "as vigas mestras do sistema",[1] deixando para as normas infraconstitucionais o seu detalhamento.

Assim, para serem criados os institutos jurídicos do Direito Financeiro, fixados os seus princípios gerais e definidos os conceitos sobre a matéria, função das normas gerais, a Constituição atribui competência normativa à União, conferindo aos Estados a respectiva competência suplementar. E, ainda, determina que o instrumento normativo para dispor sobre essas normas gerais será a **Lei Complementar**.[2]

---

[1] TEMER, Michel. *Elementos de Direito Constitucional*. 13. ed. São Paulo: Malheiros, 1997. p. 147.

[2] "A Constituição da República, nos casos de competência concorrente (...), estabeleceu verdadeira situação de condomínio legislativo entre a União Federal, os Estados-membros e o Distrito Federal (Raul Machado Horta, 'Estudos de Direito Constitucional'. p. 366, item nº 2, 1995, Del Rey), daí resultando clara repartição vertical de competências normativas entre essas pessoas estatais, cabendo, à União, estabelecer normas gerais (...), e, aos Estados-membros e ao Distrito Federal, exercer competência suplementar (...). Doutrina. Precedentes. Se é certo, de um lado, que, nas hipóteses referidas no art. 24 da Constituição, a União Federal não dispõe de poderes ilimitados que lhe permitam transpor o âmbito das normas gerais, para, assim, invadir, de modo inconstitucional, a esfera de competência normativa dos Estados-membros, não

Temos no art. 24 da Constituição Federal de 1998 a definição de que compete à União, aos Estados e ao Distrito Federal legislar concorrentemente sobre o Direito Tributário, o Direito Financeiro e o Direito Orçamentário, com a fixação de que, no âmbito da legislação concorrente, a competência da União será limitada a estabelecer normas gerais, não se excluindo a competência suplementar dos Estados, que a exercerão de forma plena, para atender a suas peculiaridades, se inexistir lei federal, até que a superveniência desta suspenda a eficácia da lei estadual, no que lhe for contrária.

E, no art. 163, estabelece-se que a *lei complementar* irá dispor sobre as finanças públicas, a dívida pública externa e a interna, incluída a das autarquias, fundações e demais entidades controladas pelo Poder Público, a concessão de garantias pelas entidades públicas, a emissão e o resgate de títulos da dívida pública, a fiscalização financeira da Administração Pública direta e indireta, as operações de câmbio realizadas por órgãos e entidades da União, dos Estados, do Distrito Federal e dos Municípios, a compatibilização das funções das instituições oficiais de crédito da União, resguardadas as características e condições operacionais plenas das voltadas ao desenvolvimento regional, e a sustentabilidade da dívida, especificando: a) indicadores de sua apuração; b) níveis de compatibilidade dos resultados fiscais com a trajetória da dívida; c) trajetória de convergência do montante da dívida com os limites definidos em legislação; d) medidas de ajuste, suspensões e vedações; e) planejamento de alienação de ativos com vistas à redução do montante da dívida.[3]

No dispositivo constitucional sobre os orçamentos, encontramos o § 9º do art. 165, que prevê caber à *lei complementar* dispor sobre o exercício financeiro, a vigência, os prazos, a elaboração e a organização do plano plurianual, da lei de diretrizes orçamentárias e da lei orçamentária anual (inciso I), e estabelecer normas de gestão financeira e patrimonial da administração direta e indireta bem como condições para a instituição e funcionamento de fundos (inciso II). Cabe, ainda, nos termos do inciso III do § 9º, dispor sobre critérios para a execução equitativa, além de procedimentos que serão adotados quando houver impedimentos legais e técnicos, cumprimento de restos a pagar e limitação das programações de caráter obrigatório para a realização da execução orçamentária e financeira das programações oriundas de emendas individuais parlamentares em montante correspondente a 2% da receita corrente líquida realizada no exercício anterior, e as programações incluídas por todas as emendas de iniciativa de bancada de parlamentares de Estado ou do Distrito Federal, no montante de até 1% (um por cento) da receita corrente líquida realizada no exercício anterior.

Infelizmente, passados mais de 30 anos, a lei complementar referida no *caput* do artigo 163 da Constituição ainda não foi editada.

Para atender às determinações constitucionais, temos, atualmente, em nosso ordenamento jurídico, duas **normas gerais financeiras** em vigor: a Lei nº 4.320/1964 e a Lei Complementar nº 101/2000.

é menos exato, de outro, que o Estado-membro, em existindo normas gerais veiculadas em leis nacionais (como a Lei Orgânica Nacional da Defensoria Pública, consubstanciada na Lei Complementar nº 80/1994), não pode ultrapassar os limites da competência meramente suplementar, pois, se tal ocorrer, o diploma legislativo estadual incidirá, diretamente, no vício da inconstitucionalidade. A edição, por determinado Estado-membro, de lei que contrarie, frontalmente, critérios mínimos legitimamente veiculados, em sede de normas gerais, pela União Federal, ofende, de modo direto, o texto da Carta Política. Precedentes" (STF. ADI 2.903, Rel. Min. Celso de Mello, Pleno, julg. 01/12/2005, **DJe** 19/09/2008)

[3] Conforme redação dada pela Emenda Constitucional nº 109/2021.

A primeira é a **Lei nº 4.320 de 1964**, formalmente uma lei ordinária, porém materialmente recepcionada pela Constituição Federal de 1988 como lei complementar. Essa lei traz as normas gerais de Direito Financeiro para elaboração e controle dos orçamentos e balanços da União, dos Estados, dos Municípios e do Distrito Federal.

A sua representatividade é inegavelmente inquestionável. Sancionada dias antes do golpe militar de 1964, ainda sob a égide da Carta de 1946 – em um Brasil então ainda agrário e de instituições republicanas extremamente frágeis, em que se buscava implementar "reformas de base" para alçar o país ao rol dos então "desenvolvidos" –, passou pelas Constituições de 1967 e 1969, e foi recepcionada pela Constituição Federal de 1988, continuando em vigor até hoje, mais de 60 anos após a sua edição.

Originária do Projeto de Lei da Câmara nº 201-D de 1950 (no Senado nº 38, de 1952), de autoria do Deputado Berto Condé, trazendo como justificativa as conclusões decorrentes da III Conferência de Contabilidade Pública realizada em 1949, foi considerado uma "grandiosa obra de padronização orçamentária"[4] para a organização de uma só estrutura orçamentária para a União, os Estados e os Municípios, mas acabou atropelado por uma década de inércia no Senado,[5] sendo só então a Lei nº 4.320 finalmente sancionada no governo de João Goulart, em 17 de março de 1964, trazendo no seu corpo um texto considerado avançado para a época, o que, de alguma maneira, a fez permanecer viva até hoje.

Quase sexagenária, apesar das vozes pela sua obsolescência,[6] e, ainda que se concorde que o Brasil de hoje é muito diferente daquele da época de sua promulgação, trata-se de diploma de suma importância para as finanças públicas brasileiras. Pode-se dizer que ela é o "Estatuto das Finanças Públicas". Além de veicular relevantes princípios financeiros e institutos básicos das finanças públicas, sem ela não seria possível elaborar, executar e controlar os orçamentos públicos. Mais do que isso, apresentou-nos o modelo de orçamento-programa, em cuja execução se pretendem políticas públicas de resultados, metas e conquistas.

Valendo-nos das lições de José Maurício Conti[7] para sintetizar e destacar os legados normativos da Lei nº 4.320/1964, citamos: (1) a positivação dos princípios da anualidade, universalidade, unidade, orçamento bruto, exclusividade, discriminação, unidade de tesouraria e evidenciação contábil, dentre outros; (2) a classificação econômica das receitas e despesas (subdivididas entre correntes e de capital); (3) a delegação à unidade orçamentária e, dentro

---

[4] Diário do Congresso Nacional, publicado em 05 de maio de 1950. p. 3.070.

[5] Após a votação final na Câmara em 14 de dezembro de 1952, o projeto retomou seguimento somente em 05 de junho de 1962.

[6] Aqueles que entendem que a Lei nº 4.320/1964, apesar de amplamente observada pela Administração Pública, estaria em parte obsoleta, especialmente em decorrência de mudanças expressivas ocorridas após sua edição, dentre as quais cabe destacar: a) implantação no País, a partir da década de 1970, de um mercado financeiro relativamente sofisticado, o que permitiu ao Governo utilizar intensamente os mecanismos de financiamento junto ao setor privado, tornando o serviço da dívida e a gestão de receitas e despesas financeiras variáveis relevantes no processo de gestão das finanças públicas, matéria que não foi adequadamente tratada na referida Lei; b) evolução tecnológica, especialmente nas áreas de processamento de dados e de telecomunicações, permitindo níveis de sofisticação antes impensáveis na gestão pública, tornando obsoletas ou desnecessárias algumas práticas previstas na lei vigente; c) evolução dos conhecimentos da ciência da administração, que introduziu novas práticas de gestão, oferecendo oportunidades de aperfeiçoamento da gestão pública.

[7] CONTI, José Maurício; PINTO, Élida Graziane. Lei dos orçamentos públicos completa 50 anos de vigência. *Revista Consultor Jurídico*, 17 de março de 2014. Disponível em: <http://www.conjur.com.br/2014-mar-17/lei-orcamentos-publicos-completa-50-anos-vigencia>. Acesso em: 29/09/2024.

dessa, ao agente público que detenha competência de "ordenador de despesa", da autonomia e da responsabilidade decisória pela realização da despesa, sem prejuízo do dever de equilíbrio com o fluxo de ingresso da receita; (4) balizas para transferências de recursos à iniciativa privada, com ou sem fins lucrativos, na forma de subvenções e auxílios; (5) formulação da lógica essencial de que programas pressupõem correlação finalística entre dotação de valores para atingir metas quantitativamente mensuradas em unidades de serviços e obras a serem alcançadas; (6) adoção explícita do regime de caixa para a receita e regime de competência para a despesa pública, em hibridismo típico da Contabilidade Pública; (7) definição das etapas de execução da despesa, que foi tripartida em empenho, liquidação e pagamento; (8) definição do conceito de restos a pagar; (9) fixação do regime jurídico dos créditos adicionais (suplementares, especiais e extraordinários), em aderência ao princípio da legalidade e sua coexistência com a necessária flexibilidade orçamentária; (10) conceituação e balizas nucleares sobre o funcionamento dos fundos especiais; (11) competências e interfaces dos controles interno e externo; e (12) previsão de balanços obrigatórios, dentre outros comandos de relevo.

A segunda norma geral financeira é a **Lei Complementar nº 101 de 2000**, que estabelece as normas de finanças públicas voltadas para a responsabilidade na gestão fiscal. Esta lei caracterizou um importante marco regulatório fiscal no Brasil. Passadas mais de duas décadas de sua vigência, foi possível perceber claramente a transformação da cultura fiscal e de postura do gestor público diante de suas normas, ainda que avanços sejam imprescindíveis.

Na lição de Diogo de Figueiredo Moreira Neto quando da edição da lei, a vigência da LRF caracteriza-se como uma mudança de hábitos, marcando a desejável passagem do "patrimonialismo demagógico para o gerenciamento democrático".[8]

Como bem salientou Weder de Oliveira[9] ao final da primeira década de vigência da LRF, três importantes impactos já puderam ser observados na Administração Pública como decorrência da Lei de Responsabilidade Fiscal: 1. Na esteira das discussões sobre a LRF, renovou-se o interesse pelo processo orçamentário, pela contabilidade pública e pela administração tributária; 2. Cresceu o interesse pela modernização e pelo aprimoramento dos sistemas e mecanismos de arrecadação tributária e controle de gastos públicos; 3. Há intensa mobilização dos Tribunais de Contas, que estão desenvolvendo um trabalho de orientação, manualização, treinamento, regulamentação e fiscalização, imprescindível para viabilizar o alcance dos objetivos da LRF em cada esfera da federação. Mas, segundo aquele Ministro do TCU,

> a LRF não pode ser tida como a legislação que irá garantir o equilíbrio fiscal permanente nem como a lei redentora que irá moralizar a administração pública. Ela representa o ponto culminante, até aqui, de um longo processo institucional e legislativo de melhorias paulatinas na gestão fiscal, que começou em meados dos anos 1980.[10]

De fato, se bem aplicada, a Lei de Responsabilidade Fiscal (LC nº 101/2000) pode garantir maior transparência, eficiência e controle aos gastos públicos, germinando na Administração Pública uma nova postura de gestão.

---

[8] MOREIRA NETO, Diogo de Figueiredo. A Lei de Responsabilidade Fiscal e seus Princípios Jurídicos. *Revista de Direito Administrativo*, nº 221, jul./set. 2000. p. 71-93.

[9] OLIVEIRA, Weder de. O equilíbrio das finanças públicas e a Lei de Responsabilidade Fiscal. *Revista Técnica dos Tribunais de Contas – RTTC*, Belo Horizonte, Fórum, 2010. p. 187.

[10] Ibidem. p. 188.

É inegável que a *transparência fiscal* na prestação de contas tem sido favorecida, a partir da LRF, com a divulgação em veículos de fácil acesso, inclusive pela Internet, das finanças e dos serviços públicos,[11] possibilitando a qualquer cidadão acompanhar diariamente informações atualizadas sobre a execução do orçamento e obter informações sobre recursos públicos transferidos e sua aplicação direta (origens, valores, favorecidos). Além da disponibilização de informações, a LRF criou novos *controles contábeis e financeiros* aplicáveis isonomicamente aos Poderes Executivo, Legislativo e Judiciário, aos Tribunais de Contas e Ministério Público, os quais são obrigados a publicar suas demonstrações fiscais. Portanto, transparência e controle na gestão passam a ser um binômio constante a partir da LRF.

Ademais, é indiscutível a contribuição da LRF para o alcance do *equilíbrio das finanças públicas* no Brasil nos três níveis da federação, especialmente no que se refere ao saneamento e reorganização da dívida dos Estados e Municípios, a partir do estabelecimento de mecanismos de limitação de gastos públicos, especialmente os de pessoal, a criação de metas de *superávit* fiscal, a redução da dívida e do *déficit* públicos, tudo para se chegar ao equilíbrio e a solidez das contas do Estado brasileiro.

Outrossim, o *planejamento orçamentário* constantemente disciplinado na LRF passou a fazer parte da cultura fiscal brasileira. Não planejar adequadamente enseja gastar mal o dinheiro público, em prioridades imediatistas e muitas vezes subjetivas ou de conveniência passageira. Quantos empréstimos onerosos precisaram ser feitos por falta de planificação de caixa? Quantas obras foram iniciadas e, depois, paralisadas, por ausência de recursos? Quantos *déficits* se fizeram por superestimativa de receita orçamentária? Quantos projetos se frustraram por falta de articulação programática com outros empreendimentos governamentais? Quantos servidores foram admitidos em setores não prioritários?

Finalmente, o *acompanhamento de resultados* do orçamento foi outro grande marco da LRF, afinal, de nada adiantava um orçamento financeiro bem elaborado e dimensionado, se este não produzisse resultados concretos e visíveis. Associar os números orçamentários às metas propostas e mensurar se estas foram alcançadas é uma das virtudes do novo ciclo orçamentário.

Não obstante os elogios para ambas as leis – Lei nº 4.320/1964 e LC nº 101/2000 –, há muito ainda que evoluir, a fim de consolidar a sustentabilidade e estimular o desenvolvimento econômico e social.

Hoje, conceitos como os de eficiência e de eficácia no dispor dos recursos públicos, transparência das informações e ampla divulgação de dados, e de *accountability* e responsabilidade na gestão são constantes nas finanças públicas e requerem preceitos normativos que ofereçam maior efetividade e convergência a tais ideais.

3.3. NORMAS ESPECÍFICAS EM MATÉRIA FINANCEIRA

Uma vez definidos pelas normas gerais os conceitos e institutos básicos do Direito Financeiro – tais como leis orçamentárias, responsabilidade fiscal, exercício financeiro, receitas

---

[11] O § 2º do art. 48 da LRF (inserido pela LC 156/2016) estabelece: "A União, os Estados, o Distrito Federal e os Municípios disponibilizarão suas informações e dados contábeis, orçamentários e fiscais conforme periodicidade, formato e sistema estabelecidos pelo órgão central de contabilidade da União, os quais deverão ser divulgados em meio eletrônico de amplo acesso público". A inovação foi reputada tão relevante que mereceu ser transcrita, com mínimas alterações, no atual art. 163-A da Constituição, inserido pela Emenda Constitucional nº 108/2020.

e despesas públicas, créditos adicionais e fundos especiais –, inicia-se o processo legislativo financeiro por cada unidade da federação. Tanto a União como os Estados, o Distrito Federal e os Municípios deverão propor a suas casas legislativas as leis específicas sobre as formas de arrecadação, o plano plurianual, as diretrizes orçamentárias, os orçamentos anuais e a criação de fundos especiais, pois é a partir dessas normas que se realizam as receitas e despesas públicas e a gestão financeira do Erário.

Essas leis, muitas delas de iniciativa do Poder Executivo local, terão a forma de **Lei Ordinária**, instrumento competente para a concretização das normas financeiras, atendendo ao Princípio da Legalidade. A utilização de leis ordinárias é uma condição decorrente do Estado de Direito, em que se exige a prévia aprovação pelo Poder Legislativo, quando da instituição ou modificação das normas de Direito Financeiro.

Assim, cada ente da federação irá aprovar, através do seu respectivo Poder Legislativo, as leis ordinárias para a instituição e arrecadação dos tributos e demais espécies de receitas financeiras, as leis orçamentárias para execução financeira dos seus investimentos, gastos públicos, subsídios, isenções, créditos, criação de fundos e transferências financeiras.

Quando discorremos sobre leis ordinárias em matéria financeira, três leis despontam em nossa mente: as **leis orçamentárias anuais**, as **leis de diretrizes orçamentárias** e as **leis dos planos plurianuais**. Essas leis ordinárias são de iniciativa dos chefes do Poder Executivo de cada ente federativo e aprovadas pelo respectivo Poder Legislativo.[12]

Uma vedação importante que a Constituição traz para a criação de normas específicas em matéria de Direito Financeiro refere-se à utilização de **Medidas Provisórias**. Assim, é vedada a edição de Medida Provisória para dispor sobre planos plurianuais, diretrizes orçamentárias, orçamento e créditos adicionais e suplementares (exceto para a abertura de créditos extraordinários para despesas imprevisíveis). O objetivo dessa norma é o de garantir a participação do Poder Legislativo no processo de elaboração e aprovação das leis financeiras, excetuando-se, apenas, os casos emergenciais e imprevisíveis.[13]

Ainda, temos os **decretos**, atos normativos do Chefe do Poder Executivo local (Presidente, Governador e Prefeito), que deverão ser editados até 30 dias após a publicação das leis orçamentárias, para estabelecer a programação financeira e o cronograma de execução mensal de desembolso (art. 8º, LC nº 101/2000).

---

[12] "Competência exclusiva do Poder Executivo iniciar o processo legislativo das matérias pertinentes ao Plano Plurianual, às Diretrizes Orçamentárias e aos Orçamentos Anuais. Precedentes: ADI 103 e ADI 550" (STF. ADI 1.759-MC, Rel. Min. Néri da Silveira, Pleno, julg. 12/03/1998, *DJ* 06/04/2001).

[13] "Limites constitucionais à atividade legislativa excepcional do Poder Executivo na edição de medidas provisórias para abertura de crédito extraordinário. Interpretação do art. 167, § 3º c/c o art. 62, § 1º, inciso I, alínea *d*, da Constituição. Além dos requisitos de relevância e urgência (art. 62), a Constituição exige que a abertura do crédito extraordinário seja feita apenas para atender a despesas imprevisíveis e urgentes. Ao contrário do que ocorre em relação aos requisitos de relevância e urgência (art. 62), que se submetem a uma ampla margem de discricionariedade por parte do Presidente da República, os requisitos de imprevisibilidade e urgência (art. 167, § 3º) recebem densificação normativa da Constituição. (...) A leitura atenta e a análise interpretativa do texto e da exposição de motivos da MP nº 405/2007 demonstram que os créditos abertos são destinados a prover despesas correntes, que não estão qualificadas pela imprevisibilidade ou pela urgência. A edição da MP nº 405/2007 configurou um patente desvirtuamento dos parâmetros constitucionais que permitem a edição de medidas provisórias para a abertura de créditos extraordinários. Medida cautelar deferida. Suspensão da vigência da Lei nº 11.658/2008, desde a sua publicação, ocorrida em 22 de abril de 2008" (STF. ADI 4.048-MC, Rel. Min. Gilmar Mendes, Pleno, julg. 14/05/2008, *DJe* 22/08/2008). No mesmo sentido: ADI 4.049-MC, Rel. Min. Carlos Britto, Pleno, julg. 05/11/2008, *DJe* 08/05/2009.

Por fim, não podemos deixar de citar que cabe a Resolução do Senado Federal, nos termos do artigo 52 da Constituição, incisos: V – autorizar operações externas de natureza financeira, de interesse da União, dos Estados, do Distrito Federal, dos Territórios e dos Municípios; VI – fixar, por proposta do Presidente da República, limites globais para o montante da dívida consolidada da União, dos Estados, do Distrito Federal e dos Municípios; VII – dispor sobre limites globais e condições para as operações de crédito externo e interno da União, dos Estados, do Distrito Federal e dos Municípios, de suas autarquias e demais entidades controladas pelo Poder Público federal; VIII – dispor sobre limites e condições para a concessão de garantia da União em operações de crédito externo e interno; IX – estabelecer limites globais e condições para o montante da dívida mobiliária dos Estados, do Distrito Federal e dos Municípios. Atualmente, temos em vigor a Resolução do Senado Federal nº 40/2001 e a Resolução do Senado Federal nº 43/2001.

3.4. CONTROLE DE CONSTITUCIONALIDADE E DE LEGALIDADE DAS NORMAS FINANCEIRAS

Em nosso ordenamento jurídico há um escalonamento de normas, em que a Constituição encontra-se no ápice e todas as demais normas devem a ela se submeter. Dessa forma, a lei se submete à Constituição, o regulamento se submete à lei, a instrução normativa do Ministro se submete aos decretos, e assim sucessivamente.[14]

No campo do Direito Financeiro, temos as normas constitucionais que atribuem a competência normativa aos entes federativos, estabelecem as reservas de matéria, instituem o sistema financeiro e criam seus principais institutos. A partir dessa estrutura normativa constitucional, será função das leis complementares fixarem as normas gerais sobre o Direito Financeiro, e caberá às leis ordinárias e seus decretos dar a devida concretude e execução ao sistema. Vemos, portanto, a configuração de uma pirâmide normativa que deve ser respeitada, sob pena de se incorrer em vício de inconstitucionalidade ou de ilegalidade.

Não há dúvidas de que as normas infraconstitucionais são hierarquicamente inferiores às normas constitucionais e, da mesma maneira, os decretos em relação às leis, buscando cada qual seu suporte de validade e limites materiais de disposição na norma que lhes é imediatamente superior.

Uma questão, entretanto, é relevante no Direito Financeiro: compreender se há hierarquia entre a lei complementar e a lei ordinária, na medida em que ambas possuem papel de destaque no ordenamento jurídico financeiro.

Sobre esse assunto, em primeiro lugar, encontramos o entendimento de que, por haver um *quorum* qualificado (maioria absoluta) para a aprovação de Lei Complementar maior do que o *quorum* de aprovação de uma Lei Ordinária (maioria simples), poderia existir, por decorrência, uma hierarquia superior da primeira em relação à segunda. Entretanto, sabemos que, para haver hierarquia normativa, é necessário haver uma fonte normativa que ofereça fundamento de validade para as demais normas inferiores, assim como ocorre com a Constituição e o resto do ordenamento jurídico. Todavia, essa subordinação não existe entre a *Lei Complementar* e a *Lei Ordinária*, já que ambas derivam da Constituição e não a segunda da primeira. Nesse sentido, temos o entendimento de que o que existe entre elas, apenas, é uma reserva de matéria. Ou seja, existiria uma distribuição constitucional

---

[14] TEMER, Michel. *Elementos de Direito Constitucional*. 13. ed. São Paulo: Malheiros, 1997. p. 144.

de matérias exclusivas ou reservadas para a Lei Complementar, sobre as quais as Leis Ordinárias não poderiam dispor.[15]

Todas estas normas podem sofrer questionamentos junto ao Poder Judiciário sobre sua constitucionalidade formal, tanto nas modalidades concentrada ou difusa. Entretanto, discute-se sobre a possibilidade de haver questionamento de lei orçamentária por uma Ação Direta de Inconstitucionalidade, ingressando, a partir de então, no seu aspecto material. O debate desloca-se da forma para o conteúdo.

Para compreender o tema, primeiro faz-se importante identificar a natureza jurídica da lei orçamentária. Para alguns, trata-se de uma lei formal, já que não se distingue das demais normas e contém disposições genéricas e abstratas, especialmente na parte das receitas (embora haja quem sustente que, por possuir prazos determinados para o seu encaminhamento e votação, estas teriam natureza diversa). Entretanto, doutrina e jurisprudência atuais majoritárias entendem tratar-se de lei material, de conteúdo concreto, já que contempla um plano de governo a ser cumprido, principalmente quanto aos gastos e aplicações de recursos, destacando-se, inclusive, que os atos que dela derivam são controlados por normas de responsabilidade, em caso de descumprimento. Finalmente, há uma terceira linha de entendimento minoritário, que entende tratar-se de um ato administrativo, já que seria mero instrumento de arrecadação, gestão e aplicação de recursos financeiros.

Por muitos anos, o Supremo Tribunal Federal entendeu que o controle concentrado e abstrato de constitucionalidade de leis e atos normativos realizado por meio da Ação Direta de Inconstitucionalidade – prevista no artigo 102, I, "a", da Constituição Federal – dependeria das características de abstração e generalidade da norma questionada. Assim, a Corte Suprema somente conhecia da ADI proposta em relação à lei, ainda que pleno o seu caráter formal, se esta também detivesse um caráter material de ato normativo genérico e abstrato.[16]

Neste sentido, em relação às leis orçamentárias, o STF não admitia seu controle concentrado e abstrato de constitucionalidade por meio de ADI, por entender que constituíam meras peças administrativas de caráter concreto, desprovidas de normatividade, abstração,

---

[15] STF. RE 419.629, Rel. Min. Sepúlveda Pertence, 1ª Turma, julg. 23/05/2006: "[...] III. PIS/Cofins: revogação pela L. nº 9.430/1996 da isenção concedida às sociedades civis de profissão pela LC nº 70/1991. 1. A norma revogada – embora inserida formalmente em lei complementar – concedia isenção de tributo federal e, portanto, submetia-se à disposição de lei federal ordinária, que outra lei ordinária da União, validamente, poderia revogar, como efetivamente revogou. 2. Não há violação do princípio da hierarquia das leis – *rectius*, da reserva constitucional de lei complementar – cujo respeito exige seja observado o âmbito material reservado pela Constituição às leis complementares. 3. Nesse sentido, a jurisprudência sedimentada do Tribunal, na trilha da decisão da ADC 1, 01/12/1993, Moreira Alves, RTJ 156/721, e também pacificada na doutrina."

[16] STF. ADI 2.057-MC, Rel. Min. Maurício Corrêa, Pleno, julg. 09/12/1999: "Ementa: Ação direta de inconstitucionalidade. Lei nº 0456, de 23/07/1999, do Estado do Amapá (diretrizes orçamentárias). Emenda parlamentar a Projeto de Lei, modificativa dos percentuais propostos pelo Governador, sem alterar os valores globais da proposta. Ato de efeito concreto. Inviabilidade do controle abstrato de constitucionalidade. 1. Constitui ato de natureza concreta a emenda parlamentar que encerra tão somente destinação de percentuais orçamentários, visto que destituída de qualquer carga de abstração e de enunciado normativo. 2. A jurisprudência desta Corte firmou entendimento de que só é admissível ação direta de inconstitucionalidade contra ato dotado de abstração, generalidade e impessoalidade. 3. A emenda parlamentar de reajuste de percentuais em projeto de lei de diretrizes orçamentárias, que implique transferência de recursos entre os Poderes do Estado, tipifica ato de efeito concreto a inviabilizar o controle abstrato. 4. Ação direta não conhecida."

generalidade e impessoalidade. Afirmava, por exemplo, que a lei de diretrizes orçamentárias, que tem objeto determinado e destinatários certos e, assim, sem generalidade abstrata, é lei de efeitos concretos, que não está sujeita à fiscalização jurisdicional no controle concentrado (ADI 2.484-MC, Rel. Min. Carlos Velloso, julgamento 19/12/2001, DJ de 14/11/2003); e que os atos de legislação orçamentária – sejam os de conformação original de orçamento anual, sejam os de alteração dela, no curso do exercício – são exemplos paradigmáticos de leis formais, isto é, de atos administrativos de autorização, por definição, de efeitos concretos e limitados, o que os subtrairia da esfera objetiva de controle abstrato de constitucionalidade pelo STF (ADI 1.716, DJ de 23/03/1998).

Esta forma de pensar do STF, no sentido de que, devido a seu conteúdo político e não normativo (como a destinação de recursos ou a vinculação de verbas a programas de governo), não seria cabível o questionamento das leis orçamentárias através de ADI, tinha como um de seus fundamentos a velha premissa – a nosso ver equivocada – de que as leis orçamentárias teriam natureza de lei formal e não de lei material, razão pela qual não se poderia adentrar na análise de seu conteúdo.

Porém, a partir do julgamento da ADI 2.925-DF (em 19/12/2003), iniciou-se um processo de revisão jurisprudencial, momento em que o STF passou a admitir ADI em face de leis orçamentárias, superando o seu posicionamento tradicional – que ainda ecoava neste julgado através do voto da relatora originária Ministra Ellen Gracie – que entendia "estar-se diante de ato formalmente legal, de efeito concreto, portador de normas individuais de autorização". Não obstante, o Ministro Marco Aurélio (em seu voto vencedor), colocando a semente da mudança de entendimento na Corte sobre o tema, afirmou que se mostrava adequado o controle concentrado de constitucionalidade quando a lei orçamentária revela contornos abstratos e autônomos, abandonando o campo da eficácia concreta.

Neste importante julgado, além do Ministro Gilmar Mendes, que reconhecia a substancialidade do dispositivo da lei orçamentária impugnada, o Ministro Cezar Peluzo asseverou que, como se tratava de norma típica de competência, guardava todas as características de norma geral e abstrata, razão por que conheceu do mérito da ação. Por sua vez, o Ministro Carlos Ayres Britto, depois de afirmar que a lei orçamentária seria para a Administração Pública, logo abaixo da Constituição, a lei mais importante de nosso ordenamento jurídico, pugnou que: *"(...) acho que têm esses caracteres, sim, da lei em sentido material, ou seja, lei genérica, impessoal e abstrata. (...) A abstratividade, diz a teoria toda do Direito, implica uma renovação, não digo perene, porque, aqui, está limitada por um ano, mas a renovação duradoura entre a hipótese de incidência da norma e a sua consequência".* Finalmente, o Ministro Maurício Corrêa considerou presente a abstração da norma que afastaria a jurisprudência então vigente da Corte de ausência de controle abstrato de constitucionalidade de leis orçamentárias.

A partir deste momento, o debate desloca-se da forma para o conteúdo e o Supremo Tribunal Federal passa a analisar com outros olhos o conteúdo das leis orçamentárias postas em questionamento pela via da ADI. Se até então a regra da unanimidade da Corte era sempre pela impossibilidade de se admitir o controle concentrado e abstrato de leis orçamentárias, após o julgamento desta ADI, ainda que por maioria de votos, se afasta o STF de sua posição anterior, não apenas sob o argumento da importância da lei orçamentária dentro do ordenamento jurídico brasileiro, mas também passando a identificar o seu conteúdo material, ainda que de maneira restrita.

A tese do acolhimento da ADI em face de lei orçamentária é também abrigada no julgamento da ADI 4.048-MC (em 14/05/2008), que teve como relator o Ministro Gilmar Mendes. Neste julgamento, o Ministro Carlos Ayres Britto acompanhou o voto vencedor fazendo interessante menção à distinção que o art. 102, I, "a", da Constituição realiza entre lei e ato normativo, e afirmou que a lei seria o ato primário de aplicação da Constituição, que inova a ordem jurídica por justamente estar logo abaixo da Constituição, e que esse seria o caso da lei orçamentária. Nas palavras do mesmo Ministro, ao resgatar o valor da lei orçamentária, "no fundo, abaixo da Constituição, não há lei mais importante para o país, porque a que mais influencia o destino da coletividade".

Teria havido, assim, um processo de *revisão de jurisprudência*, em que se tem afirmado que

> O Supremo Tribunal Federal deve exercer sua função precípua de fiscalização da constitucionalidade das leis e dos atos normativos quando houver um tema ou uma controvérsia constitucional suscitada em abstrato, independente do caráter geral ou específico, concreto ou abstrato de seu objeto. (ADI 4.048-MC, Min. Gilmar Mendes)

Na mesma toada, para o Ministro Carlos Ayres Britto (ADI 4.049-MC):

> A lei não precisa de densidade normativa para se expor ao controle abstrato de constitucionalidade, devido a que se trata de ato de aplicação primária da Constituição. Para esse tipo de controle, exige-se densidade normativa apenas para o ato de natureza infralegal.[17]

Por sua vez, no julgamento da ADI 3.949-MC (14/08/2008), o Ministro Gilmar Mendes reconheceu que "*a jurisprudência do Supremo Tribunal Federal não andou bem ao considerar as leis de efeito concreto como inidôneas para o controle abstrato de normas*" e, com base em precedentes como aquele firmado na ADI 2.925, em que se acolheu a preliminar de cabimento de ação direta de inconstitucionalidade contra lei orçamentária, manifesta o seu entendimento no sentido de que "*essa nova orientação é mais adequada porque, ao permitir o controle de legitimidade no âmbito da legislação ordinária, garante a efetiva concretização da ordem constitucional*".

Na decisão monocrática em caráter liminar na ADI 4.663[18], de relatoria do Ministro Luiz Fux, em que se discutia, dentre outros assuntos, a possibilidade de haver questionamento de lei orçamentária por uma ADI, a posição da evolução jurisprudencial é reforçada no sentido de ser admissível a impugnação de lei de diretrizes orçamentárias em sede de controle abstrato de constitucionalidade, por força da mudança de orientação jurisprudencial.

Já no julgamento da ADI 5.449-MC (10/03/2016), o Plenário do STF, consolidando o seu entendimento, afirmou ser possível a impugnação, em sede de controle abstrato de constitu-

---

[17] Possibilidade de submissão das normas orçamentárias ao controle abstrato de constitucionalidade: STF. ADI 4.048-MC, Rel. Min. Gilmar Mendes, Pleno, julg. 14/05/2008, *DJe* 22/08/2008. No mesmo sentido: ADI 3.949-MC, Rel. Min. Gilmar Mendes, Pleno, julg.14/08/2008, *DJe* 07/08/2009; ADI 4.426. Rel. Min. Dias Toffoli, Pleno, julg. 09/02/2011, *DJe* 18/05/2011.

[18] Entendendo pela perda superveniente do objeto da ação direta, o Ministro relator Luiz Fux afirmou: "As normas hostilizadas, justamente por estarem inseridas na Lei de Diretrizes Orçamentárias (LDO), destinam-se precipuamente a orientar a elaboração da Lei Orçamentária Anual (LOA): sua vigência tem como termo *a quo* a data em que é promulgada e como termo *ad quem* o final do exercício financeiro subsequente. *In casu*, todavia, a Lei nº 2.507/2011 do Estado de Rondônia foi editada para o exercício subsequente (i.e., 2012), razão por que seu prazo de vigência se esgotou ao término do exercício financeiro de 2012. Daí por que não mais remanesce interesse em eventual pronunciamento da Corte acerca da validade jurídico-constitucional de tais disposições (...)".

cionalidade, de leis orçamentárias. Consignou o relator do acórdão, o saudoso Ministro Teori Zavascki, que "leis orçamentárias que materializem atos de aplicação primária da Constituição Federal podem ser submetidas a controle de constitucionalidade em processos objetivos".

Por sua vez, do resultado da ADI 5.468, julgada pelo Tribunal Pleno do STF em 30/06/2016 (publicada em 02/08/2017), de relatoria do Ministro Luiz Fux, destacamos o seguinte trecho inicial da ementa:

> Direito constitucional financeiro. Fiscalização abstrata de normas orçamentárias. Anexo de Lei Orçamentária Anual (LOA – LEI 13.255/2016). Controle formal e material. Possibilidade. Jurisprudência Fixada a partir do julgamento da ADI 4.048/DF (...).

Em seu voto, o relator Ministro Luiz Fux afirmou:

> Preliminarmente, destaco que a possibilidade do "controle material" de espécies legislativas orçamentárias corresponde a uma tendência recentemente intensificada na jurisdição constitucional do Supremo Tribunal Federal (STF).
> (...)
> Não se desconhece, portanto, que, a partir do marco constitucional vigente e dos padrões doutrinários que a literatura especializada tem apontado como "Paradigma da Responsabilidade Fiscal", este Tribunal Constitucional não tem se furtado ao dever institucional de promover o controle judicial de atos normativos de natureza orçamentária que atentem contra os dispositivos constitucionais de regência.
>
> Tal postura interpretativa tem sido acionada em especial para situações em que o Direito Financeiro possa se afigurar, a um só tempo, como "estatuto protetivo do cidadão-contribuinte" e como "ferramenta do administrador público e de instrumento indispensável ao Estado Democrático de Direito para fazer frente a suas necessidades financeiras" (ABRAHAM, Marcus. *Curso de Direito Financeiro Brasileiro*. 3. ed. Rio de Janeiro, 2015).

Cimentando de vez este entendimento, no julgamento da ADI nº 6.594 (23/05/2022), o Ministro Relator Edson Fachin destacou em seu voto que "a linha jurisprudencial inaugurada na ADI nº 4.048, que tornou possível a submissão das normas orçamentárias ao controle abstrato de constitucionalidade, aplica-se ao caso".

Assim, ao superar a sua defasada concepção de que haveria uma suposta ausência de normatividade, abstração e generalidade nas leis orçamentárias – ainda que estas sejam casuísticas e dotadas de temporariedade –, o STF passa a absorver os bons ventos dos novos tempos, deixando para trás a obsoleta influência da teoria do jurista germânico Paul Laband (de meados do século XIX) – o qual forjou a tese da natureza de lei formal do orçamento público como mero ato administrativo autorizativo – e passando a reconhecer materialidade e substancialidade ao seu conteúdo.

Mais do que isso, ao se admitir a ADI em face de leis orçamentárias, vemos que a constitucionalização do Direito Financeiro já está florescendo no próprio STF.

PARTE II
Receita Pública, Crédito Público e Despesa Pública

O modelo de Estado que se submete às normas constitucionais existe com uma única finalidade: atender às necessidades da coletividade, através dos seus agentes e órgãos. Esse Estado, como instituição política, jurídica e social, é desprovido de interesse próprio (senão para atender às necessidades públicas), já que é constituído sob as regras do Direito para garantir a todos os cidadãos uma vida digna em sociedade, e não para atender aos interesses individuais e egoísticos dos próprios governantes, como outrora já ocorreu.

Atender às necessidades públicas significa prover a sociedade de uma série de bens e serviços públicos, que vão desde os anseios humanos mais básicos, como habitação, nutrição, lazer, educação, segurança, saúde, transporte, previdência, assistência social e justiça, até aquelas outras necessidades de ordem coletiva, como a proteção ao meio ambiente e ao patrimônio cultural.

A Constituição Federal de 1988 reconhece expressamente essas necessidades nos direitos que prescreve, relacionando-os da seguinte maneira: a) direitos individuais: (art. 5º); b) direitos coletivos, que representam os direitos do homem como integrante de uma coletividade (art. 5º); c) direitos sociais, que se subdividem em direitos sociais propriamente ditos (art. 6º)[1] e direitos trabalhistas (arts. 7º ao 11); d) direitos à nacionalidade, que se referem ao vínculo jurídico-político entre a pessoa e o Estado (arts. 12 e 13); e) direitos políticos, relativos à participação na vida política do Estado (arts. 14 ao 17). Porém, encontramos ao longo de todo o texto constitucional outros tantos direitos conferidos ao cidadão, que se convertem em deveres assumidos pelo Estado.

No entanto, para garantir a efetividade desses direitos e concretizá-los em bens e serviços oferecidos aos cidadãos, o Estado precisa de recursos, especialmente aqueles de ordem financeira, que se originarão da exploração de seus próprios bens e rendas ou derivarão do patrimônio do cidadão, arrecadados segundo as normas do Estado de Direito.

Porém, além de uma correta e justa arrecadação, é necessário, também, dotar o Estado de mecanismos para exercer uma eficiente gestão de tais recursos, bem como estabelecer parâmetros para sua aplicação, atendendo fielmente aos interesses da coletividade e às necessidades públicas.

Nesse sentido, analisamos nesta segunda parte do livro os mecanismos de financiamento que o Estado moderno possui, suas espécies e características. Estudamos o relacionamento entre os direitos humanos fundamentais e a tributação, os valores que permeiam o tema e

---

[1] A Emenda Constitucional nº 90/2015 incluiu o transporte como direito social.

sua concretização. Discorremos sobre as espécies tributárias como principal instrumento de arrecadação de recursos públicos e sobre como elas estão dispostas no sistema tributário nacional. Compreendemos a finalidade do crédito tributário como instrumento de intervenção e como fonte de financiamento do Estado. Finalmente, tratamos da despesa pública, suas características, sua natureza, sua classificação, suas espécies e o procedimento para sua realização.

Capítulo 4
RECEITA PÚBLICA

Para realizar suas atividades e atender às demandas da sociedade, o Estado necessita de recursos. Já houve uma época em que se usava a força para obter os meios necessários para satisfazer à demanda estatal de dinheiro e bens. Conquistas, confiscos, cobranças extorsivas e até mesmo escravidão foram impostos por Estados autoritários aos seus súditos e aos povos que a eles eram subjugados pelo poder da força e do domínio. Hoje, porém, essa forma de obtenção de recursos não se enquadra nos princípios do Estado de Direito. Ou o Estado obtém os meios necessários para cumprir suas funções através da exploração dos seus bens e rendas ou o faz através da arrecadação de recursos financeiros derivados do patrimônio da população, seja pela tributação, pela aplicação de multas, pela obtenção de empréstimos, ou mesmo pela fabricação de dinheiro. Existem, ainda, os casos de requisição compulsória de prestação de serviços, que hoje são hipóteses limitadas e extraordinárias, como nos casos da participação em júri, da prestação de serviço militar ou da participação em mesas eleitorais.

"Sem receitas não há Estado", afirma categoricamente João Ricardo Catarino.[1] Segundo ele, a receita pública permite ao Estado agir, isto é produzir ou contratar a produção de bens públicos que sirvam os interesses das populações visando ao bem-estar coletivo.

Aliomar Baleeiro identifica cinco espécies de **processos de financiamento** do Estado: a) extorquir de outros povos ou receber doações voluntárias destes; b) obter rendas produzidas pelos bens e empresas do Estado; c) cobrar tributos ou penalidades; d) tomar empréstimos; e) fabricar dinheiro. O mesmo autor discorre sobre a evolução histórica das receitas públicas, destacando as seguintes fases: a) *parasitária*: em que prevalecia a exploração ou a extorsão dos bens e rendas dos povos vencidos ou conquistados; b) *dominical*: remontava à Idade Média, quando preponderava a exploração dos bens do próprio Estado; c) *regaliana*: correspondia à cobrança de direitos regalianos (Régio ou Real) ou por concessão de privilégios reconhecidos aos reis, príncipes e senhores feudais para explorar bens, terras ou serviços, como a cobrança de pedágios, direitos sobre minas e portos; d) *tributária*: predominava a imposição de tributos, inicialmente através do poder soberano estatal e, posteriormente, evoluindo para estabelecer a arrecadação pelas vias democráticas; e) *social*: fase em que a tributação ganha novas funções que não a meramente arrecadatória, como a função extrafiscal e a sociopolítica.[2]

Inegável, entretanto, reconhecer que hoje em dia o dinheiro – arrecadado de maneira justa e equilibrada, originário dos seus bens ou do patrimônio dos cidadãos, especialmente através dos tributos – é o meio essencial do Estado para realizar suas atividades, uma vez que, para

---

[1] CATARINO, João Ricardo. *Lições de Fiscalidade*, vol. I. 4. ed. Coimbra: Almedina, 2015. p. 16.
[2] BALEEIRO, Aliomar. *Uma Introdução à Ciência das Finanças*. 15. ed. Rio de Janeiro: Forense, 1997. p. 125.

toda despesa pública, deverá haver uma receita pública a financiá-la; caso contrário, estar-se-ia gerando um desequilíbrio fiscal, situação amplamente combatida pela economia moderna e conduta reprimida pela legislação financeira brasileira.[3]

4.1. ENTRADAS E RECEITAS PÚBLICAS

Denominam-se **entradas públicas** todas as espécies de ingressos financeiros nos cofres públicos. Essas entradas possuem naturezas distintas, sendo classificadas de diversas maneiras, especialmente sob a ótica da sua transitoriedade no patrimônio público, da sua periodicidade, da sua origem e da sua contrapartida.

As entradas provisórias são comumente designadas por **ingressos públicos**. Já as entradas definitivas são denominadas de **receitas públicas**. O que lhes diferencia é a transitoriedade no patrimônio do Estado. Na concepção de ingressos públicos estão incluídos os recursos financeiros arrecadados de maneira temporária, para restituição à sua origem após determinada condição ou prazo. Já no conceito de receitas públicas são consideradas aquelas entradas financeiras que passam a integrar definitivamente o patrimônio do Estado. Exemplos de entradas provisórias seriam as cauções, as fianças, os depósitos recolhidos ao Tesouro e os empréstimos contraídos pelo Estado, ao passo que as entradas definitivas seriam as originadas dos tributos, das penalidades financeiras e da renda do próprio patrimônio do Estado.

Essa distinção é considerada por Aliomar Baleeiro, que é seguido pela maior parte da doutrina brasileira.[4] Segundo as palavras desse autor, a Receita Pública "é a entrada que, integrando-se no patrimônio público sem quaisquer reservas, condições ou correspondência no passivo, vem a acrescer o seu vulto, como elemento novo e positivo". Nessa concepção, para a entrada financeira se tornar uma efetiva receita pública e não ser um mero ingresso financeiro, o recurso deverá passar a integrar o patrimônio público de forma definitiva.

A partir desse conceito de receita pública – de que tudo o que é arrecadado pelo Estado está relacionado com as suas despesas – é que poderemos identificar as diversas classificações pertinentes, a saber: receitas públicas ordinárias e extraordinárias; receitas públicas fiscais e extrafiscais; receitas públicas originárias e derivadas, receitas públicas orçamentárias e não orçamentárias; receitas públicas efetivas e não efetivas.

4.2. ESPÉCIES DE RECEITAS PÚBLICAS

Como sabemos, para cumprir suas funções e custear as despesas públicas, o Estado necessita obter recursos financeiros, sejam eles definitivos ou transitórios nos cofres públicos, os quais, no Direito Financeiro são denominados, em sentido amplo, de *receitas públicas*.[5]

---

[3] Conforme dispõe o § 1º do art. 1º da Lei de Responsabilidade Fiscal (LC nº 101/2000).
[4] Registramos desde já a nossa discordância a respeito desta distinção, cujas razões serão expostas ao final deste capítulo.
[5] Segundo o anterior Manual de Receitas Públicas da Secretaria do Tesouro Nacional, *receita* é um termo utilizado mundialmente pela contabilidade para evidenciar a variação ativa resultante do aumento de ativos e/ou da redução de passivos de uma entidade, aumentando a situação líquida patrimonial qualquer que seja o proprietário. Por sua vez, *receita pública* é uma derivação do conceito contábil de Receita, agregando outros conceitos utilizados pela administração pública em virtude de suas peculiaridades. (BRASIL. Ministério da Fazenda. Secretaria do Tesouro Nacional. *Receitas públicas*: manual de procedimentos: aplicado à União, Estados, Distrito Federal e Municípios. Brasília: Secretaria do Tesouro Nacional, Coordenação-Geral de Contabilidade, 2004).

As receitas públicas podem se originar: a) *do patrimônio estatal*: da exploração de atividades econômicas por entidades estatais ou do seu próprio patrimônio, tais como as rendas do patrimônio mobiliário e imobiliário do Estado, receitas de aluguel e arrendamento dos seus bens, de preços públicos, compensações financeiras da exploração de recursos naturais e minerais (*royalties*), de prestação de serviços comerciais e de venda de produtos industriais ou agropecuários; b) *do patrimônio do particular*: pela tributação, aplicação de multas e penas de perdimento, recebimento de doações, legados, heranças vacantes etc.; c) *das transferências intergovernamentais*: relativa à repartição das receitas tributárias transferidas de um ente diretamente para outro ou por meio de fundos de investimento ou de participação; d) *dos ingressos temporários*: mediante empréstimos públicos, ou da utilização de recursos transitórios em seus cofres, como os depósitos em caução, fianças, operações de crédito por antecipação de receitas etc.

As *receitas patrimoniais* são aquelas provenientes dos rendimentos decorrentes da exploração de patrimônio imobiliário, mobiliário, empresarial ou natural pertencente ao ente público (União, Estados, DF ou Municípios). O que caracteriza a receita patrimonial é a utilização de algum bem público para gerar renda para o Estado. São exemplos o arrendamento ou o aluguel de imóveis; a ocupação de espaço público; as participações ou compensações financeiras (*royalties*); as autorizações, concessões ou permissões onerosas; os dividendos e juros de capital próprio de empresas públicas e sociedades de economia mista; dentre outras.

Segundo Ricardo Lobo Torres,[6] "os ingressos patrimoniais são obtidos através da exploração dos bens dominiais do Estado, como sejam as florestas, as ilhas, as estradas, os imóveis residenciais ou comerciais etc. As suas principais formas são o preço público, as compensações financeiras e participações especiais e as partilhas". Por sua vez, na lição de Celso Ribeiro Bastos,[7] as receitas patrimoniais

> são aquelas geradas pela exploração do patrimônio do Estado (ou mesmo pela sua disposição), feitas segundo regras de direito privado, consequentemente sem caráter tributário. Com efeito, os Poderes Públicos desfrutam de um patrimônio formado por terras, casas, empresas, direitos, que são passíveis de serem administrados à moda do que faria um particular, isto é, dando em locação, vendendo a produção de bens ou mesmo cedendo o imóvel ou o direito.

Registre-se, entretanto, que apesar de boa parte da doutrina de finanças públicas denominar essa espécie de receita como sendo uma "receita do domínio privado" ou "de economia privada", equiparando esta atuação estatal com a do particular, submetido ao direito privado em um regime de mercado, tal afirmativa merece certa ponderação, já que, mesmo nestes casos, o Estado deverá se submeter a algumas regras de Direito Público, tais como o dever de licitar, o que, em nosso entender, estabelece um regime misto (público e privado).

O **patrimônio imobiliário** estatal envolve as suas terras, prédios, terrenos, minas, dentre outros, passíveis de exploração econômica ou de concessão, permissão ou autorização onerosa de uso, gerando-lhe renda própria. A propósito, o Decreto-lei nº 9.760/1946, que trata dos bens da União, permite que os bens imóveis da União não utilizados em serviço público, qualquer que seja a sua natureza, venham a ser alugados, aforados ou cedidos (art.

---

[6] TORRES, Ricardo Lobo. *Curso de direito financeiro e tributário*. 18. ed. Rio de Janeiro: Renovar, 2011. p. 188.

[7] BASTOS, Celso Ribeiro. *Curso de direito financeiro e de direito tributário*. 5. ed. São Paulo: Saraiva, 1997. p. 38.

64), bem como permite a locação dos "próprios nacionais" (imóvel de domínio público) não utilizados em serviço público, tal como previsto no art. 87: "A locação de imóveis da União se fará mediante contrato, não ficando sujeita a disposições de outras leis concernentes à locação". Lembra Kiyoshi Harada[8] que "os bens imóveis, incorporados aos patrimônios da União, Estados e Municípios, na categoria de dominicais, poder-se-iam se constituir em ótimas fontes de receita, se bem administrados".

Merecem destaque, nesta categoria de receita patrimonial, as rendas derivadas da ocupação por particulares de terrenos públicos, representadas pelo foro e pela taxa de ocupação, bem como aquelas decorrentes da transmissão do domínio útil de terras públicas, representadas pelo laudêmio.[9] Todas estas receitas têm natureza de preço público e não de tributo (Lei nº 4.320/1964, art. 39, § 2º), uma vez que a relação de direito material que enseja esses pagamentos é regida pelo Direito Administrativo.[10]

Outra relevante receita pública patrimonial é a **participação** ou **compensação financeira** sobre a exploração de recursos naturais e minerais,[11] a saber: a) petróleo e gás natural;

---

[8] HARADA, Kiyoshi. *Direito Financeiro e Tributário*. 23. ed. São Paulo: Atlas, 2014. p. 42.

[9] O *foro* é o valor que se paga anualmente pela utilização de imóvel público em regime de aforamento ou enfiteuse, em razão de que o foreiro ou enfiteuta não possui o domínio pleno do imóvel, mas somente o domínio útil (uma vez que a nua propriedade pertence ao ente público). A *taxa de ocupação*, apesar do nome, não ostenta natureza tributária, e refere-se ao valor pago pela ocupação, a título precário, de um imóvel público. Já o *laudêmio* é um valor pago ao ente público titular da nua propriedade como forma de compensação pelo fato de este não exercer o direito de consolidar o domínio pleno quando da transmissão do domínio útil a terceiro (transação com escritura pública definitiva de "compra e venda" – na verdade, escritura de transferência do domínio útil). O foro e a taxa de ocupação são pagos anualmente, podendo ser o pagamento dividido em cotas. Os possuidores de imóveis localizados em áreas de marinha dividem-se em dois tipos: ocupantes (têm apenas o direito de ocupação, a título precário, e são a maioria) e foreiros (os que possuem sob regime de aforamento, sendo titulares também do domínio útil e detendo mais direitos que o mero ocupante). A maior aplicação prática destes institutos se dá quanto aos chamados *terrenos de marinha*, de propriedade da União. Conforme o Decreto-Lei nº 9.760/1946, são terrenos de marinha, em uma profundidade de 33 metros, medidos horizontalmente, para a parte da terra, da posição da linha da preamar-média do ano de 1831: a) os situados no continente, na costa marítima e nas margens dos rios e lagoas, até onde se faça sentir a influência das marés; b) os que contornam as ilhas, situados em zonas onde se faça sentir a influência das marés. A enfiteuse ou aforamento, modalidade de direito real sobre coisa alheia, consiste na divisão do domínio em direto, exercido pelo proprietário ou senhorio, e útil, transmitido ao enfiteuta ou foreiro, que fica obrigado ao pagamento de uma pensão anual ou *foro*. Tratando-se de direito real de caráter perpétuo, o domínio útil é passível de transação onerosa, hipótese em que, caso não seja exercido o direito de opção pelo senhorio direto de consolidação do domínio pleno, será devido pelo enfiteuta o pagamento do *laudêmio*. O art. 3º do Decreto-Lei nº 2.398/1987 dispõe que a transferência onerosa, entre vivos, do domínio útil e da inscrição de ocupação de terreno da União ou de cessão de direito a eles relativos dependerá do prévio recolhimento do laudêmio pelo vendedor, em quantia correspondente a 5% (cinco por cento) do valor atualizado do domínio pleno do terreno, excluídas as benfeitorias (redação dada pela Lei nº 13.465/2017).

[10] STJ. REsp 1.133.696, Rel. Min. Luiz Fux, 1ª seção, julg. 13/12/2010, **DJe** 17/12/2010.

[11] No julgamento pelo STF do RE 228.800, restou afastado o entendimento de que a compensação financeira se tratava de tributo, afirmando tratar-se de uma receita patrimonial: Ementa: Bens da União: (recursos minerais e potenciais hídricos de energia elétrica): participação dos entes federados no produto ou compensação financeira por sua exploração (CF, art. 20, e § 1º): natureza jurídica: constitucionalidade da legislação de regência (L. 7.990/89, arts. 1º e 6º e L. 8.001/90). 1. O tratar-se de prestação pecuniária compulsória instituída por lei não faz necessariamente um tributo da participação nos resultados ou da compensação financeira previstas no art. 20, § 1º, CF, que configuram receita patrimonial. 2. A obrigação instituída na L. 7.990/89, sob o título de 'compensação financeira pela exploração de recursos minerais'

b) recursos hídricos para geração de energia elétrica; c) recursos minerais. Neste sentido, o § 1º do art. 20 da Constituição estabelece que é assegurada, nos termos da lei, aos Estados, ao Distrito Federal e aos Municípios, bem como a órgãos da administração direta da União, participação no resultado da exploração de petróleo ou gás natural, de recursos hídricos para fins de geração de energia elétrica e de outros recursos minerais no respectivo território, plataforma continental, mar territorial ou zona econômica exclusiva, ou compensação financeira por essa exploração.[12] Assim, em nível infraconstitucional, a Lei nº 7.990/1989 instituiu a *compensação financeira* para os Estados, Distrito Federal e Municípios, pelo resultado da exploração de petróleo ou gás natural, de recursos hídricos para fins de geração de energia elétrica e de recursos minerais em seus respectivos territórios, plataforma continental, mar territorial ou zona econômica exclusiva.

Por sua vez, a Lei nº 9.478/1997 (Lei do Petróleo) definiu as participações governamentais no resultado da *exploração de petróleo e gás natural*,[13] que podem ser divididas em: I – *bônus de assinatura*, que corresponderá ao pagamento ofertado na proposta para obtenção da concessão, devendo ser pago no ato da assinatura do contrato;[14] II – *royalties*,

---

(CFEM) não corresponde ao modelo constitucional respectivo, que não comportaria, como tal, a sua incidência sobre o faturamento da empresa; não obstante, é constitucional, por amoldar-se à alternativa de 'participação no produto da exploração' dos aludidos recursos minerais, igualmente prevista no art. 20, § 1º, da Constituição (STF. RE 228.800, Rel. Min. Sepúlveda Pertence, 1ª turma, julg. 25/09/2001, *DJ* 16/11/2001).

[12] Cabe registrar que a Lei nº 12.858/2013 destina às áreas de educação e saúde parcela da participação no resultado ou da compensação financeira pela exploração de petróleo e gás natural de que trata o § 1º do art. 20 da Constituição, com a finalidade de cumprimento da meta prevista no inciso VI do *caput* do art. 214 e no art. 196 da Lei Maior. Configura um exemplo de vinculação de receitas patrimoniais a fins constitucionalmente relevantes.

[13] A Lei nº 12.734/2012 alterou dispositivos da Lei do Petróleo (Lei nº 9.478/1997) e da Lei do Pré-Sal (Lei nº 12.351/2010) para determinar novas regras de distribuição entre os entes da Federação dos royalties e da participação especial devidos em função da exploração de petróleo, gás natural e outros hidrocarbonetos fluidos. Contudo, a nova sistemática de distribuição, com diminuição da parcela que cabe a Estados e Municípios produtores, teve sua eficácia suspensa por força de decisão monocrática (medida cautelar) *ad referendum* do Plenário de lavra da Ministra do STF Cármen Lúcia, Relatora da ADI 4.917, que questiona os novos critérios legais. Registre-se que a Lei do Pré-sal (Lei nº 12.351/2010) foi alterada pela Lei nº 13.365, de 29 de novembro de 2016, para facultar à Petrobras o direito de preferência para atuar como operador e possuir participação mínima de 30% (trinta por cento) nos consórcios formados para exploração de blocos licitados no regime de partilha de produção, sem, contudo, modificar os percentuais das participações governamentais no resultado da exploração.

[14] A EC nº 102/2019 inseriu o inc. V ao § 6º do art. 107 do ADCT, prevendo transferências a Estados, Distrito Federal e Municípios de parte dos valores arrecadados com novos leilões do pré-sal nas áreas de contrato de cessão onerosa com a Petrobras. Por outro lado, o bônus de assinatura em contratos de concessão, originalmente previsto no art. 45, I, da Lei nº 9.478/1997 (Lei do Petróleo) anteriormente à EC nº 102/2019, não necessita ser partilhado com Estados e Municípios produtores de petróleo, cf. STF. ACO 747, Rel. Min. Luiz Fux, Pleno, julg. 29/05/2020, *DJe* 18/06/2020: "1. O bônus de assinatura constitui-se como parcela devida pela própria adjudicação do contrato licitado, não sendo estimado em relação às futuras receitas do concessionário advindas de suas atividades, sendo paga anteriormente ao início de qualquer atividade de exploração e independentemente do êxito do empreendimento. 2. O bônus de assinatura (art. 45, II, da Lei 9.478/1997) corresponde ao valor pago pela concessionária vencedora de licitação de campos exploratórios de petróleo, cujo pagamento se dá no ato da assinatura do contrato, com a própria finalidade de que aquela entidade seja a vencedora do procedimento licitatório, obtendo a concessão para realização das atividades de pesquisa e exploração em determinada área licitada. 3. No âmbito do contrato de concessão de petróleo, das quatro formas de participação governamental previstas pelo art. 45 da Lei 9.478/1997 – royalties, par-

pagos mensalmente, em moeda nacional, a partir da data de início da produção comercial de cada campo, em montante correspondente a 10% (dez por cento) da produção de petróleo ou gás natural, podendo ser reduzidos ao percentual mínimo de 5% (cinco por cento), em função dos riscos geológicos, expectativas de produção e outros fatores pertinentes, sendo os critérios para o cálculo do valor dos *royalties* estabelecidos por decreto do Presidente da República, em função dos preços de mercado do petróleo, gás natural ou condensado, das especificações do produto e da localização do campo; III – *participação especial*, paga nos casos de grande volume de produção, ou de grande rentabilidade, a ser regulamentada em decreto do Presidente da República; IV – *pagamento pela ocupação ou retenção de área*, a ser feito anualmente, fixado por quilômetro quadrado ou fração da superfície do bloco ocupado ou retido, na forma da regulamentação por decreto do Presidente da República.

Na lição de Ricardo Lobo Torres,[15]

> podem a União, os Estados e os Municípios receber participação representada pelas importâncias calculadas sobre o resultado da exploração de petróleo ou gás natural ou de outros bens públicos. (...) Ou podem receber compensações financeiras, que têm o caráter indenizatório pela utilização de recursos naturais situados em seus territórios, justificando-se como contraprestação pelas despesas que as empresas exploradoras de recursos naturais causam aos poderes públicos, que se veem na contingência de garantir a infraestrutura de bens e serviços e a assistência às populações envolvidas em atividades econômicas de grande porte, como ocorreu com o Estado do Rio de Janeiro, que é o maior produtor de petróleo no Brasil, e com os seus municípios da região de Campos, obrigados a investir recursos substanciais em políticas públicas de apoio à exploração de plataforma marítima.

Explica Almiro do Couto e Silva[16] que

> a diferença essencial entre a *participação* e a *compensação* consiste na natureza indenizatória desta última, sempre relacionada à existência de algum dano, enquanto a participação prescinde da ocorrência de prejuízo: é simplesmente uma fração de uma vantagem econômica que se justifica ou pela dominialidade pública do bem explorado que, no caso, é da União (recebida por órgãos de sua administração direta), ou, no que toca aos Estados, Distrito Federal e Municípios, pelo fato de a exploração dar-se em seus respectivos territórios ou na plataforma continental, mar territorial e zona econômica exclusiva que lhes sejam confrontantes. Substancialmente, a participação garantida pelo § 1º do art. 20 não difere da participação que tem o proprietário do solo no produto da lavra, como preceitua o § 2º do art. 176 da Constituição Federal.

Entretanto, esclarece Regis Fernandes de Oliveira[17] que

---

ticipação especial, bônus de assinatura e pagamento pela ocupação ou retenção de área – apenas aquelas duas primeiras são resultantes das atividades de exploração de petróleo, sendo somente essas duas, como consectário lógico de tal premissa fática, alcançadas pela previsão constitucional do § 1º do art. 20. 4. O § 1º do art. 20 do texto constitucional não alcança, portanto, o bônus de assinatura, não havendo qualquer previsão legal – constitucional ou infraconstitucional – que preveja o direito dos Estados, Distrito Federal e Municípios à participação nas verbas a ele referentes".

[15] TORRES, Ricardo Lobo. Op. cit. p. 191-192.
[16] SILVA, Almiro do Couto e. Comentários ao art. 20 da Constituição Federal. **In:** CANOTILHO, J. J. Gomes [et al.] (Org.). *Comentários à Constituição do Brasil*. São Paulo: Saraiva/Almedina, 2013. Edição eletrônica.
[17] OLIVEIRA, Regis Fernandes. *Curso de Direito Financeiro*. 6. ed. São Paulo: Revista dos Tribunais, 2014. p. 380-381.

o constituinte não foi técnico ou juridicamente preciso, ao utilizar os termos constantes do § 1º do art. 20 da CF. Ambos quiseram referir-se à mesma coisa, ou seja, quando houver a exploração mineral ou de energia elétrica, dos resultados financeiros daí advindos haverá a divisão (partilha ou compensação) entre os entes federados. (...) Logo, entendemos que o constituinte utilizou duas palavras, sem dar-lhes conteúdo específico e jurídico, querendo dizer que, nas hipóteses mencionadas, haverá divisão dos resultados da produção.

Outra relevante receita patrimonial é o **pedágio**, que, apesar da antiga controvérsia acerca de sua classificação, atualmente não tem sua natureza jurídica considerada como tributo,[18] mas sim como preço público pelo uso de um bem público (rodovia), tal como se manifestou o STF na ADI 800[19]:

> o pedágio cobrado pela efetiva utilização de rodovias conservadas pelo Poder Público, cuja cobrança está autorizada pelo inciso V, parte final, do art. 150 da Constituição de 1988, não tem natureza jurídica de taxa, mas sim de preço público, não estando a sua instituição, consequentemente, sujeita ao princípio da legalidade estrita.

Não obstante, interessante trazer excertos do estudo feito por Paulo Caliendo[20] sobre as diversas posições doutrinárias, até então existentes, em relação à natureza jurídica do pedágio:

> A doutrina se divide claramente sobre a natureza dos pedágios como taxas, preços públicos ou prestação coativa de direito público que pode assumir a forma de taxa ou pedágio, conforme a situação e elementos caracterizadores. Assim defendem que o pedágio possui a natureza de: i) *taxa*: para os defensores deste ponto de vista o pedágio deve ser considerado como taxa pelo fato de que existe um serviço de manutenção ou conservação sendo prestado, esse serviço possui o caráter essencial de um serviço *stricto* senso e não há possibilidade de escolha por parte do usuário, especialmente, no caso de ausência de via alternativa. Defendem este ponto de vista José Eduardo Soares de Melo e Roque Volkweiss; ii) *preço público*: para aqueles que defendem a natureza contratual do pedágio argumenta-se que a prestação realiza-se no entorno à utilização de um bem público e nunca na utilização de um serviço. Assim, caberia ao viajante escolher qual o meio de transporte a utilizar e se faria uso deste bem (estrada) ou não, independentemente da presença de uma via alternativa. Partilham deste entendimento Bernardo Ribeiro de Moraes e Ricardo Lobo Tôrres; iii) *instituto autônomo*: para Luciano Amaro a natureza jurídica do pedágio é irredutível às figuras dos preços público e da taxa, devendo ser caracterizado como um instituto autônomo e dotado de características próprias: o pedágio; iv) *prestação coativa de direito público*: para Sacha Calmon Navarro Coêlho, em opinião que concordamos, o pedágio pode assumir tanto a forma de taxa, quanto de preço público.

---

[18] Como bem advertiu o STF no julgamento da ADI nº 800, não se deve confundir a figura do chamado "selo-pedágio", inegavelmente uma taxa, com o pedágio cobrado nos moldes atuais, que configura preço público. (...) A atual configuração jurídica do pedágio é outra, como salienta o voto do Min. Teori Zavascki, relator da ADI nº 800: "Esse último somente é cobrado se, quando e cada vez que houver efetivo uso da rodovia, o que não ocorria com o 'selo-pedágio', que era exigido em valor fixo, independentemente do número de vezes que o contribuinte fazia uso das estradas durante o mês. (...) o pedágio é espécie de preço público por não ser cobrado compulsoriamente de quem não utilizar a rodovia; ou seja, é uma retribuição facultativa paga apenas mediante o uso voluntário do serviço."

[19] STF. ADI nº 800, Rel. Min. Teori Zavascki, Pleno, julg. 11/06/2014, **DJe** 01/07/2014.

[20] CALIENDO, Paulo. Comentários ao art. 150, V. *In*: CANOTILHO, J. J. Gomes [et al.] (Org.). *Comentários à Constituição do Brasil*. São Paulo: Saraiva/Almedina, 2013. Edição eletrônica.

Mas, novamente trilhando os ensinamentos de Regis Fernandes de Oliveira,[21]

> o que se cobra em razão do denominado pedágio é preço; isso porque se cuida de disponibilidade patrimonial do Poder Público em relação aos particulares e, sendo o fato gerador o uso do bem público, cabe cobrar preço daqueles que se utilizam da estrada; os serviços de auxílio ao usuário, de telefones para chamadas de veículos de apoio, fazem parte do valor que se paga pelo uso do imóvel.

Observe-se que o pedágio pode constituir *receita patrimonial estatal* de duas formas distintas. A primeira, quando é o próprio ente público que explora o pedágio, diretamente ou por meio de empresas estatais, cobrando o valor do pedágio dos usuários. A segunda, quando a Administração Pública concede a terceiro (empresa privada) esta exploração do bem público (a rodovia), hipótese em que a receita patrimonial não advém do pagamento pelos usuários, mas sim da contraprestação paga pelo concessionário privado ao ente público por meio do contrato de concessão (neste caso, não é o usuário, mas sim o concessionário que remunera a Administração pelo uso do bem público *rodovia*).

Por sua vez, o **patrimônio mobiliário** estatal refere-se aos bens móveis estatais, tais como equipamentos em geral, plataformas terrestres ou marítimas, veículos aéreos, terrestres ou náuticos, objetos e obras de arte, títulos de crédito e valores mobiliários, dentre outros, capazes de gerar rendimentos financeiros pela sua exploração ou cessão onerosa, permissão onerosa de uso, locação, alienação etc.

Dentre eles, destacam-se os títulos de créditos e valores mobiliários, tais como ações de sociedades de economia mista e de empresas públicas (p. ex., o BNDES, a CEF, o Banco do Brasil, a Petrobras etc.), que, ao obterem lucro, geram rendimentos financeiros ao Estado ao distribuírem *dividendos* e *juros sobre capital próprio*. As sociedades de economia mista são, na realidade, sociedades anônimas regidas pela Lei nº 6.404/1976 e, com base nesta lei, será feita a distribuição de lucros. Por sua vez, o Decreto nº 2.673/1998 dispõe sobre o pagamento de dividendos e juros sobre o capital próprio das empresas estatais federais. Não se pode esquecer que a alienação destes títulos em processos de *privatização* gera, também, rendimentos para o Estado.

Finalmente, as receitas da **atividade econômica e empresarial** do Estado incluem-se, também, no conceito de receita patrimonial, e se subdividem em: a) *receitas agropecuárias,* que resultam da exploração econômica, por parte do ente público, de atividades agropecuárias de origem vegetal ou animal. Incluem-se as receitas advindas da exploração da agricultura (cultivo do solo, venda de grãos, insumos e tecnologia), da pecuária (criação, recriação ou engorda de gado e de animais de pequeno porte, sêmens, técnicas em inseminação, matrizes etc.) e das atividades de beneficiamento ou transformação de produtos agropecuários em instalações existentes nos próprios estabelecimentos; b) *receitas industriais,* que são provenientes de atividades industriais exercidas pelo ente público, tais como: indústria de extração mineral, de transformação, de construção, entre outras; c) *receitas de serviços,* que decorrem da prestação de serviços por parte do ente público, tais como comércio, transporte, comunicação, serviços postais, armazenagem, serviços recreativos, culturais, loterias etc., que são remunerados mediante preço público ou tarifa.

Cumpre esclarecer que as receitas públicas patrimoniais, até aqui analisadas, decorrem da exploração pelo Estado de algum bem de sua propriedade, cujo rendimento provém de remuneração ou pagamento feito pelo particular (do mercado em geral: pessoas, empresas

---

[21] OLIVEIRA, Regis Fernandes. Op. cit. p. 380-389.

privadas etc.) pela utilização desses bens. Diversamente ocorre com as receitas públicas derivadas do patrimônio do particular (da sociedade em geral), como as que veremos em seguida, as quais decorrem de pagamentos compulsórios de tributos, de multas etc., a partir do poder de império do Estado, ou de maneira voluntaria, como ocorre com as doações, sucessão etc., e não da utilização ou exploração de algum bem público.

As *receitas públicas derivadas do patrimônio particular* (cidadãos, empresas privadas etc.) podem se desdobrar em: a) *coercitivas*, como os tributos, multas pecuniárias, pena de perdimento; b) *voluntárias*: doações, testamentos, heranças vacantes etc.

O Estado contemporâneo, inclusive o nosso país, tem nos **tributos** a sua principal fonte de receitas públicas.[22] A imposição tributária, destaca Ives Gandra da Silva Martins,[23] oferta a melhor forma de atendimento às necessidades públicas, visto que, das diversas receitas públicas conhecidas na doutrina e na prática, é aquela que mais recursos propicia ao Estado.

Trata-se de uma cobrança de natureza *compulsória*, fundada na soberania estatal, que nasce a partir de uma *relação jurídica* que se estabelece entre o particular e o Estado, em virtude de uma previsão legal de natureza tributária. O cumprimento das obrigações tributárias tem sido considerado modernamente um *dever fundamental*[24] do cidadão, em que o tributo é visto como o "preço da liberdade",[25] custo originário do pacto social firmado entre o cidadão e o Estado, sendo a tributação concebida e cobrada na justa medida da proporcionalidade, respeitando-se as diferenças e semelhanças entre os contribuintes, a sua capacidade contributiva, o mínimo necessário existencial[26] e o máximo confiscatório, além de outras tantas

---

[22] "A partir da queda do muro de Berlin (1989), que, com o seu simbolismo, marca o início do processo de globalização, a crise do socialismo e dos intervencionismos estatais e a mudança dos paradigmas políticos e jurídicos, fortalece-se o Estado Democrático e Social Fiscal, que coincide com o Estado Democrático e Social de Direito [...]. Mantém características do Estado Social, mas passa por modificações importantes, como a diminuição do seu tamanho e a restrição ao seu intervencionismo no domínio social e econômico. Vive precipuamente dos ingressos tributários, reduzindo, pela privatização de suas empresas e pela desregulamentação do social, o aporte das receitas patrimoniais e parafiscais. Procura, na via da despesa pública, diminuir as desigualdades sociais e garantir as condições necessárias à entrega de prestações públicas nas áreas da saúde e da educação, abandonando a utopia da inesgotabilidade dos recursos públicos. Nele se equilibram a justiça e a segurança jurídica, a legalidade e a capacidade contributiva, a liberdade e a responsabilidade" (TORRES, Ricardo Lobo. Op. cit. p. 9).

[23] MARTINS, Ives Gandra da Silva (Coord.). Teoria da Imposição Tributária. *Curso de Direito Tributário*. 2. ed. Belém: CEJUP, 1993. p. 9-12.

[24] José Casalta Nabais afirma "Como dever fundamental, o imposto não pode ser encarado nem como um mero poder para o estado, nem como um mero sacrifício para os cidadãos, constituindo antes o contributo indispensável a uma vida em comunidade organizada em estado fiscal (NABAIS, José Casalta. *O Dever Fundamental de Pagar Impostos*. Coimbra: Almedina, 2004. p. 35).

[25] Expressão utilizada por Ricardo Lobo Torres (A Legitimação da Capacidade Contributiva e dos Direitos Fundamentais do Contribuinte. *In:* SCHOUERI, Luis Eduardo (Coord.). *Direito Tributário* – Homenagem a Alcides Jorge Costa. São Paulo: Quartier Latin, 2003. p. 432), citando Buchanan, James M. (*The Limits of Liberty*. Chicago: The University of Chicago Press, 1975. p. 112), que fala em *LIBERTY TAX*, para significar que o tributo implica sempre perda de uma parcela de liberdade ("one degree of freedom is lost") e KIRCHHOF, Paul, *Besteuerung und Eigentum* (WDStRL 39: 233,1981): "O direito fundamental do proprietário não protege a propriedade contra a tributação, mas assegura a liberdade do proprietário no Estado Fiscal".

[26] TORRES, Ricardo Lobo. *Os Direitos Humanos e a Tributação*: imunidades e isonomia. Rio de Janeiro: Renovar, 1995. p. 121-175; 270 e 376.

parametrizações impostas,[27] especialmente as de foro constitucional. Ezio Vanoni[28] já afirmava que o tributo "é cobrado de todos que, pertencendo por um laço pessoal ou econômico à esfera de ação do Estado, encontrem-se em condições de retirar um benefício da atividade deste".

As competências tributárias estão relacionadas na Constituição Federal de 1988 entre os arts. 145 a 156-B e 195, e têm as suas normas gerais disciplinadas pelo Código Tributário Nacional e por leis específicas. O art. 3º do CTN define tributo como "toda prestação pecuniária compulsória, em moeda ou cujo valor nela se possa exprimir, que não constitua sanção de ato ilícito, instituída em lei e cobrada mediante atividade administrativa plenamente vinculada".

As **espécies tributárias** podem ser organizadas da seguinte maneira: *I – Impostos*: a) impostos federais (arts. 153 e 154, CF/1988); b) impostos estaduais (art. 155, CF/1988); c) impostos municipais (art. 156, CF/1988); d) imposto compartilhado[29] entre Estados e Municípios (art. 156-A); *II – Taxas* (art. 145, II, CF/1988): de serviço e de polícia; *III – Empréstimos Compulsórios* (art. 148, CF/1988); *IV – Contribuições*: a) contribuição de melhoria (art. 145, III, CF/1988); b) contribuições de intervenção no domínio econômico (art. 149, CF/1988); c) contribuições de interesse de categorias profissionais e econômicas (art. 149, CF/1988); d) contribuição de iluminação pública (art. 149-A, CF/1988); e) contribuições sociais, gerais e da seguridade social (art. 149 e 195, CF/1988[30]). Abordamos esta espécie de receita pública de maneira detalhada em capítulo próprio (Capítulo 5 – Receitas Tributárias).

Por sua vez, as **multas pecuniárias** por infração administrativa, quando aplicadas no exercício do poder de polícia estatal e cobradas em face daquele que descumpre uma lei, além do caráter educativo e punitivo ao infrator, geram uma receita pública que não pode ser desconsiderada. Segundo Hely Lopes Meirelles[31], "multa administrativa é toda imposição pecuniária a que se sujeita o administrado a título de compensação do dano presumido da infração". Por sua vez, para Diogo de Figueiredo Moreira Neto,[32] a multa pecuniária é meio indireto de induzir o transgressor ao cumprimento da lei, e constitui "a sanção administrativa mais empregada e suas características mais importantes, que bem a estremam das multas criminais, são: a inexecutoriedade, a inconversibilidade em detenção e sua objetividade, isto é, prescindem da caracterização da culpa ou do dolo do infrator".

Há diversos exemplos de multas, nas três esferas de governo, dentre as quais citamos: a) as multas por infração de trânsito previstas no Código de Trânsito Brasileiro (arts. 161 a 255, Lei nº 9.503/1997); b) as multas por infração às normas de utilização de recursos hídricos aplicadas pela Agência Nacional de Águas – ANA (arts. 49 e 50, Lei nº 9.433/1997); c) multas por infrações ambientais (arts. 21, I e 70 a 76, Lei nº 9.605/1998); d) multas por infração às normas do setor de petróleo e combustíveis aplicadas pela Agência Nacional do Petróleo – ANP (arts. 2º, I, 3º e 4º, Lei nº 9.847/1999); e) multas por irregularidades nas contas de administradores públicos aplicadas pelo

---

[27] MACHADO, Hugo de Brito. *Os Princípios Jurídicos da Tributação na Constituição de 1988*. 3. ed. São Paulo: Revista dos Tribunais, 1994. p. 91-98.

[28] VANONI, Ezio. *Natureza e Interpretação das Leis Tributárias*. Rio de Janeiro: Financeiras, 1932. p. 125.

[29] Trata-se do novo Imposto sobre Bens e Serviços (IBS) compartilhado entre Estados, DF e Municípios, inserido pela Reforma Tributária originária da Emenda Constitucional nº 132/2023.

[30] Dentro dessa espécie de contribuição encontra-se a nova Contribuição sobre Bens e Serviços (CBS), inserida pela Reforma Tributária originária da Emenda Constitucional nº 132/2023.

[31] MEIRELLES, Hely Lopes. *Direito Administrativo Brasileiro*. 14. ed. São Paulo: Revista dos Tribunais, 1989. p. 171.

[32] MOREIRA NETO, Diogo de Figueiredo. *Curso de direito administrativo*: parte introdutória, parte geral e parte especial. 11. ed. Rio de Janeiro: Forense, 1997. p. 292.

Tribunal de Contas da União – TCU (art. 71, VIII, CF/1988 e arts. 19, 57 e 58, Lei nº 8.443/1992); f) multas por atos praticados pelas pessoas jurídicas contra a Administração Pública, nacional ou estrangeira (art. 6º, I da Lei nº 12.846/2013 – Lei Anticorrupção); g) multas por infração urbanística da cidade do Rio de Janeiro (arts. 98 e seguintes, Código de Posturas Municipal – Decreto Municipal do Rio de Janeiro nº 29.881/2008); h) multa "lixo zero" aplicada pela Comlurb (arts. 78 e seguintes, Lei Municipal do Rio de Janeiro nº 3.273/2001); i) multas por infração às regras do mercado de valores mobiliários aplicadas pela Comissão de Valores Mobiliários – CVM (art. 11, II Lei nº 6.385/1976); j) multas por infração às normas técnicas aplicadas pelo INMETRO (arts. 8º, II e 9º, Lei nº Lei 9.933/1999) etc.

A **pena de perdimento de bens** daquele que comete um ilícito, como sanção patrimonial e que reverte tais bens ao patrimônio público, está presente em diversas normas brasileiras. Na Constituição Federal de 1988, encontramos a sua previsão em dois incisos do art. 5º: no *inciso XLV*, ao estabelecer que a decretação do perdimento de bens pode ser estendida aos sucessores no limite do patrimônio transferido; e no *inciso XLVI, alínea "b"*, ao estatuir que a lei, ao regular a individualização da pena, poderá adotar, dentre outras, a *perda de bens*. Ainda na Lei Maior, encontra-se a perda de bens imóveis (expropriação), sem qualquer indenização ao proprietário, em relação às propriedades rurais e urbanas de qualquer região do país onde forem localizadas culturas ilegais de plantas psicotrópicas ou a exploração de trabalho escravo, que passam ao domínio público para serem destinadas à reforma agrária e a programas de habitação popular (art. 243, CF/1988, com redação dada pela EC nº 81/2014). Já o Código Penal, fixa, como efeito da condenação (art. 91, inc. II), a perda, em favor da União, dos instrumentos do crime, desde que consistam em coisas cuja fabricação, alienação, uso, porte ou detenção constitua fato ilícito; bem como do produto do crime ou de qualquer bem ou valor que constitua proveito auferido pela prática criminosa. Por sua vez, a legislação tributária, em especial o Regulamento Aduaneiro, trata da aplicação da pena de perdimento aos casos de infração ao erário, para as mercadorias apreendidas, abandonadas ou objeto de importação irregular, e para o ingresso ou saída do território aduaneiro de moeda em montante superior ao limite autorizado por lei (especialmente os arts. 688, 689, 700 e 774, Decreto nº 6.759/2009), podendo tais bens serem destinados à incorporação ao patrimônio de órgão da Administração Pública (art. 803, inciso II, Decreto nº 6.759/2009). No âmbito administrativo, a Lei Anticorrupção (Lei nº 12.846/2013) prevê, em seu art. 19, inc. I, a pena de perdimento de bens, direitos ou valores que representem vantagem ou proveito direta ou indiretamente obtidos de infração contra a Administração Pública, devendo os bens perdidos serem destinados preferencialmente aos órgãos ou às entidades públicas lesados (art. 24).

Como receita pública derivada do patrimônio do particular de maneira voluntária ou decorrente de relações de direito privado, temos, primeiramente, as **doações**. Trata-se de receita pública proveniente de contrato privado em que uma pessoa (particular), por sua mera liberalidade, transfere do seu patrimônio bens ou vantagens para o de outra (Estado), na forma do que dispõem os arts. 538 e seguintes do Código Civil. Assim, é possível e plenamente válido um particular, por mera liberalidade, doar para o Estado um bem móvel ou imóvel de sua propriedade, gerando incremento no patrimônio estatal, não havendo necessidade de lei autorizadora, exceto em caso de doação onerosa ou com encargo. A doação do particular para o Estado será formalizada por escritura pública.

Há inúmeros exemplos de doações de bens móveis e imóveis ao Estado. Pode-se citar a doação de cerca de 4,2 mil obras de arte que a Família Geyer fez no ano de 1999 em favor do Museu Imperial de Petrópolis (RJ), coleção avaliada em mais de R$ 20 milhões; a doação de cerca de 60 mil livros, em 2006, para a Universidade de São Paulo (USP), feita por Guita e José Mindlin; a doação em dinheiro de R$ 10 milhões feita em 2009 pelo empresário Eike Batista ao Comitê Organizador dos Jogos Olímpicos e Paraolímpicos de 2016; dentre outros.

A mesma lógica aplicada às doações estende-se para os **testamentos** em favor do Estado, já que, segundo o art. 1.857 do Código Civil, toda pessoa capaz pode dispor, por testamento, da totalidade dos seus bens, ou de parte deles, para depois de sua morte.

Por sua vez, a **herança vacante** é outra modalidade de receita pública derivada do patrimônio do particular destinada ao Estado.[33] Como sabemos, a herança jacente é aquela que está a esperar que surjam ou sejam identificados os herdeiros do *de cujus*: diz-se que a herança *jaz* aguardando que alguém se apresente como legitimado à sucessão. Mas, não se apresentando herdeiros, ou em caso de renúncia expressa à herança por todos os sucessores, declarar-se-á *vacante* a herança por sentença judicial e, após decorridos 5 anos da abertura da sucessão, será incorporada definitivamente ao patrimônio público, sendo os bens transferidos ao domínio do Município ou do Distrito Federal, se localizados nas respectivas circunscrições, incorporando-se ao domínio da União quando situados em território federal (art. 1.822, Código Civil de 2002).[34]

Caio Mário da Silva Pereira[35] leciona que

> ocupando o último lugar na ordem de vocação hereditária, o Estado não é contudo um herdeiro. Adquire os bens por direito próprio, em virtude de se tornarem vacantes pela falta de sucessores das outras classes. O fundamento de sua sucessão é político e social.

As *transferências intergovernamentais* são importantes fontes de receitas públicas, especialmente para Estados e Municípios menos abastados e para regiões que necessitam de financiamento para o seu desenvolvimento social e econômico. Não se trata de arrecadação tributária dos entes, mas sim da distribuição entre eles do que já foi arrecadado, numa típica ferramenta *redistributiva* do federalismo fiscal, a fim de oferecer a seus integrantes maior equilíbrio participativo.

Encontram-se previstas nos arts. 157 a 162, os quais definem as repartições das receitas tributárias, pelas quais se destina parcela do produto da arrecadação da União e dos Estados à distribuição entre estes, o Distrito Federal e os Municípios, bem como aos Fundos de Participação e para os programas de financiamento para o desenvolvimento regional. Essas *transferências constitucionais* podem ser resumidas da seguinte forma: a) a União transfere para os Estados e o DF 100% do IR retido na fonte sobre rendimentos pagos por estes últimos, suas autarquias e fundações, 20% dos Impostos Residuais (se criados), 29% da CIDE-Petróleo, 10% do IPI-Exportação e do Imposto Seletivo, proporcionalmente ao valor das respectivas exportações de produtos industrializados, bem como 30% do IOF-Ouro; b) a União transfere para os Muni-

---

[33] Podemos dizer que a voluntariedade desta receita pública estaria implícita no regime de Direito Privado que regula a herança vacante e sua destinação ao patrimônio público.

[34] Registre-se que o Código Civil de 1916, antes das alterações introduzidas pela Lei nº 8.049/1990, determinava que a herança vacante passaria ao domínio dos *Estados* ou do Distrito Federal, e estes estavam obrigados a aplicá-la em fundações destinadas ao desenvolvimento do ensino universitário, nos termos do Decreto-lei nº 8.207/1945. Em um breve período (1939 a 1945), por força do Decreto-lei nº 1.907/1939, a herança vacante era sempre deferida à União, qualquer que fosse o lugar onde domiciliado o falecido ou aberta a sua sucessão. O Decreto-lei nº 1.907/1939 foi revogado pelo Decreto-lei nº 8.207/1945.

[35] PEREIRA, Caio Mário da Silva. *Instituições de direito civil*: direito das sucessões. 20. ed. Rio de Janeiro: Forense, 2013. v. 6. p. 76, 159-160.

cípios 100% do IR retido na fonte sobre rendimentos pagos por estes últimos, suas autarquias e fundações, 50% do ITR e 70% do IOF-Ouro; c) os Estados transferem aos Municípios 50% do IPVA, 25% do ICMS, 25% dos 10% de IPI e do Imposto Seletivo recebido da União e 25% dos 29% da CIDE-Combustível recebidos da União; d) a União transfere 21,5% do IR, do IPI e do Imposto Seletivo para o FPE, 25,5% do IR, do IPI e Imposto Seletivo para o FPM e 3% do IR, do IPI e do Imposto Seletivo para o FNO, o FNE e o FCO. Trataremos delas de maneira minudenciada na seção 4.9 desta obra.

Com o advento da EC nº 132/2023, também serão destinados aos Municípios 25% do produto da arrecadação do Imposto sobre Bens e Serviços – IBS (art. 158, inciso IV, "b", CF/1988), creditados conforme os seguintes critérios: I – 80% na proporção da população; II – 10% com base em indicadores de melhoria nos resultados de aprendizagem e de aumento da equidade, considerado o nível socioeconômico dos educandos, de acordo com o que dispuser lei estadual; III – 5% com base em indicadores de preservação ambiental, de acordo com o que dispuser lei estadual; IV – 5% em montantes iguais para todos os Municípios do Estado (art. 158, § 2º, CF/1988).

Finalmente, os *ingressos temporários* são também fonte importante de receita pública, os quais se materializam por meio dos empréstimos públicos, operações de crédito por antecipação de receita, do uso de recursos relativos aos depósitos em caução, fianças etc.

As operações de **empréstimo público** se concretizam mediante contratos, sejam eles específicos e diretos entre o credor e o devedor, sejam eles operacionalizados por intermédio da emissão pulverizada de títulos públicos (p. ex., Bônus do Tesouro Nacional, Obrigações do Tesouro Nacional, Letra Financeira do Tesouro Nacional, Nota do Banco Central e Letra do Tesouro Nacional). Temos, ainda, a **operação de crédito por antecipação de receita**, que se trata de uma autorização para que o tesouro público possa contrair uma dívida de curto prazo, a ser liquidada quando da entrada do numerário referente a uma receita pública futura a ela vinculada, destinando-se a atender a insuficiência momentânea de caixa. Por sua vez, as operações que envolvem as cauções, as fianças, os depósitos em garantia, as consignações em folha de pagamento, retenções na fonte, em que o Estado figura como mero depositário de tais valores, podendo, todavia, utilizá-los temporariamente na sua movimentação financeira.[36]

Importante esclarecer que a doutrina clássica estabelece uma distinção entre as receitas públicas e os ingressos públicos, não considerando estes últimos como uma receita pública propriamente dita, já que são entradas temporárias ou meramente transitórias, com obrigação de posterior devolução. Segundo este entendimento, caracterizam-se como receitas públicas apenas as entradas definitivas nos cofres públicos.

Entretanto, não concordamos com essa posição, que para nós é ultrapassada e anacrônica. Primeiro, porque, a nosso ver, não há diferença se os recursos ingressam de maneira temporária ou definitiva, já que, em ambos os casos, a sua finalidade será a de financiar as despesas públicas em geral. Em segundo lugar, o Estado não existe para acumular riqueza, razão pela qual o conceito de receita pública não pode estar atrelado à ideia de definitividade financeira, mas sim ao conceito de funcionalidade (para fazer frente às despesas públicas). E, finalmente,

---

[36] Neste sentido, a Lei nº 9.703/1998, que dispõe sobre os depósitos judiciais e extrajudiciais de tributos e contribuições federais, determina que estes sejam repassados pela Caixa Econômica Federal para a Conta Única do Tesouro Nacional, independentemente de qualquer formalidade, podendo ser utilizados pela União.

porque a doutrina tradicional se constituiu a partir da classificação contida na Lei nº 4.320/1964, que pouco tratou do crédito público, tão somente reconhecendo as operações de crédito e classificando-as como receita de capital, o que se explica pelo fato de que, em 1964, quando da sua edição, o mercado e o sistema financeiro brasileiro eram incipientes.

O crédito público é tratado no Capítulo 6 desta obra de maneira detalhada.

4.3. RECEITAS PÚBLICAS ORDINÁRIAS E EXTRAORDINÁRIAS

As receitas públicas podem ser classificadas como sendo **ordinárias** ou **extraordinárias**, conforme a *periodicidade* do seu ingresso. Se houver regularidade e constância, estaremos falando de receitas públicas ordinárias, como é o caso dos tributos pertencentes ao sistema tributário nacional, cuja arrecadação será sempre previsível diante da sua frequência. Por outro lado, se o ingresso for eventual e circunstancial, estaremos diante das receitas públicas extraordinárias, como no caso dos empréstimos compulsórios (art. 148, CF/1988), dos impostos extraordinários em caso de guerra externa (art. 154, II, CF/1988) ou das doações, que ocorrem em momentos ocasionais, sem serem dotados de perenidade no sistema financeiro estatal.

A importância dessa distinção ganha relevo na elaboração do orçamento público, pois, para que o Estado possa elaborar o seu orçamento e determinar os investimentos a serem realizados, as despesas públicas e os demais gastos em um determinado período, é necessário dispor de mecanismos de previsibilidade das receitas. Assim, para buscar atender à regra do equilíbrio fiscal, nem sempre será possível levar em consideração as receitas extraordinárias no cálculo orçamentário, diante da sua eventualidade e imprevisibilidade. Exemplo disso seria a inadequada utilização de receitas originárias do recebimento de *royalties* de petróleo (receita variável) para o pagamento de despesas de natureza continuada, como as de pessoal ativo e inativo (despesa fixa).

Essa previsibilidade financeira que decorre das receitas ordinárias está expressamente disposta na Lei de Responsabilidade Fiscal, uma vez que encontramos no seu texto a seguinte determinação: "Constituem requisitos essenciais da responsabilidade na gestão fiscal a instituição, previsão e efetiva arrecadação de todos os tributos da competência constitucional do ente da Federação" (art. 11).

Ao mesmo tempo que não se podem vincular despesas constantes a receitas eventuais, sob pena de gerar um desequilíbrio nas contas públicas e o consequente *déficit* fiscal orçamentário, não é recomendável que se tenha um excedente de receitas públicas sem a respectiva despesa, implicando um acúmulo de recursos financeiros sem uma efetiva aplicação nas necessidades coletivas. Trata-se de um equilíbrio complexo e necessário no Estado Fiscal moderno que o administrador público deve constantemente buscar.

4.4. RECEITAS PÚBLICAS FISCAIS E EXTRAFISCAIS

As receitas públicas também se classificam conforme a *finalidade* dos recursos financeiros obtidos. Se estes se destinarem exclusivamente à arrecadação, para suprir as necessidades financeiras do Estado a fim de fazer frente às despesas públicas, dizemos tratar-se de **receitas públicas fiscais**, ao passo que, se os valores arrecadados tiverem como função primária a regulatória, ou seja, destinada a fomentar ou desestimular determinadas condutas da sociedade, estaremos diante de **receitas públicas extrafiscais**.

A finalidade precípua da maior parte das receitas públicas é a arrecadatória. Sua função essencial é obter recursos destinados aos cofres públicos, sejam eles originários do patrimônio do próprio Estado, sejam derivados do patrimônio da sociedade. Busca-se, pelas receitas fiscais, financiar as atividades do Estado perante a coletividade, tendo como destino dos ingressos financeiros duas espécies de cofres públicos (embora ambos do Estado): a) os cofres da Fazenda Pública, também chamados de Fisco, quando se denomina de **arrecadação fiscal**; b) os cofres dos órgãos paraestatais, ou seja, aqueles que não fazem parte da Administração Pública direta, mas estão ao seu lado no exercício da função (em paralelo), quando então chamamos de **arrecadação parafiscal**.

Na arrecadação fiscal encontramos o destino da maior parte dos tributos, dos empréstimos públicos, das rendas das empresas públicas etc. Na arrecadação parafiscal, temos aquela destinada aos órgãos públicos descentralizados, da Administração Pública indireta, como no caso das autarquias públicas federais que cobram o tributo conhecido por Contribuição de Interesse de Categorias Profissionais e Econômicas (p. ex.: Contribuições ao CRM, CREA, CRECI, CRC etc.), ou, ainda, o que ocorria com as Contribuições Previdenciárias, que já eram arrecadadas pelo INSS,[37] e, a partir de 2007, passaram a ser arrecadadas pela Secretaria da Receita Federal do Brasil. Em qualquer dos casos, todavia, os valores arrecadados se destinam a financiar a atividade estatal.

Existe, entretanto, outra espécie de arrecadação, cuja finalidade primária não é a de arrecadar, mas, sim, é instituída para intervir indiretamente no seio da sociedade ao induzir comportamentos, realizando-se através da arrecadação regulatória ou extrafiscal.

Busca-se, através da extrafiscalidade, reequilibrar desigualdades econômicas, estimular determinadas atividades ou mesmo coibir certas condutas. Podemos identificar vários motivos que levam o Estado a lançar mão de mecanismos extrafiscais: a) redistribuir riquezas; b) proteger a indústria ou o mercado interno; c) desencorajar o consumo de supérfluos e produtos nocivos à saúde (álcool ou cigarros); d) facilitar o desenvolvimento regional; e) estimular a utilização da propriedade no âmbito de sua função social; f) combater a inflação.

Nesse sentido, afirma Antônio Roberto Sampaio Dória[38] que

> o comando da conjuntura econômica, as barreiras alfandegárias, a correção de males sociais, a redistribuição da renda nacional são alguns dos objetivos extrafiscais que orientam a decretação de tributos, como alavanca coadjuvante das regulamentações estabelecidas pelo poder público. O imposto é instrumento de ação indireta e, por conseguinte, política e psicologicamente recomendável onde a atuação direta suscitaria protestos ou tropeçaria em óbices práticos para sua execução.

No mesmo sentido entende a doutrina italiana. Segundo Ezio Vanoni,[39]

> o Estado não oferece apenas segurança interna e externa, proteção à indústria, ao comércio, à agricultura, mas tende ainda, pela sua atividade, a promover obras culturais, a socorrer indigentes e os doentes, a favorecer a elevação moral e intelectual das classes inferiores etc.; em todas estas atividades é fácil enxergar uma função distributiva do Estado.

---

[37] Até a promulgação da Lei nº 11.457 de 16 de março de 2007.
[38] DÓRIA, Antônio Roberto Sampaio. *Direito Constitucional Tributário e o* Due Process of Law. 2. ed. Rio de Janeiro: Forense, 1986. p. 175.
[39] VANONI, Ezio. *Natureza e Interpretação das Leis Tributárias*. Trad. Rubens Gomes de Sousa. Rio de Janeiro: Financeiras. p. 71-79.

Para José Marcos Domingues de Oliveira,

> a imposição tradicional (tributação fiscal) visa exclusivamente à arrecadação de recursos financeiros (fiscais) para prover o custeio dos serviços públicos. Já a denominada tributação extrafiscal é aquela dirigida para fins outros que não a captação de dinheiro para o Erário, tais como a redistribuição da renda e da terra, a defesa da indústria nacional, a orientação dos investimentos para setores produtivos ou mais adequados ao interesse público, a promoção do desenvolvimento regional ou setorial etc. (...) A extrafiscalidade, esclareça-se, não visa a impedir uma certa atividade (para isso existem as multas e as proibições), mas tem por fim condicionar a liberdade de escolha do agente econômico, através da graduação da carga tributária, em função, por exemplo, de critérios ambientais.[40]

Por sua vez, em lições advindas da Argentina, Vicente Oscar Díaz[41] pondera que "os tributos de inspiração extrafiscal, eventualmente, se convertem – queira ou não – em uma manifestação mais intensa de intervencionismo administrativo para preservar os objetivos propostos ou protegidos".

Assim, frequentemente nos deparamos com a utilização do Imposto de Importação (II) como instrumento de defesa do mercado interno ou com o intuito de reequilibrar a balança comercial. Noutros casos, verifica-se a aplicação do Imposto Territorial Rural (ITR) e do Imposto Predial Territorial Urbano (IPTU) com o objetivo de desestimular a manutenção de propriedades improdutivas e estimular o atendimento da função social da propriedade. Na mesma linha, é recorrente termos o Imposto sobre Produtos Industrializados (IPI) sendo ajustado para estimular o consumo de bens, aquecendo determinados ramos industriais e econômicos.[42]

---

[40] OLIVEIRA, José Marcos Domingues de. *Direito Tributário e Meio Ambiente*. 3. ed. Rio de Janeiro: Forense, 2007. p. 47-49.

[41] DÍAZ, Vicente Oscar. El carácter extrafiscal de la tributación y la imposición medioambiental. *In:* DÍAZ, Vicente Oscar (Coord.). *Tratado de Tributación*. Tomo II. Política y Economía Tributaria. Buenos Aires: Astrea, 2004. v. I. p. 596.

[42] Aliomar Baleeiro relaciona uma dúzia de exemplos de intervenção do Estado por meio dos impostos extrafiscais: "a) proteção à produção nacional, agrícola ou fabril, pelas tarifas aduaneiras, que Veneza adotou desde o fim da Idade Média, e a França, desde o século XVII, pelo menos, ou ainda por gravames sobre a navegação mercante que concorre com a nacional (atos de navegação de Cromwell etc.); b) combate ao luxo e à dissipação pelos chamados 'impostos suntuários' ou para poupança e formação decapitais; c) medidas de amparo à saúde pública e à higiene alimentar por impostos sobre produtos inferiores, que concorrem com outros de maior valor nutritivo e ricos em vitaminas etc. (impostos que agravam o custo da margarina, nos Estados Unidos, em favor do maior consumo da manteiga de leite); d) fragmentação dos latifúndios ou remembramento de minifúndios e punição do ausentismo por impostos progressivos sobre a área desocupada ou sobre as heranças recebidas por pessoas residentes fora da jurisdição do governo, que exerce o poder de tributar; e) política demográfica contra o neomaltusianismo através de isenções às famílias prolíficas e majorações sobre solteiros e casais sem filhos; f) incentivos por isenções às indústrias novas; g) estímulos à construção e ao aproveitamento de áreas urbanas por meio de tributação drástica sobre os terrenos baldios ou ocupados por prédios velhos, mesquinhos ou em ruínas; h) restabelecimento da propensão ao consumo, como política fiscal, através de impostos progressivos sobre a herança e a renda, especialmente sobre lucros não distribuídos pelas sociedades, no pressuposto de que a concentração das fortunas nem sempre ajuda o investimento, nem a prosperidade (aplicação da teoria keynesiana); i) preservação da moralidade e da boa-fé do povo através de fortes impostos de consumo sobre baralhos, dados e artefatos para jogo ou sobre bilhetes de loterias, sorteios etc.; j) política monetária nacional, tributando-se proibitivamente os bilhetes de bancos estaduais (imposto americano de 1866 na base de 10% sobre o valor das emissões desses bancos); k) política de nivelamento das fortunas e rendas por inspiração socialista ou

Mas não é apenas através do tributo que se utilizam os mecanismos extrafiscais. É o caso, por exemplo, dos Depósitos Bancários Compulsórios – valores que as instituições financeiras privadas são obrigadas a recolher perante o Banco Central do Brasil. O seu objetivo relaciona-se com a necessidade de regulação do sistema monetário nacional, reduzindo ou aumentando a circulação e a liquidez de dinheiro no mercado financeiro, gerando efeitos no controle da inflação, nos investimentos privados e na manutenção do valor da moeda.

4.5. RECEITAS PÚBLICAS ORIGINÁRIAS E DERIVADAS

A classificação mais tradicional na doutrina é a que distingue as receitas públicas originárias das derivadas. A diferença se encontra na *forma de percepção* dos recursos. Enquanto as **receitas originárias** provêm essencialmente da exploração dos bens e rendas do Estado como se particular fosse, as **receitas derivadas** originam-se do patrimônio da coletividade a partir do exercício do poder coativo de cobrança de que o Estado é dotado. No primeiro caso prevalece a voluntariedade, enquanto no segundo temos a obrigatoriedade no pagamento, decorrente da soberania.

As **receitas originárias** ou ingressos patrimoniais decorrem da exploração pelo Estado dos seus bens e serviços ou do recebimento de recursos provindos voluntariamente do particular. Atua o Estado despido do caráter coercitivo de natureza pública, agindo como se particular fosse, sob o regime do Direito Privado, porém, limitado pelas normas de proteção da coisa pública, como aquelas do Direito Administrativo.

Derivam essencialmente da exploração estatal do seu *patrimônio*, especialmente das suas empresas públicas, dos seus bens móveis e imóveis, das suas terras, lagos, rios ou mar, e das riquezas em geral. Mas, como bem ressalva Ricardo Lobo Torres, elas perderam sua preponderância nos dias de hoje para as receitas tributárias. Segundo esse autor, as receitas originárias

> ocupam papel subalterno no Estado Liberal, que vive precipuamente da receita derivada representada pelos impostos. Floresceram no Estado Patrimonial, que se desenvolveu desde o colapso do feudalismo até o advento do Estado Fiscal, no final do século XVIII, constituindo-lhe a principal fonte de receita.[43]

No Brasil, temos nessa forma de receita as rendas recebidas a título de *dividendos*, provenientes das empresas estatais e das sociedades de economia mista que ainda não foram totalmente privatizadas, especialmente nos segmentos do petróleo, da mineração, da eletricidade, das telecomunicações, dos bancos estatais e dos correios.[44]

Não podemos, porém, deixar de destacar outra espécie de receita originária de grande importância para o nosso país, que é a proveniente dos *royalties* pagos pela exploração de

---

para eliminação de famílias rivais na conquista ou manutenção do poder (impostos médicos em Florença, nos séculos XV e XVI); l) política fiscal para manutenção do equilíbrio econômico pelo controle das tendências à flutuação ou de estímulo ao desenvolvimento econômico, sobretudo nos países novos" (*Uma Introdução à Ciência das Finanças*. 15. ed. Rio de Janeiro: Forense, 1997. p. 191).

[43] TORRES, Ricardo Lobo. *Curso de Direito Financeiro e Tributário*. 18. ed. Rio de Janeiro: Renovar, 2011. p. 188.

[44] Como exemplo, citamos Banco do Brasil, CEF, BNDES, Petrobras, dentre outras.

recursos hídricos para geração de energia elétrica, extração de minério, de petróleo (inclusive nas áreas de pré-sal) e de outros recursos naturais exauríveis. Essa receita denomina-se formalmente *compensações financeiras*, e está prevista no § 1º do art. 20 da Constituição Federal de 1988,[45] sendo regulada pela Lei nº 7.990/1989.[46] Trata-se da participação a que o Estado tem direito no resultado da exploração de petróleo[47] ou gás natural, energia elétrica e recursos minerais. Segundo a norma, o aproveitamento de recursos hídricos, para fins de geração de energia elétrica, e dos recursos minerais, por quaisquer dos regimes previstos em lei, ensejará compensação financeira aos Estados, Distrito Federal, Municípios e órgãos da administração direta da União.

A propósito do dispositivo, Fernando Facury Scaff[48] nos lembra de que uma característica que cerca esses bens é o fato de serem esgotáveis, e de que se trata de recursos naturais *não renováveis*, o que diferencia a análise de seu uso em face dos demais recursos naturais, os renováveis.

Fundamenta-se esse pagamento não na realização de uma compensação pela propriedade dos bens explorados, mas pela necessidade de indenizar os Estados e Municípios pelos riscos e ônus, diretos ou indiretos, reais ou potenciais, gerados pela atividade de exploração.[49] Essa exploração gera para o ente federativo diversas demandas, desde os potenciais problemas e impactos ambientais, até a necessidade de desenvolvimento de infraestrutura local e de serviços públicos na área de exploração, decorrentes do aumento populacional. Nas palavras de Lindbergh Farias, "o art. 20, § 1º, da Constituição Federal diz que os *royalties* constituem direito subjetivo público dos estados e municípios produtores e afetados, eis que nada mais são do que a compensação financeira decorrente da exploração".[50] Nesse sentido, afirmou o STF tratarem-se os *royalties* de receita pública originária (Relatora Ministra Ellen Gracie, MS 24.312).[51]

Apesar de essas compensações financeiras proveniente dos *royalties* constituírem receita originária dos Estados e Municípios, é a União o ente competente para fiscalizar seu recolhimento

---

[45] Constituição Federal – Art. 20. "§ 1º É assegurada, nos termos da lei, à União, aos Estados, ao Distrito Federal e aos Municípios a participação no resultado da exploração de petróleo ou gás natural, de recursos hídricos para fins de geração de energia elétrica e de outros recursos minerais no respectivo território, plataforma continental, mar territorial ou zona econômica exclusiva, ou compensação financeira por essa exploração (Redação dada pela EC nº 102/2019).

[46] Lei nº 7.990/1989 – *Institui, para os Estados, Distrito Federal e Municípios, compensação financeira pelo resultado da exploração de petróleo ou gás natural, de recursos hídricos para fins de geração de energia elétrica, de recursos minerais em seus respectivos territórios, plataforma continental, mar territorial ou zona econômica exclusiva, e dá outras providências.*

[47] A Lei nº 12.734/2012 alterou dispositivos da Lei do Petróleo (Lei nº 9.478/1997) e da Lei do Pré-Sal (Lei nº 12.351/2010), estabelecendo novas regras de distribuição entre os entes da Federação dos *royalties* e da participação especial devidos em função da exploração de petróleo, de gás natural e de outros hidrocarbonetos fluidos. Contudo, a nova sistemática está suspensa por força de decisão na ADI nº 4.917.

[48] SCAFF, Fernando Facury. *Royalties do Petróleo, Minério e Energia*: aspectos constitucionais, financeiros e tributários. São Paulo: Revista dos Tribunais, 2014. p. 23.

[49] FARIAS, Lindbergh. *Royalties do Petróleo*: as regras do jogo. Rio de Janeiro: Agir, 2011. p. 28.

[50] Ibidem. p. 95.

[51] STF. MS 24.312, Rel. Min. Ellen Gracie, Pleno, julg. 19/02/2003, *DJ* 19/12/2003: "Embora os recursos naturais da plataforma continental e os recursos minerais sejam bens da União (CF, art. 20, V e IX), a participação ou compensação aos Estados, Distrito Federal e Municípios no resultado da exploração de petróleo, xisto betuminoso e gás natural são receitas originárias destes últimos entes federativos (CF, art. 20, § 1º)."

e arrecadá-las, apenas posteriormente distribuindo-as aos demais entes federados beneficiários, nos termos da decisão do STF na ADI 6.233.[52]

Na modalidade de receitas originárias provenientes de *atos voluntários*, enquadramos as *doações* feitas ao Estado. São reguladas nos arts. 538 a 564 do Código Civil de 2002. Possuem natureza contratual, em que figuraria como beneficiária a Administração Pública.[53] Na mesma ótica da voluntariedade se encaixam a *sucessão testamentária* e a *herança vacante*. No primeiro caso, na sucessão testamentária, que é regida pelo art. 1.857 do Código Civil, poderá a pessoa jurídica adquirir, por testamento, os bens do falecido. No segundo caso, não havendo herdeiros ou estes renunciando à herança, esta é declarada vacante (arts. 1.819 e 1.820 do Código Civil) e os bens passarão ao Município da sua localização, conforme anteriormente visto.

Já na espécie de **receita pública derivada**, os recursos que ingressam nos cofres do Estado são originários do patrimônio do particular, seja ele pessoa física ou jurídica, por força da soberania do Estado em instituir, através do Poder Legislativo, normas tributárias e de penalidades pecuniárias. Aqui não temos o particular contratando voluntariamente com o Estado e remunerando-o, nem realizando um ato de liberalidade na transferência de bens. No caso das receitas públicas derivadas, o particular se submete ao poder impositivo estatal, tendo nos tributos e nas multas as espécies típicas de receitas públicas derivadas.

O **tributo** é, hoje em dia, a principal fonte de receita pública.[54] O Estado moderno é concebido, hodiernamente, para oferecer bens e prestar serviços à coletividade, financiando-se pela cobrança de tributos e dispondo cada vez menos de patrimônio próprio.

Costuma-se dizer que as receitas tributárias originam-se do poder de império ou de soberania do Estado. Entretanto, a capacidade de exigir o pagamento de tributos não deriva de um poder coercitivo estatal em face do particular, mas sim decorre de uma relação jurídica que se instaura a partir da previsão legal da exigência do tributo. A soberania só se configura no momento da criação da norma, pois o processo legislativo, apesar do seu cunho

---

[52] STF. ADI 6.233, Rel. Min. Alexandre de Moraes, Pleno, julg. 14/02/2020, *DJe* 06/03/2020: "1. Segundo jurisprudência assentada nesta CORTE, as rendas obtidas nos termos do art. 20, § 1º, da CF constituem receita patrimonial originária, cuja titularidade – que não se confunde com a dos recursos naturais objeto de exploração – pertence a cada um dos entes federados afetados pela atividade econômica. 2. Embora sejam receitas originárias de Estados e Municípios, as suas condições de recolhimento e repartição são definidas por regramento da União, que tem dupla autoridade normativa na matéria, já que cabe a ela definir as condições (legislativas) gerais de exploração de potenciais de recursos hídricos e minerais (art. 22, IV e XII, da CF), bem como as condições (contratuais) específicas da outorga dessa atividade a particulares (art. 176, parágrafo único, da CF). [...] 4. Os Estados, o Distrito Federal e os Municípios não possuem competência para definir as condições de recolhimento das compensações financeiras de sua titularidade, ou mesmo para arrecadá-las diretamente, por intermédio de seus órgãos fazendários. 5. Extrapola a competência comum do art. 23, XI, da CF a instituição de infrações e penalidades pelo atraso no pagamento das compensações financeiras (obrigação principal), bem como sua arrecadação diretamente pela Secretaria de Fazenda Estadual." No mesmo sentido: ADI 4.606, Rel. Min. Alexandre de Moraes, Pleno, julg. 28/02/2019, *DJe* 06/05/2019.

[53] Apesar de serem normalmente realizadas a título gratuito, eventualmente o doador poderia estabelecer um encargo oneroso qualquer para o Estado, como, por exemplo, a doação de dinheiro com a obrigação da construção de um hospital em determinada área.

[54] Segundo leciona Héctor Villegas, "la mayor parte de los ingresos son obtenidos recurriendo al patrimonio de los particulares en forma coactiva y mediante los tributos" (*Curso de Finanzas, Derecho Financiero y Tributario*. Buenos Aires: Depalma, 1975. p. 9). Igualmente, afirma César García Novoa que "el tributo destaca como principal recurso público" (*El Concepto de Tributo*. Buenos Aires: Marcial Pons Argentina, 2012. p. 53).

democrático (no Estado de Direito), decorre do poder soberano do Estado. Assim, o poder de império do Estado cria a norma tributária, e esta, por sua vez, cria a obrigação tributária, que nada mais é do que uma relação jurídica como outra qualquer.

O sistema tributário brasileiro está essencialmente delineado nos arts. 145 a 156 da Constituição Federal de 1988, possuindo as seguintes espécies tributárias: *impostos, taxas, contribuições*[55] *e empréstimos compulsórios*. As principais normas gerais tributárias advêm do Código Tributário Nacional (Lei nº 5.172/1966). Diante da complexidade da matéria, amplitude do tema e destaque dessa ciência em nosso ordenamento jurídico, o Direito Tributário ganhou autonomia em relação ao Direito Financeiro, deixando de ser um mero desdobramento para se tornar uma disciplina específica.

Temos, também, outra fonte de receitas derivadas, que são as multas e as penalidades pecuniárias impostas pelo Estado em face do cidadão pelo descumprimento da legislação. Podem ser aplicadas por autoridade do Poder Executivo, por magistrado na esfera processual ou por decisão de natureza penal.

4.6. RECEITAS PÚBLICAS ORÇAMENTÁRIAS E EXTRAORÇAMENTÁRIAS

Podemos classificar as receitas públicas em orçamentárias e em não orçamentárias ou extraorçamentárias. A distinção deriva da sua *previsão* ou não em lei orçamentária e na necessidade ou não de *devolução* dos recursos.

As **receitas orçamentárias** são aquelas incluídas na lei orçamentária, prevendo um ingresso financeiro – temporário ou definitivo – a ser aplicado nas atividades estatais. Já as **receitas extraorçamentárias** decorrem de duas situações cumulativas: a sua não previsão no orçamento e a necessidade de devolução de certos recursos que ingressaram temporariamente. Ou seja, não basta não estar prevista no orçamento para ser denominada de receita extraorçamentária, pois existem receitas públicas que não são previstas no orçamento, mas que detêm natureza de receita orçamentária, como é o caso do excesso de arrecadação. Por outro lado, um recurso financeiro não previsto no orçamento poderá vir a ser convertido em receita orçamentária, como no caso de uma caução dada em garantia em juízo, que será convertida em renda estatal quando do fim da demanda judicial com decisão transitada em julgado a favor do Estado.

Essa classificação decorre dos termos dos arts. 3º e 57, ambos da Lei nº 4.320/1964, segundo os quais serão classificadas como *receita orçamentária*, sob as rubricas próprias, todas as receitas arrecadadas, inclusive as provenientes de operações de crédito, ainda que não previstas no Orçamento. Por sua vez, enquadrar-se-ão no conceito de *receitas extraorçamentárias* as entradas provenientes de operações de crédito por antecipação de receitas (empréstimos de curto prazo para financiar o fluxo de caixa), as emissões de papel-moeda (emissão de dinheiro) e as entradas compensatórias (depósitos, cauções e consignações).

Como exemplos de receitas extraorçamentárias podemos identificar as operações que envolvem as cauções, as fianças, os depósitos para garantia, as consignações em folha de pagamento, retenções na fonte, as operações de crédito a curto prazo e outras operações as-

---

[55] Incluímos no gênero "contribuições" as seguintes espécies: contribuições de melhoria, as contribuições de intervenção no domínio econômico, as contribuições de interesse de categorias profissionais e econômicas, as contribuições sociais e a contribuição de iluminação pública.

semelhadas. Em todos esses casos, sua arrecadação não dependerá de autorização legislativa e sua realização não se vinculará à execução do orçamento. O Estado, nesses casos, figurará como mero depositário de tais valores, podendo, porém, utilizá-los temporariamente na sua movimentação financeira.[56]

No sentido do acima exposto, o Manual de Contabilidade Aplicada ao Setor Público[57] regulamenta os ingressos de disponibilidades de todos os entes da federação, classificando-os em dois grupos: orçamentários e extraorçamentários.

Os **ingressos orçamentários** são disponibilidades de recursos financeiros que ingressam durante o exercício e que aumentam o saldo financeiro da instituição, configurando instrumento por meio do qual se viabiliza a execução das políticas públicas e fontes de recursos utilizadas pelo Estado em programas e ações cuja finalidade precípua é atender às necessidades públicas e demandas da sociedade. Essas receitas orçamentárias pertencem ao Estado, transitam pelo patrimônio do Poder Público e, via de regra, por força do princípio orçamentário da universalidade, estão previstas na Lei Orçamentária Anual (LOA).

Os **ingressos extraorçamentários**, por sua vez, representam apenas entradas compensatórias, recursos financeiros de caráter temporário, do qual o Estado é mero agente depositário. Sua devolução não se sujeita a autorização legislativa, portanto, não integram a Lei Orçamentária Anual (LOA). Por serem constituídos por ativos e passivos exigíveis, os ingressos extraorçamentários, em geral, não têm reflexos no Patrimônio Líquido da entidade.

4.7. RECEITAS PÚBLICAS EFETIVAS E NÃO EFETIVAS

A classificação que distingue as receitas públicas em efetivas e não efetivas o faz sob o enfoque patrimonialista da contabilidade, que busca identificar se ocorreu ou não uma alteração no patrimônio líquido estatal para maior.

Nesse sentido, consideram-se **receitas públicas efetivas** aquelas em que a entrada de disponibilidade não gera obrigações correspondentes, alterando, portanto, a situação líquida patrimonial do respectivo ente público. São os acréscimos patrimoniais que não se originaram de uma diminuição do ativo ou de um aumento do passivo em contrapartida. Nesses casos temos, por exemplo, as receitas tributárias.

Já as **receitas públicas não efetivas** são aquelas cujo ingresso não alterará a situação patrimonial líquida do ente público, pois gerará a denominada "mutação patrimonial", seja por diminuir o ativo, seja por aumentar o passivo. Assim, nesses casos, simultaneamente à entrada de recursos, haverá uma diminuição de um bem ou direito, ou a assunção de uma obrigação correspondente[58]. São as operações de crédito, a alienação de bens ou direitos ou

---

[56] Neste sentido, a Lei nº 9.703/1998, que dispõe sobre os depósitos judiciais e extrajudiciais de tributos e contribuições federais, determina que estes sejam repassados pela Caixa Econômica Federal para a Conta Única do Tesouro Nacional, independentemente de qualquer formalidade, podendo ser utilizados pela União.

[57] BRASIL. Secretaria do Tesouro Nacional. *Manual de Contabilidade Aplicada ao Setor Público* (MCASP). 9. ed. Brasília: Secretaria do Tesouro Nacional, 2021. p. 38-39.

[58] Por exemplo, quando é adquirido um imóvel, ocorre uma "troca" de ativos, ingressando no patrimônio estatal um bem imóvel e, simultaneamente, saindo o valor correspondente em pecúnia.

o recebimento de créditos já contabilizados, como no caso do recebimento de um crédito inscrito em Dívida Ativa.

4.8. RECEITAS PÚBLICAS POR TRANSFERÊNCIAS INTERGOVERNAMENTAIS

Como vimos, uma das características dos modelos federativos é a descentralização governamental, com a distribuição entre os diversos entes de competências financeiras (rendas) e atribuições (encargos) e atividades a serem realizadas em favor da sociedade. Ocorre que nem sempre essa distribuição de competências financeiras é suficiente e capaz de atender a demanda de recursos necessários para a realização satisfatória de todas as obrigações dos entes subnacionais, ainda mais se considerarmos um país de dimensões continentais como o Brasil, repleto de desigualdades regionais de ordem social, econômica e demográfica. Por isso, é comum nos Estados Federais a existência deste mecanismo financeiro de entrega de recursos financeiros entre os entes.

As **transferências intergovernamentais** são repasses financeiros entre diferentes esferas de governo, obrigatórios ou voluntários, com fundamento constitucional, legal ou contratual, com a finalidade de permitir que os entes subnacionais possam exercer suas atribuições adequadamente, seja a partir do reequilíbrio fiscal entre rendas e encargos, seja para a realização de atividades específicas e determinadas.

Segundo Emerson Cesar Gomes, são vários os objetivos das transferências intergovernamentais, os quais podem vir combinados entre si. Porém, o principal objetivo das transferências intergovernamentais compreende a redução do desequilíbrio fiscal vertical, a fim de permitir a própria sobrevivência do sistema federativo de Estado, já que buscam compatibilizar as receitas e as despesas atribuídas aos governos subnacionais, uma vez que a atribuição constitucional de competências materiais e tributárias aos entes descentralizados deve seguir critérios de eficiência e racionalidade econômica, de modo que, na maioria das vezes, o nível de governo no qual está concentrada a prestação de bens e serviços públicos não é contemplado com receitas próprias suficientes para o atendimento destas tarefas.[59]

De fato, verificamos que a distribuição homogênea das competências tributárias entre Estados e Municípios – tal como a realizada nos arts. 145 a 156 da Constituição, fixada a partir de critérios históricos, políticos e de eficiência fiscal e econômica, porém, incidente sobre bases econômicas e demográficas distintas, e sem levar em consideração elementos como renda per capita, densidade populacional e desenvolvimento econômico e social – por vezes gera um *déficit* de arrecadação ao não acomodar as evidentes diferenças existentes entre estes entes, impondo-se a implementação do presente mecanismo de *equalização fiscal*.[60]

---

[59] GOMES, Emerson Cesar da Silva. Fundamentos das Transferências Intergovernamentais. *Direito Público*, Vol. 1, nº 27, maio/jun. 2009. p. 83.

[60] Cada uma das principais transferências de recursos da União para estados e municípios, e dos estados para os municípios, é avaliada com base nos seguintes quesitos, que constituem características desejáveis para as transferências: *autonomia* dos governos subnacionais para gerir seus recursos e fazer escolhas quanto à sua alocação; *accountability* na relação entre eleitor e gestor do governo subnacional que recebe a transferência; *redistribuição regional* da capacidade fiscal, da qualidade e quantidade dos serviços públicos, da renda e de oportunidades; *redução do hiato* entre a demanda economicamente viável por bens e serviços públicos e a capacidade fiscal de cada governo subnacional (hiato fiscal); *flexibilidade* para absorção de choques econômicos positivos e negativos; *independência* em relação a negociações de ordem política na determinação de montante, critérios de partilha e periodicidade de entrega das transferências; *incentivo* à

A este respeito, explica José Maurício Conti:[61]

> As entidades descentralizadas que, unidas, compõem a Federação têm, necessariamente, que dispor de recursos suficientes para se manter, o que implica fontes de arrecadação que independem da interferência do poder central, constituindo esta uma característica fundamental do Estado Federal. Em geral, há, como já mencionado, duas formas de assegurar a autonomia financeira: a primeira é a atribuição de competência para a instituição de tributos; outra são as transferências intergovernamentais asseguradas pelo Texto Constitucional, com cláusulas que assegurem o fiel cumprimento deste dispositivo.

A redução do desequilíbrio fiscal e a consequente diminuição das desigualdades sociais e regionais, um dos objetivos da República Federativa do Brasil, insculpido no art. 3º da Constituição Federal, tem como fundamento o ideal de igualdade e de justiça social, como bem destacado por José Maurício Conti:[62]

> Nada mais razoável, na busca do caminho que leve à Justiça Social, do que reconhecer ser aplicável esta noção da igualdade não apenas aos indivíduos como tais, considerados isoladamente, mas também às comunidades na qual vivem [...] O princípio da igualdade deve, por conseguinte, ser aplicado à organização do Estado na forma federativa, o que nos leva à conclusão de que deve ser estendido aos componentes da Federação, a fim de que possa vir a atingir sua meta final, que é o cidadão. Logo, é fundamental que o Estado se organize da forma a manter a equidade entre seus membros, o que importa na adoção de uma série de medidas redistributivas.

Nesta esteira, outra modalidade que identificamos são as *transferências compensatórias*, também utilizadas na busca da redução do desequilíbrio fiscal, ao disponibilizar recursos para determinados entes em contrapartida à uma redução da sua arrecadação tributária. É o que ocorre com a transferência de 10% do IPI-Exportação e do Imposto Seletivo da União para Estados, Distrito Federal e, deste montante, 25% para Municípios, prevista no artigo 159, inciso II e § 3º da Constituição, para compensar a desoneração da incidência do ICMS sobre as exportações, fixada no art. 155, § 2º, X, "a" da CF/1988 (EC nº 42/2003).

Mas o equilíbrio fiscal entre rendas e encargos não é a única razão para as transferências intergovernamentais. Ocorrem, também, para a realização de atividades singulares e determinadas, em geral para a realização de obras, serviços ou atividades específicas de interesse comum entre os entes, especialmente quando se trata de ação de competência concorrente dos entes (p. ex., a construção de moradias e programas de habitação, na forma do art. 23, IX, CF/1988).

Podemos dizer que as *transferências obrigatórias* decorrem de determinação constitucional ou legal, e se caracterizam por serem automáticas, incondicionadas (aplicação a nenhum fim específico, sendo o ente receptor livre para deliberar sobre a destinação dos

---

internalização, pelos governos subnacionais, de externalidades geradas por bens e serviços públicos ofertados por esses governos; incentivo à *responsabilidade fiscal* e à *gestão eficiente* dos recursos transferidos (MENDES, Marcos; MIRANDA, Rogério Boueri; COSIO, Fernando Blanco. *Transferências Intergovernamentais no Brasil*: diagnóstico e proposta de reforma. Textos Para Discussão n. 40. Consultoria Legislativa do Senado Federal. Coordenação de Estudos. Brasília, abril de 2008. p. 7.)

[61] CONTI, José Mauricio. *Federalismo fiscal e fundos de participação*. São Paulo: Juarez de Oliveira, 2001. p. 16.
[62] Ibidem. p. 30.

recursos) e sem contrapartida (o ente receptor não é obrigado a complementar os recursos recebidos). As de ordem *constitucional* são aquelas transferências de parcela do produto da arrecadação de tributos em favor de outro ente, diretamente ou por meio de fundos, dispostas essencialmente nos arts. 157 a 161 da Constituição, intituladas de Repartição de Receitas Tributárias. As transferências de ordem *legal* decorrem de previsão em lei específica para tal fim e destinam-se, em geral, à implementação de programas sociais e de saúde. Incluem-se nesta categoria as transferências "fundo a fundo", caracterizadas pelo repasse de recursos diretamente de fundos da esfera federal para fundos da esfera estadual, municipal e do Distrito Federal, dispensando a celebração de convênios.[63] Para as transferências obrigatórias não se pode estabelecer qualquer condicionamento, restrição ou retenção dos recursos, exceto se houver débitos entre os entes, inclusive de suas autarquias, ou em caso de condicionamento à aplicação de recursos mínimos ao financiamento da saúde pública (parágrafo único do art. 160, CF/1988).[64] Eventual retenção injustificada pode dar ensejo a intervenção federal nos Estados e Distrito Federal, na forma como estabelece o art. 34, inciso V, *b*, da Constituição Federal.

Já as *transferências voluntárias* são de natureza discricionária e derivam de um acordo de vontade entre os entes, materializando-se por meio de convênios, contratos de repasse, acordos ou ajustes, efetivados a título de cooperação ou auxílio financeiro (art. 25, LRF). Estas transferências podem ser condicionadas ou revogadas a critério do ente concedente, bem como podem ser suspensas em caso de não cumprimento de obrigações previstas na Lei de Responsabilidade Fiscal. São exigências para a realização de transferência voluntária, além das estabelecidas na lei de diretrizes orçamentárias: I – existência de dotação específica; II – observância da vedação para destiná-la ao pagamento de despesas com pessoal ativo, inativo e pensionista; III – comprovação, por parte do beneficiário de: a) que se acha em dia quanto ao pagamento de tributos, empréstimos e financiamentos devidos ao ente transferidor, bem como quanto à prestação de contas de recursos anteriormente dele recebidos; b) cumprimento dos limites constitucionais relativos à educação e à saúde; c) observância dos limites das dívidas consolidadas e mobiliárias, de operações de crédito, inclusive por antecipação de receita, de inscrição em Restos a Pagar e de despesa total com pessoal; d) previsão orçamentária de contrapartida. É vedada a utilização de recursos transferidos em finalidade diversa da pactuada.

---

[63] "Constitucional. ICMS. Repartição de rendas tributárias. Prodec. Programa de Incentivo Fiscal de Santa Catarina. Retenção, pelo Estado, de parte da parcela pertencente aos Municípios. Inconstitucionalidade. RE desprovido. A parcela do imposto estadual sobre operações relativas à circulação de mercadorias e sobre prestações de serviços de transporte interestadual e intermunicipal e de comunicação, a que se refere o art. 158, IV, da Carta Magna pertence de pleno direito aos Municípios. O repasse da quota constitucionalmente devida aos Municípios não pode sujeitar-se à condição prevista em programa de benefício fiscal de âmbito estadual. Limitação que configura indevida interferência do Estado no sistema constitucional de repartição de receitas tributárias" (STF. RE 572.762, Rel. Min. Ricardo Lewandowski, Pleno, julg. 18/06/2008, **DJe** 05/09/2008, com repercussão geral).

[64] Por exemplo, as transferências "fundo a fundo" do Fundo Penitenciário Nacional para os Fundos dos Estados, do Distrito Federal e dos Municípios, transferências obrigatórias independentemente de convênio ou de instrumento congênere com a finalidade de proporcionar recursos e meios para financiar e apoiar as atividades e os programas de modernização e aprimoramento do sistema penitenciário nacional (regulamentação pela Lei Complementar nº 79/1994). A este respeito, o STF definiu que a União não necessita indenizar ou ressarcir os Estados quando um presidiário condenado pela Justiça Federal cumpre sua pena em presídio estadual, justamente pelo fato de que os recursos transferidos do Fundo Penitenciário Nacional já configuram o auxílio da União para a gestão dos presídios estaduais: STF. ACO 2992 AgR, Rel. Min. Luiz Fux, Pleno, julg. 11/05/2020, **DJe** 01/06/2020.

Por fim, não podemos deixar de citar as *transferências especiais* e as *transferências com finalidade definida*, novas modalidades criadas pela Emenda Constitucional nº 105/2019, que acrescentou o art. 166-A à Constituição Federal, autorizando que as *emendas individuais impositivas* apresentadas ao projeto de lei orçamentária anual possam, através delas, alocar recursos a Estados, ao Distrito Federal e a Municípios.[65]

No caso de *transferência especial*, os recursos serão repassados diretamente ao ente federado beneficiado, independentemente de celebração de convênio ou de instrumento congênere, devendo ser aplicados em programações finalísticas das áreas de competência do respectivo Poder Executivo, sendo que pelo menos 70% (setenta por cento) dessas transferências deverão ser aplicadas em despesas de capital. Já no caso de *transferência com finalidade definida*, os recursos serão vinculados à programação estabelecida na emenda parlamentar e aplicados nas áreas de competência constitucional da União (§§ 2º a 5º, art. 166-A).

4.9. RECEITAS PÚBLICAS TRIBUTÁRIAS TRANSFERIDAS

Modalidade de transferência intergovernamental, trata-se a **Repartição de Receita Tributária** de espécie de receita pública que não decorre nem do patrimônio do particular nem da exploração do patrimônio estatal, e corresponde a **transferência financeira** entre as unidades da federação, originária do que estas arrecadam a título de tributos, por força das normas constitucionais que determinam a repartição das receitas tributárias, nos arts. 157 a 162 da Constituição Federal de 1988.

São receitas que se originam dos próprios cofres públicos (após o processo de tributação), sejam da União ou dos Estados e do Distrito Federal, que são vertidos entre estes, os Municípios e determinados Fundos de Participação e Financiamento, pelo mecanismo de **redistribuição de receitas tributárias**, a fim de se estabelecer um maior equilíbrio financeiro entre as unidades da federação e garantir as suas respectivas autonomias política, administrativa e financeira.

Sobre o tema, esclarece Ricardo Alexandre[66] que

> o legislador constituinte reconheceu o desequilíbrio na repartição de competência que fizera, pois há uma inegável concentração de renda nos cofres públicos federais em detrimento dos Estados e Municípios, estando estes últimos numa situação ainda mais complicada. Para atingir a autonomia financeira necessária à efetividade do poder de auto-organização e normatização, autogoverno e autoadministração, o legislador constituinte brasileiro se utilizou de duas técnicas: a atribuição de competência tributária própria e a participação dos entes menores na receita arrecadada.

Assim sendo, as receitas tributárias, apesar de serem arrecadadas pela União, pelos Estados, pelo Distrito Federal e pelos Municípios, algumas de forma privativa e outras de forma comum, são, em um momento posterior ao ingresso nos cofres públicos, transferidas entre essas pessoas jurídicas de direito público, na forma como a Constituição determina,

---

[65] Esses recursos transferidos através destas duas modalidades não integrarão a receita do Estado, do Distrito Federal e dos Municípios para fins de repartição e para o cálculo dos limites da despesa com pessoal ativo e inativo ou de endividamento do ente federado, vedada, em qualquer caso, a aplicação dos recursos recebidos no pagamento de despesas com pessoal e encargos sociais relativas a ativos e inativos, e com pensionistas, ou com encargos referentes ao serviço da dívida (§ 1º do art. 166-A).

[66] ALEXANDRE, Ricardo. *Direito Tributário Esquematizado*. 3. ed. São Paulo: Método, 2009. p. 620.

ou, em outros casos, acabam retidas na fonte pelo próprio ente federativo beneficiário da redistribuição de receitas, que nem sequer precisará repassá-las ao titular original do tributo.

Portanto, não há qualquer alteração na distribuição das competências tributárias de cada ente federativo, nem modificação no sujeito credor do tributo, uma vez que a transferência financeira dos recursos ocorre em um momento seguinte ao da sua cobrança e arrecadação. Daí podermos separar as duas espécies de atos: a cobrança e o recolhimento dos tributos, de natureza tributária; e a transferência de parcela daqueles recursos de um ente para outro, de natureza financeira.

Neste sentido, esclarece Leandro Paulsen:[67]

> A repartição das receitas tributárias opera no plano da destinação do montante arrecadado. É matéria de Direito Financeiro. (...) A repartição das receitas tributárias não interfere, de modo algum, na competência tributária. (...) Só o ente político competente para instituir cada imposto é que pode institui-lo e legislar sobre o mesmo, estabelecendo, por exemplo, os aspectos da sua norma tributária impositiva, casos de substituição e de responsabilidade tributárias e obrigações tributárias acessórias. (...) A condição de destinatários de parcela do produto da arrecadação de impostos da competência de outros entes políticos não eleva os Estados e Municípios a seus sujeitos ativos.

Cabe registrar que essas transferências financeiras são de natureza obrigatória, vez que constitucionalmente definidas, e não se confundem com as transferências voluntárias ou discricionárias entre os entes federativos firmadas por meio de acordos ou convênios. Por isso, são automáticas, incondicionadas, desvinculadas e sem contrapartida, vedada a restrição ou retenção dos recursos (exceto nos casos estabelecidos no § 1º do art. 160, CF/1988), e a retenção injustificada pode dar ensejo a intervenção federal nos Estados e Distrito Federal (art. 34, inciso V, *b*, CF/1988).

A Repartição de Receita Tributária pode ocorrer de forma direta, indireta ou por retenção. Assim, a transferência financeira do produto da arrecadação de tributos, por vezes, é implementada de forma *direta* entre os entes federativos, sem qualquer intermediação. Noutras, é realizada de forma *indireta*, através de um fundo de participação ou de financiamento, cujas receitas acabam sendo, posteriormente, repartidas entre os respectivos beneficiários. Há, ainda, casos em que nem sequer ocorre uma efetiva transferência, por força da *retenção na fonte* de certos tributos, em que o ente arrecada diretamente o tributo do outro ente detentor da competência tributária originária, sem a necessidade do repasse e posterior transferência.

Mas nem todos os tributos são objeto de transferências. Como as transferências são realizadas no sentido do "ente maior" para o "ente menor", ou para os fundos[68] (União para Estados e Municípios; Estados para Municípios; União e Estados para os fundos), apenas são objeto de transferência: a) da União: o Imposto de Renda (IR), o Imposto sobre Produtos Industrializados (IPI), o Imposto sobre Operações Financeiras (IOF), o Imposto sobre a Propriedade Territorial Rural (ITR), o Imposto Seletivo, a Contribuição de Intervenção no Domínio Econômico (CIDE-Combustíveis); b) dos Estados: o Imposto sobre a Circulação de Mercadorias e Serviços (ICMS), o Imposto sobre a Propriedade de Veículos Automotores (IPVA) e o Imposto sobre Bens e Serviços (IBS). Assim, além dos impostos aqui não mencionados, não entram na

---

[67] PAULSEN, Leandro. *Direito Tributário*: Constituição e Código Tributário à luz da doutrina e jurisprudência. 16. ed. Porto Alegre: Livraria do Advogado, 2014. p. 513.

[68] Expressões utilizadas por Lafayete Josué Petter (*Direito Financeiro*. 6. ed. Porto Alegre: Verbo Jurídico, 2011. p. 230).

repartição financeira as taxas, as contribuições de melhoria, os empréstimos compulsórios e as contribuições em geral (exceto a CIDE-Combustíveis).

Pelo texto originário da Constituição, as normas de repartição de receitas tributárias se aplicavam apenas a alguns impostos. Entretanto, a partir da Emenda Constitucional nº 42/2003, o mecanismo foi estendido para incidir também sobre uma contribuição de competência da União (CIDE-Combustíveis), o que a nosso ver não foi da melhor técnica fiscal.

De fato, a partir da Emenda Constitucional nº 42/2003, foi incluída no capítulo da repartição de receitas tributárias uma norma determinando a distribuição de parcela do produto da arrecadação da Contribuição de Intervenção no Domínio Econômico de Petróleo e outros combustíveis, que acabou tendo o percentual de repartição financeira, da União para os Estados, majorado pelo texto da Emenda Constitucional nº 44/2004, passando de 25% para 29% (art. 159, III, CF/1988).

Ocorre que, diferentemente dos impostos, que são tributos não vinculados,[69] as contribuições de intervenção no domínio econômico são tributos vinculados à própria atividade, já que a Constituição Federal de 1988 (art. 177, § 4º) determina que os recursos por ela arrecadados sejam destinados ao pagamento de subsídios a preços na respectiva área, ao financiamento de projetos ambientais relacionados com a indústria de petróleo e gás, ao financiamento de programas de infraestrutura de transportes e ao pagamento de subsídios a tarifas de transporte público coletivo de passageiros. Assim, se as contribuições de intervenção no domínio econômico têm as suas receitas constitucionalmente direcionadas às atividades específicas, a melhor técnica fiscal indicaria que não deveriam sofrer uma redistribuição dos valores arrecadados, já que essa função é exercida de maneira mais adequada pelos impostos.

Na repartição financeira dos tributos, temos a distribuição *direta* dos recursos tributários arrecadados pela União para os Estados, Distrito Federal e Municípios (IRRF, ITR, IPI, CIDE-Combustíveis, IOF, Imposto Seletivo e Impostos residuais existentes), bem como os arrecadados pelos Estados para os Municípios (ICMS, IPVA e IBS); e a *indireta*, pela qual os recursos financeiros são transferidos entre os entes federativos por intermediação dos denominados fundos de participação ou de financiamento (FPE, FPM, FNO, FNE, FCO).

Ao **Distrito Federal** e aos **Estados** pertence a totalidade (100%) do produto da retenção na fonte do Imposto de Renda Retido na Fonte (IRRF) sobre rendas e proventos por eles pagos (administração direta e indireta estadual e distrital),[70] e também 20% dos impostos residuais, ou seja, aqueles que a União pode instituir na forma do art. 154, inciso I (art. 157, incisos I e II, CF/1988), além de 29% do produto da arrecadação da Contribuição de Intervenção no Domínio Econômico (Cide), relativa às atividades de importação ou comercialização de petróleo e seus derivados, gás natural e seus derivados e álcool combustível (art. 159, III, CF/1988). A eles pertence, ainda, 10% do produto da arrecadação pela União do Imposto sobre Produtos Industrializados (IPI) e do Imposto Seletivo, proporcionalmente ao valor das respectivas exportações de produtos industrializados (art. 159, II, CF/1988).

---

[69] Tributo vinculado é aquele cujo fato gerador está relacionado a uma atividade estatal em favor do contribuinte, enquanto que o tributo não vinculado independe de qualquer atividade estatal específica em prol do contribuinte, fundamentando-se essencialmente na capacidade contributiva.

[70] STF. RE 1.293.453 (repercussão geral), Rel. Min. Alexandre de Moraes, Pleno, julg. 11/10/2021, **DJe** 22/10/2021: "*Tese*: Pertence ao Município, aos Estados e ao Distrito Federal a titularidade das receitas arrecadadas a título de imposto de renda retido na fonte incidente sobre valores pagos por eles, suas autarquias e fundações a pessoas físicas ou jurídicas contratadas para a prestação de bens ou serviços, conforme disposto nos arts. 158, I, e 157, I, da Constituição Federal". No mesmo sentido: STF. ACO 2.897.

Já aos **Municípios** caberá a totalidade (100%) do produto da retenção na fonte do Imposto de Renda Retido na Fonte (IRRF) sobre rendas e proventos por eles pagos (administração direta e indireta municipal), bem como 50% do Imposto sobre a Propriedade Territorial Rural (ITR), relativos aos imóveis neles situados, sendo que esse percentual será de 100% se o imposto for fiscalizado e cobrado pelo próprio Município (art. 158, incisos I e II, CF/1988).[71] Além disso, também serão destinados aos Municípios 50% sobre o que for arrecadado pelos Estados, referentes ao Imposto sobre a Propriedade de Veículos Automotores (IPVA) licenciados nos territórios municipais e, em relação a veículos aquáticos e aéreos, cujos proprietários sejam domiciliados em seus territórios (art. 158, inciso III, CF/1988), e 25% referentes ao Imposto sobre a Circulação de Mercadorias e Serviços (ICMS),[72] sendo 65%, no mínimo, na proporção do valor adicionado nas operações realizadas em seus territórios, e até 35%, de acordo com o que dispuser lei estadual, observada, obrigatoriamente, a distribuição de, no mínimo, 10 pontos percentuais com base em indicadores de melhoria nos resultados de aprendizagem e de aumento da equidade, considerado o nível socioeconômico dos educandos (art. 158, inciso IV e § 1º, CF/1988).[73]

Com o advento da EC nº 132/2023, também serão destinados aos Municípios 25% do produto da arrecadação do Imposto sobre Bens e Serviços – IBS (art. 158, inciso IV, "b", CF/1988), creditados conforme os seguintes critérios: I – 80% na proporção da população; II – 10% com base em indicadores de melhoria nos resultados de aprendizagem e de aumento da equidade, considerado o nível socioeconômico dos educandos, de acordo com o que dispuser lei estadual; III – 5% com base em indicadores de preservação ambiental, de acordo com o que dispuser lei estadual; IV – 5% em montantes iguais para todos os Municípios do Estado (art. 158, § 2º, CF/1988).

Ainda, os Estados transferirão aos Municípios 25% dos 10% que receberem a título de transferência do Imposto sobre Produtos Industrializados (IPI) e do Imposto Seletivo, bem como 25% dos 29% que receberem a título de transferência da Contribuição de Intervenção no Domínio Econômico sobre Petróleo e demais combustíveis (art. 159, §§ 3º e 4º, CF/1988).

Importante reiterar que a retenção na fonte do Imposto de Renda feita pelos Estados, Distrito Federal e Municípios, referidos no inciso I do art. 157 e inciso I do art. 158 da Constituição, não altera a competência tributária do imposto, que continua a ser um tributo federal, figurando os respectivos destinatários dos recursos (Estados, Distrito Federal e Municípios) como *substitutos tributários*. Já as retenções realizadas por empresas públicas ou por sociedades de economia mista não pertencem aos Estados e Municípios, já que a

---

[71] O produto da arrecadação do Imposto Territorial Rural (ITR) também se destinará ao Distrito Federal se o imóvel nele estiver situado.

[72] Os critérios e prazos de crédito das parcelas do produto da arrecadação do ICMS e do IPVA a serem transferidos para os Municípios são regulados pela Lei Complementar nº 63/1990.

[73] STF. ADI 2.421, Rel. Min. Gilmar Mendes, Pleno, julg. 20/12/2019, **DJe** 19/02/2020: "Ação Direta de Inconstitucionalidade. 2. Lei nº 10.544/2000, do Estado de São Paulo. 3. Direito Financeiro. Transferências Constitucionais. Critérios de repasse de impostos estaduais aos municípios. [...] 5. Campo restrito para a legislação estadual dispor sobre os critérios de distribuição de impostos estaduais. [...]. 7. Exclusão por completo de município da repartição do produto da arrecadação de ICMS. Impossibilidade. 8. Lei que define o cálculo dos repasses de forma progressiva, sem definir prazos, e delega ao Poder Executivo a regulamentação da Lei. Violação à autonomia financeira dos municípios. 9. Transferências constitucionais devem ser pautadas por critérios objetivos, de caráter vinculado, que assegurem a regularidade e previsibilidade dos repasses. 10. Ação direta julgada procedente para declarar a inconstitucionalidade da lei impugnada".

norma constitucional referiu-se expressamente apenas aos próprios entes federativos, suas autarquias e fundações.

Outrossim, em relação ao repasse de 10% do IPI da União aos Estados estabelecido no art. 159, inciso II, da CF/1988 (e, futuramente, também 10% do Imposto Seletivo, por força da EC nº 132/2023), a classificação desta transferência na modalidade direta não é pacífica, especialmente diante da sua usual designação por **Fundo Compensatório do IPI-Exportação**.[74] Ocorre que, na prática, os recursos do IPI são arrecadados pela Secretaria da Receita Federal do Brasil (RFB), contabilizados pela Secretaria do Tesouro Nacional (STN) e, posteriormente distribuídos aos entes beneficiários pelo Banco do Brasil sob comando da STN, sem a utilização de qualquer fundo formal.

Nesse sentido, José Maurício Conti[75] e Diogo de Figueiredo Moreira Neto[76] também entendem tratar-se de transferência direta, ao passo que Ricardo Lobo Torres[77] classifica-a como transferência indireta. Este repasse, regulado pelas Leis Complementares nº 61/1989 e nº 65/1991, e pela Lei nº 8.016/1990, se justifica porque a Constituição Federal, no seu art. 155, § 2º, X, "a" (EC nº 42/2003), desonerou a incidência do ICMS sobre as exportações e, para compensar os Estados, estabeleceu-se esta transferência de natureza compensatória, proporcionalmente ao valor das respectivas exportações de produtos industrializados.

Desse montante, cada Estado transferirá 25% aos Municípios situados em seu território, seguindo os mesmos critérios de repasse do ICMS estabelecidos no art. 158, § 1º, da CF/1988. Determinou-se, ainda, visando não aumentar as desigualdades regionais já existentes, que nenhuma unidade federada poderá receber parcela superior a 20% do montante, devendo o eventual excedente ser distribuído entre os demais participantes, mantido, em relação a esses, o critério de partilha nele estabelecido, cabendo ao Tribunal de Contas da União calcular anualmente as quotas de participação dos Estados e do DF.

Em relação ao repasse da União aos Municípios no montante de 50% do Imposto Territorial Rural (ITR), registre-se que a EC nº 42/2003 inseriu na Constituição o art. 153, § 4º, III, facultando aos Municípios optarem, na forma da lei, por fiscalizar e cobrar o ITR, caso em que terão direito a 100% da arrecadação do imposto (art. 158, II, CF/1988). A lei a que se refere o art. 153, § 4º, III é a Lei nº 11.250/2005 e regulada pelo Decreto nº 6.433/2008, que autorizou a União a celebrar convênios com os Municípios para delegar as atribuições de fiscalização e de cobrança do ITR. Decendialmente, a Secretaria do Tesouro Nacional (STN) consulta no SIAFI as informações do período anterior e transfere ao Banco do Brasil o valor global a ser repassado. O Banco do Brasil, por sua vez, credita nas contas correntes dos Municípios os respectivos valores que lhes cabem, segundo informações fornecidas pela Receita Federal ao Banco.

Ao **Fundo de Participação dos Estados (FPE)**[78] **e do Distrito Federal** serão transferidos 21,5% do produto da arrecadação da União do Imposto de Renda (IR), do Imposto sobre Pro-

---

[74] Embora nem a Constituição Federal de 1988 nem a legislação de regência façam menção à criação de um fundo específico, a expressão é amplamente utilizada.

[75] CONTI, José Mauricio. *Federalismo fiscal e fundos de participação*. São Paulo: Juarez de Oliveira, 2001. p. 69.

[76] MOREIRA NETO, Diogo de Figueiredo. Repartição das Receitas Tributárias. *In:* MARTINS, Ives Gandra da Silva (Coord.). *A Constituição brasileira de 1988*: interpretações. Rio de Janeiro: Forense Universitária, 1988. p. 351-352.

[77] TORRES, Ricardo Lobo. *Curso de Direito Financeiro e Tributário*. 18. ed. Rio de Janeiro: Renovar, 2011. p. 371.

[78] A Lei Complementar nº 62/1989 estabelece normas sobre o cálculo, a entrega e o controle das liberações dos recursos dos Fundos de Participação.

dutos Industrializados (IPI) e do Imposto Seletivo (art. 159, I, alínea *a*, CF/1988). Ao **Fundo de Participação dos Municípios (FPM)**[79] serão transferidos 22,5% do produto da arrecadação da União do Imposto de Renda (IR), do Imposto sobre Produtos Industrializados (IPI) e do Imposto Seletivo (art. 159, inciso I, alínea *b*, CF/1988). Além disso, mais 3,0% do produto arrecadado do IR, do IPI e do Imposto Seletivo serão destinados ao Fundo de Participação dos Municípios, entregues ao FPM segundo o seguinte cronograma: 1,0% do produto arrecadado desses impostos será destinado ao fundo municipal,[80] entregue no primeiro decêndio do mês de dezembro de cada ano (art. 159, inciso I, alínea *d*, CF/1988), outro 1% (um por cento) do produto desses impostos ao Fundo de Participação dos Municípios, a ser entregue no primeiro decêndio do mês de julho de cada ano (art. 159, inciso I, alínea *e*, CF/1988)[81] e, por fim, mais 1% (um por cento) do produto desses impostos ao FPM, a ser entregue no primeiro decêndio do mês de setembro de cada ano (art. 159, I, "f", CF/1988).[82]

Os percentuais individuais de participação são calculados anualmente pelo TCU a partir de fatores representativos da renda *per capita* e da população. A periodicidade das transferências dos recursos do FPE e FPM é decendial, ou seja, os repasses aos Estados e aos Municípios se dão até os dias 10, 20 e 30 de cada mês, mediante crédito em conta aberta com essa finalidade no Banco do Brasil, sendo que o valor transferido toma por base a arrecadação líquida do IR, do IPI e do Imposto Seletivo do decêndio anterior. Não há vinculação específica para a aplicação desses recursos. Como transferências constitucionais obrigatórias, os recursos para o FPE e FPM não podem ser contingenciados, e, em regra, também não podem ser retidos imotivadamente, conforme determina o art. 160, *caput*, da Constituição Federal. Entretanto, o § 1º desse mesmo artigo permite que a União e os Estados condicionem a entrega dos recursos à regularização de débitos do ente federativo junto ao Governo Federal ou Estadual e suas autarquias (por exemplo, dívidas com o INSS, inscrição na dívida ativa pela Procuradoria-Geral da Fazenda Nacional – PGFN), assim como ao atendimento do gasto mínimo em ações e serviços públicos de saúde (CF/1988, art. 198, § 2º, incisos II e III).

A preocupação com os critérios de rateio dos recursos dos fundos para atender ao comando constitucional de redução das desigualdades regionais fez com que, em fevereiro de 2010, o Supremo Tribunal Federal declarasse a inconstitucionalidade de todo o art. 2º da Lei Complementar nº 62/1989, limitando a sua validade apenas até 31 de dezembro de 2012.[83] Como se sabe, a Lei Complementar nº 62/1989 foi editada em 1989 em obediência ao art. 159

---

[79] A Lei Complementar nº 91/1997 dispõe sobre a fixação dos coeficientes do Fundo de Participação dos Municípios. Por sua vez, a Lei Complementar nº 165/2019 acrescentou o § 3º ao art. 2º da LC nº 91/1997, prevendo que, a partir de 1º de janeiro de 2019, até que sejam atualizados com base em novo censo demográfico, ficam mantidos, em relação aos Municípios que apresentem redução de seus coeficientes decorrente de estimativa anual do IBGE, os coeficientes de distribuição do FPM utilizados no exercício de 2018.

[80] A Emenda Constitucional nº 55/2007 inseriu esse dispositivo, que acresce ao Fundo de Participação dos Municípios mais 1% do produto da arrecadação da União do Imposto de Renda e do Imposto sobre Produtos Industrializados, com o objetivo de atender às despesas com o pagamento dos salários dos servidores públicos municipais no mês de dezembro, que é acrescido do 13º salário.

[81] A Emenda Constitucional nº 84/2014 inseriu esse dispositivo, que acresce ao Fundo de Participação dos Municípios mais 1% do produto da arrecadação da União do Imposto de Renda e do Imposto sobre Produtos Industrializados (além do 1,0% entregue no primeiro decêndio de dezembro), sobretudo em razão da prática bastante comum de os Municípios pagarem a 1ª parcela do 13º salário aos servidores públicos municipais no mês de julho.

[82] Esse último percentual de 1% foi adicionado pela Emenda Constitucional nº 112/2021.

[83] Encerrado o ano de 2012, o Congresso Nacional não conseguiu aprovar a tempo uma nova norma sobre os repasses. Assim, diante da não aprovação de nova lei complementar, o TCU aprovou o acórdão nº 3.135/2012,

da Constituição sobre a repartição das receitas tributárias, mas deveria ter vigorado apenas nos exercícios fiscais de 1990 e 1992. Após esse ano, a previsão era de que o censo do IBGE reorientaria a distribuição, mas isso nunca foi feito e a Lei Complementar continuou em vigor com os mesmos coeficientes de rateio vinte anos depois. A decisão do Supremo foi provocada por quatro Ações Diretas de Inconstitucionalidade (ADI) ajuizadas pelo Rio Grande do Sul (ADI 875), Mato Grosso e Goiás (ADI 1987), Mato Grosso (ADI 3243) e Mato Grosso do Sul (ADI 2727). O fundamento das ações foi o de que a lei complementar, na época da edição, teve por base o contexto socioeconômico do Brasil daquele tempo, que não é necessariamente o mesmo hoje. Além disso, os coeficientes teriam sido estabelecidos de maneira arbitrária por acordos políticos costurados à época.[84]

Diante do julgamento de inconstitucionalidade do referido art. 2º da LC nº 62/1989, foi editada no ano de 2013 a **Lei Complementar nº 143**, para dispor sobre os critérios de rateio do Fundo de Participação dos Estados e do Distrito Federal (FPE), levando em consideração os valores censitários nacionais (realizados pelo IBGE a cada 10 anos) ou as estimativas mais recentes da população e da renda domiciliar *per capita* publicados pela entidade federal competente.[85] A LC nº 143/2013 também revogou os arts. 86 a 89 e 93 a 95 do CTN que tra-

---

estabelecendo que o governo poderia continuar a realizar os repasses conforme as regras previstas na Lei Complementar nº 62/1989, em 2013, até que nova lei fosse aprovada.

[84] Nas palavras do relator Min. Gilmar Mendes: "(...) o legislador, ao disciplinar o funcionamento dos fundos de participação, deve ser obsequioso à finalidade constitucionalmente prevista de redução das desigualdades regionais, sem criar qualquer obstáculo à promoção desse desiderato. Até mesmo porque (...) a própria razão de ser dos fundos é conferir efetividade à exigência constitucional. (...) Por uma questão de lógica, é possível concluir que os únicos critérios de rateio aptos ao atendimento da exigência constitucional são aqueles que assimilem e retratem a realidade socioeconômica dos destinatários das transferências, pois, se esses critérios têm por escopo a atenuação das desigualdades regionais, com a consequente promoção do equilíbrio socioeconômico entre os entes federados, revela-se primordial que eles permitam que dados fáticos, apurados periodicamente por órgãos ou entidades públicas (o IBGE, por exemplo), possam influir na definição dos coeficientes de participação. Não se pode pretender a modificação de um determinado *status quo*, sem que se conheçam e se considerem as suas peculiaridades. (...) Verifica-se, ademais, que, apesar de dispor que oitenta e cinco por cento dos recursos serão destinados às regiões Norte, Nordeste e Centro-Oeste, a LC 62/1989 não estabelece os critérios de rateio exigidos constitucionalmente; ela apenas define, diretamente, os coeficientes de participação dos Estados e do Distrito Federal. (...) Não parece ser esse o comando constitucional do art. 161, II. (...) Não competiria, portanto, à lei complementar estabelecer diretamente esses coeficientes. (...) A fixação de coeficientes de participação mediante a edição de lei complementar, além de não atender à exigência constitucional do art. 161, II, somente se justificaria se aceitável a absurda hipótese segundo a qual os dados atinentes à população, à produção, à renda *per capita*, à receita e à despesa dos entes estaduais se mantivessem constantes com o passar dos anos. (...) Assim, julgo procedentes as Ações Diretas de Inconstitucionalidade (...), para, aplicando o art. 27 da Lei 9.868/1999, declarar a inconstitucionalidade, sem a pronúncia da nulidade, do art. 2º, I e II, § 1º, § 2º e § 3º, do Anexo Único, da LC 62/1989, assegurada a sua aplicação até 31 de dezembro de 2012 (STF, ADI 2.727, voto do Rel. Min. Gilmar Mendes, Pleno, julg. 24/02/2010, **DJe** 30/04/2010.)

[85] Segundo a LC nº 143/2013, os recursos do Fundo de Participação dos Estados e do Distrito Federal (FPE), serão entregues da seguinte forma: I – os coeficientes individuais de participação dos Estados e do Distrito Federal no FPE a serem aplicados até 31 de dezembro de 2015 serão aqueles constantes do Anexo Único da própria Lei Complementar; II – a partir de 1º de janeiro de 2016, cada entidade beneficiária receberá valor igual ao que foi distribuído no correspondente decêndio do exercício de 2015, corrigido pela variação acumulada do Índice Nacional de Preços ao Consumidor Amplo (IPCA) ou outro que vier a substituí-lo e pelo percentual equivalente a 75% (setenta e cinco por cento) da variação real do Produto Interno Bruto nacional do ano anterior ao ano considerado para base de cálculo; III – também a partir de 1º de janeiro de 2016, a parcela que superar o montante especificado no item II será distribuída proporcionalmente a coeficientes individuais de participação obtidos a partir da combinação de fatores representativos da

tavam dos critérios de distribuição dos fundos, mantendo o art. 91 e alterando o art. 92 do CTN modificando-se o prazo para que o Tribunal de Contas da União, que é o encarregado dos cálculos dos percentuais de participação, informe os números do FPE, a vigorarem no exercício seguinte, ao Banco do Brasil até o último dia útil de março de cada exercício financeiro. Isto provavelmente deveu-se ao fato de que o PIB anual é divulgado pelo IBGE próximo ao início de março; assim, o TCU teria cerca de um mês para levantar os coeficientes. Foi modificado ainda, o art. 102 da Lei Orgânica do TCU definindo que seja publicado até 31 de dezembro de cada ano no Diário Oficial da União, por "entidade competente do Poder Executivo federal", a relação das populações dos Estados e do DF. Possivelmente, neste caso também se procurou adequar os prazos de divulgação dos números para que o TCU tenha tempo hábil para comunicar os coeficientes de participação do FPE, calculados de acordo com os novos critérios, até final de março.

Contudo, em junho de 2023, o Supremo Tribunal Federal, no julgamento da ADI nº 5.609, novamente reputou inconstitucionais alguns dispositivos da LC nº 143/2013, afirmando que tais normas estabeleceram uma transição muito longa entre a metodologia de rateio originária (cuja inconstitucionalidade havia sido reconhecida pelo STF nas ADIs 875, 1.987, 2.727 e 3.243) e a nova sistemática implantada pela LC nº 143/2013. Segundo o STF, mantidas as normas introduzidas pela LC nº 143/2013, grande parte dos recursos do FPE continuaria a ser distribuída, por longo período, com base na sistemática de coeficientes fixos invalidada pelo Supremo. Para evitar prejuízos aos estados, votou-se para manter a aplicação dos dispositivos declarados inconstitucionais até 31/12/2025. Até essa data, o Congresso Nacional deve editar lei com os critérios de rateio que observem os parâmetros definidos pelo STF no julgamento da própria ADI 5.609 e das ADIs 875, 1.987, 2.727 e 3.243.[86]

Além dos repasses ao FPE e FPM, atendendo ao objetivo constitucional previsto no inciso III do art. 3º, que é o de reduzir as desigualdades regionais e sociais, a Constituição determina, na alínea *c* do inciso I do art. 159, que do produto da arrecadação do Imposto de Renda e do Imposto sobre Produtos Industrializados 3,0% serão para aplicação em programas de financiamento ao setor produtivo das Regiões Norte, Nordeste e Centro-Oeste, através de suas instituições financeiras de caráter regional, de acordo com os planos regionais de desenvolvimento, ficando assegurada ao semiárido do Nordeste a metade dos recursos destinados à região, na forma que a lei estabelecer. Para aplicação desses recursos, a Lei nº 7.827/1989 instituiu o **Fundo Constitucional de Financiamento do Norte – FNO**, o **Fundo Constitucional de Financiamento do Nordeste – FNE** e o **Fundo Constitucional de Financiamento do Centro-Oeste – FCO**, distribuindo os 3,0% anteriormente referidos da seguinte maneira: a) 0,6% para o Fundo Constitucional de Financiamento do Norte; b) 1,8% para o Fundo Constitucional de Financiamento do Nordeste; c) 0,6% para o Fundo Constitucional de Financiamento do Centro-Oeste.

Cabe ainda registrar que os Fundos de Participação dos Estados, do Distrito Federal e dos Municípios (FPE e FPM), e os Fundos Regionais (FNO, FNE e FCO) são entes jurídicos

---

população e do inverso da renda domiciliar per capita da entidade beneficiária, assim definidos: a) o fator representativo da população corresponderá à participação relativa da população da entidade beneficiária na população do País, observados os limites superior e inferior de, respectivamente, 0,07 (sete centésimos) e 0,012 (doze milésimos), que incidirão uma única vez nos cálculos requeridos; b) o fator representativo do inverso da renda domiciliar per capita corresponderá à participação relativa do inverso da renda domiciliar per capita da entidade beneficiária na soma dos inversos da renda domiciliar *per capita* de todas as entidades.

[86] STF. ADI 5.609, Rel. Min. Carmen Lúcia, Pleno, julg. 19/06/2023, *DJe* 30/06/2023.

de natureza financeira, desprovidos de personalidade jurídica e fiscalizados pelo TCU. A finalidade desses fundos é gerir os recursos recebidos para o posterior repasse aos destinatários, através de critérios sociais, econômicos e demográficos (população e renda *per capita*), tendo relevante papel de distribuição de renda para a busca do equilíbrio socioeconômico entre os entes federativos. Cabe ao Tesouro Nacional, em cumprimento aos dispositivos constitucionais, efetuar as transferências desses recursos aos entes federados (creditados no Banco do Brasil), nos prazos legalmente estabelecidos. Já os fundos regionais são geridos por instituições financeiras federais de caráter regional, tais como o Banco da Amazônia e o Banco do Nordeste do Brasil.

Os procedimentos e critérios relativos à distribuição dos recursos dos Fundos encontram-se regulados essencialmente pelas Leis Complementares nº 62/1989,[87] nº 91/1997,[88] nº 106/2001, nº 143/2013,[89] nº 165/2019,[90] nº 198/2023,[91] além das Leis nº 7.827/1989[92] e nº 10.866/2004.[93]

Devemos destacar, por fim, que ainda há outro caso de distribuição de receitas financeiras previsto fora deste capítulo constitucional (art. 153, § 5º, CF/1988). Referimo-nos à distribuição do produto da arrecadação do Imposto sobre Operações Financeiras (IOF) sobre o ouro, quando este for definido em lei como ativo financeiro ou instrumento cambial, que a União deve realizar para os Estados, o Distrito Federal e os Municípios, sendo de 30% da arrecadação para os dois primeiros e 70% para os últimos. Atualmente a alíquota do **IOF-Ouro** é de 1% (parágrafo único do art. 4º da Lei nº 7.766/1989), e como o seu repasse corresponde ao total arrecadado do mesmo, o montante transferido a cada período é diretamente proporcional ao desempenho da arrecadação líquida desse imposto no período anterior. Assim, mensalmente, a Secretaria do Tesouro Nacional (STN) consulta no SIAFI as informações do período anterior e transfere ao Banco do Brasil o valor global a ser repassado que, no caso do IOF-Ouro, corresponde a 100% da arrecadação líquida. O Banco do Brasil, por sua vez, credita nas contas correntes dos Entes Federativos os respectivos valores que lhes cabem, segundo informações da RFB fornecidas com base nos documentos de arrecadação do imposto. Destaque-se que o IOF-Ouro é distribuído para o Município e Estado ou Distrito Federal onde o ouro foi produzido ou, em

---

[87] Estabelece normas sobre o cálculo, a entrega e o controle das liberações dos recursos dos Fundos de Participação dos Estados e do Distrito Federal – FPE, e do Fundo de Participação dos Municípios – FPM, de que tratam as alíneas *a* e *b* do inciso I do art. 159 da Constituição.

[88] Dispõe sobre a fixação dos coeficientes do Fundo de Participação dos Municípios, segundo seu número de habitantes, conforme estabelecido no § 2º do art. 91 da Lei nº 5.172/1966 (CTN), fazendo-se a revisão de suas quotas anualmente, com base nos dados oficiais de população e de renda *per capita* apurados e produzidos pela Fundação Instituto Brasileiro de Geografia e Estatística – IBGE (Lei nº 8.443/1992). Esta lei foi alterada pela LC nº 106/2001, dando nova redação aos §§ 1º e 2º do art. 2º.

[89] Dispõe sobre os critérios de rateio do Fundo de Participação dos Estados e do Distrito Federal (FPE).

[90] Acrescenta o § 3º ao art. 2º da Lei Complementar nº 91/1997, que dispõe sobre a fixação dos coeficientes de distribuição dos recursos do Fundo de Participação dos Municípios (FPM).

[91] Altera a LC nº 91/1997, para manter os coeficientes do Fundo de Participação dos Municípios (FPM) de Municípios com redução populacional aferida em censo demográfico, aplicando redutor financeiro sobre eventuais ganhos, na forma e no prazo que especifica.

[92] Institui o Fundo Constitucional de Financiamento do Norte – FNO, o Fundo Constitucional de Financiamento do Nordeste – FNE e o Fundo Constitucional de Financiamento do Centro-Oeste – FCO.

[93] Acresce os arts. 1º-A e 1º-B à Lei nº 10.336, de 19/12/2001, com o objetivo de regulamentar a partilha com os Estados, o Distrito Federal e os Municípios da arrecadação da Contribuição de Intervenção no Domínio Econômico incidente sobre a importação e a comercialização de petróleo e seus derivados, gás natural e seus derivados, e álcool etílico combustível – CIDE.

caso de origem no exterior, nos Entes Federativos de ingresso no país, cuja identificação é feita na documentação fiscal da operação.

De maneira simplificada e para sintetizar esse complexo modelo de transferências constitucionais tributárias, podemos dizer que: a) a União transfere para os Estados e DF 100% do IR retido na fonte sobre rendimentos pagos por estes últimos, suas autarquias e fundações, 20% dos Impostos Residuais, se criados, 29% da Cide-Petróleo, 10% do IPI e do Imposto sobre bens e serviços prejudiciais à saúde ou ao meio ambiente proporcionalmente ao valor das respectivas exportações de produtos industrializados e 30% do IOF-Ouro; b) a União transfere para os Municípios 100% do IR retido na fonte sobre rendimentos pagos por estes últimos, suas autarquias e fundações, 50% do ITR e 70% do IOF-Ouro; c) os Estados transferem aos Municípios 50% do IPVA, 25% do ICMS, 25% do IBS, 25% dos 10% de IPI e do Imposto sobre bens e serviços prejudiciais à saúde ou ao meio ambiente recebido da União e 25% dos 29% da Cide-Combustível recebidos da União; d) a União transfere 21,5% do IR, do IPI e do Imposto sobre bens e serviços prejudiciais à saúde ou ao meio ambiente para o FPE, 25,5% do IR, do IPI e do Imposto sobre bens e serviços prejudiciais à saúde ou ao meio ambiente para o FPM e 3% do IR, do IPI e do Imposto sobre bens e serviços prejudiciais à saúde ou ao meio ambiente para o FNO, o FNE e o FCO.

Sobre os efeitos da concessão de benefícios ou isenções fiscais nas transferências intergovernamentais, o Plenário do STF (RE nº 705.423)[94] decidiu – apesar de reconhecer o impacto negativo da política federal de desonerações sobre as finanças municipais – não ser possível excluir da cota a receber os valores desonerados, devendo o ente se conformar com o montante a menor a receber. Segundo o relator, Ministro Edson Fachin, "o poder de arrecadar atribuído à União implica também o poder de isentar. Assim, quando a Constituição Federal determina que o FPM será composto pelo produto dos dois impostos, isso inclui o resultado das desonerações".

4.10. RECEITAS DOS PREÇOS PÚBLICOS

Existem atividades estatais que são remuneradas por receitas públicas específicas a elas diretamente destinadas, como uma contrapartida do seu oferecimento. Dependendo da natureza dessas atividades, de quem as oferece e do regime jurídico a que se submetem, teremos formas distintas para a sua remuneração e, por consequência, haverá diferentes destinos ao produto da sua arrecadação.[95] Em alguns casos estaremos diante de típicas receitas públicas, sejam elas originárias ou derivadas. Noutros casos, entretanto, ocorrerá mera remuneração a empresas privadas, sem que haja qualquer ingresso efetivo aos cofres públicos.

---

[94] Com repercussão geral reconhecida (julgamento em 17/11/2016).

[95] Como ensina A. Theodoro Nascimento ao tratar dos preços públicos como espécies de receitas não coativas: "Para obter os recursos materiais, necessários ao custeio dos serviços públicos, pode o Estado utilizar os processos de gestão que o particular utiliza na economia privada, ao invés de utilizar-se do poder tributário. Neste caso, aliena bens dominiais (terrenos de marinha, terras devolutas etc.), cede seu uso (por aforamento, arrendamento, locação etc.), vende o produto das suas empresas (pólvora, tapetes, porcelana etc.) ou do subsolo (petróleo, carvão etc.), ou, finalmente, sempre mediante remuneração, presta serviços de natureza comercial ou industrial (distribuição de água, de energia elétrica, de gás, transporte, telefone etc.) cujo fornecimento tenha a seu cargo. Em todas estas hipóteses, o Estado cobra preços, receita originária, ou de economia privada, ou ainda imediata, em contraposição aos tributos (impostos, taxas, contribuições etc.) que constituem receita derivada ou de economia pública, ou ainda receita mediata" (*In:* BALEEIRO, Aliomar (Coord.). *Tratado de Direito Tributário Brasileiro*. Volume VII. Preços, Taxas e Parafiscalidade. Rio de Janeiro: Forense, 1977. p. 3).

Algumas atividades somente podem ser oferecidas pelo Estado, seja por sua natureza, importância ou por determinação constitucional. Outras, ainda que dotadas de interesse público, podem ter sua execução delegada a terceiros, mantendo o Estado apenas o dever de fiscalizar e regular seu oferecimento. Existem, ainda, outros serviços que são totalmente desprovidos de interesse público, mas mesmo assim são executados pelo Estado, como se particular fosse.

A partir da análise dessas variáveis, adentramos no debate sobre as espécies de receitas públicas que remuneram determinados serviços. São elas as taxas, os preços públicos ou tarifas e os preços quase privados.

Quando o Estado realiza ou coloca à disposição do cidadão um serviço público essencial e indelegável, específico e divisível, essa atividade será remunerada por **taxa**. Trata-se de um tributo *contraprestacional* cujo fato gerador será uma atividade estatal específica e divisível, realizada em favor do contribuinte ou colocada à sua disposição. O que caracteriza esse serviço estatal como sendo a espécie remunerada por taxa é o seu objeto: uma atividade estatal de interesse público primário, ou seja, uma atividade essencial e indelegável, realizada exclusivamente pelo Estado, como, por exemplo, os serviços judiciários, a emissão de passaporte, a fiscalização de instalação de empresas e o corpo de bombeiros. Por consequência, o regime jurídico será o do Direito Público (Direito Tributário) e o pagamento da taxa será compulsório, sendo o produto da arrecadação das taxas dirigido diretamente aos cofres públicos.

Já quando são oferecidos à coletividade determinados serviços de interesse público de natureza inessencial e delegável, estes serão remunerados por **preços públicos**, comumente denominados de tarifa. Trata-se de atividades em que apenas há um interesse estatal de regulá-las e fiscalizá-las, visando a garantir o bom atendimento da sociedade; porém, estes serviços não requerem que sejam executados direta e exclusivamente pelo Estado, podendo as atividades ser oferecidas por empresas públicas, sociedades de economia mista ou mesmo por empresas privadas, na qualidade de concessionárias ou permissionárias. É o que ocorre, por exemplo, com a distribuição de gás ou de energia elétrica e o transporte coletivo.

Como esclarecem Andrea Amatucci e Eusebio González Garcia,[96] se o Estado fornecer serviços que um ente privado poderia oferecer, a retribuição, na medida em que não é imposta (coercitiva), não será um tributo, mas sim um preço, com um viés "político", determinado com base nas leis do mercado, mas pela essencialidade maior ou menor do serviço.

Esses serviços enquadram-se na regra prevista no art. 175 da Constituição Federal de 1988, que afirma incumbir ao Poder Público, diretamente ou sob regime de concessão ou permissão, sempre através de licitação, a prestação de serviços públicos, incumbindo à lei dispor sobre o regime das empresas concessionárias e permissionárias de serviços públicos, os direitos dos usuários, a política tarifária e a obrigação de manter serviço adequado.

Como se disse, esses serviços, por serem inessenciais, podem ser oferecidos tanto por empresas públicas ou sociedades de economia mista como por empresas privadas, na qualidade de concessionárias ou permissionárias do serviço público, e até mesmo prestados por indivíduos (por exemplo, os taxistas, na qualidade de permissionários).

Assim, a regra geral é que o produto arrecadado dos preços públicos não ingressa nos cofres públicos. Ou estes recursos irão integrar o patrimônio das empresas públicas estatais ou irão diretamente para o patrimônio das empresas privadas concessionárias ou permissionárias que realizam no lugar do Estado esses serviços públicos.

---

[96] AMATUCCI, Andrea; GARCIA, Eusebio González. El Concepto de Tributo. *In:* AMATUCCI, Andrea (Dir.). *Tratado de Derecho Tributario*. T. II. Bogotá: Temis, 2001. p. 12.

Poder-se-ia até mesmo diferenciar as denominações entre o preço público e a tarifa, a se considerar como sendo o primeiro quando o valor fosse pago a alguma empresa estatal pública, e a segunda quando o prestador fosse uma empresa privada concessionária.[97] Em qualquer dos casos, entretanto, o produto da arrecadação não ingressaria nos cofres públicos – e não seria, portanto, considerado receita pública, já que esses serviços são oferecidos por empresas, sejam elas estatais ou privadas, que possuem um patrimônio autônomo em relação ao patrimônio do Estado. Ressalve-se que esses recursos apenas ingressarão no patrimônio público de maneira indireta se forem arrecadados por empresas públicas ou sociedades de economia mista, já que o Estado delas participa como sócio acionista e recebe dividendos quando há lucro.

Por outro lado, quando a atividade realizada em favor da sociedade não detém natureza ou interesse público, mas ainda assim é prestada pelo Estado, este estará agindo como se particular fosse, e será remunerado pelo denominado **preço quase privado**. A receita originária do preço quase privado ingressará nos cofres públicos direta ou indiretamente, dependendo do fato de o serviço ser realizado pela Administração Pública direta ou por alguma entidade estatal indireta (empresa pública e sociedade de economia mista). Porém, se a atividade for oferecida por particular e a sua natureza não contiver qualquer interesse público, estaremos diante do **preço privado**, que nada tem que ver com receitas públicas.

Finalmente, importante registrar a distinção entre as duas modalidades de receitas públicas decorrentes de uma atividade estatal, que possuem na sua cobrança tanto a referibilidade quanto a contraprestacionalidade: a *taxa* e o *preço público*. O que diferencia as duas formas de remuneração é a natureza da atividade – se essencial e exclusiva do Estado ou se inessencial e, por decorrência, delegável. Assim, se o serviço público for essencial e só puder ser prestado exclusivamente pela Administração Pública direta, teremos a taxa como forma de remuneração (p. ex., serviços judiciários, emissão de passaporte etc.); se, entretanto, a atividade tiver natureza inessencial e puder ser delegada a uma concessionária ou permissionária, estaremos diante de um preço público ou de uma tarifa (p. ex., serviços postais, distribuição de gás ou de energia elétrica etc.). Por decorrência, como a taxa é uma modalidade de tributo (exação compulsória), a ela aplicam-se as normas do direito tributário, inclusive o princípio da legalidade. Por outro lado, para a instituição e a cobrança de um preço público (exação contratual), não se fará necessária a disposição de lei, prevalecendo as normas de direito privado (limitadas, todavia, pelas disposições do art. 175 da CF/1988).

4.11. RECEITAS PÚBLICAS NA LEI Nº 4.320/1964

Não obstante todas as classificações anteriormente apresentadas, afigura-se relevante analisar a classificação formal oferecida pela Lei nº 4.320/1964,[98] responsável por estabelecer as normas gerais de Direito Financeiro para a elaboração e controle dos orçamentos e balanços da União, dos Estados, dos Municípios e do Distrito Federal.

De todas as classificações, talvez esta seja a mais relevante, não para efeito de estudo didático da matéria, mas sim para a aplicação prática do tema "receitas públicas", já que essa lei foi recepcionada pela Constituição Federal de 1988 *como a norma geral financeira*.[99]

---

[97] Ressalvo que essa classificação não é adotada pela doutrina tradicional.
[98] Com a redação dada pelo Decreto-Lei nº 1.939/1982.
[99] Registre-se que, embora seja formalmente uma lei ordinária, foi recebida pela Constituição Federal de 1988 como sendo materialmente (de conteúdo e não de forma) a lei complementar responsável por estabelecer as normas gerais de Direito Financeiro, na dicção do art. 165, § 9º, CF/1988.

Essa lei, no seu Capítulo II, trata exclusivamente da "Receita" (arts. 9º ao 11), sem fazer distinção entre receitas e ingressos públicos, como boa parte da doutrina o faz.

Inicia conceituando a principal e mais importante fonte de receitas públicas, que é a tributária, reconhecendo até mesmo a classificação entre receitas originárias e as derivadas. Afirma a norma que tributo é a receita derivada instituída pelas entidades de direito público, compreendendo os impostos, as taxas e as contribuições, nos termos da Constituição e das leis vigentes em matéria financeira, destinando-se seu produto ao custeio de atividades gerais ou específicas exercidas por essas entidades. Entretanto, o dispositivo legal deixa de fora o empréstimo compulsório como espécie tributária, previsto pela Constituição Federal de 1988 no seu art. 148, e cuja natureza já foi pacificada pela doutrina e pela jurisprudência.[100]

Classifica as receitas em duas categorias: receitas correntes e receitas de capital (art. 11). Prevê que são **Receitas Correntes** as receitas tributárias, de contribuições, patrimonial, agropecuária, industrial, de serviços e outras e, ainda, as provenientes de recursos financeiros recebidos de outras pessoas de direito público ou privado, quando destinadas a atender despesas classificáveis em Despesas Correntes. Estabelece que as **Receitas de Capital** são as provenientes da realização de recursos financeiros oriundos de constituição de dívidas; da conversão, em espécie, de bens e direitos; os recursos recebidos de outras pessoas de direito público ou privado destinados a atender despesas classificáveis em Despesas de Capital e, ainda, o *superávit* do Orçamento Corrente.

Pode-se dizer que o fator caracterizador das receitas correntes é a sua *estabilidade* como fonte de recursos, ou seja, considera-se que essas receitas fazem parte da arrecadação estatal de forma ordinária e não eventual. Assim, as receitas correntes são consideradas continuamente pelo Estado na elaboração do seu orçamento, já que estas possuem um caráter estável e definitivo no sistema financeiro, como no caso dos tributos. Já as receitas de capital são de natureza *eventual*, pois para existirem dependem de atos específicos e circunstâncias próprias, como no caso das receitas originárias dos empréstimos na emissão de títulos da dívida pública.[101]

Em qualquer dos casos, tanto na receita corrente como na receita de capital, existe, segundo a própria lei, uma correlação entre estas e as respectivas despesas. Ou seja, para financiar as despesas correntes, como as de custeio, serão utilizadas as receitas correntes. Já para financiar as despesas de capital, como os investimentos, serão utilizadas as receitas de capital.

4.12. ESTÁGIOS DA RECEITA PÚBLICA

A Administração Pública precisa identificar cada uma das etapas em que se encontra a receita pública – desde sua mera previsão inicial até a sua arrecadação e respectiva classificação e o recolhimento à conta do ente público – a fim de permitir um controle eficiente da sua gestão. Assim, diz-se que o **estágio da receita pública** representa, na ordem cronológica do processamento, cada um dos passos identificados que evidenciam a variação e o comportamento da receita pública, facilitando o conhecimento e a gestão dos ingressos de recursos.

---

[100] STF. RE 138.284, voto do Rel. Min. Carlos Velloso, *DJ* 28/08/1992; RE 146.615, Rel. p/ o Acórdão Min. Maurício Corrêa, *DJ* 30/06/1995.

[101] Há quem estabeleça a diferença entre as receitas correntes e de capital pela natureza da causa arrecadadora, ou seja, quando a receita derivar do *poder impositivo* do Estado, estar-se-á diante de uma receita corrente; se, por outro lado, a receita derivar de um *ato volitivo*, como a aquisição de títulos públicos ou a remuneração pela utilização de bens patrimoniais do Estado, estar-se-á diante de uma receita de capital.

O primeiro estágio é a **previsão**. Trata-se da estimativa de arrecadação para cada uma das espécies de receitas públicas, resultante de certa metodologia de projeção adotada. Essa projeção de arrecadação é relevante, uma vez que permite a determinação da quantidade de receitas públicas que possivelmente serão disponibilizadas para financiar as despesas públicas estatais. Normalmente, busca-se identificar através da série histórica de arrecadação daquela receita (meses ou anos anteriores) um valor provável para a arrecadação futura. Essa série histórica é processada através de fórmulas matemáticas e estatísticas que envolvem inúmeras variáveis, que vão desde sua atualização monetária, o comportamento da economia nacional e estrangeira em cada segmento e as eventuais mudanças na legislação. Levam-se em consideração dados econômicos, como o Produto Interno Bruto Real do Brasil – PIB real; o crescimento real das importações ou das exportações; a variação real na produção mineral do país; a variação real da produção industrial; a variação real da produção agrícola; o crescimento vegetativo da folha de pagamento do funcionalismo público; o crescimento da massa salarial; o aumento na arrecadação como função do aumento do número de fiscais no país; ou mesmo do incremento tecnológico na forma de arrecadação; o aumento do número de alunos matriculados em uma escola; e assim por diante.

O segundo estágio é a **arrecadação**, que nada mais é do que o pagamento ou a entrega dos recursos devidos, realizada pelos contribuintes ou devedores aos agentes arrecadadores ou instituições financeiras autorizadas pelo respectivo ente público. No momento da arrecadação é feita uma classificação da receita pública, a fim de possibilitar a destinação que deverá ter aquele recurso, através da identificação do gênero e da espécie de receita que está sendo arrecadada.

Finalmente, o terceiro e último estágio é o **recolhimento** dos recursos aos cofres das entidades públicas a que pertencem. Assim, uma vez arrecadada a receita e devidamente identificada e classificada, esta será transferida ao tesouro do ente público destinatário daquele recurso.

4.13. INSTITUIÇÃO, COBRANÇA E RENÚNCIA DAS RECEITAS PÚBLICAS

Após sua arrecadação, classificação e recolhimento aos cofres estatais, as receitas públicas, apesar de sua titularidade formal ser daquele ente público originariamente credor, traduzem-se, na realidade, em recursos financeiros de toda a sociedade, o que lhes confere um tratamento próprio e diferenciado. Por isso se diz, comumente, tratar-se de dinheiro público.

A partir dessa conclusão, todos os atos relacionados com a criação de receitas públicas, sua arrecadação, a cobrança e, até mesmo, a renúncia de receitas, serão regidos pelos princípios constitucionais que parametrizam a atuação da Administração Pública, como os da legalidade, da impessoalidade, da moralidade, da publicidade e da eficiência (art. 37, CF/1988), bem como os princípios específicos do Direito Financeiro e da Responsabilidade Fiscal, como os da programação, do equilíbrio e da transparência fiscal.

Assim sendo, no Estado de Direito moderno não há liberdade para se instituírem receitas públicas de maneira ilimitada ou desarrazoada. Estas, pois, devem ser criadas pela própria sociedade, através de seus representantes eleitos no Poder Legislativo. Portanto, deverão fazer parte de um plano da Administração Pública – orçamento público – que deverá encaminhá-lo à respectiva casa legislativa para aprovação.

Prevalece, assim, o *princípio da legalidade* quanto às receitas públicas. Tanto para a criação de tributos quanto para a emissão de títulos da dívida pública, deverá haver uma lei prévia instituindo-os. Dessa maneira, a Constituição Federal de 1988 expressamente prevê ser vedado à União, aos Estados, ao Distrito Federal e aos Municípios exigir ou aumentar tributo sem lei que o estabeleça (art. 150, inciso I, CF/1988).

Igual regra se aplica à fiscalização e cobrança das receitas públicas, considerando-se um "poder-dever" da Administração Pública realizá-las. Nessa linha, afirma o Código Tributário Nacional que a atividade administrativa de lançamento é vinculada e obrigatória, sob pena de responsabilidade funcional (art. 142, parágrafo único, CTN). Do mesmo modo, a Lei de Responsabilidade Fiscal (LC nº 101/2000) estabelece que constituem requisitos essenciais da responsabilidade na gestão fiscal a instituição, previsão e efetiva arrecadação de todos os tributos da competência constitucional do ente da Federação (art. 11).

Em suma, o Estado não pode abrir mão livremente de suas receitas, já que para fazê-lo deverá estar autorizado por lei. Nesse sentido, quanto às remissões, a Carta Constitucional afirma que o projeto de lei orçamentária deverá ser acompanhado de demonstrativo regionalizado do efeito, sobre as receitas e despesas, decorrente de isenções, anistias, remissões, subsídios e benefícios de natureza financeira, tributária e creditícia (art. 165, § 6º, CF/1988). No mesmo sentido, afirma o Código Tributário Nacional que a isenção, ainda quando prevista em contrato, é sempre decorrente de lei que especifique as condições e requisitos exigidos para a sua concessão, os tributos a que se aplica e, sendo o caso, o prazo de sua duração (art. 176, CTN).

Assim também é disciplinado pela Lei de Responsabilidade Fiscal (art. 14), ao dispor que a concessão ou ampliação de incentivo ou benefício de natureza tributária da qual decorra renúncia de receita deverá estar acompanhada de estimativa do impacto orçamentário--financeiro no exercício em que deva iniciar sua vigência e, nos dois seguintes, atender ao disposto na lei de diretrizes orçamentárias e a pelo menos uma das seguintes condições: I – demonstração pelo proponente de que a renúncia foi considerada na estimativa de receita da lei orçamentária e de que não afetará as metas de resultados fiscais previstas na lei de diretrizes orçamentárias; II – estar acompanhada de medidas de compensação para o período.

No mesmo sentido, e aproveitando a lógica de responsabilidade fiscal presente neste art. 14, o constituinte derivado entendeu por também constitucionalizar a norma que exige a previsão de impacto orçamentário e financeiro sempre que estivermos diante de uma hipótese de renúncia fiscal. Trata-se do art. 113 do ADCT, inserido pela Emenda Constitucional nº 95/2016, prevendo que "a proposição legislativa que crie ou altere despesa obrigatória ou renúncia de receita deverá ser acompanhada da estimativa do seu impacto orçamentário e financeiro".[102]

4.14. FUNDOS ESPECIAIS E RECEITAS PÚBLICAS

Muitas vezes, valores totais ou parciais de determinadas receitas públicas são destinados a serem reservados em fundos específicos, com a finalidade da realização de certas atividades estatais de relevante interesse público, cujos recursos são direcionados a grupos ou a domínios

---

[102] STF. ADI 6.074, Rel. Min. Rosa Weber, Pleno, julg. 21/12/2020, *DJe* 08/03/2021: "1. A Lei nº 1.293/2018 do Estado de Roraima gera renúncia de receita de forma a acarretar impacto orçamentário. A ausência de prévia instrução da proposta legislativa com a estimativa do impacto financeiro e orçamentário, nos termos do art. 113 do ADCT, aplicável a todos os entes federativos, implica inconstitucionalidade formal". No mesmo sentido, exigindo estimativa do impacto financeiro e orçamentário também para a criação ou alteração de despesa obrigatória, cf. STF. ADIs 6.102 e 6.118.

especiais previamente determinados. O que caracteriza esses fundos é a organização financeira referente à afetação de certas receitas a determinadas despesas públicas previstas em lei.

Assim, denomina-se **fundo público** o conjunto de recursos financeiros, especialmente formado e individualizado, destinado a desenvolver um programa, ação ou uma atividade pública específica.

Nas palavras de Heleno Torres,[103]

> os fundos especiais são instrumentos financeiros próprios do Estado Social, como modo especial de financiamento de determinadas despesas públicas, cuja criação presta-se para distribuir recursos em domínios previamente determinados, sempre segundo disposição legal, conforme a peculiaridade das necessidades públicas.

A partir do seu conceito, podemos afirmar que a natureza jurídica dos fundos públicos é a de **universalidade de recursos** financeiros – *universitas iuris* –, com destinação específica e própria e regime jurídico de direito público.

A doutrina apresenta sua **classificação dos fundos** financeiros por diversas óticas. Quanto à *fonte* de criação, os fundos podem ser: a) *constitucionais*, se previstos e instituídos diretamente pela Constituição, como é o caso dos fundos de participação dos Estados e dos Municípios; b) *legais*, se criados por lei, como exige o inciso IX do art. 167 da CF/1988. Quanto ao *objeto*, os fundos podem ser: a) *de participação*, como nos casos dos fundos de participação dos Estados e Municípios (FPE e FPM); b) *de atividade*, como nos casos dos fundos especiais para realização de atividades sociais ou para o desenvolvimento de determinadas regiões (p. ex., FCEP, FAT, FDS, FNO, FNE etc.). Quanto à *afetação* da receita, os fundos podem ser: a) *gerais*, se não possuírem uma vinculação prévia da aplicação dos seus recursos, servindo apenas como fonte de receita adicional para o ente arrecadador; b) *especiais*, se houver previsão de aplicação dos seus recursos em determinados fins específicos estabelecidos em lei.[104]

A Constituição prevê que caberá à lei complementar estabelecer as condições para a instituição e funcionamento de fundos (art. 165, § 9º). Além disso, estabelece ser vedada a instituição de fundos de qualquer natureza sem prévia autorização legislativa (art. 167, IX), impedindo que o Executivo crie autonomamente – sem a participação do Poder Legislativo – seus próprios fundos ou que destine verbas orçamentárias ou de qualquer outra fonte para o financiamento de fundos já existentes, tudo em respeito ao princípio da indisponibilidade do patrimônio público e da separação de poderes. Por sua vez, a Lei nº 4.320/1964 define que constitui fundo especial o produto de receitas especificadas que por lei se vinculam à realização de determinados objetivos ou serviços (art. 71).

A razão para que determinados recursos não sejam contabilizados de maneira genérica, juntamente com todas as demais receitas públicas, e sejam direcionados aos fundos públicos, é permitir o atendimento de determinado programa, ação ou atividade de forma individualizada, uma vez que, ingressando com regularidade o recurso no fundo, sua destinação será vinculada à razão da sua existência, permitindo o controle da realização das despesas públicas

---

[103] TORRES, Heleno Taveira. Fundos Especiais para Prestação de Serviços Públicos e os Limites da Competência Reservada em Matéria Financeira. *In*: PIRES, Adilson Rodrigues; TORRES, Heleno Taveira. *Princípios de Direito Financeiro e Tributário* – Estudos em Homenagem ao Professor Ricardo Lobo Torres. Rio de Janeiro: Renovar, 2006. p. 35-61.

[104] TORRES, Heleno Taveira. Op. cit. p. 40-44.

conforme a vinculação às respectivas receitas públicas. Portanto, a lei instituidora do fundo especial deverá identificar a origem dos recursos financeiros que o integrarão e a destinação que deverão ter, ou seja, deverá aquela norma descrever os objetivos da existência do fundo e identificar precisamente o que deverá ser feito com o dinheiro do fundo.

Estes fundos são **desprovidos de personalidade jurídica**,[105] uma vez que correspondem a meros lançamentos contábeis no plano de contas do respectivo ente ou órgão público, onde são registradas as receitas públicas previamente destinadas ao fundo, conforme a determinação legal, e a respectiva aplicação desses recursos nas despesas públicas a elas vinculadas, tudo através de um sistema de conta-corrente.

Portanto, os fundos não possuem vontade própria, sede, agentes, direitos e obrigações, ou quaisquer outros elementos típicos das pessoas jurídicas de direito público, sendo certo que, na consecução das finalidades para as quais foram criados, esses fundos serão geridos por entidades ou órgãos públicos que detêm sua titularidade e serão fiscalizados pelo respectivo Tribunal de Contas.

A título de exemplo de fundos especiais públicos da esfera federal, encontramos o Fundo de Amortização da Dívida Pública (FAD), para o pagamento da dívida mobiliária interna; o Fundo de Amparo ao Trabalhador (FAT), para o custeio do programa de Seguro-Desemprego, pagamento de abono salarial etc.; o Fundo de Aposentadoria Programada Integral (Fapi), para a complementação da aposentadoria do trabalhador; o Fundo de Combate e Erradicação da Pobreza, para oferecer habitação, saúde, educação, reforço de renda familiar, ações de nutrição e outros programas de assistência a todos os brasileiros; o Fundo de Desenvolvimento Social (FDS), para financiar projetos nas áreas de habitação popular; o Fundo de Garantia por Tempo de Serviço (FGTS), para remuneração dos empregados da iniciativa privada; o Fundo de Investimento na Amazônia (Finam), para acelerar o processo de desenvolvimento na Região Amazônica; o Fundo de Terras e da Reforma Agrária, para financiar os programas de reordenação fundiária e assentamento rural; o Fundo Nacional de Desenvolvimento (FND), para financiar investimentos de capital do Governo Federal.

Destacamos o Fundo Nacional de Saúde (FNS), regulamentado atualmente pelo Decreto nº 3.964/2001, como um fundo especial, sendo o gestor financeiro dos recursos destinados ao Sistema Único de Saúde (SUS) na esfera federal. Os recursos administrados pelo FNS destinam-se a financiar as despesas correntes e de capital do Ministério da Saúde, de seus órgãos e entidades da administração direta e indireta integrantes do SUS, bem como se destinam às transferências para os Estados, o Distrito Federal e os Municípios, a fim de que esses entes federativos realizem, de forma descentralizada, ações e serviços de saúde, bem como investimentos na rede de serviços e na cobertura assistencial e hospitalar no âmbito do SUS. Essas transferências são realizadas nas seguintes modalidades: Fundo a Fundo, Convênios, Contratos de Repasses e Termos de Cooperação. A Emenda Constitucional nº 29/2000 e a Lei Complementar nº 141/2012, que a regulamentou, dispõem que os recursos dos Estados, do Distrito Federal e dos Municípios destinados às ações e serviços públicos de saúde e os transferidos pela União para a mesma finalidade serão aplicados por meio de fundo de saúde, que será acompanhado e fiscalizado por Conselho de Saúde. Já a Lei Complementar nº 172, de 15 de abril de 2020, autorizou – durante o estado de calamidade pública decorrente da pandemia da Covid-19 – os Estados, o Distrito Federal e os Municípios a realizarem a transposição e a transferência de saldos financeiros remanescentes de

---

[105] Entretanto, a Instrução Normativa RFB nº 2119/2022, em seu ANEXO I – ENTIDADES OBRIGADAS A SE INSCREVER NO CNPJ, inciso XI, determina que, assim como outras entidades sem personalidade jurídica, os fundos públicos deverão possuir inscrição de CNPJ.

exercícios anteriores, constantes de seus respectivos Fundos de Saúde, provenientes de repasses do Ministério da Saúde.[106]

Duas questões para a reflexão surgem a partir da vinculação de certas receitas públicas – especialmente aquelas de natureza tributária – aos fundos públicos.

A primeira refere-se à aplicação (ou não) do *princípio da unidade de tesouraria* (art. 56, Lei nº 4.320/1964) aos fundos. Isso porque o referido dispositivo determina que o recolhimento de todas as receitas far-se-á em estrita observância ao princípio de unidade de tesouraria, vedada qualquer fragmentação para criação de caixas especiais. Ricardo Lobo Torres[107] explica:

> Os fundos especiais criados por lei, da mesma forma que aqueles previstos na Constituição, ficam sob uma certa suspeita de serem prejudiciais à administração financeira, pela pulverização dos recursos que provocam e pela manutenção de contas bancárias à margem do caixa único. A sua legitimidade dependerá dos objetivos específicos e relevantes de suas despesas e da possibilidade de angariar receitas extraorçamentárias, como é o caso dos fundos da criança e do adolescente.

A segunda reflexão deriva do comando constitucional do inciso IV do art. 167, que veda a vinculação de receita de impostos a órgão, fundo ou despesa. Sobre essa questão, primeiro temos de compreender que o texto constitucional veda apenas a vinculação dos impostos e não em relação aos demais tributos (taxas ou contribuições de qualquer espécie) ou de outras fontes de receitas públicas. Segundo, a própria Constituição Federal de 1988 oferece uma série de exceções à regra da vedação da vinculação dos impostos. Assim é que este mesmo dispositivo (art. 167, IV) ressalva a regra quanto à destinação de recursos para as ações e serviços públicos de saúde, para manutenção e desenvolvimento do ensino e para a realização de atividades da administração tributária (arts. 198, § 2º, 212 e 37, XXII), e a prestação de garantias às operações de crédito por antecipação de receita. O parágrafo único do art. 204 faculta aos Estados e ao Distrito Federal vincular a programa de apoio à inclusão e promoção social até cinco décimos por cento de sua receita tributária líquida. O § 6º do art. 216 faculta aos Estados e ao Distrito Federal vincular a fundo estadual de fomento à cultura até cinco décimos por cento de sua receita tributária líquida, para o financiamento de programas e projetos culturais. Finalmente, o Ato das Disposições Constitucionais Transitórias também contempla uma série de exceções à regra da vedação à vinculação de receitas dos impostos.

Outrossim, importante esclarecimento que fazemos é que não se podem confundir esses fundos especiais, que se destinam a atender programas ou ações específicas, normalmente de ordem social, com os denominados **fundos de participação** previstos na Constituição (art. 159), que são instrumentos de repartição de receitas tributárias para garantir o equilíbrio financeiro no federalismo.[108]

A entrega de recursos referentes à repartição financeira tributária pode-se dar diretamente ao ente federativo, como preveem os arts. 157 e 158 da Constituição, ou de forma indireta, sendo

---

[106] A LC nº 205/2024 ampliou o prazo para a transposição e a transferência de tais saldos financeiros tratados pela LC nº 172/2020 até o final do exercício financeiro de 2024, ao alterar o art. 5º da LC nº 172/2020. Por sua vez, a LC nº 197/2022 já havia alterado a LC nº 172/2020 e a Lei nº 14.029, de 28 de julho de 2020, para conceder prazo para que os Estados, o Distrito Federal e os Municípios executassem atos de transposição e de transferência e atos de transposição e de reprogramação, respectivamente.

[107] TORRES, Ricardo Lobo. *Os Fundos Especiais* (texto mimeografado, formalmente não publicado).

[108] CONTI, José Maurício. *Federalismo Fiscal e Fundos de Participação*. São Paulo: Juarez de Oliveira, 2001. p. 75.

primeiro direcionados aos denominados fundos de participação dos Estados e dos Municípios e, num segundo momento, através do sistema de cotas previsto em lei, repassados aos respectivos entes federativos. Assim, segundo o texto constitucional, a União entregará, do produto da arrecadação dos impostos sobre a renda, do imposto sobre produtos industrializados e do imposto seletivo, as seguintes parcelas: 21,5% caberão ao Fundo de Participação dos Estados e do Distrito Federal (FPE) e 22,5% caberão ao Fundo de Participação dos Municípios (FPM), sendo que mais 1,0% do produto arrecadado desses impostos se destinará ao referido fundo municipal[109] para ser entregue no primeiro decêndio do mês de dezembro de cada ano (art. 159, inciso I, alínea *d*, CF/1988), mais 1,0% do produto arrecadado desses impostos se destinará também ao referido fundo municipal, agora para ser entregue no primeiro decêndio do mês de julho de cada ano (art. 159, inciso I, alínea *e*, CF/1988 – inserido pela EC nº 84/2014)[110] e, por fim, mais 1% (um por cento) do produto desses impostos ao FPM, a ser entregue no primeiro decêndio do mês de setembro de cada ano.[111] Assim, o total a ser transferido ao FPE e ao FPM da arrecadação da União de IR, IPI e Imposto Seletivo é de 47%.[112]

Ainda no capítulo constitucional de repartição das receitas tributárias, encontramos outros fundos: os Fundos Constitucionais de Financiamento do Norte, Nordeste e Centro-Oeste (FNO, FNE e FCO), previstos na alínea *c* do inciso I do art. 159 da Constituição e instituídos pela Lei nº 7.827/1989, pela qual 3,0% do produto da arrecadação dos impostos sobre a renda e sobre produtos industrializados (e, com a EC nº 132/2023, também do novo Imposto Seletivo) serão aplicados em programas de financiamento ao setor produtivo das Regiões Norte, Nordeste e Centro-Oeste, de acordo com os planos regionais de desenvolvimento, ficando assegurada ao semiárido do Nordeste a metade dos recursos destinados à Região, distribuídos da seguinte forma: a) 0,6% para o Fundo Constitucional de Financiamento do Norte; b) 1,8% para o Fundo Constitucional de Financiamento do Nordeste; c) 0,6% para o Fundo Constitucional de Financiamento do Centro-Oeste.

Além desses fundos de participação, o texto constitucional prevê a existência de outros fundos específicos. Assim, o art. 60 do ADCT criou o Fundo de Manutenção e Desenvolvimento do Ensino Fundamental e de Valorização do Magistério (Fundef)[113], posteriormente substitu-

---

[109] Este adicional foi introduzido pela Emenda Constitucional nº 55/2007, acrescendo ao Fundo de Participação dos Municípios mais 1% de parcela do produto da arrecadação da União do Imposto de Renda e do Imposto sobre Produtos Industrializados (transferindo, à época, 48% do total arrecadado destes impostos), para o fim de atender às despesas com o pagamento dos salários dos servidores públicos municipais no mês de dezembro.

[110] Este adicional foi introduzido pela Emenda Constitucional nº 84/2014, acrescendo ao Fundo de Participação dos Municípios mais 1% do produto da arrecadação da União do Imposto de Renda e do Imposto sobre Produtos Industrializados (além do 1,0% entregue no primeiro decêndio de dezembro), sobretudo em razão da prática bastante comum de os municípios pagarem a 1ª parcela do 13º salário aos servidores públicos municipais no mês de julho.

[111] Esse último percentual de 1% foi adicionado pela Emenda Constitucional nº 112/2021.

[112] As EC nº 84/2014 e nº 112/2021, ao inserirem cada uma a destinação de mais 1% da arrecadação de IR e IPI ao FPM (totalizando mais 2%), somados aos 3% destinados aos Fundos Constitucionais de Financiamento do Norte, Nordeste e Centro-Oeste (FNO, FNE e FCO), ampliaram a transferência do total arrecadado destes impostos para 50%, alterando-se o art. 159, I, CF: "Art. 159. A União entregará: I – do produto da arrecadação dos impostos sobre renda e proventos de qualquer natureza e sobre produtos industrializados, 50% (cinquenta por cento)...". Com o advento do Imposto Seletivo cuja instituição foi prevista pela EC nº 132/2023, houve nova alteração do art. 159, I, de modo que também 50% da arrecadação do novo imposto terão as mesmas destinações, isto é, ao FPE, FPM, FNO, FNE e FCO.

[113] STF. ACO 683 AgR-ED-segundos, Rel. Min. Edson Fachin, Pleno, julg. 11/05/2020, **DJe** 01/06/2020: "1. O prazo prescricional da pretensão de cobrança das complementações de recursos do FUNDEF é de 5 (cinco) anos, nos termos do art. 1º do Decreto 20.910/1932."

ído pelo Fundo de Manutenção e Desenvolvimento da Educação Básica e da Valorização dos Profissionais da Educação (Fundeb).[114] Por sua vez, o art. 71 do ADCT (introduzido pela EC nº 01/1994) criou o Fundo Social de Emergência, que, a partir da EC nº 10/1996, passou a se denominar Fundo de Estabilização Fiscal (FEF), ambos com o objetivo de saneamento financeiro da Fazenda Pública Federal e de estabilização econômica, cujos recursos destinam-se ao custeio de ações dos sistemas de saúde, educação, previdência e assistência social. Já o art. 74 do ADCT (introduzido pela EC nº 12/1996), ao instituir a Contribuição Provisória sobre a Movimentação Financeira (CPMF), destinou integralmente o produto da sua arrecadação ao Fundo Nacional de Saúde, para financiamento das ações e serviços de saúde.[115] O art. 79 do ADCT instituiu o Fundo de Combate e Erradicação da Pobreza, com o objetivo de viabilizar a todos os brasileiros o acesso a níveis dignos de subsistência, com recursos aplicados em ações suplementares de nutrição, habitação, educação, saúde, reforço de renda familiar e outros programas de relevante interesse social voltados para melhoria da qualidade de vida.[116]

4.15. RECEITA PÚBLICA E DÍVIDA ATIVA

O reconhecimento das receitas públicas segue o denominado *regime de caixa* (art. 35, Lei nº 4.320/1964), ou seja, são elas apropriadas e contabilizadas quando do seu efetivo pagamento e ingresso nos cofres públicos, não se considerando a mera previsão de recebimento ou o período a que competem.

Entretanto, existe uma forma de reconhecimento de receitas públicas ainda não efetivamente pagas ao ente estatal, mas que, diante da sua liquidez e da certeza da sua existência, atendendo aos requisitos legais previstos, já podem ser contabilizadas como créditos a receber, gerando um acréscimo patrimonial para aquele ente público. Trata-se da **inscrição em Dívida Ativa**.

Assim, uma vez vencido o prazo para o pagamento de determinada receita pública, e apuradas a liquidez e a certeza do crédito pelo órgão competente, o respectivo valor poderá ser contabilizado como crédito a receber, através da denominada inscrição em Dívida Ativa.

A Lei nº 4.320/1964 estabelece no seu art. 39 que "os créditos da Fazenda Pública, de natureza tributária ou não tributária, serão escriturados como receita do exercício em que forem arrecadados, nas respectivas rubricas orçamentárias". O § 1º explica o procedimento de inscrição da seguinte maneira: "os créditos de que trata este artigo, exigíveis pelo transcurso do prazo para pagamento, serão inscritos, na forma da legislação própria, como Dívida Ativa, em registro próprio, após apurada a sua liquidez e certeza, e a respectiva receita será escriturada a esse título". Por sua vez, o § 2º nos esclarece que podem ser inscritos em dívida ativa tanto os créditos tributários quanto os não tributários, assim considerados:

---

[114] Nos termos da EC nº 53/2006, o Fundeb tinha prazo de vigência até 2020. Por meio da EC nº 108, de 26/08/2020, o Fundeb foi incorporado de forma permanente ao sistema de financiamento público da educação básica, agora por prazo indeterminado. A EC nº 108/2020 amplia a complementação de recursos federais do Fundeb de 10% para 23%, nos seguintes valores mínimos: 12% em 2012; 15% em 2022; 17% em 2023; 19% em 2024; 21% em 2025; e 23% em 2026.

[115] Extinta em 31/12/2007.

[116] Registre-se que a PEC da Revisão dos Fundos (PEC nº 187/2019), em tramitação no Congresso Nacional, institui reserva de lei complementar para criação de novos fundos públicos, bem como extingue quase todos os fundos hoje existentes.

Dívida Ativa Tributária é o crédito da Fazenda Pública dessa natureza, proveniente de obrigação legal relativa a tributos e respectivos adicionais e multas, e Dívida Ativa não Tributária são os demais créditos da Fazenda Pública, tais como os provenientes de empréstimos compulsórios, contribuições estabelecidas em lei, multa de qualquer origem ou natureza, exceto as tributárias, foros, laudêmios, aluguéis ou taxas de ocupação, custas processuais, preços de serviços prestados por estabelecimentos públicos, indenizações, reposições, restituições, alcances dos responsáveis definitivamente julgados, bem assim os créditos decorrentes de obrigações em moeda estrangeira, de sub-rogação de hipoteca, fiança, aval ou outra garantia, de contratos em geral ou de outras obrigações legais.

A Lei Complementar nº 208, de 2 de julho de 2024, visando contornar a questão dos altos custos para os entes federados da cobrança de certas receitas públicas, inseriu o art. 39-A na Lei nº 4.320/1964. Nesse novo dispositivo, passou-se a prever que a

> União, o Estado, o Distrito Federal ou o Município poderá ceder onerosamente, nos termos desta Lei e de lei específica que o autorize, direitos originados de créditos tributários e não tributários, inclusive quando inscritos em dívida ativa, a pessoas jurídicas de direito privado ou a fundos de investimento regulamentados pela Comissão de Valores Mobiliários (CVM).

Assim, a iniciativa privada poderá se tornar credora dos devedores das Fazendas Públicas, pela via da cessão onerosa de créditos de origem pública, passando a ser ela a responsável por tal cobrança e liberando os entes federados não apenas dos custos de cobrança, mas também do percentual de insucesso sempre presente na arrecadação das receitas públicas.

Por sua vez, o Código Tributário Nacional destina um capítulo próprio à Dívida Ativa para os créditos tributários. Define o CTN que "constitui dívida ativa tributária a proveniente de crédito dessa natureza, regularmente inscrita na repartição administrativa competente, depois de esgotado o prazo fixado, para pagamento, pela lei ou por decisão final proferida em processo regular" (art. 201). Estabelece, ainda, que o termo de inscrição da dívida ativa, autenticado pela autoridade competente, indicará obrigatoriamente: I – o nome do devedor e, sendo caso, o dos corresponsáveis, bem como, sempre que possível, o domicílio ou a residência de um e de outros; II – a quantia devida e a maneira de calcular os juros de mora acrescidos; III – a origem e natureza do crédito, mencionada especificamente a disposição da lei em que seja fundado; IV – a data em que foi inscrita; V – sendo caso, o número do processo administrativo de que se originar o crédito (art. 202). Finalmente, considera que a dívida regularmente inscrita goza da presunção de certeza e liquidez e tem o efeito de prova pré-constituída, cuja presunção é relativa e poderá ser ilidida por prova inequívoca, a cargo do sujeito passivo ou do terceiro a que aproveite (art. 204).

Dando continuidade ao programa de padronização de conceitos, regras e procedimentos contábeis e fiscais, para a União, Estados, Distrito Federal e Municípios, a Secretaria do Tesouro Nacional, por meio de seu Manual de Contabilidade Aplicada ao Setor Público,[117] estabeleceu os procedimentos contábeis para registro e controle da Dívida Ativa, o encaminhamento para inscrição, a movimentação dos créditos inscritos e a respectiva baixa.

Prescreve o referido manual que a Dívida Ativa é o conjunto de créditos tributários e não tributários em favor da Fazenda Pública, não recebidos no prazo para pagamento de-

---

[117] BRASIL. Secretaria do Tesouro Nacional. *Manual de Contabilidade Aplicada ao Setor Público* (MCASP). 9. ed. Brasília: Secretaria do Tesouro Nacional, 2021. p. 436-449.

finido em lei ou em decisão proferida em processo regular, inscrito pelo órgão ou entidade competente, após apuração de certeza e liquidez. É uma fonte potencial de fluxos de caixa e é reconhecida contabilmente no Ativo.

Verificado o não recebimento do crédito no prazo de vencimento, cabe ao órgão ou entidade de origem do crédito encaminhá-lo ao órgão ou entidade competente para sua inscrição em dívida ativa, com observância dos prazos e procedimentos estabelecidos. A inscrição do crédito em dívida ativa configura fato contábil permutativo, pois não altera o valor do patrimônio líquido do ente público. No órgão ou entidade de origem é baixado o crédito a receber contra uma variação patrimonial diminutiva (VPD) e no órgão ou entidade competente para inscrição é reconhecido um crédito de dívida ativa contra uma variação patrimonial aumentativa (VPA). Dessa forma, considerando-se o ente como um todo, há apenas a troca do crédito a receber não inscrito pelo crédito inscrito em dívida ativa, sem alteração do valor do patrimônio líquido.

Quanto à expectativa de realização, há troca do crédito a receber no ativo circulante (registrado no órgão ou entidade de origem do crédito) pelo crédito de dívida ativa no ativo não circulante (registrado no órgão ou entidade competente para inscrição do crédito em dívida ativa), tendo em vista que o inadimplemento torna incerto o prazo para realização do crédito.

A atualização monetária, juros, multas e outros encargos moratórios incidentes sobre os créditos inscritos em dívida ativa, previstos em contratos ou normativos legais, devem ser incorporados ao valor original inscrito, de acordo com o regime de competência.

A baixa da Dívida Ativa pode ocorrer por: a) recebimento em espécie, bens ou direitos; b) abatimento ou anistia; c) cancelamento administrativo ou judicial da inscrição; d) compensação de créditos inscritos em dívida ativa com créditos contra a Fazenda Pública.

A Dívida Ativa constitui uma parcela do Ativo de grande destaque na estrutura patrimonial de qualquer órgão ou entidade pública.

4.16. DESVINCULAÇÃO DAS RECEITAS DA UNIÃO (DRU), DOS ESTADOS E DISTRITO FEDERAL (DRE) E DOS MUNICÍPIOS (DRM)

O mecanismo constitucional da **Desvinculação de Receitas da União (DRU)** foi instituído – no art. 76 do ADCT (originariamente pela EC nº 27/2000) – para permitir que **20% (vinte por cento)** das receitas vinculadas da União fossem destinadas de maneira livre e flexível pelo Governo, com a justificativa de propiciar uma alocação mais adequada de recursos orçamentários, além de não permitir que determinadas despesas restassem com excesso de receitas vinculadas, enquanto outras áreas apresentassem carência de recursos, possibilitando, ao final, o financiamento de despesas "incomprimíveis" sem endividamento adicional da União.

A partir da **EC nº 93/2016**, o mecanismo da desvinculação das receitas aplica-se não só à União (**DRU**), mas também aos Estados, ao Distrito Federal e aos Municípios (**DRE e DRM**), desvinculando **30% de suas receitas** até o final do ano de 2032 (arts. 76-A e 76-B, ADCT, redação dada pela EC nº 132/2023) e, no caso da União, com prazo até o final de 2024 (art. 76, *caput*, redação dada pela EC nº 126/2022).

A justificativa para a instituição e prorrogações subsequentes da DRU (instituto original) era a de que o volume de vinculações de recursos financeiros no Orçamento Geral da União foi se elevando muito ao longo das décadas, a partir de inúmeras emendas constitucionais que alteraram o relativo equilíbrio financeiro do texto original, levando a União a buscar outras fontes de recursos (no caso, a dívida pública) para arcar com o pagamento de despesas obrigatórias quando dispunha de recursos excedentes em outros itens. Tais vinculações, somadas a gastos em boa medida inexoráveis – pagamento de pessoal, benefícios previdenciários, contrapartidas de empréstimos externos – restringiam a capacidade do governo federal em alocar recursos de acordo com suas prioridades sem trazer endividamento adicional para a União.

No cenário da sua instituição, o Poder Executivo propôs ao Congresso Nacional em 1994 um projeto de emenda à Constituição que autorizava a desvinculação de 20% de todos os impostos e contribuições federais, formando uma fonte de recursos livre de "carimbos".[118] Foi criado, então, o Fundo Social de Emergência, posteriormente denominado Fundo de Estabilização Fiscal, que vigorou até 31 de dezembro de 1999. A partir do ano 2000, foi reformulado e passou a se chamar DRU – Desvinculação de Receitas da União, tendo sua última prorrogação aprovada pelo Congresso Nacional até 31 de dezembro de 2024, pela Emenda Constitucional nº 126/2022, com a majoração do seu percentual para 30% (trinta por cento).

Entretanto, o instituto foi substancialmente modificado e, segundo o modelo estabelecido pela EC nº 93/2016 (prorrogado no caso da União até 31/12/2024 pela EC nº 126/2022), as desvinculações de receitas atingem os três níveis federativos: União, Estados e Distrito Federal e Municípios.[119]

Em relação à União (**DRU**), são desvinculados de órgão, fundo ou despesa, até 31 de dezembro de 2024, 30% (trinta por cento) da arrecadação da União relativa às contribuições sociais, sem prejuízo do pagamento das despesas do Regime Geral da Previdência Social, às contribuições de intervenção no domínio econômico, às taxas, já instituídas ou que vierem a ser criadas até a referida data (art. 76, *caput*, ADCT).

Por sua vez, em relação aos Estados e ao Distrito Federal (**DRE/DF**), são desvinculados de órgão, fundo ou despesa, até 31 de dezembro de 2032, 30% (trinta por cento) das suas receitas relativas a impostos, taxas e multas, já instituídos ou que vierem a ser criados até a referida data, seus adicionais e respectivos acréscimos legais, e outras receitas correntes. Excetuam-se da desvinculação: I – recursos destinados ao financiamento das ações e serviços públicos de saúde e à manutenção e desenvolvimento do ensino de que tratam, respectivamente, os incisos II e III do § 2º do art. 198 e o art. 212 da Constituição Federal; II – receitas que pertencem aos Municípios decorrentes de transferências previstas na Constituição Federal; III – receitas de contribuições previdenciárias e de assistência à saúde dos servidores; IV – demais transferências obrigatórias e voluntárias entre entes da Federação com destinação especificada em lei; V – fundos instituídos pelo Poder Judiciário, pelos Tribunais de Contas, pelo Ministério Público, pelas Defensorias Públicas e pelas Procuradorias-Gerais dos Estados e do Distrito Federal (art. 76-A, ADCT, com redação dada pela EC nº 132/2023).

Finalmente, em relação aos Municípios (**DRM**), são desvinculados de órgão, fundo ou despesa, até 31 de dezembro de 2032, 30% (trinta por cento) das suas receitas relativas a impostos, taxas e multas, já instituídos ou que vierem a ser criados até a referida data, seus adicionais e respectivos acréscimos legais, e outras receitas correntes. Excetuam-se da desvinculação: I –

---

[118] A expressão "recurso carimbado" significa que tais verbas já estão marcadas (carimbadas) e destinadas a uma finalidade específica.

[119] Na Proposta de Emenda à Constituição nº 4/2015 (original) não havia previsão de desvinculação de receitas de Estados, do Distrito Federal (DRE) e de Municípios (DRM), mas tão somente da União (DRU). Contudo, na Câmara dos Deputados, foi apresentada, em 08/12/2015, a Emenda Aditiva nº 3/2015 à proposta original, inserindo as referidas DREs e DRM, que foi recebida no Senado sob a classificação de Proposta de Emenda à Constituição nº 31/2016, tendo sido também aprovada.

recursos destinados ao financiamento das ações e serviços públicos de saúde e à manutenção e desenvolvimento do ensino de que tratam, respectivamente, os incisos II e III do § 2º do art. 198 e o art. 212 da Constituição Federal; II - receitas de contribuições previdenciárias e de assistência à saúde dos servidores; III - transferências obrigatórias e voluntárias entre entes da Federação com destinação especificada em lei; IV - fundos instituídos pelo Tribunal de Contas do Município (art. 76-B, ADCT, com redação dada pela EC nº 132/2023).

Importante registrar que o mecanismo da desvinculação das receitas não é incontroverso. Há inúmeros defensores e críticos, tanto em relação ao modelo anterior quanto ao instituído pela EC nº 93/2016 e estendido pela EC nº 126/2022, em relação à União, até final de 2024 (e até final de 2032 para Estados, Distrito Federal e Municípios pela EC nº 132/2023).

O principal argumento daqueles que são favoráveis à desvinculação das receitas (DRU/DRE/DRM) é o da flexibilidade orçamentária, na medida da necessidade de maior discricionariedade alocativa como instrumento de gestão governamental, para garantir autonomia ao Poder Executivo na definição das prioridades de gastos conforme suas pretensões e objetivos. Os seus defensores afirmam que a desvinculação das receitas seria uma importante ferramenta na gestão da política fiscal ao permitir que recursos que estejam disponíveis em algum órgão ou instituição sejam destinados para outras finalidades, além de facilitar o cumprimento da meta de superávit primário.

Já o principal argumento contrário à desvinculação das receitas é o de que o modelo reduz os recursos disponíveis destinados ao atendimento dos direitos sociais e fundamentais do cidadão, retirando daquela alocação específica, constitucionalmente vinculada a direitos relacionados ao mínimo existencial e à dignidade da pessoa humana (por exemplo: saúde e educação), o percentual da desvinculação, que acaba sendo utilizado em outras despesas e finalidades menos nobres.

É de se registrar que, a partir do julgamento do Recurso Extraordinário nº 566.007, o STF fixou, em sede de repercussão geral, a tese constante do Tema nº 277 (09/12/2015), no sentido de que "não é inconstitucional a desvinculação, ainda que parcial, do produto da arrecadação das contribuições sociais instituídas pelo art. 76 do ADCT, seja em sua redação original, seja naquela resultante das Emendas Constitucionais 27/2000, 42/2003, 56/2007, 59/2009 e 68/2011".[120]

De qualquer forma, não podemos nos esquecer de que, se a Constituição Federal elege certos direitos como prioritários, devemos nos acautelar para que o mecanismo da desvinculação de receitas, embora não afete diretamente a obrigação de cumprimento dos percentuais mínimos constitucionais para direitos sociais (tais como saúde e educação), não acabe por transformar estes percentuais de valores mínimos em montante máximo, pois as vicissitudes experimentadas por tais setores em nosso país não devem jamais ser olvidadas.

---

[120] Seguindo o entendimento originário firmado no RE 537.610, de relatoria do Ministro Cezar Peluso (*DJe* 17.12.2009), cuja ementa assim estabelecia: "Tributo. Contribuição social. Art. 76 do ADCT. Emenda Constitucional nº 27/2000. Desvinculação de 20% do produto da arrecadação. Admissibilidade. Inexistência de ofensa a cláusula pétrea. Negado seguimento ao recurso. Não é inconstitucional a desvinculação de parte da arrecadação de contribuição social, levada a efeito por emenda constitucional". No mesmo sentido: STF. ADPF 523.

Capítulo 5
RECEITAS TRIBUTÁRIAS E DIREITOS FUNDAMENTAIS

Como vimos, o Estado foi criado para atender à coletividade. Sua existência é meramente instrumental e subordinada ao interesse público. Sua finalidade está ligada à satisfação das necessidades públicas, sendo desprovido de interesse próprio, senão para atender apenas essas necessidades coletivas.

Por óbvio, essas necessidades públicas requerem um conjunto imenso de recursos materiais e humanos para o seu atendimento. Já se foi o tempo em que o Estado, quando nem sequer possuía uma definição clara de suas funções, se utilizava da força bruta para obter os meios necessários para existir e, raras as vezes, atender às demandas do povo. Os direitos dos particulares e os interesses privados foram muitas vezes desconsiderados numa sobreposição de um suposto interesse público e das necessidades (individuais) dos governantes.

Evoluímos muito, deixando para trás as ideias do governo individualista exercido pela força, para dar lugar ao governo democrático, fundado na lei, nos direitos individuais, coletivos e difusos. Também, ultrapassou-se a fase do governo da irresponsabilidade financeira generalizada, que gastava desmesuradamente, sem possuir uma fonte constante e justa de recursos para arcar com as suas inúmeras e elevadas despesas. Deixou-se no passado a época em que se abusava da impressão de papel-moeda como instrumento para suprir a necessidade de recursos. Prevalecem, hoje, a busca pela materialização dos ideais de justiça, sustentabilidade financeira e equilíbrio fiscal.

Vivemos em um Estado de Direito, que possui claramente definidas as suas funções e objetivos, previstos, inclusive, no próprio texto constitucional. Igualmente, as formas para atender às demandas da sociedade são regularmente dispostas em lei. Direitos e deveres do Estado encontram-se na mesma pauta dos direitos e deveres do cidadão.

Assim, nesse contexto, identificamos não apenas as funções básicas do Estado, o seu dever de atender às demandas relacionadas com os Direitos Humanos Fundamentais e Sociais, como também as formas para realizar e financiar essas atividades.

A tributação possui o *status* de principal fonte de financiamento estatal.

E, se é certo dizer que os direitos mínimos necessários a uma existência digna do homem não podem ser atendidos sem os recursos necessários, é certo, também, afirmar que todos devem contribuir para o financiamento do Estado. Portanto, não se há de falar em *mínimo existencial*, *direitos sociais* ou em *direitos fundamentais* sem, necessariamente, discorrer sobre a sua principal fonte de financiamento: o Tributo.

5.1. DIREITOS HUMANOS FUNDAMENTAIS E TRIBUTAÇÃO

Existem regras que toda sociedade deverá possuir, cujo respeito se impõe irrestritamente. Tais direitos são chamados de *essenciais* porque decorrem da própria essência do ser humano, e são considerados *fundamentais* porque estão na base da ordem social. São os *direitos humanos fundamentais*, que não podem ser negados, devendo, ao contrário, ser reconhecidos, respeitados, garantidos e efetivados pelo Estado.[1]

Afirma Manoel Gonçalves Ferreira Filho[2] que esses direitos humanos fundamentais,

> graças ao reconhecimento, ganham proteção. São garantidos pela ordem jurídica, pelo Estado. Isto significa passarem a gozar de coercibilidade. Sim, porque, uma vez reconhecidos, cabe ao Estado restaurá-los coercitivamente se violados, mesmo que o violador seja órgão ou agente do Estado. O Direito Constitucional traça as feições comportamentais do Estado e de suas relações com a sociedade. Através de suas características poderemos identificar se estamos diante de um Estado de Direito ou de Fato, Democrático ou Totalitário, Liberal ou Autocrático. É por suas linhas que poderemos analisar a relação entre o Estado e os Direitos Humanos, tendo em vista que todo sistema jurídico deverá se conformar com as disposições constitucionais como condição de validade de suas normas.

No caso brasileiro, desde a nossa primeira Constituição republicana (1891), já estavam expressamente enumerados (exemplificativamente) os direitos fundamentais que iriam reger a sociedade brasileira. Em nossa atual Carta Constitucional (1988), encontramos no seu Título II – "Dos Direitos e Garantias Fundamentais", os Capítulos I a IV (arts. 5º a 16), que tratam dos direitos e deveres individuais e coletivos, os direitos sociais, a nacionalidade e os direitos políticos. Por sua vez, no Título VIII – "Da Ordem Social", encontramos matérias relativas à seguridade social, saúde, previdência e assistência social, educação, desporto, ciência e tecnologia, comunicação social, meio ambiente, família, criança e adolescente, idoso e índio.

Nesse cenário, o Estado brasileiro aspira a harmonizar os interesses individuais com os de toda a coletividade, a fim de implementar, simultânea e equilibradamente, políticas liberais e sociais com o propósito de franquear igualdade de oportunidades, redistribuição de riquezas e desenvolvimento econômico sustentável. Possui como dever inafastável atender às demandas coletivas relativas aos direitos humanos fundamentais, fazendo-se cumprir o princípio constitucional da dignidade da pessoa humana. Isso se deve especialmente ao Direito Constitucional, que, através da Constituição Federal de 1988, confere maior efetividade normativa àqueles princípios fundamentais. Influencia sobremaneira todo o ordenamento e seus subsistemas, inclusive as normas sobre os direitos humanos fundamentais e as normas de Direito Financeiro, pois, como sabemos, não é possível oferecer os primeiros sem os recursos regidos pelo segundo.

A superação do *positivismo* exacerbado, como paradigma de segurança jurídica e da tradicional interpretação normativa (pela mera subsunção de regras), permitiu, nas últimas décadas, a reafirmação dos direitos fundamentais, no que hoje se denomina *pós-positivismo*

---

[1] Sobre a função dos direitos humanos, leciona José Joaquim Gomes Canotilho que "os direitos fundamentais cumprem a função de direitos de defesa dos cidadãos sob uma dupla perspectiva: (1) constituem, num plano jurídico-objetivo, normas de competência negativa para os poderes públicos, proibindo fundamentalmente a ingerência destes na esfera jurídica individual; (2) implicam, num plano jurídico-subjetivo, o poder de exercer positivamente direitos fundamentais (liberdade positiva) e de exigir omissões dos poderes públicos, de forma a evitar agressões lesivas por parte dos mesmos (liberdade negativa)" (*Direito Constitucional e Teoria da Constituição*. 5. ed. Coimbra: Almedina, 1998. p. 373).

[2] FERREIRA FILHO, Manoel Gonçalves. *Direitos Humanos Fundamentais*. 5. ed. rev. São Paulo: Saraiva, 2002. p. 31.

ou *neoconstitucionalismo*, com a ascensão dos princípios (e a distinção entre estes e as regras) e a ponderação de valores, com o auxílio da teoria da argumentação,[3] conduzindo à reaproximação entre o direito, a moral e a ética, ingressando na prática jurisprudencial e produzindo efeitos positivos sobre a realidade.[4]

Nessa transformação, o direito constitucional brasileiro realiza papel determinante na mudança paradigmática: a Constituição Federal de 1988; seus princípios fundamentais passaram a ter maior efetividade normativa[5] e influenciaram sobremaneira todos os demais sistemas do ordenamento jurídico.

Para financiar essa gama de deveres estatais e não cair nas limitações financeiras da escassez de recursos a que o Estado se submete, tendo de fazer escolhas entre as prestações que poderá oferecer à coletividade, o que se denomina *reserva do possível*,[6] passa-se a requerer uma forma de financiamento constante, porém juridicamente justa. E temos na tributação esse mecanismo.

Portanto, para garantir o mínimo existencial, a dignidade da pessoa humana e atender aos preceitos dos direitos humanos fundamentais, cumpre inegável e fundamental papel o tributo.[7]

Assim, consolida-se o tema dos direitos humanos na tributação, tendo os valores da justiça social como pano de fundo para a investigação da justiça fiscal. Ao mesmo tempo em que o tributo passou a ser considerado a contraprestação garantidora de toda uma gama de direitos fundamentais, coletivos e individuais, ganhou também o status de *dever fundamental*, como um sinalagma ou *conditio sine qua non*.

5.2. JUSTIÇA TRIBUTÁRIA

Atribui-se a Aristóteles[8] o início de inúmeras ciências, especialmente aquelas de ordem social. Lançou ele as primeiras noções de Justiça, não como valor relacionado à generalidade das relações metaindividuais, considerando as ideias de justiça e equidade como fontes inspiradoras das leis e do direito. Suas lições encontram-se em plena harmonia com os princípios de igualdade e equidade, norteadores de quase todos os ordenamentos jurídicos do mundo contemporâneo. Nesse conceito há fortemente a ideia de igualdade, trazendo em si uma função social na busca da dignidade do homem, conferindo a cada um o que lhe é devido.

---

[3] Veja-se: PERELMAN, Chaïm. *Tratado da Argumentação*: a nova retórica. São Paulo: Martins Fontes, 1996; VIEHWEG, Theodor. *Tópica e Jurisprudência*. Trad. Tércio Sampaio Ferraz Junior. Brasília: UnB/Ministério da Justiça, 1970.

[4] BARROSO, Luís Roberto; BARCELLOS, Ana Paula de. O começo da história: a nova interpretação constitucional e o papel dos princípios no Direito Brasileiro. *Revista Interesse Público*, v. 5, nº 19, 2003. p. 51-80.

[5] Sobre o tema: BARROSO, Luís Roberto. *O Direito Constitucional e a Efetividade de suas Normas*. Rio de Janeiro: Renovar, 1990; SILVA, José Afonso da. *Aplicabilidade das Normas Constitucionais*. 3. ed. São Paulo: Malheiros, 1998; ÁVILA, Humberto. *Teoria dos Princípios*. São Paulo: Malheiros, 2003.

[6] CANOTILHO, José Joaquim Gomes. Op. cit. p. 469.

[7] BARCELLOS, Ana Paula de. *A Eficácia Jurídica dos Princípios Constitucionais* – O princípio da dignidade da pessoa humana. Rio de Janeiro: Renovar, 2002; BARCELLOS, Ana Paula de. O mínimo existencial e algumas fundamentações: John Rawls, Michael Walzer e Robert Alexy. **In:** TORRES, Ricardo Lobo (Org.). *Legitimação dos Direitos Humanos*. Rio de Janeiro: Renovar, 2002; BARROSO, Luís Roberto. *Interpretação e Aplicação da Constituição*. São Paulo: Saraiva, 2003; TORRES, Ricardo Lobo. O mínimo existencial e os direitos fundamentais, *RDA 177*, Rio de Janeiro, jul./set., 1989.

[8] ARISTÓTELES. *Ética a Nicômaco*. São Paulo: Martin Claret, 2002. p. 14.

Assim, como bem registra Paulo Nader,[9]

> Os filósofos que antecederam Aristóteles não chegaram a abordar o tema de justiça dentro de uma perspectiva jurídica, mas como valor relacionado à generalidade das relações interindividuais ou coletivas. Em sua Ética a Nicômaco, o Estagirita formulou a teorização da justiça e equidade, considerando-as sob o prisma da lei e do Direito. Tão bem elaborado o seu estudo que se pode afirmar, sem receio de erro, que muito pouco se acrescentou, até nossos dias, àquele pensamento original.

Pode-se falar em *justiça legal*, que regula a conduta de todos e a dos governantes em relação aos indivíduos; em *justiça distributiva*, que leva a comunidade a repartir os bens e encargos conforme a capacidade e os méritos de cada um; e em *justiça comutativa*, que preside às trocas. No seu conjunto, as três modalidades de justiça constituem o sustentáculo da vida social. É do conceito de justiça que se deduz uma primeira acepção da palavra direito, que significa o reto, o adequado, o bom e o justo.

Mas conforme Ricardo Lobo Torres[10], "a reflexão sobre a justiça tributária só aparece no final da Idade Média". O riquíssimo pensamento greco-romano sobre a justiça, de Platão e Aristóteles até Cícero, não contempla, senão incidentalmente, a questão do justo fiscal. A filosofia medieval[11] é que vai recorrer ao argumento de que o tributo exigido além das necessidades do príncipe representa um furto, constituindo, em contrapartida, pecado (*peccatum*) o não pagamento do imposto justo. No Renascimento, o humanismo coloca o homem no centro de suas preocupações éticas, estéticas e políticas. Permite-se, então, a discussão do tema da justiça na tributação, com a preocupação da isonomia (análise da condição dos pobres e ricos) e da redistribuição de riquezas, levando, então, a profundas mudanças sociais.

Segundo Paulo Roberto Cabral Nogueira,[12] o estudo histórico não deixa dúvida de que a tributação foi causa direta ou indireta de grandes revoluções ou grandes transformações sociais, como a Revolução Francesa, a Independência das Colônias Americanas e, entre nós, a Inconfidência Mineira, o mais genuíno e idealista dos movimentos de afirmação da nacionalidade, que teve como fundamental motivação a sangria econômica provocada pela colônia por meio do aumento da derrama.

O direito tributário que conhecemos hoje é fruto de uma longa evolução, em que, inicialmente, o Estado não conhecia qualquer limitação, atingindo seu ápice no absolutismo monárquico, já que, no campo das imposições fiscais, era exercido desregradamente, na busca de recursos para seus confortos, luxos, ostentações, ou seja, para a realização de interesses de um Estado que era apenas um instrumento de realização pessoal dos próprios governantes. Finalmente, após várias lutas, revoltas e revoluções, alterou-se a história da humanidade, com a consequente mudança do sistema de tributação, hoje estruturado com base no Estado Constitucional de Direito.

Afirma Ricardo Lobo Torres[13] que, com o advento do Estado de Direito Fiscal (que cultiva a igualdade e a legalidade, onde o poder tributário já nasce limitado pela liberdade),

---

[9] NADER, Paulo. *Filosofia do Direito*. 5. ed. Rio de Janeiro: Forense, 1996. p. 36.
[10] TORRES, Ricardo Lobo. Ética e Justiça Tributária. **In:** SCHOUERI, Luis Eduardo (Coord.) *Direito tributário:* estudos em Homenagem a Brandão Machado. São Paulo: Dialética, 1998. p. 173.
[11] Período que vai do fim do Império Romano do Ocidente (séc. V) até o Renascimento e o início do pensamento moderno (final do séc. XV e séc. XVI).
[12] NOGUEIRA, Paulo Roberto Cabral. *Do Imposto sobre Produtos Industrializados*. São Paulo: Saraiva, 1981. p. 7-8.
[13] TORRES, Ricardo Lobo. *Os Direitos Humanos e a Tributação*: Imunidades e Isonomia. Rio de Janeiro: Renovar, 1995. p. 3.

estreitam-se as relações entre a liberdade e o tributo. Nas suas palavras "o tributo nasce no espaço aberto pela autolimitação da liberdade e constitui o preço da liberdade, mas por ela se limita e pode chegar a oprimi-la, se o não contiver a legalidade. O imposto adquire dimensão de coisa pública e nele o Estado passa a encontrar a sua fonte de financiamento",

Segundo o alemão Klaus Tipke,[14]

> o moderno direito tributário está concebido com uma dupla finalidade, já que não se destina, exclusivamente, à obtenção de recursos. Ao mesmo tempo, procura dirigir a economia e a redistribuição de renda. (...) O legislador, que observa a teoria do Direito Tributário justo, demonstra moral tributária ou age moralmente em matéria tributária. O cidadão, que paga impostos segundo leis tributárias justas, demonstra moral tributária ou age moralmente em matéria tributária.

De fato, inúmeros autores refletiram e discorreram sobre a justiça, cada qual contribuindo de forma particular e construtiva para a formação contemporânea desse conceito na seara jurídica. Desde Hans Kelsen,[15] passando por Chaïm Perelman,[16] John Rawls,[17] Jürgen Habermas,[18] Michael Walzer,[19] Robert Alexy[20], Ronald Dworkin[21], entre outros.

Robert Alexy[22] propõe a construção de uma teoria jurídica dos direitos fundamentais mais concreta e pragmática que os demais autores, através da efetividade e aplicabilidade das normas constitucionais, com o aprimoramento de mecanismos de solução de conflitos entre princípios jurídicos (diferenciação entre regras e princípios e a utilização da ponderação), tendo no princípio da dignidade da pessoa humana o pilar central da teoria, acompanhado dos princípios da igualdade, da separação de poderes e do legislador democrático na efetivação da justiça.

Mas é com Ronald Dworkin[23] que encontramos uma fundamentação mais consistente acerca de justiça e direitos humanos, porque propõe o reconhecimento moral e efetivo desses direitos, devidamente perfilhados em sociedade, cujos integrantes deveriam ser tratados com igual respeito e consideração (*equal protection*). Para ele, os direitos decorrentes de princípios morais (*arguments of principles*) seriam fundamentais por assegurarem uma esfera de liberdades inalienáveis do indivíduo, incluindo os direitos individuais, políticos, sociais, econômicos e culturais, prescindindo de reconhecimento legislativo e com eficácia plena através do Poder Judiciário.

---

[14] TIPKE, Klaus. La Ordenanza Tributária Alemana de 1977. *Revista Espanõla de Derecho Financiero*, nº 14. p. 360, apud BOTELHO, Werther. *Da Tributação e Sua Destinação*. Belo Horizonte: Del Rey, 1994. p. 37.
[15] KELSEN, Hans. *O que é Justiça?* São Paulo: Martins Fontes, 1998; *A Democracia*. São Paulo: Martins Fontes, 1993; *O Problema da Justiça*. São Paulo: Martins Fontes, 1993.
[16] PERELMAN, Chaïm. *Ética e Direito*. São Paulo: Martins Fontes, 1996.
[17] RAWLS, John. *Uma Teoria da Justiça* (trad. Almiro Pisetta e Lenita Esteves). São Paulo: Martins Fontes, 1997.
[18] HABERMAS, Jürgen. *Democracia e Direito*: entre Facticidade e Validade. Rio de Janeiro: Tempo Brasileiro, 1997.
[19] WALZER, Michael. *Spheres of Justice – A Defense of Pluralism and Equality*. New York: Basic Book, 1983.
[20] ALEXY, Robert. *Teoría de los Derechos Fundamentales*. Madrid: Centro de Estudios Políticos e Constitucionales, 2001.
[21] DWORKIN, Ronald. *Taking Rights Seriously*. Cambridge: Massachusetts: Harvard University Press, 1978.
[22] ALEXY, Robert. Op. cit
[23] DWORKIN, Ronald. Op. cit

Assim, identificamos uma nova preocupação no Direito Tributário: a realização da justiça fiscal. Esse ramo do Direito deixa de ser um mero estatuto protetivo do contribuinte para ganhar vida no debate dos direitos humanos. Porém, não deixa de ser um eficaz instrumento do Estado a fazer frente a suas necessidades financeiras, como também colabora na redistribuição de riquezas e na realização da justiça social, com respeito à dignidade da pessoa humana e à manutenção do equilíbrio econômico e da prosperidade.

Por fim, não se podem olvidar as lições de José Luís Saldanha Sanches,[24] para quem o conceito de justiça fiscal contempla não apenas o de justiça tributária, ao envolver a avaliação quantitativa do modo como são distribuídos os encargos tributários entre as várias categorias de contribuintes, mas também um sentido mais abrangente, devendo considerar também as grandes decisões sobre a despesa pública: o modo como o Estado irá gastar os recursos que obtém.

5.3. O DEVER FUNDAMENTAL DE PAGAR TRIBUTOS

Ora, se há um direito, deve haver também um dever que lhe seja correspondente. Se existe liberdade, haverá um custo para usufruí-la. Se o Estado tem como função oferecer à coletividade uma gama de bens e serviços, estes devem possuir uma fonte de financiamento.

O dever fundamental de pagar tributos[25] consubstancia-se pela realização dos princípios da capacidade contributiva, da dignidade da pessoa humana e da solidariedade, como expressões constitucionais de uma *ética fiscal pública*.

O tributo ideal volta a ser concebido como aquele cobrado na justa medida, respeitando-se as diferenças e semelhanças entre os contribuintes, sua capacidade contributiva, o mínimo necessário existencial[26] e o máximo confiscatório, além de outras tantas parametrizações impostas,[27] mormente as de foro constitucional.

E tudo isso deve ser devidamente apreciado sem perder de vista a premente necessidade da manutenção da estabilidade normativa, pelo respeito à segurança nas relações jurídicas, elemento essencial para a vida em qualquer sociedade. Isso porque em toda sociedade deve haver regras de convivência, sem as quais o homem, titular desses direitos humanos, não sobreviveria pacífica e harmonicamente.

E, particularmente no Brasil, com uma economia historicamente instável e uma sociedade repleta de desigualdades, submetida a um sistema tributário voraz e complexo, muitas vezes considerado injusto e desestimulador ao empreendedorismo, o Estado, cada vez mais, deve, com o devido equilíbrio e respeito à segurança jurídica nas relações fiscais, buscar não somente recursos para o cumprimento de suas atribuições primárias, mas, principalmente, promover o desenvolvimento social e a redistribuição de riquezas, com a consecução da almejada, porém quase utópica, *justiça fiscal*.

---

[24] SANCHES, José Luís Saldanha. *Justiça Fiscal*. Lisboa: Fundação Francisco Manuel dos Santos, 2010. p. 13-15.
[25] ABRAHAM, Marcus. *O Planejamento Tributário e o Direito Privado*. São Paulo: Quartier Latin, 2007. p. 57-86; NABAIS, José Casalta. *O Dever Fundamental de Pagar Impostos*. Coimbra: Almedina, 2004.
[26] TORRES, Ricardo Lobo. *Os Direitos Humanos e a Tributação*: imunidades e isonomia. Rio de Janeiro: Renovar, 1995. p. 121-175; 270 e 376.
[27] MACHADO, Hugo de Brito. *Os Princípios Jurídicos da Tributação na Constituição de 1988*. 3. ed. São Paulo: Revista dos Tribunais, 1994. p. 91-98.

Se o tributo, na atualidade, passa a ser visto como o "preço da liberdade" – custo este originário do pacto social firmado entre o cidadão e o Estado (e cidadãos entre si), em que o primeiro cede parcela do seu patrimônio (originário do capital ou trabalho), em favor do segundo, que lhe fornecerá bens e serviços para uma existência digna e satisfatória em sociedade –, é certo que haverá normas regulando essa relação, onde direitos e obrigações são devidamente estipulados para cada uma das partes. De um lado, direitos fundamentais e individuais do cidadão na proteção da sua liberdade de trabalho, da propriedade privada e dignidade da pessoa humana; de outro, regras e princípios que configuram todo um sistema fiscal, permitindo estabelecer mecanismos funcionais e eficientes para realizar a função arrecadatória estatal.

Lembra José Casalta Nabais[28] "que o tema dos deveres fundamentais é reconhecidamente considerado dos mais esquecidos da doutrina constitucional contemporânea". Segundo o autor português, isso ocorre porque

> como forma histórica de solução da relação de tensão entre o poder, não se podia deixar de conferir dominância à luta pelo direito, expressa na afirmação específica das posições jurídicas activas dos particulares face ao(s) poder(es), e o que levou a dar primazia quase absoluta à reivindicação da noção de direitos subjectivos públicos (...) se tratou tão só de dar prioridade à liberdade (individual) sobre a responsabilidade (comunitária), o que se impõe, uma vez que esta pressupõe, não só em termos temporais mas também em termos materiais, a liberdade, que assim constitui um *prius* que dispõe de primazia lógica, ontológica, ética e política face à responsabilidade.

Desta perspectiva, merece registro o trabalho desenvolvido pelo tributarista e professor português Vítor Faveiro[29] em sua clássica obra "O Estatuto do Contribuinte", o qual, antes de seu conterrâneo José Casalta Nabais, divulgou em língua portuguesa a temática do dever fundamental de pagar tributos. Para Vítor Faveiro, a pessoa humana, por ser um ente com vocação natural à sociabilidade (*zoon politikon*, isto é, animal social, no dizer aristotélico), possui um dever inato de contribuir para a sociedade em que está inserido. Esta é a contraparte necessária da consagração da pessoa humana como ponto fulcral do ordenamento jurídico, assumindo, na esfera tributária, o contorno de pessoa-contribuinte ou, melhor ainda, cidadão-contribuinte.

Qualquer forma de organização humana coletiva necessariamente exigirá contribuições das pessoas (pecuniárias ou não) que nela tomam parte. Na feliz síntese de Faveiro, correlacionando pessoa humana, sua dimensão social, o Estado e poder tributário:

> [...] é da pessoa humana como ser social que partem todas as instituições que conduzem à habilitação e justificação de todas as acções e poderes do Estado: o dever de contribuir, inato e imanente na qualidade das pessoas humanas como seres sociais; a criação do Estado pelos cidadãos nessa mesma qualidade de pessoas humanas, para a realização integral da colectividade e de todas as pessoas que a constituem ou dela participam; a íntima relação entre o dever de contribuir e a capacidade contributiva em termos de direito natural; a conversão desse dever jusnaturalista em dever jurídico através da criação e aplicação da lei tributária; a acção administratriva de satisfação das necessidades colectivas e outros fins do Estado, e a cobertura financeira dos encargos de tal acção através da cobrança dos tributos pecuniários. [...][30]

---

[28] NABAIS, José Casalta. *O Dever Fundamental de Pagar Impostos*. Coimbra: Almedina, 2004. p. 15-16.
[29] FAVEIRO, Vítor António Duarte. *O Estatuto do Contribuinte*: a pessoa do contribuinte no Estado Social de Direito. Coimbra: Coimbra Editora, 2002.
[30] Ibidem. p. 101; 121.

Assim, o dever fundamental de todo cidadão de pagar tributos é um dever em favor de si mesmo, como cidadão contribuinte e elemento integrante de uma coletividade que lhe oferece toda uma estrutura para conduzir sua vida e sobrevivência com harmonia, liberdade e satisfação. O dever de pagar tributos é o preço desse sistema.

Todas as constituições modernas, oriundas do movimento iluminista, desde as primeiras (americana e francesa), enunciavam Declarações de Direitos. O mesmo ocorreu com as brasileiras, em que as duas primeiras traziam apenas as liberdades públicas, sendo, a partir de 1934, introduzidos também os direitos sociais e econômicos e, finalmente, na Constituição atual de 1988, inserem-se os direitos de solidariedade. Mas o ponto importante é que não há um rol explícito ou uma sistematização dos *deveres* fundamentais do cidadão, simetricamente como ocorre com os *direitos* fundamentais. Assim, temos no Capítulo I do Título II da Constituição Federal de 1988 a proclamação *"Dos Direitos e Deveres Individuais e Coletivos"*. Entretanto, em raros momentos encontramos expressamente normas que atribuem deveres objetivos aos cidadãos, senão apenas aqueles deveres de votar e servir à justiça eleitoral (art. 14), de prestar o serviço militar (art. 143), de defender e proteger o meio ambiente (art. 225), de proteger e amparar a criança e o idoso (arts. 227 e 229) e de compor o tribunal do júri, quando assim convocado (art. 5º, XXXVIII).

José Afonso da Silva[31] nos relata que

> os conservadores da Constituinte clamaram mais pelos deveres que pelos direitos. Sempre reclamaram que a Constituição só estava outorgando direitos e perguntavam onde estariam os deveres? Postulavam até que se introduzissem aí deveres individuais e coletivos. Não era isso que queriam, mas uma declaração constitucional de deveres, que se impusessem ao povo. Os deveres decorrem destes na medida em que cada titular de direitos individuais tem o dever de reconhecer e respeitar igual do outro, bem como o dever de comportar-se, nas relações inter-humanas, com postura democrática, compreendendo que a dignidade da pessoa humana do próximo deve ser exaltada com a sua própria.

A realização dos ideais sintetizados pela leitura do preâmbulo da nossa atual Carta Constitucional e o cumprimento dos direitos fundamentais e sociais por ela assegurados, somente se materializam pela atuação do Estado na realização do seu múnus. Portanto, dependemos da atividade fiscal como fonte de recursos para tal mister, concluindo-se que a obrigação de todos os indivíduos de pagar tributos – dentro dos limites de sua capacidade contributiva – passa a ser considerada um dever fundamental.

E, no campo tributário, esse dever fundamental origina-se na Constituição Federal, como uma correspondência aos direitos fundamentais, mas, sobretudo, pela realização da capacidade contributiva, juntamente com a imperiosa necessidade de realização dos princípios da dignidade da pessoa humana, da função social e da solidariedade como mandamentos norteadores de uma ética tributária.

O dever de pagar impostos, afirma Tipke,[32] *é um dever fundamental*, pois

> o imposto não é meramente um sacrifício, mas, sim, uma contribuição necessária para que o Estado possa cumprir suas tarefas no interesse do proveitoso convívio de todos os cidadãos. O

---

[31] SILVA, José Afonso da. *Curso de Direito Constitucional Positivo*. 13. ed. São Paulo: Malheiros, 1997. p. 192.
[32] TIPKE, Klaus; YAMASHITA, Douglas. *Justiça Fiscal e Princípio da Capacidade Contributiva*. São Paulo: Malheiros, 2002. p. 15.

Direito Tributário de um Estado de Direito não é Direito técnico de conteúdo qualquer, mas ramo jurídico orientado por valores. O Direito Tributário afeta não só a relação cidadão/Estado, mas também a relação dos cidadãos uns com os outros. É Direito da coletividade.

Tributo, para Ricardo Lobo Torres,

é o dever fundamental estabelecido pela Constituição no espaço aberto pela reserva da liberdade e pela declaração dos direitos fundamentais. Transcende o conceito de mera obrigação prevista em lei, posto que assume dimensão constitucional. O dever não é pré-constitucional, como a liberdade, mas se apresenta como obra eminentemente constitucional. O dever fundamental, portanto, como o de pagar tributos, é correspectivo à liberdade e aos direitos fundamentais: é por eles limitado e ao mesmo tempo lhes serve de garantia, sendo por isso o preço da liberdade. Mas direitos e deveres fundamentais não se confundem, em absoluto, pois a liberdade que se transforma em dever perde o seu *status negativus*. O dever fundamental integra a estrutura bilateral e correlativa do fenômeno jurídico: gera o direito de o Estado cobrar tributos e, também, o dever de prestar serviços públicos; para o contribuinte cria o direito de exigir os ditos serviços públicos.[33]

Não há como refutar a conclusão de que, para sustentar pragmaticamente o pacto social e o direito fundamental à liberdade e dignidade da pessoa humana, existirá também um ônus. E tal preço estaria baseado no *dever jurídico fundamental de pagar tributos*.[34]

5.4. SISTEMA TRIBUTÁRIO NACIONAL

Se estamos analisando os tributos como principal fonte de receita pública, não podemos deixar de discorrer sobre como estes surgiram e como se desenvolveram, no Brasil, as suas diversas espécies ao longo da história e como hoje estão dispostos no sistema tributário nacional.

No Brasil, primeiro no **Período Colonial**, fase histórica da exploração portuguesa, predominavam a corrupção, os privilégios, a sonegação e o contrabando e, especialmente, a exploração fiscal da metrópole sobre sua colônia, não havendo um sistema tributário organizado. Os tributos impostos pela metrópole abrangiam a *vintena* sobre a exploração do pau-brasil, especiarias e pescado, os direitos de portagem nos rios, as quintas (20%) de ouro, prata e pedras preciosas, e os dízimos (10%) das colheitas e do comércio com o exterior.[35]

A partir da transferência da **Família Real** para o Brasil, em 1808, ocorreram algumas alterações na cobrança de impostos. A abertura dos portos provocou a instituição do *Imposto sobre Importações* (Carta Régia de 28/01/1808), a criação do *imposto do selo* (Alvará de 17 de junho de 1809) e a regulamentação do *Imposto Predial*, com a alíquota de 10% sobre o

---

[33] TORRES, Ricardo Lobo. Sistemas Constitucionais Tributários. *In*: BALEEIRO, Aliomar (Org.). *Tratado de Direito Tributário Brasileiro*, t. II, v. II. Rio de Janeiro: Forense, 1986. p. 186.

[34] A esse respeito, a Reforma Tributária trazida com a EC nº 132/2023 passou a prever: "Art. 8º Fica criada a Cesta Básica Nacional de Alimentos, que considerará a diversidade regional e cultural da alimentação do País e garantirá a alimentação saudável e nutricionalmente adequada, em observância ao direito social à alimentação previsto no art. 6º da Constituição Federal.
Parágrafo único. Lei complementar definirá os produtos destinados à alimentação humana que comporão a Cesta Básica Nacional de Alimentos, sobre os quais as alíquotas dos tributos previstos nos arts. 156-A e 195, V, da Constituição Federal serão reduzidas a zero".

[35] BRASIL. Secretaria da Receita Federal. *Um perfil da Administração Tributária*. Resp. Andréa Teixeira Lemgruber. Brasília: Escola da Administração Fazendária, 1995. p. 9.

valor locativo denominado de *décima urbana*.[36] Além desses, havia ainda a *Contribuição de Polícia* (Decreto de 13 de maio de 1809), *a Pensão para a Capela Imperial* (Alvará de 20 de agosto de 1808), o *imposto de sisa*, onerando em 10% toda compra e venda de imóveis (Alvará de 3 de junho de 1809), a *meia sisa dos escravos*, tributando em 5% toda venda de escravos (Alvará de 3 de junho de 1809), a Décima sobre legados e heranças (Alvará de 17 de junho de 1809).[37] Surgem, ainda, na época do Governo-Geral, outros tributos, como a *finta* para custear as obras, a *derrama* (imposto derramado sobre todos), que incidia na proporção de 20% sobre o ouro, a *barcagem*, que incidia sobre a passagem nos rios, e a *redízima*, que era a dízima sobre a dízima já cobrada.[38]

Com a **Proclamação da República** no Brasil, em 1889, o sistema tributário passa a estar definido na **Constituição Federal de 1891**, podendo-se, a partir dessa Carta, dizer que o Brasil ganha um sistema tributário, contendo inclusive limitações ao poder de tributar e repartição de competências tributárias entre a União, os Estados e Municípios. Somente em 1922 criou-se, pela primeira vez no Brasil, o Imposto de Renda. Ressalte-se que, até a década de 1930, o imposto de importação era a principal forma de arrecadação da União (cerca de 50% das receitas), enquanto os tributos sobre o consumo nem sequer chegavam a 10% da arrecadação total, o que só se modificou com o desenvolvimento industrial, no Brasil, em décadas posteriores. O mesmo se dava quanto aos tributos estaduais, que tinham na tributação sobre a exportação (tanto para o exterior quanto para as operações interestaduais) sua maior fonte, seguida da tributação sobre a transmissão de propriedade e sobre indústrias e profissões.

A **Constituição Federal de 1934** estabeleceu grandes modificações no sistema tributário da época, especialmente quanto à repartição de receitas entre os vários entes federativos. Os estados ganharam a competência privativa para o imposto sobre vendas e consignações (o ICMS de hoje), perdendo, todavia, a competência sobre o imposto sobre exportações nas transações interestaduais.

Já a **Constituição de 1937** não realizou grandes modificações na tributação brasileira. Manteve no seu texto a estrutura anterior.

Também não apresentou relevantes mudanças a **Constituição de 1946**, senão para atribuir maior competência aos Municípios, concedendo-lhes o imposto do selo municipal e o imposto de indústrias e profissões, este que pertencia até então aos Estados. Além disso, passam também a receber 10% da arrecadação do imposto de renda pela União. Na realidade, essa Constituição alterou a estrutura de distribuição de rendas entre os entes federativos, dando origem ao sistema de transferências de recursos tributários.

O fato é que cada uma das Constituições brasileiras dispôs sobre o sistema tributário, atendendo aos interesses do poder de cada momento. Afinal, aqueles que detêm o poder circunstancial estabelecem as regras do Direito que lhes melhor convier. Assim foi na transição entre o Império e a República, nas alternâncias de regimes democráticos e autoritários do século XX e, igualmente, na passagem do regime militar para a Nova República, com a Constituição Federal de 1988.

---

[36] Loc. cit.
[37] MORAES, Bernardo Ribeiro de. *Curso de Direito Tributário*: Sistema Tributário da Constituição de 1969, v. 1. São Paulo: Revista dos Tribunais, 1973. p. 33.
[38] OLIVEIRA, Regis Fernandes. *Curso de direito financeiro*. 2. ed. São Paulo: Revista dos Tribunais, 2008. p. 67-77.

Momento histórico brasileiro relevante para a tributação se deu no **Regime Militar**, instaurado em 1964, quando se realiza uma Reforma Tributária em 1965, através da Emenda Constitucional no 18/1965, com o objetivo de obter maiores recursos financeiros para o Estado. Naquele período foi instituído, em 1966, o Código Tributário Nacional, que subsiste até hoje por recepção constitucional.[39]

A **Constituição Federal de 1988** representou a consolidação da redemocratização do Estado brasileiro. Após 20 anos de ditadura militar, a nossa sociedade encontrava-se sufocada pelo regime autoritário, acirrando-se os ânimos para urgentes mudanças, não apenas quanto ao regime político. De uma maneira superficial, podemos dizer que a Constituição Federal de 1988 ofereceu uma vasta gama de direitos fundamentais individuais e coletivos; aboliu a censura e outros cerceamentos das liberdades; reduziu sobremaneira o poder individual do Executivo e, inversamente, fortaleceu os Poderes Legislativo e Judiciário, dentro do jogo de equilíbrio democrático de poderes; manteve o regime presidencialista (submetido a plebiscito em 1993) e a república federativa; fortaleceu também os Estados e Municípios; e, finalmente, reconstituiu o **sistema tributário nacional**, com a redistribuição de tributos entre os entes federativos e a respectiva repartição de receitas financeiras, solidificando a autonomia dos Estados e Municípios, atenuando os desequilíbrios regionais e ampliando os direitos e as garantias dos contribuintes. Igualmente, impôs maiores limitações ao poder de tributar estatal, estendendo à seara fiscal os valores de segurança jurídica, de liberdade e de igualdade, necessários para a efetiva realização da almejada justiça social, dentro de um Estado Democrático de Direito que naquele momento ressurgia.

O sistema tributário da Constituição Federal de 1988 pode ser dividido em quatro partes: a) *Sistema Tributário Nacional* propriamente dito (arts. 145 a 149), que institui a estrutura de tributação, as espécies tributárias, o modo de incidência, as competências etc.; b) *Limitações Constitucionais ao Poder de Tributar* (arts. 150 a 152), que estabelece os princípios tributários garantidores dos direitos do contribuinte e cria as imunidades tributárias; c) *Distribuição de Competências Tributárias* (arts. 153 a 156-B e 195), que atribui à União, aos Estados, aos Municípios e ao Distrito Federal a instituição de impostos e contribuições e; d) *Repartição das Receitas Tributárias* (arts. 157 a 162), que dispõe sobre a participação que cada ente federativo terá no produto da arrecadação.[40]

Apesar de encontrarmos na doutrina diversas classificações[41] diferentes a respeito das espécies de tributos no nosso ordenamento jurídico (inclusive aquela classificação definida pelo STF[42]), a Constituição Federal de 1988 trouxe-nos quatro espécies de

---

[39] OLIVEIRA, Regis Fernandes. *Curso de Direito Financeiro*. São Paulo: Revista dos Tribunais, 2006. p. 78.

[40] Tramitam, até o presente momento, duas propostas de reforma tributária: a PEC 45/2019, na Câmara dos Deputados, e a PEC 110/2019, no Senado Federal, tendo como principal característica a unificação de diversos impostos e contribuições em uma única exação, intitulada "Imposto sobre Bens e Serviços" (IBS).

[41] Há quem entenda ser *bipartida* (impostos e taxas), *tripartida* (impostos, taxas e contribuições de melhoria), *quadripartida* (impostos, taxas, contribuições de melhoria e empréstimo compulsório), *quinquipartida* (impostos, taxas, contribuições de melhoria, empréstimo compulsório e contribuições parafiscais).

[42] No Recurso Extraordinário 138.284-CE, de 01/07/1992, o Ministro Carlos Velloso organizou os tributos do nosso sistema tributário da seguinte maneira: impostos (CF/1988, arts. 145, I, 153, 154, 155 e 156); taxas (CF/1988, art. 145, II); contribuições, que podem ser: contribuições de melhoria (CF/1988, art. 145, III), contribuições sociais de seguridade social (CF/1988, arts. 149 e 195, I, II, III e 195, § 4º), contribuições sociais gerais (FGTS, Salário-Educação, Sesi, Senai, Sesc etc.); contribuições de intervenção no domínio econômico (CF/1988, art. 149); contribuições de categorias profissionais e econômicas (CF/1988, art. 149) e empréstimos compulsórios (CF/1988, art. 148).

tributos,[43] a saber: os impostos, as taxas, os empréstimos compulsórios e as contribuições (incluindo-se no conceito as contribuições sociais, as de intervenção no domínio econômico, as de categorias profissionais e econômicas, as de melhoria e as de iluminação pública), que a partir de agora passamos a analisar individualmente.

5.5. IMPOSTOS

Os impostos são tributos **não vinculados**, ou seja, seu fato gerador independe de uma atuação estatal específica para com o respectivo contribuinte. Essa característica faz com que o produto da arrecadação dos impostos ingresse nos cofres públicos sem que haja uma contraprestação estatal correlacionada com sua cobrança, podendo o Estado aplicar os recursos – após as transferências tributárias[44] – em qualquer das suas despesas gerais, seja na educação, na segurança, na limpeza pública, nos hospitais etc., tudo conforme sua programação orçamentária.

Assim, os impostos geram uma arrecadação "não afetada", não estando atrelados à ideia de custo-benefício específico que os tributos vinculados possuem (taxas e contribuições). Por decorrência, este tributo terá na capacidade contributiva o principal parâmetro para a sua instituição e cobrança.

Como o próprio Superior Tribunal de Justiça afirmou no acórdão do Recurso Especial nº 478.958-PR em 24/06/2003,[45] o "Estado não pode ser coagido à realização de serviços públicos, como contraprestação ao pagamento de impostos". Isso não quer dizer, entretanto, que o Estado está desobrigado a oferecer bens e serviços para a coletividade com o produto dos recursos arrecadados pelos impostos. Muito pelo contrário, os recursos financeiros originários dos impostos devem, ontologicamente, financiar as despesas públicas do Estado. O que não se pode é exigir deste uma atividade específica por decorrência do pagamento de imposto.

Aspecto importante a ser identificado nos impostos para efeito de considerá-los como importante fonte de receita pública é a sua natureza: se fiscal ou extrafiscal. Isso porque a primeira relaciona-se com a sua função arrecadatória, ao passo que a segunda refere-se a uma função regulatória. Não existe tributo neutro, sendo certo que todos eles contemplam uma função primária e outra secundária, cumulativamente. Assim, existem os tributos concebidos essencialmente para arrecadar (mas que, indiretamente, causarão um efeito extrafiscal) e existem os tributos destinados a regular (mas que, da mesma forma, causarão um efeito arrecadatório). Como fonte de receita pública, importa analisarmos aqueles que possuem uma função primária arrecadatória, sem deixar de identificar aqueles outros que são extrafiscais, e que geram, por consequência e efeito indireto, uma arrecadação para os cofres públicos, ainda que de menor relevância orçamentária.

O sistema tributário nacional possui, hoje, **doze impostos**, distribuídos privativamente entre a União, os Estados, o Distrito Federal e os Municípios. A União Federal possui seis deles:[46] o Imposto de Importação (II), o Imposto de Exportação (IE), o Imposto de Renda (IR),

---

[43] O Código Tributário Nacional define o tributo no seu art. 3º, ao afirmar ser toda prestação pecuniária compulsória, em moeda ou cujo valor nela se possa exprimir, que não constitua sanção de ato ilícito, instituída em lei e cobrada mediante atividade administrativa plenamente vinculada.

[44] A Constituição Federal de 1988 determina a repartição das receitas tributárias, nos arts. 157 ao 162.

[45] STJ. REsp 478.958, Rel. Min. Luiz Fux, **DJ** 04/08/2003: "Os impostos, diversamente das taxas, têm como nota característica sua desvinculação a qualquer atividade estatal específica em benefício do contribuinte."

[46] Constituição Federal de 1988 – art. 153.

o Imposto sobre Produtos Industrializados (IPI), o Imposto sobre a Propriedade Territorial Rural (ITR) e o Imposto sobre Operações Financeiras (IOF). Os Estados e o Distrito Federal possuem três deles:[47] o Imposto de Transmissão *Causa Mortis* e por Doação de Bens e Direitos (ITD), o Imposto sobre a Circulação de Mercadorias e Serviços (ICMS) e o Imposto sobre a Propriedade de Veículos Automotores (IPVA). Os Municípios possuem três deles:[48] o Imposto sobre a Transmissão de Bens Imóveis (ITBI), o Imposto sobre Serviços (ISS) e o Imposto sobre a Propriedade Predial Urbana (IPTU).

Contudo, a Reforma Tributária levada a cabo pela Emenda Constitucional nº 132/2023 introduziu o Imposto sobre Bens e Serviços (IBS) no art. 156-A da Constituição Federal, de competência compartilhada entre Estados, Distrito Federal e Municípios, e que substituirá no futuro o ICMS e o ISS.

Além desses, ainda é possível identificarmos a *competência residual* da União para criar, mediante lei complementar, *outros impostos* além dos previstos no art. 153, desde que sejam não cumulativos e não tenham fato gerador ou base de cálculo similar aos demais impostos previstos na Constituição.[49] Outrossim, a União poderá instituir os chamados *impostos extraordinários* quando da iminência ou no caso de guerra externa.[50] Finalmente, poderá ainda ser criado pela União o Imposto sobre Grandes Fortunas, através de Lei Complementar.[51]

O **Imposto de Importação (II)** é um tributo de competência federal, que tem como fato gerador a entrada de produtos estrangeiros no território nacional (art. 19, CTN), regulado pelo Decreto nº 6.759/2009 (Regulamento Aduaneiro).

Esse imposto possui tanto a função fiscal, arrecadando recursos para os cofres públicos, como também, e principalmente, uma função extrafiscal, sendo um dos principais instrumentos regulatórios que temos em nosso sistema tributário, voltado para a proteção e fomento da economia interna e equilíbrio da balança comercial.

O **Imposto de Exportação (IE)** é um tributo de competência federal, e tem como fato gerador a saída de produtos nacionais ou nacionalizados do território nacional (art. 23, CTN), sendo também regulado pelo Decreto nº 6.759/2009 (Regulamento Aduaneiro).

Igualmente ao Imposto de Importação, esta exação possui uma função extrafiscal,[52] especialmente para instrumentalizar a proteção do mercado local. Em termos de arrecadação, trata-se de um tributo de baixa relevância financeira, já que em poucos casos está estabelecida sua incidência, uma vez que sua cobrança tornaria os produtos brasileiros mais caros no mercado internacional, retirando sua competitividade.

O **Imposto de Renda (IR)** é um tributo de competência da União e tem como fato gerador a aquisição da disponibilidade econômica ou jurídica de rendas e proventos de qual-

---

[47] Constituição Federal de 1988 – art. 155.
[48] Constituição Federal de 1988 – art. 156.
[49] Constituição Federal de 1988 – art. 154, inciso I.
[50] Constituição Federal de 1988 – art. 154, inciso II.
[51] Constituição Federal de 1988 – art. 153, inciso VII.
[52] O Código Tributário Nacional especificou, em seu art. 28, que a receita líquida do IE se destinaria à formação de reservas monetárias. Entretanto, esse dispositivo é considerado como não recepcionado pela Constituição Federal de 1988, diante do teor do inciso IV do seu art. 167, que veda a vinculação de receita de impostos a órgão, fundo ou despesa, ressalvada a repartição do produto da arrecadação dos impostos a que se referem os arts. 158 e 159.

quer natureza (art. 43 do CTN). Caracteriza-se como um tributo de função eminentemente arrecadatória.

Entretanto, não podemos deixar de mencionar sua função extrafiscal, como instrumento de redistribuição de riquezas. Nesse sentido, Ives Gandra da Silva Martins[53] bem assevera que "o imposto sobre a renda é tido como aquele capaz de aplicar uma política de redistribuição de riquezas e de justiça tributária".

O **Imposto sobre Produtos Industrializados (IPI)**, também de competência federal, tem seu fato gerador vinculado não somente à saída do produto industrializado do estabelecimento industrial, mas também aos casos de desembaraço aduaneiro e à arrematação de produtos apreendidos e levados a leilão (art. 46, CTN).

Possui uma função fiscal, na medida em que detém papel relevante no orçamento da União (e, respectivamente, para os dos Estados, Municípios e do Distrito Federal, após a sua redistribuição). Porém, é dotado de função extrafiscal por duas razões. Primeiro, permite estimular ou restringir a produção e o consumo de bens industrializados, uma vez que a Constituição excepciona os princípios da legalidade e da anterioridade, conferindo à União, através da manipulação da carga fiscal desse imposto, a agilidade e a flexibilidade necessárias para interferir no mercado de consumo. Segundo, constitui um tributo seletivo, cuja carga fiscal variará em função da essencialidade do produto.

O **Imposto sobre Operações Financeiras (IOF)**, de competência federal, tem seu fato gerador incidente nas operações de crédito, câmbio e seguro e sobre operações relativas a títulos e valores (art. 63, CTN). Não obstante ter sua importância na arrecadação, na medida em que o Brasil detém uma movimentação financeira considerável, trata-se de um tributo eminentemente extrafiscal, dotado de mecanismos reguladores relacionados com a política financeira e monetária.[54]

Entretanto, apesar da sua função extrafiscal, o IOF acaba por se tornar uma fonte de receitas públicas relevante, já que incide sobre diversas movimentações financeiras realizadas no país.[55]

O **Imposto sobre a Propriedade Territorial Rural (ITR)**, de competência legislativa da União, tem como fato gerador a propriedade, o domínio útil ou a posse de imóvel localizado fora da zona urbana do Município. Sua finalidade é eminentemente extrafiscal, voltada à política agrária, objetivando desestimular a propriedade rural improdutiva.

Hoje, 50% da sua arrecadação é destinada aos Municípios por previsão constitucional (art. 158, II, CF/1988), sendo certo que aqueles que optarem por fiscalizar e cobrar o imposto no lugar da União ficarão com 100% do seu produto (art. 153, § 4º, III, CF/1988), conforme regulamenta a Lei nº 11.250/2005.

---

[53] MARTINS, Ives Gandra da Silva. *Teoria da Imposição Tributária*. 2. ed. São Paulo: LTr, 1998. p. 376.

[54] Apesar de o art. 67 do Código Tributário Nacional dispor que "a receita líquida do imposto destina-se à formação de reservas monetárias, na forma da lei", este dispositivo é considerado como não recepcionado pela Constituição Federal de 1988, diante do teor do inciso IV do seu art. 167, que veda a vinculação de receita de impostos a órgão, fundo ou despesa, ressalvada a repartição do produto da arrecadação dos impostos a que se referem os arts. 158 e 159.

[55] Nesse sentido é que o Governo Federal editou o Decreto nº 6.339/2008, que aumentou as alíquotas do referido imposto nas operações de crédito, câmbio e seguros, com a finalidade de suprir a arrecadação que deixou de existir em face da não prorrogação da Contribuição Provisória sobre as Movimentações Financeiras (CPMF).

Nesse sentido, o § 4º do art. 153 da Constituição Federal vigente menciona que esse imposto terá "alíquotas fixadas de forma a desestimular a manutenção de propriedades improdutivas e não incidirá sobre pequenas glebas rurais, definidas em lei, quando as explore, só ou com sua família, o proprietário que não possua outro imóvel". No mesmo sentido, temos o parágrafo único do art. 185 da Constituição Federal, que garante tratamento especial à propriedade produtiva, buscando o cumprimento da sua função social. Atendendo aos supracitados dispositivos, a Lei nº 9.393/1996 estabelece uma tributação progressiva em relação à área e sua respectiva utilização. Quanto maior for a área e menor for sua utilização produtiva, maior será o imposto, cujas alíquotas podem variar entre 0,03% até 20%.

No âmbito de competência estadual e do Distrito Federal, temos o **Imposto sobre Circulação de Mercadorias e Serviços (ICMS)**, que tem como fato gerador a circulação de mercadorias e a prestação de serviços de transporte interestadual e intermunicipal e de comunicação (art. 1º da Lei Complementar nº 87/1996).

Constitui um imposto eminentemente fiscal, sendo uma das principais fontes de receita para os Estados e para o Distrito Federal. Não obstante sua função arrecadatória, contempla secundariamente uma natureza extrafiscal, face à previsão constitucional da seletividade das alíquotas em função da essencialidade dos produtos (inciso III do § 2º do art. 155, CF/1988).

O **Imposto sobre a Propriedade de Veículos Automotores (IPVA)**, também de competência dos Estados e do Distrito Federal, tem como fato gerador a propriedade do respectivo veículo automotor. Trata-se de um imposto caracterizado por sua natureza fiscal, apesar de sua arrecadação não representar valores expressivos para aquelas unidades federativas. Porém, poderá contemplar um viés extrafiscal caso seja utilizado para estimular medidas ecológicas ou a adoção de energia limpa.

O **Imposto sobre a Transmissão "Causa Mortis" e Doação de quaisquer bens ou direitos (ITD)**, também de competência dos Estados e do Distrito Federal, possui como fato gerador a transmissão da propriedade através da sucessão e das doações. Sua natureza é basicamente fiscal, porém representa uma fonte de arrecadação de menor importância para os Estados e o Distrito Federal.

Na esfera de competência municipal, temos o **Imposto sobre a Propriedade Predial e Territorial Urbana (IPTU)**, cujo fato gerador é a propriedade, o domínio útil, ou a posse de bem imóvel (terreno e edificações), situado em área urbana do respectivo Município.

Este imposto é dotado de função fiscal e extrafiscal, na medida em que a Constituição Federal de 1988 contempla a sua progressividade não apenas no tempo, em razão da função social da propriedade, mas também em função do valor do imóvel, podendo, inclusive, ter alíquotas diferentes de acordo com a localização e o uso.

Já o **Imposto sobre a Transmissão "Inter Vivos" de Bens Imóveis e Direitos a eles relativos (ITBI)**, de competência municipal, possui como fato gerador a transmissão onerosa de imóveis e respectivos direitos.

O **Imposto Sobre Serviços (ISS)**, cuja competência é atribuída aos Municípios, tem como fato gerador a prestação de serviços relacionados na lista de serviços da sua lei (Lei Complementar nº 116/2003).

É um imposto eminentemente fiscal e de representatividade financeira para os cofres das grandes metrópoles. O seu viés extrafiscal se demonstra quando ocorre uma redução nas alíquotas visando atrair empresas prestadoras de serviços para o seu território (alíquota mínima de 2%, e máxima de 5%).

Por fim, o novo **Imposto sobre Bens e Serviços (IBS)**, instituído pela Emenda Constitucional nº 132/2023, é de competência compartilhada dos Estados, Distrito Federal e Municípios (art. 156-A). O IBS substituirá futuramente o Imposto sobre a Circulação de Mercadorias e Serviços (ICMS) e o Imposto sobre Serviços (ISS), que serão extintos no fim do período de transição.

A sua vigência depende, primeiramente, da edição de uma **lei complementar** para a sua disciplina e regulamentação, bem como contará com um **período de transição**, tendo início sua cobrança somente a partir do ano de 2026, sendo gradualmente majorado até o ano de 2033, quando passará a adotar a alíquota plena.

A instituição do IBS tem como objetivo e características principais a simplificação da estrutura tributária pela unificação de dois impostos incidentes sobre o consumo de bens e serviços (ICMS e ISS), que adota uma base de incidência ampla sobre importações e operações internas com bens e serviços materiais ou imateriais, inclusive direitos, a sua cobrança no destino (onde o consumidor estiver), a possibilidade de pleno creditamento do IBS pago em cada etapa da cadeia econômica através do princípio da não cumulatividade tributária, a fim de reduzir o "efeito cascata" da tributação, tendo como estrutura o modelo do "IVA Dual", uma vez que incidirá simultaneamente com a Contribuição sobre Bens e Serviços (CBS), tributo federal.

A grande característica do IBS é a de possuir o **modelo IVA-Dual** (Imposto sobre Valor Agregado compartilhado), uma vez que incidirá simultaneamente com a CBS (Contribuição sobre Bens e Serviços) nas mesmas operações econômicas – consumo de bens ou serviços –, ambos possuindo o mesmo fato gerador e todos os demais elementos tributários, inclusive a hipótese de incidência, o sujeito passivo, os aspectos temporais e territoriais, hipóteses de não incidência e imunidades, regimes específicos, diferenciados ou favorecidos, regras de não cumulatividade e creditamento, bem como a base de cálculo e alíquota única (repartida entre os três entes), regulamentados pela mesma lei complementar (art. 149-B, CF/1988), sendo que a única distinção significativa entre eles é que o IBS é um **imposto** e a CBS é uma **contribuição da seguridade social**.

5.6. TAXAS

Outra espécie de tributo que o nosso sistema tributário nacional possui é a **taxa**. Trata-se de um tributo *contraprestacional*, ou seja, seu fato gerador será uma atividade estatal específica e divisível realizada em favor do contribuinte ou colocada à sua disposição. Segundo Luciano Amaro,[56] "o Estado exerce determinada atividade e, por isso, cobra a taxa da pessoa a quem aproveita aquela atividade". Nesse sentido, afirma Paulo de Barros Carvalho[57] que as taxas têm uma conotação de exação bilateral ou sinalagmática.

A competência para instituí-la e cobrá-la é comum à União, aos Estados, aos Municípios e ao Distrito Federal (art. 145, II, CF/1988), desde que o respectivo ente tributante de direito público seja o competente para realizar aquela atividade pública (não poderá ser exigida em virtude de atividade de empresa privada). Isto ocorre porque estamos diante de um tributo contraprestacional, cuja cobrança está vinculada à atividade estatal que lhe dá causa. Tal condição é confirmada pelo que dispõe o art. 80 do Código Tributário Nacional, ao estabelecer que

---

[56] AMARO, Luciano. *Direito Tributário Brasileiro*. 14. ed. São Paulo: Saraiva, 2008. p. 31.
[57] CARVALHO, Paulo de Barros. *Curso de Direito Tributário*. 16. ed. São Paulo: Saraiva, 2004. p. 35.

para efeito de instituição e cobrança de taxas, consideram-se compreendidas no âmbito das atribuições da União, dos Estados, do Distrito Federal ou dos Municípios, aquelas que, segundo a Constituição Federal, as Constituições dos Estados, as Leis Orgânicas do Distrito Federal e dos Municípios e a legislação com elas compatível, competem a cada uma dessas pessoas de direito público.

As atividades públicas remuneradas pelas taxas podem ser de duas espécies: a prestação de um *serviço público* ou o *exercício do poder de polícia*. Por consequência, a taxa terá o seu valor fixado de acordo com a atividade estatal realizada e não poderá ter base de cálculo idêntica à dos impostos (art. 145, § 2º, CF/1988), nem ser calculada em função do capital das empresas (art. 77, parágrafo único, do CTN). Isso porque, em se tratando de um tributo vinculado e contraprestacional, o valor cobrado precisa guardar relação de proporcionalidade com a atividade estatal realizada e estar em conformidade com o benefício obtido pelo contribuinte.

O **serviço público** é a primeira modalidade de fato gerador da taxa. Trata-se de uma atividade estatal efetivamente prestada ou apenas colocada à disposição do seu respectivo beneficiário. Por isso, o seu valor será a quantia encontrada pelo cálculo do custo daquela prestação. O art. 79 do Código Tributário Nacional expressamente traz as características do serviço público para ser remunerado por taxa: a) *efetivo*, que é aquele prestado concretamente à coletividade; b) *potencial*, quando for colocado à disposição do contribuinte; c) *específico*, em que se pode destacar em unidades autônomas; d) *divisível*, por ser suscetível de utilização individual pelo contribuinte.

O **exercício do poder de polícia estatal** é a segunda modalidade de fato gerador e, da mesma maneira, terá no custo da atividade o valor a ser cobrado pela taxa. Tem no seu núcleo a ideia de uma atividade estatal referente ao controle e regulação dos direitos ou liberdades individuais em favor de toda a sociedade. O conceito dessa atividade está expresso no próprio Código Tributário Nacional (art. 78), ao afirmar ser o poder de polícia a atividade da Administração Pública que, limitando ou disciplinando direito, interesse ou liberdade, regula a prática de ato ou abstenção de fato, em razão de interesse público concernente à segurança, à higiene, à ordem, aos costumes, à disciplina da produção e do mercado, ao exercício de atividades econômicas dependentes de concessão ou autorização do Poder Público, à tranquilidade pública ou ao respeito à propriedade e aos direitos individuais ou coletivos.

Vincula-se ao conceito de polícia administrativa e não polícia judiciária ou polícia de manutenção da ordem pública. Como exemplos, temos: taxa de alvará ou funcionamento; taxa de fiscalização de mercado da CVM; taxa de fiscalização ambiental etc.[58]

Assim, pode-se dizer, para as duas modalidades de taxa – a Taxa de Serviço ou a Taxa de Polícia –, que este tributo deve contemplar as seguintes características: a) haver um exercício do poder de polícia ou um serviço público de natureza essencial e indelegável; b) ocorrer uma utilização efetiva ou a sua colocação à disposição do contribuinte; c) ser específico e divisível, ou seja, individualizado em relação ao contribuinte, que poderá identificar e mensurar seu benefício.

Inegável considerar a importância das taxas como fonte de receita pública. A diferença em relação aos impostos, para efeitos financeiros, não se encontra apenas na forma de cálculo do seu valor, que se limita ao custo da atividade estatal que lhe dá causa, mas

---

[58] SABBAG, Eduardo. *Manual de Direito Tributário*. São Paulo: Saraiva, 2009. p. 370-371.

também encontra diferencial no momento seguinte ao da sua percepção, já que, enquanto o valor arrecadado pelos impostos se dirige a um cofre público "genérico", o valor cobrado pelas taxas se dirige ao cofre público "específico", relacionado com aquela atividade estatal realizada ou colocada à sua disposição. Assim, por exemplo, o valor arrecadado com as Taxas Judiciárias pela realização da prestação jurisdicional é, normalmente, destinado diretamente ou para algum fundo específico de órgão do Poder Judiciário, financiando sua manutenção e custeio.

Finalmente, importante registrar a distinção entre duas modalidades de receitas públicas originárias de uma atividade estatal, que possuem na sua cobrança tanto a referibilidade quanto a contraprestacionalidade: a taxa e o preço público. O que diferencia as duas formas de remuneração é a natureza delegável ou não da atividade prestada. Se o serviço público só puder ser realizado exclusivamente pela Administração Pública, teremos a taxa como forma de remuneração (p. ex., serviços judiciários, emissão de passaporte etc.); se, entretanto, a atividade puder ser delegada a uma concessionária ou permissionária, estaremos diante de um preço público ou de uma tarifa (p. ex., distribuição de gás ou de energia elétrica etc.). Por decorrência, como a taxa é um tributo (exação compulsória), aplicam-se as normas do direito público, inclusive o princípio da legalidade. Por outro lado, para a instituição e a cobrança de um preço público (exação volitiva), não se fará necessária a disposição de lei, prevalecendo as normas de direito privado.

5.7. EMPRÉSTIMOS COMPULSÓRIOS

Tributo[59] que não tem sido utilizado pelo Estado brasileiro nas últimas décadas é o **Empréstimo Compulsório**, de competência privativa da União. Tem como função e pressuposto atender a despesas extraordinárias decorrentes de calamidade pública, de guerra externa ou, ainda, em casos de investimento público de caráter urgente e de relevante interesse nacional.

A sua finalidade é financiar determinadas despesas consideradas urgentes e extraordinárias. Por serem despesas urgentes e extraordinárias, não são previstas no orçamento. Assim, estamos perante uma receita pública extraordinária. Diante da situação não previsível ou programável, que dá ensejo a sua instituição e cobrança, será razoável afirmar que, além das condições estabelecidas pela Constituição Federal (art. 148), a escolha deste tributo se relacionaria com a esgotabilidade dos recursos públicos ordinários. Caso contrário, tais despesas poderiam ser normalmente financiadas pelos demais tributos. Nesse sentido, afirma Sacha Calmon Navarro Coêlho[60] que as despesas extraordinárias "são aquelas absolutamente necessárias, após esgotados os fundos públicos inclusive o de contingência. Vale dizer, a inanição do Tesouro há de ser comprovada".

Aspecto relevante nesse tributo é que a Constituição Federal não delineou seu fato gerador e respectivos elementos, deixando-os a cargo da Lei Complementar que instituir o Empréstimo Compulsório. O que a Carta fez, apenas, foi indicar as situações fáticas que podem dar ensejo à instituição do tributo, como a guerra externa, a calamidade pública ou o investimento relevante. Todavia, em momento algum indicou o seu fato gerador.

---

[59] O STF no Recurso Extraordinário 111.954 firmou o entendimento de que se tratava de um tributo e não de um empréstimo público.

[60] COÊLHO, Sacha Calmon Navarro. *Comentários à Constituição de 1988*. 7. ed. Rio de Janeiro: Forense, 1998. p. 147.

Apesar de ter a natureza de tributo, o empréstimo compulsório tem uma característica que o distingue dos demais: a sua *restituição*. Assim, depois de cobrado e aplicados os recursos na respectiva despesa que lhe deu causa, o Estado deverá restituí-lo ao contribuinte. Daí, outra classificação que lhe podemos atribuir é a da transitoriedade nos cofres públicos – pois os seus valores ingressam apenas temporariamente nos cofres públicos. Trata-se, portanto, de uma receita *pública temporária*, que, na concepção de Aliomar Baleeiro, é um mero ingresso financeiro.[61]

Finalmente, como receita pública temporária, esse tributo possui outra característica que lhe é típica e que o distingue dos impostos. Trata-se de um tributo cuja aplicação do produto da arrecadação deve se vincular à causa da sua instituição e cobrança. Nesse sentido, determinou o parágrafo único do art. 148 da Constituição Federal de 1988 que "a aplicação dos recursos provenientes de empréstimo compulsório será vinculada à despesa que fundamentou sua instituição". Portanto, o produto da sua arrecadação deve ser aplicado no financiamento das despesas que lhe deram causa e a nenhuma outra, não podendo, assim, passar a integrar os "cofres públicos gerais", mas sim a um "cofre público específico", cuja receita deve conter uma referência direta à respectiva despesa.

5.8. CONTRIBUIÇÕES

O gênero *contribuições* engloba diversas espécies tributárias distintas, que destinam o produto de sua arrecadação ao financiamento de gastos públicos específicos. Possuem, portanto, *finalidade específica* vinculada ao fato gerador, que integra sua estrutura, justifica sua existência, legitima sua cobrança e qualifica juridicamente este tributo.

Assim, o que caracteriza esta espécie tributária é a destinação vinculada do produto da sua arrecadação. Nesse sentido, Werther Botelho[62] afirma que "os ingressos são a medida dos gastos" e, especificamente em relação às contribuições, a arrecadação "não integra livremente o orçamento fiscal da União, estando diretamente vinculada a orçamento autônomo ou ainda a fundos ou despesas específicas".

Incluem-se nesta espécie de tributo a contribuição de melhoria, as contribuições de intervenção no domínio econômico, as contribuições de interesse de categorias profissionais e econômicas, as contribuições sociais e a contribuição de iluminação pública.

Muito comum, entretanto, encontrarmos na doutrina a distinção entre a contribuição de melhoria e as demais contribuições, comumente denominadas de contribuições especiais ou parafiscais. E, a partir da Emenda Constitucional no 39/2002, teríamos nesta classificação analítica mais uma espécie autônoma, que seria a contribuição de iluminação pública.

As contribuições, em suas diversas espécies, têm suas competências tributárias distribuídas entre os diversos entes federativos, sendo certo que a União detém, atualmente, a maior parte dessa competência tributária. Assim, à exceção da *contribuição de melhoria*, que é de competência tributária comum à União, aos Estados, ao Distrito Federal e aos Municípios, da *contribuição de iluminação pública*, que é de competência tributária exclusiva dos Municípios e do Distrito Federal, e das *contribuições previdenciárias dos servidores públicos* dos Estados,

---

[61] BALEEIRO, Aliomar. *Uma Introdução à Ciência das Finanças*. 17. ed. Rio de Janeiro: Forense, 2010. p. 147.
[62] BOTELHO, Werther. *Da Tributação e sua Destinação*. Belo Horizonte: Del Rey, 1994. p. 85-88, *apud* O Desvio de Finalidade das Contribuições e o seu Controle Tributário e Orçamentário no Direito Brasileiro. *In:* OLIVEIRA, José Marcos Domingues de (Coord.). *Direito Tributário e Políticas Públicas*. São Paulo: MP, 2008. p. 304.

do Distrito Federal e dos Municípios, as demais contribuições são todas de competência exclusiva da União, representando uma relevante fonte de receitas públicas.

Importante reflexão, ao tratarmos das contribuições de competência da União, refere-se à integralidade do *pacto federativo*, pois a realidade constitucional em que nos encontramos hoje não é a mesma que se idealizou originariamente na Assembleia Constituinte, já que há um nítido movimento de concentração nas mãos do Governo Central das receitas públicas, especialmente estas originárias das contribuições, que implica aumento de poder político em seu favor, enfraquecendo os entes subnacionais e desequilibrando a equação entre meios (recursos financeiros) e fins (atribuições constitucionais).[63]

Dentro dessa espécie tributária, podemos tratar, em primeiro lugar, da **contribuição de melhoria**, de competência comum à União, aos Estados, ao Distrito Federal e aos Municípios. Trata-se de um tributo eminentemente arrecadatório e de natureza contraprestacional, que tem como fato gerador a valorização de um imóvel por decorrência de uma obra pública.[64] Nas palavras de Geraldo Ataliba,[65] trata-se de um "tributo sobre a mais valia", e esclarece que seu fato gerador é a valorização trazida pela obra e não a obra em si.

Além da sua previsão constitucional (art. 145, III, CF/1988), é disciplinada nos arts. 81 e 82 do CTN e pelo Decreto-Lei nº 195/1967. Contempla dois elementos financeiros essenciais na sua caracterização: o custo da obra e a mais-valia ou valorização imobiliária.

É um tributo que representa um instrumento de justiça fiscal pautado pela equidade, pois é cobrado daquele que se beneficiou financeiramente – pela valorização do seu imóvel – à custa de uma obra pública paga exclusivamente pelo Estado. Assim, não seria justo, por um critério de justiça comutativa e retributiva, que alguns se beneficiassem sem qualquer ônus à custa de toda a sociedade. Portanto, a contribuição de melhoria seria uma forma de "devolução" aos cofres públicos de parcela desse benefício financeiro obtido. Nesse sentido, afirma Antônio Roberto Sampaio Dória[66] que "essa espécie tributária (contribuição de melhoria) evita o locupletamento injustificado de proprietários favorecidos por obras públicas". Assim, o proprietário de um imóvel que foi beneficiado por uma obra pública deverá, se instituída a contribuição pelo ente que a custeou, pagar o tributo proporcionalmente ao valor da valorização do seu imóvel.

Podemos relacionar as seguintes condições para a instituição e cobrança da contribuição de melhoria: a) sua criação deve estar relacionada com as atribuições do respectivo ente federativo que realizou a obra;[67] b) ter destinação do produto da arrecadação vinculada ao reembolso do custo de obras públicas; c) haver uma valorização imobiliária decorrente da obra pública plenamente identificável; d) ter como limite individual de cobrança o acréscimo ao valor do imóvel beneficiado; e e) ter como limite total arrecadado pela cobrança da contribuição de melhoria o valor total da obra.

---

[63] Nesse sentido, as lições de José Marcos Domingues de Oliveira. Federalismo fiscal brasileiro. *Revista Nomos*, Fortaleza, Universidade Federal do Ceará, v. 26, jan./jun. 2007. p. 137-143.

[64] Código Tributário Nacional, art. 81.

[65] ATALIBA, Geraldo. *Natureza Jurídica da Contribuição de Melhoria*. São Paulo: Revista dos Tribunais, 1964. p. 101 e 112.

[66] DÓRIA, Antônio Roberto Sampaio. *Da Lei Tributária no Tempo*. São Paulo: Obelisco, 1968. p. 139.

[67] As espécies de obras públicas que podem dar ensejo à cobrança da contribuição de melhoria estão previstas no Decreto-Lei nº 195/1967. Apenas a título exemplificativo, citamos duas: I – abertura, alargamento, pavimentação, iluminação, arborização, esgotos pluviais e outros melhoramentos de praças e vias públicas; II – construção e ampliação de parques, campos de desportos, pontes, túneis e viadutos.

Como fonte de receita pública, as contribuições de melhoria podem ser instituídas e cobradas pelo respectivo ente federativo que realizou a obra, gerando para os respectivos cofres públicos um reembolso ao Estado dos valores gastos naquela obra.

Uma dificuldade na implantação desse tributo está na obrigação de se cumprir os requisitos necessários para sua apuração e cobrança, de acordo com os arts. 81 e 82 do CTN e do Decreto-Lei nº 195/1967. Finalmente, o STJ tem entendido ser exigida a sua instituição por lei específica para cada obra, não sendo admitida a cobrança do tributo por meio de uma lei genérica, comumente veiculada no próprio Código Tributário Municipal (REsp nº 927.846/RS, de 03/08/2010).

As **contribuições de intervenção no domínio econômico (CIDE)**, tributo de ampla utilização pela União, titular exclusiva da competência tributária, não possuem um fato gerador predefinido, bastando que sua hipótese de incidência esteja relacionada com a área econômica em que se pretende intervir, através da sua cobrança ou da aplicação dos recursos arrecadados.

Fundamenta-se na atribuição que a Constituição Federal de 1988 (art. 149) confere ao Estado brasileiro de agente normativo e regulador da atividade econômica, exercendo, na forma da lei, as funções de fiscalização, incentivo e planejamento.

Embora seja uma fonte relevante de recursos financeiros para a União, trata-se de um tributo eminentemente regulatório ou extrafiscal, já que, como o seu próprio nome indica, essa exação existe para realizar uma intervenção no domínio econômico. Portanto, essas contribuições, antes de serem consideradas ferramentas arrecadatórias, revelam-se um poderoso instrumento de atuação do Estado como agente regulador. Nesse sentido, leciona José Marcos Domingues de Oliveira[68] que as contribuições de intervenção no domínio econômico destinam-se historicamente ao custeio do Parafisco[69] e contemporaneamente servem de instrumento à adesão de políticas públicas de cunho regulatório (Cide-tecnologia – Lei nº 10.168, de 29 de dezembro de 2000), ou transformador das estruturas (Cide-combustíveis – Lei nº 10.336, de 19 de dezembro de 2001).

Encontramos dois modelos exacionais de contribuições de intervenção no domínio econômico em que as suas várias espécies se enquadrarão: a) *Cide-destinação*, quando sua função regulatória é exercida pela aplicação dos recursos arrecadados pelo tributo em determinada área econômica; b) *Cide-incidência*, quando a sua função regulatória ocorre através da cobrança do tributo.

Das diversas espécies de contribuições de intervenção no domínio econômico, podemos citar: a) AFRMM – Adicional para Renovação da Marinha Mercante (Lei nº 10.893/2004); b) Contribuição ao IAA – Contribuição para o Instituto do Açúcar e do Álcool (Decreto-Lei nº 1.712/1979); c) IBC – Contribuição para o Instituto Brasileiro do Café (Decreto-Lei nº 2.295/1986); d) ATP – Adicional de Tarifa Portuária (Lei nº 7.700/1988, revogada pela Lei 9.309/1996); e) Fust – Contribuição para o Fundo de Universalização dos Serviços de Tele-

---

[68] OLIVEIRA, José Marcos Domingues de. O Conteúdo da Extrafiscalidade e o Papel das Cides. Efeitos Decorrentes da Não utilização dos Recursos Arrecadados ou da Aplicação em Finalidade Diversa. *Revista Dialética de Direito Tributário*, nº 131, ago. 2006. p. 49.

[69] A *parafiscalidade* exprime o fenômeno de descentralização administrativa (administração indireta) que se verificou a partir da segunda metade do século XX, para exercer as funções que a administração direta já não realizava satisfatoriamente. Estes entes, estruturados, em regra, na forma de autarquias, passam a demandar receitas "paralelas" ao orçamento fiscal para o seu financiamento.

comunicações (Lei nº 9.998/2000); f) Cide-petróleo (Lei nº 10.336/2001); g) Cide-tecnologia (Lei nº 10.168/2000); h) Condecine – Contribuição para o Desenvolvimento da Indústria Cinematográfica (Lei nº 10.454/2002).

Como tributo vinculado, o produto da sua arrecadação deverá ser destinado a uma atividade específica, conforme a respectiva legislação instituidora desta contribuição estabelecer.

Como primeiro exemplo, tomemos a denominada Cide-petróleo, instituída pela Lei nº 10.336/2001. Segundo o art. 1º desta lei, o produto da sua arrecadação será destinado, na forma da lei orçamentária, ao: I – pagamento de subsídios a preços ou transporte de álcool combustível, de gás natural e seus derivados e de derivados de petróleo; II – financiamento de projetos ambientais relacionados com a indústria do petróleo e do gás; III – financiamento de programas de infraestrutura de transportes; e IV – financiamento do auxílio destinado a mitigar o efeito do preço do gás liquefeito de petróleo sobre o orçamento das famílias de baixa renda.[70] O segundo exemplo que analisamos é a Cide-tecnologia, também conhecida como Cide-*royalties*, instituída pela Lei nº 10.168/2000. Conforme prevê a referida norma, o produto da arrecadação desta contribuição será destinado ao Fundo Nacional de Desenvolvimento Científico e Tecnológico – FNDCT, que aplicará os recursos no Programa de Estímulo à Interação Universidade-Empresa para o Apoio à Inovação, cujo objetivo principal é estimular o desenvolvimento tecnológico brasileiro, mediante programas de pesquisa científica e tecnológica cooperativa entre universidades, centros de pesquisa e o setor produtivo.

As **contribuições de categorias profissionais e econômicas**, também de competência exclusiva da União, são uma fonte de recursos financeiros vinculados, pois se destinam às autarquias das respectivas categorias profissionais a que se referem ou a determinadas entidades econômicas específicas, conhecidas por Sistema "S". Trata-se, portanto, de um tributo contraprestacional, devido por contribuintes que integram uma determinada categoria profissional ou econômica, e recebem em troca do pagamento do tributo uma atividade estatal que os beneficiará.

Essa atividade estatal financiada por essas contribuições, entretanto, não é realizada pela Administração Pública Direta propriamente dita, mas sim por autarquias federais ou por entidades privadas sem fins lucrativos, na forma da legislação federal. Como bem explica Luciano Amaro,[71] "a União disciplina por lei a atuação dessas entidades, conferindo-lhes, para que tenham suporte financeiro, a capacidade de arrecadar contribuições legalmente instituídas".

Nessa linha, temos as contribuições devidas por contribuintes que fazem parte de uma categoria profissional – como os médicos, os engenheiros, os administradores etc. – para que o Estado, através de suas autarquias federais próprias, como o Conselho Regional de Medicina (CRM), o Conselho Regional de Engenharia e Arquitetura (CREA) etc., realize a defesa de seus interesses, fiscalizando e regulando a atividade, bem como garantindo o livre exercício da profissão. Assim, as anuidades pagas pelos profissionais para essas autarquias têm natureza tributária de contribuição.[72]

---

[70] Item IV incluído pela Lei nº 14.237/2021.
[71] AMARO, Luciano. *Direito Tributário Brasileiro*. 14. ed. São Paulo: Saraiva, 2008. p. 55.
[72] Sobre a contribuição (anuidade) para a OAB, o STJ (EREsp 463.258/SC) pacificou o entendimento de que, à exceção da OAB, as demais instituições de representação de categorias profissionais (CREA, CRM, CRP etc.) instituem contribuições de natureza tributária, mas aquela primeira não. Segundo atual entendimento, a OAB, à luz da Lei nº 8.906/1994, não mais se caracteriza como autarquia de natureza especial, como era considerada quando ainda em vigor a Lei nº 4.215/1963. Não se caracterizando como autarquia,

Por sua vez, as contribuições devidas por contribuintes que fazem parte de uma categoria econômica específica, como a industrial, a comercial e a rural, incidem em geral sobre a folha de salários das empresas pertencentes àquela categoria correspondente, destinadas a financiar o aperfeiçoamento profissional, o desenvolvimento cultural e a melhoria do bem-estar dos respectivos trabalhadores. Essas contribuições são conhecidas como contribuições do Sistema "S", no qual integram-se as seguintes entidades: Serviço Nacional de Aprendizagem do Comércio (Senac), Serviço Social do Comércio (Sesc), Serviço Nacional de Aprendizagem Rural (Senar), Serviço Nacional de Aprendizagem do Cooperativismo (Sescoop), Serviço Nacional de Aprendizagem Industrial (Senai), Serviço Social da Indústria (Sesi), Serviço Social de Transporte (Sest), Serviço Nacional de Aprendizagem do Transporte (Senat), Serviço Brasileiro de Apoio às Micro e Pequenas Empresas (Sebrae).[73]

Segundo o STF (RE 138.284-CE), essas contribuições podem ser enquadradas, também, como *contribuições sociais gerais*, conforme a seguir analisaremos.

Cabe aqui registrar outra espécie de contribuição de interesse de categoria profissional e econômica (art. 149, *caput*, CF/1988) que existiu até novembro de 2017 – quando deixou de possuir obrigatoriedade e natureza tributária para se tornar uma contribuição voluntária –, chamada de **contribuição sindical**,[74] que era prevista na redação original dos arts. 578 e 579 da Consolidação das Leis do Trabalho, mas extinta como tributo por força da Lei nº 13.467/2017 (Reforma Trabalhista). A referida contribuição tratava-se de tributo devido por todos aqueles que participavam de determinada categoria econômica ou profissional, ou de uma profissão liberal, em favor do sindicato representativo da mesma categoria ou profissão. Essa contribuição sindical de natureza tributária (portanto, de cobrança compulsória) não se confundia com outra contribuição, denominada à época de *contribuição confederativa*, prevista no art. 8º, IV, da Constituição Federal de 1988, que não possui natureza tributária (mas sim *natureza volitiva*), já que é fixada em assembleia-geral e só é exigível dos filiados do respectivo sindicato, nos termos da Súmula Vinculante nº 40 do STF. "A contribuição confederativa de que trata o art. 8º, IV, da Constituição Federal, só é exigível dos filiados ao sindicato respectivo".

Portanto, a Lei nº 13.467/2017, alterou a redação dos arts. 578 e 579 da CLT, os quais passaram a denominar "contribuição sindical" as contribuições devidas aos sindicatos pelos participantes das categorias econômicas ou profissionais representadas pelas referidas entidades desde que prévia, voluntária e expressamente autorizadas por aqueles que participarem de determinada categoria econômica ou profissional. Com isso, retirou-se sua natureza

---

a cobrança das contribuições ou multas não deverá seguir o procedimento previsto na Lei nº 6.830/1980, que rege a execução judicial para a cobrança da dívida ativa. Na cobrança de seus créditos, a OAB expede apenas certidão passada pela Diretoria do Conselho competente e promove a execução na forma do CPC. Portanto, suas anuidades não têm natureza tributária.

[73] Registre-se que o STF classifica a contribuição ao Sebrae como uma CIDE, diferentemente das demais contribuições ao sistema "S", cf. STF. RE 635.682 (repercussão geral), Rel. Min. Gilmar Mendes, Pleno, julg. 25/04/2013: "4. Contribuição para o SEBRAE. Tributo destinado a viabilizar a promoção do desenvolvimento das micro e pequenas empresas. Natureza jurídica: contribuição de intervenção no domínio econômico. 5. Desnecessidade de instituição por lei complementar. Inexistência de vício formal na instituição da contribuição para o SEBRAE mediante lei ordinária. 6. Intervenção no domínio econômico. É válida a cobrança do tributo independentemente de contraprestação direta em favor do contribuinte".

[74] A redação original da CLT (arts. 578 e 579) chamava-a de "imposto sindical", mas o CTN (art. 217, inciso I) conferiu-lhe o nome de "contribuição sindical", por estar mais de acordo com sua natureza de contribuição em favor de entidade associativa de categoria profissional.

tributária, pois nos tributos não é necessário prévio e expresso assentimento do contribuinte para haver a cobrança.

As **contribuições sociais**, também de competência exclusiva da União, são hoje uma de suas principais fontes de receitas públicas. Trata-se de tributo contraprestacional, de finalidade afetada e destinada à atuação do Estado no campo social, para financiar a seguridade social, os programas de alimentação e assistência à saúde, o seguro-desemprego, a educação básica etc. Incidem sobre a folha de salários e demais rendimentos do trabalho, sobre a receita, o faturamento e o lucro das empresas, sobre a receita de concursos de prognósticos, sobre as importações etc.

Com a propriedade que lhe é peculiar, Marco Aurélio Greco explicou que

> a assunção pelo Estado de um papel intervencionista, nitidamente identificado neste século XX, fez surgir a figura das contribuições, cuja preocupação não é tanto com as causas (fatos geradores), mas predominantemente com as finalidades buscadas (de caráter social, de intervenção no domínio econômico etc.) próprias do Estado Social.[75]

Podemos classificar as contribuições sociais em três espécies: a) *as contribuições sociais típicas*, que financiam a seguridade social, o que inclui, segundo o art. 194 da Constituição Federal de 1988, a saúde, a previdência e a assistência social; b) *as contribuições sociais gerais*, que financiam outras áreas sociais, tais como a educação básica (salário-educação), os programas de alimentação e assistência à saúde, o seguro-desemprego etc.; c) *as contribuições sociais residuais*, em que a Constituição autoriza que a lei poderá instituir outras fontes destinadas a garantir a manutenção ou expansão da seguridade social.

As *contribuições sociais típicas* são aquelas destinadas a financiar a seguridade social, conforme prevê o art. 195 da Constituição Federal de 1988. No conceito de seguridade social estão incluídas a previdência social, a saúde e a assistência social. Assim, para o financiamento das atividades estatais nessas áreas, encontramos as contribuições que incidem na importação de bens e serviços (Pis-Importação e Cofins-Importação), as contribuições que incidem sobre a receita de loterias, a contribuição social previdenciária recolhida pelo trabalhador incidente sobre o seu salário-contribuição e as contribuições sociais do empregador ou da empresa, que podem ser assim relacionadas: a) a Contribuição Social Patronal sobre a Folha de Pagamentos, que custeia o Regime Geral de Previdência Social, incidindo na folha de salários e demais rendimentos pagos à pessoa física pelo empregador, empresa ou equiparado; b) a Contribuição ao Programa de Integração Social e ao Programa de Formação do Patrimônio do Servidor Público (Pis/Pasep), que financia atualmente o programa do seguro-desemprego e o abono salarial, incidindo sobre a receita bruta das pessoas jurídicas; c) a Contribuição para o Financiamento da Seguridade Social (Cofins), que é cobrada das pessoas jurídicas de direito privado, incidindo sobre o faturamento destas empresas; d) a Contribuição Social sobre o Lucro Líquido (CSLL), que incide sobre o lucro líquido das pessoas jurídicas.

Importante registrar que, para o financiamento da Previdência Social dos Servidores Públicos dos Estados, do Distrito Federal e dos Municípios, a Constituição Federal de 1988, no § 1º do art. 149, autoriza estes entes federativos a instituírem sua própria contribuição previdenciária para o custeio dos benefícios destes.

No grupo das *contribuições sociais gerais*, que derivam genericamente do art. 149 da Constituição Federal, além de outros dispositivos constitucionais específicos, não possuem

---

[75] GRECO, Marco Aurélio. *Contribuições*: uma figura *sui generis*. São Paulo: Dialética, 2000. p. 101.

como destinação o financiamento da seguridade social, mas sim outras atividades sociais estatais. São elas as Contribuições Sociais incidentes sobre os depósitos do FGTS em caso de despedida sem justa causa e sobre a remuneração devida (Lei Complementar nº 110/2001), que se incorporam ao Fundo de Garantia por Tempo de Serviço (para financiar o pagamento dos expurgos inflacionários); a Contribuição ao Salário-Educação (art. 221, § 5º, CF/1988) que é devida pelas empresas e destinada a financiar adicionalmente a educação básica pública; e as contribuições ao Sistema "S" (art. 240, CF/1988), que, embora sejam tradicionalmente classificadas como contribuições de interesse de categorias profissionais e econômicas, vêm sendo consideradas contribuições sociais gerais pelo STF.

Há, ainda, a categoria das contribuições sociais residuais, uma vez que a Constituição Federal de 1988 autoriza a instituição – por lei complementar e não cumulativa – de outras fontes destinadas a garantir a manutenção ou expansão da seguridade social.

A Emenda Constitucional nº 132/2023 instituiu a **Contribuição sobre Bens e Serviços (CBS)** de competência da União (art. 195, V), tributo que possui natureza de contribuição da seguridade social. A CBS substituirá o Imposto sobre Produtos Industrializados (IPI) e as contribuições sociais PIS e COFINS, que serão extintos ao final do período de transição.

Finalmente, a **contribuição de iluminação pública** é um tributo de competência dos Municípios e do Distrito Federal, destinado a custear a iluminação pública, que até a edição da Emenda Constitucional nº 39/2002 era custeado pelas Taxas de Iluminação Pública, consideradas inconstitucionais pelo STF (RE 233.332 e 231.764 e Súmula Vinculante nº 19), uma vez que não era possível atender aos requisitos constitucionais das taxas – divisibilidade e especificidade – enquanto modalidade de tributo.[76]

O Plenário do Supremo Tribunal Federal, no Recurso Extraordinário 573.675, pronunciou-se pela constitucionalidade da contribuição de iluminação pública, afirmando a seu respeito:

> Tributo de caráter *sui generis*, que não se confunde com um imposto, porque sua receita se destina a finalidade específica, nem com uma taxa, por não exigir a contraprestação individualizada de um serviço ao contribuinte. Exação que, ademais, se amolda aos princípios da razoabilidade e da proporcionalidade.[77]

Assim, temos na contribuição de iluminação pública um tributo eminentemente contraprestacional, pois se destina exclusivamente a financiar os gastos com a iluminação pública. É um tributo devido por pessoa física ou jurídica proprietária de imóvel localizado no respectivo Município ou no Distrito Federal, cuja cobrança é, em regra, feita através da fatura de consumo de energia elétrica, levando-se em consideração o consumo de energia elétrica (KWh). A receita proveniente do recolhimento da Contribuição de Iluminação Pública destina-se a custear as despesas com energia consumida pelos serviços de iluminação pública, prestados de forma efetiva ou potencial, bem como as despesas com administração, operações, manutenção, eficientização, melhoria e ampliação do sistema de iluminação pública.

---

[76] A posição do STF se consolidou com a edição da Súmula nº 670, de 24/09/2003 (posteriormente convertida em Súmula Vinculante nº 41), que assim dispôs: "O serviço de iluminação pública não pode ser remunerado mediante taxa."

[77] STF. RE 573.675, Rel. Min. Ricardo Lewandowski, Pleno, julg. 25/03/2009, *DJe* 22/05/2009.

Capítulo 6
CRÉDITO PÚBLICO

Para que o Estado possa realizar sua função, dependerá de recursos financeiros, que se originam tanto do seu patrimônio como daqueles vindos dos cidadãos. Esses recursos, como vimos, são denominados receitas públicas. Tradicionalmente, a doutrina estabelece uma distinção entre as receitas públicas e os ingressos públicos, considerando nas primeiras apenas as entradas definitivas nos cofres públicos, enquanto nas segundas estariam incluídas as entradas temporárias. Assim, no conceito de ingresso público estariam tanto as receitas públicas propriamente ditas como os créditos públicos, que ora analisamos e que denotam uma modalidade de receita pública transitória por haver um ingresso de dinheiro com a posterior restituição.

Realizando uma análise pragmática, é de se concluir que não importa se os recursos ingressam de maneira temporária ou definitiva, já que, em ambos os casos, a finalidade destes será a de financiar as despesas públicas em geral. Nesta linha, mesmo sendo o crédito público uma receita pública temporária ou transitória, não deixa de possuir a mesma função que a receita pública definitiva.

Compreendido isso, poderíamos ter analisado o tema do crédito público no mesmo capítulo da receita pública. Entretanto, diante da complexidade da matéria e da autonomia do instituto, optamos por destacá-lo em capítulo próprio a fim de garantir a didática no estudo. Esse foi o mesmo motivo para destacarmos, também, as receitas tributárias em capítulo próprio.

Mas se a receita pública é a outra face da moeda que tem no lado oposto a despesa pública, consideramos que o crédito público encontra-se do mesmo lado daquela.

6.1. CONCEITO DE CRÉDITO PÚBLICO

Podemos identificar inúmeros significados para o termo "crédito". Pode ser a confiança que uma pessoa inspira em outra no cumprimento de uma obrigação futura, já que a origem etimológica da palavra deriva do latim *credere* (crer, acreditar ou confiar). Podemos considerar, também, a troca de um valor futuro por outro a ser utilizado no presente, permitindo o melhor aproveitamento dos recursos existentes. Segundo o filósofo e economista inglês Stuart Mill, significaria a permissão para utilizar o capital alheio. Sob o enfoque das finanças públicas, crédito pode indicar a autorização orçamentária para a realização de uma despesa (p. ex., "foi aberto um crédito para a realização de uma obra").

Em qualquer dos casos, a palavra crédito indica que há um sujeito titular de um direito perante outro. Dada a sua natureza pública – afinal, estamos analisando o crédito público –, o crédito terá o Estado em um dos polos, como credor ou como devedor. A partir daí, identificamos duas situações que englobam o conceito de crédito público em sentido amplo. Na primeira, o Estado pode figurar como credor ao emprestar recursos financeiros a terceiros, atividade que realiza comumente através de uma de suas instituições financeiras de fomento

(p. ex., BNDES). Na segunda, o Estado se encontra na situação de devedor ao obter recursos de terceiros, seja através da emissão de títulos ou de contratos específicos de empréstimos.

Portanto, podemos conceituar o **crédito público** numa operação de empréstimo sob duas óticas: a) crédito público como sendo um instrumento de intervenção na sociedade, em que o Estado, agindo como credor, oferece recursos financeiros ao particular de maneira menos onerosa que o mercado, para que este possa desenvolver alguma atividade econômica ou social de interesse público; b) crédito público como fonte de receitas públicas, em que o Estado toma emprestado recursos financeiros do particular, para que possa atuar diretamente na realização das suas atividades, fazendo frente às despesas públicas.

Importante questão conceitual a registrar refere-se às nomenclaturas utilizadas nesta matéria, pois a expressão crédito público pode envolver tanto as operações de empréstimos como as autorizações de gastos ou as antecipações de receitas.

Primeiro, o termo crédito público se relaciona com operações de empréstimos. Neste caso, apesar de existirem duas formas de considerar este **crédito público** – uma delas tendo o Estado como credor e a outra o Estado como devedor –, costuma-se tratar o crédito público como sinônimo de **empréstimo público**, e, em especial, aquele em que figura o Estado como o tomador do empréstimo. O somatório dos valores contabilizados a serem restituídos é denominado **dívida pública**.

Em segundo lugar, devemos distinguir o conceito de crédito público, ora analisado, do termo **crédito orçamentário**, que nada mais é do que a previsão de um gasto constante em lei, para a execução de programa, projeto ou atividade ou, ainda, para o desembolso da quantia comprometida referente a uma despesa específica. Como desdobramento do crédito orçamentário, temos os **créditos adicionais**, que são as autorizações de despesas que não foram originariamente previstas e computadas no orçamento. Esses créditos adicionais podem ser de três espécies: a) *suplementares*, destinados a reforçar uma dotação orçamentária específica (p. ex., acréscimo das despesas com pessoal que acabou acima do previsto em virtude do aumento dos vencimentos); b) *especiais*, destinados a despesas para as quais não haja dotação orçamentária específica (p. ex., a criação de um novo órgão inexistente na estrutura estatal até então); c) *extraordinários*, destinados a despesas urgentes e imprevisíveis (p. ex., guerra ou calamidade pública).

Temos, ainda, outra expressão muito utilizada, que é a **operação de crédito por antecipação de receita**, prevista no § 8º do art. 165 da Constituição Federal, no parágrafo único do art. 3º da Lei nº 4.320/1964 e no art. 38 da Lei Complementar nº 101/2000. Trata-se de uma autorização para que o tesouro público possa contrair uma dívida que será liquidada quando da entrada do numerário referente a uma receita pública futura a ela vinculada, destinando-se a atender a insuficiência momentânea de caixa. Assemelha-se ao empréstimo público, porém, sua operação é de curto prazo e possui garantia específica.

6.2. EVOLUÇÃO HISTÓRICA E ECONÔMICA DO CRÉDITO PÚBLICO

O uso deste instrumento como fonte de receitas remonta à **Antiguidade**, especialmente com a finalidade de financiar guerras e suas consequências. Relatos afirmam que Atenas instituiu um empréstimo público para a aquisição de barcos de guerra. Cartago obteve empréstimo dos romanos para pagar a indenização que lhe foi imposta ao fim da batalha de Zama (202 a.C.).[1]

---

[1] BALEEIRO, Aliomar. *Uma Introdução à Ciência das Finanças*. 15. ed. Rio de Janeiro: Forense, 1997. p. 460-461.

Na **Idade Média**, era frequente o uso do empréstimo público. Porém, tinha uma conotação de obrigação pessoal e intransferível dos monarcas perante a burguesia financeira, o que, diante de um sistema financeiro precário e em face da insegurança jurídica, sem deixar de mencionar as doutrinas morais e religiosas contrárias ao juro, tornava o mecanismo financeiro extremamente oneroso e arriscado. Assim como na Antiguidade, nesta fase histórica os recursos dos empréstimos não eram aplicados em investimentos e serviços públicos, mas sim nos seus empreendimentos de guerra. Grandes pensadores como Montesquieu, Colbert, Quesnay, Adam Smith e outros criticavam a utilização do crédito público, não apenas pelo seu uso inapropriado pelos governantes, normalmente aplicado em atividades belicosas, mas principalmente por afastar os esforços da aplicação dos recursos em áreas produtivas como a agricultura, o comércio ou a indústria, sendo direcionados à atividade financeira que, segundo eles, nada criava ou acrescentava à nação.[2]

Na **Idade Moderna**, passou-se a reconhecer o crédito público como importante instrumento financeiro das atividades públicas. Vários motivos ensejaram a mudança na forma de encarar o crédito público. Primeiro, o surgimento e o desenvolvimento do Estado como entidade juridicamente organizada e administrada por governantes eleitos e fiscalizados pelo povo garantia maior racionalidade e responsabilidade na contratação e segurança no pagamento dos empréstimos. Segundo, com a expansão marítima, o mercantilismo e as descobertas das Américas, da Índia e do Oriente, maior fluxo de riquezas propiciou a formação de uma classe de banqueiros mais bem organizada e estruturada, permitindo a expansão do fluxo de capitais. Finalmente, a Revolução Industrial estabeleceu um novo cenário para o florescimento e amadurecimento do capitalismo, cujas bases estavam diretamente interligadas aos mecanismos financeiros.

De fato, correntes econômicas manifestaram posições vacilantes a respeito da utilização deste instrumento de financiamento. Inicialmente, rejeitavam seu emprego, com a justificativa de que tal medida oneraria gerações seguintes e futuras por obrigações assumidas pelas anteriores. Já a partir da década de 30 do século XX, sob a influência da doutrina de Keynes, verificou-se a multiplicação da sua utilização, por considerar-se que a injeção de dinheiro na economia implicaria a ampliação dos investimentos, o desenvolvimento da indústria e dos serviços e, por consequência, geraria um aumento no emprego, na renda e nos tributos. Todavia, a partir da década de 80 do século XX, devido ao desequilíbrio orçamentário excessivo que a expansão do crédito público mundial criou, as nações ocidentais passaram a buscar uma nova forma de utilizar o crédito público, com equilíbrio e parcimônia.

No **Brasil** não foi diferente. A colonização deu origem a diversas operações de crédito que Portugal foi obrigado a realizar para financiar as despesas com os navegadores e militares que prestavam serviços à Coroa. Há registros de que até o início do século XX ainda circulavam títulos públicos correspondentes às dívidas assumidas em remuneração a Vasco da Gama. Antes mesmo de separar-se da metrópole, há relatos de que os governadores da colônia já contraíam empréstimos, remontando ao final do século XVI e início do XVII. Após a independência, diversos empréstimos externos foram celebrados ao longo do Império, sendo o primeiro empréstimo público externo brasileiro no ano de 1824, em Londres, seguido por outros quinze empréstimos externos, até o fim do Império. Com a proclamação da república houve expansão da dívida, com o intuito de aparelhar o país de serviços essenciais que não existiam, já que não havia um sistema tributário eficaz até então. Além disso, passaram a rea-

---

[2] Ibidem. p. 461-463.

lizar tais operações os Estados e Municípios. Até as últimas décadas do século XX, o Brasil fez amplo uso do empréstimo público para financiar suas obras, investimentos e aparelhamento.[3]

Especificamente sobre a **dívida externa brasileira**, podemos dizer que esta adquiriu proporções elevadas durante o regime militar (1964-1985), no entanto sua origem remonta à Independência do país, no século XIX, pois o primeiro empréstimo externo do Brasil foi obtido em 1824, no valor de 3 milhões de libras esterlinas, e ficou conhecido como "empréstimo português", destinado a cobrir dívidas do período colonial e que, na prática, significava um pagamento a Portugal pelo reconhecimento de nossa independência. Durante a república do "café com leite", o endividamento aumentou ainda mais para garantir os privilégios da elite. Novo endividamento surgiu em 1906, representando o início da "Política de Valorização do Café". Naquele ano, foi assinado o Convênio de Taubaté, entre os governadores de São Paulo, Minas Gerais e Rio de Janeiro, que, a partir de empréstimos tomados no exterior, comprariam e estocariam o excedente da produção de café. Outras dívidas foram sendo contraídas ao longo das décadas e conforme as políticas governamentais, com a justificativa de intensificar o desenvolvimento nacional. Mas, como dissemos, é no período posterior ao golpe militar que os empréstimos voltam a aumentar substancialmente, devido à política desenvolvimentista conhecida como "milagre econômico", quando a indústria brasileira cresceu a taxas elevadíssimas graças ao ingresso maciço de capitais estrangeiros e os investimentos internos feitos pelo Governo. Entretanto, a indústria de bens de consumo duráveis, com a produção de automóveis à frente, começa a encalhar, em grande parte devido à crise mundial do petróleo, que repercute na elevação nas taxas de juros, somadas aos gastos dos grandes projetos de geração de energia. Em 1982, vivemos o ano da falência declarada do modelo brasileiro de desenvolvimento e o país recorre ao FMI. Ao final daquele governo, que encerra a ditadura militar, a dívida externa encontrava-se em quase 100 bilhões de dólares. Para obter crédito externo, o Brasil recorre ao Fundo Monetário Internacional, criado em 1944, em Bretton Woods, instituição internacional que tem como objetivo regular o funcionamento do sistema monetário internacional e permitir a recuperação dos países em crise econômica, mediante a concessão de empréstimos públicos de curto prazo, condicionados à imposição de diretrizes para sua recuperação financeira (reequilíbrio da balança financeira). Na mesma linha de funcionamento, temos o BIRD – Banco Internacional de Recuperação e Desenvolvimento, que concede empréstimos a longo prazo, para projetos de investimento.

Entretanto, após inúmeros planos econômicos dos governos democráticos a partir da Constituição de 1988, o Brasil chega, no início da terceira década do século XXI, com ativos externos superiores a sua dívida, não apenas devido ao aumento de suas reservas monetárias (sobretudo graças a recorrentes superávits da balança comercial), mas também em face da amortização de suas obrigações internacionais.

6.3. CRÉDITO PÚBLICO COMO INSTRUMENTO DE INTERVENÇÃO

O Estado possui diversas funções, mas todas elas, basicamente, se resumem num único objetivo, que é o de atender às necessidades da coletividade. Pode realizá-las de duas maneiras: direta ou indireta. Quando as realizar diretamente, o Estado estará oferecendo aos indivíduos bens ou serviços ditos públicos, suportando seus custos com recursos originários dos seus bens, patrimônio ou dos cofres públicos. Porém, poderá fazê-lo de forma indireta, regulando, fiscalizando, limitando ou estimulando determinadas práticas, atividades ou condutas. Uma

---

[3] Ibidem. p. 463-468.

das possíveis maneiras de intervenção é através do financiamento ao particular, oferecendo-lhe recursos financeiros para atuar na seara econômica ou social, desde que haja interesse público em apoiar tais atividades privadas.

Aqui temos uma das funções do crédito público: como instrumento de intervenção do Estado na sociedade. Através desse mecanismo, o Estado propicia o atingimento dos seus objetivos de forma indireta, mas igualmente eficaz.

Segundo Diogo de Figueiredo Moreira Neto,[4]

> o Estado contemporâneo não se esgota como garantidor da convivência harmoniosa, como prestador de serviços públicos e como preservador de valores econômicos e culturais. Cabe-lhe, ainda, além destas funções, estimular a sociedade a desenvolver-se, o que vale dizer, auxiliar cada indivíduo e cada uma de suas multiformes expressões gregárias a utilizar plenamente suas potencialidades, em todas as manifestações da vida humana, proporcionando-lhes o acesso a melhores condições e a todos os instrumentos disponíveis para o progresso.

Essa é uma das faces do crédito público: recursos financeiros oferecidos pelo Estado ao particular. Assim, quando o Estado é o credor na relação, ele agirá como agente de fomento e de desenvolvimento econômico e social, ao financiar o particular em áreas especialmente escolhidas por serem dotadas de interesse público, onde, em vez de o Estado atuar diretamente, ele oferecerá condições para que o particular o faça. Nesses casos, seu objetivo não é a remuneração do dinheiro emprestado (apesar de cobrar juros, normalmente abaixo dos de mercado), mas sim o de colaborar com o desenvolvimento econômico, conforme atribuição que lhe é pertinente, segundo o que dispõe o art. 174 da Constituição.[5]

Assim, quando o Estado, através de uma de suas instituições financeiras de fomento – como o BNDES – empresta aos cidadãos ou às empresas privadas, ele facilita o desenvolvimento sustentável e equilibrado da economia em áreas, por exemplo, como a agricultura, a indústria, o comércio e os serviços, além de implementar linhas de investimentos sociais, direcionados para a habitação, a educação, a saúde, a agricultura familiar, o saneamento básico, o transporte urbano e outros.

É o crédito público como instrumento de desenvolvimento social e econômico.

6.4. CRÉDITO PÚBLICO COMO FONTE DE RECEITAS PÚBLICAS

Nem sempre as receitas públicas ordinárias, especialmente as de natureza tributária, são suficientes para atender às necessidades financeiras do Estado. Surge, então, o papel do crédito público como instrumento alternativo de financiamento.

Assim, sob a ótica do **crédito público** como fonte de recursos financeiros para o atendimento das despesas públicas – modalidade de receita pública –, temos o Estado como devedor em contratos de empréstimos, em que o particular lhe disponibiliza recursos em troca da remuneração do dinheiro no tempo (juros).

---

[4] MOREIRA NETO, Diogo de Figueiredo. *Curso de Direito Administrativo*. 14. ed. Rio de Janeiro: Forense, 2005. p. 523.

[5] Constituição Federal de 1988. Art. 174. Como agente normativo e regulador da atividade econômica, o Estado exercerá, na forma da lei, as funções de fiscalização, incentivo e planejamento, sendo este determinante para o setor público e indicativo para o setor privado.

O Estado como tomador de empréstimos para financiar as despesas públicas é, aliás, a associação mais comum que a doutrina costuma fazer a respeito do crédito público. Poucos autores incluem no conceito de crédito público o viés anteriormente analisado, que tem o Estado como fornecedor de capital, no exercício da sua função fomentadora, estimuladora, desenvolvimentista ou interventiva na economia.

Entretanto, costumava-se afirmar que o crédito público só poderia ser considerado uma modalidade de receita pública extraordinária, prestigiando-se o caráter de definitividade das receitas nos cofres públicos e vinculando-se esta modalidade de fonte de recursos ao financiamento de despesas públicas excepcionais ou extraordinárias. Essa visão é, porém, superada nos dias de hoje, já que o crédito público faz parte integrante do orçamento como fonte regular de financiamento estatal, inclusive classificado pela Lei nº 4.320/1964 como espécie de receita de capital.

Nesse sentido, afirma Aliomar Baleeiro que "o crédito público inclui-se entre os vários processos de que o Estado pode lançar mão para obtenção de fundos (...). Na maioria dos países, nos últimos séculos, ele constitui processo normal e ordinário de suprimento dos cofres públicos".[6]

Segundo Kiyoshi Harada,[7]

> para a generalidade dos autores, crédito público é um contrato que objetiva a transferência de certo valor em dinheiro de uma pessoa, física ou jurídica, a uma entidade pública para ser restituído, acrescido de juros, dentro de determinado prazo ajustado. Corresponde, portanto, na teoria geral dos contratos, ao mútuo, espécie do gênero empréstimo, ou seja, empréstimo de consumo, em contraposição ao comodato, que configura um empréstimo de uso.

As operações de crédito público se concretizam através de contratos de empréstimos, sejam eles específicos e diretos entre o credor e o devedor, sejam eles operacionalizados através da emissão pulverizada de títulos públicos (p. ex., Bônus do Tesouro Nacional, Obrigações do Tesouro Nacional, Letra Financeira do Tesouro Nacional, Nota do Banco Central e Letra do Tesouro Nacional).

Apesar da controvérsia sobre a natureza jurídica do crédito público – que envolvia teses que afirmavam ser um ato de soberania ou, ainda, um ato legislativo –, hoje é pacífico o entendimento sobre sua natureza contratual.

Para esclarecer melhor a questão da natureza jurídica do crédito público enquanto fonte de receita pública, temos quatro correntes a considerar, cada qual contemplando um aspecto relevante da relação: a) *ato de soberania*, constituindo o empréstimo público uma obrigação de Direito Público unilateralmente criada pelo Estado, justificando a impossibilidade de invasão ou de intervenção forçada do Estado credor no País devedor quando este não conseguisse saldar sua dívida;[8] b) *ato legislativo*, uma vez que os empréstimos públicos se originam de atos normativos editados especificamente para tal função; c) *contrato de direito privado*, já que seguem a disciplina do contrato de mútuo previsto no Direito Privado; d) *contrato de*

---

[6] BALEEIRO, Aliomar. *Uma Introdução à Ciência das Finanças*. 17. ed. Rio de Janeiro: Forense, 2010. p. 579.
[7] HARADA, Kiyoshi. *Direito Financeiro e Tributário*. 9. ed. São Paulo: Atlas, 2002. p. 114.
[8] Essa teoria foi a base da denominada *Doutrina Drago* (1902), desenvolvida pelo Ministro das Relações Exteriores argentino Luis Maria Drago, que propunha a impossibilidade do uso da força para exigir pagamento de dívidas entre nações. Justificava-se, na época, a supressão de métodos coercitivos e armados em face da Venezuela por parte de Inglaterra, Alemanha e Itália, para cobrarem suas dívidas.

direito público (ou administrativo), uma vez que, não obstante haja uma aproximação entre o contrato de mútuo do direito civil e o contrato de direito administrativo, o Estado não figura em posição de igualdade com o particular nem tem a mesma liberdade deste na operação, especialmente por haver necessidade de autorização legislativa, previsão orçamentária e controle do Congresso Nacional. Em face da atual configuração do ordenamento vigente em nosso país, parece-nos como mais adequada a adoção da última corrente (contrato de direito público).

6.5. EFEITOS ECONÔMICOS DO CRÉDITO PÚBLICO

Ao oferecer recursos financeiros ao setor privado, ou ao buscar no mercado financeiro recursos para realizar suas atividades e financiar as despesas públicas em geral, as operações de crédito materializadas pelos empréstimos públicos geram efeitos econômicos relevantes.

Ressalve-se, entretanto, que tais reflexos econômicos precisam ser analisados em conjunto com a política econômica de cada época e de cada lugar, especialmente quanto às doutrinas que pregam o endividamento (Keynes), e quanto às que, em sentido contrário, defendem o equilíbrio orçamentário e a reestruturação da dívida pública interna e externa.

Nesse sentido, recorremos aos escritos de Aliomar Baleeiro,[9] que identificou esses efeitos em análise acurada sobre o assunto, especialmente quanto à questão do compartilhamento dos encargos dos empréstimos públicos no tempo por gerações futuras, quanto à possibilidade de aquecimento de economias em períodos de retração e, finalmente, no controle inflacionário.

O primeiro reflexo percebido pelo financista seria o de que as gerações futuras partilhariam as despesas da atualidade, como um processo de **repartição de encargos no tempo**, diferentemente do que ocorre em regra com a tributação, que divide o gravame entre os indivíduos no mesmo período. O benefício das gerações futuras se originaria no resultado dos investimentos realizados e concretizados a partir da contratação dos empréstimos, compartilhando o ônus com as gerações presentes.

Outro efeito é o de propiciar **liquidez financeira** e recursos para financiar o atendimento de despesas públicas em períodos de retração ou até mesmo de depressão econômica, complementando a função dos tributos, uma vez que nesses períodos de baixa produtividade, consumo e investimentos, as receitas tributárias se reduzem, na medida em que a produtividade em geral é afetada negativamente.

O **controle da inflação**, ao se retirarem temporariamente os recursos financeiros de circulação, a partir da contratação dos empréstimos, com a devolução do dinheiro em momento posterior já em fase de equilíbrio e de estabilidade monetária é, também, um mecanismo utilizado juntamente com a tributação no processo de controle do consumo excessivo.

Quanto à comparação entre os reflexos econômicos do crédito público no âmbito interno e externo, interessante análise é feita por Fernando Rezende.[10] Segundo este autor, ainda que ambos tenham a mesma magnitude e taxas de juros similares, o crédito público externo representa uma carga financeira maior para a comunidade nacional, se comparado com o crédito público interno, uma vez que os pagamentos de juros feitos a estrangeiros acarretariam

---

[9] BALEEIRO, Aliomar. *Uma Introdução à Ciência das Finanças*. 15. ed. Rio de Janeiro: Forense, 1997. p. 475-486.

[10] REZENDE, Fernando. *Finanças Públicas*. São Paulo: Atlas, 1983. p. 270-271.

uma dedução da renda interna disponível, ao passo que os pagamentos de juros referentes ao crédito interno seriam considerados como simples transferências internas.

6.6. CLASSIFICAÇÃO DO CRÉDITO PÚBLICO

Como fonte regular de financiamento do Estado, o empréstimo público como concretização do crédito público acaba por possuir diversas classificações, cada qual destacando uma característica do seu tipo.

A classificação mais tradicional refere-se à *competência do ente* federativo que contrai o **empréstimo público**, podendo ser **federal, estadual** ou **municipal**.

Analisando sob o aspecto do *momento do reembolso*, podemos distinguir o **empréstimo público de curto prazo**, quando a conclusão do contrato e o respectivo reembolso são realizados no mesmo exercício financeiro do seu início, do **empréstimo público de longo prazo**, quando a devolução dos valores emprestados se realiza em anos subsequentes à contratação inicial.

Por sua vez, na ótica da sua *territorialidade*, podemos identificar o **empréstimo público interno**, quando credor e devedor encontram-se na mesma esfera territorial da captação dos recursos (em geral considerado no mesmo país, mas pode-se estender o conceito para se realizado dentro do território do próprio ente federativo: Estado ou Município), ao passo que o **empréstimo público externo** ou internacional ocorre quando o local da captação dos recursos não é nacional, sendo normalmente celebrado com uma pessoa estrangeira, seja com outro país, com uma empresa estrangeira sediada no exterior ou em outro mercado financeiro que não o brasileiro. Registre-se que essa classificação pode comportar não apenas o elemento territorial da captação dos recursos, mas também a nacionalidade da moeda, das partes ou do local de celebração do contrato.

Podem, ainda, ser classificados quanto à característica da sua *realização*, distinguindo-se em **empréstimo público voluntário**, se a sua contratação for pautada pela liberdade e autonomia da vontade das partes, e o **empréstimo público compulsório**, se for baseado no poder de império estatal, não havendo possibilidade de escolha em emprestar ou não, já que o elemento volitivo neste caso não existirá. Exemplo de empréstimo público voluntário são as emissões de títulos da dívida pública, que podem ser adquiridos no mercado financeiro, ao passo que, como exemplo de empréstimo público compulsório, temos os depósitos bancários compulsórios que as instituições financeiras são obrigadas a realizar perante o Banco Central. Importante nesta classificação é não confundir o empréstimo público compulsório, modalidade de crédito público, com o empréstimo compulsório, considerado como espécie de tributo.[11]

---

[11] Por diversas razões considera-se o empréstimo compulsório modalidade de tributo restituível, entendimento este que foi chancelado pelo STF (RE 138.284-8; RE 146.733; ADC-1/DF). Primeiro, porque estando o empréstimo compulsório previsto na Constituição Federal de 1988 no capítulo do Sistema Tributário Nacional (art. 148), bem como expresso no Código Tributário Nacional (art. 15), derivaria destes dispositivos legais o regime jurídico a que estaria submetido. Segundo, a própria Constituição lhe impõe a observância do princípio da anterioridade, condicionante existente apenas para os tributos em geral. Terceiro, por ser compulsório, estaria de acordo com a natureza coativa dos tributos prevista no art. 3º do CTN que diz que "Tributo é toda prestação pecuniária compulsória (...)", o que seria reforçado pelo teor do art. 4º ao estabelecer que "A natureza jurídica específica do tributo é determinada pelo fato gerador (...) sendo irrelevantes para qualificá-la: (...) II – a destinação legal do produto da sua arrecadação".

6.7. CRÉDITO PÚBLICO NA LEGISLAÇÃO BRASILEIRA

O Brasil vem utilizando o crédito público como instrumento de captação de receitas desde a colônia. Isto porque já encontramos a previsão da sua existência no texto do Alvará de 09 de maio de 1810, que determinava que todas as dívidas contraídas pela Real Fazenda da Capitania do Rio de Janeiro até o fim do ano de 1797 se considerariam "antigas", impondo-se a pena de prescrição a todos os credores que no prazo de três anos não apresentassem ao Conselho da Fazenda os respectivos documentos para as competentes habilitações.

Na Constituição imperial de 1824, competia à Assembleia Geral autorizar a tomada de empréstimos (art. 15, inciso XIII). Na Constituição de 1891, havia a previsão para o Congresso Nacional legislar sobre a matéria de crédito público e autorizar o Poder Executivo a contrair empréstimos e fazer outras operações de crédito (art. 34), além de afirmar que o Governo da União garantiria o pagamento da dívida pública interna e externa (art. 84). Na Carta de 1934, sua previsão vinha no art. 39, item III, que atribuía ao Poder Legislativo, com a sanção do Presidente da República, a competência para dispor sobre a dívida pública, os meios para pagá-la e sobre a abertura e as operações de crédito. A Constituição de 1937 fixou a atribuição do Poder Legislativo para tratar de crédito público no seu art. 16. Em 1946, a Constituição estabelecia seu regime em diversos dispositivos (art. 7º, inciso IV; art. 23, incisos I e II; art. 33; art. 63, inciso II, e art. 65, inciso III). Na Carta de 1967 (com a Emenda Constitucional nº 01/1969), a previsão vinha no art. 46, inciso II, ao dispor competir ao Congresso Nacional tratar de abertura e operações de crédito, da dívida pública e das emissões de curso forçado.

A Constituição Federal de 1988, por sua vez, possui inúmeros dispositivos em matéria de crédito público, dos quais passamos a destacar os principais. Primeiro, temos no art. 21, inciso VIII, a previsão da competência da União para "administrar as reservas cambiais do País e fiscalizar as operações de natureza financeira, especialmente as de crédito". No art. 22, inciso VII, está a previsão da competência da União para legislar sobre a política de crédito. O art. 48 traz a competência do Congresso Nacional para dispor sobre as operações de crédito e da dívida pública (inciso II), bem como sobre o montante da dívida mobiliária federal (inciso XIV). O art. 52 estabelece competir privativamente ao Senado Federal

> dispor sobre limites globais e condições para as operações de crédito externo e interno da União, dos Estados, do Distrito Federal e dos Municípios, de suas autarquias e demais entidades controladas pelo Poder Público federal" (inciso VII); "dispor sobre limites e condições para a concessão de garantia da União em operações de crédito externo e interno" (inciso VIII); "estabelecer limites globais e condições para o montante da dívida mobiliária dos Estados, do Distrito Federal e dos Municípios" (inciso IX).

Já o art. 163 atribui à Lei Complementar a competência para dispor sobre normas gerais sobre a dívida pública externa e interna e emissão e resgate de títulos da dívida pública (incisos II, III e IV), assim como sobre a sustentabilidade da dívida (inciso VIII),[12] especificando: a) indicadores de sua apuração; b) níveis de compatibilidade dos resultados fiscais com a trajetória da dívida; c) trajetória de convergência do montante da dívida com os limites definidos em legislação; d) medidas de ajuste, suspensões e vedações; e) planejamento de alienação de ativos com vistas à redução do montante da dívida.

---

[12] Conforme Emenda Constitucional nº 109/2021.

Por sua vez, o art. 164-A prescreve que a União, os Estados, o Distrito Federal e os Municípios devem conduzir suas políticas fiscais de forma a manter a dívida pública em níveis sustentáveis, na forma da lei complementar referida no inciso VIII do *caput* do art. 163 da Constituição. Na mesma linha, a lei de diretrizes orçamentárias (LDO), dentre as suas funções, deverá considerar a sustentabilidade da dívida pública (§ 2º art. 165).

Relevante dispositivo constitucional que trata do crédito público é o inciso III do artigo 167, conhecido também por "regra de ouro fiscal", que veda

> a realização de operações de créditos que excedam o montante das despesas de capital, ressalvadas as autorizadas mediante créditos suplementares ou especiais com finalidade precisa, aprovados pelo Poder Legislativo por maioria absoluta;

O supracitado dispositivo constitucional busca evitar o uso de recursos financeiros provenientes de dívida pública para o pagamento de despesas correntes, tais como salários, benefícios de aposentadoria, contas de luz e outros custeios da máquina estatal. Mais do que impor responsabilidade na gestão do erário, o preceito se relaciona com o princípio da equidade intergeracional, de modo que não se onere a geração futura que pagará a dívida contraída no presente, sem que a ela se deixe algum legado ou benefício decorrente do investimento de capital financiado pelo endividamento. Entretanto, devemos registrar que a Emenda Constitucional nº 106/2020[13] dispensou a sua observância para o enfrentamento de calamidade pública nacional decorrente da pandemia da COVID-19.

A Lei Complementar nº 101/2000 traz no seu Capítulo VII (arts. 29 a 42), intitulado "Da Dívida e do Endividamento", as normas gerais sobre o crédito público, incluindo os limites da dívida pública e das operações de crédito, a contratação das operações de crédito, as limitações ao Banco Central, as garantias e contragarantias, os restos a pagar etc.

Finalmente, a Lei nº 4.320/1964, apesar de dispor sobre normas gerais de direito financeiro, pouco tratou do crédito público, tão somente reconhecendo as operações de crédito e classificando-as como receita de capital.[14] Nesse sentido, o art. 3º estabelece que "a Lei de Orçamentos compreenderá todas as receitas, inclusive as de operações de crédito autorizadas em lei". Já o art. 11, § 4º, ao apresentar a classificação das receitas, incluiu as operações de crédito no grupo das receitas de capital.

6.8. TÍTULOS DE CRÉDITO PÚBLICOS

O crédito público se operacionaliza através de empréstimos. Estes podem ser feitos diretamente entre as partes, envolvendo, em regra, instituições financeiras públicas ou privadas, nacionais ou estrangeiras. Ou podem se operacionalizar de maneira pulverizada, quando o tomador do empréstimo (Estado) emite títulos representativos de frações do contrato de empréstimo que são lançados no mercado financeiro para a captação dos recursos.

---

[13] Emenda Constitucional nº 106/2020. Art. 4º. Será dispensada, durante a integralidade do exercício financeiro em que vigore a calamidade pública nacional de que trata o art. 1º desta Emenda Constitucional, a observância do inciso III do *caput* do art. 167 da Constituição Federal. Parágrafo único. O Ministério da Economia publicará, a cada 30 (trinta) dias, relatório com os valores e o custo das operações de crédito realizadas no período de vigência do estado de calamidade pública nacional de que trata o art. 1º desta Emenda Constitucional.

[14] Isto se justifica uma vez que o sistema financeiro brasileiro ainda era embrionário na década de 1960, tanto assim que o Banco Central do Brasil só foi criado no final do ano de 1964.

Esta modalidade de captação de recursos financeiros se faz pela **emissão** de títulos da dívida pública, que podem ser *nominativos* ou ao *portador*; *federais*, *estaduais* ou *municipais*; *internos* ou *externos* (nacionais ou internacionais); em *moeda nacional* ou *estrangeira*; de *curto*, *médio* ou *longo prazo*; *pós-fixados* ou *prefixados*, conforme sua indexação. Assumem diversas formas, tais como as apólices, bônus, cupões, obrigações, letras, notas e bilhetes.

As **espécies** federais mais conhecidas emitidas pelo Tesouro Nacional ou pelo Banco Central são: Ativos da Dívida Agrícola; Bônus do Tesouro Nacional (já extinto); Certificados da Dívida Pública; Certificados do Tesouro Nacional; Certificados Financeiros do Tesouro; Créditos Securitizados; Letras do Tesouro Nacional; Letras Financeiras do Tesouro; Notas do Tesouro Nacional; Títulos da Dívida Agrária, Letras do Banco Central, Notas do Banco Central, Bônus do Banco Central, entre outros.

Identificamos vários **benefícios da operação** para ambas as partes. O tomador do empréstimo, emitente dos títulos, irá utilizar os recursos captados para diversas finalidades, seja como instrumento de política monetária, seja no financiamento direto das suas atividades ou até mesmo para refinanciar a própria dívida pública. Por sua vez, o adquirente dos títulos, que figurará como o prestamista, além de ser remunerado por juros, poderá negociar os títulos no mercado, oferecê-los em garantia de outras operações ou negócios e, até mesmo, quitar débitos perante o Estado.

A sua **emissão** e resgate se submetem ao princípio da legalidade, já que a Constituição prevê que lei complementar disporá sobre a matéria (art. 163, inciso IV), devendo estar autorizadas as operações em lei ou no orçamento (art. 165, § 8º), competindo ao Senado Federal fixar, por proposta do Presidente da República, limites globais para o montante da dívida consolidada da União, dos Estados, do Distrito Federal e dos Municípios e dispor sobre os limites globais e condições para as operações de crédito externo e interno, dívida mobiliária e concessão de garantias (art. 52, incisos VI a IX).

Em regra, ao final do seu prazo, o prestamista irá realizar o **resgate do título** pelo valor integral, quando se diz que o título "venceu" e a dívida foi amortizada. Mas os títulos, ao final do seu prazo, poderão ser convertidos em novos títulos, com características iguais ou diferentes, de maneira voluntária ou forçada.

A **remuneração dos títulos públicos** é feita através do pagamento de uma taxa de juros devida periodicamente (mensal, semestral, anual etc.), que variará segundo a maior ou menor liquidez do mercado e, principalmente, em face da segurança no pagamento dos títulos ao final do seu prazo, o que muitas vezes exige uma garantia a ser oferecida pelo emitente. Países (ou entes federativos) que já pediram a moratória de suas dívidas encontram maiores dificuldades em lançar títulos no mercado devido ao alto risco para o investidor, onerando sua remuneração a fim de compensar o investimento. Em certos casos de baixa atratividade no investimento, além de majorar a taxa de juros, os títulos acabam sendo emitidos "abaixo do par", quando o seu valor nominal é superior ao valor de colocação no mercado, mas com a obrigação de resgate pelo valor integral.

Os **Títulos Públicos Federais** são os mais conhecidos e de maior circulação no Brasil. A Secretaria do Tesouro Nacional (STN), órgão do Ministério da Fazenda responsável pela administração da dívida pública federal interna e externa, tem atribuição de emitir, controlar e resgatar títulos públicos federais. Atualmente, os títulos da dívida pública interna emitidos pela STN são aqueles definidos na Lei nº 10.179/2001, cujas características estão descritas no Decreto nº 11.301/2022. São todos emitidos na forma escritural (com registro eletrônico e não em cártula), o que significa que os direitos creditórios, as cessões desses direitos e os resgates do valor principal e dos rendimentos são registrados eletronicamente nas centrais de custódias autorizadas pelo Banco Central do Brasil. No passado, a aquisição desses títulos públicos ocorria indiretamente, por meio da aquisição de cotas de fundos de investimento, através de instituições financeiras que funcionavam como intermediárias. Para aquisição de títulos da Dívida Pública Federal, os investidores: a) pessoa física, realizarão a aquisição direta por meio do Programa Tesouro Direto, ou de forma indireta, através de instituições financeiras, fundos de investimento e/ou previdência privada; b) pessoa jurídica, através do seu cadastramento e operação por uma instituição financeira intermediadora.[15]

Dentre os títulos públicos federais que compõem a Dívida Pública Mobiliária Federal interna (DPMFi), destacam-se as Letras do Tesouro Nacional (LTN) e as Notas do Tesouro Nacional – Série F (NTN-F), títulos com remuneração prefixada; as Letras Financeiras do Tesouro (LFT), com remuneração indexada à taxa Selic; e as Notas do Tesouro Nacional – Série B (NTN-B) e Série C (NTN-C), títulos indexados ao IPCA e ao IGP-M, respectivamente. A quase totalidade (mais de 95%) dos títulos públicos federais em circulação, inclusive os citados acima, está custodiada no Selic – Sistema Especial de Liquidação e de Custódia, que é administrado pelo Banco Central. O restante dos títulos está registrado na Cetip – Central de Custódia e de Liquidação Financeira de Títulos.

Uma questão que constantemente se apresenta nas esferas administrativa e judicial é a da utilização de determinados títulos públicos federais para a compensação e pagamento de tributos. Ocorre que, à exceção dos Títulos da Dívida Agrária, os quais podem ser utilizados para o pagamento de 50% do Imposto Territorial Rural (art. 105, Lei nº 4.504/1964), hoje em dia não há nenhuma hipótese de pagamento ou compensação de tributos com títulos públicos, uma vez que a previsão estabelecida no art. 6º da Lei nº 10.179/2001, que permitia a utilização das LTNs, LFTs e NTNs para pagamento de tributos desde que estes estivessem vencidos, encontra-se superada, uma vez que todos os títulos públicos federais emitidos foram resgatados nos respectivos vencimentos, não havendo nenhum na condição de vencido.

A mesma vedação ocorre em relação aos pedidos de resgate, troca, conversão e compensação com tributos envolvendo apólices antigas, emitidas sob a forma **cartular** (impressas em papel). Todas as LTNs cartulares existentes hoje no mercado são falsas, vez que o seu vencimento dava-se no prazo máximo de 365 dias (emitidas na década de 1970) e não houve qualquer repactuação. Outrossim, até a segunda metade do século XX, o Governo Brasileiro, em diversas ocasiões, emitiu títulos com a finalidade de captar recursos para financiamento de ações necessárias ao desenvolvimento do país, tais como as Apólices da Dívida Pública, as Obrigações de Guerra, as Obrigações do Reaparelhamento Econômico, os Títulos de Recuperação Financeira e os Títulos da Dívida Interna Fundada Federal de 1956. Porém, em 1957, o Governo, no interesse de padronizar sua dívida, promoveu a troca de todos os seus títulos emitidos entre 1902 e 1955 por novos.

Assim, a partir de 1957, aquelas apólices tornaram-se exigíveis, tendo como consequência o início do prazo prescricional de cinco anos. Portanto, em 1962, todas as apólices emitidas até 1955 e não trocadas pelos novos títulos deixaram de ter valor. Assim, todos esses títulos públicos federais, bem como quaisquer outros em forma de papel que não sejam Títulos da Dívida Agrária, encontram-se prescritos, conforme Parecer nº 859 da Procuradoria-Geral

---

[15] Informações contidas na brochura intitulada "Prevenção à Fraude Tributária com Títulos Públicos Antigos", publicada pela Secretaria do Tesouro Nacional, em conjunto com a Procuradoria-Geral da Fazenda Nacional, o Ministério Público da União e a Secretaria da Receita Federal do Brasil. Disponível em: <https://www.gov.br/pgfn/pt-br/central-de-conteudo/publicacoes/cartilha_fraudes.pdf>. Acesso em: 29/09/2024.

da Fazenda Nacional (PGFN), publicado no Diário Oficial da União, de 06 de julho de 1998, Seção 1, páginas 13 a 17, por força da Lei nº 4.069/1962 e dos seguintes diplomas legais: 1) Decreto-Lei nº 263, de 28 de fevereiro de 1967, que autorizou o Poder Executivo a resgatar Títulos da Dívida Pública Interna Federal, sem cláusula de correção monetária, emitidos anteriormente àquela data. Este Decreto-lei estabeleceu um prazo de seis meses a contar do início da execução efetiva dos respectivos serviços, divulgado em edital publicado pelo Banco Central do Brasil, o que ocorreu em 05/07/1968. O referido Edital estabeleceu, para os títulos que mencionava, prazos de apresentação, respectivamente, de 01/07/1968 a 01/01/1969 e de 02/09/1968 a 02/03/1969. Vencidos os prazos citados, os títulos, inclusive juros, seriam considerados prescritos nos termos do art. 3º do Decreto-lei em questão; 2) Decreto-Lei nº 396, de 30 de dezembro de 1968, que prorrogou por mais seis meses o prazo mencionado no Decreto-Lei nº 263/1967. Consequentemente, os prazos finais para a apresentação dos títulos passaram a ser, respectivamente, 01/07/1969 e 02/09/1969. Após essas datas, a dívida prescreveu, inclusive os juros devidos.

6.9. DÍVIDA PÚBLICA

A **dívida pública** propriamente dita representa o somatório das obrigações do Estado perante todos os seus credores referentes aos empréstimos públicos contraídos no mercado interno ou externo, seja através dos contratos diretos com instituições financeiras ou demais credores, seja pela emissão de títulos, para financiar as despesas públicas não cobertas pelas receitas públicas ordinárias, especialmente as tributárias. Há quem inclua, também, no conceito de dívida pública as garantias prestadas pelo Estado, uma vez que estas podem se converter em obrigação. Mas sob a ótica de um conceito mais amplo, é comum a referência à **dívida pública consolidada**, que engloba as obrigações relativas aos empréstimos de longo prazo, juntamente com todas as demais obrigações estatais, tais como as obrigações previdenciárias, com o pagamento de salários, aquisição de móveis ou imóveis, pagamento de fornecedores e prestadores de serviços, precatórios etc. Todavia, como estamos analisando neste capítulo apenas as operações referentes ao crédito público, o primeiro conceito é o que nos interessa.

O art. 29 da Lei de Responsabilidade Fiscal (LC nº 101/2000) adota as seguintes definições sobre a matéria: I – **dívida pública consolidada ou fundada** é o montante total, apurado sem duplicidade, das obrigações financeiras do ente da Federação, assumidas em virtude de leis, contratos, convênios ou tratados e da realização de operações de crédito, para amortização em prazo superior a doze meses; II – **dívida pública mobiliária** é a dívida pública representada por títulos emitidos pela União, inclusive os do Banco Central do Brasil, Estados e Municípios; III – **operação de crédito** é o compromisso financeiro assumido em razão de mútuo, abertura de crédito, emissão e aceite de título, aquisição financiada de bens, recebimento antecipado de valores provenientes da venda a termo de bens e serviços, arrendamento mercantil e outras operações assemelhadas, inclusive com o uso de derivativos financeiros; IV – **concessão de garantia** é o compromisso de adimplência de obrigação financeira ou contratual assumida por ente da Federação ou entidade a ele vinculada; V – **refinanciamento da dívida mobiliária** é a emissão de títulos para pagamento do principal, acrescido da atualização monetária.

Temos, também, a **dívida pública flutuante**, que é aquela contraída a curto prazo, para atender às momentâneas necessidades de caixa, surgindo no momento em que as receitas referentes à respectiva despesa ainda não tenham sido percebidas. Esta dívida caracteriza-se por não depender de autorização legislativa, somente podendo ser contraída internamente e por curto prazo, compreendendo, segundo o art. 92 da Lei nº 4.320/1964: I – os restos a pagar, excluídos os serviços da dívida; II – os serviços da dívida a pagar; III – os depósitos; IV – os débitos de tesouraria.

Em eventual **inadimplência da dívida pública** interna, a Constituição Federal de 1988 estabelece, no art. 34, inciso V, e no art. 35, inciso I, que, respectivamente, a União intervirá nos Estados e no Distrito Federal, para reorganizar as finanças da unidade da Federação que suspender o pagamento da dívida fundada por mais de dois anos consecutivos, salvo motivo de força maior. No mesmo sentido, estabelece que os Estados poderão intervir em seus Municípios, quando deixar de ser paga, sem motivo de força maior, por dois anos consecutivos, a dívida fundada.

Denomina-se **moratória** o instituto segundo o qual o Estado deixa voluntariamente de pagar o débito, e **bancarrota** quando a inadimplência não é voluntária, motivada pela insuficiência de recursos financeiros. Em qualquer caso, costuma-se, em âmbito internacional, realizar a arbitragem para solucionar o conflito de interesses entre credor e devedor. Internamente, poderá o credor executar a obrigação vencida perante os tribunais, tramitando pela forma ordinária e, condenado o Estado, expedindo-se o respectivo Ofício Requisitório para pagamento através de Precatório.

Para evitar tanto a intervenção estatal como a ocorrência de moratórias, bancarrotas ou a execução judicial dos valores, a legislação estabelece mecanismos de fiscalização para a autorização da contratação de créditos públicos. Assim, é prevista a fiscalização dos contratos realizados pela Administração Pública a cargo dos Tribunais de Contas e pelos órgãos internos dos respectivos Poderes (art. 70, CF/1988).

Tratando-se de Crédito e de Dívida Pública Interna, o **Banco Central do Brasil** tem funções relevantes, estabelecidas pela Constituição Federal de 1988 (art. 164, CF/1988). Atua como um órgão estatal controlador e disciplinador do mercado financeiro brasileiro. Possui diversas atribuições, dentre as quais destacam-se o exercício exclusivo da competência para emitir moeda, para comprar e vender títulos de emissão do Tesouro Nacional, para regular a oferta de moeda ou taxa de juros, e para depositar as disponibilidades de caixa da União. Assim, por exemplo, quando houver excesso de dinheiro em circulação que possa gerar inflação, o Banco Central poderá vender títulos públicos e enxugar a oferta de capitais ou, ao contrário, comprar os títulos e recolocar o dinheiro disponível no mercado. Além destas atribuições previstas na Constituição Federal, identificamos nos arts. 10 e 11 da Lei nº 4.595/1964 as seguintes atribuições do Banco Central: a) realizar operações de redesconto e empréstimo a instituições financeiras bancárias; b) efetuar o controle dos capitais estrangeiros; c) exercer a fiscalização das instituições financeiras e aplicar as penalidades previstas; d) conceder autorizações às instituições financeiras; e) exercer permanente vigilância nos mercados financeiros e de capitais.

O Banco Central do Brasil, autarquia federal integrante do Sistema Financeiro Nacional, foi criado em 31/12/1964, com a promulgação da Lei nº 4.595. Antes da criação do Banco Central, o papel de autoridade monetária era desempenhado pela Superintendência da Moeda e do Crédito – Sumoc, pelo Banco do Brasil – BB e pelo Tesouro Nacional. A Sumoc, criada em 1945 com a finalidade de exercer o controle monetário e preparar a organização de um banco central, tinha a responsabilidade de fixar os percentuais de reservas obrigatórias dos bancos comerciais, as taxas do redesconto e da assistência financeira de liquidez, bem como os juros sobre depósitos bancários. Além disso, supervisionava a atuação dos bancos comerciais, orientava a política cambial e representava o país junto a organismos internacionais. O Banco do Brasil desempenhava as funções de banco do governo, incumbindo-lhe o controle das operações de comércio exterior, o recebimento dos depósitos compulsórios e voluntários dos bancos comerciais e a execução de operações de câmbio em nome de empresas públicas e do Tesouro Nacional, de acordo com as normas estabelecidas pela Sumoc e pelo Banco de Crédito Agrícola, Comercial e Industrial. O Tesouro Nacional era o órgão emissor de papel-moeda. Importante ressaltar que a Constituição de 1988 prevê ainda, em seu art. 192, a elaboração de Lei Complementar do Sistema Financeiro Nacional, que deverá substituir a Lei nº 4.595/1964 e redefinir as atribuições e a estrutura do Banco Central do Brasil.

A Lei Complementar nº 179/2021, norma que conferiu autonomia e independência ao Banco Central do Brasil[16] em relação a qualquer ministério ou governo, estabeleceu que este tem por objetivo fundamental assegurar a estabilidade de preços, zelar pela estabilidade e pela eficiência do sistema financeiro, suavizar as flutuações do nível de atividade econômica, fomentar o pleno emprego e conduzir a política monetária para atender às metas de política monetária estabelecidas pelo Conselho Monetário Nacional.

Ao falar da **dívida pública externa** brasileira, não podemos deixar de destacar o papel do Fundo Monetário Internacional (FMI) e do Banco Internacional de Reconstrução e Desenvolvimento (BIRD), também conhecido como Banco Mundial, organismos financeiros internacionais, ambos criados em 1944 na Conferência de Bretton Woods, com o propósito de facilitar a estabilidade financeira mundial no pós-guerra e fornecer recursos para investimentos. Ao BIRD caberia o financiamento da reconstrução dos países destruídos pela guerra e, posteriormente, o financiamento de projetos de desenvolvimento. O FMI, por sua vez, zelaria pela estabilidade financeira mundial, garantindo empréstimos aos países com dificuldades para fechar seus balanços de pagamento.

Os instrumentos mais comuns de ajuda financeira realizados nas últimas décadas por essas instituições internacionais são os seguintes: a) SBA – Acordo Stand-by (*Stand-by agreement*), política mais comum de empréstimos do FMI, utilizada desde 1952 para os países com problemas na balança de pagamentos de curto prazo, envolvendo apenas o financiamento direto de 12 a 18 meses, com prazo de pagamento de três a cinco anos e cobrança de juros fixos; b) ESF – Programa de Contenção de Choques Externos (*Exogenous Shocks Facility*), para atender a situações de crises ou de conflitos temporários que influem no comércio, flutuações no preço de *commodities*, desastres naturais; c) EFF – Programa de Financiamento Ampliado (*Extended Fund Facility*), para oferecer recursos àqueles países que possuem problemas estruturais no balanço de pagamentos, com a imposição da solução dos problemas através de reformas e privatizações; d) SRF – Programa de Financiamento de Reserva Suplementar (*Supplemental Reserve Facility*), direcionado a resolver os problemas financeiros de curto prazo que envolvam a perda de confiança no mercado ou ataques especulativos; e) PRGF – Programa de Financiamento para Redução da Pobreza e Desenvolvimento (*Poverty Reduction and Growth Facility*), destinado a colaborar com os países mais pobres, com estratégias de combate à pobreza e retomada do crescimento; f) EA – Assistência Emergencial (*Emergency Assistance*), para auxiliar os países que sofreram catástrofes naturais ou foram palco de conflitos militares e ficaram economicamente desestabilizados.

O primeiro empréstimo realizado pelo Brasil com o Banco Mundial foi para um projeto de energia elétrica à base térmica, em 1949, por um montante de 75 milhões de dólares. Com

---

16 Lei Complementar nº 179/2021. Art. 6º. O Banco Central do Brasil é autarquia de natureza especial caracterizada pela ausência de vinculação a Ministério, de tutela ou de subordinação hierárquica, pela autonomia técnica, operacional, administrativa e financeira, pela investidura a termo de seus dirigentes e pela estabilidade durante seus mandatos, bem como pelas demais disposições constantes desta Lei Complementar ou de leis específicas destinadas à sua implementação.

o FMI, as operações se iniciaram em 1954, numa primeira experiência através de um aval dado a empréstimo do Eximbank, o banco garantidor de financiamentos às exportações do governo americano. A partir daí, o Brasil se torna devedor de ambas as instituições, através de sucessivos acordos para financiar obras de infraestrutura, solucionar problemas cambiais, superar crises financeiras internas e internacionais e *déficits* na balança de pagamentos. Entretanto, a situação creditícia do Brasil muda ao longo da primeira década do século XXI, uma vez que, ao acumular reservas internacionais suficientes para cobrir suas dívidas, o país passa a integrar o rol de credores do FMI.

A **Dívida Pública Federal** refere-se a todas as dívidas contraídas pelo Governo Federal para financiamento do seu déficit orçamentário, nele incluído o refinanciamento da própria dívida, e para outras operações com finalidades específicas, definidas em lei. O objetivo da administração da Dívida Pública Federal é suprir de forma eficiente as necessidades de financiamento do Governo Federal, ao menor custo de financiamento no longo prazo, respeitando-se a manutenção de níveis prudentes de risco. Atualmente, toda a Dívida Pública Federal em circulação no mercado nacional é paga em reais e captada por meio da emissão de títulos públicos, sendo por essa razão definida como Dívida Pública Mobiliária Federal interna (DPMFi). Já a Dívida Pública Federal existente no mercado internacional é paga em dólares norte-americanos e tem sido captada tanto por meio da emissão de títulos quanto por contratos, sendo por isso definida como Dívida Pública Federal externa (DPFe). O Ministério da Fazenda, por meio da Secretaria do Tesouro Nacional – STN, é o órgão responsável pela administração da Dívida Pública Federal.

A Securitização da dívida pública é o processo pelo qual um emissor cria um instrumento financeiro a partir de outros ativos, passando a comercializar aos investidores partes ou quotas desse novo instrumento. Esse processo pode englobar diversos tipos de ativos financeiros e promove liquidez no mercado. No âmbito do Tesouro Nacional, a securitização pode ser definida como a renegociação de dívidas, tendo como mecanismo subjacente a novação contratual. Para os credores, o processo apresenta, como principal vantagem, a recuperação da liquidez de seus ativos. Do ponto de vista do Governo, a securitização não apenas permite a adequação das exigibilidades financeiras do Tesouro Nacional à sua capacidade de pagamento, mas também contribui, de forma expressiva, para o resgate do crédito do setor público. Atualmente, a securitização de dívidas é concretizada por meio da emissão de apenas uma espécie de título público: a Nota do Tesouro Nacional – Série B – NTN-B.

Capítulo 7
DESPESA PÚBLICA

De nada adiantaria a preocupação com os instrumentos de obtenção de receitas públicas se não houvesse, na mesma esteira, normas regulando a aplicação desses recursos pelo Estado.

Afinal, receitas e despesas integram o mesmo processo da atividade financeira estatal, podendo-se dizer que há uma relação de *meio* e *fim* estatal. A receita pública seria apenas um meio instrumental necessário para a realização da despesa pública, que representa a finalidade precípua da existência do Estado: prover o cidadão e a sociedade de bens e serviços necessários para uma vida digna, justa e feliz.

Apesar de a natureza da decisão sobre a aplicação dos gastos públicos ter, em certa medida, conteúdo político, existem limites, parâmetros e prioridades constitucionais e infraconstitucionais para a realização de todas as despesas públicas. Assim, encontraremos, tanto na Constituição Federal de 1988 como nas leis específicas do Direito Financeiro, critérios para a eleição da despesa pública, como também as regras que conduzem o procedimento para sua realização.

É inegável que a definição das políticas públicas e a escolha feita pelo Estado sobre o que fazer com os recursos financeiros arrecadados devem seguir sempre o interesse coletivo, pautar-se nas necessidades mais urgentes da sociedade e serem conduzidas a partir dos valores constitucionais voltados para a consecução e o atendimento dos direitos fundamentais e dos direitos sociais.

7.1. CONCEITO DE DESPESA PÚBLICA

Despesa pública é o conjunto de gastos realizados pelo Estado no seu funcionamento. Noutras palavras, é a aplicação de recursos financeiros em bens e serviços destinados a satisfazer as necessidades coletivas. A origem etimológica da palavra despesa vem do latim *dispendere*, que significa empregar e, portanto, nos indica sua função: utilizar os recursos estatais na execução da sua finalidade.

Apesar de utilizarmos a palavra "gasto" como sinônimo de despesa, no direito financeiro não há uma conotação negativa como usualmente é empregada no dia a dia, no sentido de desperdício ou de esbanjamento. Muito pelo contrário, o gasto do dinheiro público deve ser sempre feito e considerado como um emprego da verba pública de maneira positiva, ou seja, um investimento na sociedade ou no patrimônio estatal, agregando-se valor através da despesa pública, em bens ou serviços de interesse da coletividade.

Como vivemos em um Estado de Direito, onde o administrador da coisa pública não está livre para empregá-la da maneira que melhor lhe convier, este encontrará os parâmetros para sua atuação na lei, razão pela qual as despesas públicas deverão estar previstas no orçamento.

Segundo Dejalma de Campos,[1] "a despesa pública é a aplicação de certa importância em dinheiro, por autoridade pública, de acordo com autorização do Poder Legislativo, para a execução de serviços a cargo do Governo". Para Alberto Deodato,[2] "a despesa é o gasto da riqueza pública autorizado pelo poder competente, com o fim de socorrer a uma necessidade pública". Finalmente, nas palavras de Aliomar Baleeiro,[3] a despesa pública "designa o conjunto de dispêndios do Estado, ou de outra pessoa de Direito Público, para o funcionamento dos serviços públicos".

Porém, a despesa pública deve ser compreendida numa acepção mais ampla no plano financeiro. Isso porque, além do emprego nas necessidades básicas coletivas, o Estado destina parte das receitas públicas em ações devidamente programadas para propiciar o desenvolvimento social e econômico. Daí por que dizemos que a despesa pública se relaciona diretamente com a política fiscal, mecanismo pelo qual é exercida a administração financeira dos gastos e do emprego dos recursos públicos, de maneira planejada e direcionada para realização de um determinado fim específico.

Portanto, ao tratar de despesas públicas estaremos nos referindo a todas as espécies de gastos que o Estado realiza em bens e serviços, tanto os necessários ao atendimento das necessidades públicas básicas, quanto aqueles vinculados à realização das políticas públicas de desenvolvimento social e econômico.

7.2. CARACTERÍSTICAS DAS DESPESAS PÚBLICAS

Existem três características distintivas nas despesas públicas: a *econômica*, a *política* e a *jurídica*. Podemos dizer que se trata de recursos financeiros estatais (econômica), destinados a satisfazer e atender às necessidades coletivas identificadas pelo respectivo governo (política), cuja aplicação deverá ser devidamente autorizada pela lei orçamentária (jurídica). Assim, caracteriza-se pelo teor financeiro, uma vez que se refere a recursos de natureza pecuniária; pelo teor político, pois dependerá da ideologia de cada governante que elegerá as prioridades dos seus gastos e investimentos; e pelo teor jurídico, pois dependerá da previsão orçamentária para ser realizada.[4]

Da característica **econômica** desponta o seu próprio elemento constitutivo: o dinheiro. A despesa pública nada mais é do que a alocação das receitas públicas arrecadadas pelo Estado na sua atividade financeira. Isso porque o Estado não tem por objetivo acumular riqueza e formar um patrimônio. Sua finalidade é sempre voltada ao atendimento das necessidades coletivas e tudo o que é arrecadado deve servir a um objetivo público. Portanto, para cobrir os custos dos bens e dos serviços que o Estado oferecerá à sociedade, ele deverá dispor dos recursos financeiros que ingressaram nos seus cofres a título de tributos, de multas e demais penalidades, de rendas do seu próprio patrimônio e das demais fontes. Não à toa, atualmente apresenta-se como objeto de interesse a chamada "Teoria dos Custos dos Direitos",[5] pela qual se preconiza que até mesmo os direitos liberais clássicos – como a propriedade privada, por exemplo – apresentam custos para serem garantidos pelo Estado. O emprego de tais recursos é a própria despesa pública.

---

[1] CAMPOS, Dejalma. *Direito Financeiro e Orçamentário*. 3. ed. São Paulo: Atlas, 2005. p. 49.
[2] DEODATO, Alberto. *Manual de Ciência das Finanças*. 10. ed. São Paulo: Saraiva, 1967. p. 135.
[3] BALEEIRO, Aliomar. *Uma Introdução à Ciência das Finanças*. 15. ed. Rio de Janeiro: Forense, 1997. p. 73.
[4] CAMPOS, Dejalma. *Direito Financeiro e Orçamentário*. 3. ed. São Paulo: Atlas, 2005. p. 49-50.
[5] HOLMES, Stephen; SUNSTEIN, Cass R. *The Cost of Rights*: Why Liberty Depends on Taxes. New York: W. W. Norton & Company, 1999.

O aspecto **político** se revela na forma com que se definem as escolhas estatais para realizar as despesas públicas, uma vez que possuem, em certa medida, uma natureza política (embora constitucionalmente previstas). A programação das despesas públicas disposta nos orçamentos estará de acordo com o perfil de cada governo, na linha das suas convicções econômicas, políticas e sociais. Poderá haver uma grande variedade de estilos de governos – os liberais, os sociais, os intervencionistas, os socialistas etc. – e cada um destes realizará as despesas públicas de acordo com a própria ideologia. Porém, independente disso, a observância das prioridades e garantias constitucionais é um dever de qualquer governo.[6]

Já o viés **jurídico** da despesa pública encontra-se na obrigação de ela ser prevista no orçamento. A despesa pública não pode ser realizada livremente pelo administrador público. Ao contrário, deve corresponder a previsão na lei orçamentária, devidamente aprovada pelo Poder Legislativo, seguindo, principalmente, as diretrizes constitucionais. Como bem coloca Regis Fernandes de Oliveira[7], "todas as despesas devem encontrar respaldo constitucional ou legal. Todas devem gerar benefício ao Poder Público, seja como aumento patrimonial, seja como retribuição a serviços prestados ou compra de bens ou serviços etc." Essa previsão orçamentária deverá levar em consideração que para toda despesa deverá haver uma receita a financiá-la, sob pena de afetar o equilíbrio das contas públicas. Assim, ressalta Ricardo Lobo Torres[8] que "a despesa e a receita são duas faces da mesma moeda, as duas vertentes do mesmo orçamento. Implicam-se mutuamente e devem se equilibrar".

7.3. EFEITOS NA ECONOMIA DAS DESPESAS PÚBLICAS

Da mesma maneira que a receita pública, sobretudo a tributária, possui uma função extrafiscal ou regulatória, a dimensão quantitativa da despesa pública e a sua alocação no orçamento público também terão efeitos concretos na economia.

A finalidade precípua das receitas públicas é a arrecadatória, a fim de obter recursos a serem destinados aos cofres públicos. Entretanto, outro efeito arrecadatório se dá pela extrafiscalidade, instituída para intervir indiretamente na sociedade ao induzir comportamentos, tais como: redistribuir riquezas; proteger a indústria ou o mercado interno; desencorajar o consumo de supérfluos e produtos nocivos à saúde; facilitar o desenvolvimento regional; estimular a utilização da propriedade no âmbito de sua função social; realizar ajustes monetários; combater a inflação; etc.

Com as despesas públicas, o mesmo ocorre. Além de atingir o seu fim primário, qual seja, atender às necessidades públicas primárias e secundárias, conforme sua alocação no orçamento público, a despesa, dependendo do seu volume e destinação, poderá gerar propositadamente efeitos na economia.

---

[6] A doutrina clássica do Direito Financeiro pregava o aspecto *político* como preponderante, aproximando-se de uma discricionariedade plena nas escolhas das despesas e políticas públicas. Todavia, a doutrina mais moderna, à qual nos filiamos, reduz a importância do aspecto político, subordinando-o ao aspecto *jurídico-constitucional*. Assim, a definição das despesas públicas deverá ser estabelecida, prioritariamente, a partir dos preceitos constitucionais, restando uma margem residual para as escolhas políticas. Trata-se do processo de constitucionalização do direito financeiro brasileiro.

[7] OLIVEIRA, Regis Fernandes de. *Curso de Direito Financeiro*. 2. ed. São Paulo: Revista dos Tribunais, 2008. p. 255.

[8] TORRES, Ricardo Lobo. *Curso de direito financeiro e tributário*, 18. ed. Rio de Janeiro, 2011. p. 194.

Para tanto, a **Economia Política** é o ramo das ciências sociais que tem por objeto o estudo da realidade social e dos fatores econômicos, a fim de definir as finalidades e prioridades estatais de acordo com o ambiente jurídico, econômico e social no qual se está inserido, elencando os meios financeiros mais adequados para a sua efetivação. Esta área colabora com as finanças públicas e com o Direito Financeiro na definição das escolhas alocativas.

As teorias e modelos de pensamento econômico se originaram de diversas escolas. Dentre elas, podemos citar o mercantilismo (séculos XV a XVII), a fisiocrática (século XVIII), a clássica (segunda metade do século XVIII e XIX), o marxismo (segunda metade do século XIX), a neoclássica (fins do século XIX), a keynesiana (primeiras décadas do século XX), o neoliberalismo (últimas décadas do século XX) e a neodesenvolvimentista (início do século XXI). Analisaremos apenas as mais modernas e relevantes para a compreensão e contextualização do nosso estudo.

Na **Escola Econômica Clássica**, Adam Smith apresenta, com a obra "Pesquisa sobre a natureza e a causa da riqueza das nações", a teoria liberal do *laissez-faire*, pela qual o Estado não deve interferir na vida econômica, deixando a "mão invisível" das forças do mercado atuar em prol do indivíduo e da sociedade.[9] Sua escola tem sequência com David Ricardo, através do seu livro "Princípios da economia política e tributação"[10], Jean-Baptiste Say,[11] por seu "Tratado de economia política", e John Stuart Mill, com o seu "Princípios de economia política".[12] Neste contexto, a função de produzir o bem-estar era de responsabilidade do próprio mercado, não havendo espaço para se falar em intervenção do Estado na economia e nem na sociedade.

Importante relembrar que, na faceta jurídica, foi através das Constituições modernas e de suas ideologias de liberdade que se fundamentaram as ideias do liberalismo econômico, no qual o mercado possuiria leis naturais e o equilíbrio seria alcançado de forma espontânea, sem qualquer tipo de interferência estatal. Mas as distorções e desequilíbrios socioeconômicos provenientes desse sistema puderam ser facilmente notados ao longo do tempo, devido, sobretudo, às emergentes relações empresariais de natureza mercantil e industrial. Aqui, a imperiosa necessidade de lucratividade crescente impunha, dentre outros métodos, a busca de complexos mecanismos jurídicos para a otimização financeira dos empreendimentos, acarretando, consequentemente, a utilização desvirtuada do ordenamento normativo, subvertendo-se valores pela abusiva distorção dos meios e formas legais para se alcançar objetivos meramente pecuniários.

Com a realidade da segunda metade do século XIX de grande desigualdade social e econômica, os ideais do socialismo ganham força como reação aos princípios liberais da Escola Clássica, tendo em Karl Marx – e na **Escola Marxista** – seu grande expoente, ao propor ideias revolucionárias de um Estado autoritário e interventor contra o modelo capitalista, principalmente através de sua obra "O capital".[13] Em paralelo, a "Grande Depressão" econô-

---

[9] SMITH, Adam. *Riqueza de las naciones*. Trad. José Alonso Ortiz. Barcelona: Bosch, 1955. 3 vols.
[10] RICARDO, David. *On the Principles of Political Economy and Taxation*. **In:** SRAFFA, Piero (Ed.). *The Works and Correspondence of David Ricardo*. Cambridge: Cambridge University, 1951. v. 1.
[11] SAY, Jean Baptiste. *Traité d'économie politique*. Paris: Guillaumin, 1841.
[12] MILL, John Stuart. *Principles of Political Economy with some of their Applications to Social Philosophy*. London: Longmans, Green and Co., 1848.
[13] MARX, Karl. *O Capital*: crítica da economia política. Trad. Regis Barbosa e Flávio Kothe. 2. ed. São Paulo: Nova Cultural, 1985. v. 1. Tomo 1.

mica da década de 1930 colocou em xeque a ideologia liberal e trouxe novamente ao debate o papel do Estado na economia e na sociedade para a busca do bem-estar social.

É a partir desta conjuntura que o peso do Estado passa a ser maior e o processo de crescimento das despesas públicas se torna protagonista do desenvolvimento social e econômico, tendo Adolph Wagner[14] desempenho proeminente na escola econômica ("Lei de Wagner"), ao correlacionar o crescimento do nível de renda com os aumentos dos gastos estatais e da promoção do bem-estar em períodos de desenvolvimento econômico.[15]

Neste cenário, a contribuição de Keynes[16] foi determinante, ao propor políticas fiscais compensatórias e de aumento de déficit público e dos gastos públicos como complemento ao consumo privado em períodos recessivos e de superávit para conter a inflação. Segundo a **Escola Keynesiana**, o Estado deveria assumir uma postura mais ativa e intervencionista – com aumento de gastos em geral e sobretudo de investimentos – para movimentar a economia e superar as insuficiências de demanda do setor privado, sem se preocupar momentaneamente com a austeridade e equilíbrio orçamentários.

A partir dele, houve grande contribuição de Alvin H. Hansen, através do seu livro "Fiscal policy and business cycles",[17] que orientou todo o desenvolvimento, dentro das finanças públicas, da denominada "teoria da política fiscal". Posteriormente, vem Richard Musgrave consolidar os princípios das finanças públicas com a sua obra "Public finance",[18] sintetizando as atribuições estatais na promoção do ajustamento da alocação de recursos e da distribuição de renda, bem como na manutenção da estabilidade econômica. Por sua vez, James M. Buchanan teoriza e conceitua "bem público" no seu livro "Public finance in democratic process",[19] especialmente diante da complexidade do controle dos gastos públicos, da participação do indivíduo no processo decisório dos dispêndios e da efetivação do bem-estar social.

Nas décadas seguintes à Segunda Guerra Mundial e, sobretudo, com a crise mundial de 1973, a descrença na capacidade do modelo de Estado-providência em solucionar os problemas econômicos e demandas sociais, juntamente com a situação fiscal "falimentar" de muitas nações, foi o ambiente propício para o desenvolvimento das teses das **Escolas Neoliberais**, lideradas pela Escola Austríaca de Friedrich Hayek[20] e Ludwig von Mises[21] e pela Escola de Chicago de Milton Friedman.[22] Defendem a austeridade fiscal, privatizações,

---

[14] WAGNER, Adolph. *Les fondements de l'économie politique*. Trad. Léon Polack. Paris: V. Giard et E. Brière, 1904-1914. 5 vols.

[15] BIRD, Richard. *The Growth of Government Spending in Canada*. Canadian Tax Papers. Toronto: Canadian Tax Foundation, v. 51, 1970. p. 70.

[16] KEYNES, John Maynard. *The General Theory of Employment, Interest and Money*. San Diego: Harcourt, Brace, Jovanovich, 1964.

[17] HANSEN, Alvin H. *Business cycles and fiscal policy*. New York: W.W. Norton & Company, 1941.

[18] MUSGRAVE, Richard; MUSGRAVE, Peggy. *Public finance in theory and practice*. 5th ed. New York: McGraw-Hill, 1989.

[19] BUCHANAN, James. *Public finance in democratic process*: fiscal institutions and individual choice. Indianapolis: Liberty Fund, 1999.

[20] HAYEK, Friedrich A. *Individualism and economic order*. Chicago: The University of Chicago, 1958; HAYEK, Friedrich A. *The Pure Theory of Capital*. Auburn: Ludwig von Mises Institute, 2009.

[21] MISES, Ludwig von. *A Critique of Interventionism*. Auburn: Ludwig von Mises Institute, 2011; MISES, Ludwig von. *Ação humana*: um tratado de economia. São Paulo: Instituto Ludwig von Mises Brasil, 2010.

[22] FRIEDMAN, Milton. *Capitalism and freedom*. Chicago: the University of Chicago, 2002.

livre-concorrência, e redução da intervenção estatal, sem, contudo, abrir mão de políticas sociais quando as demandas desta natureza não puderem ser atendidas pela iniciativa privada.

Contemporaneamente, a Economia Política assiste ao desenvolvimento de uma nova escola, denominada de **Escola Neodesenvolvimentista**, ou novos keynesianos, que tem como protagonistas Joseph Stiglitz[23] e Amartya Sen,[24] os quais pregam a complementaridade entre o Estado e o mercado para estruturar e permitir o desenvolvimento sustentado e uma melhor distribuição de renda, dentro de um modelo que propõe novos paradigmas na produtividade da economia global, tendo como foco a equidade social.

Esta nova corrente de pensamento econômico ganha especial destaque com a crise mundial de 2008, que obrigou as nações mundiais, sobretudo os Estados Unidos da América e as integrantes da União Europeia, a agirem de maneira intensa, através de políticas fiscais e monetárias – como a concessão de incentivos tributários, redução da taxa de juros, incremento nos gastos públicos etc. – para garantir a estabilidade do sistema financeiro e reagir diante da redução da demanda e do consumo.

Da mesma forma, a pandemia da Covid-19, que atingiu severamente todas as nações do planeta, sobretudo nos anos de 2020 e 2021, afetando a economia mundial e impingindo uma das maiores crises econômicas globais já vista, levou os governos a adotarem uma série de medidas emergenciais de natureza econômico-financeira, fiscal e social para o seu enfrentamento, impondo novas reflexões sobre o papel do Estado perante a sociedade.

Questões como aumento populacional e de expectativa de vida, assim como de empregabilidade e inovações tecnológicas, além de variáveis ambientais, todas estas passam a integrar a equação que a Economia Política deverá considerar numa nova realidade.

Assim, percebe-se que as profundas transformações globais do mundo moderno, caracterizado por uma complexa dinâmica social e econômica que vem se potencializando no presente século XXI, passam a exigir uma reformulação do papel do Estado, sem, contudo, assumir um viés interventivo como aquele do Estado-providência do pós-Segunda Guerra Mundial, nem com as feições do modelo neoliberal das décadas de 1980 e 1990. Adota-se uma postura intermediária, nem de descompromisso e apatia, nem de onipotência e centralização. Objetiva-se planejar e criar políticas públicas de longo prazo, tanto para promover uma efetiva redução da desigualdade social, o bem-estar da população e a garantia dos direitos mínimos fundamentais, como para permitir o desenvolvimento sustentado dos setores público e privado, com estímulos de natureza econômica, fiscal e social.

7.4. NATUREZA DA DETERMINAÇÃO DAS DESPESAS PÚBLICAS

A doutrina tradicional era uníssona em afirmar que a natureza da escolha sobre as despesas públicas era eminentemente **política**.

Aliomar Baleeiro[25] lecionava que

> em todos os tempos e lugares, a escolha do objetivo da despesa envolve um ato político, que também se funda em critérios políticos, isto é, nas ideias, convicções, aspirações e interesses revelados no entrechoque dos grupos detentores do poder. Determinar quais as necessidades

---

[23] STIGLITZ, Joseph E. *Economics of the public sector*. 3rd ed. New York: W.W. Norton & Company, 2000.
[24] SEN, Amartya. *Collective choice and social welfare*. 2nd ed. New York: North-Holland, 1984.
[25] BALEEIRO, Aliomar. Op. cit. p. 78.

de um grupo social a serem satisfeitas por meio do serviço público, e, portanto, pelo processo da despesa pública, ressalvada a hipótese de concessão, constitui missão dos órgãos políticos e questão essencialmente política.

No mesmo sentido, entendia Regis Fernandes de Oliveira[26] que

a decisão de gastar é, fundamentalmente, uma decisão política. A decisão política já vem inserta no documento solene de previsão de despesas. Dependendo das convicções políticas, religiosas, sociais, ideológicas, o governante elabora seu plano de gastos. (...) É o aferir das necessidades públicas que leva à decisão da despesa. Programados os recursos e elaborada a estimativa de seu 'quantum', resta a opção, dentre as inúmeras finalidades estatais, em que gastar e como fazê-lo.[27]

Este entendimento de que a eleição das despesas públicas seria de ordem política era reforçado, sobretudo, pela leitura da norma do art. 165 da Constituição Federal, que atribui privativamente ao chefe do Poder Executivo a iniciativa para elaborar as leis orçamentárias.[28]

Entretanto, hoje em dia se configurou um cenário jurídico no Brasil, desenvolvido a partir da promulgação da Constituição Federal de 1988, que nos permite dizer que cada vez mais as despesas públicas são priorizadas e determinadas por comandos jurídicos e cada vez menos por deliberações de natureza política. Ou seja, as despesas públicas não se originam, exclusivamente, a partir de deliberações políticas pautadas nas convicções e aspirações do governante, mas, sim, decorrem, em grande parte das vezes, das imposições existentes nos diversos comandos normativos do nosso ordenamento jurídico, especialmente aqueles de ordem constitucional.

Daí por que se pode afirmar que emerge uma nova linha doutrinária contemporânea – à qual perfilhamos –, que entende que a natureza da despesa pública é, em sua essência, jurídico-constitucional.

Por cinco motivos afirmamos que as despesas públicas vêm absorvendo uma origem normativa, restando, por decorrência, uma margem cada vez menor para deliberações de cunho político a seu respeito. Em primeiro lugar, devemos reconhecer o perfil social que a Carta Constitucional de 1988 apresenta, oferecendo à sociedade brasileira uma enorme gama de direitos sociais[29] e fundamentais, assumindo uma série de deveres para garanti-los

---

[26] OLIVEIRA, Regis Fernandes. *Curso de Direito Financeiro*. Op. cit. p. 243.
[27] Ibidem. p. 254.
[28] "Competência exclusiva do Poder Executivo iniciar o processo legislativo das matérias pertinentes ao Plano Plurianual, às Diretrizes Orçamentárias e aos Orçamentos Anuais. Precedentes: ADI 103 e ADI 550" (STF. ADI 1.759-MC, Rel. Min. Néri da Silveira, Pleno, julg. 12/03/1998, *DJ* 06/04/2001). "Orçamento anual. Competência privativa. Por força de vinculação administrativo-constitucional, a competência para propor orçamento anual é privativa do Chefe do Poder Executivo" (STF. ADI 882, Rel. Min. Maurício Corrêa, Pleno, julg. 19/02/2004, *DJ* 23/04/2004). No mesmo sentido: ADI 2.447, Rel. Min. Joaquim Barbosa, Pleno, julg. 04/03/2009, *DJe* 04/12/2009; ADI 6.059, Rel. Min. Alexandre de Moraes, Pleno, julg. 27/09/2019, *DJe* 15/10/2019.
[29] Luís Roberto Barroso explica que direitos sociais são comumente identificados como aqueles que envolvem prestações positivas por parte do Estado, razão pela qual demandariam investimento de recursos, nem sempre disponíveis. Esses direitos, também referidos como prestacionais, se materializam com a entrega de determinadas utilidades concretas, como educação e saúde. Sobre o tema, vejam-se: Stephen Holmes e Cass Sunstein, *The cost of rights*, 1999; Flávio Galdino, *Introdução à teoria dos custos dos direitos: direitos não nascem em árvores*, 2005; e Ana Paula de Barcellos, *A eficácia jurídica dos princípios constitucionais:*

e atendê-los, o que faz com que surja todo um conjunto de despesas para a consecução. Em segundo lugar, essas normas constitucionais perdem sua consideração de "normas programáticas" ao se consolidar no Brasil a doutrina da efetividade das normas constitucionais,[30] conferindo-lhes uma aplicação direta e imediata. Em terceiro lugar, e por decorrência das duas primeiras, temos a consolidação da prática da judicialização dos direitos sociais e fundamentais, permitindo que o particular passe a ter legitimidade para demandar judicialmente a realização daqueles direitos constitucionalmente previstos e garantidos, que eventualmente não tenham sido regularmente satisfeitos pela atividade estatal originalmente programada. Em quarto lugar, a Constituição apresenta uma variedade imensa de tributos vinculados, especialmente no caso das contribuições sociais e de intervenção no domínio econômico, cuja arrecadação contém uma destinação predeterminada pela norma instituidora do tributo, dirigindo a aplicação dos recursos às despesas públicas previstas na própria lei. Finalmente, em quinto e último lugar, encontramos no texto constitucional dispositivos que estabelecem não apenas em que área deve ser realizada uma despesa pública, mas também especificam o percentual mínimo que deve ser aplicado, como são os casos previstos no **§ 9º do art. 166** (1% da RCL para emendas parlamentares em saúde), **§ 3º do art. 198** (percentuais na área de saúde definidos pela LC nº 141/2012[31]) e no **art. 212** (receita resultante de impostos a ser aplicada no ensino: União 18%; Estados, DF e Municípios 25%).

Mas se esses cinco argumentos não forem suficientes, devemos lembrar que não se pode deixar de considerar que a Constituição Federal define expressamente no seu art. 3º os objetivos fundamentais da República Federativa do Brasil, que deverão ser observados prioritariamente pelo Administrador Público, pautando seus atos e suas decisões, até mesmo aquelas de cunho político.

Assim, apesar de ser efetivamente privativa a competência do Poder Executivo em deliberar a alocação das receitas públicas nas despesas públicas que entender mais conveniente, este deverá seguir uma ordem de prioridades e atender as previsões constitucionais quanto aos direitos fundamentais e sociais assegurados aos cidadãos.

Desse modo, em primeiro lugar, temos as despesas obrigatórias estabelecidas por lei ou por previsão constitucional expressa, juntamente com as despesas públicas originárias de

---

o princípio da dignidade da pessoa humana, 2002 (BARROSO, Luís Roberto. Da falta de efetividade à judicialização excessiva: direito à saúde, fornecimento gratuito de medicamentos e parâmetros para a atuação judicial. *In:* SARMENTO, Daniel; SOUZA NETO, Cláudio Pereira de (Coord.). *Direitos sociais:* fundamentos, judicialização e direitos sociais em espécie. Rio de Janeiro: Lumen Juris, 2008. p. 877).

[30] Sobre a efetividade das normas constitucionais indica-se a bibliografia de Luís Roberto Barroso, especialmente: *O Direito Constitucional e a Efetividade de suas Normas*. 2. ed. Rio de Janeiro: Renovar, 1993; *Curso de Direito Constitucional Contemporâneo*: os Conceitos Fundamentais e a Construção do Novo Modelo. São Paulo: Saraiva, 2009.

[31] Nos termos da LC nº 141/2012, a União aplicará, anualmente, em ações e serviços públicos de saúde, o montante correspondente ao valor empenhado no exercício financeiro anterior, apurado nos termos desta Lei Complementar, acrescido de, no mínimo, o percentual correspondente à variação nominal do Produto Interno Bruto (PIB) ocorrida no ano anterior ao da lei orçamentária anual (art. 5º). Já os Estados e o Distrito Federal aplicarão, anualmente, em ações e serviços públicos de saúde, no mínimo, 12% (doze por cento) da arrecadação dos impostos a que se refere o art. 155 e dos recursos de que tratam o art. 157, a alínea "a" do inciso I e o inciso II do *caput* do art. 159, todos da Constituição Federal, deduzidas as parcelas que forem transferidas aos respectivos Municípios (art. 6º). Finalmente, os Municípios e o Distrito Federal aplicarão anualmente em ações e serviços públicos de saúde, no mínimo, 15% (quinze por cento) da arrecadação dos impostos a que se refere o art. 156 e dos recursos de que tratam o art. 158 e a alínea "b" do inciso I do *caput* e o § 3º do art. 159, todos da Constituição Federal (art. 7º).

receitas vinculadas, cuja alocação não é passível de remanejamento. Em seguida, encontramos como prioridades as despesas que devem atender aos direitos sociais e fundamentais constitucionalmente previstos e garantidos. Por último, mesmo no campo residual para a deliberação política sobre a aplicação dos recursos públicos, as escolhas do governante deverão atender aos objetivos e prioridades constitucionais. Portanto, mesmo no campo remanescente, considerado flexível para a deliberação da realização das despesas públicas, ainda que se possa dizer que a escolha é dotada de natureza política, esta deverá se pautar nas previsões constitucionais. Afinal, como preconizava Rui Barbosa,[32] a Constituição não contém meros conselhos, avisos ou lições, já que todas as suas previsões são dotadas de força imperativa de regras.

Importante ressaltar que, apesar de estas prioridades e parâmetros que conduzem o processo decisório das despesas públicas decorrerem de previsões constitucionais, sempre haverá um campo deliberativo para sua realização, a ser definido e executado pelo administrador público. Isso porque, quando a Constituição, por exemplo, determina um percentual mínimo a ser aplicado na educação ou na saúde, ela apenas se limita a indicar a área e o quantitativo de recursos a serem destinados, não estabelecendo a forma e os mecanismos para tanto. São definições de políticas públicas, que não estabelecem a forma para a sua execução. Assim, se esses recursos serão utilizados na construção de hospitais ou escolas, na contratação de médicos ou professores, na aquisição de equipamentos ou de medicamentos, as escolhas continuarão na esfera decisória do governante.

Esta ideia é bem exposta por Ana Paula de Barcellos,[33] para quem,

> as políticas públicas envolvem gastos. E como não há recursos ilimitados, será preciso priorizar e escolher em quê o dinheiro público disponível será investido. Além da definição genérica de em quê gastar, é preciso ainda decidir como gastar, tendo em conta os objetivos específicos que se deseje alcançar. Essas escolhas, portanto, recebem a influência direta das opções constitucionais acerca dos fins que devem ser perseguidos em caráter prioritário.

O Ministro Celso de Mello, em 29/04/2004, no julgamento da ADPF nº 45, manifestou-se no sentido de não ser absoluta a liberdade nas escolhas sobre as despesas públicas, ao afirmar:

> Não obstante a formulação e a execução de políticas públicas dependam de opções políticas a cargo daqueles que, por delegação popular, receberam investidura em mandato eletivo, cumpre reconhecer que não se revela absoluta, nesse domínio, a liberdade de conformação do legislador, nem a de atuação do Poder Executivo.

Na mesma linha do que ora se expõe, e confirmando que não estamos isolados em afirmarmos – posição há muito defendida – que a decisão da despesa pública deixa de ser eminentemente política e passa a ter um viés jurídico-constitucional, encontra-se Regis Fernandes de Oliveira,[34] nas mais recentes edições de seu *Curso de Direito Financeiro*. Ainda

---

[32] BARBOSA, Rui. *Comentários à Constituição Federal Brasileira*. São Paulo: Saraiva, 1933. p. 489.

[33] BARCELLOS, Ana Paula de. Constitucionalização das Políticas Públicas em Matéria de Direitos Fundamentais: o Controle Político-Social e o Controle Jurídico no Espaço Democrático. *Revista de Direito do Estado*, nº 3, jul./set. 2006. p. 23.

[34] OLIVEIRA, Regis Fernandes. *Curso de Direito Financeiro*. 6. ed. São Paulo: Revista dos Tribunais, 2014. p. 585-586.

que afirme "que a decisão da despesa é uma decisão política", este autor reconhece a evolução das obrigações orçamentárias, ao ponderar:

> Só que, mais recentemente, essa decisão vem sendo restringida de acordo com valores que a Constituição e as leis vão encampando. (...)
>
> Vê-se, pois, que o legislador constituinte, o primeiro originário e o segundo derivado, elegeram valores que entenderam essenciais e primordiais para a subsistência e o desenvolvimento da sociedade.
>
> Já se começa a ver que o legislador, ao estruturar a peça orçamentária, não tem mais a liberdade que possuía. Já está, parcialmente, vinculado.
>
> O que era uma atividade discricionária, que ensejava opções ao político na escolha e destinação das verbas, passa a ser vinculada. (...)
>
> É curioso observar a evolução das obrigações orçamentárias.

Por todo o exposto, devemos considerar que somente após observar e atender àquelas despesas consideradas fixas e obrigatórias, assim como as despesas vinculadas aos direitos sociais e fundamentais é que restaria ao administrador público uma margem de liberdade e discricionariedade para destinar e aplicar o restante dos recursos financeiros nas suas escolhas políticas, sem deixar de observar os comandos constitucionais.

7.5. CLASSIFICAÇÃO DAS DESPESAS PÚBLICAS

As despesas públicas podem receber diversas espécies classificatórias, conforme o enfoque pretendido. Podem ser organizadas pela *competência*, quando então serão federais, estaduais ou municipais, conforme o ente federativo que a realizar. Podem ser identificadas pela *localização* da sua realização, sendo então internas ou externas, ou nacionais ou internacionais, se dentro ou fora do território do ente realizador. Quanto à *periodicidade*, as despesas públicas podem ser classificadas em: a) *despesas ordinárias*, desde que estáveis e rotineiras, constantes do orçamento público (p. ex., remuneração dos servidores públicos, pagamento de aposentadorias etc.); b) *despesas extraordinárias*, que se realizam em situações imprevisíveis e, por isso, não possuem uma receita pública própria, nem são contempladas no orçamento (p. ex., guerra externa, calamidade pública ou comoção interna); c) *despesas especiais*, referem-se àqueles gastos que não possuem dotação orçamentária específica (p. ex., a criação de um novo órgão inexistente na estrutura estatal).

Relevante classificação é aquela dada pela Lei nº 4.320/1964, diploma legal que estatui as normas gerais do Direito Financeiro. Segundo esta norma, as despesas públicas podem ser: a) *despesas correntes*: despesas de custeio ou transferências correntes; b) *despesas de capital*: investimentos, inversões financeiras ou transferências de capital.

As **despesas correntes** caracterizam-se por serem contínuas, rotineiras ou periódicas. São dotações destinadas, por exemplo, ao pagamento do funcionamento ou manutenção da estrutura estatal (máquina administrativa), a remuneração de inativos, ao pagamento de juros etc. Essas despesas podem ser subdivididas, por sua vez, em despesas de custeio e transferências correntes.

As **despesas de custeio** referem-se àquelas dotações em que há uma contraprestação ao pagamento que o Estado realiza periodicamente, tais como as despesas relacionadas à remuneração dos servidores públicos civis e militares, pagamentos aos fornecedores de bens e serviços prestados ao Estado etc. Incluem-se nesse conceito de despesas de custeio, segundo o próprio § 1º do art. 12 da Lei nº 4.320/1964, as despesas destinadas a atender às obras de conservação e adaptação de bens imóveis. A Lei nº 4.320/1964 (art. 13) relaciona suas espécies como sendo: pessoal civil; pessoal militar; material de consumo; serviços de terceiros; encargos diversos.

Por sua vez, as **transferências correntes** referem-se a despesas igualmente periódicas, porém caracterizadas por não gerarem uma contraprestação específica e direta em bens ou serviços, inclusive servindo para atender a outras entidades de direito público ou privado. Como exemplo de transferências correntes temos o pagamento de juros da dívida pública, de aposentadorias e pensões de servidores públicos inativos, as transferências financeiras entre os entes federativos e, também, as subvenções sociais, que se destinam a instituições públicas ou privadas de caráter assistencial ou cultural sem finalidade lucrativa, e as subvenções econômicas, que se destinam a empresas públicas ou privadas de caráter industrial, comercial ou rural. A Lei nº 4.320/1964 (art. 13) relaciona suas espécies como sendo: subvenções sociais; subvenções econômicas; inativos; pensionistas; salário-família e abono familiar; juros da dívida pública; contribuições de previdência social; diversas transferências correntes.

Já as **despesas de capital** caracterizam-se por serem eventuais, ou seja, desprovidas de periodicidade, como ocorre com as despesas correntes. Além disso, apresentam na sua realização uma operação financeira relativa a uma aquisição patrimonial (obras, bens móveis ou imóveis, valores mobiliários etc.) ou a uma redução da dívida pública. Estas despesas podem ser de três espécies: investimentos, inversões financeiras ou transferências de capital.

Os **investimentos** caracterizam-se como sendo aquelas dotações para o planejamento e a execução de obras, inclusive as destinadas à aquisição de imóveis considerados necessários à realização destas últimas, bem como para os programas especiais de trabalho, aquisição de instalações, equipamentos e material permanente e constituição ou aumento do capital de empresas que não sejam de caráter comercial ou financeiro. A Lei nº 4.320/1964 (art. 13) relaciona suas espécies como sendo: obras públicas; serviços em regime de programação especial; equipamentos e instalações; material permanente; constituição ou aumento de capital em empresas.

As **inversões financeiras** são as dotações destinadas à aquisição de imóveis ou de bens de capital já em utilização, aquisição de títulos representativos do capital de empresas ou entidades de qualquer espécie já constituídas, quando a operação não importe aumento do capital, e à constituição ou aumento do capital de entidades ou empresas que visem a objetivos comerciais ou financeiros, inclusive operações bancárias ou de seguros. A Lei nº 4.320/1964 (art. 13) relaciona suas espécies como sendo: aquisições de imóveis; aquisição de títulos de empresas já constituídas; constituição de fundos rotativos; concessão de empréstimos; diversas inversões financeiras.

Já as **transferências de capital** são as dotações para investimentos ou inversões financeiras que outras pessoas de direito público ou privado devam realizar, independentemente de contraprestação direta em bens ou serviços, constituindo essas transferências auxílios ou contribuições, e também as dotações para amortização da dívida pública. A Lei nº 4.320/1964 (art. 13) relaciona suas espécies como sendo: amortização da dívida pública; auxílio em obras públicas; auxílio em equipamentos e instalações; auxílios para inversões financeiras; outras contribuições.

Importante, ainda, trazer à cola a classificação feita pela Lei de Responsabilidade Fiscal (LC nº 101/2000) sobre as despesas públicas quanto à sua *pertinência*, dividindo-as em adequada, compatível e irrelevante. Segundo a norma, será a **despesa pública adequada** com a lei orçamentária anual aquela objeto de dotação específica e suficiente, ou que esteja abrangida por crédito genérico, de forma que, somadas todas as despesas da mesma espécie, realizadas e a realizar, previstas no programa de trabalho, não sejam ultrapassados os limites estabelecidos para o exercício. Será a **despesa pública compatível** com o plano plurianual e a lei de diretrizes orçamentárias aquela que se conforme com as diretrizes, objetivos, prioridades e metas previstos nesses instrumentos e não infrinja qualquer de suas disposições. Será a **despesa pública irrelevante** aquela segundo os termos em que dispuser a Lei de Diretrizes Orçamentárias.

Ainda, a LC nº 101/2000 denomina como sendo **despesa pública de caráter continuado** a despesa corrente derivada de lei, medida provisória ou ato administrativo normativo que fixe para o ente a obrigação legal de sua execução por um período superior a dois exercícios (art. 17).

Merece destaque a *classificação funcional* das despesas públicas, a qual busca responder a seguinte indagação: "em que áreas de despesa a ação governamental será realizada?"[35] Consiste basicamente em classificar as despesas no orçamento por funções governamentais predefinidas, conforme previsão legal disposta no art. 2º, § 1º, inciso I, da Lei nº 4.320/1964.

A adoção da classificação funcional padronizada das despesas orçamentárias é obrigatória para os três níveis de governo e foi introduzida pela Portaria nº 42/1999, do então Ministério do Orçamento e Gestão (MOG).

Essa classificação é organizada em dois grupos principais: a função e a subfunção. A função governamental é o maior nível de agregação das áreas de atuação do setor público e está diretamente relacionada à competência institucional do órgão. A subfunção representa um nível de agregação imediatamente inferior à função e vincula-se à finalidade da ação governamental em si.

Cada função possui subfunções associadas, mas é permitido combinar as funções com subfunções de outras áreas para classificar determinados gastos públicos. Por exemplo, a subfunção "Comunicação Social" está previamente associada à "Função 04 - Administração", mas podem ocorrer gastos públicos em comunicação social voltados a divulgar assuntos ligados à área da saúde. Neste caso, a despesa pública será classificada na "Função 10 - Saúde" e na subfunção "Comunicação Social", ou seja, apesar desta subfunção estar associada à função "Administração", não há restrições que impeçam o seu uso sob funções governamentais distintas da originalmente prevista para a subfunção.

As 28 funções governamentais padronizadas e as respectivas subfunções associadas a estas, abaixo reproduzidas, estão discriminadas no Anexo da Portaria MOG nº 42, de 14 de abril de 1999, com dados atualizados até a Portaria SOF nº 67, de 20.07.2012.[36]

---

[35] BRASIL. Ministério da Economia. Secretaria de Orçamento Federal. *Manual técnico de orçamento MTO 2023*. Brasília, 2022. p. 32.

[36] BRASIL. Ministério da Economia. Secretaria de Orçamento Federal. Op. cit. p. 170-173. A *Função 01 - Legislativa* é composta pelas subfunções "Ação Legislativa" e "Controle Externo"; a *Função 02 - Judiciária* é composta pelas subfunções "Ação Judiciária" e "Defesa do Interesse Público no Processo Judiciário"; a *Função 03 - Essencial à Justiça* é composta pelas subfunções "Defesa da Ordem Jurídica" e "Representação Judicial e Extrajudicial"; a *Função 04 - Administração* é composta pelas subfunções "Planejamento e Orçamento", "Administração Geral", "Administração Financeira", "Controle Interno", "Normatização e Fiscalização", "Tecnologia da Informação", "Ordenamento Territorial", "Formação de Recursos Humanos", "Administração de Receitas", "Administração de Concessões" e "Comunicação Social"; a *Função 05 - Defesa Nacional* é composta pelas subfunções "Defesa Aérea", "Defesa Naval" e "Defesa Terrestre"; a *Função 06 - Segurança Pública* é composta pelas subfunções "Policiamento", "Defesa Civil" e "Informação e Inteligência"; a *Função 07 - Relações Exteriores* é composta pelas subfunções "Relações Diplomáticas" e "Cooperação Internacional"; a *Função 08 - Assistência Social* é composta pelas subfunções "Assistência

Importante registrar que a classificação das despesas por função e subfunção é utilizada para gerar o Demonstrativo da Execução das Despesas por Função e Subfunção (LC nº 101/2000, art. 52, inciso II, alínea *c*), que compõe o Anexo 2 do Relatório Resumido da Execução Orçamentária (RREO), disponibilizado no portal de transparência fiscal de cada ente da Federação.

O Demonstrativo da Execução das Despesas por Função e Subfunção possui periodicidade bimestral e inclui os dados fiscais sobre os valores atualizados das dotações orçamentárias destinadas a cada função governamental, bem como os montantes referentes a cada etapa de realização da despesa no bimestre: empenho, liquidação e pagamento.

A fim de assegurar uniformidade na classificação funcional dessas despesas pelos entes políticos, é obrigatória a adoção de um sistema integrado de administração financeira que atenda um padrão mínimo de qualidade.

Esses sistemas exigem informações mínimas sobre despesas, dentre as quais a classificação por função e subfunção (Decreto nº 10.540/2020, art. 8º, inciso I, alínea *c*).

---

ao Idoso", "Assistência ao Portador de Deficiência", "Assistência à Criança e ao Adolescente" e "Assistência Comunitária"; a *Função 09 – Previdência Social* é composta pelas subfunções "Previdência Básica", "Previdência do Regime Estatutário", "Previdência Complementar" e "Previdência Especial"; a *Função 10 – Saúde* é composta pelas subfunções "Atenção Básica", "Assistência Hospitalar e Ambulatorial", "Suporte Profilático e Terapêutico", "Vigilância Sanitária", "Vigilância Epidemiológica" e "Alimentação e Nutrição"; a *Função 11 – Trabalho* é composta pelas subfunções "Proteção e Benefícios ao Trabalhador", "Relações de Trabalho", "Empregabilidade" e "Fomento ao Trabalho"; a *Função 12 – Educação* é composta pelas subfunções "Ensino Fundamental", "Ensino Médio", "Ensino Profissional", "Ensino Superior", "Educação Infantil", "Educação de Jovens e Adultos", "Educação Especial" e "Educação Básica"; a *Função 13 – Cultura* é composta pelas subfunções "Patrimônio Histórico, Artístico e Arqueológico" e "Difusão Cultural"; a *Função 14 – Direitos da Cidadania* é composta pelas subfunções "Custódia e Reintegração Social", "Direitos Individuais, Coletivos e Difusos" e "Assistência aos Povos Indígenas"; a *Função 15 – Urbanismo* é composta pelas subfunções "Infra-Estrutura Urbana", "Serviços Urbanos" e "Transportes Coletivos Urbanos"; a *Função 16 – Habitação* é composta pelas subfunções "Habitação Rural" e "Habitação Urbana"; a *Função 17 – Saneamento* é composta pelas subfunções "Saneamento Básico Rural" e "Saneamento Básico Urbano"; a *Função 18 – Gestão Ambiental* é composta pelas subfunções "Preservação e Conservação Ambiental", "Controle Ambiental", "Recuperação de Áreas Degradadas", "Recursos Hídricos" e "Meteorologia"; a *Função 19 – Ciência e Tecnologia* é composta pelas subfunções "Desenvolvimento Científico", "Desenvolvimento Tecnológico e Engenharia" e "Difusão do Conhecimento Científico e Tecnológico"; a *Função 20 – Agricultura* é composta pelas subfunções "Promoção da Produção Vegetal", "Promoção da Produção Animal", "Defesa Sanitária Vegetal", "Defesa Sanitária Animal", "Abastecimento", "Extensão Rural", "Irrigação", "Promoção da Produção Agropecuária" e "Defesa Agropecuária"; a *Função 21 – Organização Agrária* é composta pelas subfunções "Reforma Agrária" e "Colonização"; a *Função 22 – Indústria* é composta pelas subfunções "Promoção Industrial", "Produção Industrial", "Mineração", "Propriedade Industrial" e "Normalização e Qualidade"; a *Função 23 – Comércio e Serviços* é composta pelas subfunções "Promoção Comercial", "Comercialização", "Comércio Exterior", "Serviços Financeiros" e "Turismo"; a *Função 24 – Comunicações* é composta pelas subfunções "Comunicações Postais" e "Telecomunicações"; a *Função 25 – Energia* é composta pelas subfunções "Conservação de Energia", "Energia Elétrica", "Combustíveis Minerais" e "Biocombustíveis"; a *Função 26 – Transporte* é composta pelas subfunções "Transporte Aéreo", "Transporte Rodoviário", "Transporte Ferroviário", "Transporte Hidroviário" e "Transportes Especiais"; a *Função 27 – Desporto e Lazer* é composta pelas subfunções "Desporto de Rendimento", "Desporto Comunitário" e "Lazer"; a *Função 28 – Encargos Especiais* é composta pelas subfunções "Refinanciamento da Dívida Interna", "Refinanciamento da Dívida Externa", "Serviço da Dívida Interna", "Serviço da Dívida Externa", "Outras Transferências", "Outros Encargos Especiais" e "Transferências para a Educação Básica". A Função "Encargos Especiais" comporta as despesas públicas não associadas a um bem ou serviço gerado no processo produtivo corrente, tais como dívidas, ressarcimentos, indenizações e outras afins. Essa função irá requerer o uso das suas subfunções típicas, discriminadas anteriormente.

Desse modo, todos os entes da Federação elaboram o "Demonstrativo da Execução das Despesas por Função e Subfunção" sob critérios predeterminados, mediante o uso de um sistema integrado de administração financeira que permite uma classificação uniforme das despesas por função governamental.

Os principais sistemas governamentais são o SIAFI da União, o SIAFEM dos Estados e Municípios, o Sistema Prefeitura Livre e o Sistema E-CIDADE.

Esses sistemas informatizados deverão estar integrados com os Portais de Transparência dos entes federativos, de modo que o "Demonstrativo da Execução das Despesas por Função e Subfunção" bimestral fique disponível ao público em geral.

A vinculação entre a classificação funcional das despesas e o princípio da transparência fiscal é de vital importância para a democracia e o controle social dos gastos públicos, sobretudo sendo possível ao cidadão ter acesso e analisar as prioridades dadas pelos governos na alocação de recursos públicos.

7.6. DESPESAS PÚBLICAS CONSTITUCIONALMENTE PREVISTAS

Como a Constituição Federal de 1988 define expressamente os objetivos fundamentais da República Federativa do Brasil (art. 3º), fixa direitos para o cidadão e deveres para o Estado, a atuação dos governos federal, estaduais e municipais se deve pautar pela realização e cumprimento de tais intentos, razão da sua existência.

Esses parâmetros de atuação se tornam ainda mais claros quando o texto constitucional prevê literalmente determinadas obrigações, atribuindo-as ao Estado como garantidor ou provedor, especialmente aquelas das áreas da saúde, da previdência social, da assistência social, da educação, da cultura e do desporto. Assim é que identificamos no texto Constitucional previsões, tais como "a saúde é direito de todos e dever do Estado" (art. 196) ou, no mesmo sentido, "a educação, direito de todos e dever do Estado" (art. 205).

Porém, o que pode ser considerado uma prioridade de gasto por um governante pode não ser por outro. O mesmo ocorre com os investimentos dos recursos públicos, que podem ser direcionados para atender a uma área específica, como, por exemplo, destinados à saúde, à educação ou à moradia, enquanto outro governo pode adotar como prioridades investir no funcionalismo público, ampliar a máquina administrativa, ou mesmo realizar políticas de reajustes salariais.

Ocorre que há despesas que são constitucionalmente previstas, tendo, inclusive, o montante de recursos a ser aplicado fixado na própria norma constitucional, o que acaba por condicionar a elaboração do orçamento público.

A **saúde**, por exemplo, tem no texto constitucional previsão específica de aplicação de recursos financeiros mínimos, como define o **§ 9º do art. 166** (1% da RCL para emendas parlamentares em saúde) e o **§ 2º do art. 198** (conforme estabelece a LC nº 141/2012). Além disto, foi inserido no ano de 1996 o art. 74 ao Ato das Disposições Constitucionais Transitórias (ADCT), através do qual se instituía a Contribuição Provisória sobre Movimentação Financeira (CPMF), cujo produto da arrecadação era, nos termos do respectivo § 3º, "destinado integralmente ao Fundo Nacional de Saúde, para financiamento das ações e serviços de saúde". Igualmente, o § 3º do art. 77 do ADCT fixa que "os recursos dos Estados, do Distrito Federal e dos Municípios destinados às ações e serviços públicos de saúde e os transferidos pela União para a mesma finalidade serão aplicados por meio de Fundo de Saúde que será acompanhado e fiscalizado por Conselho de Saúde (...)".

Por sua vez, temos que as despesas públicas destinadas ao **ensino** encontram-se fixadas no art. 212 da Constituição Federal de 1988. Segundo o dispositivo, na manutenção e desenvolvimento do ensino federal, estadual e municipal, a União aplicará, anualmente, nunca menos de 18%, e os Estados, o Distrito Federal e os Municípios, 25%, no mínimo, da receita resultante de impostos, compreendida a proveniente de transferências. E, segundo o § 5º do mesmo artigo, a educação básica pública terá como fonte adicional de financiamento a contribuição social do salário-educação, recolhida pelas empresas na forma da lei.[37]

Além desses casos, podemos citar a criação do Fundo Social de Emergência, introduzido e disciplinado na Constituição através das Emendas Constitucionais nº 01/1994, 10/1996 e 17/1997 (arts. 71 e 72 do ADCT), com o objetivo de saneamento financeiro da Fazenda Pública Federal e de estabilização econômica. Na mesma esteira, tivemos a introdução do art. 79 do ADCT pela EC nº 31/2000, que instituiu o Fundo de Combate e Erradicação da Pobreza, com o objetivo de viabilizar a todos os brasileiros acesso a níveis dignos de subsistência, cujos recursos serão aplicados em ações suplementares de nutrição, habitação, educação, saúde, reforço de renda familiar e outros programas de relevante interesse social voltados para melhoria da qualidade de vida.

O que extraímos dos exemplos citados acima é que o administrador público deverá, ao propor o orçamento, destinar àquelas áreas nunca menos que os montantes constitucionalmente determinados.[38] Poderá, até mesmo, deliberar por aplicar ainda mais recursos nessas áreas do que aquele mínimo que a Constituição determina (o que seria o ideal). Afinal, a realização de despesas públicas nessas áreas encontra-se minimamente condicionada.

Finalmente, com a natureza de faculdade e não de obrigação, o § 6º do art. 216 da Constituição Federal de 1988, que trata da cultura como direito social, afirma ser facultado aos Estados e ao Distrito Federal vincular a fundo estadual de fomento à cultura até 0,5% (cinco décimos por cento) de sua receita tributária líquida, para o financiamento de programas e projetos culturais, vedada a aplicação desses recursos no pagamento de despesas com pessoal e encargos sociais, serviço da dívida e qualquer outra despesa corrente não vinculada diretamente aos investimentos ou ações apoiados.

7.7. A JUDICIALIZAÇÃO DAS DESPESAS PÚBLICAS

As despesas públicas podem ser definidas atendendo essencialmente a três critérios: ou decorrem de uma proposta e deliberação de natureza eminentemente política do

---

[37] A Emenda Constitucional nº 108, de 26 de agosto de 2020, inseriu no texto constitucional o novo art. 212-A, determinando que os Estados, o Distrito Federal e os Municípios destinarão parte dos recursos a que se refere o caput do art. 212 à manutenção e ao desenvolvimento do ensino na educação básica e à remuneração condigna de seus profissionais. A distribuição dos recursos para estes fins se dará mediante a instituição, no âmbito de cada Estado e do Distrito Federal, de um Fundo de Manutenção e Desenvolvimento da Educação Básica e de Valorização dos Profissionais da Educação (Fundeb), de natureza contábil. Os demais incisos do novo art. 212-A trazem uma série de regras detalhadas sobre a partição de recursos deste novo Fundeb.

[38] Registre-se que, nos termos do art. 119, ADCT (inserido pela EC nº 119/2022), em razão do estado de calamidade pública provocado pela pandemia da Covid-19, os Estados, o Distrito Federal, os Municípios e os agentes públicos desses entes federados não poderão ser responsabilizados administrativa, civil ou criminalmente pelo descumprimento, exclusivamente nos exercícios financeiros de 2020 e 2021, do disposto no caput do art. 212 da Constituição Federal (mínimo constitucional na área da educação). Contudo, o ente deverá complementar, até o exercício financeiro de 2023, a diferença a menor entre o valor aplicado e o valor mínimo exigível constitucionalmente para os exercícios de 2020 e 2021 (art. 119, parágrafo único, ADCT).

governante,[39] de acordo com o que este entender como prioritário ou necessário a ser realizado; ou encontram-se previstas no texto literal da Constituição, de maneira que deverão ser incondicionalmente realizadas, em face da imperatividade do comando; ou decorrem de interpretação do texto constitucional por tratarem-se de direitos individuais ou coletivos tidos como deveres estatais.

Assim, identificamos que certas despesas públicas podem ser demandadas ao Estado pelo cidadão (inclusive judicialmente), a partir da previsão constitucional de certos deveres ou garantias estatais, comumente conhecidos como direitos positivos. Nesses casos, não estamos tratando daqueles comandos constitucionais que definem expressamente o quanto deve ser aplicado em cada área, como no caso da saúde ou da educação, anteriormente analisados. Referimo-nos àquelas previsões constitucionais que estão além de declarar direitos, pois fixam obrigações estatais em certas searas, especialmente nas áreas da saúde, previdência social, assistência social, educação, cultura e desporto. A esse respeito, Regis Fernandes de Oliveira[40] oportunamente leciona que "a Constituição não se restringe à declaração de direitos. Contém imperativos de sua realização. Se é assim, nascem obrigações que podem ser extraídas de seus ditames, ao que correspondem ações para exigir seu cumprimento".

Luís Roberto Barroso[41] denomina esses direitos que o cidadão pode exigir em face do Estado de "direitos subjetivos públicos". Segundo o constitucionalista, um direito subjetivo cumula três características: a) corresponde sempre a um dever jurídico; b) é violável; c) a ordem jurídica coloca à disposição de seu titular um meio jurídico – que é a ação judicial – para exigir-lhe o cumprimento, deflagrando os mecanismos coercitivos e sancionatórios do Estado. Define direito subjetivo como:

> o poder de ação, assente no direito objetivo, e destinado à satisfação de certo interesse. A norma jurídica de conduta caracteriza-se por sua bilateralidade, dirigindo-se a duas partes e atribuindo a uma delas a faculdade de exigir da outra determinado comportamento. Forma-se, desse modo, um vínculo, uma relação jurídica que estabelece um elo entre dois componentes: de um lado, o direito subjetivo, a possibilidade de exigir; de outro, o dever jurídico, a obrigação de cumprir. Quando a exigibilidade de uma conduta se verifica em favor do particular em face do Estado, diz-se existir um direito subjetivo público.

Podemos destacar alguns exemplos dessas previsões constitucionais. O texto do **art. 6º** categoricamente afirma que "são direitos sociais a educação, a saúde, a alimentação, o trabalho, a moradia, o transporte, o lazer, a segurança, a previdência social, a proteção à maternidade e à infância, a assistência aos desamparados, na forma desta Constituição"; mais adiante, o **art. 194** expressamente define que "a seguridade social compreende um conjunto integrado de ações de iniciativa dos Poderes Públicos e da sociedade, destinadas a assegurar os direitos relativos à saúde, à previdência e à assistência social"; igualmente, o **art. 196** prevê que "a saúde é direito de todos e dever do Estado, garantido mediante políticas sociais e econômicas que visem à redução do risco de doença e de outros agravos e ao acesso universal e igualitário às ações e serviços para sua promoção, proteção e recuperação"; na mesma linha, o **art. 204** estabelece que "as ações governamentais na área da assistência social serão realizadas com recursos do

---

[39] Ressalve-se que a proposta orçamentária é originária do Poder Executivo, mas votada e aprovada pelo Poder Legislativo.
[40] OLIVEIRA, Regis Fernandes. *Curso de Direito Financeiro*, Op. cit. p. 251.
[41] BARROSO, Luís Roberto. *O direito constitucional e a efetividade de suas normas*. Rio de Janeiro: Renovar, 2009. p. 99-100.

orçamento da seguridade social"; por sua vez, o **art. 205** define que "a educação, direito de todos e dever do Estado e da família, será promovida e incentivada com a colaboração da sociedade, visando ao pleno desenvolvimento da pessoa, seu preparo para o exercício da cidadania e sua qualificação para o trabalho"; o **art. 208**, ainda tratando da educação, prevê que "o acesso ao ensino obrigatório e gratuito é direito público subjetivo" e ressalva que "o não oferecimento do ensino obrigatório pelo Poder Público, ou sua oferta irregular, importa responsabilidade da autoridade competente"; encontramos, no **art. 215**, a previsão no sentido de que "o Estado garantirá a todos o pleno exercício dos direitos culturais e acesso às fontes da cultura nacional, e apoiará e incentivará a valorização e a difusão das manifestações culturais"; ainda, o **art. 217** prevê ser "dever do Estado fomentar práticas desportivas formais e não formais, como direito de cada um (...)"; com a mesma ênfase, o **art. 225** reconhece que "todos têm direito ao meio ambiente ecologicamente equilibrado, bem de uso comum do povo e essencial à sadia qualidade de vida, impondo-se ao Poder Público e à coletividade o dever de defendê-lo e preservá-lo para as presentes e futuras gerações".

Essas normas constitucionais criam direitos para os cidadãos e fixam deveres para o Estado nessas áreas. Inicialmente, tão logo a Constituição de 1988 foi promulgada, tais previsões eram interpretadas como meros parâmetros a serem seguidos e objetivos a serem atingidos pelo administrador público, indicando as prioridades na programação da realização das despesas públicas.

A evolução da Ciência do Direito Constitucional, com a efetividade normativa da Constituição e a ampliação e o fortalecimento do exercício dos direitos de cidadania, consolida a compreensão, no Direito contemporâneo brasileiro, de que a sociedade pode exigir judicialmente do Estado a realização de certas despesas públicas, nomeadamente quando se referirem a Direitos Sociais e Fundamentais. É a denominada *judicialização dos direitos constitucionais*.

Neste sentido, leciona Luís Roberto Barroso[42] que

> as normas constitucionais deixaram de ser percebidas como integrantes de um documento estritamente político, mera convocação à atuação do Legislativo e do Executivo, e passaram a desfrutar de aplicabilidade direta e imediata por juízes e tribunais. Nesse ambiente, os direitos constitucionais em geral, e os direitos sociais em particular, converteram-se em direitos subjetivos em sentido pleno, comportando tutela judicial específica.

Ao analisar esse novo contexto do Direito Constitucional contemporâneo, considerado pela doutrina como *neoconstitucionalismo*, Ana Paula de Barcellos esclarece que

> um dos traços fundamentais do constitucionalismo atual é a normatividade das disposições constitucionais, sua superioridade hierárquica e centralidade no sistema e, do ponto de vista material, a incorporação de valores e opções políticas, dentre as quais se destacam, em primeiro plano, aquelas relacionadas com os direitos fundamentais.[43]

---

[42] BARROSO, Luís Roberto. Da Falta de Efetividade à Judicialização Excessiva: Direito à Saúde, Fornecimento Gratuito de Medicamentos e Parâmetros para Atuação Judicial. *In:* SOUZA NETO, Claudio Pereira de; Sarmento, Daniel. *Direitos Sociais:* Fundamentos, Judicialização e Direitos Sociais em Espécie. Rio de Janeiro: Lumen Juris, 2008. p. 875.

[43] BARCELLOS, Ana Paula de. Neoconstitucionalismo, Direitos Fundamentais e Controle das Políticas Públicas. *In:* QUARESMA, Regina; OLIVEIRA, Maria Lucia de Paula; OLIVEIRA, Farlei Martins Riccio de. *Neoconstitucionalismo*. Rio de Janeiro: Forense, 2009. p. 803.

A partir dessa conformação jurídica, ao se identificar que o texto constitucional prevê um direito ou uma garantia de natureza fundamental, assentado como sendo um dever do Estado de fornecê-lo individual ou coletivamente, surge, para o cidadão necessitado daquele bem ou serviço, a legitimidade para demandar judicialmente tal prestação estatal, ainda que esta não se encontre prevista no orçamento público como sendo uma despesa pública devidamente programada. Segundo Flavio Galdino,[44] "essa exigibilidade chama-se *sindicabilidade* (justicialidade ou justiciabilidade) e representa a possibilidade de acesso ao aparato estatal jurisdicional para tutela de direitos."

Haveria, então, em caso de omissão ou inação do Poder Público, uma espécie de "deslocamento" da escolha da realização da despesa pública, que, naqueles casos específicos demandados judicialmente, deixaria a esfera decisória do administrador público e passaria para a do Poder Judiciário. A decisão judicial, então, impõe à Administração Pública oferecer o bem ou o serviço ao cidadão beneficiado pelo provimento jurisdicional.

Ponderando a necessidade de implantação dos direitos fundamentais de caráter social constitucionalmente assegurados e o princípio da proibição ao retrocesso com as limitações orçamentárias e a competência conferida ao Poder Executivo para definir as políticas públicas, o Ministro Celso de Mello, no julgamento do ARE 639.337-SP, em 23/08/2011, assim se manifestou:

> Embora inquestionável que resida, primariamente, nos Poderes Legislativo e Executivo a prerrogativa de formular e executar políticas públicas, revela-se possível, no entanto, ao Poder Judiciário, ainda que em bases excepcionais, determinar, especialmente nas hipóteses de políticas públicas definidas pela própria Constituição, sejam estas implementadas, sempre que os órgãos estatais competentes, por descumprirem os encargos político-jurídicos que sobre eles incidem em caráter impositivo, vierem a comprometer, com a sua omissão, a eficácia e a integridade de direitos sociais e culturais impregnados de estatura constitucional. (...) O Poder Público – quando se abstém de cumprir, total ou parcialmente, o dever de implementar políticas públicas definidas no próprio texto constitucional – transgride, com esse comportamento negativo, a própria integridade da Lei Fundamental, estimulando, no âmbito do Estado, o preocupante fenômeno da erosão da consciência constitucional. (...) A inércia estatal em adimplir as imposições constitucionais traduz inaceitável gesto de desprezo pela autoridade da Constituição e configura, por isso mesmo, comportamento que deve ser evitado. (...) A cláusula que veda o retrocesso em matéria de direitos a prestações positivas do Estado (como o direito à educação, o direito à saúde ou o direito à segurança pública, *v.g.*) traduz, no processo de efetivação desses direitos fundamentais individuais ou coletivos, obstáculo a que os níveis de concretização de tais prerrogativas, uma vez atingidos, venham a ser ulteriormente reduzidos ou suprimidos pelo Estado. Em consequência desse princípio, o Estado, após haver reconhecido os direitos prestacionais, assume o dever não só de torná-los efetivos, mas, também, se obriga, sob pena de transgressão ao texto constitucional, a preservá-los, abstendo-se de frustrar – mediante supressão total ou parcial – os direitos sociais já concretizados.[45]

São inúmeros os exemplos desses comandos judiciais. Destacamos apenas dois casos emblemáticos. O primeiro trata-se de julgamento do Recurso Extraordinário nº 1.165.959 (repercussão geral), em que o STF determinou caber ao Estado fornecer, em termos excep-

---

[44] GALDINO, Flávio. *Introdução à teoria dos custos dos direitos:* direitos não nascem em árvores. Rio de Janeiro: Lumen Juris, 2005. p. 160.

[45] STF. ARE 639.337 AgR, Rel. Min. Celso de Mello, 2ª Turma, julg. 23/08/2011, **DJe** 15/09/2011.

cionais, medicamento que, embora não possua registro na ANVISA, tem a sua importação autorizada pela agência de vigilância sanitária, desde que comprovada a incapacidade econômica do paciente, a imprescindibilidade clínica do tratamento e a impossibilidade de substituição por outro similar constante das listas oficiais de dispensação de medicamentos e os protocolos de intervenção terapêutica do SUS.[46] O segundo refere-se ao julgamento do Recurso Extraordinário nº 1.008.166 (repercussão geral), em que o STF assentou que o dever constitucional do Estado de assegurar o atendimento em creche e pré-escola às crianças de até 5 anos de idade é de aplicação direta e imediata, sem a necessidade de regulamentação pelo Congresso Nacional, podendo a oferta de vagas para a educação básica ser reivindicada no Poder Judiciário por meio de ações individuais.[47]

Entretanto, essa possibilidade de impor ao Poder Público a obrigação de realizar prestações à sociedade – o que hoje se consolidou como a *judicialização dos direitos fundamentais* – recebeu uma série de questionamentos. O primeiro argumento estava baseado no caráter programático das normas constitucionais, que, em lugar de conter comandos específicos, atribuiria aos órgãos públicos a tarefa de realizar as políticas públicas nelas contidas. O segundo aspecto contrário fundava-se numa possível violação ao princípio da separação de poderes, uma vez que o Poder Judiciário estaria exercendo a função que é privativa do Poder Executivo. Ainda, questionava-se o equilíbrio fiscal e a limitação dos recursos, em face do custo para a sua realização, que recairia sobre uma previsão orçamentária que não o contemplava originariamente, gerando uma despesa pública sem a respectiva fonte de financiamento e esbarrando na questão da "reserva do possível" ou "teoria dos custos dos direitos".

Acerca do tema, Ricardo Perlingeiro, após analisar os precedentes do Tribunal Constitucional Federal alemão que originaram a teoria da reserva do possível, conclui que:

> A reserva do possível (*Vorbehalt des Möglichen*) está intrinsecamente relacionada com a prerrogativa do legislador de escolher quais benefícios sociais considera prioritários para financiar, sem que isso implique limitação ou restrição de direitos subjetivos existentes e exigíveis. Portanto, não se cogita da reserva do possível em face de um *mínimo* existencial e tampouco da *justiciabilidade* de direitos sociais derivados e instituídos por lei. Nestes casos, é zero a margem de discricionariedade do legislador, inclusive o orçamentário, sob pena de ofensa ao princípio do Estado de Direito.[48]

O Superior Tribunal de Justiça enfrentou o argumento da *reserva do possível* em ponderação ao *mínimo existencial* no REsp 1.185.474-SC e, com muita propriedade, assim se manifestou:

> (...) observa-se que a realização dos Direitos Fundamentais não é opção do governante, não é resultado de um juízo discricionário nem pode ser encarada como tema que depende unicamen-

---

[46] STF. RE 1.165.959 (repercussão geral), Rel. Min. Marco Aurélio, Rel. p/ Acórdão Min. Alexandre de Moraes, Pleno, julg. 21/06/2021, *DJe* 22/10/2021."

[47] STF. RE 1.008.166 (repercussão geral), Rel. Min. Luiz Fux, Pleno, julg. 22/09/2022: "*Tese*: 1. A educação básica em todas as suas fases – educação infantil, ensino fundamental e ensino médio – constitui direito fundamental de todas as crianças e jovens, assegurado por normas constitucionais de eficácia plena e aplicabilidade direta e imediata. 2. A educação infantil compreende creche (de zero a 3 anos) e a pré-escola (de 4 a 5 anos). Sua oferta pelo Poder Público pode ser exigida individualmente, como no caso examinado neste processo. 3. O Poder Público tem o dever jurídico de dar efetividade integral às normas constitucionais sobre acesso à educação básica".

[48] PERLINGEIRO, Ricardo. É a reserva do possível um limite à intervenção jurisdicional nas políticas públicas sociais? *Revista de Direito Administrativo Contemporâneo*, ano 1, v. 2, set./out. 2013. p. 184-185.

te da vontade política. Aqueles direitos que estão intimamente ligados à dignidade humana não podem ser limitados em razão da escassez quando esta é fruto das escolhas do administrador. Não é por outra razão que se afirma que a reserva do possível não é oponível à realização do mínimo existencial.[49]

A propósito, o Ministro Celso de Mello, no julgamento da ADPF nº 45 (29/04/2004), já havia conjugado a coexistência dos argumentos, ao afirmar categoricamente que "o mínimo existencial, como se vê, associado ao estabelecimento de prioridades orçamentárias, é capaz de conviver produtivamente com a reserva do possível". Segundo o Ministro:

> O caráter programático das regras inscritas no texto da Carta Política não pode converter-se em promessa constitucional inconsequente, sob pena de o Poder Público, fraudando justas expectativas nele depositadas pela coletividade, substituir, de maneira ilegítima, o cumprimento de seu impostergável dever, por um gesto irresponsável de infidelidade governamental ao que determina a própria Lei Fundamental do Estado. (...) A limitação de recursos existe é uma contingência que não se pode ignorar. O intérprete deverá levá-la em conta ao afirmar que algum bem pode ser exigido judicialmente, assim como o magistrado, ao determinar seu fornecimento pelo Estado. Por outro lado, não se pode esquecer que a finalidade do Estado ao obter recursos, para, em seguida, gastá-los sob a forma de obras, prestação de serviços, ou qualquer outra política pública, é exatamente realizar os objetivos fundamentais da Constituição.

E, mais uma vez, entendendo que o Poder Público não pode se desonerar do cumprimento de suas obrigações por motivo financeiro, o mesmo Ministro Celso de Mello, no julgamento em 22.11.2005 do Recurso Extraordinário 410.715-SP, entendeu que a educação infantil, por qualificar-se como direito fundamental de toda criança, não se expõe, em seu processo de concretização, a avaliações meramente discricionárias da Administração Pública, nem se subordina a razões de puro pragmatismo governamental. Embora resida, primariamente, nos Poderes Legislativo e Executivo, a prerrogativa de formular e executar políticas públicas, revela-se possível, no entanto, ao Poder Judiciário determinar, ainda que em bases excepcionais, o cumprimento de tais políticas. Nas palavras do Ministro Celso de Mello:

> a cláusula da "reserva do possível" – ressalvada a ocorrência de justo motivo objetivamente aferível – não pode ser invocada pelo Estado com a finalidade de exonerar-se, dolosamente, do cumprimento de suas obrigações constitucionais, notadamente quando, dessa conduta governamental negativa, puder resultar nulificação ou, até mesmo, aniquilação de direitos constitucionais impregnados de um sentido de essencial fundamentalidade.

Outrossim, o Plenário do Supremo Tribunal Federal também analisou com profundidade a matéria, ao manter a decisão do Ministro Gilmar Mendes, que entendeu pela possibilidade de determinação judicial ao fornecimento de prestações estatais positivas para o cidadão relativas a direitos sociais, no julgamento do Agravo Regimental na Suspensão de Tutela

---

[49] STJ. REsp 1.185.474, Rel. Min. Humberto Martins: "Administrativo e constitucional – Acesso à creche aos menores de zero a seis anos – Direito subjetivo – Reserva do possível – Teorização e cabimento – Impossibilidade de arguição como tese abstrata de defesa – Escassez de recursos como o resultado de uma decisão política – Prioridade dos direitos fundamentais – Conteúdo do mínimo existencial – Essencialidade do direito à educação – Precedentes do STF e STJ".

Antecipada nº 175-CE (18/09/2009).⁵⁰ Destacamos trechos do voto no referido julgado, que reputamos sobremaneira relevantes e didaticamente bem expostos:

> As contribuições de Stephen Holmes e Cass Sunstein para o reconhecimento de que todas as dimensões dos direitos fundamentais têm custos públicos, dando significativo relevo ao tema da "reserva do possível", especialmente ao evidenciar a "escassez dos recursos" e a necessidade de se fazerem escolhas alocativas, concluindo, a partir da perspectiva das finanças públicas, que "levar a sério os direitos significa levar a sério a escassez" (Holmes, Stephen; Sunstein, Cass. *The Cost of Rights:* Why Liberty Depends on Taxes. Nova Iorque: W. W. Norton & Company, 1999).
>
> Embora os direitos sociais, assim como os direitos e liberdades individuais, impliquem tanto direitos a prestações em sentido estrito (positivos) como direitos de defesa (negativos), e ambas as dimensões demandem o emprego de recursos públicos para a sua garantia, é a dimensão prestacional (positiva) dos direitos sociais o principal argumento contrário à sua judicialização. A dependência de recursos econômicos para a efetivação dos direitos de caráter social leva parte da doutrina a defender que as normas que consagram tais direitos assumem a feição de normas programáticas, dependentes, portanto, da formulação de políticas públicas para se tornarem exigíveis. Nesse sentido, também se defende que a intervenção do Poder Judiciário, ante a omissão estatal quanto à construção satisfatória dessas políticas, violaria o princípio da separação dos Poderes e o princípio da reserva do financeiramente possível.
>
> Dessa forma, em razão da inexistência de suportes financeiros suficientes para a satisfação de todas as necessidades sociais, enfatiza-se que a formulação das políticas sociais e econômicas voltadas à implementação dos direitos sociais implicaria, invariavelmente, escolhas alocativas. Essas escolhas seguiriam critérios de justiça distributiva (o quanto disponibilizar e a quem atender), configurando-se como típicas opções políticas, as quais pressupõem "escolhas trágicas" pautadas por critérios de macrojustiça. É dizer, a escolha da destinação de recursos para uma política e não para outra leva em consideração fatores como o número de cidadãos atingidos pela política eleita, a efetividade e a eficácia do serviço a ser prestado, a maximização dos resultados etc.
>
> Nessa linha de análise, argumenta-se que o Poder Judiciário, o qual estaria vocacionado a concretizar a justiça do caso concreto (microjustiça), muitas vezes não teria condições de, ao examinar determinada pretensão à prestação de um direito social, analisar as consequências globais da destinação de recursos públicos em benefício da parte, com invariável prejuízo para o todo (Amaral, Gustavo. *Direito, Escassez e Escolha*. Rio de Janeiro: Renovar, 2001). Por outro lado, defensores da atuação do Poder Judiciário na concretização dos direitos sociais, em especial do direito à saúde, argumentam que tais direitos são indispensáveis para a realização da dignidade da pessoa humana. Assim, ao menos o "mínimo existencial" de cada um dos direitos – exigência lógica do princípio da dignidade da pessoa humana – não poderia deixar de ser objeto de apreciação judicial.
>
> O fato é que o denominado problema da "judicialização do direito à saúde" ganhou tamanha importância teórica e prática, que envolve não apenas os operadores do direito, mas também os gestores públicos, os profissionais da área de saúde e a sociedade civil como um todo. Se, por um lado, a atuação do Poder Judiciário é fundamental para o exercício efetivo da cidadania, por outro, as decisões judiciais têm significado um forte ponto de tensão entre os elaboradores e os executores das políticas públicas, que se veem compelidos a garantir prestações de direitos sociais das mais

---

50 STF. STA 175 AgR, Rel. Min. Gilmar Mendes, Pleno, julg. 17/03/2010, *DJe* 30/04/2010. "Ementa: Suspensão de Segurança. Agravo Regimental. Saúde pública. Direitos fundamentais sociais. Art. 196 da Constituição. Audiência Pública. Sistema Único de Saúde – SUS. Políticas públicas. Judicialização do direito à saúde. Separação de poderes. Parâmetros para solução judicial dos casos concretos que envolvem direito à saúde. Responsabilidade solidária dos entes da Federação em matéria de saúde. Fornecimento de medicamento: Zavesca (miglustat). Fármaco registrado na ANVISA. Não comprovação de grave lesão à ordem, à economia, à saúde e à segurança públicas. Possibilidade de ocorrência de dano inverso. Agravo regimental a que se nega provimento."

diversas, muitas vezes contrastantes com a política estabelecida pelos governos para a área de saúde e além das possibilidades orçamentárias. (...)

Ademais, importante registrar a constatação do Ministro Celso de Mello no Recurso Extraordinário nº 581.352, para quem "a omissão do Poder Público representava um inaceitável insulto a direitos básicos assegurados pela própria Constituição da República". Segundo o Ministro, "o dever estatal de atribuir efetividade aos direitos fundamentais, de índole social, qualifica-se como expressiva limitação à discricionariedade administrativa".[51]

O Plenário do Supremo Tribunal Federal decidiu, no julgamento do Recurso Extraordinário nº 592.581 (13/08/2015), que o Poder Executivo, ao exercer o seu múnus, não pode ignorar os preceitos da Constituição sob o argumento das limitações orçamentárias e da reserva do possível. Concluíram os Ministros que o Poder Judiciário pode impor à Administração Pública a obrigação de realizar obras de reforma e melhorias em presídios para garantir a dignidade da pessoa humana e o respeito à integridade física e moral do preso, como forma de preservar a integridade dos detentos. Nesse julgamento, a partir do voto do Ministro Ricardo Lewandowski, firmou-se a tese de que

> É lícito ao Judiciário impor à Administração Pública obrigação de fazer, consistente na promoção de medidas ou na execução de obras emergenciais em estabelecimentos prisionais para dar efetividade ao postulado da dignidade da pessoa humana e assegurar aos detentos o respeito à sua integridade física e moral, nos termos do que preceitua o art. 5º, XLIX, da Constituição Federal, não sendo oponível à decisão o argumento da reserva do possível nem o princípio da separação dos poderes.

Neste importante precedente, o STF enfrentou categoricamente os tradicionais argumentos da reserva do possível e da violação ao princípio da separação de poderes, ou seja, de que não havendo dotação orçamentária específica para realizar determinada atividade (no caso concreto, para reformar um presídio), a Administração não estaria obrigada a implantar aquela política pública por ordem judicial, e também a de que haveria violação ao princípio da separação dos poderes, já que a implantação de políticas públicas deve ser ato de iniciativa do Executivo e não do Judiciário. O relator afirmou que "aos juízes só é lícito intervir naquelas situações em que se evidencie um 'não fazer' comissivo ou omissivo por parte das autoridades estatais que coloque em risco, de maneira grave e iminente, os direitos dos jurisdicionados".

Aliás, sobre o tema, cabe citar também a ADPF nº 347 (**DJe** 19.02.2016), em que se debateu o denominado "estado de coisas inconstitucional" do sistema penitenciário, teoria

---

[51] Trecho do RE 581.352: "(...) Isso significa que a intervenção jurisdicional, justificada pela ocorrência de arbitrária recusa governamental em conferir significação real ao direito à saúde, tornar-se-á plenamente legítima (sem qualquer ofensa, portanto, ao postulado da separação de poderes), sempre que se impuser, nesse processo de ponderação de interesses e de valores em conflito, a necessidade de fazer prevalecer a decisão política fundamental que o legislador constituinte adotou em tema de respeito e de proteção ao direito à saúde. [...] Cumpre advertir, desse modo, que a cláusula da "reserva do possível" - ressalvada a ocorrência de justo motivo objetivamente aferível - não pode ser invocada, pelo Estado, com a finalidade de exonerar-se, dolosamente, do cumprimento de suas obrigações constitucionais, notadamente quando, dessa conduta governamental negativa, puder resultar nulificação ou, até mesmo, aniquilação de direitos constitucionais impregnados de um sentido de essencial fundamentalidade [...] em situações nas quais a omissão do Poder Público representava um inaceitável insulto a direitos básicos assegurados pela própria Constituição da República, mas cujo exercício estava sendo inviabilizado por contumaz (e irresponsável) inércia do aparelho estatal".

que reflete conceito criado pela Corte Constitucional da Colômbia, que legitimaria a atuação do Poder Judiciário diante de um quadro extremo de inércia estatal e de omissões sistêmicas e recorrentes de outros poderes.[52]

Por fim, não podemos deixar de encerrar este capítulo sem dar o devido destaque às sábias palavras de José Casalta Nabais,[53] ao lembrar que de nada adiantará uma Carta Maior repleta de direitos, e, igualmente, não terá qualquer valia uma abalizada teoria dos direitos fundamentais, se o Estado não dispuser de recursos financeiros suficientes para realizá-los, já que para todo direito há, inequivocamente, um custo financeiro:

> Daí que uma qualquer teoria dos direitos fundamentais, que pretenda naturalmente espelhar a realidade jusfundamental com um mínimo de rigor, não possa prescindir dos deveres e dos custos dos direitos. Assim, parafraseando Ronald Dworkin, tomemos a sérios os deveres fundamentais e, por conseguinte, tomemos a sério os custos orçamentais de todos os direitos fundamentais. Pois, somente com uma consideração adequada dos deveres fundamentais e dos custos dos direitos, poderemos lograr um estado em que as ideias de liberdade e de solidariedade não se excluam, antes se completem. Ou seja, um estado de liberdade com um preço moderado.

7.8. O PROCEDIMENTO PARA A REALIZAÇÃO DAS DESPESAS PÚBLICAS

O passo seguinte após se definir a despesa pública – no que gastar, quando gastar e quanto gastar – é iniciar o processo para a sua realização. Uma vez que o procedimento para realizar uma despesa pública possui natureza de ato (ou de procedimento) administrativo, este seguirá os parâmetros, limites e princípios que o Direito Administrativo impõe a todos os atos executados pela Administração Pública, a fim de garantir o melhor interesse do Estado, especialmente nos aspectos relacionados com a economicidade, com a impessoalidade e com a moralidade.

Podemos dizer que esse procedimento para a realização de uma despesa pública é composto por uma etapa prévia, em que se identifica a necessidade de licitação (concorrência, tomada de preços, convite, concurso e leilão), seguida de três etapas do procedimento propriamente dito, que contemplam o empenho, a liquidação e a ordem de pagamento.

A **etapa prévia** possui o objetivo de verificar se para a realização daquela despesa pública específica será necessária a realização prévia de uma licitação. Se confirmada a necessidade da sua realização,[54] esta deverá ser implementada como condição de continuidade do processo de realização da despesa pública. Isso porque, segundo a própria Constituição Federal (art. 37, inciso XXI), ressalvados os casos especificados na legislação, as obras, serviços, compras e alienações serão contratados mediante processo de licitação pública que assegure igualdade de condições a todos os concorrentes, garantindo-se à Fazenda Pública um produto ou serviço de melhor qualidade, com o menor custo possível. Assim, havendo

---

[52] O assunto foi profundamente analisado por Carlos Alexandre de Azevedo Campos, o qual explica que uma vez "presente a violação massiva de direitos fundamentais decorrente de omissões caracterizadas como falhas estruturais, a Corte Constitucional colombiana declara a vigência de um estado de coisas inconstitucional. (CAMPOS, Carlos Alexandre de Azevedo. *Estado de Coisas Inconstitucional*. Salvador: JusPodivm, 2016).

[53] NABAIS, José Casalta. A face oculta dos direitos fundamentais: os deveres e os custos dos direitos. *Por uma Liberdade com Responsabilidade*: estudos sobre direitos e deveres fundamentais. Coimbra: Coimbra Editora, 2007. p. 24.

[54] A Lei nº 14.133 de 2021, que institui as normas para licitações e contratos com a Administração Pública, prevê nos seus arts. 74 e 75 os casos de inexigibilidade ou de dispensa de realização de licitação.

necessidade de se contratar uma empresa para prestar um serviço ou vender um determinado bem ao Estado, será necessária a realização de uma concorrência entre os interessados, a fim de se verificar quais destes possuem a melhor qualificação técnica para o respectivo fornecimento, melhor produto (bem ou serviço) e menor preço. Da mesma maneira, se for necessária a contratação de servidores, esta será precedida de concurso público para garantir a escolha daqueles candidatos que possuam a melhor aptidão – técnica, física ou psicológica – para o exercício das funções que serão realizadas. Percebe-se que, nestes casos, o objetivo da licitação é o de garantir que a Administração Pública contrate apenas aquelas pessoas físicas ou jurídicas que reúnam as melhores condições para atender ao interesse público referente à despesa que está para ser realizada.

Realizada ou não a licitação, dá-se início ao procedimento propriamente dito para a realização de uma despesa pública. Este procedimento, previsto nos arts. 58 a 70 da Lei nº 4.320/1964, pode ser dividido em três etapas: o empenho, a liquidação e a ordem de pagamento.

O **empenho**, segundo o art. 58, é o ato emanado de autoridade competente que cria para o Estado obrigação de pagamento pendente ou não de implemento de condição. Em outras palavras, podemos dizer que se trata de uma reserva a ser feita no orçamento, relativa à quantia necessária que deverá ser paga, visto que a lei não autoriza a realização de despesa pública sem o prévio empenho (art. 60). Para cada empenho será extraído um documento denominado "nota de empenho", que indicará o nome do credor, a representação e a importância da despesa bem como a dedução desta do saldo da dotação própria (art. 61).

A etapa seguinte ao empenho é denominada de **liquidação**, considerada como condição prévia ao pagamento, visto que o art. 62 expressamente prevê que o pagamento da despesa só será efetuado quando ordenado após a sua regular liquidação. Assim, a liquidação da despesa consiste na verificação do direito adquirido pelo credor tendo por base os títulos e documentos comprobatórios do respectivo crédito. A verificação irá apurar a origem e o objeto do que se deve pagar, a importância exata a pagar e a quem se deve pagar a importância, para extinguir a obrigação, e terá por base o contrato, ajuste ou acordo respectivo, a nota de empenho e os comprovantes da entrega de material ou da prestação efetiva do serviço (art. 63).

O processo de realização de despesa pública se encerra com a **ordem de pagamento**, que é o despacho exarado por autoridade competente, determinando que a despesa seja paga (art. 64). O pagamento da despesa será efetuado por tesouraria ou pagadoria, regularmente instituídas por estabelecimentos bancários credenciados e, em casos excepcionais, por meio de adiantamento. O regime de adiantamento é aplicável aos casos de despesas expressamente definidos em lei, e consiste na entrega de numerário a servidor, sempre precedida de empenho na dotação própria, para o fim de realizar despesas que não possam subordinar-se ao processo normal de aplicação (art. 68). Entretanto, em relação aos pagamentos devidos pela Fazenda Pública em virtude de sentença judiciária, estes serão realizados na ordem de apresentação dos precatórios e à conta dos créditos respectivos.

Finalmente, importante registrar que a Lei de Responsabilidade Fiscal (LC nº 101/2000) estabelece, como condição prévia para o empenho e licitação de serviços, fornecimento de bens ou execução de obras e para a desapropriação de imóveis urbanos que gerem aumento de despesas, seja apresentada a análise de impacto orçamentário e a declaração de compatibilidade e adequação orçamentária (§ 4º do art. 16).

7.9. RESTOS A PAGAR

Como antes destacado, a realização de uma despesa pública é um ato administrativo complexo que contempla três etapas: empenho (registro formal do ato), liquidação (verificação do cumprimento da obrigação) e pagamento (efetivo desembolso financeiro).

Mas nem sempre é possível à Administração Pública quitar todas as despesas no próprio ano, sobretudo por questões operacionais que inviabilizam o pagamento tempestivo. Assim, o não pagamento de despesa pública no mesmo ano em que empenhada e liquidada é uma circunstância reconhecida e disciplinada pela Lei nº 4.320, de 1964, ao prever, em seu art. 36, que se consideram **Restos a Pagar** as despesas empenhadas, mas não pagas, até o dia 31 de dezembro.

Tratamos da hipótese de despesas empenhadas e processadas (liquidadas), em que é confirmado que o fornecedor de bens ou de serviços cumpriu com a sua obrigação e a Administração Pública, de maneira sinalagmática, não poderá deixar de pagá-lo, não sendo possível, neste caso, o cancelamento da obrigação contida na conta de restos a pagar. Diversamente ocorre com a despesa empenhada, mas não processada, em que não se concluiu a prestação do serviço ou a entrega do bem pelo fornecedor, e o pagamento dependerá da sua efetiva liquidação, do contrário poderá ser cancelada total ou parcialmente.

Na prática regular e adequada, mesmo que não paga no mesmo exercício fiscal, a despesa intitulada de "restos a pagar" deverá sempre possuir um crédito financeiro suficiente e próprio para o seu pagamento, que necessitará estar disponível no momento da quitação extemporânea da obrigação, não podendo comprometer os recursos financeiros arrecadados no ano seguinte, sob pena de violação às boas práticas orçamentárias e, sobretudo, à gestão fiscal responsável que busca garantir o necessário equilíbrio fiscal.

Aliás, o art. 37 da Lei nº 4.320/1964, ao se referir à conta de restos a pagar, diz expressamente que "as despesas de exercícios encerrados, para as quais o orçamento respectivo consignava crédito próprio, com saldo suficiente para atendê-las (...) poderão ser pagos à conta de dotação específica consignada no orçamento, discriminada por elementos, obedecida, sempre que possível, a ordem cronológica".

A propósito, essa mesma ideia – de que a conta de restos a pagar deverá ter crédito próprio preexistente – está contida no parágrafo único do art. 103 da Lei nº 4.320/1964, ao estabelecer que os restos a pagar do exercício serão computados na receita extraorçamentária para compensar sua inclusão na despesa orçamentária. Portanto, devem ser pagos a título de dispêndio extraorçamentário, ou seja, aquele que não consta na lei orçamentária anual, compreendendo, dentre as diversas saídas de numerários, os pagamentos de restos a pagar.

Embora devidamente regulamentada pela citada lei geral dos orçamentos, esta situação de pagamentos tardios a título de restos a pagar deve ser eventual e, no máximo, residual. Ocorre que, por vezes, observa-se o uso excessivo e, por isso, inadequado, da conta de restos a pagar.[55] Chega-se a equiparar a uma manobra artificiosa contábil de postergação do cumprimento de

---

[55] TCU. Acórdão 2.823/2015, Rel. Min. José Mucio Monteiro, Plenário, julg. 04/11/2015: "O uso desmesurado de inscrições e reinscrições de obrigações financeiras na rubrica Restos a Pagar configura desvirtuamento do princípio da anualidade. [...] a rubrica Restos a Pagar apresentou um aumento expressivo de seu montante nos últimos cinco exercícios; apesar de, em princípio, não violar o princípio da legalidade, uma vez que as inscrições e reinscrições nessa rubrica obedecem às disposições que tratam do assunto (Lei 4.320/1964, Decreto 93.872/1986), sua utilização tem sido desvirtuada, pois deixou ela de ser uma ferramenta de exceção para tornar-se numa modalidade amplamente utilizada de execução da despesa, criando uma atípica plurianualidade orçamentária que é incompatível com os preceitos da Constituição Federal, da Lei de Responsabilidade Fiscal e da Lei 4.320/1964, ou seja, na prática, há um desvirtuamento do princípio da anualidade, pois, a execução da despesa pode se estender por vários exercícios". No mesmo sentido, TCU. Acórdão 2.033/2019, Rel. Min. Vital do Rêgo, Plenário, julg. 28/08/2019: "A prática recorrente de elevada inscrição e rolagem de recursos orçamentários na rubrica de restos a pagar ofende os princípios da anualidade orçamentária e da razoabilidade, sendo incompatível com o caráter de excepcionalidade

obrigações financeiras, servindo de mecanismo indireto de rolagem de dívida (enquadrado legalmente como dívida flutuante, nos termos do art. 92 da Lei nº 4.320/64), em que se acumulam débitos pretéritos nesta conta, sem haver recursos financeiros suficientes para a sua satisfação.

Essa prática imprópria se deve, principalmente, à elaboração de orçamentos públicos com receitas superinfladas e irreais, ou sem que haja o devido acompanhamento da execução orçamentária ao longo do ano.

A Lei de Responsabilidade Fiscal (LC nº 101/2000)[56] disciplina o uso da conta de restos a pagar em seu art. 42, ao estabelecer que, nos últimos 8 meses do mandato, nenhuma despesa poderá ser contraída se esta não puder ser paga totalmente no mesmo exercício ou, caso venha a ultrapassar este, desde que haja disponibilidade financeira a ela previamente destinada para pagamento das parcelas pendentes em exercícios subsequentes.

O citado dispositivo busca evitar a contração de obrigações que sejam custeadas com recursos futuros e comprometam orçamentos posteriores. Trata-se de mais uma norma da LRF que visa impedir a utilização da máquina administrativa para realizar atos no último ano de gestão de natureza "populista" ou que se comprometa o orçamento subsequente com "heranças fiscais" deixadas ao sucessor.

Entendemos, entretanto, que a vedação prevista no art. 42 da LRF deveria ser interpretada de maneira ampliativa, aplicando-se não apenas aos últimos dois quadrimestres do mandato, como está literalmente previsto, mas também ao mandato inteiro, ano após ano, de janeiro a dezembro. Afinal, a própria LRF estabelece o conceito de responsabilidade na gestão fiscal, ao prever, no parágrafo único do seu art. 1º, a ação planejada e transparente, evitando afetar o equilíbrio das contas públicas, mediante o cumprimento de metas de resultados entre receitas e despesas e a obediência a limites e condições, dentre outras, para inscrição em restos a pagar. Os princípios da gestão pública responsável e do equilíbrio fiscal, previstos e regulados na LRF, aplicam-se inequivocamente ao instituto dos restos a pagar.

Cabe ainda registrar que o **Código Penal** tipifica a *inscrição de despesas não empenhadas em restos a pagar* no seu art. 359-B, ao estabelecer que ordenar ou autorizar a inscrição, em restos a pagar, de despesa que não tenha sido previamente empenhada ou que exceda limite estabelecido em lei, terá como pena a detenção, de 6 (seis) meses a 2 (dois) anos. Por sua vez, criminaliza a **assunção de obrigação no último ano de mandato ou legislatura no seu art. 359-C**, punindo com reclusão de 1 (um) a 4 (quatro) anos quem ordenar ou autorizar a assunção de obrigação, nos dois últimos quadrimestres do último ano do mandato ou legislatura, cuja despesa não possa ser paga no mesmo exercício financeiro ou, caso reste parcela a ser paga no exercício seguinte, que não tenha contrapartida suficiente de disponibilidade de caixa. E trata do *não cancelamento de restos a pagar* no art. 359-F, ao prever que deixar de ordenar, de autorizar ou de promover o cancelamento do montante de restos a pagar inscrito em valor superior ao permitido em lei terá como pena a detenção, de 6 (seis) meses a 2 (dois) anos.

7.10. DESPESAS PÚBLICAS NA LEI DE RESPONSABILIDADE FISCAL (LC Nº 101/2000)

A Lei Complementar nº 101/2000 trata com acuidade o tema das despesas públicas, já que seu objetivo principal é garantir a responsabilidade na gestão fiscal pelo equilíbrio das

---

dos restos a pagar, contrariando o disposto no art. 165, inciso III, da Constituição Federal, c/c o art. 2º da Lei 4.320/1964".

[56] O art. 41 da LRF foi vetado integralmente por meio da Mensagem Presidencial 627/2000.

contas públicas, através do cumprimento de metas de resultados entre receitas e despesas, inclusive impondo obediência a limites e condições por ela estabelecidos, no que se refere à renúncia de receita e à geração de despesas com pessoal e com a seguridade social.

Inicialmente, a LC nº 101/2000 afirma (art. 15) ser considerada como não autorizada, irregular ou lesiva ao patrimônio público a geração de despesa ou a assunção de obrigação que acarrete aumento de despesa sem que esta seja acompanhada da respectiva análise de impacto orçamentário e da declaração de compatibilidade e adequação orçamentária, comprovando-se que a despesa criada ou aumentada não afetará as metas de resultados fiscais, bem como demonstrando-se a origem dos recursos para seu custeio. Assim, em caso de criação, expansão ou aperfeiçoamento de ação governamental que acarrete aumento da despesa, esta será acompanhada de estimativa do impacto orçamentário-financeiro no exercício em que deva entrar em vigor e nos dois subsequentes, bem como de declaração do ordenador da despesa atestando que o aumento tem adequação orçamentária e financeira com a lei orçamentária anual e compatibilidade com o plano plurianual e com a lei de diretrizes orçamentárias.

Quanto às despesas com pessoal, tema tratado com grande destaque pela Lei de Responsabilidade Fiscal, estas são consideradas como sendo os gastos do ente da Federação com os ativos, os inativos e os pensionistas, relativos a mandatos eletivos, cargos, funções ou empregos, civis, militares e de membros de Poder, com quaisquer espécies remuneratórias, tais como vencimentos e vantagens, fixas e variáveis, subsídios, proventos da aposentadoria, reformas e pensões, inclusive adicionais, gratificações, horas extras e vantagens pessoais de qualquer natureza, bem como encargos sociais e contribuições recolhidas pelo ente às entidades de previdência (art. 18).[57] A lei ressalva que os valores dos contratos de terceirização de mão de obra que se refiram à substituição de servidores e empregados públicos deverão ser contabilizados como "Outras Despesas de Pessoal" (§ 1º). Ademais, estabelece que a despesa total com pessoal será apurada somando-se a realizada no mês em referência com as dos 11 (onze) imediatamente anteriores, adotando-se o regime de competência, independentemente de empenho (§ 2º). E para a apuração da despesa total com pessoal, será observada a remuneração bruta do servidor, sem qualquer dedução ou retenção, ressalvada a redução para atendimento ao disposto no art. 37, inciso XI, da Constituição Federal (§ 3º).

Segundo a norma (art. 21), serão considerados nulos de pleno direito os atos que provocarem aumento de despesa com pessoal que estejam em desacordo com as exigências da própria Lei Complementar nº 101/2000 (arts. 16 e 17) e com o disposto na Constituição Federal de 1988 (inciso XIII do art. 37 e § 1º do art. 169). Também será nulo de pleno direito o ato de que resulte aumento da despesa com pessoal expedido nos cento e oitenta dias anteriores ao final do mandato do titular do respectivo Poder ou órgão. Igualmente, será considerado nulo o ato de que resulte aumento da despesa com pessoal que preveja parcelas a serem implementadas em períodos posteriores ao final do mandato do titular de Poder ou órgão, bem como a aprovação, a edição ou a sanção, por Chefe do Poder Executivo, por Presidente e demais membros da Mesa ou órgão decisório equivalente do Poder Legislativo,

---

[57] STF. ADI 6.129 MC, Rel. Min. Marco Aurélio, Rel. p/ Acórdão Min. Alexandre de Moraes, Pleno, julg. 11/09/2019, *DJe* 25/03/2020: "(...) 3. O art. 113, § 8º, da Constituição goiana, com a redação dada pela EC 55/2017, ao determinar a exclusão do limite de despesa de pessoal das despesas com proventos de pensão e dos valores referentes ao Imposto de Renda devido por seus servidores, contraria diretamente o art. 18 da LRF, pelo que incorre em inconstitucionalidade formal. 4. O art. 45 do Ato das Disposições Constitucionais Transitórias do Estado de Goiás, com a redação conferida pela EC 54/2017, contraria o art. 198, § 2º, e o art. 212, ambos da CF, pois flexibiliza os limites mínimos de gastos com saúde e educação".

por Presidente de Tribunal do Poder Judiciário e pelo Chefe do Ministério Público, da União e dos Estados, de norma legal contendo plano de alteração, reajuste e reestruturação de carreiras do setor público, ou a edição de ato, por esses agentes, para nomeação de aprovados em concurso público, quando: a) resultar em aumento da despesa com pessoal nos 180 (cento e oitenta) dias anteriores ao final do mandato do titular do Poder Executivo; ou b) resultar em aumento da despesa com pessoal que preveja parcelas a serem implementadas em períodos posteriores ao final do mandato do titular do Poder Executivo.

Atendendo à determinação constitucional existente no art. 169, a Lei de Responsabilidade Fiscal traz a limitação de gastos com pessoal de cada ente federativo. Segundo o art. 19 da lei, a despesa total com pessoal, em cada período de apuração e em cada ente da Federação, não poderá exceder os seguintes percentuais da respectiva receita corrente líquida: União: 50% (cinquenta por cento); Estados: 60% (sessenta por cento); Municípios: 60% (sessenta por cento). Afirma, ainda, que, se a despesa total com pessoal ultrapassar os limites definidos na lei, o percentual excedente terá de ser eliminado nos dois quadrimestres seguintes, sendo pelo menos um terço no primeiro, adotando-se, entre outras, as providências previstas nos §§ 3º e 4º do art. 169 da Constituição Federal de 1988. Entretanto, caso não seja alcançada a redução no prazo estabelecido, enquanto perdurar o excesso, o Poder ou órgão não poderá: I – receber transferências voluntárias; II – obter garantia, direta ou indireta, de outro ente; III – contratar operações de crédito, ressalvadas as destinadas ao pagamento da dívida mobiliária e as que visem à redução das despesas com pessoal (art. 23, § 3º).

Por sua vez, em relação às despesas com a seguridade social, a lei afirma que nenhum benefício ou serviço relativo à seguridade social poderá ser criado, majorado ou estendido sem a indicação da fonte de custeio total, nos termos do § 5º do art. 195 da Constituição Federal de 1988.

7.11. PAGAMENTO DE DESPESAS PÚBLICAS DE ORIGEM JUDICIAL: O PRECATÓRIO

Existem despesas públicas que, pela sua natureza ou origem, não podem ser programadas e, por isso, não há como inseri-las ordinariamente no orçamento. Mas também não se enquadram no conceito de despesa pública extraordinária, pois, embora exista uma impossibilidade de prever seu valor exato, ou quando deverá ser paga, existe a certeza de que ela ocorrerá anualmente. Essas despesas são incertas quanto ao seu valor e quanto ao momento de serem pagas, mas há a certeza de que irão ocorrer anualmente. Estamos falando do pagamento que a Fazenda Pública é condenada a realizar após o trânsito em julgado de uma medida judicial promovida pelo particular em face do Estado. Tais condenações ocorrem constantemente e geram para o Estado uma despesa pública. Se fossem pagas imediatamente após o encerramento do processo judicial haveria um desequilíbrio orçamentário, já que o seu valor e o momento do seu pagamento são, como já dito, incertos e imprevisíveis. E, se não possuírem regras claras e criteriosas que estabeleçam uma ordem equitativa para o seu pagamento, poderá haver violação da isonomia entre credores. Para resolver essas questões, criou-se o mecanismo do pagamento através do denominado **precatório**.

A palavra "precatório" deriva do termo em latim "deprecare", que significa "requisitar". E, de fato, o precatório nada mais é do que uma requisição de recursos financeiros realizada pelo tribunal ao tesouro para o fim de pagar o credor de uma ação transitada em julgado que lhe foi favorável, em que a Fazenda Pública foi condenada a pagar determinada quantia.

No direito brasileiro, sua origem advém da "precatória de vênia", instituto criado no final do século XIX pela legislação processual civil brasileira,[58] para requisitar ao Tesouro recursos para o pagamento nas condenações da Fazenda Pública, diante da impenhorabilidade dos bens públicos. Em sede constitucional, o sistema de pagamentos por precatórios foi previsto pela primeira vez na Carta de 1934, mas limitava-se aos pagamentos de decisões condenatórias da Fazenda federal.[59] Somente na Constituição de 1946 é que o sistema passou a se aplicar às Fazendas estaduais e municipais.

De maneira simplificada, podemos dizer que o Precatório é a requisição formal de pagamento que a Fazenda Pública é condenada judicialmente a realizar. Assim, diversamente do particular que, quando condenado, é obrigado a realizar o pagamento imediatamente em dinheiro ao vencedor da demanda judicial, a Fazenda Pública condenada em uma ação realiza o respectivo pagamento apenas no exercício financeiro seguinte, após a inclusão de tal despesa no seu orçamento, desde que apresentada até 1º de julho do ano anterior.

Assim, entende-se que o regime jurídico dos precatórios contempla as seguintes características: (i) tem sede constitucional; (ii) destina-se unicamente a definir critérios objetivos para pagamento dos débitos oriundos de sentenças judiciais e; (iii) é privativo das Fazendas Públicas e respectivas entidades de direito público,[60] bem como se aplica, por interpretação extensiva do STF, às empresas estatais que não competem com pessoas jurídicas privadas ou que não têm por objetivo primordial acumular patrimônio e distribuir lucros.[61]

Esse instituto jurídico decorre do **art. 100 da Constituição Federal** de 1988, que determina que os pagamentos devidos pelas Fazendas Públicas Federal, Estaduais, Distrital e Municipais, em virtude de sentença judiciária, far-se-ão exclusivamente na ordem cronológica de apresentação dos precatórios e à conta dos créditos respectivos, proibida a designação de casos ou de pessoas nas dotações orçamentárias e nos créditos adicionais abertos para esse fim.

O Código de Processo Civil de 2015, nos seus artigos 535, § 3º e 910, 1º, expressamente reconhece o procedimento de pagamento por precatório no cumprimento de sentença que impuser à Fazenda Pública o dever de pagar quantia certa, ao prever que será expedido, por intermédio do presidente do tribunal competente, precatório ou requisição de pequeno valor em favor do exequente, observando-se o disposto na Constituição Federal.

Por sua vez, o art. 67 da Lei nº 4.320/1964 estabelece que os pagamentos devidos pela Fazenda Pública, em virtude de sentença judiciária, far-se-ão na ordem de apresentação dos

---

[58] Decreto nº 3.084 de 05 de novembro de 1898, que aprovou a Consolidação das Leis Referentes à Justiça Federal (art. 41).

[59] Constituição Federal de 1934. Art. 182. Os pagamentos devidos pela Fazenda federal, em virtude de sentença judiciária, far-se-ão na ordem de apresentação dos precatórios e à conta dos créditos respectivos, sendo vedada a designação de caso ou pessoas nas verbas legais.

[60] MOREIRA, Egon Bockmann; GRUPENMACHER, Betina Treiger; KANAYAMA, Rodrigo Luís; AGOTTANI, Diogo Zelak. Precatórios: o seu novo regime jurídico. São Paulo: Revista dos Tribunais, 2017. p. 43.

[61] STF. ADPF 670 e 956, Rel. Min. André Mendonça, julg. 25/03/2024; RE 627.242 AgR, Rel. Min. Roberto Barroso, julg. 02/05/2017; RE 592.004 AgR, Rel. Min. Joaquim Barbosa, julg. 05/06/2012. Contudo, em que pese a natureza jurídica dos Conselhos Profissionais de autarquias federais especiais, o STF, por maioria, no julgamento do RE 938.837 (19/04/2017 – repercussão geral), decidiu que o regime de precatórios a eles não se aplica, por não terem orçamento ou não receberem aportes da União, não estando submetidos às regras constitucionais do capítulo de finanças públicas (artigos 163 a 169 da Constituição), o que inviabiliza sua submissão ao regime de precatórios.

precatórios e à conta dos créditos respectivos, sendo proibida a designação de casos ou de pessoas nas dotações orçamentárias e nos créditos adicionais abertos para esse fim.

A Lei nº 13.463/2017 prevê as regras sobre a gestão dos recursos destinados aos pagamentos de precatórios e de Requisições de Pequeno Valor (RPV) federais, bem como sobre o cancelamento dos precatórios e RPV federais expedidos e cujos valores não tenham sido levantados pelo credor e estejam depositados há mais de dois anos em instituição financeira oficial.

A norma constitucional citada se refere expressamente aos "pagamentos devidos pelas Fazendas Públicas Federal, Estaduais, Distrital e Municipais". As autarquias enquadram-se tranquilamente no conceito de Fazenda Pública, submetendo-se, portanto, ao regime de precatórios.[62]

Entretanto, a dúvida surge quando indagamos sobre a aplicabilidade do regime de precatórios para as execuções contra as empresas públicas e as sociedades de economia mista. Atualmente, o entendimento do Supremo Tribunal Federal é no sentido de aplicar o regime de precatórios apenas às empresas públicas ou sociedades de economia mista que prestarem serviços públicos essenciais de competência típica do Estado, cuja atividade esteja submetida ao regime de monopólio, portanto, fora do regime de concorrência, ou que não realizem distribuição de lucros, apesar da sua personalidade jurídica de direito privado.[63] Já as demais empresas estatais que realizem atividades eminentemente econômicas, lucrativas e em regime concorrencial sofrerão o rito da execução comum da sistemática de direito privado.[64]

Como dissemos, a razão da existência dos precatórios se dá pela necessidade de um mecanismo que possibilite a previsão orçamentária de despesas públicas originárias de condenações judiciais, uma vez que há certeza quanto a sua ocorrência, porém, incerteza quanto ao valor e quanto ao momento do seu pagamento. Essa previsibilidade se concretiza a partir do comando constitucional que estabelece ser obrigatória a inclusão, no orçamento das entidades de direito público, de verba necessária ao pagamento de seus débitos, oriundos de sentenças transitadas em julgado, constantes de precatórios judiciários apresentados até 2 de abril,[65] fazendo-se o pagamento até o final do exercício seguinte, quando terão seus valores atualizados monetariamente (§ 5º do art. 100, CF/1988).

---

[62] STF. AI 390.212 AgR, Rel. Min. Dias Toffoli, 1ª Turma, julg. 13/09/2011. "Agravo regimental no agravo de instrumento. Administração dos Portos de Paranaguá e Antonina (APPA). Natureza de autarquia. Execução. Regime de precatório. Precedentes. 1. É pacífico o entendimento desta Corte de que não se aplica o art. 173, § 1º, da Constituição Federal à Administração dos Portos de Paranaguá e Antonina (APPA), uma vez que se trata de autarquia prestadora de serviço público e que recebe recursos estatais, atraindo, portanto, o regime de precatórios contido no art. 100 da Constituição Federal. 2. Agravo regimental não provido."

[63] STF. ADPF 616, Rel. Min. Roberto Barroso, Pleno, julg. 24/05/2021, **DJe** 21/06/2021: "*Tese*: Os recursos públicos vinculados ao orçamento de estatais prestadoras de serviço público essencial, em regime não concorrencial e sem intuito lucrativo primário, não podem ser bloqueados ou sequestrados por decisão judicial para pagamento de suas dívidas, em virtude do disposto no art. 100 da CF/1988, e dos princípios da legalidade orçamentária (art. 167, VI, da CF), da separação dos poderes (arts. 2º, 60, § 4º, III, da CF) e da eficiência da administração pública (art. 37, *caput*, da CF)". No mesmo sentido: STF. ADPF 844.

[64] STF. RE 599.628, Rel. Min. Ayres Britto, Rel. p/ Acórdão Min. Joaquim Barbosa, Pleno, julg. 25/05/2011, **DJe** 17/10/2011: "*Tese*: Sociedades de economia mista que desenvolvem atividade econômica em regime concorrencial não se beneficiam do regime de precatórios, previsto no art. 100 da Constituição da República".

[65] A data original do prazo limite era 1º de julho, porém a EC nº 114/2021 antecipou para 2 de abril de cada ano.

Uma vez transitada em julgado a ação e definido o valor devido pela Fazenda Pública, seu processamento se inicia a partir da solicitação que o juiz da causa faz ao presidente do respectivo Tribunal para que este requisite a verba necessária ao pagamento do credor. Essa solicitação dirigida ao presidente do Tribunal denomina-se **ofício requisitório**. Nesse documento será informado o número do processo, o nome das partes, a natureza da obrigação e do crédito, o valor individualizado por beneficiário, a data-base para efeitos de atualização etc. Por sua vez, o presidente do Tribunal irá comunicar à Fazenda Pública a existência da obrigação, para ser consignada no orçamento como despesa pública a ser paga no exercício financeiro seguinte (se comunicado ao presidente do tribunal até 2 de abril do ano; caso contrário, a demanda ingressará na ordem de pagamentos do ano subsequente). Essa ordem de pagamento dos precatórios é rígida e deve ser seguida, para que não haja tratamento anti-isonômico entre os credores. Inclusive, o § 7º do art. 100 da Constituição prevê que o Presidente do Tribunal competente que, por ato comissivo ou omissivo, retardar ou tentar frustrar a liquidação regular de precatórios, incorrerá em crime de responsabilidade e responderá, também, perante o Conselho Nacional de Justiça.

Embora a regra geral fosse a de que o pagamento de precatórios se realizaria de uma só vez, já tivemos no texto constitucional alguns "parcelamentos" de precatórios. A justificativa formal foi a de que se tratava de solução para evitar possíveis pedidos de intervenção nos entes federativos, em caso de descumprimento do pagamento de precatórios, como prescrevem os arts. 34 e 35 da Constituição.

Assim é que o art. 33[66] do ADCT possibilitou o pagamento de prestações anuais em até oito anos dos precatórios pendentes de pagamento até a data da promulgação da Constituição. Posteriormente, em igual sentido dispôs o art. 78[67] do ADCT, ao prescrever a possibilidade de parcelamento em 10 anos do pagamento dos precatórios pendentes de pagamento até a data da emenda constitucional que incluiu este dispositivo (13 de setembro de 2000). Já o § 2º do art. 86[68] do ADCT permitiu o parcelamento em duas parcelas anuais. Embora o art. 97 do ADCT (incluído pela EC nº 62/2009) permitisse o parcelamento em até 15 anos pelo regime especial de pagamento, tal artigo foi julgado integralmente inconstitucional pelo STF em 14 de março de 2013 (ADIs 4.357 e 4.425), por afrontar cláusulas pétreas, como a de garantia de acesso à Justiça, a de independência entre os Poderes e a da proteção à coisa julgada.

O artigo 101 do ADCT, com redação determinada pela EC nº 109/2021, estabeleceu que os Estados, o Distrito Federal e os Municípios que, em 25 de março de 2015, se encontrassem em mora no pagamento de seus precatórios deverão quitá-los até 31 de dezembro de 2029

---

[66] ADCT, Art. 33. Ressalvados os créditos de natureza alimentar, o valor dos precatórios judiciais pendentes de pagamento na data da promulgação da Constituição, incluído o remanescente de juros e correção monetária, poderá ser pago em moeda corrente, com atualização, em prestações anuais, iguais e sucessivas, no prazo máximo de oito anos, a partir de 1º de julho de 1989, por decisão editada pelo Poder Executivo até cento e oitenta dias da promulgação da Constituição.

[67] ADCT, Art. 78. Ressalvados os créditos definidos em lei como de pequeno valor, os de natureza alimentícia, os de que trata o art. 33 deste Ato das Disposições Constitucionais Transitórias e suas complementações e os que já tiverem os seus respectivos recursos liberados ou depositados em juízo, os precatórios pendentes na data de promulgação desta Emenda e os que decorram de ações iniciais ajuizadas até 31 de dezembro de 1999 serão liquidados pelo seu valor real, em moeda corrente, acrescido de juros legais, em prestações anuais, iguais e sucessivas, no prazo máximo de dez anos, permitida a cessão dos créditos.

[68] ADCT, Art. 86, § 2º. Os débitos a que se refere o caput deste artigo, se ainda não tiverem sido objeto de pagamento parcial, nos termos do art. 78 deste Ato das Disposições Constitucionais Transitórias, poderão ser pagos em duas parcelas anuais, se assim dispuser a lei.

(seus débitos vencidos e os que vencerão) dentro desse período, atualizados pelo Índice Nacional de Preços ao Consumidor Amplo Especial (IPCA-E), ou por outro índice que venha a substituí-lo, depositando mensalmente em conta especial do Tribunal de Justiça local, sob única e exclusiva administração deste, 1/12 (um doze avos) do valor calculado percentualmente sobre suas receitas correntes líquidas apuradas no segundo mês anterior ao mês de pagamento, em percentual suficiente para a quitação de seus débitos e, ainda que variável, nunca inferior, em cada exercício, ao percentual praticado na data da entrada em vigor do regime especial a que se refere este artigo, em conformidade com plano de pagamento a ser anualmente apresentado ao Tribunal de Justiça local.

Já a EC nº 114/2021, ao incluir o art. 107-A no ADCT (atualmente, com redação dada pela EC nº 126/2022), prescreveu que, até o fim de 2026, fica estabelecido, para cada exercício financeiro, limite para alocação na proposta orçamentária das despesas com pagamentos de precatórios, equivalente ao valor da despesa paga no exercício de 2016, incluídos os restos a pagar pagos, corrigidos, para o exercício de 2017, em 7,2% e, para os exercícios posteriores, pela variação do Índice Nacional de Preços ao Consumidor Amplo (IPCA), ou de outro índice que vier a substituí-lo, apurado no exercício anterior a que se refere a lei orçamentária, devendo o espaço fiscal decorrente da diferença entre o valor dos precatórios expedidos e o respectivo limite ser destinado ao programa de renda familiar básica para aqueles que estiverem em situação de vulnerabilidade social e à seguridade social, a ser calculado da seguinte forma: I – no exercício de 2022, o espaço fiscal decorrente da diferença entre o valor dos precatórios expedidos e o limite estabelecido deverá ser destinado ao programa de renda familiar básica e à seguridade social; II – no exercício de 2023, pela diferença entre o total de precatórios expedidos entre 2 de julho de 2021 e 2 de abril de 2022 e o limite estabelecido válido para o exercício de 2023; e III – nos exercícios de 2024 a 2026, pela diferença entre o total de precatórios expedidos entre 3 de abril de dois anos anteriores e 2 de abril do ano anterior ao exercício e o limite estabelecido válido para o mesmo exercício.

Comentando a situação que se configurou numa espécie de "moratória" das obrigações de precatórios, Regis Fernandes de Oliveira afirma que:

> O art. 78, acrescentado ao Ato das Disposições Constitucionais Transitórias pela EC nº 30, foi editado com a finalidade específica de adiar o pagamento de dívidas imoderadamente acumuladas por todos os entes federativos, que nunca demonstraram a menor boa vontade em saldá-las. (...) Não há como negar que a primeira, de oito anos, não teve o desenrolar anunciado e esperado pela constituinte de 1988. Ao revés, a facilidade com que os maus pagadores se livraram da dívida estimulou a inadimplência oficializada.[69]

Chancelando tais críticas, o STF, no julgamento da ADI 7.064 (01/12/2023), decidiu que os limites para alocação na proposta orçamentária das despesas com pagamentos de precatórios previstos no art. 107-A do ADCT somente podem ser aplicados no ano de 2022, em razão da situação excepcionalíssima da pandemia da Covid-19, tendo sido declarados inconstitucionais para os anos de 2023 a 2026 (inconstitucionalidade dos incisos II e III do art. 107-A, ADCT, e, por arrastamento, também dos §§ 3º, 5º e 6º do mesmo art. 107-A).[70]

Além dos créditos ordinários que são pagos regularmente através da metodologia da expedição de precatórios, podemos dizer que existem outras duas espécies de pagamentos

---

[69] OLIVEIRA, Regis Fernandes. Op. cit. p. 540-541.
[70] STF. ADI 7.064, Rel. Min. Luiz Fux, Pleno, julg. 01/12/2023, **DJe** 29/02/2024.

decorrentes de condenação judicial da Fazenda Pública, que possuem especificidades próprias nas regras dos precatórios. São os créditos de natureza alimentar e os créditos de pequeno valor. Os primeiros são pagos antes dos demais precatórios e os segundos ficam fora da metodologia de pagamento por precatórios. Podemos, portanto, dizer que para o pagamento de condenações judiciais da Fazenda Pública existem três métodos: a) os *precatórios comuns*, pagos segundo as regras ora analisadas, sem qualquer preferência ou prioridade; b) os *precatórios alimentares*, que preferem aos comuns; c) os *créditos de pequeno valor*, que não se submetem às regras de precatórios.

Os **créditos de natureza alimentar** referem-se a valores necessários à subsistência do credor e decorrem dos *princípios da dignidade da pessoa humana* e do *mínimo existencial*. Conforme leciona Regis Fernandes de Oliveira, "o crédito alimentar é o imprescindível à subsistência própria do credor e de sua família".[71] E, sobre o mínimo existencial, explica Ricardo Lobo Torres que "sem o mínimo necessário à existência cessa a possibilidade de sobrevivência do homem e desaparecem as condições iniciais da liberdade".[72]

Na espécie de **precatório alimentar**, encontramos dois tipos: a) *precatórios alimentares comuns* ou *ordinários*, pagos preferencialmente em relação aos demais precatórios não alimentares (§ 1º, art. 100, CF/1988); b) *precatórios alimentares superpreferenciais*, pagos antes dos precatórios alimentares comuns até certo limite pecuniário (§ 2º, art. 100, CF/1988).

Segundo o § 1º do art. 100 da Constituição, os *precatórios alimentares comuns* ou *ordinários* compreendem aqueles decorrentes de salários,[73] vencimentos, proventos, pensões e suas complementações, benefícios previdenciários e indenizações por morte ou por invalidez, fundadas em responsabilidade civil, em virtude de sentença judicial transitada em julgado, e serão pagos com preferência sobre todos os demais débitos, exceto sobre os precatórios alimentares superpreferenciais.

Já os *precatórios alimentares superpreferenciais* constituem também débitos de natureza alimentícia (inclusive aqueles oriundos de sucessão hereditária), mas cujos titulares tenham 60 (sessenta) anos de idade, ou sejam portadores de doença grave ou pessoas com deficiência, definidos na forma da lei, sendo pagos com preferência sobre todos os demais débitos de precatórios, até o valor equivalente ao triplo do fixado em lei para as obrigações de pequeno valor, admitido o fracionamento para essa finalidade, e o restante será pago na ordem cronológica de apresentação do precatório (§ 2º, art. 100, CF/1988).[74]

Segundo a Resolução CNJ nº 303/2019 (art. 11, inciso II), consideram-se *portadores de doença grave* os beneficiários acometidos das moléstias indicadas no inciso XIV[75] do art. 6º da

---

[71] Ibidem. p. 524.

[72] TORRES, Ricardo Lobo. *Curso de Direito Financeiro e Tributário*. 18. ed. Rio de Janeiro: Renovar, 2011. p. 69.

[73] STF. Súmula Vinculante nº 47: "Os honorários advocatícios incluídos na condenação ou destacados do montante principal devido ao credor consubstanciam verba de natureza alimentar cuja satisfação ocorrerá com a expedição de precatório ou requisição de pequeno valor, observada ordem especial restrita aos créditos dessa natureza".

[74] Por exemplo, na União, em que as obrigações de pequeno valor são fixadas em 60 salários mínimos, o triplo seria o equivalente a 180 salários mínimos. O valor que ultrapassar o triplo, por sua vez, será pago na ordem cronológica de apresentação dos precatórios alimentares, sem estar dotado de superpreferência.

[75] Art. 6º, inciso XIV, Lei nº 7.713/1988: "os proventos de aposentadoria ou reforma motivada por acidente em serviço e os percebidos pelos portadores de moléstia profissional, tuberculose ativa, alienação mental, esclerose múltipla, neoplasia maligna, cegueira, hanseníase, paralisia irreversível e incapacitante, cardiopatia

Lei nº 7.713/1988, bem como as doenças assim consideradas a partir de conclusão da medicina especializada, mesmo que a doença tenha sido contraída após o início do processo.

Nos termos da mesma Resolução, antes da expedição do precatório, o pedido de superpreferência, devidamente instruído com a prova da moléstia grave ou da deficiência do requerente, será apresentado ao juízo da execução, assegurando-se o contraditório (art. 9º, § 1º). Na hipótese de superpreferência por idade, o preenchimento de seus requisitos deve ser aferido de ofício com os dados pessoais constantes dos autos, independentemente de requerimento, inclusive no âmbito da Presidência do Tribunal (art. 9º, § 2º). Para os precatórios já expedidos, o pedido de superpreferência relativo à moléstia grave ou deficiência do requerente deve ser dirigido ao presidente do tribunal de origem do precatório, que decidirá, na forma do seu regimento interno, assegurando-se o contraditório, permitida a delegação, pelo tribunal, ao juízo do cumprimento de sentença (art. 9º, § 3º).

Como dissemos, esses créditos alimentícios não estão fora das regras de pagamento por precatórios, mas apenas possuem preferência na ordem de pagamento em relação aos demais precatórios. O verbete nº 655 da Súmula do STF inclusive prevê que

> A exceção prevista no art. 100, *caput*, da Constituição, em favor dos créditos de natureza alimentícia, não dispensa a expedição de precatório, limitando-se a isentá-los da observância da ordem cronológica dos precatórios decorrentes de condenações de outra natureza.

No mesmo sentido, afirma o verbete nº 144 da Súmula do STJ: "Os créditos de natureza alimentícia gozam de preferência, desvinculados os precatórios da ordem cronológica dos créditos de natureza diversa".

Os **créditos de pequeno valor** estão fora das regras de expedição de precatórios, segundo o que dispõe o § 3º do art. 100 da Constituição, sendo pagos por meio de Requisição de Pequeno Valor (RPV). As RPVs são pagas em até dois meses contados da entrega da requisição (art. 535, § 3º, II, CPC, com constitucionalidade afirmada na ADI nº 5.534).

São consideradas de pequeno valor as condenações judiciais em face da Fazenda Pública de valor igual ou inferior a 60 salários mínimos no âmbito federal (art. 17, § 1º c/c art. 3º, Lei nº 10.259/2001); de até 40 salários mínimos no âmbito de Estados e Distrito Federal; e de até 30 salários mínimos no âmbito municipal (arts. 87 e 97, § 12, ADCT e art. 13, § 3º, Lei nº 12.153/2009).

Contudo, os entes estaduais e municipais são dotados de autonomia para fixarem valores de RPV inferiores aos máximos de 40 e 30 salários mínimos, respectivamente (art. 13, § 2º, Lei nº 12.153/2009), segundo as diferentes capacidades econômicas, desde que o valor mínimo de RPV não seja inferior àquele do maior benefício do regime geral de previdência social (art. 100, § 4º, CF/1988).[76] O mesmo se aplica às demais entidades de direito público, tais como autarquias e fundações de direito público.

Para evitar a burla da ordem de pagamento, não se permite expedir precatório complementar ou suplementar de valor pago, nem o fracionamento do valor da execução para enquadrar valores maiores em créditos de pequeno valor (art. 100, § 8º, CF/1988). O STF,

---

grave, doença de Parkinson, espondiloartrose anquilosante, nefropatia grave, hepatopatia grave, estados avançados da doença de Paget (osteíte deformante), contaminação por radiação, síndrome da imunodeficiência adquirida, com base em conclusão da medicina especializada, mesmo que a doença tenha sido contraída depois da aposentadoria ou reforma".

[76] STF. ADI 5.100, Rel. Min. Luiz Fux, Pleno, julg. 27/04/2020.

entretanto, admite o precatório complementar apenas em caso de erro material, aritmético ou inexatidão dos cálculos (ADI nº 2.924).

Para garantir a efetividade da metodologia e o pagamento dos precatórios, a Constituição prevê a possibilidade de o credor requerer ao Presidente do respectivo Tribunal o **sequestro do valor** a ser pago em caso de não alocação orçamentária ou de preterição na ordem cronológica dos precatórios. Assim, as dotações orçamentárias e os créditos abertos serão consignados diretamente ao Poder Judiciário, cabendo ao Presidente do Tribunal que proferir a decisão exequenda determinar o pagamento integral e autorizar, a requerimento do credor e exclusivamente para os casos de preterimento de seu direito de precedência ou de não alocação orçamentária do valor necessário à satisfação do seu débito, o sequestro da quantia respectiva (§ 6º, art. 100, CF/1988).

A Emenda Constitucional nº 113/2021 introduziu, no regime de pagamentos de precatórios estabelecido no artigo 100, uma série de mecanismos na sua utilização, tais como encontro de contas com devedores a ser decidido pelo juízo competente, para quitação de débitos inscritos em dívida ativa (§ 9º), uso de precatórios pelo credor para a compra de imóveis públicos (§ 11), amortização de dívidas (§ 21), dentre outras hipóteses. Segundo o § 13 do art. 100, o credor poderá também ceder, total ou parcialmente, seus créditos em precatórios a terceiros, independentemente da concordância do devedor, não se aplicando ao cessionário as regras sobre crédito alimentício ou crédito de pequeno valor.[77]

Por sua vez, a Emenda Constitucional nº 114/2021, além de antecipar de 1º de julho para 2 de abril de cada ano a data limite para inclusão no orçamento das verbas necessárias para o pagamento de precatórios, também fixou limites para a alocação de recursos para os respectivos pagamentos na proposta orçamentária em cada exercício financeiro, conforme estabelecem os incisos do artigo 107-A do ADCT (contudo, tais limites foram declarados inconstitucionais quanto aos anos de 2023 a 2026, conforme decisão do STF na ADI 7.064 anteriormente mencionada).

Questão que já suscitou controvérsias foi a possibilidade de intervenção federal em caso de não pagamento de precatório por justificativa de limitação de recursos financeiros por parte dos Estados e dos Municípios. O Supremo Tribunal Federal vem entendendo pela impossibilidade de intervenção, desde que haja uma efetiva demonstração da indisponibilidade de recursos. Nas palavras do Ministro Gilmar Mendes "a intervenção, como medida extrema, deve atender à máxima proporcionalidade". Este ministro, no voto da IF 164-SP (13/12/2003), asseverou que não se pode compelir o Estado a realizar pagamentos, com quantia que seria necessária para cumprir compromissos, também exigidos pela Constituição Federal, como os para a educação ou saúde, até porque um eventual interventor estaria sujeito às mesmas limitações de recursos e normativas.

Cabe registrar que a EC nº 94/2016, além de alterar o texto do § 2º (em que se majorou o rol de preferências), incluiu ainda os §§ 17, 18, 19 e 20 ao art. 100 da Constituição, além de inserir também os arts. 101 a 105 no Ato das Disposições Constitucionais Transitórias,

---

[77] Todavia, o § 9º do art. 100 (encontro de contas), inserido pela EC nº 113/2021, foi declarado inconstitucional pelo STF na ADI 7.064, por se tratar de modalidade de compensação unilateral, automática, prévia e obrigatória, veiculando privilégio processual injustificado em favor do Poder Público. Também foi dada interpretação conforme a Constituição ao art. 100, § 11, da Constituição, com redação da EC nº 113/2021, que permite o uso de precatórios pelo credor para a compra de imóveis públicos. Foi excluída a expressão "com auto aplicabilidade para a União" de seu texto, a qual impedia a União de regulamentar por lei federal a forma como tal aquisição de imóveis federais por precatórios se daria (STF. ADI 7.064, Rel. Min. Luiz Fux, Pleno, julg. 01/12/2023, **DJe** 29/02/2024).

introduzindo um novo regime especial de precatórios (cuja sistemática foi alterada pela EC nº 99/2017, EC nº 109/2021 e EC nº 113/2021).

Assim, fica determinado que a União, os Estados, o Distrito Federal e os Municípios aferirão mensalmente, em base anual, o comprometimento de suas respectivas receitas correntes líquidas com o pagamento de precatórios e obrigações de pequeno valor. Entende-se como receita corrente líquida para tal fim o somatório das receitas tributárias, patrimoniais, industriais, agropecuárias, de contribuições e de serviços, de transferências correntes e outras receitas correntes, incluindo as oriundas do § 1º do art. 20 da Constituição Federal (compensações financeiras aos entes federados pela exploração de recursos naturais e minerais), verificado no período compreendido pelo segundo mês imediatamente anterior ao de referência e os 11 (onze) meses precedentes, excluídas as duplicidades, e deduzidas: I - na União, as parcelas entregues aos Estados, ao Distrito Federal e aos Municípios por determinação constitucional; II - nos Estados, as parcelas entregues aos Municípios por determinação constitucional; III - na União, nos Estados, no Distrito Federal e nos Municípios, a contribuição dos servidores para custeio de seu sistema de previdência e assistência social e as receitas provenientes da compensação financeira entre os diversos regimes de previdência social referida no § 9º do art. 201 da Constituição Federal (§§ 17 e 18 do art. 100, CF/1988).

Por sua vez, fica estabelecido que, caso o montante total de débitos decorrentes de condenações judiciais em precatórios e obrigações de pequeno valor, em período de (12) doze meses, ultrapasse a média do comprometimento percentual da receita corrente líquida nos 5 (cinco) anos imediatamente anteriores, a parcela que exceder esse percentual poderá ser financiada, excetuada dos limites de endividamento de que tratam os incisos VI e VII do art. 52 da Constituição Federal (limites globais para dívida consolidada e limites globais e condições para as operações de crédito externo e interno de todos os entes federados) e de quaisquer outros limites de endividamento previstos, não se aplicando a esse financiamento a vedação de vinculação de receita prevista no inciso IV do art. 167 da Constituição Federal (§ 19 do art. 100, CF/1988).

Outrossim, caso haja precatório com valor superior a 15% (quinze por cento) do montante dos precatórios apresentados nos termos do § 5º do art. 100 (precatórios judiciários apresentados até 2 de abril), 15% (quinze por cento) do valor deste precatório serão pagos até o final do exercício seguinte e o restante em parcelas iguais nos 5 (cinco) exercícios subsequentes, acrescidas de juros de mora e correção monetária, ou mediante acordos diretos, perante Juízos Auxiliares de Conciliação de Precatórios, com redução máxima de 40% (quarenta por cento) do valor do crédito atualizado, desde que em relação ao crédito não penda recurso ou defesa judicial e que sejam observados os requisitos definidos na regulamentação editada pelo ente federado (§ 20 do art. 100, CF/1988).

Os Estados, o Distrito Federal e os Municípios que, em 25 de março de 2015, se encontravam em mora no pagamento de seus precatórios quitarão, até 31 de dezembro de 2029, seus débitos vencidos e os que vencerão dentro desse período, atualizados pelo Índice Nacional de Preços ao Consumidor Amplo Especial (IPCA-E), ou por outro índice que venha a substituí-lo, depositando mensalmente em conta especial do Tribunal de Justiça local, sob única e exclusiva administração deste, 1/12 (um doze avos) do valor calculado percentualmente sobre suas receitas correntes líquidas apuradas no segundo mês anterior ao mês de pagamento, em percentual suficiente para a quitação de seus débitos e, ainda que variável, nunca inferior, em cada exercício, ao percentual praticado na data da entrada em vigor do regime especial a que se refere o artigo 101 do ADCT, em conformidade com plano de pagamento a ser anualmente apresentado ao Tribunal de Justiça local.

Neste caso, entende-se como receita corrente líquida, o somatório das receitas tributárias, patrimoniais, industriais, agropecuárias, de contribuições e de serviços, de transferências correntes e outras receitas correntes, incluindo as oriundas do § 1º do art. 20 da Constituição Federal, verificado no período compreendido pelo segundo mês imediatamente anterior ao de referência e os 11 (onze) meses precedentes, excluídas as duplicidades, e deduzidas: I – nos Estados, as parcelas entregues aos Municípios por determinação constitucional; II – nos Estados, no Distrito Federal e nos Municípios, a contribuição dos servidores para custeio de seu sistema de previdência e assistência social e as receitas provenientes da compensação financeira referida no § 9º do art. 201 da Constituição Federal (art. 101, ADCT).

O débito de precatórios será pago com recursos orçamentários próprios provenientes das fontes de receita corrente líquida (anteriormente citada) e, adicionalmente, poderão ser utilizados recursos dos seguintes instrumentos: I – até 75% (setenta e cinco por cento) dos depósitos judiciais e dos depósitos administrativos em dinheiro referentes a processos judiciais ou administrativos, tributários ou não tributários, nos quais sejam parte os Estados, o Distrito Federal ou os Municípios, e as respectivas autarquias, fundações e empresas estatais dependentes, mediante a instituição de fundo garantidor em montante equivalente a 1/3 (um terço) dos recursos levantados, constituído pela parcela restante dos depósitos judiciais e remunerado pela taxa referencial do Sistema Especial de Liquidação e de Custódia (Selic) para títulos federais, nunca inferior aos índices e critérios aplicados aos depósitos levantados; II – até 30% (trinta por cento) dos demais depósitos judiciais da localidade sob jurisdição do respectivo Tribunal de Justiça, mediante a instituição de fundo garantidor em montante equivalente aos recursos levantados, constituído pela parcela restante dos depósitos judiciais e remunerado pela taxa referencial do Sistema Especial de Liquidação e de Custódia (Selic) para títulos federais, nunca inferior aos índices e critérios aplicados aos depósitos levantados, destinando-se: a) no caso do Distrito Federal, 100% (cem por cento) desses recursos ao próprio Distrito Federal; b) no caso dos Estados, 50% (cinquenta por cento) desses recursos ao próprio Estado e 50% (cinquenta por cento) aos respectivos Municípios, conforme a circunscrição judiciária onde estão depositados os recursos, e, se houver mais de um Município na mesma circunscrição judiciária, os recursos serão rateados entre os Municípios concorrentes, proporcionalmente às respectivas populações, utilizado como referência o último levantamento censitário ou a mais recente estimativa populacional da Fundação Instituto Brasileiro de Geografia e Estatística (IBGE); III – empréstimos, excetuados para esse fim os limites de endividamento de que tratam os incisos VI e VII do *caput* do art. 52 da Constituição Federal e quaisquer outros limites de endividamento previstos em lei, não se aplicando a esses empréstimos a vedação de vinculação de receita prevista no inciso IV do *caput* do art. 167 da Constituição Federal; IV – a totalidade dos depósitos em precatórios e requisições diretas de pagamento de obrigações de pequeno valor efetuados até 31 de dezembro de 2009 e ainda não levantados, com o cancelamento dos respectivos requisitórios e a baixa das obrigações, assegurada a revalidação dos requisitórios pelos juízos dos processos perante os Tribunais, a requerimento dos credores e após a oitiva da entidade devedora, mantidas a posição de ordem cronológica original e a remuneração de todo o período (§ 2º do art. 101 do ADCT).[78]

---

[78] STF. ADI 4.114, Rel. Min. Luiz Fux, Pleno, julg. 13/12/2019, *DJe* 12/02/2020: "AÇÃO DIRETA DE INCONSTITUCIONALIDADE. LEI 5.886/2006 DO ESTADO DE SERGIPE. CRIAÇÃO DE CONTA ÚNICA DE DEPÓSITOS JUDICAIS E EXTRAJUDICIAIS. TRANSFERÊNCIA DE 70% DOS RECURSOS À CONTA ÚNICA DO TESOURO ESTADUAL, PREFERENCIALMENTE PARA FINS DE REALIZAÇÃO DE PROJETOS DE DESENVOLVIMENTO SOCIAL E ECONÔMICO. DESACORDO COM AS

Os recursos adicionais previstos nos itens I, II e IV antes citados serão transferidos diretamente pela instituição financeira depositária para a conta especial, sob única e exclusiva administração do Tribunal de Justiça local, e essa transferência deverá ser realizada em até sessenta dias contados a partir da entrada em vigor deste parágrafo, sob pena de responsabilização pessoal do dirigente da instituição financeira por improbidade (§3º do art. 101 do ADCT). Os empréstimos para pagamento de precatórios poderão ser destinados, por meio de ato do Poder Executivo, exclusivamente ao pagamento de precatórios por acordo direto com os credores, na forma do disposto no inciso III do § 8º do art. 97 do ADCT (isto é, na forma estabelecida por lei própria da entidade devedora, que poderá prever criação e forma de funcionamento de câmara de conciliação), nos termos do § 5º do art. 101 do ADCT (com redação determinada pela EC nº 113/2021).[79]

Enquanto viger o regime especial previsto na Emenda Constitucional nº 94/2016, pelo menos 50% (cinquenta por cento) dos recursos que, nos termos do art. 101 do ADCT forem destinados ao pagamento dos precatórios em mora serão utilizados no pagamento segundo a ordem cronológica de apresentação, respeitadas as preferências dos créditos alimentares, e, nessas, as relativas à idade, ao estado de saúde e à deficiência, nos termos do § 2º do art. 100 da Constituição Federal, sobre todos os demais créditos de todos os anos (art. 102 do ADCT).

A aplicação dos recursos remanescentes, por opção a ser exercida por Estados, Distrito Federal e Municípios, por ato do respectivo Poder Executivo, observada a ordem de prefe-

---

NORMAS FEDERAIS DE REGÊNCIA. INVASÃO DA COMPETÊNCIA DA UNIÃO PARA LEGISLAR SOBRE DIREITO PROCESSUAL E SOBRE NORMAS GERAIS DE DIREITO FINANCEIRO (ARTIGOS 22, I, E 24, I, DA CONSTITUIÇÃO FEDERAL). AÇÃO DIRETA DE INCONSTITUCIONALIDADE CONHECIDA E JULGADO PROCEDENTE O PEDIDO. MODULAÇÃO DOS EFEITOS DA DECISÃO. 1. A administração da conta dos depósitos judiciais e extrajudiciais, porquanto constitui matéria processual e direito financeiro, insere-se na competência legislativa da União. [...] 4. A lei estadual sub examine, ao permitir a utilização de percentual dos recursos de depósitos judicias e extrajudiciais para fins de realização de projetos de desenvolvimento social e econômico ou outra finalidade discricionária, contraria o âmbito normativo lei federal de regência à época de sua edição, bem como permanece em desacordo com as normas federais em vigor (artigo 101, §§ 2º, I e II, e 3º, do Ato das Disposições Constitucionais Transitórias e Lei Complementar federal 151/2015), invadindo a competência da União para legislar sobre normas gerais de direito financeiro (artigo 24, I, da Constituição Federal)." No mesmo sentido: STF. ADIs 5.080, 5.365, 5.455, 5.456, 5.747, 6.652.

[79] Contudo, o § 5º do art. 101 do ADCT (com redação determinada pela EC nº 113/2021) foi declarado inconstitucional pelo STF na ADI 7.064, Rel. Min. Luiz Fux, Pleno, julg. 01/12/2023, *DJe* 29/02/2024. A razão dada pela Suprema Corte foi a seguinte: "Neste contexto que se insere o art. 101, § 5º do ADCT questionado nesta ação direta. A disposição possibilitou a contratação do empréstimo referido no § 2º, III do dispositivo (qual seja, sem quaisquer limitações fiscais) 'exclusivamente' para a modalidade de pagamento de precatórios por meio de acordo direto com o credor, modalidade na qual o titular do crédito se obriga a aceitar um deságio de 40% do valor de seu precatório. Para todas as outras formas de quitação não é possível a contratação específica daquela modalidade de empréstimo. Nesse sentido, a possibilidade aventada na inicial é a de que sobejem recursos para o pagamento de precatórios sob a forma de acordo com deságio e falte dinheiro para a quitação de débitos na modalidade usual, qual seja, em espécie pela ordem cronológica de apresentação e em respeito às preferências constitucionais. Como asseverado pela Procuradoria-Geral da República em sua manifestação (fls. 79): 'É como se o Estado dissesse ao credor que, para pagamento com deságio de 40%, há dinheiro disponível, mas não há para pagamento integral'. Nesse sentido salta aos olhos a inconstitucionalidade da disposição. Ao privilegiar determinada modalidade de quitação de dívida, o art. 101, § 5º do ADCT prejudica todas as outras opções, inclusive aquela que ontologicamente decorre do regime de precatórios que é o pagamento em dinheiro na ordem de antiguidade da dívida e respeitadas as preferências constitucionais".

rência dos credores, poderá ser destinada ao pagamento mediante acordos diretos, perante Juízos Auxiliares de Conciliação de Precatórios, com redução máxima de 40% (quarenta por cento) do valor do crédito atualizado, desde que em relação ao crédito não penda recurso ou defesa judicial e que sejam observados os requisitos definidos na regulamentação editada pelo ente federado (§ 1º do art. 102 do ADCT). Enquanto os Estados, o Distrito Federal e os Municípios estiverem efetuando o pagamento da parcela mensal devida, nem eles, nem as respectivas autarquias, fundações e empresas estatais dependentes poderão sofrer sequestro de valores, exceto no caso de não liberação tempestiva dos recursos (art. 103, ADCT).

Na vigência do regime especial: a) as preferências relativas à idade, ao estado de saúde e à deficiência serão atendidas até o valor equivalente ao quíntuplo fixado em lei para os fins do disposto no § 3º do art. 100 da Constituição Federal, admitido o fracionamento para essa finalidade, e o restante será pago em ordem cronológica de apresentação do precatório (§ 2º do art. 102 do ADCT); b) ficam vedadas desapropriações pelos Estados, pelo Distrito Federal e pelos Municípios, cujos estoques de precatórios ainda pendentes de pagamento, incluídos os precatórios a pagar de suas entidades da administração indireta, sejam superiores a 70% (setenta por cento) das respectivas receitas correntes líquidas, excetuadas as desapropriações para fins de necessidade pública nas áreas de saúde, educação, segurança pública, transporte público, saneamento básico e habitação de interesse social (parágrafo único do art. 103 do ADCT).

Se os recursos referidos no art. 101 do ADCT para o pagamento de precatórios não forem tempestivamente liberados, no todo ou em parte: I – o Presidente do Tribunal de Justiça local determinará o sequestro, até o limite do valor não liberado, das contas do ente federado inadimplente; II – o chefe do Poder Executivo do ente federado inadimplente responderá, na forma da legislação de responsabilidade fiscal e de improbidade administrativa; III – a União reterá os recursos referentes aos repasses ao Fundo de Participação dos Estados e do Distrito Federal e ao Fundo de Participação dos Municípios e os depositará na conta especial referida no art. 101 do ADCT para utilização como nele previsto; IV – os Estados reterão os repasses previstos no parágrafo único do art. 158 da Constituição Federal e os depositarão na conta especial referida no art. 101 do ADCT, para utilização como nele previsto. Enquanto perdurar a omissão, o ente federado não poderá contrair empréstimo externo ou interno, exceto para os fins previstos no § 2º do art. 101 do ADCT, e ficará impedido de receber transferências voluntárias (art. 104, ADCT).

Enquanto viger o regime de pagamento de precatórios previsto no art. 101 do ADCT é facultada aos credores de precatórios, próprios ou de terceiros, a compensação com débitos de natureza tributária ou de outra natureza que até 25 de março de 2015 tenham sido inscritos na dívida ativa dos Estados, do Distrito Federal ou dos Municípios, observados os requisitos definidos em lei própria do ente federado, não se aplicando às compensações referidas qualquer tipo de vinculação, como as transferências a outros entes e as destinadas à educação, à saúde e a outras finalidades. Não se aplica a estas compensações qualquer tipo de vinculação, como as transferências a outros entes e as destinadas à educação, à saúde e a outras finalidades. Outrossim, os Estados, o Distrito Federal e os Municípios regulamentarão tal procedimento nas respectivas leis em até cento e vinte dias a partir de 1º de janeiro de 2018, sendo certo que decorrido o prazo sem a regulamentação nele prevista, ficam os credores de precatórios autorizados a exercer a compensação (art. 105, ADCT).

7.12. CORRUPÇÃO COM EFEITO DE DESPESA PÚBLICA

Quando a corrupção se torna sistêmica e constante em uma nação, ela tem o efeito maléfico de desviar para terceiros parcela dos recursos públicos que deveriam ser destinados à sociedade, seja pelo superfaturamento e respectiva elevação nos custos de obras, investimentos e outros gastos, seja através da não arrecadação de receitas pela concessão de benefícios fiscais indevidos. Em ambos os casos podemos incluir a corrupção como um custo financeiro adicional, falsamente declarado, que se equipara e tem o mesmo efeito de uma despesa pública.

A corrupção não é um fenômeno brasileiro e acompanha a história das sociedades, seja no setor público ou no privado. A esse respeito, Manoel Gonçalves Ferreira Filho[80] nos recorda de que "Fato é que sempre houve quem corrompesse e quem se corrompesse em todas as sociedades conhecidas".

O Brasil já vivenciou e enfrentou diversos casos de corrupção que drenaram dezenas de bilhões de reais dos cofres estatais em detrimento do interesse público e em benefício de interesses particulares. Apenas para citar alguns casos relevantes, lembramos: a) Anões do Orçamento (caso do deputado João Alves, na década de 1980); b) Construção do TRT-SP (caso do juiz Nicolau Santos e senador Luiz Estevão, na década de 1990); c) Fraude no INSS (caso de Jorgina de Freitas, na década de 1990); d) Quebra do Banco Marka/FonteCindam (caso de Salvatore Cacciola, em 1999); e) Máfia dos Precatórios (década de 1990); f) Zelotes (caso dos conselheiros do CARF, em 2015); e g) Lava-Jato (caso da Petrobras, de 2015).

Merecem destaque as fortes palavras de Gustavo Miranda[81] sobre a corrupção no setor público:

> Inegavelmente, muito pior que o ladrão, o homicida, enfim, do que o criminoso comum, é o corrupto, o dilapidador dos cofres públicos, da moral administrativa, pois, sua conduta ilícita acaba atingindo o direito de um número indeterminado de pessoas, impossibilitando investimentos em diversas áreas e projetos sociais, como, por exemplo, os relativos a segurança pública, no combate à fome, à educação, saúde (...).

A ONG Transparência Internacional, que define corrupção como "o abuso do poder confiado para fins privados", divulga anualmente o *ranking* de corrupção mundial e, em 2021, o Brasil apareceu na 76ª posição, numa lista de 180 países (estando em primeiro lugar a Dinamarca e em último o Sudão do Sul).

7.13. O REGIME FISCAL DO TETO DOS GASTOS PÚBLICOS

A grave crise fiscal pela qual o Brasil passou ao longo dos anos de 2015 e 2016, situação repetida em diversos entes da federação (especialmente os Estados do Rio de Janeiro, Rio Grande do Sul e Minas Gerais, que decretaram "Estado de Calamidade Financeira"), impôs a **Emenda Constitucional nº 95/2016**, visando à retomada do crescimento econômico e à recondução da situação financeira ao equilíbrio fiscal sustentável.

Conhecida na origem por PEC do "Teto dos Gastos Públicos", a EC nº 95/2016 incluiu os arts. 106 a 114 no ADCT para instituir o **Regime Fiscal do Teto dos Gastos Públicos** no âmbito dos Orçamentos Fiscal e da Seguridade Social, para todos os Poderes da União (Executivo,

---

[80] FERREIRA FILHO, Manuel Gonçalves. A corrupção como fenômeno social e político. *Revista de Direito Administrativo* (Separata), edição 185, 1991. p. 6.

[81] MIRANDA, Gustavo Senna. *Princípio do juiz natural e sua aplicação na lei de improbidade administrativa*. São Paulo: Revista dos Tribunais, 2007. p. 130.

Judiciário e Legislativo, inclusive o Tribunal de Contas da União, o Ministério Público da União, o Conselho Nacional do Ministério Público e a Defensoria Pública da União), estabelecendo, para cada exercício, limites individualizados para as despesas primárias. As Emendas Constitucionais nº 108/2020, nº 109/2021, nº 113/2021, nº 126/2022 e nº 127/2022 conferiram nova redação aos referidos artigos, trazendo alterações nas regras desse regime fiscal.

É importante esclarecer que um dos motivos para que o teto de gastos fosse veiculado por uma emenda constitucional pautava-se na ideia da separação dos poderes e na garantia da respectiva autonomia de cada um deles, evitando-se que o Poder Executivo tivesse discricionariedade para, sozinho, fixar os limites aos demais.

A tese central que está por detrás desta EC nº 95/2016 é a de se estabilizar o crescimento da despesa primária, limitando o ritmo da evolução das despesas públicas segundo a variação da inflação, evitando o crescimento real dos gastos de maneira desmedida, arbitrária, muitas vezes pautado por interesses e pressões políticas. Isso porque, no período entre os anos 2008-2015, a despesa do Governo Central cresceu 51% acima da inflação, enquanto a receita evoluiu apenas 14,5%.

Por meio dessa EC nº 95/2016, foi estabelecido, por 20 (vinte) exercícios financeiros, um limite de gastos individualizado para a despesa primária total em cada ano (excluídas as relativas à dívida pública) para cada Poder, corrigida apenas pela variação do Índice Nacional de Preços ao Consumidor Amplo – IPCA, publicado pelo Instituto Brasileiro de Geografia e Estatística – IBGE (ou de outro índice que vier a substituí-lo).[82] Entretanto, o Presidente da República poderia propor, por uma única vez, a partir do décimo exercício da vigência do Novo Regime Fiscal, projeto de lei complementar para alteração do método de correção dos limites de gastos fixados na EC nº 95/2016.

Portanto, enquanto viger o modelo do Regime Fiscal do Teto dos Gastos Públicos previsto na EC nº 95/2016, não poderá haver crescimento real das despesas públicas federais, e o gasto de cada ano se limitará às despesas do ano anterior apenas corrigidas pela inflação, e assim sucessivamente nos anos seguintes.

Cabe registrar que, na vigência do Regime Fiscal, as aplicações mínimas em ações e serviços públicos de saúde e em manutenção e desenvolvimento do ensino equivalerão: I – no exercício de 2017, às aplicações mínimas calculadas nos termos do inciso I do § 2º do art. 198 e do *caput* do art. 212 da Constituição Federal; e II – nos exercícios posteriores, aos valores calculados para as aplicações mínimas do exercício imediatamente anterior, corrigidos na forma estabelecida pelo inciso II do § 1º do art. 107 do ADCT (IPCA ou outro índice que vier a substituí-lo). Estão fora do referido limite de gastos (art. 107, § 6º, ADCT): I – transferências constitucionais estabelecidas no § 1º do art. 20 (compensações financeiras aos entes federados pela exploração de recursos naturais e minerais), no inciso III do parágrafo único do art. 146 (distribuição dos recursos do SIMPLES Nacional pertencentes aos respectivos entes federados), no § 5º do art. 153 (IOF sobre o ouro como ativo financeiro ou instrumento cambial), no art. 157, nos incisos I e II do art. 158, no art. 159 (repartição de receitas de tributos como IR, IPI e ITR) e no § 6º do art.

---

[82] O § 1º do art. 107 do ADCT fixou que cada um dos limites a que se refere o seu *caput* equivalerá: I – para o exercício de 2017, à despesa primária paga no exercício de 2016, incluídos os restos a pagar pagos e demais operações que afetam o resultado primário, corrigida em 7,2% (sete inteiros e dois décimos por cento); e II – para os exercícios posteriores, ao valor do limite referente ao exercício imediatamente anterior, corrigido pela variação do Índice Nacional de Preços ao Consumidor Amplo – IPCA, publicado pelo Instituto Brasileiro de Geografia e Estatística, ou de outro índice que vier a substituí-lo (redação da EC nº 113/2021), apurado no exercício anterior a que se refere a lei orçamentária.

212 (cotas estaduais e municipais da arrecadação da contribuição social do salário-educação), as despesas referentes ao inciso XIV do *caput* do art. 21 (manutenção dos serviços públicos e de segurança do Distrito Federal), e as complementações de que tratam os IV e V do *caput* do art. 212-A, todos da Constituição Federal (complementação pela União de Fundos de Educação); II - créditos extraordinários a que se refere o § 3º do art. 167 da Constituição Federal (despesas imprevisíveis e urgentes, como as decorrentes de guerra, comoção interna ou calamidade pública); III - despesas não recorrentes da Justiça Eleitoral com a realização de eleições; e IV - despesas com aumento de capital de empresas estatais não dependente; V - transferências a Estados, Distrito Federal e Municípios de parte dos valores arrecadados com os leilões dos volumes excedentes de petróleo na cessão onerosa do pré-sal, e a despesa decorrente da revisão do contrato de cessão onerosa; VI - despesas correntes ou transferências aos fundos de saúde dos Estados, do Distrito Federal e dos Municípios, destinadas ao pagamento de despesas com pessoal para cumprimento dos pisos nacionais salariais para o enfermeiro, o técnico de enfermagem, o auxiliar de enfermagem e a parteira.

E, como medida punitiva, se verificado, na aprovação da lei orçamentária, que, no âmbito das despesas sujeitas aos limites do teto de gastos, a proporção da despesa obrigatória primária em relação à despesa primária total foi superior a 95%, aplicam-se ao respectivo Poder ou órgão, até o final do exercício a que se refere a lei orçamentária, sem prejuízo de outras medidas, as seguintes vedações: I - concessão, a qualquer título, de vantagem, aumento, reajuste ou adequação de remuneração de membros de Poder ou de órgão, de servidores e empregados públicos e de militares, exceto dos derivados de sentença judicial transitada em julgado ou de determinação legal anterior ao início da aplicação das medidas de vedação aqui previstas; II - criação de cargo, emprego ou função que implique aumento de despesa; III - alteração de estrutura de carreira que implique aumento de despesa; IV - admissão ou contratação de pessoal, a qualquer título, ressalvadas: a) as reposições de cargos de chefia e de direção que não acarretem aumento de despesa; b) as reposições decorrentes de vacâncias de cargos efetivos ou vitalícios; c) as contratações temporárias de que trata o inciso IX do caput do art. 37 da Constituição Federal; d) as reposições de temporários para prestação de serviço militar e de alunos de órgãos de formação de militares; V - realização de concurso público, exceto para as reposições de vacâncias previstas no inciso IV; VI - criação ou majoração de auxílios, vantagens, bônus, abonos, verbas de representação ou benefícios de qualquer natureza, inclusive os de cunho indenizatório, em favor de membros de Poder, do Ministério Público ou da Defensoria Pública, de servidores e empregados públicos e de militares, ou ainda de seus dependentes, exceto quando derivados de sentença judicial transitada em julgado ou de determinação legal anterior ao início da aplicação das medidas aqui previstas; VII - criação de despesa obrigatória; VIII - adoção de medida que implique reajuste de despesa obrigatória acima da variação da inflação, observada a preservação do poder aquisitivo referida no inciso IV do *caput* do art. 7º da Constituição Federal (reajuste do salário mínimo); IX - aumento do valor de benefícios de cunho indenizatório destinados a qualquer membro de Poder, servidor ou empregado da administração pública e a seus dependentes, exceto quando derivado de sentença judicial transitada em julgado ou de determinação legal anterior ao início da aplicação das medidas aqui previstas.

Adicionalmente, caso as vedações anteriores sejam acionadas para o Poder Executivo, ficam vedadas: I - a criação ou expansão de programas e linhas de financiamento, bem como a remissão, renegociação ou refinanciamento de dívidas que impliquem ampliação das despesas com subsídios e subvenções; e II - a concessão ou a ampliação de incentivo ou benefício de natureza tributária; III - a concessão da revisão geral anual de remuneração dos servidores públicos e subsídios (prevista no inciso X do *caput* do art. 37 da CF/1988).

As disposições introduzidas pelo Regime Fiscal do Teto dos Gastos Públicos: I – não constituirão obrigação de pagamento futuro pela União ou direitos de outrem sobre o erário; e II – não revogam, dispensam ou suspendem o cumprimento de dispositivos constitucionais e legais que disponham sobre metas fiscais ou limites máximos de despesas; III – aplicam-se também a proposições legislativas.

Ademais, a proposição legislativa que crie ou altere despesa obrigatória ou renúncia de receita deverá ser acompanhada da estimativa do seu impacto orçamentário e financeiro (art. 113, ADCT).[83]

Fica, ainda, vedada a abertura de crédito suplementar ou especial que amplie o montante total autorizado de despesa primária sujeita aos limites de que trata esse regime fiscal.

Deve-se registrar, contudo, que durante a tramitação da PEC que gerou a EC nº 95/2016, muitos questionamentos surgiram a respeito da imposição de limitação ao crescimento dos gastos com saúde, educação e demais direitos sociais e fundamentais, como reflexo do teto de gastos, já que a limitação financeira gera restrições orçamentárias nestes importantes setores.

Foi justamente em razão desse debate – que nunca chegou a desaparecer totalmente, mesmo após a promulgação da EC nº 95/2016 – que o constituinte derivado, no final de 2022, acabou por optar pela flexibilização do teto de gastos, sendo promulgada em 21 de dezembro de 2022 a Emenda Constitucional nº 126 ("Novo Arcabouço Fiscal"), regulamentada pela Lei Complementar nº 200/2023, provocando significativas mudanças no regime do teto fiscal, as quais passamos a resumir.

Foram excluídas do teto de gastos as seguintes despesas a partir do exercício financeiro de 2023: I – despesas com projetos socioambientais ou relativos às mudanças climáticas custeadas com recursos de doações, bem como despesas com projetos custeados com recursos decorrentes de acordos judiciais ou extrajudiciais firmados em função de desastres ambientais; II – despesas das instituições federais de ensino e das Instituições Científicas, Tecnológicas e de Inovação (ICTs) custeadas com receitas próprias, de doações ou de convênios, contratos ou outras fontes, celebrados com os demais entes da Federação ou entidades privadas; III – despesas custeadas com recursos oriundos de transferências dos demais entes da Federação para a União destinados à execução direta de obras e serviços de engenharia. IV – despesas com investimentos em montante que corresponda ao excesso de arrecadação de receitas correntes do exercício anterior ao que se refere a lei orçamentária, limitadas a 6,5% do excesso de arrecadação de receitas correntes do exercício de 2021 (art. 107, §§ 6º-A e 6º-B, ADCT).

---

[83] STF. ADI 5.816, Rel. Min. Alexandre de Moraes, Pleno, julg. 05/11/2019, **DJe** 26/11/2019: "CONSTITUCIONAL. TRIBUTÁRIO. IMUNIDADE DE IGREJAS E TEMPLOS DE QUALQUER CRENÇA. ICMS. TRIBUTAÇÃO INDIRETA. GUERRA FISCAL. CONCESSÃO DE BENEFÍCIO FISCAL E ANÁLISE DE IMPACTO ORÇAMENTÁRIO. ART. 113 DO ADCT (REDAÇÃO DA EC 95/2016). EXTENSÃO A TODOS OS ENTES FEDERATIVOS. INCONSTITUCIONALIDADE. 1. A imunidade de templos não afasta a incidência de tributos sobre operações em que as entidades imunes figurem como contribuintes de fato. Precedentes. 2. A norma estadual, ao pretender ampliar o alcance da imunidade prevista na Constituição, veiculou benefício fiscal em matéria de ICMS, providência que, embora não viole o art. 155, § 2º, XII, "g", da CF – à luz do precedente da CORTE que afastou a caracterização de guerra fiscal nessa hipótese (ADI 3421, Rel. Min. MARCO AURÉLIO, Tribunal Pleno, julgado em 5/5/2010, DJ de 58/5/2010) –, exige a apresentação da estimativa de impacto orçamentário e financeiro no curso do processo legislativo para a sua aprovação. 3. A Emenda Constitucional 95/2016, por meio da nova redação do art. 113 do ADCT, estabeleceu requisito adicional para a validade formal de leis que criem despesa ou concedam benefícios fiscais, requisitos esse que, por expressar medida indispensável para o equilíbrio da atividade financeira do Estado, dirige-se a todos os níveis federativos".

O limite do teto de gastos estabelecido no inciso I do *caput* do art. 107 do ADCT foi acrescido em cento e quarenta e cinco bilhões de reais para o exercício financeiro de 2023 e as despesas decorrentes desse aumento de limite não foram consideradas para fins de verificação do cumprimento da meta de resultado primário (art. 3º, EC nº 126/2022).

Os atos editados em 2023 relativos ao Programa Auxílio Brasil (que, a partir de 2024, voltou a ser denominado Bolsa Família) e ao Programa Auxílio Gás dos Brasileiros também dispensaram da observância das limitações legais quanto à criação, à expansão ou ao aperfeiçoamento de ação governamental, inclusive quanto à necessidade de compensação (art. 4º, EC nº 126/2022).

Segundo o art. 6º da EC nº 126/2022, o Presidente da República deveria encaminhar ao Congresso Nacional, até 31 de agosto de 2023, projeto de lei complementar com o objetivo de instituir regime fiscal sustentável para garantir a estabilidade macroeconômica do país e criar as condições adequadas ao crescimento socioeconômico, inclusive quanto à regra estabelecida no inciso III do *caput* do art. 167 da Constituição Federal. O objetivo dessa lei complementar seria, a partir de sua sanção, substituir o regime de teto de gastos tal como estava configurado, pois as normas referentes a esse regime, previstas no ADCT da CF/1988, seriam revogadas e substituídas por aquelas presentes na futura lei complementar (art. 9º, EC nº 126/2022[84]), que veio a ser a Lei Complementar nº 200/2023.

Enquanto o "teto de gastos" limitava o crescimento das despesas anuais do governo federal apenas com base no índice oficial de variação da inflação do ano anterior (não havendo crescimento real das despesas públicas), as regras do novo "arcabouço fiscal" estabelecem que as despesas podem crescer acima da inflação, desde que haja efetivo aumento na arrecadação, sendo que o seu montante deverá estar sempre abaixo do valor de receitas efetivamente recebidas, garantindo um resultado fiscal anual positivo (superávit fiscal), necessário para obter almejada sustentabilidade financeira e, consequentemente, reduzir paulatinamente o montante da dívida pública.

Além de impor limites ao crescimento da despesa e a adequada gestão das receitas, estabelece a necessidade de se conduzir a política fiscal com a adoção de medidas preventivas e corretivas para evitar a insustentabilidade intertemporal das contas públicas. Ou seja, afora tratar-se de uma regra que atingirá e influenciará a gestão de vários anos à frente (e governos subsequentes), talvez este seja o primeiro passo para ir ao encontro da almejada equidade intergeracional fiscal.

Para atingir tal objetivo, a fixação de metas fiscais superavitárias é, segundo a LC nº 200/2023, a chave mestra para se garantir a sustentabilidade financeira. O que a lei intitula como "metas fiscais compatíveis com a sustentabilidade da dívida" encontra-se previsto no § 1º do seu art. 2º, que expressamente esclarece que se considera compatível com a sustentabilidade da dívida pública o estabelecimento de metas de resultados primários, nos termos das leis de diretrizes orçamentárias, até a estabilização da relação entre a Dívida Bruta do Governo Geral (DBGG) e o Produto Interno Bruto (PIB).

Outro importante mecanismo adotado pela LC nº 200/2023 é a limitação de despesas por órgão e poder. Nesse aspecto, a lei impõe aos Poderes Executivo, Judiciário e Legislativo federais, ao Ministério Público da União e à Defensoria da União limites individualizados para o montante global das dotações orçamentárias relativas às respectivas despesas primárias, tendo como base as dotações previstas na Lei Orçamentária Anual de 2023 (Lei nº 14.535/2023), incluindo-se créditos especiais e suplementares vigentes no exercício, as quais deverão ser corrigidas a cada exercício

---

[84] Art. 9º Ficam revogados os arts. 106, 107, 109, 110, 111, 111-A, 112 e 114 do Ato das Disposições Constitucionais Transitórias após a sanção da lei complementar prevista no art. 6º desta Emenda Constitucional.

pela variação acumulada do Índice Nacional de Preços ao Consumidor Amplo (IPCA), ou de outro índice que vier a substituí-lo, acrescidos da variação real da despesa, calculada conforme a disciplina estabelecida na própria LC nº 200/2023. E esse mesmo dispositivo (art. 3º) elencou uma série de despesas, as quais foram excluídas da respectiva base de cálculo.

O ponto central da lei – crescimento real das despesas – está contido no art. 5º, que estabelece que a variação real dos limites de despesa primária será cumulativa e ficará limitada, em relação à variação real da receita primária, nas seguintes proporções: I – 70% (setenta por cento), caso a meta de resultado primário apurada no exercício anterior ao da elaboração da lei orçamentária anual tenha sido cumprida; ou II – 50% (cinquenta por cento), caso a meta de resultado primário apurada no exercício anterior ao da elaboração da lei orçamentária anual não tenha sido cumprida. Outrossim, o crescimento real dos limites da despesa primária não será inferior a 0,6% ao ano nem superior a 2,5% ao ano.

Noutras palavras, as despesas públicas poderão crescer acima da variação oficial da inflação, mas dentro de uma faixa que vai de 0,6% a 2,5% de crescimento real ao ano. Assim, se as contas públicas estiverem dentro da meta fiscal estabelecida, o aumento do montante dos gastos públicos terá um limite de 70% do crescimento das receitas primárias, ao passo que, se o resultado primário ficar abaixo da meta estipulada, o limite para os gastos cai para 50% do crescimento da receita pública.

Independentemente dessas indagações, fato é que, mesmo com o advento da LC nº 200/2023, é importante para os governantes ter diante de si a relevância da cultura de responsabilidade fiscal e a adoção de uma nova mentalidade para a definição das opções prioritárias nas despesas e investimentos públicos, devendo o administrador público atuar republicanamente com sabedoria para enfrentar escassez de recursos diante das "escolhas trágicas" e priorizar o real interesse dos cidadãos.

Parte III
Contabilidade Pública e Direito Financeiro

É muito comum se fazer uma associação direta – indevida, diga-se desde já – entre o Direito Financeiro e a Contabilidade Pública, como se fossem a mesma coisa. Aliás, o grande temor do estudante ou do operador do direito é acreditar que as normas do Direito Financeiro não passariam de regras contábeis aplicadas ao setor público e incorporadas pelo ordenamento jurídico. Enganam-se aqueles que estabelecem essa relação. Na realidade, as duas são ciências autônomas, dotadas de princípios e regras próprios. Ambas, entretanto, são de relevante importância para a Administração Pública, cada qual à sua maneira. Atuam de maneira complementar e instrumental, garantindo a eficaz realização da atividade financeira estatal.

Enquanto o Direito Financeiro, ramo do Direito Público, é o ordenamento jurídico destinado a normatizar a atividade financeira do Estado e o seu relacionamento com o cidadão na arrecadação, gestão, aplicação e controle dos recursos financeiros públicos, a Contabilidade Pública é o ramo da Ciência Contábil que registra, controla e demonstra os atos e fatos relativos à Administração Pública. O primeiro é um sistema de normas jurídicas voltado para disciplinar a atividade financeira, e o segundo é um sistema de informações orientado para a análise, avaliação e demonstração dessa atividade.

Feito esse reconhecimento, objetivamos identificar e demonstrar o conceito, o objeto e os destinatários da Contabilidade Pública, bem como as suas características e especificidades, para que se possa, a partir de então, estabelecer seu relacionamento com o Direito Financeiro.

Capítulo 8
CONTABILIDADE PÚBLICA

Relevante instrumento de gestão para o administrador público e de informações para o cidadão, a contabilidade pública utiliza normas da contabilidade geral e, simultaneamente, atende aos comandos do Direito Financeiro.

Essa convivência entre as técnicas contábeis e as regras jurídicas do Direito Financeiro é concretizada e sintetizada em um sistema de informações e de controle que é denominado contabilidade pública.

O seu conhecimento, sua correta observância e a sua regular aplicação são imprescindíveis para uma eficaz e eficiente arrecadação, administração e destinação dos recursos públicos.

8.1. CONCEITO, OBJETO E FINALIDADE DA CONTABILIDADE PÚBLICA

A **Contabilidade** é a ciência, dotada de normas e procedimentos, responsável por criar, desenvolver e manter uma *técnica de gestão* ou um *sistema de informações* de natureza monetária, que permite a classificação, o registro e a demonstração da situação patrimonial de determinada entidade, suas variações e seus resultados, possibilitando interpretar e controlar os fenômenos econômicos e financeiros que ocorrem.

A **contabilidade pública ou contabilidade governamental** será, igualmente, uma ferramenta de gestão, mas terá um fim específico: a tutela da coisa pública. Destina-se a prover seus usuários – especialmente o administrador público e o cidadão – de demonstrações e análises de natureza orçamentária, econômica, financeira, física e industrial, relativas à Administração Pública. Constitui seu objeto o patrimônio do Estado (bens, direitos e obrigações), bem como a execução de orçamentos, a programação e execução financeira.[1]

Ressalte-se que devemos excluir desse conceito de patrimônio público acima exposto os bens de uso comum do povo, como os mares, rios, estradas, ruas, praças etc., já que estes não são objeto de registro contábil, não cabendo registrá-los no patrimônio de qualquer entidade pública.

Nesse sentido, esclarecem Leonardo do Nascimento e Bernardo Cherman que "o objetivo da Contabilidade Pública é o de atender à Administração com informações que permitam ao gestor a tomada de decisões, contribuindo, dessa forma, para a consecução da finalidade da Administração Pública, que é o bem-estar social"[2]

---

[1] NASCIMENTO, Leonardo do; CHERMAN, Bernardo. *Contabilidade Pública*. Rio de Janeiro: Ferreira, 2007. p. 86-87.

[2] Ibidem. p. 90.

Suas finalidades encontram-se delineadas no art. 85 da Lei nº 4.320/1964, ao prescrever que

> Os serviços de contabilidade serão organizados de forma a permitirem o acompanhamento da execução orçamentária, o conhecimento da composição patrimonial, a determinação dos custos dos serviços industriais, o levantamento dos balanços gerais, a análise e a interpretação dos resultados econômicos e financeiros.

Por sua vez, o art. 89 da Lei nº 4.320/1964 prevê que "a contabilidade evidenciará os fatos ligados à administração orçamentária, financeira, patrimonial e industrial". A partir do conteúdo dessa norma, podemos destacar na Contabilidade Pública três espécies distintas de atuação: a) **contabilidade orçamentária**, que demonstra os registros de receitas e de despesas estimadas e as efetivamente realizadas, bem como as dotações disponíveis para a respectiva execução; b) **contabilidade financeira**, que registra todas as movimentações de ingressos (receitas) e dispêndios (despesas) de recursos financeiros realizados; c) **contabilidade patrimonial**, que registra os bens, direitos e obrigações pertencentes aos entes públicos, inclusive os industriais.

O Conselho Federal de Contabilidade (CFC), por sua vez, nos explica-nos que o objetivo principal da maioria das entidades do setor público é prestar serviços à sociedade, em vez de obter lucros e gerar retorno financeiro aos investidores. Para adequar a contabilidade pública nacional a esse objetivo e a padrões internacionais contábeis, desde 2016, o CFC desenvolveu a nova **Estrutura Conceitual** para Elaboração e Divulgação de Informação Contábil de Propósito Geral pelas Entidades do Setor Público.[3]

Essa Estrutura Conceitual estabelece os conceitos que devem ser aplicados no desenvolvimento das demais Normas Brasileiras de Contabilidade Aplicadas ao Setor Público (NBCs TSP) do CFC destinadas às entidades do setor público, sendo também aplicáveis à elaboração e à divulgação formal dos Relatórios Contábeis de Propósito Geral das Entidades do Setor Público (RCPGs).

O desempenho de tais entidades pode ser apenas parcialmente avaliado por meio da análise da situação patrimonial, do desempenho e dos fluxos de caixa, razão pela qual os **Relatórios Contábeis de Propósito Geral das Entidades do Setor Público (RCPGs)** fornecem informações aos seus usuários para subsidiar os processos decisórios e a prestação de contas e responsabilização (*accountability*). Os RCPGs podem compreender múltiplos relatórios, cada qual atendendo a certos aspectos dos objetivos e do alcance da elaboração e divulgação da informação contábil. Os RCPGs abrangem as demonstrações contábeis, incluindo as suas notas explicativas e também a apresentação de informações que aprimoram, complementam e suplementam as demonstrações contábeis.

Portanto, os usuários dos RCPGs das entidades do setor público precisam de informações para subsidiar as avaliações de algumas questões, tais como:

> (a) se a entidade prestou seus serviços à sociedade de maneira eficiente e eficaz;

---

[3] Os dados aqui apresentados foram extraídos da Norma Brasileira de Contabilidade, NBC TSP Estrutura Conceitual, de 23 de setembro de 2016 – Estrutura Conceitual para Elaboração e Divulgação de Informação Contábil de Propósito Geral pelas Entidades do Setor Público.

(b) quais são os recursos atualmente disponíveis para gastos futuros, e até que ponto há restrições ou condições para a utilização desses recursos;

(c) a extensão na qual a carga tributária, que recai sobre os contribuintes em períodos futuros para pagar por serviços correntes, tem mudado; e

(d) se a capacidade da entidade para prestar serviços melhorou ou piorou em comparação com exercícios anteriores.

As características do setor público mais relacionadas ao desenvolvimento desta nova Estrutura Conceitual são as seguintes:

1. *Volume e significância das transações sem contraprestação*: em transação sem contraprestação, a entidade recebe o valor da outra parte sem dar diretamente em troca valor aproximadamente igual. Tais transações são comuns no setor público. A quantidade e a qualidade dos serviços públicos prestados a um indivíduo ou a um grupo de indivíduos, normalmente, não são diretamente proporcionais ao volume de tributos cobrados.

2. *Importância do orçamento público*: o governo e outras entidades do setor público elaboram orçamentos. Devido à importância do orçamento público aprovado, as informações que possibilitam aos usuários compararem a execução orçamentária com o orçamento previsto facilitam a análise quanto ao desempenho das entidades do setor público. Tais informações instrumentalizam a prestação de contas e a responsabilização (*accountability*) e fornecem subsídios para o processo decisório relativo aos orçamentos dos exercícios subsequentes. A elaboração de demonstrativo que apresenta e compara a execução do orçamento com o orçamento previsto é o mecanismo normalmente utilizado para demonstrar a conformidade com os requisitos legais relativos às finanças públicas.

3. *Natureza dos programas e longevidade do setor público*: muitos programas do setor público são de longo prazo, e a capacidade para cumprir os compromissos depende dos tributos e das contribuições a serem arrecadados no futuro. Vários compromissos decorrentes dos programas do setor público e as prerrogativas para cobrar e arrecadar tributos futuros não se encaixam nas definições de ativo e passivo tradicionais. Consequentemente, as demonstrações que evidenciam a situação patrimonial e o desempenho não fornecem todas as informações que os usuários precisam conhecer a respeito dos programas de longo prazo. Os efeitos financeiros de determinadas decisões poderão ser observados após muitos anos. Dessa forma, os RCPGs, ao conterem informações financeiras prospectivas acerca da sustentabilidade em longo prazo das finanças e de programas essenciais da entidade do setor público, são documentos necessários para fins de prestação de contas e responsabilização (*accountability*) e tomada de decisão.

4. *Natureza e propósito dos ativos e passivos no setor público*: no setor público, a principal razão de se manterem ativos imobilizados e outros ativos é voltada para o potencial de serviços desses ativos, e não para a sua capacidade de gerar fluxos de caixa. Governos e outras entidades do setor público incorrem em passivos relacionados aos seus objetivos de prestação de serviços. Muitos passivos são oriundos de transações sem contraprestação e isso inclui aqueles relacionados a programas direcionados ao fornecimento de benefícios sociais. Os passivos também podem ser oriundos do papel governamental de credor em última instância de entidades com problemas financeiros, e podem ser oriundos de quaisquer obrigações de transferência de recursos para afetados por desastres.

5. *Papel regulador das entidades do setor público*: pode ser necessário um julgamento para determinar se a regulação cria direitos ou obrigações para as entidades do setor público, os quais irão requerer o reconhecimento de ativos e passivos, ou se a prerrogativa de modificar essa regulação exerce impacto na forma que tais direitos e obrigações são contabilizados.

6. *Relacionamento com as estatísticas de finanças públicas*: muitos governos produzem dois tipos de informações financeiras *ex-post*: (a) Estatísticas de Finanças Públicas (EFP) do Setor Governo Geral (SGG), com o propósito de permitir a análise macroeconômica e a tomada de decisão; e (b) Demonstrações Contábeis de Propósito Geral (Demonstrações Contábeis) para a prestação de contas e responsabilização (*accountability*) e tomada de decisão ao nível da entidade, incluindo as

demonstrações contábeis consolidadas do governo. Os objetivos das informações contábeis e das estatísticas de finanças públicas são distintos e podem ocasionar interpretações diferentes para o mesmo fenômeno, mas deve-se buscar, sempre que possível, o alinhamento entre essas informações.

8.2. DISTINÇÕES ENTRE A CONTABILIDADE PÚBLICA E A CONTABILIDADE EMPRESARIAL

Importante observar que a contabilidade pública, apesar de ser dotada de mecanismos universais e padronizados pela contabilidade geral, diferencia-se da contabilidade empresarial em diversos aspectos. Isso se justifica na medida em que seu principal foco é a criação, administração e execução do orçamento público, que possui princípios, regras e procedimentos próprios em face do interesse público envolvido.

A primeira distinção decorre do objeto. Enquanto a contabilidade pública é, essencialmente, voltada para a execução orçamentária, a contabilidade empresarial não registra o orçamento e sua execução, contabilizando, apenas, as alterações patrimoniais, sem se preocupar com a previsão de receitas e de despesas, que acaba sendo feita de forma extracontábil.

A contabilidade empresarial utiliza, normalmente, dois sistemas de contas: patrimoniais e de resultado. As contas patrimoniais são aquelas que possuem saldos de caráter permanente, que são transferidos a outros exercícios. As contas de resultado são aquelas que devem ser confrontadas ao final do exercício para apurar o resultado, e seus saldos não se transferem para o exercício seguinte. Já a contabilidade pública trabalha com quatro sistemas distintos: o financeiro, o patrimonial, o de compensação e o orçamentário. O sistema financeiro registra os pagamentos e recebimentos de despesas e receitas orçamentárias e extraorçamentárias (p. ex., bancos; caixa; obrigações a pagar; receitas orçamentárias e despesas orçamentárias). O sistema patrimonial registra os bens, direitos e obrigações que não estejam relacionados à movimentação financeira (p. ex., bens, direitos, obrigações, mutações ativas e passivas e transferências). O sistema de compensação tem como função o controle dos atos administrativos que geram bens, direitos e obrigações potenciais (p. ex., contratos, fianças etc.). O sistema orçamentário efetua o controle da execução do orçamento público (p. ex., receita a realizar; receita realizada; dotação inicial; emissão de empenho).[4]

Outrossim, na contabilidade pública, qualquer ingresso ou dispêndio será considerado como receita ou como despesa, independentemente de afetar o patrimônio líquido, ao passo que a contabilidade empresarial somente considera como receita ou despesa aquela operação que gera uma efetiva alteração patrimonial.

Ademais, enquanto a contabilidade empresarial adota o regime de competência em todos os seus lançamentos, a contabilidade pública segue o regime misto, ou seja, aplica o regime de caixa para as receitas e o de competência para as despesas.[5]

É de se registrar que, como o Estado não persegue o lucro nas suas atividades financeiras, não encontraremos registros identificados como "lucro" ou "prejuízo" no exercício, assim como ocorre na contabilidade empresarial. Nas variações patrimoniais positivas ou negativas a contabilidade pública adotará as seguintes nomenclaturas: "superávit" ou "déficit" patrimonial, orçamentário ou financeiro.

---

[4] NASCIMENTO, Leonardo do; CHERMAN, Bernardo. *Contabilidade Pública*. Rio de Janeiro: Ferreira, 2007. p. 143-145.

[5] Lei nº 4.320/1964. Art. 35. Pertencem ao exercício financeiro: I – as receitas nele arrecadadas; II – as despesas nele legalmente empenhadas.

Ressalva que devemos apresentar refere-se à *Contabilidade Tributária*, ramo específico da Contabilidade, voltado para a legislação tributária. Não se confunde nem se insere na contabilidade pública, embora sua técnica seja voltada para atender às normas tributárias. Na realidade, trata-se de uma especialização da contabilidade empresarial, para atender, sobretudo, a legislação do Imposto de Renda e das Contribuições Sociais. Tem por objetivo aplicar na prática conceitos, princípios e normas básicas da contabilidade e da legislação tributária, de forma simultânea e adequada. Láudio Camargo Fabretti ensina que o "objeto da contabilidade tributária é apurar com exatidão o resultado econômico do exercício social, demonstrando-o de forma clara e sintética".[6]

A partir das constatações feitas, resta claro que as normas que regulam a contabilidade pública e a contabilidade empresarial deverão ser distintas, e é o que passamos a analisar.

8.3. NORMAS DA CONTABILIDADE PÚBLICA

Embora a contabilidade empresarial e a contabilidade pública sejam dotadas de conceitos e princípios similares, elas possuem fontes normativas distintas.

A **contabilidade empresarial**, que procura adotar as normas contábeis internacionais, possui diversas fontes normativas. As principais regras estão previstas na Lei nº 6.404/1976 (Lei das Sociedades por Ações), que foi alterada pela Lei nº 11.638/2007 (denominada de "Nova Lei Contábil"), e na Lei nº 10.406/2002 (Código Civil). Porém, relevante papel normativo é realizado pelo **Conselho Federal de Contabilidade (CFC)**, que disciplina a matéria através de suas resoluções.

Por sua vez, a **contabilidade pública** segue, essencialmente, os princípios, conceitos e procedimentos previstos na Lei nº 4.320/1964 (Normas Gerais de Orçamento), na Lei Complementar nº 101/2000 (Lei de Responsabilidade Fiscal) e na Lei nº 10.180/2001 (Sistema de Contabilidade Federal). Também o CFC regulamenta a matéria, a partir da Estrutura Conceitual para Elaboração e Divulgação de Informação Contábil de Propósito Geral pelas Entidades do Setor Público (Estrutura Conceitual),[7] bem como pelas Normas Brasileiras de Contabilidade Aplicadas ao Setor Público (NBC TSP).

Órgão que detém importante papel na contabilidade pública é a **Secretaria do Tesouro Nacional**, que, apesar de ser uma instituição federal, vem promovendo a integração e a harmonização das normas contábeis federais com a dos Estados, do Distrito Federal e dos Municípios, por meio de portarias de consolidação das normas contábeis do setor público.

Não à toa, a EC nº 108/2020 incluiu na Constituição o art. 163-A para estabelecer que a União, os Estados, o Distrito Federal e os Municípios disponibilizarão suas informações e dados contábeis, orçamentários e fiscais, conforme periodicidade, formato e sistema estabelecidos pelo *órgão central de contabilidade da União*, de forma a garantir a rastreabilidade, a comparabilidade e a publicidade dos dados coletados, os quais deverão ser divulgados em meio eletrônico de amplo acesso público.

Nessa linha, a Secretaria do Tesouro Nacional – STN, na qualidade de Órgão Central do Sistema de Contabilidade Federal, nos termos da Lei nº 10.180, de 06 de fevereiro de 2001,

---

[6] FABRETTI, Láudio Camargo. *Contabilidade Tributária*. 5. ed. São Paulo: Atlas, 1999. p. 26.

[7] Norma Brasileira de Contabilidade, NBC TSP Estrutura Conceitual, de 23 de setembro de 2016 - Estrutura Conceitual para Elaboração e Divulgação de Informação Contábil de Propósito Geral pelas Entidades do Setor Público.

e do Decreto nº 6.976/2009, vem emitindo normas gerais para padronizar procedimentos para a consolidação das contas públicas e apresentar entendimentos gerais sobre o processo contábil-orçamentário nos três níveis de governo.

Uma das normas mais emblemáticas nesse sentido é a Portaria Interministerial STN/SOF nº 163/2001, que dispõe sobre as normas gerais de consolidação das Contas Públicas no âmbito da União, Estados, Distrito Federal e Municípios, estabelecendo o denominado "Código de Natureza de Receita Orçamentária".

A classificação por Natureza de Receita Orçamentária é composta por um código de oito dígitos numéricos, que tem a seguinte estrutura "**a.b.c.d.ee.f.g**", em que: I. "a" corresponde à Categoria Econômica da receita; II. "b" corresponde à Origem da receita; III. "c" corresponde à Espécie da receita; IV. "d", "ee" e "f" correspondem aos desdobramentos que identificam peculiaridades ou necessidades gerenciais de cada natureza de receita, sendo que os desdobramentos "ee", correspondentes aos 5º e 6º dígitos da codificação, separam os códigos da União daqueles específicos dos demais entes federados, de acordo com a seguinte estrutura lógica: a) "00" até "49" identificam códigos reservados para a União, que poderão ser utilizados, no que couber, por Estados, Distrito Federal e Municípios; b) "50" até "98" identificam códigos reservados para uso específico de Estados, Distrito Federal e Municípios; e c) "99" será utilizado para registrar "outras receitas", entendidas assim as receitas genéricas que não tenham código identificador específico, atendidas as normas contábeis aplicáveis; e V. "g" identifica o Tipo de Receita.

A *padronização* sugerida do registro contábil possibilitará aos usuários acesso a informações consistentes e tempestivas para a tomada de decisão. Além disso, busca-se: a) a convergência aos padrões internacionais de contabilidade aplicados ao setor público; b) a implementação de procedimentos e práticas contábeis que permitam o reconhecimento, a mensuração, a avaliação e a evidenciação dos elementos que integram o patrimônio público; c) a implantação de sistema de custos no âmbito do setor público brasileiro; d) a melhoria das informações que integram as Demonstrações Contábeis e os Relatórios necessários à consolidação das contas nacionais; e) possibilitar a avaliação do impacto das políticas públicas e da gestão, nas dimensões social, econômica e fiscal, segundo aspectos relacionados à variação patrimonial.

Para uniformizar a classificação das despesas e receitas orçamentárias em âmbito nacional, instituir instrumento eficiente de orientação comum aos gestores nos três níveis de governo, mediante consolidação, em um só documento, de conceitos, regras e procedimentos de reconhecimento e apropriação das receitas e despesas orçamentárias, e considerando a necessidade de proporcionar maior transparência sobre as contas públicas, a Secretaria do Tesouro Nacional editou o **Manual de Contabilidade Aplicada ao Setor Público** (MCASP), que contempla cinco partes, destinadas a disciplinar os Procedimentos Contábeis Orçamentários, os Procedimentos Contábeis Patrimoniais, os Procedimentos Contábeis Específicos, o Plano de Contas Aplicado ao Setor Público e as Demonstrações Contábeis Aplicadas ao Setor Público.

8.4. USUÁRIOS DA CONTABILIDADE PÚBLICA

Enquanto a contabilidade empresarial se destina, essencialmente, ao administrador de empresas, seus sócios ou acionistas, seus empregados, seus credores e, em certos casos, ao mercado financeiro, a contabilidade pública possui destinatários que vão além do gestor público e do cidadão.

A **Contabilidade Pública** é de interesse de todos aqueles que demandarem estudo, interpretação, identificação, mensuração, avaliação, registro, controle e evidenciação de fenômenos contábeis, decorrentes de variações patrimoniais em entidades do setor público ou de entidades que recebam, guardem, movimentem, gerenciem ou apliquem recursos públicos na execução de suas atividades, no tocante aos aspectos contábeis da prestação de contas.

Nesse sentido, são **usuários da contabilidade pública**: os gestores do patrimônio público e das políticas econômicas e sociais do país para a tomada de decisões; a população em geral, como instrumento de transparência e confiabilidade da execução orçamentária, financeira e patrimonial da Administração Pública; os organismos nacionais e internacionais de crédito e fomento; os órgãos de controle interno e externo nas suas funções institucionais.[8]

Quanto à aplicação direta das regras da contabilidade pública, podemos dizer que todos os entes que dispuserem de recursos estatais deverão segui-las. Nesse sentido, estabelece expressamente o art. 83 da Lei nº 4.320/1964 que: "A contabilidade evidenciará perante a Fazenda Pública a situação de todos quantos, de qualquer modo, arrecadem receitas, efetuem despesas, administrem ou guardem bens a ela pertencentes ou confiados".

Por sua vez, a Lei de Responsabilidade Fiscal (LC nº 101/2000) prevê expressamente que suas disposições obrigam: a) a União, os Estados, o Distrito Federal e os Municípios, estando compreendidos o Poder Executivo, o Poder Legislativo, neste abrangidos os Tribunais de Contas, o Poder Judiciário e o Ministério Público; b) as respectivas administrações diretas, fundos, autarquias, fundações; c) as empresas controladas, assim entendidas como sendo as sociedades cuja maioria do capital social com direito a voto pertença, direta ou indiretamente, a ente da Federação; d) as empresas estatais dependentes,[9] assim consideradas as empresas controladas que recebam do ente controlador recursos financeiros para pagamento de despesas com pessoal ou de custeio em geral ou de capital, excluídos, no último caso, aqueles provenientes de aumento de participação acionária (art. 2º).

Ademais, considerando que o orçamento público é o principal objeto da contabilidade pública, a partir da leitura do § 5º do art. 165 da Constituição extraímos que deverão atender às regras da contabilidade pública, nos três níveis federativos (União, Estados, Distrito Federal e Municípios): a) os Poderes, seus fundos, órgãos e entidades da administração direta e indireta, inclusive fundações instituídas e mantidas pelo Poder Público; b) as empresas em que, direta ou indiretamente, o Poder Público detenha a maioria do capital social com direito a voto; c) todas as entidades e órgãos da administração direta ou indireta, bem como os fundos e fundações instituídos e mantidos pelo Poder Público.

Como vimos, esses entes têm em comum a administração de recursos financeiros do Estado. A partir dessa consideração, o parágrafo único do art. 70 da Constituição Federal de 1988 expressamente determina (em relação à União, mas estende-se esta regra para os demais entes da federação) que "prestará contas qualquer pessoa física ou jurídica, pública ou privada, que utilize, arrecade, guarde, gerencie ou administre dinheiros, bens e valores

---

[8] NASCIMENTO, Leonardo do; CHERMAN, Bernardo. Op. cit. p. 85.

[9] A Portaria STN nº 589/2001, que definiu para a União, Estados, Distrito Federal e Municípios, conceitos, regras e procedimentos contábeis para consolidação das empresas estatais dependentes nas contas públicas, assim considera: I – empresa controlada: sociedade cuja maioria do capital social com direito a voto pertença, direta ou indiretamente, a ente da Federação; II – empresa estatal dependente: empresa controlada pela União, pelo Estado, pelo Distrito Federal ou pelo Município, que tenha, no exercício anterior, recebido recursos financeiros de seu controlador, destinados ao pagamento de despesas com pessoal, de custeio em geral ou de capital, excluídos, neste último caso, aqueles provenientes de aumento de participação acionária, e tenha, no exercício corrente, autorização orçamentária para recebimento de recursos financeiros com idêntica finalidade (art. 2º).

públicos ou pelos quais a União responda, ou que, em nome desta, assuma obrigações de natureza pecuniária". E por utilizarem recursos públicos, esses entes serão fiscalizados pelos respectivos Tribunais de Contas, uma vez que o inciso II do art. 71 da Constituição estabelece que este órgão (nos três níveis da federação) deverá julgar as contas dos administradores e demais responsáveis por dinheiros, bens e valores públicos da administração direta e indireta, incluídas as fundações e sociedades instituídas e mantidas pelo Poder Público federal, e as contas daqueles que derem causa à perda, extravio ou outra irregularidade de que resulte prejuízo ao Erário.

Quando tratamos da Administração Pública Direta, não há nenhuma dúvida sobre a efetiva e inafastável aplicação das regras da contabilidade pública. A controvérsia surge, todavia, em relação à Administração Pública Indireta, especialmente no caso das Sociedades de Economia Mista, que convivem no mercado de capitais como se fossem empresas privadas.

Assim, em relação à Sociedade de Economia Mista, em que o Estado participa do capital social da empresa juntamente com o particular, submetendo-se ao regime jurídico das empresas privadas (inciso II do § 1º do art. 173, CF/1988), é necessário identificar uma condição para impor a elas a aplicação das regras de contabilidade pública (a elas se aplicaria um regime duplo de contabilidade: a empresarial e a pública), qual seja, a condição de receber regularmente recursos públicos para atender a certas despesas ou determinados projetos. Essa condição – a de receber regularmente recursos públicos – deve ser interpretada com base na previsão que a Constituição traz, no inciso II do seu art. 71, que impõe o controle do Tribunal de Contas para as "sociedades instituídas e mantidas pelo Poder Público". Isso porque essas sociedades se sujeitam ao regime jurídico das empresas privadas, inclusive quanto aos direitos e obrigações civis, comerciais, trabalhistas e tributários. Mas, a nosso ver, se essas empresas recebem regularmente recursos públicos na manutenção das suas atividades, deverão seguir as mesmas normas e limitações a que o Estado está submetido quando arrecada recursos e os aplica nas suas atividades.

Neste sentido, o STF vem entendendo que as Sociedades de Economia Mista devem se submeter ao controle exercido pelo Tribunal de Contas.[10] O Ministro Eros Grau, em seu voto no julgamento do MS 25.092, assim justificou:

> São seguramente bens públicos os bens pertencentes às sociedades de economia mista, razão pela qual força é concluirmos, também neste capítulo, estarem estas entidades da Administração Indireta submetidas ao controle externo exercido pelo Congresso Nacional, com o auxílio do Tribunal de Contas da União.[11]

Por sua vez, o Ministro Cezar Peluso, nesse mesmo julgado, afirmou:

> Sociedades de economia mista são concebidas e, em concreto, criadas em função de finalidades públicas, não apenas como se fossem sociedades de direito privado, guiadas pela atração do lucro, mas, sobretudo como prolongamentos do Estado, de modo que os seus dirigentes devem agir no cumprimento do dever público de resguardo dos interesses e das finalidades públicas que presidem a instituição destas mesmas sociedades.

---

[10] STF. RE 356.209 AgR, Rel. Min. Ellen Gracie, 2ª Turma, julg. 01/03/2011, **DJe** 25/03/2011: "DIREITO ADMINISTRATIVO. TRIBUNAL DE CONTAS ESTADUAL. FISCALIZAÇÃO DE SOCIEDADE DE ECONOMIA MISTA: POSSIBILIDADE. (...) 1. O Supremo Tribunal Federal firmou entendimento no sentido de que as sociedades de economia mista sujeitam-se à fiscalização pelos Tribunais de Contas. (...).

[11] STF. MS 25.092, Rel. Min. Carlos Velloso, Pleno, julg. 10/11/2005, **DJ** 17/03/2006.

Entretanto, da ementa do MS 25.181,[12] de lavra do Ministro Marco Aurélio, destacamos a seguinte posição da Corte Suprema:

> Ao Tribunal de Contas da União incumbe atuar relativamente à gestão de sociedades de economia mista. Nova inteligência conferida ao inciso II do artigo 71 da Constituição Federal, ficando superada a jurisprudência que veio a ser firmada com o julgamento dos Mandados de Segurança nºs 23.627-2/DF e 23.875-5/DF.

Resumindo, podemos dizer que atenderão às regras da contabilidade pública todos os órgãos do Poder Executivo, do Poder Legislativo e do Poder Judiciário, as Agências Reguladoras e Executivas, as Autarquias, os Fundos, as Fundações Públicas instituídas e mantidas pelo poder público, as Empresas Públicas e as Sociedades de Economia Mista integrantes da Administração Pública Indireta que recebam regularmente recursos públicos para o exercício da sua atividade.

8.5. ASPECTOS DA CONTABILIDADE APLICADA AO SETOR PÚBLICO

A fim de que as informações de contabilidade pública possam ser interpretadas de forma adequada, é necessário compreender os três aspectos da Contabilidade Aplicada ao Setor Público.[13]

O primeiro é o *aspecto orçamentário*: compreende o registro e a evidenciação do orçamento público, tanto a sua aprovação quanto a sua execução. Os registros de natureza orçamentária são base para a elaboração do Relatório Resumido da Execução Orçamentária (RREO) e dos Balanços Orçamentário e Financeiro, que representam os principais instrumentos para refletir esse aspecto.

O segundo é o *aspecto patrimonial*: compreende o registro e a evidenciação da composição patrimonial do ente público. Nesse aspecto, devem ser atendidos os princípios e as normas contábeis voltadas para o reconhecimento, mensuração e evidenciação dos ativos e passivos e de suas variações patrimoniais. O Balanço Patrimonial (BP) e a Demonstração das Variações Patrimoniais (DVP) representam os principais instrumentos para refletir esse aspecto. O processo de convergência às normas internacionais de Contabilidade Aplicada ao Setor Público (CASP) visa a contribuir, primordialmente, para o desenvolvimento deste aspecto.

O terceiro é o *aspecto fiscal*: Compreende a apuração e evidenciação, por meio da contabilidade, dos indicadores estabelecidos pela LRF, dentre os quais se destacam os da despesa com pessoal, das operações de crédito e da dívida consolidada, além da apuração da disponibilidade de caixa, do resultado primário e do resultado nominal, a fim de se verificar o equilíbrio das contas públicas. O Relatório de Gestão Fiscal (RGF) e o Relatório Resumido da Execução Orçamentária (RREO) representam os principais instrumentos para evidenciar esse aspecto.

8.6. PRINCIPAIS CONCEITOS DA CONTABILIDADE PÚBLICA

Encontramos na contabilidade pública conceitos comuns à contabilidade geral e conceitos específicos da Contabilidade Aplicada ao Setor Público, os quais passamos agora a destacar.[14]

---

[12] STF. MS 25.181, Rel. Min. Marco Aurélio, Pleno, julg. 10/11/2005, *DJ* 16/06/2006.
[13] Dados conforme *Manual de contabilidade aplicada ao setor público* (MCASP). 9. ed. Brasília: Secretaria do Tesouro Nacional, 2021. p. 26-28.
[14] Os conceitos foram extraídos do *Manual de contabilidade aplicada ao setor público* (MCASP). 9. ed. Brasília: Secretaria do Tesouro Nacional, 2021.

Ativo é um recurso controlado no presente pela entidade como resultado de evento passado. Nesta definição, por "recurso" entende-se um item com potencial de serviços ou com a capacidade de gerar benefícios econômicos. O potencial de serviços é a capacidade de prestar serviços que contribuam para alcançar os objetivos da entidade. O potencial de serviços possibilita a entidade alcançar os seus objetivos sem, necessariamente, gerar entrada líquida de caixa, como, por exemplo, ativos do patrimônio cultural, de defesa nacional, entre outros. Os benefícios econômicos correspondem a entradas de caixa ou a reduções das saídas de caixa. As entradas de caixa (ou as reduções das saídas de caixa) podem derivar, por exemplo, da utilização do ativo na produção e na venda de serviços ou da troca direta do ativo por caixa ou por outros recursos.

Também na definição de ativo, a expressão "controlado no presente pela entidade" significa que o controle do recurso envolve a capacidade da entidade em utilizar o recurso (ou controlar o uso por terceiros) de modo que haja a geração do potencial de serviços ou dos benefícios econômicos originados do recurso para o cumprimento dos seus objetivos de prestação de serviços, entre outros. Para avaliar se a entidade controla o recurso no presente, deve ser observada a existência dos seguintes indicadores de controle: a) propriedade legal; b) acesso ao recurso ou capacidade de negar ou restringir o acesso a esses; c) meios que assegurem que o recurso seja utilizado para alcançar os seus objetivos; ou; d) a existência de direito legítimo ao potencial de serviços ou à capacidade para gerar os benefícios econômicos advindos do recurso.

Já a expressão "evento passado" indica que o recurso controlado pela entidade no presente tenha surgido de um evento passado, por meio de transação com ou sem contraprestação, como, por exemplo, compra de ativos por meio de uma transação comercial (com contraprestação) ou emissão de licenças para bandas de frequência de transmissões de telecomunicações (sem contraprestação).

Ativos Circulantes são aqueles que estiverem disponíveis para realização imediata e tiverem a expectativa de realização até doze meses após a data das demonstrações contábeis. Os demais ativos devem ser classificados como não circulantes.

Ativo Contingente é um ativo possível resultante de eventos passados e cuja existência será confirmada apenas pela ocorrência ou não de um ou mais eventos futuros incertos que não estão totalmente sob o controle da entidade.

Ativo Intangível é um ativo não monetário, sem substância física, identificável, controlado pela entidade e gerador de benefícios econômicos futuros ou potencial de serviços.

Ativo Imobilizado é o item tangível que é mantido para o uso na produção ou fornecimento de bens ou serviços, ou para fins administrativos, inclusive os decorrentes de operações que transfiram para a entidade os benefícios, riscos e controle desses bens, cuja utilização se dará por mais de um período (exercício). Compreende bens móveis e imóveis.

Custo do Ativo é o montante gasto ou o valor necessário para adquirir um ativo na data da sua aquisição ou construção.

Depreciação é a redução do valor dos bens tangíveis pelo desgaste ou perda de utilidade por uso, ação da natureza ou obsolescência.

Exaustão é a redução do valor, decorrente da exploração dos recursos minerais, florestais e outros recursos naturais esgotáveis.

Valor Depreciável é o custo de um ativo, ou outra base que substitua o custo, menos o seu valor residual.

Valor Residual de um Ativo é o valor estimado que a entidade obteria com a alienação do ativo, caso o ativo já tivesse a idade, a condição esperada e o tempo de uso esperados para o fim de sua vida útil. O cálculo do valor residual é efetuado por estimativa, sendo seu valor determinado antes do início da depreciação. Assim, o valor residual seria o valor de mercado depois de efetuada toda a depreciação. O valor residual é determinado para que a depreciação não seja incidente em cem por cento do valor do bem, e desta forma não sejam registradas variações patrimoniais diminutivas além das realmente incorridas.

Valor Justo é o preço que seria recebido pela venda de um ativo ou que seria pago pela transferência de um passivo em uma transação não forçada entre participantes do mercado na data de mensuração.

Valor Líquido Contábil é o valor do bem registrado na Contabilidade, em determinada data, deduzido da correspondente depreciação, amortização ou exaustão acumulada, bem como das perdas acumuladas por redução ao valor recuperável.

Valor Recuperável é o maior montante entre o valor justo líquido de despesas de venda do ativo (ou da unidade geradora de caixa) e o seu valor em uso.

Vida Útil é o período durante o qual a entidade espera utilizar o ativo, ou número de unidade de produção ou de unidades semelhantes que a entidade espera obter pela utilização do ativo.

Amortização é realizada para elementos patrimoniais de direitos de propriedade e bens intangíveis que tiverem a vida útil econômica limitada e têm como característica fundamental a redução do valor do bem. Corresponde à alocação sistemática do valor amortizável do ativo intangível ao longo da sua vida útil. A amortização de ativos intangíveis com vida útil definida deve ser iniciada a partir do momento em que o ativo estiver disponível para uso. A amortização deve cessar na data em que o ativo é classificado como mantido para venda, quando estiver totalmente amortizado ou na data em que ele é baixado, o que ocorrer primeiro. A entidade deve considerar os seguintes fatores na determinação da vida útil de um ativo intangível: a) a utilização prevista de um ativo pela entidade e se o ativo pode ser gerenciado eficientemente por outra equipe da administração; b) os ciclos de vida típicos dos produtos do ativo e as informações públicas sobre estimativas de vida útil de ativos semelhantes, utilizados de maneira semelhante; c) obsolescência técnica, tecnológica, comercial ou de outro tipo; d) a estabilidade do setor em que o ativo opera e as mudanças na demanda de mercado para produtos ou serviços gerados pelo ativo; e) o nível dos gastos de manutenção requerido para obter os benefícios econômicos futuros ou serviços potenciais do ativo e a capacidade de intenção da entidade para atingir tal nível; f) o período de controle sobre o ativo e os limites legais ou contratuais para a sua utilização, tais como datas de vencimento dos arrendamentos/locações relacionados; e g) se a vida útil do ativo depende da vida útil de outros ativos da entidade.

Passivo é uma obrigação presente, derivada de evento passado, cuja extinção deva resultar na saída de recursos da entidade. Por "obrigação presente" entende-se aquela que ocorre por força de lei (obrigação legal ou obrigação legalmente vinculada) ou não (obrigação não legalmente vinculada), a qual não possa ser evitada pela entidade. Um passivo deve envolver também uma saída de recursos da entidade para ser extinto. A obrigação que pode ser extinta sem a saída de recursos da entidade não é um passivo (por exemplo, perdão de dívidas). Por fim, para satisfazer a definição de passivo, é necessário que a obrigação presente surja como resultado de um evento passado.

Passivo Contingente é: a) uma obrigação possível resultante de eventos passados e cuja existência será confirmada apenas pela ocorrência ou não de um ou mais eventos futuros incertos que não estão totalmente sob o controle da entidade; ou b) uma obrigação presente resultante de eventos passados, mas que não é reconhecida porque: I – é improvável uma saída de recursos que incorporam benefícios econômicos ou potencial de serviços seja exigida para a extinção da obrigação; ou II - não é possível fazer uma estimativa confiável do valor da obrigação.

Provisão é um passivo de prazo ou valor incerto. São obrigações presentes, derivadas de eventos passados, cujos pagamentos se esperam que resultem para a entidade saídas de recursos capazes de gerar benefícios econômicos ou potencial de serviços, e que possuem prazo ou valor incerto (por exemplo: provisões para riscos trabalhistas, para riscos fiscais, para riscos cíveis, para repartição de créditos tributários). As provisões se distinguem dos demais passivos porque envolvem incerteza sobre o prazo ou o valor do desembolso futuro necessário para a sua extinção.

Variações patrimoniais são transações que promovem alterações nos elementos patrimoniais da entidade do setor público e que afetam o resultado. Essas variações patrimoniais podem ser definidas como: a) Variações Patrimoniais Aumentativas (VPA) - corresponde a aumentos na situação patrimonial líquida da entidade não oriundos de contribuições dos proprietários; b) Variações Patrimoniais Diminutivas (VPD) - corresponde a diminuições na situação patrimonial líquida da entidade não oriundas de distribuições aos proprietários.

Considera-se realizada a variação patrimonial aumentativa (VPA): a) nas transações com contribuintes e terceiros, quando estes efetuarem o pagamento ou assumirem compromisso firme de efetivá-lo, quer pela ocorrência de um fato gerador de natureza tributária, investidura na propriedade de bens anteriormente pertencentes à entidade, ou fruição de serviços por esta prestados; b) quando da extinção, parcial ou total, de um passivo, qualquer que seja o motivo, sem o desaparecimento concomitante de um ativo de valor igual ou maior; c) pela geração natural de novos ativos independentemente da intervenção de terceiros; d) no recebimento efetivo de doações e subvenções.

Considera-se realizada a variação patrimonial diminutiva (VPD): a) quando deixar de existir o correspondente valor ativo, por transferência de sua propriedade para terceiro; b) diminuição ou extinção do valor econômico de um ativo; c) pelo surgimento de um passivo, sem o correspondente ativo.

Resultado Patrimonial corresponde à diferença entre o valor total das variações patrimoniais aumentativas (VPA) e o valor total das variações patrimoniais diminutivas (VPD), apurado na Demonstração das Variações Patrimoniais do período. Caso o total das VPAs sejam superiores ao total das VPDs, diz-se que o resultado patrimonial foi superavitário ou que houve um superávit patrimonial. Caso contrário, diz-se que o resultado patrimonial foi deficitário ou que houve um déficit patrimonial.

Patrimônio Líquido é a diferença entre os ativos e os passivos após a inclusão de outros recursos e a dedução de outras obrigações, reconhecida no Balanço Patrimonial como patrimônio líquido. A situação patrimonial líquida pode ser um montante positivo ou negativo. Integram o patrimônio líquido: patrimônio ou capital social, reservas de capital, ajustes de avaliação patrimonial, reservas de lucros, demais reservas, ações em tesouraria, resultados acumulados e outros desdobramentos.

No patrimônio líquido, deve ser evidenciado o resultado do período segregado dos resultados acumulados de períodos anteriores. O resultado patrimonial do período é a diferença entre as variações patrimoniais aumentativas e diminutivas, apurada na Demonstração das Variações Patrimoniais, que evidencia o desempenho das entidades do setor público.

Demonstrações contábeis são a representação estruturada da situação patrimonial, financeira e do desempenho da entidade. O propósito das demonstrações contábeis é o de proporcionar informação sobre a situação patrimonial, o desempenho e os fluxos de caixa da entidade que seja útil a grande número de usuários em suas avaliações e tomada de decisões sobre a alocação de recursos. As demonstrações contábeis das entidades definidas no campo da Contabilidade Aplicada ao Setor Público são: a) balanço patrimonial; b) demonstração do resultado; c) demonstração das mutações do patrimônio líquido; d) demonstração dos fluxos de caixa; e) quando a entidade divulga publicamente seu orçamento aprovado, comparação entre o orçamento e os valores realizados, quer seja como demonstração contábil adicional (balanço orçamentário) ou como coluna para o orçamento nas demonstrações contábeis; f) notas explicativas, compreendendo a descrição sucinta das principais políticas contábeis e outras informações elucidativas; e g) informação comparativa com o período anterior.

Consolidação das demonstrações contábeis é o processo de agregação dos saldos das contas de mais de uma entidade, excluindo-se as transações recíprocas, de modo a disponibilizar os macroagregados do setor público (resultados da atividade econômica, expressa principalmente nos agregados de produto, renda e despesa), proporcionando uma visão global do resultado. No setor público brasileiro, a consolidação pode ser feita no âmbito intragovernamental (em cada ente da Federação) ou em âmbito intergovernamental (consolidação nacional). A consolidação nacional é de competência da Secretaria do Tesouro Nacional (STN) e abrange todas as entidades incluídas no orçamento fiscal e da seguridade social (OFSS), a saber: a) as esferas de governo (União, Estados, Distrito Federal e Municípios); b) os Poderes (Executivo, Legislativo e Judiciário); e c) a administração pública, direta e indireta, incluindo fundos, autarquias, fundações e empresas estatais dependentes.

Balanço patrimonial público é a demonstração contábil que evidencia, qualitativa e quantitativamente, a situação patrimonial da entidade pública por meio de contas representativas do patrimônio público, bem como os atos potenciais, que são registrados em contas de compensação (natureza de informação de controle). O balanço orçamentário demonstrará as receitas detalhadas por categoria econômica e origem, especificando a previsão inicial, a previsão atualizada para o exercício, a receita realizada e o saldo, que corresponde ao excesso ou insuficiência de arrecadação. Demonstrará, também, as despesas por categoria econômica e grupo de natureza da despesa, discriminando a dotação inicial, a dotação atualizada para o exercício, as despesas empenhadas, as despesas liquidadas, as despesas pagas e o saldo da dotação. De modo a atender às determinações legais e às normas contábeis vigentes, atualmente o Balanço Patrimonial é composto por: a) Quadro Principal; b) Quadro dos Ativos e Passivos Financeiros e Permanentes; c) Quadro das Contas de Compensação (controle); e d) Quadro do Superavit/Déficit Financeiro.

Balanço orçamentário é a demonstração das receitas e as despesas orçamentárias previstas em confronto com as realizadas. Assim, a comparação dos valores orçados com os valores realizados decorrentes da execução do orçamento deve ser incluída nas demonstrações contábeis das entidades que publicam seu orçamento aprovado, obrigatória ou voluntariamente, para fins de cumprimento das obrigações de prestação de contas e responsabilização (*accountability*) das entidades do setor público. O balanço orçamentário demonstrará as receitas detalhadas por categoria econômica e origem, especificando a previsão inicial, a previsão atualizada para o exercício, a receita realizada e o saldo, que corresponde ao excesso ou insuficiência de arrecadação. Demonstrará, também, as despesas por categoria econômica e grupo de natureza da despesa, discriminando a dotação inicial, a dotação atualizada para o exercício, as despesas empenhadas, as despesas liquidadas, as despesas pagas e o saldo da dotação.

Balanço financeiro é uma demonstração que evidencia as receitas e despesas orçamentárias, bem como os ingressos e dispêndios extraorçamentários, conjugados com os saldos de caixa do exercício anterior e os que se transferem para o início do exercício seguinte. Possibilita a apuração do resultado financeiro do exercício. O balanço financeiro é composto por um único quadro que evidencia a movimentação financeira das entidades do setor público, demonstrando: a) a receita orçamentária realizada e a despesa orçamentária executada, por fonte / destinação de recurso, discriminando as ordinárias e as vinculadas; b) os recebimentos e os pagamentos extraorçamentários; c) as transferências financeiras recebidas e concedidas, decorrentes ou independentes da execução orçamentária, destacando os aportes de recursos para o RPPS; e d) o saldo em espécie do exercício anterior e para o exercício seguinte.

Transação sem contraprestação é aquela em que a entidade recebe ativos ou serviços ou tem passivos extintos e em contrapartida entrega valor irrisório ou nenhum valor em troca. Considera-se, ainda, como transação sem contraprestação, a situação em que a entidade fornece diretamente alguma compensação em troca de recursos recebidos, mas tal compensação não se aproxima do valor justo dos recursos recebidos. Ao contrário do que ocorre no setor privado, a maior parte das variações patrimoniais aumentativas (VPA) das entidades do setor público decorrem de transações sem contraprestação, principalmente as relativas a tributos, transferências e multas.

Transação com contraprestação é aquela em que a entidade recebe ativos ou serviços ou tem passivos extintos e entrega valor aproximadamente igual em troca, prioritariamente sob a forma de dinheiro, bens, serviços ou uso de ativos.

Demonstração das Variações Patrimoniais (DVP) evidencia as alterações verificadas no patrimônio, resultantes ou independentes da execução orçamentária, e indicará o resultado patrimonial do exercício. O resultado patrimonial do período é apurado na DVP pelo confronto entre as variações patrimoniais quantitativas aumentativas e diminutivas. O valor apurado passa a compor o saldo patrimonial do Balanço Patrimonial (BP) do exercício. Este Demonstrativo tem função semelhante à Demonstração do Resultado do Exercício (DRE) do setor privado. Contudo, é importante ressaltar que a DRE apura o resultado em termos de lucro ou prejuízo líquido, como um dos principais indicadores de desempenho da entidade. Já no setor público, o resultado patrimonial não é um indicador de desempenho, mas um medidor do quanto o serviço público ofertado promoveu alterações quantitativas dos elementos patrimoniais. A DVP permite a análise de como as políticas adotadas provocaram alterações no patrimônio público, considerando-se a finalidade de atender às demandas da sociedade.

Caixa compreende numerário em espécie e depósitos bancários disponíveis.

Equivalentes de caixa são aplicações financeiras de curto prazo, de alta liquidez, que são prontamente conversíveis em valor conhecido de caixa e que estão sujeitas a insignificante risco de mudança de valor.

Fluxos de Caixa são as entradas e as saídas de caixa e de equivalentes de caixa.

Demonstração dos Fluxos de Caixa (DFC) apresenta as entradas e saídas de caixa. A DFC identificará: a) as fontes de geração dos fluxos de entrada de caixa; b) os itens de consumo de caixa durante o período das demonstrações contábeis; e c) o saldo do caixa na data das demonstrações contábeis. A informação dos fluxos de caixa permite aos usuários avaliar como a entidade do setor público obteve recursos para financiar suas atividades e a maneira como os recursos de caixa foram utilizados. Tais informações são úteis para fornecer aos usuários das demonstrações contábeis informações para prestação de contas e responsabilização (*accountability*) e tomada de decisão. A DFC deve ser elaborada pelo método direto e deve evidenciar as alterações de caixa e equivalentes de caixa verificadas no exercício de referência, classificadas nos seguintes fluxos, de acordo com as atividades da entidade: a) operacionais; b) de investimento; e c) de financiamento. A soma dos três fluxos deverá corresponder à diferença entre os saldos iniciais e finais de Caixa e Equivalentes de Caixa do exercício de referência.

Demonstração das Mutações no Patrimônio Líquido (DMPL) demonstra a evolução (aumento ou redução) do patrimônio líquido da entidade durante um período. A alteração total no patrimônio líquido durante um período representa o valor total do resultado desse período, adicionado a outras receitas e despesas reconhecidas diretamente como alterações no patrimônio líquido (sem passar pelo resultado do período), junto com qualquer contribuição dos proprietários e deduzindo-se as distribuições para os proprietários agindo na sua capacidade de detentores do capital próprio da entidade. A DMPL complementa o Anexo de Metas Fiscais (AMF), integrante do Projeto de Lei de Diretrizes Orçamentárias (LDO).

Notas explicativas são informações adicionais às apresentadas nos quadros das Demonstrações Contábeis Aplicadas ao Setor Público (DCASP) e são consideradas parte integrante das demonstrações. Seu objetivo é facilitar a compreensão das demonstrações contábeis a seus diversos usuários. Portanto, devem ser claras, sintéticas e objetivas. Englobam informações de qualquer natureza exigidas pela lei, pelas normas contábeis e outras informações relevantes não suficientemente evidenciadas ou que não constam nas demonstrações.

A fim de facilitar a compreensão e a comparação das DCASP com as de outras entidades, sugere-se que as notas explicativas sejam apresentadas na seguinte ordem:

> a) Informações gerais: I – natureza jurídica da entidade; II – domicílio da entidade; III – natureza das operações e principais atividades da entidade; IV – declaração de conformidade com a legislação e com as normas de contabilidade aplicáveis.
>
> b) Resumo das políticas contábeis significativas, por exemplo: I – bases de mensuração utilizadas, por exemplo: custo histórico, valor realizável líquido, valor justo ou valor recuperável; II – novas normas e políticas contábeis alteradas; III – julgamentos pela aplicação das políticas contábeis.
>
> c) Informações de suporte e detalhamento de itens apresentados nas demonstrações contábeis pela ordem em que cada demonstração e cada rubrica sejam apresentadas.
>
> d) Outras informações relevantes, por exemplo: I – passivos contingentes e compromissos contratuais não reconhecidos; II – divulgações não financeiras, tais como: os objetivos e políticas de gestão do risco financeiro da entidade; pressupostos das estimativas; III – reconhecimento de inconformidades que podem afetar a compreensão do usuário sobre o desempenho e o direcionamento das operações da entidade no futuro; IV – ajustes decorrentes de omissões e erros de registro.

8.7. PRINCÍPIOS DA ELABORAÇÃO E DIVULGAÇÃO DA INFORMAÇÃO CONTÁBIL APLICADA AO SETOR PÚBLICO

O objetivo da elaboração e divulgação da informação contábil aplicada ao setor público é fornecer informação para fins de prestação de contas e responsabilização (*accountability*) e tomada de decisão. Para que a informação seja útil aos usuários e dê suporte ao cumprimento dos objetivos da informação contábil, deve seguir alguns princípios, a saber: 1) relevância; 2) representação fidedigna; 3) compreensibilidade; 4) tempestividade; 5) comparabilidade; 6) verificabilidade.

O princípio da *relevância* indica que as informações financeiras e não financeiras são relevantes caso sejam capazes de influenciar significativamente o cumprimento dos objetivos da elaboração e da divulgação da informação contábil. As informações financeiras e não financeiras são capazes de exercer essa influência quando têm valor confirmatório, preditivo ou ambos. A informação pode ser capaz de influenciar e, desse modo, ser relevante, mesmo se alguns usuários decidirem não a considerar ou já estiverem cientes dela.

O princípio da *representação fidedigna* aponta para o fato de que, para ser útil como informação contábil, a informação deve corresponder à representação fidedigna dos fenômenos econômicos e outros que se pretenda representar. A representação fidedigna é alcançada quando a representação do fenômeno é completa, neutra e livre de erro material. A informação que representa fielmente um fenômeno econômico ou outro fenômeno retrata a substância da transação, a qual pode não corresponder, necessariamente, à sua forma jurídica.

O princípio da *compreensibilidade* se refere à qualidade da informação que permite que os usuários compreendam o seu significado. As demonstrações contábeis devem apresentar a informação de maneira que corresponda às necessidades e à base do conhecimento dos usuários, bem como a natureza da informação apresentada. A compreensão é aprimorada quando a informação é classificada e apresentada de maneira clara e sucinta.

O princípio da *tempestividade* significa ter informação disponível para os usuários antes que ela perca a sua capacidade de ser útil para fins do objetivo da elaboração e divulgação da informação contábil. Ter informação disponível mais rapidamente pode aprimorar a sua utilidade como insumo para processos de avaliação da prestação de contas e responsabilização (*accountability*) e a sua capacidade de informar e influenciar os processos decisórios. A ausência de tempestividade pode tornar a informação menos útil.

O princípio da *comparabilidade* diz respeito à qualidade da informação que possibilita aos usuários identificar semelhanças e diferenças entre dois conjuntos de fenômenos. A comparabilidade não é uma qualidade de item individual de informação, mas, antes, a qualidade da relação entre dois ou mais itens de informação. A informação sobre a situação patrimonial da entidade, o desempenho, os fluxos de caixa, a conformidade com os orçamentos aprovados ou com outra legislação relevante ou com os demais regulamentos relacionados à captação e à utilização dos recursos, o desempenho da prestação de serviços e os seus planos futuros, é necessária para fins de prestação de contas e responsabilização (*accountability*) e tomada de decisão.

O princípio da *verificabilidade* é atinente à qualidade da informação que ajuda a assegurar aos usuários que a informação contida nas demonstrações contábeis representa fielmente os fenômenos econômicos ou de outra natureza que se propõe a representar. Essa característica implica que dois observadores esclarecidos e independentes podem chegar ao consenso geral, mas não necessariamente à concordância completa, em que a informação representa os fenômenos econômicos e de outra natureza, os quais se pretende representar sem erro material ou viés; ou o reconhecimento apropriado, a mensuração ou o método de representação foi aplicado sem erro material ou viés.

8.8. PLANO DE CONTAS APLICADO AO SETOR PÚBLICO (PCASP)

Relevante papel na escrituração contábil é o do Plano de Contas Aplicado ao Setor Público (PCASP), que todas as entidades do setor público devem manter. O plano de contas serve para padronizar os registros contábeis. Assim, o administrador público, de posse do documento pertinente a uma operação financeira, deverá, inicialmente, encontrar no plano de contas quais as contas contábeis que deverão sofrer registros de débito ou de crédito, tudo de acordo com os princípios e práticas contábeis.[15]

O PCASP permitiu evidenciar com qualidade os fenômenos patrimoniais e a busca por um tratamento contábil padronizado dos atos e fatos administrativos no âmbito do setor

---

[15] NASCIMENTO, Leonardo do; CHERMAN, Bernardo. Op. cit. p. 130.

público, com abrangência nacional. Esse plano apresenta uma metodologia, estrutura, regras, conceitos e funcionalidades que possibilitam a obtenção de dados que atendam aos diversos usuários da informação contábil.

A contabilidade aplicada ao setor público (CASP) foi estruturada, no Brasil, com foco no registro dos atos e fatos relativos ao controle da execução orçamentária e financeira. No entanto, a evolução da ciência contábil, marcada pela edição das *International Public Sector Accounting Standards* (IPSAS), pelo *International Public Sector Accounting Standards Board* (IPSASB) e das Normas Brasileiras de Contabilidade Técnicas Aplicadas ao Setor Público (NBC TSP) pelo Conselho Federal de Contabilidade (CFC), impulsionaram relevantes mudanças.

O **Plano de Contas Aplicado ao Setor Público** pode ser definido como a estrutura básica da escrituração contábil, formada por uma relação padronizada de contas contábeis, que permite o registro contábil dos atos e fatos praticados pela entidade de maneira padronizada e sistematizada, bem como a elaboração de relatórios gerenciais e demonstrações contábeis de acordo com as necessidades de informações dos usuários.

Por sua vez, **Conta contábil** é a expressão qualitativa e quantitativa de fatos de mesma natureza, evidenciando a composição, variação e estado do patrimônio, bem como de bens, direitos, obrigações e situações nele não compreendidas, mas que, direta ou indiretamente, possam vir a afetá-lo.

As Contas são agrupadas segundo suas funções, possibilitando: a) identificar, classificar e efetuar a escrituração contábil, pelo método das partidas dobradas, dos atos e fatos de gestão, de maneira uniforme e sistematizada; b) determinar os custos das operações do governo; c) acompanhar e controlar a execução orçamentária, evidenciando a receita prevista, lançada, realizada e a realizar, bem como a despesa autorizada, empenhada, liquidada, paga e as dotações disponíveis; d) elaborar os Balanços Orçamentário, Financeiro e Patrimonial, a Demonstração das Variações Patrimoniais, de Fluxo de Caixa, das Mutações do Patrimônio Líquido e do Resultado Econômico; e) conhecer a composição e situação do patrimônio analisado, por meio da evidenciação de todos os ativos e passivos; f) analisar e interpretar os resultados econômicos e financeiros; g) individualizar os devedores e credores, com a especificação necessária ao controle contábil do direito ou obrigação; e h) controlar contabilmente os atos potenciais oriundos de contratos, convênios, acordos, ajustes e outros instrumentos congêneres.

A estrutura do PCASP se segmenta conforme as seguintes naturezas de informações contábeis: a) *natureza de informação orçamentária*: registra, processa e evidencia os atos e os fatos relacionados ao planejamento e à execução orçamentária; b) *natureza de informação patrimonial*: registra, processa e evidencia os fatos financeiros e não financeiros relacionados com a composição do patrimônio público e suas variações qualitativas e quantitativas; c) *natureza de informação de controle*: registra, processa e evidencia os atos de gestão cujos efeitos possam produzir modificações no patrimônio da entidade do setor público, bem como aqueles com funções específicas de controle.

Essa estrutura está dividida em oito classes: 1. Ativo; 2. Passivo e Patrimônio Líquido; 3. Variações Patrimoniais Diminutivas; 4. Variações Patrimoniais Aumentativas; 5. Controles da Aprovação do Planejamento e Orçamento; 6. Controles da Execução do Planejamento e Orçamento; 7. Controles Devedores; e 8. Controles Credores.

A natureza da informação evidenciada pelas contas das quatro primeiras classes, 1 a 4, é Patrimonial, ou seja, informa a situação do Patrimônio da Entidade Pública. A natureza da informação das contas das duas classes seguintes, 5 e 6, é Orçamentária, pois nessas classes são feitos os controles do Planejamento e do Orçamento, desde a aprovação até a execução.

Por fim, a natureza da informação das contas das duas últimas classes, 7 e 8, é de controle, pois nessas classes são registrados os atos potenciais e diversos controles.

Cada unidade que realizar a gestão de recursos públicos deverá ser responsável pelo acompanhamento, análise e consistência dos registros e saldos das contas contábeis, bem como os reflexos causados nos respectivos demonstrativos.

Parte IV
Orçamento Público

Como sabemos, os recursos financeiros do Estado moderno são limitados e seu governante não pode gastá-los de forma descontrolada e desarrazoada. As finanças públicas são regidas por normas que prezam pela justiça na arrecadação, eficiência na aplicação, transparência nas informações e rigor no controle das contas públicas.

O Estado, assim como qualquer pessoa, precisa administrar seus gastos e saber se terá recursos financeiros suficientes para financiá-los, identificando a origem de suas receitas e toda a programação de despesas que irá realizar.

É comum, no dia a dia, os indivíduos elaborarem um orçamento pessoal, contemplando todas as suas receitas, em regra provenientes do salário, de rendimentos financeiros, de alugueres, de dividendos etc., para confrontá-las com as suas despesas ordinárias e extraordinárias, tais como habitação, saúde, vestuário, alimentação, educação, transporte, lazer, bens de consumo etc., visando a saber se com elas poderão arcar regularmente, e se ainda haverá alguma disponibilidade para investir ou economizar.

Por sua vez, as empresas recorrem à contabilidade empresarial, a fim de estimar seu faturamento, suas receitas operacionais e não operacionais, buscando programar as despesas fixas e variáveis, os investimentos e o pagamento de lucros aos sócios.

Portanto, o orçamento é um instrumento usual e necessário tanto na vida pessoal ou empresarial, como também para o Estado moderno, já que este já não pode arrecadar de maneira arbitrária e desmesurada ou gastar de forma ilimitada e desnecessária. Conhecer o montante de recursos de que dispõe o Estado e determinar sua destinação, de maneira equilibrada, transparente e justa, é a razão deste instituto.

Trata-se, portanto, o orçamento público de um instrumento de planejamento, gestão e controle financeiro fundamental no Estado Democrático de Direito que, no Direito Financeiro brasileiro de hoje, contempla a participação conjunta do Poder Executivo e do Legislativo, tanto na sua elaboração e aprovação, como também no controle da sua execução. Porém, mais do que um documento técnico, o orçamento público revela as políticas públicas adotadas pelo Estado ao procurar atender às necessidades e aos interesses da sociedade.

Capítulo 9
NOÇÕES GERAIS DO ORÇAMENTO PÚBLICO

Para o orçamento público ganhar a estrutura normativa que possui hoje em dia foi necessário um longo e complexo processo evolutivo. Primeiro, tivemos as regras para limitar a arrecadação desmedida e injusta de recursos financeiros pelos governantes em relação aos seus súditos. Depois, surgiram as normas que disciplinavam a aplicação desses recursos, procurando prestigiar as necessidades e o interesse público. Como consequência dessa evolução na área das finanças públicas, tornou-se necessária a criação de uma ferramenta que permitisse ao governante identificar o volume financeiro de recursos a ser arrecadado em certo período, a fim de poder determinar onde, como e quanto se poderia gastar.

Desenvolve-se, então, o orçamento público como instrumento de planejamento e gestão financeira do Estado moderno, que possibilita realizar a previsão das receitas e a fixação das despesas em um determinado período de tempo, controlando a sua execução periodicamente.

Além do aspecto técnico-financeiro, o viés político, econômico e jurídico do orçamento público expõe as pretensões de realização e as prioridades e programas de ação da administração pública perante a coletividade, conjugando as necessidades e os interesses dos três Poderes, seus órgãos, agentes e entidades, de maneira harmônica e interdependente.

9.1. HISTÓRIA DO ORÇAMENTO PÚBLICO

O surgimento do orçamento público, como instrumento de planejamento, autorização, gestão e controle dos gastos públicos ocorre a partir do desenvolvimento da ideia de que o patrimônio do Estado deveria ser distinto e autônomo em relação ao patrimônio do imperador, do rei ou do governante, isso aliado à necessidade de limitar e controlar a arrecadação e os gastos dos governos que ao longo dos tempos abusavam desse poder, pois sempre que precisavam de recursos, submetiam seus súditos a contribuições forçadas, muitas vezes para o pagamento de despesas supérfluas, desnecessárias ou extravagantes, que raramente traziam algum benefício para a coletividade.

Podemos dizer que não havia orçamento público na **Antiguidade Clássica**, época em que "os recursos do Estado romano confundiam-se com a fortuna particular do Imperador".[1] Naquele tempo, além da nefasta confusão patrimonial, a arrecadação de receitas e a aplicação dos recursos eram realizadas de maneira arbitrária pelos governantes, que priorizavam os gastos públicos com as suas próprias vontades, luxos e supérfluos, além de destinar grande parcela ao seu exército. Somente em último lugar de prioridades estavam as despesas para atender às necessidades públicas e, mesmo assim, realizadas de maneira incipiente. Demonstrar ao povo o que foi arrecadado e como foram aplicados os recursos, isso estava fora de questão.

---

[1] BUJANDA, Fernando Sainz de. *Hacienda y Derecho*. Madrid: Institutos de Estudios Políticos, 1962, v. I, p. 168.

Na **Idade Média** a situação era similar. As cobranças excessivas e os gastos desarrazoados dos governantes geravam constantes revoltas e descontentamento do povo. Entretanto, encontramos aqui o início do processo de controle da atividade financeira, ainda que voltado apenas para a arrecadação e não para a despesa. Assim foi que, em 1215, os barões ingleses impuseram ao rei João I da Inglaterra, mais conhecido como rei João Sem Terra,[2] um documento que limitava o exercício da sua soberania. Esse documento ficou conhecido como Magna Carta de 1215. Nela, havia um dispositivo que condicionava a arrecadação de tributos à aprovação por uma assembleia formada por nobreza e alto clero.[3]

Na **Era Moderna**, a ideia de limitação dos atos dos governantes se desenvolveu, especialmente, com o surgimento do constitucionalismo. A Declaração de Direitos da Inglaterra (*Bill of Rights*), aprovada em 1689, continha similar norma de submissão ao Parlamento para a criação de tributos. A revolução americana de 1776 e a revolução francesa de 1789 foram motivadas, dentre outras razões, pela cobrança de impostos abusivos e por gastos excessivos dos monarcas, influenciando sobremaneira os ordenamentos jurídicos subsequentes pela introdução de regras de controle para os governantes arrecadarem e gastarem os recursos públicos. Nesse sentido, leciona Aliomar Baleeiro que

> a lenta e secular evolução da democracia, desde a Idade Média até hoje, é marcada pela gradual conquista do direito de os contribuintes autorizarem a cobrança de impostos e do correlato direito de conhecimento de causa e escolha dos fins em que serão aplicados. Da Carta Magna e das revoluções britânicas do século XVII às revoluções americana e francesa do século XVIII, há uma longa e penosa luta para conquista desses direitos que assinalam a íntima coordenação de fenômenos financeiros e políticos.[4]

Explica Ricardo Lobo Torres que o **Estado Orçamentário** é

> a particular dimensão do Estado de Direito apoiada nas receitas, especialmente a tributária, como instrumento de realização das despesas. O Estado Orçamentário surge com o próprio Estado Moderno. Já na época da derrocada do feudalismo e na fase do Estado Patrimonial e Absolutista aparece a necessidade da periódica autorização para lançar tributos e efetuar gastos, primeiro na

---

[2] John Lackland, filho mais moço de Henrique II, recebeu esse nome em virtude de não haver sido contemplado, quando seu pai doou províncias continentais a seus irmãos mais velhos. Ao assumir o trono, João Sem Terra logo se demonstrou um déspota. Seus abusos e arbitrariedades chegaram a tal ponto que provocaram forte reação dos nobres e do clero, os quais, reunidos e apoiados por elementos burgueses, obrigaram-no a firmar um documento, no qual se comprometia a respeitar as liberdades fundamentais do reino.

[3] Magna Carta de 1215. Art. XII – "No scutage nor aid shall be imposed on our kingdom, unless by common counsel of our kingdom, except for ransoming our person, for making our eldest son a knight, and for once marrying our eldest daughter; and for these there shall not be levied more than a reasonable aid. In like manner it shall be done concerning aids from the city of London.
Art. XIV – To obtain the general consent of the realm for the assessment of an 'aid' – except in the three cases specified above – or a 'scutage', we will cause the archbishops, bishops, abbots, earls, and greater barons to be summoned individually by letter. To those who hold lands directly of us we will cause a general summons to be issued, through the sheriffs and other officials, to come together on a fixed day (of which at least forty days notice shall be given) and at a fixed place. In all letters of summons, the cause of the summons will be stated. When a summons has been issued, the business appointed for the day shall go forward in accordance with the resolution of those present, even if not all those who were summoned have appeared."

[4] BALEEIRO, Aliomar. *Uma Introdução à Ciência das Finanças*. 15. ed. Rio de Janeiro: Forense, 1997. p. 80.

Inglaterra e logo na França, Espanha e Portugal. Com o advento do liberalismo e das grandes revoluções é que se constitui plenamente o Estado Orçamentário (...), que procura através do orçamento fixar a receita tributária e patrimonial, redistribuir rendas, entregar prestações de educação, saúde, seguridade e transportes, promover o desenvolvimento econômico e equilibrar a economia (...).[5]

Como embrião do que hoje temos como orçamento público, relata-se que no ano de 1706 a Câmara dos Comuns da **Inglaterra** determinou, através da Resolução nº 66, que caberia ao Executivo a responsabilidade pelas finanças do governo, coordenando a proposta de receitas e de despesas, ficando a cargo do Parlamento aprová-la, inclusive exercendo o controle da execução orçamentária. E, no ano de 1787, foi aprovada a Lei do Fundo Consolidado (*Consolidated Fund Act*), que criava um fundo geral para registro e controle de todas as receitas e despesas inglesas. Mas somente em 1822 é que foi redigido formalmente o primeiro orçamento na Inglaterra.[6]

Aliás, a palavra inglesa "budget", que significa orçamento, tem origem na pitoresca história contada de que o Ministro da Fazenda da Inglaterra da época, toda vez que se dirigia ao parlamento para apresentar o orçamento, abria uma pasta de couro e dela o retirava. A denominação, em francês, para aquele acessório masculino era "bougette" (pequena maleta).

A Constituição dos **Estados Unidos** de 1776 já possuía um dispositivo de controle dos gastos públicos. No seu art. I, seção 9, existe a previsão de que "Dinheiro algum poderá ser retirado do Tesouro senão em consequência da dotação determinada em lei. Será publicado de tempos em tempos um balanço de receita e despesa públicas". E, no item 2 da seção 10 do mesmo art. I, está determinado que

> nenhum Estado poderá, sem o consentimento do Congresso, lançar impostos ou direitos sobre a importação ou a exportação, salvo os absolutamente necessários à execução de suas leis de inspeção; o produto líquido de todos os direitos ou impostos lançados por um Estado sobre a importação ou exportação pertencerá ao Tesouro dos Estados Unidos, e todas as leis dessa natureza ficarão sujeitas à revisão e controle do Congresso.

Em 1795, para dar efetividade aos dispositivos acima citados, instituiu-se o denominado Comitê de Recursos e Meios (*Committee of Ways and Means*), que iniciou suas atividades no Congresso americano em 1802. Em 1865 esse comitê foi desmembrado e passou a atuar juntamente com o Comitê de Dotações (*Appropriations Committee*). Porém, somente em 10 de junho de 1921 foi aprovada a Lei do Orçamento e Contabilidade (*Budget and Accounting Act*), que atribuía ao presidente a obrigação de enviar anualmente ao Congresso o planejamento orçamentário.

No **Brasil** do período colonial, não havia nenhum dispositivo formal sobre a necessidade da elaboração de um orçamento público pelos governos, cujas contas se submetiam aos desmandos da metrópole. A partir da Independência, as nossas Constituições passaram a contemplar normas orçamentárias, com uma alternância sobre a sua responsabilidade entre o Poder Executivo e o Legislativo, chegando-se, em certos momentos, a concentrar sua elaboração e aprovação nas mãos de um ou de outro.

---

[5] TORRES, Ricardo Lobo. *Curso de Direito Financeiro e Tributário*. 18. ed. Rio de Janeiro: Renovar, 2011. p. 171-172.
[6] PIRES, José Santo Dal Bem; MOTTA, Walmir Francelino. A Evolução História do Orçamento Público e sua Importância para a Sociedade. *Revista Enfoque*: Reflexão Contábil nº 2, v. 25, maio/ago. 2006. p. 16-25.

Como bem relata Carlos Valder do Nascimento,

> da Constituição de 1824 até a presente data, o processo orçamentário foi se consolidando e se aperfeiçoando ao longo do tempo. Todas as Constituições durante esse período atribuíram grande importância ao orçamento, cumprindo destacar as seguintes fases de sua evolução: a) há exigência para que um Balanço geral seja encaminhado à Câmara com vistas à organização do orçamento geral; b) unificação das receitas e despesas mediante lei específica; c) criação do Tribunal de Contas da União – TCU; d) instituição do Código de Contabilidade Pública; e) reforma orçamentária permitindo, inclusive, o estorno de verbas; f) padronização dos orçamentos das pessoas de direito público; g) criação de Divisão de Orçamento do Departamento Administrativo do Serviço Público; h) divisão da receita ordinária e extraordinária e da despesa ordinária de capital; i) instituição de normas gerais de direito financeiro e tributário, com nova discriminação de renda.[7]

Na nossa **Constituição de 1824**, a elaboração do orçamento era de incumbência do Poder Executivo, e a sua aprovação dependia da análise da Assembleia-Geral (Câmara dos Deputados e Senado). No seu texto, o art. 172 dispunha que

> o Ministro de Estado da Fazenda, havendo recebido dos outros Ministros os orçamentos relativos às despesas das suas Repartições, apresentará na Câmara dos Deputados anualmente, logo que esta estiver reunida, um Balanço geral da receita e despesa do Tesouro Nacional do ano antecedente, e igualmente o orçamento geral de todas as despesas públicas do ano futuro, e da importância de todas as contribuições, e rendas públicas.

Aliomar Baleeiro relata que o primeiro orçamento brasileiro foi votado para o exercício de 1831-1832.[8]

Alteração relevante veio no texto da **Constituição de 1891**, que passou a atribuir ao Poder Legislativo a competência orçamentária. No seu art. 34 havia a seguinte previsão: "Compete privativamente ao Congresso Nacional orçar a receita, fixar a despesa federal anualmente e tomar as contas da receita e despesa de cada exercício financeiro". A partir dessa Carta, promulgou-se em 1922, pelo Decreto nº 4.536, o Código de Contabilidade da União, que trazia as normas gerais sobre as receitas, despesas, balanços e orçamento.

Por sua vez, a **Constituição de 1934** devolveu ao Poder Executivo o poder de elaborar o orçamento, cabendo ao Poder Legislativo aprová-lo. Assim, dispôs no seu art. 39 que

> compete privativamente ao Poder Legislativo, com a sanção do Presidente da República: (...) votar anualmente o orçamento da receita e da despesa, e no início de cada Legislatura, a lei de fixação das Forças Armadas da União, a qual nesse período somente poderá ser modificada por iniciativa do Presidente da República.

E no § 1º do art. 50 fixava que "o Presidente da República enviará à Câmara dos Deputados, dentro do primeiro mês da sessão legislativa ordinária, a proposta de orçamento".

No Estado Novo, regime autoritário vivido pelo Brasil, a **Constituição de 1937** tratou da matéria em seis artigos específicos. Concentrou no Poder Executivo a elaboração do orçamento, criando para tal fim o denominado Departamento Administrativo, que funcionaria junto à Presidência da República (art. 67), e a Câmara dos Deputados e o Conselho Federal

---

[7] NASCIMENTO, Carlos Valder do. *Curso de Direito Financeiro*. Rio de Janeiro: Forense, 1999. p. 64-65.
[8] BALEEIRO, Aliomar. Op. cit. p. 403.

(casas do Poder Legislativo) teriam a função de votar o orçamento proposto (art. 71). Entretanto, como sabemos, durante esse período, nenhuma das casas legislativas chegou a ser efetivamente instalada após o fechamento do Congresso e, na prática, o orçamento público federal ficou sob o inteiro domínio do Poder Executivo, que legislava por decretos-leis.

Com a volta da democracia ao Brasil na República Nova, a **Constituição de 1946** manteve a regra de atribuir ao Poder Executivo a obrigação de elaborar o orçamento, e ao Poder Legislativo caberia aprová-lo. Sob sua égide, tivemos a criação da Lei nº 4.320/1964, norma geral orçamentária e um dos principais institutos jurídicos do Direito Financeiro de hoje. Outrossim, nesse período é criada a Comissão Nacional de Planejamento (Decreto nº 51.152/1961), para atender aos ditames da Constituição "planejamentista", assim apelidada por prever a criação de planos setoriais e regionais (plano nacional do carvão; plano de colonização; plano de defesa contra a seca; plano de aproveitamento do Rio São Francisco etc.), com importantes reflexos no orçamento.

No período do regime militar voltou-se a concentrar excessivamente o orçamento nas mãos do Poder Executivo, reduzindo-se o papel do Poder Legislativo. A **Constituição de 1967**, além de restringir as prerrogativas do Poder Legislativo no tocante a emendas ao orçamento decorrentes de aumento de despesas (§ 1º, art. 65), excluiu da peça encaminhada às Casas Legislativas parcelas referentes ao orçamento monetário e das empresas públicas estatais, reduzindo enormemente o volume de recursos financeiros a serem votados pelo Congresso. Por outro lado, durante esse período criaram-se importantes estruturas governamentais na área financeira e orçamentária. O Decreto-Lei nº 200/1967 criou o Ministério do Planejamento e Coordenação Geral, com a competência de elaborar a programação orçamentária e a proposta orçamentária anual. E, sob este ministério, foi instituída a Subsecretaria de Orçamento e Finanças, que hoje é a Secretaria de Orçamento Federal (SOF), com a atribuição de órgão central do sistema orçamentário.

Finalmente, trazendo mudanças substanciais ao orçamento público brasileiro, a **Constituição Federal de 1988**, dotada de capítulo próprio para as finanças públicas, contempla uma seção exclusiva para o orçamento (arts. 165 ao 169). Verificamos, dentre as suas diversas inovações, uma que merece destaque: a democratização das políticas públicas, com o reforço da atuação do Poder Legislativo, não apenas pela devolução e ampliação de suas prerrogativas e pelo equilíbrio de sua atuação com o Poder Executivo, mas, especialmente, devido à criação de instrumentos normativos de planejamento orçamentário integrados, constituídos pelas leis do plano plurianual, de diretrizes orçamentárias e dos orçamentos anuais. Outrossim, sob sua égide, e atendendo às suas normas, é editada a Lei de Responsabilidade Fiscal (LC nº 101/2000), para garantir maior transparência, eficiência e controle aos gastos públicos.

9.2. ORÇAMENTO PÚBLICO NO BRASIL APÓS A CONSTITUIÇÃO FEDERAL DE 1988

Importantíssimas mudanças ocorreram no orçamento público brasileiro com a promulgação da Constituição Federal de 1988. Além da criação da nova estrutura das peças orçamentárias – plano plurianual, diretrizes orçamentárias e orçamento fiscal, da seguridade e de investimentos –, a participação do Poder Legislativo passou a ser determinante, garantindo efetividade ao processo democrático nas finanças públicas brasileiras.

Sob a égide da Constituição anterior, competia ao Poder Executivo elaborar o Orçamento Plurianual de Investimentos – OPI, o Orçamento Fiscal da União, o Orçamento das Empresas Estatais (Orçamento Sest) e o Orçamento Monetário. Destes, apenas os dois primeiros eram submetidos ao Legislativo, sendo que àquele Poder cabia, apenas, votá-los, uma vez que não lhe era permitido propor alterações nas despesas (nem em relação ao valor, nem quanto à espécie). Ademais, figuravam em plano paralelo àquelas peças orçamentárias os conhecidos PNDs – Plano Nacional de Desenvolvimento, que apresentavam diretrizes gerais para o desenvolvimento nacional, definindo objetivos e políticas globais, setoriais e regionais.[9]

Os Orçamentos Plurianuais de Investimentos (OPI) tinham abrangência para um triênio e tratavam exclusivamente das despesas de capital. Seguiam as diretrizes previstas no PND e eram submetidos ao Poder Legislativo para exame e votação, sem, contudo, poder este apresentar qualquer proposta de alteração. O Orçamento Fiscal da União estabelecia a programação da Administração Direta e Indireta; porém, era dotado de reduzida representatividade financeira diante do processo de esvaziamento dos ministérios em favor das empresas estatais ocorrido ao longo das décadas de 1970 e 1980. O Orçamento Sest das empresas estatais abrangia as empresas públicas (que estavam em franca expansão), sociedades de economia mista, suas subsidiárias, autarquias e fundações. Era elaborado pela então Secretaria de Controle das Estatais e aprovado pelo Presidente da República, não tendo, portanto, qualquer participação do Legislativo. Finalmente, o Orçamento Monetário, disciplinado pela Lei nº 4.595/1964, era de competência do Banco Central e aprovado pelo Conselho Monetário Nacional. Essa peça dispunha sobre a programação da política monetária e cambial brasileira.

Com a Constituição Federal de 1988, o Orçamento Plurianual dá lugar ao Plano Plurianual, que estabelece, de forma regionalizada, as diretrizes, os objetivos e as metas da Administração Pública para as despesas de capital e outras delas decorrentes e para as relativas aos programas de duração continuada. Introduz-se ao sistema orçamentário brasileiro uma peça nova que até então não existia: a Lei de Diretrizes Orçamentárias, cujo objetivo é estabelecer as metas e prioridades da administração pública federal; fixar as diretrizes de política fiscal e respectivas metas em consonância com trajetória sustentável da dívida pública; orientar a elaboração da lei orçamentária anual; dispor sobre as alterações na legislação tributária; e estabelecer a política de aplicação das agências financeiras oficiais de fomento. Por sua vez, o Orçamento Fiscal e o Orçamento Sest do regime constitucional anterior são substituídos pelo Orçamento Anual, que passa a conter três peças individuais, porém, integradas entre si: I – o orçamento fiscal, referente aos Poderes da União, seus fundos, órgãos e entidades da administração direta e indireta, inclusive fundações instituídas e mantidas pelo Poder Público; II – o orçamento de investimento das empresas em que a União, direta ou indiretamente, detenha a maioria do capital social com direito a voto; III – o orçamento da seguridade social, abrangendo todas as entidades e órgãos a ela vinculados, da administração direta ou indireta, bem como os fundos e fundações instituídos e mantidos pelo Poder Público. Finalmente, o Orçamento Monetário perde seu papel destacado na política fiscal brasileira, deixando de existir como peça autônoma.

Assim, percebemos que as peças orçamentárias brasileiras existentes antes da Constituição Federal de 1988 possuíam alguns traços de semelhança com nossas atuais leis orçamentárias, porém se distanciavam destas especialmente nas questões relativas à participação do Poder Legislativo, em relação à transparência, à integração entre planejamento e execução e quanto à noção de equilíbrio fiscal.

---

[9] CRUZ, Flávio. Comentários sobre a Reforma Orçamentária de 1988. *Revista de Contabilidade "Vista & Revista"*, v. 4, nº 1, fevereiro 1992. p. 16-22.

9.3. CONCEITO DE ORÇAMENTO PÚBLICO

Conceitua-se orçamento público como sendo o **instrumento de planejamento, gestão e controle financeiro** do Estado, que permite estabelecer a previsão das suas receitas e a fixação das suas despesas para um determinado período de tempo, de maneira transparente, equilibrada e eficiente.

Clássica conceituação dada ao instituto é a de Aliomar Baleeiro,[10] para quem o orçamento público é

> o ato pelo qual o Poder Executivo prevê e o Poder Legislativo autoriza, por certo período de tempo, a execução das despesas destinadas ao funcionamento dos serviços públicos e outros fins adotados pela política econômica ou geral do país, assim como a arrecadação das receitas já criadas em lei.

Para Héctor Villegas,[11] o orçamento público é "um ato de governo, mediante o qual se preveem os ingressos e os gastos estatais e se autorizam estes últimos para um determinado período futuro, que geralmente é de um ano".

Por sua vez, a Secretaria de Orçamento Federal concebeu a missão do orçamento público como sendo a de "racionalizar o processo de alocação de recursos, zelando pelo equilíbrio das contas públicas, com foco em resultados para a Sociedade". É no Orçamento que o cidadão identifica a destinação dos recursos que o Estado arrecada, sendo que nenhuma despesa pública poderá ser realizada sem estar fixada no Orçamento.

Porém, mais do que um ato ou uma peça meramente contábil, utilizada para identificar os recursos financeiros a serem arrecadados e programar as despesas a serem realizadas, o orçamento público é um documento que possui um aspecto político, uma vez que concretiza e revela as pretensões de realização e as prioridades e programas de ação da Administração Pública perante a sociedade, conjugando as necessidades e os interesses dos três Poderes, seus órgãos e entidades e seu funcionamento harmônico e interdependente.

Nesse sentido, interessante trazer à cola a memorável mensagem do presidente dos EUA Franklin Delano Roosevelt, feita ao Congresso americano em 1942: "O Orçamento dos Estados Unidos representa nosso programa nacional. Ele é uma previsão de nosso plano de trabalho, uma antecipação do futuro. Ele traça o curso da nação".

Nesse diapasão, segundo Affonso Almiro,[12]

> caracteriza-se, assim, o orçamento, como um plano governamental, como um programa de administração que se renova, que se atualiza, cada ano, e que envolve os interesses de todos os contribuintes, de todas as classes, de todos os setores de produção, de toda a nação, enfim, sendo, por isso mesmo, um ato político por excelência.

Alberto Deodato conceitua orçamento por esse aspecto político e não estritamente técnico, ao dizer que "o orçamento é, na sua mais exata expressão, o quadro orgânico da Economia Política. É o espelho da vida do Estado e, pelas cifras, se conhecem os detalhes de seu progresso, da sua cultura e da sua civilização".[13] Igual alerta fez o italiano Gustavo Ingrosso,

---

[10] BALEEIRO, Aliomar. Op. cit. p. 387.
[11] VILLEGAS, Héctor B. Op. cit. p. 125.
[12] ALMIRO, Affonso. *Questões de Técnica e de Direito Financeiro*. Rio de Janeiro: Edições Financeiras, 1957. p. 113-114.
[13] DEODATO, Alberto. *Manual de Ciência das Finanças*. 10. ed. São Paulo: Saraiva, 1967. p. 316.

afirmando que "o Orçamento Público não pode ser reduzido às modestas proporções de um plano contábil ou de simples ato administrativo. Em vez disso, ele é o maior trabalho da função legislativa para os fins do ordenamento jurídico e da atividade funcional do Estado".[14]

Segundo José Marcos Domingues de Oliveira, "a peça fundamental da democracia financeira é a lei orçamentária anual, a verdadeira costura que, demonstrando a necessária conexão entre receita e despesa, determina à Administração a realização das Políticas públicas aprovadas pelo Legislativo a partir de proposta partilhada com o Executivo".[15]

Para Rodrigo Luís Kanayama,[16] o orçamento público na contemporaneidade serve para muito mais do que somente prever receitas e fixar despesas. Serve como sustentáculo do planejamento do Estado. Nas suas palavras, possui as seguintes finalidades:

> (a) planejamento e programação (plano de governo): o orçamento público funciona como um plano para ordenar e coordenar o funcionamento estatal, direcionando e dando previsibilidade às ações governamentais;
>
> (b) instrumento de participação democrática nas decisões de governo: por propiciar previsibilidade, o particular detém condições de tomar decisões, além de o orçamento público permitir, devido à transparência, controle e acompanhamento das contas públicas;
>
> (c) ordenação e coordenação dos meios (receitas e despesas): expõe, de forma organizada, as receitas e despesas;
>
> (d) instrumento hábil para influir na economia e na sociedade: hodiernamente, as finanças são funcionais, não mais neutras. Produzem efeitos – extrafiscalidade – sociais e econômicos. As finanças funcionais vêm substituir a ideia clássica de orçamento. Influenciam a economia e desconsideram o equilíbrio anual, mas buscam o equilíbrio como um todo.
>
> (e) permite o controle e a fiscalização no uso dos recursos: *accountability* é indispensável para o bom andamento da administração pública. O orçamento público serve de fundamento ao controle a ser exercido pelos órgãos de controle interno, externo e pela sociedade.

Trata-se, portanto, de um documento de conteúdo econômico, político e jurídico – elaborado segundo as normas do Direito Financeiro e conforme as técnicas contábeis e financeiras – que se materializa em uma lei originária do Poder Executivo, analisada, votada e aprovada regularmente pelo Poder legiferante.

9.4. ASPECTOS DO ORÇAMENTO PÚBLICO

O orçamento público não pode ser considerado apenas pelo seu aspecto contábil, ao se materializar em um documento de conteúdo financeiro. Ele contempla outras características que revelam aspectos importantes para a Administração Pública e para a sociedade.

Assim, podemos dizer que o orçamento público é dotado de um aspecto **político**, por expor as políticas públicas estatais que envolvem, sobretudo, decisões de interesse coletivo, contemplando as pretensões e as necessidades de cada um dos três Poderes, seus órgãos e

---

[14] INGROSSO, Gustavo. *Istituzioni di Diritto Finanziario*, 3 v. 1935, apud DEODATO, Alberto. *Manual de Ciência das Finanças*. 10. ed. São Paulo: Saraiva, 1967. p. 316.

[15] OLIVEIRA, José Marcos Domingues de. O Desvio de Finalidade das Contribuições e o seu Controle Tributário e Orçamentário no Direito Brasileiro. *In:* OLIVEIRA, José Marcos Domingues de (Coord.). *Direito Tributário e Políticas Públicas*. São Paulo: MP, 2008. p. 300.

[16] KANAYAMA, Rodrigo Luís. *Orçamento Público*: Execução da despesa pública, transparência e responsabilidade fiscal. Rio de Janeiro: Lumen Juris, 2016. p. 15-16.

entidades, que participam ativamente na sua elaboração, aprovação e controle. Esse equilíbrio entre os interesses de cada um dos Poderes revela a necessidade de um jogo político, que, nas palavras de Theotônio Monteiro de Barros Filho, representa "o jogo de harmonia e interdependência dos Poderes, especialmente nos regimes presidenciais".

Como no Brasil sua elaboração é de competência originária do Poder Executivo e sua aprovação é de atribuição do Poder Legislativo, estes Poderes independentes deverão deixar de lado suas tendências ideológicas e unir esforços para obter um documento de interesse comum, que reflita as prioridades constitucionais conjugadas com as necessidades da sociedade.

Há, também, um aspecto **econômico**, uma vez que o orçamento demonstra a dimensão financeira das atividades do Estado, ao englobar todas as receitas e despesas públicas. O orçamento poderá, de acordo com a política orçamentária de cada governo e em certo momento, ser superavitário ou deficitário, sendo certo que hoje em dia a maior parte das nações democráticas busca ter um orçamento equilibrado.

Possui, ainda, um aspecto **técnico**, por ser elaborado e se concretizar através das normas da Contabilidade Pública e do Direito Financeiro. Apesar de seguir regras rígidas contábeis, e muitas vezes complexas para a sua elaboração, o orçamento público deve permitir a fácil compreensão para o cidadão, que tem direto interesse na compreensão da política orçamentária implementada.

Finalmente, revela um aspecto **jurídico**, por se materializar através de três leis: a lei orçamentária anual, a lei de diretrizes orçamentárias e a lei do plano plurianual. No Brasil, a iniciativa do orçamento é do Poder Executivo, cabendo ao Poder Legislativo votá-lo e aprová-lo como lei ordinária e, posteriormente, controlar sua execução.

9.5. ESPÉCIES DE ORÇAMENTO PÚBLICO

O orçamento público pode contemplar diversas espécies, através das quais identificamos certas características comuns e preponderantes que se destacam, permitindo classificá-las em grupos. Assim, podemos classificar as **espécies** de orçamento da seguinte maneira: a) *pela forma de elaboração*: orçamento legislativo, executivo ou misto; b) *pelos objetivos ou pretensões*: orçamento clássico ou programa; c) *pela vinculação do conteúdo*: orçamento impositivo ou autorizativo; d) *pela forma de materialização*: lei do plano plurianual, lei de diretrizes orçamentárias e lei orçamentária anual; e) *pelo conteúdo*: orçamento fiscal, de investimento e de seguridade social.

Quanto à *forma de elaboração* do orçamento temos: a) o **orçamento legislativo**, considerado como aquele cuja elaboração, votação e aprovação são de competência exclusiva do poder legiferante, restando ao Poder Executivo apenas a atribuição de execução. Trata-se de mecanismo típico dos países que adotam o parlamentarismo como sistema de governo; b) o **orçamento executivo** é aquele cuja elaboração, aprovação e execução estão concentradas somente nas mãos do Poder Executivo, não havendo concurso entre os Poderes sobre a matéria. É utilizado pelos governos autoritários, comumente encontrado nos países não democráticos; c) o **orçamento misto** é aquele em que o Poder Executivo tem a atribuição de elaborá-lo e executá-lo, condicionando-se à sua aprovação e controle pelo Poder Legislativo. Este é o modelo adotado pelo Brasil.

Já quanto aos *objetivos* ou *pretensões* do orçamento público, temos: a) o **orçamento clássico** é caracterizado por ser uma peça meramente contábil, em que há apenas a previsão de receitas e a fixação de despesas, sendo desprovido de planejamento para as ações e os programas governamentais, não constando os objetivos e as metas a serem atingidas;

b) o **orçamento programa** contempla, além das informações financeiras sobre as receitas e despesas, os programas de ação do Estado, pela identificação dos projetos, planos, objetivos e metas. Este modelo é adotado pelo Brasil, conforme sistematização prevista no art. 165 da Constituição Federal de 1988, na Lei nº 4.320/1964 e na Lei Complementar nº 101/2000 (LRF).

Quanto à *execução do conteúdo* do orçamento público, temos: a) o **orçamento impositivo**, que impõe ao Poder Público a obrigação de realizar todos os programas e as despesas previstas no seu texto, criando direitos subjetivos para o cidadão e deveres para o Estado; b) o **orçamento autorizativo** é a peça que contém a previsão de receitas e a mera autorização das despesas, estando o Poder Público autorizado a executá-las, sem a obrigação do seu cumprimento na integralidade, ficando a cargo do gestor público a avaliação do interesse e da conveniência.

Esta última espécie foi, por muito tempo, considerada pela doutrina e pela jurisprudência como adotada no Brasil. Mas, atualmente, entendemos que o orçamento público brasileiro ganhou inequivocamente um perfil impositivo, salvo em situações específicas constitucionalmente previstas. Tal feição decorre, principalmente, da regra geral contida no art. 165, § 10, da Constituição (incluído pela EC nº 100/2019), que estabelece o dever de a Administração cumprir as programações orçamentárias, adotando-se os meios e as medidas necessários para garantir a efetiva entrega de bens e serviços à sociedade (ainda que sejam admitidas exceções, sobretudo as de natureza legal, técnica ou financeira). Para tanto, a EC nº 102/2019 introduziu o novo § 11 ao art. 165, para disciplinar a impositividade orçamentária nos termos da lei de diretrizes orçamentárias (LDO), condicionando que esta: I – subordina-se ao cumprimento de dispositivos constitucionais e legais que estabeleçam metas fiscais ou limites de despesas e não impede o cancelamento necessário à abertura de créditos adicionais; II – não se aplica nos casos de impedimentos de ordem técnica devidamente justificados; III – aplica-se exclusivamente às despesas primárias discricionárias. Já o novo § 13 do art. 165 ressalva que a regra aplica-se exclusivamente aos orçamentos fiscal e da seguridade social da União (e não ao orçamento de investimento das empresas de que seja controladora).

Por sua vez, em relação à *forma de materialização* do orçamento público, que extraímos do art. 165 da Constituição Federal de 1988, temos: a) a **Lei do Plano Plurianual**, que estabelece, de forma regionalizada, as diretrizes, objetivos e metas da Administração Pública para as despesas de capital e outras delas decorrentes e para as relativas aos programas de duração continuada; b) a **Lei de Diretrizes Orçamentárias**, que compreende as metas e prioridades da administração pública, estabelece as diretrizes de política fiscal e respectivas metas com sustentabilidade da dívida pública, orienta a elaboração da lei orçamentária anual, dispõe sobre as alterações na legislação tributária e define a política de aplicação das agências financeiras oficiais de fomento; c) a **Lei Orçamentária Anual**, que contempla o orçamento fiscal, de investimentos e de seguridade social.

Finalmente, em relação ao *conteúdo* das leis orçamentárias, temos: 1) para a **Lei Orçamentária Anual**: a) o **orçamento fiscal**, que contém todas as receitas e despesas referentes aos três Poderes, seus fundos, órgãos e entidades da administração direta e indireta, inclusive fundações instituídas e mantidas pelo Poder Público; b) o **orçamento de investimento**, que se refere às empresas em que o Estado, direta ou indiretamente, detenha a maioria do capital social com direito a voto; c) o **orçamento da seguridade social**, que abrange todas as entidades e órgãos a ela vinculados, da administração direta ou indireta, bem como os fundos e fundações instituídos e mantidos pelo Poder Público; 2) para a **Lei de Diretrizes Orçamentá**rias: a) metas e prioridades da Administração Pública federal; b) diretrizes de política fiscal e respectivas metas, em consonância com trajetória de sustentabilidade da dívida pública; c) orientação para a elaboração da lei orçamentária anual; d) alterações na legislação tributária; e) política de aplicação das agências financeiras oficiais de fomento; 3) para o **Plano Plurianual**: as diretrizes, objetivos e metas da Administração Pública federal para as despesas de capital e outras delas decorrentes e para as relativas aos programas de duração continuada.

9.6. NATUREZA JURÍDICA DO ORÇAMENTO PÚBLICO

O debate sobre a natureza jurídica do orçamento público ainda ostenta certa controvérsia. Há entendimentos de que o orçamento público seria uma *lei formal*. Para outros seria uma *lei material*. Há quem afirme tratar-se de uma *lei especial*. Temos, também, os entendimentos de que se trata de um mero *ato administrativo*. Finalmente, encontramos as manifestações intermediárias, que englobam aspectos dos vários entendimentos distintos, atribuindo-se ao orçamento público uma *natureza mista*, de lei formal externamente e de ato administrativo no seu conteúdo.[17]

Como sabemos, o orçamento é de iniciativa do Poder Executivo, com a participação dos demais poderes.[18] Uma vez elaborado, este documento é encaminhado ao Poder Legislativo para votação e aprovação como lei, seguindo o rito legislativo similar ao das demais leis.

Assim, o orçamento público aproxima-se da espécie comum de lei ordinária, pois este documento nasce a partir de um projeto de lei, pode sofrer emendas, recebe parecer da comissão orçamentária, é votado e aprovado com o *quorum* regular de lei ordinária e, ao final, é sancionado e publicado.

Por outro lado, o orçamento público distancia-se das leis genéricas ao receber um tratamento específico na sua forma e no seu conteúdo, sendo por alguns autores denominado "lei especial". Há vários argumentos nessa linha de pensamento. Primeiro, o projeto orçamentário possui prazo próprio para ser encaminhado pelo Poder Executivo ao Poder Legislativo (§ 2º, art. 35, ADCT). Segundo, seu conteúdo é limitado a dispor sobre receitas e despesas, vedando-se dispositivos estranhos (§ 8º, art. 165, CF/1988). Terceiro, o orçamento não poder ser objeto de Lei Delegada nem de Medida Provisória, exceto para abertura de créditos extraordinários (§ 1º, art. 62, CF/1988). Quarto, a possibilidade de o orçamento sofrer emendas é limitada às condições previstas na Constituição (§ 3º, art. 166, CF/1988). Quinto, seu prazo é determinado, que é, em regra, de um ano, exaurindo-se com o seu decurso e sem a necessidade de revogação expressa. Diante dessas características específicas, Regis Fernandes de Oliveira afirma: "Vê-se, pois, que não é uma lei comum. É uma lei diferente".[19]

De qualquer forma, o orçamento público se materializa como uma **lei ordinária**. Entretanto, a controvérsia surge no momento da identificação da natureza dessa lei, se formal ou material.

Essa discussão não é meramente teórica. Possui efeitos pragmáticos. A importância de se definir corretamente sua natureza está nos reflexos dali decorrentes, que influenciam duas

---

[17] Sobre esse tema, recomendamos a leitura do texto "O Desvio de Finalidade das Contribuições e o seu Controle Tributário e Orçamentário no Direito Brasileiro" de autoria de José Marcos Domingues de Oliveira. *In*: OLIVEIRA, José Marcos Domingues de (Coord.). *Direito Tributário e Políticas Públicas*. São Paulo: MP, 2008. p. 300.

[18] Registre-se que o Poder Judiciário não participa diretamente nesse processo de elaboração das leis orçamentárias, senão ao enviar o seu próprio orçamento para integrar a LOA, ou ao apreciar sua constitucionalidade por meio do controle abstrato.

[19] OLIVEIRA, Regis Fernandes. *Curso de Direito Financeiro*. São Paulo: Revista dos Tribunais, 2006. p. 310.

relevantes questões, a saber: a) a obrigatoriedade ou não do cumprimento dos programas e a realização das despesas nele previstas pelo Poder Executivo; b) o surgimento ou não de direitos subjetivos para o cidadão, a ensejar a judicialização, não apenas dos programas e despesas previstas na lei orçamentária, mas também dos direitos fundamentais e dos direitos sociais constitucionalmente garantidos; c) possibilidade de sua submissão ao controle concentrado de constitucionalidade.

Como antecipamos, existem diversas correntes a respeito da matéria. Antes de analisá-las, devemos chamar a atenção do leitor ao fato de que grande parte dos teóricos clássicos que trataram desse tema o fizeram segundo as características do seu próprio ordenamento jurídico, razão pela qual é necessário compreender a lógica das suas razões, conforme o que estabelecia o ordenamento jurídico por eles estudado e, posteriormente, analisar suas conclusões à luz do Direito brasileiro. Nessa esteira, sob o foco das receitas, em alguns casos estudados havia a imposição do princípio da anualidade tributária como condição para a cobrança de tributos, o que ensejaria sua consideração como lei material por influenciar diretamente a arrecadação. Porém, se não houvesse a imposição do princípio da anualidade, estar-se-ia diante de uma lei formal, com conteúdo de mero ato administrativo. Já pelo lado da despesa, se a sua realização dependesse de simples autorização orçamentária, seria o orçamento público um ato-condição, revestido de lei formal. Ao passo que, se a realização das despesas públicas fosse vinculada aos termos estabelecidos no orçamento, este seria considerado uma lei material.

Tentaremos, agora, sintetizar as posições dos principiais autores estrangeiros que analisaram o tema. Para o alemão Paul Laband, nem a previsão orçamentária, nem o controle de contas realizadas tem que ver com legislação. Segundo ele, estas pertencem unicamente à Administração, e a função do legislador na aprovação do orçamento seria uma forma de participação popular na Administração e de controle mais amplo desta. No seu entendimento, o orçamento seria um mero plano de gestão, pois não possui nenhuma regra jurídica, ordem ou proibição. Nas suas palavras, o orçamento "não contém nada mais do que cifras". O jurista argentino Giuliani Fonrouge[20] entende que o orçamento é um ato de transcendência que regula a vida econômica e social do país, com significação jurídica e não meramente contábil, sendo uma manifestação integral da legislação, de caráter único em sua constituição, fonte de direitos e obrigações para a Administração e produtor de efeitos com relação aos particulares. Afirma o italiano Gustavo Ingrosso[21] que o orçamento público "*é uma lei de organização, a maior lei entre as leis de organização*". Para o francês Léon Duguit, o orçamento não pode ser considerado um ato único, devendo ser separada a parte correspondente aos gastos da parte referente às receitas. Para este autor, quanto aos gastos, o orçamento nunca será uma lei, mas sim ato administrativo; e quanto às receitas, onde não existir a regra da anualidade dos tributos, não será lei em sentido material por não criar direitos nem obrigações, sendo mera operação administrativa. Por sua vez, Gaston Jèze afirma que "o orçamento jamais será uma lei propriamente dita". Este outro autor francês entende que se trata de uma mescla de atos jurídicos reunidos em um único documento, devendo ser separado em receitas e despesas, sendo que as receitas devem ser distinguidas entre as tributárias e as não tributárias. Pela sua teoria, na parte que diz respeito às receitas tributárias, onde houver a regra da anualidade, o orçamento será um ato-condição, mas nos regimes em que ela não estiver presente, o orça-

---

[20] FONROUGE, Carlos María Giuliani. *Derecho Financiero*. 3. ed. Buenos Aires: Depalma, 1976. p. 4.
[21] INGROSSO, Gustavo. *Istituzioni di Diritto Finanziario*. p. 56, apud FONROUGE, Carlos María Giuliani. *Derecho Financiero*. 3. ed. Buenos Aires: Depalma, 1976. p. 143.

mento não terá significação jurídica alguma. Já quanto às receitas não tributárias, o orçamento não contém significação jurídica. Quanto às despesas, o orçamento conteria autorizações para realizá-las, pelo que se trataria de um ato-condição.[22]

Ainda relatando a posição da doutrina estrangeira, destacamos o entendimento do argentino Héctor Villegas,[23] que afirma:

> em relação ao nosso país, concordamos com a corrente que atribui ao orçamento um caráter de lei formal. Com respeito aos recursos, o orçamento apenas os calcula, mas não os cria, já que estes estão estabelecidos em outras leis, com total independência da lei orçamentária. E quanto aos gastos, a lei do orçamento tampouco contém normas substanciais, pois se limita a autorizá-los, sem obrigar o poder executivo a realizá-los.

A doutrina brasileira tem a sua própria posição – embora tenha sido influenciada e construída a partir das considerações da doutrina estrangeira – que pode eventualmente variar se exposta antes ou depois da Constituição de 1988, em face da supressão do princípio da anualidade. Para Hely Lopes Meirelles[24] "não importa que, impropriamente, se apelide o orçamento anual de lei orçamentária ou de lei de meios, porque sempre lhe faltará a força normativa e criadora de lei propriamente dita". Alberto Deodato[25] traz em sua clássica obra a consideração de que

> os atos orçamentários não têm as condições de generalidade, constância ou permanência que dão cunho à verdadeira lei; não encerram declaração de direito; não são mais do que medidas administrativas tomadas com a intervenção do aparelho legislativo.

Segundo Ricardo Lobo Torres,[26] "a teoria de que o orçamento é lei formal, que apenas prevê as receitas públicas e autoriza os gastos, sem criar direitos subjetivos e sem modificar as leis tributárias e financeiras, é, a nosso ver, a que melhor se adapta ao direito constitucional brasileiro". Para Kiyoshi Harada,[27] "o orçamento é uma lei ânua, de efeito concreto, estimando as receitas e fixando as despesas, necessárias à execução da política governamental".

Dessas teorias, podemos extrair que aqueles que consideram o orçamento apenas como **lei formal** afirmam que seu conteúdo seria o de um **ato administrativo**, pois este apenas prevê as receitas e autoriza as despesas, realizando as funções de previsão e autorização exigidas para a realização da atividade da Administração Pública. Já os que entendem tratar-se o orçamento de uma **lei material** de conteúdo normativo afirmam que, uma vez aprovado, o orçamento traria para o Estado o dever de implementá-lo e, para o cidadão, o direito de exigir sua realização.

Em crítica à teoria do *orçamento como lei formal*, explica José Marcos Domingues de Oliveira que a tese do orçamento como mero *ato administrativo* de governo encontrou no Brasil terreno fértil – país de tradição autoritária –, sendo inicialmente concebida na Alemanha por Paul Laband, com finalidade de legitimar a superioridade do Executivo sobre o

---

[22] FONROUGE, Carlos María Giuliani. Op. cit. p. 136-138.
[23] VILLEGAS, Héctor B. Op. cit. p. 625.
[24] MEIRELLES, Hely Lopes. *Finanças Municipais*. São Paulo: Revista dos Tribunais, 1979. p. 160-161.
[25] DEODATO, Alberto. Op. cit. p. 317.
[26] TORRES, Ricardo Lobo. *Curso de Direito Financeiro e Tributário*, Op. cit. p. 177.
[27] HARADA, Kiyoshi. *Direito Financeiro e Tributário*. 9. ed. São Paulo: Atlas, 2002. p. 75.

Parlamento, cuja palavra seria apenas uma formalidade, e a ideia de que o descumprimento do orçamento não teria o caráter de infração jurídica. A teoria, com reservas e adaptações, foi recebida na França por Jèze, Duguit e Trotabas, que professavam a ideia de que o orçamento seria uma autorização legislativa, de natureza administrativa, como *ato-condição*. No entanto, conclui Domingues que

> passados mais de 200 anos de construção democrática dos dois lados do Atlântico, e alcançada democratização perene no Brasil, não se compreende bem a que serviria hoje a teoria do orçamento como lei formal, a não ser para, como na origem, servir para submeter os demais Poderes à preeminência desmedida do Executivo e para justificar a impune maquilagem orçamentária.[28]

De fato, concordamos com as críticas a este posicionamento que a doutrina tradicional brasileira adotou. Realmente tais premissas, que ainda hoje influenciam de alguma maneira a compreensão do contexto jurídico-orçamentário brasileiro, são originárias da dogmática "Labandiana"[29] de fins do século XIX, elaborada para validar juridicamente os ideais do princípio monárquico prussiano e garantir a soberania do monarca em detrimento do parlamento, dentro do contexto do impasse orçamentário prussiano ocorrido entre Parlamento e o Poder Executivo entre os anos de 1860-1866. Para contextualizarmos historicamente o conflito, já sob o comando do chanceler Otto von Bismarck, a Prússia se via às voltas com uma questão: a necessidade de profissionalizar o Exército e reestruturar o serviço militar, com isso aumentando os gastos com finalidade bélica. O Executivo, então, apresenta em 1860 um projeto de lei com essas alterações.[30] Ocorre que o Parlamento não aprovou tal projeto. Diante da negativa, o Executivo, embora tenha retirado o projeto do Parlamento, e mesmo sem a aprovação legislativa, iniciou a execução da reforma militar, ao arrepio da decisão parlamentar. Já em 1861, para levar adiante as alterações castrenses, o Executivo inseriu novamente no orçamento anual as dotações necessárias para tal atividade. O Parlamento recusa-se a aprovar de novo as rubricas do orçamento estatal que continham o aumento de gastos militares. Em 1862 o mesmo ocorre e os gastos militares são outra vez rechaçados pelo Parlamento.

Para solucionar a questão, Bismarck entra em cena e transfere o conflito do mundo jurídico para o mundo político, ao invocar o argumento de que, na presença de uma lacuna na Constituição para solver o embaraço entre Poderes, é impossível a qualquer Estado, sob pena de colapso total, paralisar integralmente as suas atividades essenciais, dentre elas a defesa nacional.

Ora, sem a aprovação de um orçamento, simplesmente não haveria como realizar gastos. Assim, a doutrina germânica, encabeçada nesse particular por Paul Laband, tenta resolver o impasse que ostentava potencial para paralisar as atividades estatais por completo, invocando-se o princípio monárquico (que garantia a preeminência do Poder Executivo, na figura do monarca) como grande diretriz reitora da resolução deste conflito, conjugado com a teoria dos poderes residuais do monarca.

Também subjaz a esta solução construída por Laband a questão de que, em verdade, natureza do orçamento seria a de um ato administrativo, isto é, uma função constitucional

---

[28] OLIVEIRA, José Marcos Domingues de. O Desvio de Finalidade das Contribuições e o seu Controle Tributário e Orçamentário no Direito Brasileiro. *In*: OLIVEIRA, José Marcos Domingues de (Coord.). *Direito Tributário e Políticas Públicas*. São Paulo: MP, 2008. p. 32.

[29] A referência feita aqui é a Paul Laband (1838-1918), jurista alemão que foi o principal artífice da teoria do orçamento como lei meramente formal, contendo em si um mero ato de autorização de gastos.

[30] DUARTE, Tiago. *A lei por detrás do orçamento*: a questão constitucional da lei do orçamento. Coimbra: Almedina, 2007. p. 40-41.

típica do Poder Executivo. A previsão de que deveria ser aprovado por lei ostentaria natureza meramente formal, a saber, aquela de uma chancela do Parlamento, a fim de que houvesse harmonia entre este e o monarca.

Acreditamos que situar historicamente o momento que viviam os Estados germânicos quando da elaboração da teoria labandiana tem o valor de nos indicar como uma construção teórica de século e meio, formulada a partir de bases constitucionais muito distintas daquelas plasmadas pela Constituição brasileira de 1988, não pode ter a pretensão de continuar sendo aplicada literalmente sem uma releitura dos pressupostos de que partiu. O binômio *lei formal-lei material* para a resolução do problema da natureza jurídica do orçamento não é uma distinção de lógica formal aplicável a todo e qualquer tempo, mas um construto jurídico que deita suas raízes nos problemas constitucionais alemães acima apresentados.

Portanto, nos resta indagar se uma distinção criada a partir do princípio monárquico, com prevalência do Poder Executivo e com viés autoritário, deveria ainda hoje servir de base para as discussões acerca do orçamento público.[31]

De tudo o visto, reconhecemos que a doutrina clássica brasileira, à luz do Direito Financeiro pátrio, que já não contempla o princípio da anualidade como condição para a arrecadação tributária e que exige a previsão orçamentária para a realização das despesas públicas, ainda entende tratar-se o orçamento público: a) *extrinsecamente*, de lei formal de natureza especial, já que este se constitui através de um processo legislativo típico; b) *intrinsecamente*, de ato administrativo, uma vez que o seu conteúdo é de ato concreto e específico, voltado para a realização das atividades da Administração Pública.

Não obstante, a doutrina mais moderna, à qual acompanhamos, e a atual jurisprudência brasileira – sobretudo do STF –, vêm caminhando no sentido de reconhecer ao orçamento público seu conteúdo material e conferir a força impositiva que lhe é inerente no Estado Democrático de Direito. Assim é que, no julgamento da ADI 5.468 (30/06/2016), restou consignado na respectiva ementa o seguinte trecho:

> O "controle material" de espécies legislativas orçamentárias corresponde a uma tendência recentemente intensificada na jurisdição constitucional do Supremo Tribunal Federal (STF), consoante se verifica do excerto extraído da ementa do acórdão da ADI 4.048/DF.

Com propriedade, afirma José Marcos Domingues de Oliveira que "é preciso superar a teoria do orçamento-lei-formal, que não se compadece com o atual estágio da democracia no mundo e no País".[32]

---

[31] Preciso o diagnóstico de Canotilho a esse respeito, formulando um questionamento similar ao nosso: "Acresce que, tornando-se hoje evidente a aceitação da historicidade e relatividade dos conceitos da dogmática jurídica, com a consequente diversidade de soluções das ordens jurídicas positivas, não raro se assiste à transferência de alguns 'dogmas' ou 'postulados' de certas estruturas constitucionais para constelações políticas substancialmente diferentes. A teoria da lei do orçamento é um exemplo do que se acabou de afirmar. Elaborada pela dogmática positivista alemã, tendo como pano de fundo as relações de tensão na monarquia dualista entre um governo que se pretendia com poderes originários, e um Parlamento que se arrogava da legitimidade democrática, ela foi transferida para horizontes político--constitucionais (como eram os parlamentares) que à partida se revelavam informados por princípios distintos dos da monarquia dualista" (CANOTILHO, J. J. Gomes. A lei do orçamento na teoria da lei. *Boletim da Faculdade de Direito* – Estudos em homenagem ao Prof. Dr. J. J. Teixeira Ribeiro. Coimbra: Universidade de Coimbra, 1979. p. 544-545).

[32] OLIVEIRA, José Marcos Domingues de. *O Desvio de Finalidade...*, Op. cit. p. 321.

9.7. ORÇAMENTO PÚBLICO NO DIREITO COMPARADO

O conhecimento de modelos jurídicos de outras nações e as experiências observadas em uma pluralidade de ordenamentos, juntamente com a utilização do Direito Comparado, são importantes ferramentas de enriquecimento e aperfeiçoamento para o direito pátrio, inclusive para o nosso Direito Financeiro. Mais do que mera fonte informativa, seja como ciência autônoma ou como método de comparação, tal como desenvolvido nas Escolas de *Saleilles* ou de *Lambert*, o Direito Comparado fornece a cientificidade na percepção das tendências e linhas gerais dos sistemas jurídicos vigentes no mundo, conduzindo uma investigação descritiva e comparativa sistematizadas e propiciando uma melhor compreensão do instituto analisado.

Por essas razões, procuramos neste capítulo[33] identificar e analisar brevemente as linhas gerais do orçamento público em diversos países, a saber: Alemanha, Argentina, Brasil, Canadá, Chile, Espanha, Estados Unidos, França, Itália, México, Nova Zelândia, Portugal e Reino Unido.

A **Alemanha** possui uma Constituição Financeira bem detalhada, além de um Código Orçamentário Federal e uma Lei de Princípios Orçamentários. Trata-se de um sistema financeiro dotado de regras e princípios orçamentários, tais como os princípios da legalidade e do equilíbrio orçamentários, da realidade e clareza do orçamento (princípio da transparência), do singular e completo orçamento (princípio da unidade), e também da regra geral de vedação ao aumento do endividamento público. A Federação alemã (equivalente ao *status* da União no Brasil), e os seus *Länders* (Estados-Membros) são investidos de autonomia para criar seus próprios orçamentos. Já os *Gemeiden* (Municípios) não possuem autonomia financeira nos moldes das municipalidades brasileiras. O Conselho de Planejamento Financeiro, órgão formado por ministros das finanças federal e dos estados realiza a coordenação intergovernamental na federação. O processo orçamentário alemão é misto, em que o Chanceler Federal (Poder Executivo) envia o projeto de orçamento às duas Casas do Parlamento, que, por meio do Comitê de Orçamento do Parlamento analisa-o e pode propor alterações. Aprovado o projeto, deve a lei ser chancelada pelo Ministro das Finanças e pelo Chanceler federal e, posteriormente, assinada pelo Presidente federal, para, finalmente, ser publicada no Diário Oficial alemão. O controle de execução do orçamento é feito por ambas as Casas Legislativas, juntamente com a Corte Federal de Auditoria e o Governo Federal.

Na **Argentina**, as normas orçamentárias encontram-se na Constituição, que veicula algumas regras específicas sobre o orçamento público, na Lei nº 24.156/1992 (*Ley de Administración Financiera y de los Sistemas de Control del Sector Público Nacional*), que **é a lei geral de finanças públicas** argentina, e na sua Lei de Responsabilidade Fiscal (Lei nº 25.917/2004). Possui princípios orçamentários como os da programação, da universalidade, da unidade, da exclusividade, da factibilidade, da clareza, da transparência, do equilíbrio fiscal, dentre outros. O Escritório Nacional do Orçamento (*Oficina Nacional de Presupuesto*), órgão da Secretaria de Fazenda do Ministério da Economia e Finanças Públicas é o responsável pela realização das atividades técnicas necessárias à elaboração do orçamento, tendo o seu encaminhamento pelo Poder Executivo ao Legislativo para análise, deliberação e aprovação. O orçamento argentino é considerado autorizativo, não obrigando o gestor público a efetivamente gastar tudo que lhe foi autorizado. O controle

---

[33] Capítulo elaborado a partir da obra *Orçamento Público no Direito Comparado*, de nossa coautoria e coorganização (ABRAHAM, Marcus; PEREIRA, Vítor Pimentel (Org.). *Orçamento Público no Direito Comparado*. São Paulo: Quartier Latin, 2015).

externo das finanças públicas é executado pelo Congresso Nacional, auxiliado por órgão autônomo e independente denominado Auditoria Geral da Nação.

O **Canadá** é uma federação na qual existe uma partilha de poderes importante entre as províncias e o governo federal, baseada em um sistema federal equilibrado. O Parlamento do Canadá (*Regulamentos da Câmara dos Comuns*), a Constituição e a *Lei de Administração e Finanças* estabelecem as funções diferentes de cada Poder e de cada Câmara Legislativa em relação ao orçamento e às finanças do país. Qualquer despesa ou arrecadação terá de ser apresentada pelo Executivo e aprovada pelo Legislativo para ser legalmente executada. Assim, o Executivo deve apresentar ao Parlamento um orçamento anual *(Budget)* e as previsões de despesas *(Estimates)*, sendo responsável pelo planejamento financeiro, com a obrigação de prestar contas ao Parlamento de sua gestão. A *Lei de Administração e Finanças* reitera a obrigação constitucional de receber autorização parlamentar para qualquer despesa e indica o Ministro das Finanças como responsável pela gestão da Tesouraria Pública (*Trésor Public*) ou Fundo de Receitas Consolidadas (*Consolidated Revenue Fund*), bem como estabelece o Conselho do Tesouro (*Treasury Board*). A *Lei Federal de Prestação de Contas* foi editada para aumentar a transparência, a supervisão e a prestação de contas (*accountability*). O Auditor-Geral realiza auditorias independentes sobre as demonstrações financeiras incluídas nas Contas Públicas do Canadá (*Public Accounts of Canada*) e presta contas somente ao Parlamento, que tem o direito de orientar essas auditorias de forma a garantir eficiência, economia e eficácia. Destaca-se no modelo financeiro canadense a chamada *perequação*, espécie de pagamento de equalização do Governo federal para algumas províncias em que se opera redistribuição de recursos para as províncias menos abastadas, na forma de um subsídio, de modo a igualar, entre as províncias, a oferta e qualidade de serviços públicos prestados.

O **Chile** é um Estado unitário, democrático, republicano e presidencialista, com preponderância do Executivo e reduzida participação do Legislativo no ciclo orçamentário, caracterizando, assim, a presença de um orçamento executivo. Seu ordenamento orçamentário é composto por duas leis: a Lei Orçamentária Anual e o Programa de Médio Prazo, e adota princípios como legalidade (impossibilidade de gasto de recurso público sem autorização prévia), equilíbrio orçamentário (os gastos devem corresponder aos ingressos públicos), preponderância do Executivo (iniciativa exclusiva do Presidente da República, tendo o Congresso Nacional pouca influência na matéria), anualidade (lei orçamentária tem duração de um ano), unidade (há um único orçamento para toda Administração Pública), universalidade (todos os ingressos e todos os gastos que o Estado efetiva devem repercutir no Orçamento), especialidade (é uma lei diferente das demais, tendo processo legislativo próprio, com prazos para apresentação e despacho, além de possibilidade de alterações pelo poder regulamentar) e transparência (prestação periódica de informações acerca da execução orçamentária pelo Executivo ao Congresso Nacional). O orçamento público chileno detém natureza de lei formal com conteúdo de ato administrativo, sendo considerado de índole executiva e meramente autorizativo, permitindo a realização das despesas públicas, sem, contudo, obrigar a Administração Pública a cumprir suas previsões. O principal órgão de controle externo específico, análogo ao Tribunal de Contas da União no Brasil, é a Controladoria-Geral da República.

A **Espanha** tem na sua Constituição normas gerais sobre o orçamento público e suas formas de aprovação, afirmando caber ao governo a elaboração do orçamento geral do Estado, o qual deve ser submetido ao Parlamento, para eventuais alterações e aprovação. O exercício do poder orçamentário, "*la Potestad Presupuestaria*", está previsto no texto constitucional. Por sua vez, a disciplina material dos orçamentos está contida na Lei Geral Orçamentária (Lei nº 47/2003), que estabelece diretrizes gerais para a elaboração das demais leis orçamentárias dos diversos entes que compõem o governo e estatutos das diversas regiões autônomas da

Espanha, além de enumerar expressamente uma série de princípios norteadores da atividade orçamentária espanhola, tais como o princípio da estabilidade orçamentária, da sustentabilidade financeira, da plurianualidade, da transparência, da eficiência na atribuição e utilização dos recursos públicos e da responsabilidade e lealdade institucional, tudo em conformidade com o disposto na Lei Orgânica nº 2/2012, denominada de Lei de Estabilidade Orçamentária e Sustentabilidade Financeira. Destaque-se que o orçamento espanhol é limitativo, ou seja, a administração não pode promover gastos além dos créditos concedidos e em desacordo com as finalidades previstas nas leis orçamentárias. A descentralização do gasto público é um dos marcos do orçamento espanhol. Por isso, existem três âmbitos da administração: a *administração central*, a *administração autônoma* e as *entidades locais*, havendo um compartilhamento de competências e de gastos públicos entre essas três administrações. Há um ente responsável por fiscalizar a atividade orçamentária espanhola denominada Autoridade Independente de Responsabilidade Fiscal.

Os **Estados Unidos** adotam o modelo misto de elaboração do orçamento público, caracterizado pela participação conjunta dos Poderes Legislativo e Executivo. Ao Presidente incumbe privativamente formular a proposta de orçamento público, que será discutida no Congresso. Após deliberado, edita-se a *"budget resolution"* – uma resolução conjunta com natureza de ato administrativo e sem força de lei –, cuja função é fixar as diretrizes orçamentárias e apresentar o montante global do orçamento federal, estabelecendo as suas metas e prioridades. Com base nela, apresentam-se os projetos de leis de dotações orçamentárias para o exercício fiscal – *"appropriation bills"* –, equivalentes à nossa lei orçamentária. Aprovadas pelo Congresso, se submetem à sanção do Presidente. Traço marcante do modelo norte-americano é o caráter impositivo do orçamento, sendo vedado recusar-se a realizar despesas previstas, pela proibição legal aos contingenciamentos de receitas públicas por parte do Executivo. O controle de toda a execução orçamentária é realizado pelo Congresso e pelo *"Government and Accountability Office"* – órgão auxiliar dirigido pelo Controlador-Geral, o qual detém função de destaque na fiscalização dos contingenciamentos levados a efeito pelo Executivo.

A **França** é um Estado unitário, porém descentralizado em coletividades territoriais dotadas de poder administrativo e não político. Possui uma Constituição sintética, havendo nela apenas uma determinação de que as leis de finanças deverão prever os recursos e as despesas estatais de acordo com o previsto numa lei orgânica (*loi organique*) relativa à organização dos poderes, cuja hierarquia é superior à das leis ordinárias. Essa lei é a *Loi organique relative aux lois de finances* – LOLF, cujo objeto é muito similar ao das brasileiras Lei nº 4.320/1964 e Lei de Responsabilidade Fiscal. Entretanto, na reforma constitucional de 2008, foi incluída no art. 34 da Lei Maior a previsão da *loi de programmation de finances publiques* (Lei de Programação das Finanças Públicas – LPFP), que tem por finalidade orientar o legislador e administrador francês na elaboração do orçamento anual considerando as finalidades atuais da União Europeia. Existem ainda outros dois tipos de lei financeiras no ordenamento jurídico francês: *loi de finances rectificative* e *loi de règlement*. O orçamento público francês é um orçamento-programa autorizativo, elaborado anualmente, seguindo os parâmetros dispostos na LOLF, e elaborado com base em cinco princípios: anualidade, universalidade, unidade, especialidade e o princípio da *sincerité*, consagrado pela LOLF. É um orçamento legislativo, baseado na premissa de que o povo, por meio de seus representantes no Parlamento, é quem possui legitimidade democrática para determinar quais são suas principais necessidades e o que deve ter prioridade na alocação de recursos públicos. O controle da execução orçamentária na França se dá por quatro formas: pela própria Administração; pela *Cour des comptes*; pela *Cour de discipline budgétaire et financière* (CDBF); e pelo Parlamento. A LOLF introduziu um novo conceito de gestão pública, substituindo o controle preventivo de conformidade efetuado pelos controladores financeiros por um controle *a posteriori* da eficácia da gestão da despesa pública. Finalmente, as coletividades locais possuem certa autonomia para elaborar seus orçamentos, porém são subordinadas às orientações do poder central, e recebem seus recursos por intermédio dos repasses que o Estado faz, podendo estes serem vinculados, não vinculados ou objeto da *péréquation* (redistribuição de recursos, seja das coletividades mais ricas para as mais pobres, seja do próprio Estado para as suas coletividades).

A **Itália** é uma República Parlamentarista com um poder legislativo bicameral. A sua Constituição estabelece que o conteúdo da lei de orçamento, as normas e os princípios fundamentais que visam assegurar o princípio do equilíbrio entre entradas e despesas, além da sustentabilidade da dívida pública, são estabelecidos por lei aprovada pela maioria absoluta de cada Câmara. A Lei nº 196/2009 trata das normas gerais em direito financeiro. Anualmente, até 15 de outubro, o Governo, mediante a proposta do Ministro da Economia e Finanças, apresenta às Câmaras do Parlamento o projeto de lei orçamentária anual, que poderá examiná-lo e emendá-lo até o dia 31 de dezembro. Na Itália, há uma pluralidade de orçamentos, visto que os entes menores possuem autonomia financeira e orçamento próprio, permitindo que as peculiaridades de cada ente sejam levadas em consideração e uma gestão adequada e equilibrada do orçamento. O controle interno do orçamento público é feito pela "*Ragioneria*", que corresponde a um departamento cuja função está relacionada ao controle preventivo das leis, incluindo a do orçamento e a verificação das contas públicas.

O **México** constitui uma República democrática, presidencialista, sob a forma de Estado Federativo tripartite, composto pela Federação, pelos Estados e pelo Distrito Federal como entes autônomos e auto-organizados. A competência para elaboração do orçamento é do Poder Executivo, seguindo os procedimentos legais de consulta e participação popular com a posterior aprovação do Congresso da Federação (orçamento misto).O seu orçamento é segmentado, ou seja, adota uma lei orçamentária (com natureza de ato administrativo) tão somente para as despesas (*Presupuesto de egresos de la Federación*) e outra lei (esta, sim, lei em sentido estrito) tratando das receitas (*Ley de Ingresos de la Federación*). Dois grandes diplomas estruturam a parcela infraconstitucional do orçamento mexicano. São eles a Lei Geral de Contabilidade Governamental (*Ley General de Contabilidad Gubernamental – LCG*) e a Lei Federal de Responsabilidade Fazendária (*Lei Federal de Presupuesto y Responsabilidad Hacendaria – LRH*). A Contadoria Maior da Federação é o órgão técnico vinculado ao Poder Legislativo encarregado da fiscalização e revisão das contas públicas.

A **Nova Zelândia** é uma monarquia constitucional com uma democracia parlamentar, e faz parte da *Comunidade de Nações* (*Commonwealth of Nations*). É organizada em 16 regiões, as quais estão subordinadas à administração do governo central. Embora não possua uma Constituição escrita e formalizada em um único documento legal, a sua principal Declaração – o *Constitution Act,* de 1986 –, reconhece que o Parlamento é a autoridade suprema para legislar e controlar as finanças públicas, especificando que a Coroa não pode cobrar tributos, contrair empréstimos ou gastar o dinheiro público, a não ser por um ato do Parlamento. O *Constitution Act 1986*, o *Public Finance Act 1989* e o *Fiscal Responsibility Act 1994* representam o enquadramento jurídico que regula o processo orçamentário, possuindo os princípios orçamentários clássicos (legalidade, anualidade, universalidade, unidade e especificidade), bem como os princípios modernos (prestação de contas, transparência, estabilidade e performance). A Lei de Finanças Públicas de 1989 (*The Public Finance Act*) regula a utilização dos recursos públicos, requerendo uma previsão de dotação (*appropriation*), por lei do Parlamento, para todos os gastos de dinheiro público. O "Dia do Orçamento" (*Budget Day*) é aquele em que o Executivo solicita ao Parlamento a aprovação da *Appropriation Bill,* equivalente à Lei Orçamentária Anual brasileira, definindo os detalhes de cada verba anual e plurianual. No que tange à responsabilidade no gerenciamento dos recursos financeiros do Estado, a Nova Zelândia ocupa uma posição de destaque como berço da transparência das contas públicas. Sua legislação fiscal, notadamente o *Fiscal Responsibility Act*, de 1994, se tornou um paradigma internacional no tema, influenciando outros atos normativos, tendo sido incorporado em 2004 ao *The Public Finance Act 1989*. O Auditor-Geral faz parte do Gabinete do Controlador e Auditor-Geral (*Office of Controller and Auditor General* – OCAG), um gabinete de apoio ao Parlamento, criado pela Lei de Auditoria Pública de 2001 (*The Public Audit Act 2001*) para servir como um protetor constitucional da integridade financeira do sistema de governo parlamentar da Nova Zelândia.

Portugal é uma República de sistema parlamentarista de governo e, apesar de adotar a forma de Estado Unitário, a sua Constituição estabelece o princípio da autonomia das autarquias locais e a descentralização democrática da Administração Pública. O Poder Legislativo detém papel relevante na atividade orçamentária, desde o processo de aprovação do orçamento público até o controle da sua execução, uma vez que o Governo depende da autorização política da Assembleia da República para a atuação financeira em cada ano. A nova Lei de Enquadramento Orçamental (Lei nº 151/2015) traz as normas gerais do orçamento público português, incluindo as regras e os procedimentos relativos à organização, elaboração, apresentação, discussão, votação e execução do orçamento, fiscalização e responsabilidade orçamentária. O processo de elaboração do orçamento público português é misto, concorrendo para a sua elaboração tanto o Poder Executivo – na figura do Primeiro-Ministro e do Presidente da República – quanto o Poder Legislativo – na figura da Assembleia da República. Este processo legislativo se inicia a partir da proposta de Lei do Orçamento do Estado apresentada pelo Governo à Assembleia da República. Apresentada a proposta de lei orçamentária, o Congresso delibera por meio de comissões especializadas e do plenário até a sua aprovação, quando se passa à fase da sanção ou veto por parte do Presidente da República. O orçamento público português possui nítido caráter programático, vez que seu papel ultrapassa o de mero documento contábil para constituir verdadeira positivação das metas e prioridades governamentais, destacando-se os seguintes princípios em matéria orçamentária: a anualidade, a plenitude, a discriminação, a publicidade, e o equilíbrio. O controle de toda a execução orçamentária é realizado pelo Congresso e pelo Tribunal de Contas, o qual detém atribuição constitucional para aferir não só a legalidade dos atos governamentais, mas também sua eficiência e economicidade.

O **Reino Unido** é um Estado Unitário, monárquico e parlamentarista, composto pela união política de quatro países: Escócia, Inglaterra, Irlanda do Norte e País de Gales, sendo reconhecida soberania apenas ao Reino Unido. O processo orçamentário britânico é baseado em costume, não estando codificado. O Manual do Gabinete oferece uma visão geral do processo orçamentário, o qual tem a participação do Poder Executivo e do Legislativo. O Primeiro-Ministro possui o título de Primeiro Lorde do Tesouro, e atua juntamente com o Chanceler do Tesouro em questões orçamentárias, a partir da regra da iniciativa financeira da Coroa (*"rule of the financial initiative of the Crown"*), a qual indica que apenas Ministros podem fazer propostas para estabelecimento de gastos e tributos. Já em relação ao Poder Legislativo, como consequência da supremacia do Parlamento, não se admite que os recursos sejam gastos em objetivos diversos dos aprovados, além de este órgão ter o poder de aprovar os tributos, que são a fonte de receitas do governo, e de alocar e autorizar as despesas governamentais. O processo orçamentário pode ser dividido em três ciclos: o orçamento (*"budget"*), as estimativas de provisão (*"supply estimates"*) e os relatórios (*"reporting"*). O orçamento, também chamado de relatório do orçamento (*"budget report"*), é uma declaração feita anualmente pelo Chanceler do Tesouro à Câmara dos Comuns, para atualizar o Parlamento e a nação sobre o estado da economia, as despesas públicas, o progresso do governo em relação a seus objetivos econômicos e mudanças em tributos. As propostas do orçamento definem o escopo da Lei de Finanças ("*Finance Bill*"), que é formalmente introduzida quando as propostas são aprovadas. De uma maneira geral, a gestão de recursos públicos no Reino Unido deve seguir os seguintes princípios: confiabilidade, exatidão, honestidade, imparcialidade, integridade, justiça, objetividade, responsabilidade ("*accountability*") e transparência. O Parlamento, especialmente a Câmara dos Comuns, tem um papel importante em examinar despesas e responsabilizar o governo, sendo auditado pela Corregedoria Nacional. Paralelamente, em 2010, foi criada a Agência de Responsabilidade Orçamentária ("*Office for Budget Responsibility*"), um organismo público não governamental, mas investido de poder pelo governo, com papel consultivo, fornecendo uma análise independente das finanças públicas do Reino Unido. Os principais governos delegados são os correspondentes aos países que compõem o Reino Unido, e recebem transferências financeiras do governo central (que não estabelece condições de despesas), restando ao governo delegado a liberdade para alocar seus gastos a partir de suas prioridades.

9.8. O PACTO ORÇAMENTAL EUROPEU

A União Europeia, desde a implantação do Euro como moeda única adotada por boa parte dos seus integrantes, vivencia dificuldades para manter o modelo econômico e social pretendido originariamente pelo bloco, sobretudo diante da diversidade fiscal que algumas de suas nações apresentam. Grécia, Espanha, Portugal, Itália e Irlanda são exemplos de nações que passaram recentemente por graves crises econômicas, com dificuldades financeiras para garantir a sustentabilidade de suas dívidas públicas e a realização de superávits fiscais, enfrentando elevados índices de desemprego e sofrendo com baixa competitividade industrial e comercial, além de certa instabilidade social.

Providências comunitárias como o Pacto de Estabilidade e Crescimento, o Tratado de Estabilidade, Coordenação e Governação, o Semestre Europeu, o "*Six-pack*" e o "*Two-pack*", dentre outras medidas financeiras, impuseram uma nova realidade orçamental aos países da União Europeia nos últimos anos.

Dentre as medidas citadas, buscando encontrar nova solução para amenizar a disparidade das realidades econômicas e fiscais, em 2 de março de 2012, foi assinado o **Tratado sobre Estabilidade, Coordenação e Governança na União Econômica e Monetária** por Estados-Membros da União Europeia (conhecido também por *Pacto Orçamental Europeu*), começando a viger em 1º de janeiro de 2013.

São diretrizes principais do Tratado a promoção de disciplina fiscal-orçamentária; o fortalecimento da coordenação das políticas econômicas dos Estados signatários; a melhoria da governança fiscal na zona do euro.[34] Estas metas estão alinhadas com a consecução dos objetivos da União Europeia em relação ao desenvolvimento sustentável, geração de empregos, ampliação da competitividade e manutenção da coesão social. Podem-se identificar, de maneira sintética, três bases ou objetivos do Pacto Orçamental Europeu: 1) promover a disciplina fiscal-orçamentária mediante um pacto orçamental; 2) reforçar a coordenação das políticas econômicas entre os Estados-Membros da UE; 3) melhorar a governança fiscal da área do euro. Estas metas, por sua vez, se alinham à realização dos

---

[34] SARMENTO, Joaquim Miranda. O tratado orçamental, semestre europeu, "six-pack" e "two-pack": a arquitectura orçamental da União Europeia. *Revista de Finanças Públicas e Direito Fiscal*, Coimbra, ano 8, n. 2 (verão 2015). p. 81.

objetivos da União Europeia em matéria de crescimento sustentável, emprego, competitividade e coesão social.

No campo da disciplina fiscal, o referido Tratado, ao estabelecer uma "regra de equilíbrio orçamental" e respectivas medidas corretivas, pretende que a situação orçamentária dos Estados-Membros seja equilibrada ou superavitária, evitando-se déficits orçamentais excessivos, além de garantir que a dívida pública de cada um deles seja mantida em níveis razoáveis.

Assim, a sustentabilidade fiscal e orçamentária são os pilares centrais do Tratado, considerando-se que as políticas econômicas individuais de cada Estado signatário são questões de interesse comum e não podem ser conduzidas de maneira isolada.

O ponto fulcral do Tratado consiste no estabelecimento de uma "regra de ouro" de equilíbrio orçamental e medidas corretivas, almejando a que a situação orçamentária dos Estados signatários seja equilibrada ou superavitária, evitando-se déficits orçamentais excessivos.

Em termos concretos, fixaram-se parâmetros numéricos nesse Tratado, partindo da necessidade de evitar o crescimento do déficit orçamentário (que anteriormente ao Pacto Orçamental não deveria exceder 3% do Produto Interno Bruto) e da dívida pública (não devendo exceder a 60% do PIB). Na dicção do Pacto, considera-se atualmente atingida a desejada situação de estabilidade orçamental se o saldo estrutural anual das administrações públicas (*grosso modo*, a diferença entre receitas e gastos públicos, sem levar em conta efeitos de medidas excepcionais e de variações cíclicas da economia) tiver atingido o objetivo de médio prazo específico de cada país, com um limite de déficit estrutural de 0,5% do PIB a preços de mercado.

Dando um exemplo simplificado para compreensão, se o PIB de um Estado-membro é de 200 bilhões de euros, e suas receitas são de 50 bilhões de euros, deverá gastar, no máximo, 51 bilhões de euros (0,5% de 200 bilhões de euros = 1 bilhão de euros).

Ademais, sempre que a relação entre a dívida pública e o PIB for significativamente inferior a 60% e os riscos para a sustentabilidade a longo prazo das finanças públicas forem reduzidos, o limite para o objetivo de médio prazo fixado pode atingir um déficit estrutural de, no máximo, 1,0% do PIB, como uma espécie de *sanção premial* ou estímulo àquelas nações que controlarem o crescimento de sua dívida pública. Valendo-nos do exemplo simplificado anterior, se o PIB de um Estado-membro é de 200 bilhões de euros, e suas receitas são de 50 bilhões de euros, mas sua dívida pública é de apenas 100 bilhões de euros (50% do PIB), então poderá gastar, no máximo, 52 bilhões de euros (1% de 200 bilhões de euros = 2 bilhões de euros).

Outrossim, existe também previsão de acionamento automático de mecanismo de correção caso constatado um desvio significativo do objetivo de médio prazo ou da trajetória de ajustamento. Se a relação entre a dívida pública e o PIB de uma Parte Contratante exceder o valor de referência de 60%, a Parte Contratante deve reduzir tal valor a uma taxa média de um vigésimo por ano como padrão de referência, até alcançar o limite desejado.

O acompanhamento das metas será realizado pela Comissão Europeia, que apresentará periodicamente às Partes Contratantes um relatório sobre as disposições adotadas por cada uma delas para manter o equilíbrio orçamental nos percentuais estabelecidos. Se a Comissão concluir no seu relatório, após ter dado à Parte Contratante em causa oportunidade de apresentar as suas observações, que essa Parte Contratante não cumpriu as metas, uma ou mais Partes Contratantes proporão uma ação no Tribunal de Justiça da União Europeia. Independentemente do relatório da Comissão, uma Parte Contratante, se considerar que outra Parte Contratante não cumpriu as metas, pode igualmente propor uma ação no Tribunal de Justiça. Em ambos os casos, o acórdão do Tribunal de Justiça é vinculativo para as partes no processo, as quais tomam as medidas necessárias à execução do acórdão no prazo fixado pelo Tribunal de Justiça, sendo certo que o seu descumprimento pode levar à propositura de uma ação no Tribunal de Justiça para requerer a imposição de sanções pecuniárias sobre a Parte Contratante inadimplente, que não pode ser superior a 0,1% do seu PIB.

Em complemento, são instituídas as *Cimeiras do Euro* informais, com participação dos Chefes de Estado ou de Governo das Partes Contratantes cuja moeda seja o euro, juntamente com o Presidente da Comissão Europeia, sendo convidado o Presidente do Banco Central Europeu. Tais encontros realizam-se quando necessário (mas ao menos duas vezes por ano) a fim de serem debatidas questões relacionadas com as responsabilidades específicas que as Partes Contratantes cuja moeda seja o euro partilham no tocante à moeda única, outras questões relativas à governança da área do euro e às regras que lhe são aplicáveis, e as orientações estratégicas para a condução das políticas econômicas para uma maior convergência na área do euro.

Interessante registrar o compromisso de que as regras de equilíbrio orçamental fossem (e assim o foram) internalizadas em cada ordenamento jurídico nacional, através de disposições vinculativas e de caráter permanente, de preferência a nível constitucional, no prazo de um ano a partir da vigência do Tratado, devendo seu cumprimento ser observado em todo o ciclo orçamentário interno.

9.9. RECOMENDAÇÕES DE BOAS PRÁTICAS ORÇAMENTAIS DA OCDE

Há um crescente consenso entre inúmeras nações, como pré-requisito para o crescimento econômico sustentável, da necessidade de se restabelecer a saúde das finanças públicas, através de medidas de consolidação fiscal de médio prazo.[35]

Por decorrência, a preocupação com a boa governança orçamental vem se espraiando pelo mundo todo diuturnamente. Exemplo disto vem também da OCDE – Organização para a Cooperação e Desenvolvimento Econômico, a partir da publicação em 2015 de um trabalho elaborado pelo "*SBO – Working Party of Senior Budget Officials*", no qual são apresentados 10 princípios orçamentários, com o objetivo de orientar as boas práticas sobre toda a atividade orçamentária, provendo os gestores públicos de instrumentos para aprimorar os seus sistemas orçamentários, visando causar um impacto positivo na vida dos cidadãos.[36]

Antes, porém, cabe lembrar que a OCDE é uma organização internacional fundada em 1961, com sede em Paris e integrada por 35 países, cuja missão, segundo a própria organização, é a de "promover políticas que aperfeiçoem o bem-estar econômico e social das pessoas ao redor do mundo". Além dos países-membros, a OCDE conta com a participação de uma série de Estados na condição de observadores ou participantes de suas comissões, grupos de trabalho, regimes ou programas. Dentre os seus principais objetivos, podemos destacar a promoção de diálogos entre governos no sentido de dividir experiências e procurar soluções para problemas comuns, por meio da investigação das situações que movem as mudanças econômicas, sociais e ambientais; da mensuração da produtividade e fluxos globais de comércio e investimentos; da análise e comparação de dados para prever tendências futuras; bem como do estabelecimento de padrões e recomendações em uma grande gama de temas, que

---

[35] OECD. *Fiscal consolidation*: targets, plans and measures. OECD Journal on Budgeting, Vol. 11/2, 2011. p. 16.

[36] OECD. *Draft recommendation of the OECD Council on the principles of budgetary governance*. Paris: OECD, 2014. Disponível em: <https://www.oecd.org/gov/budgeting/Draft-Principles-Budgetary-Governance.pdf>.

vão desde a agricultura à tributação, inclusive opinando sobre a saúde das finanças públicas como base para um crescimento econômico sustentável.

Nos termos da referida publicação de 2015, o orçamento é um documento de política central do governo que mostra como anual e plurianualmente os objetivos serão priorizados e alcançados. Paralelamente a outros instrumentos de política governamental – tais como leis, regulamentos e ações conjuntas com outros atores da sociedade –, o orçamento visa transformar planos e aspirações em realidade. Mais do que isso, o orçamento é um contrato entre cidadãos e Estado, apresentando como os recursos são obtidos e alocados para a entrega de serviços públicos. A experiência dos últimos anos, em nível internacional, demonstra a forma como um bom orçamento é apoiado pela sociedade, desde que baseado nos pilares de governança pública moderna: transparência, integridade, abertura, participação, responsabilidade e planejamento para atingir os objetivos.

Nesse contexto, segundo a OCDE, o escopo destas recomendações é reunir as lições de mais de uma década de trabalho do SBO, juntamente com as contribuições e observações do Comitê de Governança Pública, bem como aquelas da comunidade internacional em matéria de orçamento, fornecendo uma visão geral e concisa das boas práticas em toda o espectro da atividade orçamentária, especificando, em particular, os dez princípios de boa governança orçamentária que oferecem orientação clara para projetar, implementar e melhorar os sistemas orçamentários.

Assim, os referidos "*10 princípios orçamentários*"[37] materializados por recomendações estabelecidas pela OCDE podem assim ser sintetizados:

1. Gerenciar os orçamentos dentro de limites claros, críveis e previsíveis para a política fiscal;

2. Alinhar os orçamentos com as prioridades estratégicas de médio prazo do governo;

3. Conceber o quadro de orçamento de capital para atender às necessidades nacionais de desenvolvimento de forma econômica e coerente;

4. Assegurar que os documentos e dados do orçamento sejam abertos, transparentes e acessíveis;

5. Proporcionar um debate inclusivo, participativo e realista sobre as opções orçamentais;

6. Apresentar uma contabilidade abrangente, precisa e confiável das finanças públicas;

7. Planejar, gerenciar e monitorar a execução do orçamento ativamente;

8. Certificar que o desempenho, a avaliação e a relação custo-benefício sejam partes integrantes do processo orçamentário;

9. Identificar, avaliar e gerenciar com prudência a sustentabilidade a longo prazo e outros riscos fiscais;

10. Promover a integridade e a qualidade das previsões orçamentais, planos fiscais e implementação orçamentária através de uma rigorosa garantia de qualidade no processo, incluindo auditoria externa independente.

---

[37] No original em inglês: "1) Manage budgets within clear, credible and predictable limits for fiscal policy; 2) Closely align budgets with the medium-term strategic priorities of government; 3) Design the capital budgeting framework in order to meet national development needs in a cost-effective and coherent manner; 4) Ensure that budget documents and data are open, transparent and accessible; 5) Provide for an inclusive, participative and realistic debate on budgetary choices; 6) Present a comprehensive, accurate and reliable account of the public finances; 7) Actively plan, manage and monitor budget execution; 8) Ensure that performance, evaluation and value for money are integral to the budget process; 9) Identify, assess and manage prudently longer-term sustainability and other fiscal risks; 10) Promote the integrity and quality of budgetary forecasts, fiscal plans and budgetary implementation through rigorous quality assurance including independent audit".

Segundo a *recomendação nº 1*, os orçamentos públicos deverão: a) possuir mecanismos e procedimentos para apoiar, de maneira prudente, os governos na implantação de políticas econômicas cíclicas neutras ou anticíclicas; b) estar comprometidos com uma política fiscal sólida e sustentável; c) possuir regras fiscais claras, verificáveis e compreensíveis pelo cidadão; d) aplicar a gestão orçamentária com recursos para cada ano, considerando um horizonte fiscal de médio prazo, e com metas orçamentárias globais para assegurar que todos os elementos das receitas, despesas e políticas econômicas sejam consistentes e gerenciados em conformidade com os recursos disponíveis.

De acordo com a *recomendação nº 2*, os orçamentos públicos deverão: a) desenvolver um processo orçamentário mais sólido de médio prazo, além do tradicional ciclo anual; b) estruturar as dotações orçamentárias de forma que correspondam prontamente aos objetivos nacionais; c) reconhecer a possível utilidade de um quadro de despesas no médio prazo, alinhado com as restrições orçamentais anuais; d) possuir previsões realistas de despesas, sendo correspondentes com os objetivos e planos estratégicos nacionais; e) estreitar a relação entre a autoridade orçamentária e as instituições governamentais, dadas a interdependência entre o processo orçamentário e a realização de políticas governamentais; f) implementar processos regulares de revisão e ajustes orçamentários.

Conforme a *recomendação nº 3*, os orçamentos públicos deverão: a) considerar os planos de investimento de capital para suprir as lacunas de capacidade econômica, desenvolvimento de infraestrutura e das necessidades e prioridades setoriais e sociais; b) realizar uma avaliação prudente dos custos e benefícios de tais investimentos no longo prazo, conforme a prioridade entre vários projetos; c) avaliar as decisões de investimento, seja através da obtenção de capital tradicional ou de um modelo de financiamento privado, como as parcerias público-privadas; d) estimular o desenvolvimento de um quadro nacional de apoio ao investimento público, com capacidade de avaliar e gerenciar os grandes projetos de capital, dotado de um estatuto jurídico, administrativo e regulatório estável; e) coordenar os planos de investimento entre níveis nacionais e subnacionais de governo; f) integrar o orçamento de capital dentro do plano fiscal geral de médio prazo do governo.

Pela *recomendação nº 4*, os orçamentos públicos deverão: a) possuir e apresentar relatórios claros e reais, dotados de apresentação e explicação dos impactos das medidas orçamentárias, tanto nas receitas como nas despesas públicas; b) ser rotineiramente publicados de maneira completa e conferir amplo acesso ao cidadão, organização civil e demais partes interessadas; c) adotar demonstrações de dados que permitam a avaliação de programas e coordenação de políticas em níveis nacionais e subnacionais de governo.

Seguindo a *recomendação nº 5*, os orçamentos públicos deverão: a) oferecer oportunidades para que o parlamento e seus comitês se envolvam com o processo orçamentário em todas as principais fases do ciclo orçamental; b) facilitar o envolvimento dos parlamentares, dos cidadãos e das organizações da sociedade civil no debate das questões orçamentárias; c) proporcionar clareza sobre os custos e benefícios relativos às despesas públicas, seus programas e renúncias fiscais; d) assegurar que as principais decisões sejam tomadas dentro do processo orçamentário.

Para atender a *recomendação nº 6*, os orçamentos públicos deverão: a) contabilizar, de forma abrangente e correta, todas as despesas e receitas, sem que haja omissão de dados; b) apresentar uma visão panorâmica e completa das finanças públicas, abarcando todos os níveis de governo e a área central e subnacional; c) possuir uma contabilidade de forma que se demonstrem os custos e benefícios financeiros das decisões de orçamento; d) adotar um modelo compatível com as normas contábeis do setor privado; e) evidenciar os programas públicos que são financiados por meios não tradicionais, como parcerias público-privadas.

Visando cumprir a *recomendação nº 7*, os orçamentos públicos deverão: a) ter a plena e fiel realização das dotações orçamentárias pelos respectivos órgãos públicos; b) possuir controles e monitoramento dos desembolsos de caixa, com uma clara regulamentação dos papéis, responsabilidades e autorizações de cada instituição e pessoa responsável; c) permitir, ainda que de maneira limitada, alguma flexibilidade à execução orçamentária, sempre dentro dos limites de autorizações parlamentares, sendo necessária autorização legislativa para a realocação de recursos e reafetações mais significativas; d) elaborar relatórios de execução orçamentária, dentro de um modelo de prestação de contas que evidencie o desempenho e a relação de custo-benefício, para informar futuras dotações orçamentárias.

Para dar efetividade à *recomendação nº 8*, os orçamentos públicos deverão: a) ajudar o parlamento e os cidadãos a entender não apenas o que está sendo gasto, mas os serviços públicos que estão realmente sendo entregues, incluindo os níveis de qualidade e eficácia; b) apresentar rotineiramente informações de desempenho relativas às dotações financeiras, com indicadores de resultado e de metas para cada programa, permitindo a fiscalização e responsabilização; c) permitir a comparação dos resultados com padrões (*benchmarks*) internacionais; d) realizar um balanço periódico das despesas com os respectivos objetivos e prioridades, levando em consideração os resultados de avaliações.

A fim de ser implementada a *recomendação nº 9*, os orçamentos públicos deverão: a) adotar mecanismos para promover a manutenção dos planos orçamentários e mitigar o potencial impacto dos riscos fiscais e, assim, promover um desenvolvimento estável das finanças públicas; b) identificar, classificar e quantificar os riscos fiscais, incluindo passivos contingentes; c) explicitar os mecanismos de gestão desses riscos; d) publicar um relatório sobre a sustentabilidade a longo prazo das finanças públicas.

Por último, conforme a *recomendação nº 10*, os orçamentos públicos deverão: a) investir continuamente nas habilidades e capacidade do pessoal administrativo para desempenhar suas funções orçamentais de forma eficaz; b) permitir a criação e participação de instituições fiscais independentes para realizar o exame imparcial e conferir credibilidade ao orçamento; c) reconhecer e facilitar o papel da auditoria interna independente como uma salvaguarda da integridade dos processos orçamentários e da gestão financeira; d) promover o papel dos sistemas de controle interno e externo na auditoria fiscal.

Nas palavras da OCDE, o orçamento público é uma pedra angular na arquitetura da confiança entre os Estados e seus cidadãos. Embora ainda não seja integrante da OCDE, recentemente o Brasil formalizou sua solicitação de ingresso nesta importante organização internacional e, para tanto, talvez fosse um eficaz "cartão de visitas" e operosa demonstração de boas intenções incorporar ao processo orçamental brasileiro tais recomendações, garantindo que a governança orçamentária seja uma das medidas que possa realizar uma significativa transformação social.

Capítulo 10
ELABORAÇÃO E EXECUÇÃO DO ORÇAMENTO PÚBLICO

O orçamento público precisa ser elaborado de maneira a contemplar as reais necessidades da sociedade, conjugando-as com as pretensões e possibilidades de realização do governante. Igualmente, sua execução deve ser efetivada de forma a atender a suas previsões, com o máximo de transparência, eficiência e amplitude.

Apesar de o orçamento público no Brasil ainda ser considerado por muitos apenas autorizativo e não impositivo, desconsiderar os programas, ações e despesas ali previstas seria depreciar a sua importância e menosprezar o trabalho conjunto do Poder Executivo e do Legislativo na sua elaboração e aprovação.

Para tanto, o Direito Financeiro brasileiro possui um complexo e eficaz sistema orçamentário disciplinando a participação harmônica e equilibrada do Poder Executivo e do Legislativo, que se traduz em um legítimo processo democrático. Tais normas orientam sua criação, interpretação, execução e avaliação. Sem elas, correríamos o risco de ter um orçamento que não representasse os anseios da sociedade, ou mesmo que não pudesse ser minimamente executado.

De nada adiantaria um orçamento público – documento de previsão de receitas e autorização de despesas – desprovido de legitimidade e de efetividade.

10.1. PRINCÍPIOS ORÇAMENTÁRIOS

Como vimos, o orçamento público é um instrumento de relevante interesse para a Administração Pública e para a sociedade brasileira. Por isso, requer uma série de parâmetros necessários para garantir sua efetividade. Esses parâmetros são os denominados princípios orçamentários e financeiros, que influenciam a elaboração dos projetos das leis orçamentárias e a posterior aprovação pelo Poder Legislativo, facilitam a interpretação pelos usuários e interessados e, finalmente, permitem sua execução de maneira mais ampla e eficaz.

O conceito de princípio jurídico, a partir de meados do século XX até os dias atuais, ensejou grandes estudos e reflexões no âmbito da Teoria do Direito. Autores como Joseph Esser, Jean Boulanger, Jerzy Wróblewski, Ronald Dworkin, Karl Engisch, Wilhelm-Cannaris, Genaro Carrió, entre outros, proclamaram a normatividade dos princípios em bases teóricas, dogmáticas e metodológicas muito superiores às das teses até então consagradas, que defendiam uma mera posição subsidiária, numa auxiliar função integrativa na aplicação do Direito. Foi, porém, no Direito Constitucional que essa tendência ganhou prestígio e estabeleceu aprofundadas e consequentes reflexões, com autores como Vezio Crisafulli, Robert Alexy, Eduardo García de Enterría, José Joaquim Gomes Canotilho, entre outros.[1]

---

[1] ESPÍNDOLA, Ruy Samuel. *Conceito de Princípios Constitucionais*: Elementos Teóricos para uma Formulação Dogmática Constitucionalmente Adequada. 1. ed. 2. tir. São Paulo: Revista dos Tribunais, 1999. p. 27-28.

É unânime hodiernamente, entre a doutrina e a jurisprudência, o reconhecimento de que os princípios ganharam força normativa no ordenamento jurídico, sendo dotados de cogência e eficácia, com aplicabilidade plena e vinculante.[2]

No relato de Paulo Bonavides,[3] Crisafulli, ao afastar o mero caráter programático dos princípios, há décadas já afirmava que,

> se os princípios fossem simples diretivas teóricas, necessário seria, então, admitir coerentemente que em tais hipóteses a norma é posta pelo juiz e não, ao contrário, por este somente aplicada a um caso concreto. (...) Princípio é, com efeito, toda norma jurídica, enquanto considerada como determinante de uma ou de muitas outras subordinadas, que a pressupõem, desenvolvendo e especificando ulteriormente o preceito em direções mais particulares (menos gerais), das quais determina e, portanto, resumem, potencialmente, o conteúdo.

O Direito moderno considera os princípios jurídicos como uma espécie de norma, ao lado das regras. Portanto, falar hoje em dia de *princípios* e *regras* como espécies distintas de *normas* é relatar as concepções desenvolvidas por Ronald Dworkin[4] e Robert Alexy,[5] em que fundamentam formal e materialmente suas diferenças, sem deixar de mencionar também Chaïm Perelman[6] e Gustavo Zagrebelsky,[7] que exerceram fundamental papel na construção de bases sólidas de lógica argumentativa para permitir a aplicabilidade da teoria.

Diogo de Figueiredo Moreira Neto[8] identifica e relaciona as funções dos princípios no nosso ordenamento jurídico: 1) *Função Axiológica*: pela qual os princípios definem os valores que informam a ordem jurídica vigente; 2) *Função Teleológica* ou *Finalística*: em que os princípios orientam a ordem jurídica em direção a determinadas finalidades ou objetivos; 3) *Função Sistêmica*: os princípios conferem ordem e coerência ao sistema normativo; 4) *Função Integrativa*: os princípios preenchem as lacunas normativas do ordenamento jurídico; 5) *Função Nomogenética*: os princípios fornecem às normas maior densidade de conteúdo; 6) *Função Irradiante*: os princípios informam seu valor para todo o sistema jurídico; 7) *Função Provocativa*: os princípios estimulam e condicionam a produção de normas conforme seus valores, bem como a realização de atos concretos para a efetivação dos seus comandos; 8) *Função Inibidora* ou *Limitativa*: os princípios impedem a produção de normas ou a realização de atos que contrariem seu conteúdo.

---

[2] Para se atingir a atual compreensão, foi necessário um longo debate, que se estendeu por diversas linhas jurídico-filosóficas, até chegarmos ao que consideramos como a novel linha pós-positivista ou neoconstitucionalista da normatividade dos princípios, que confere relevância jurídica aos valores sociais contemporâneos e aceita o pluralismo metodológico como diretriz hermenêutica. Assim, primeiro, tivemos o jusnaturalismo, que encarava os princípios como meras sugestões morais e éticas, de origem universal. Depois, veio o positivismo jurídico, que passou a tê-los como fonte secundária, de cunho meramente interpretativo e integrativo. E finalmente, agora, os princípios ganham foro de norma.

[3] BONAVIDES, Paulo. *Curso de Direito Constitucional*. 13. ed. São Paulo: Malheiros, 2003. p. 286.

[4] DWORKIN, Ronald. *Taking Rights Seriously*. Cambridge: Massachusetts: Harvard University Press, 1978; *The Model of Rules*. Chicago: University of Chicago Law Review, 1967.

[5] ALEXY, Robert. *Teoría de los Derechos Fundamentales*. Madrid: Centro de Estudios Políticos y Constitucionales, 2001; *Sistema Jurídico, Principios Jurídicos y Razón Prática*, Doxa, n° 5, 1988. p. 139-151

[6] PERELMAN, Chaïm. *La Lógica Jurídica y la Nueva Retórica*. Madrid: Civitas, 1979.

[7] ZAGREBELSKY, Gustavo. *El Derecho Dúctil*. Ley, Derechos, Justicia. Madrid: Trotta, 1995.

[8] MOREIRA NETO, Diogo de Figueiredo. Princípios da Licitação. *Boletim de Licitações e Contratos*, São Paulo, n° 9, 1995. p. 429.

Portanto, vemos que, muito além da tradicional função interpretativa ou integrativa, hoje em dia os princípios jurídicos são capazes não apenas de guiar a correta aplicação do Direito à luz dos valores que concretizam, mas também são aptos a inquinar de vício os atos que forem de encontro ao seu mandamento.

Os princípios jurídicos[9] nos oferecem os fundamentos para a interpretação e a aplicação de um comando normativo, indicando comportamentos e condutas ideais. Portanto, no caso dos princípios orçamentários, sua observância e respeito impõem ao administrador público uma atuação de molde a garantir o cumprimento da finalidade do orçamento público, desde sua elaboração, interpretação e execução.

Muitos desses princípios orçamentários derivam de valores constitucionais, alguns implícitos e outros expressos. Há também os princípios consagrados na legislação infraconstitucional, especialmente os previstos na Lei nº 4.320/1964 e na Lei Complementar nº 101/2000. Porém, além dos princípios específicos ou setoriais existentes na legislação orçamentária e na Constituição Federal, o administrador público, na sua atividade orçamentária, deverá seguir, também, os princípios gerais que influenciam toda atividade administrativa.

Assim, na atividade orçamentária, além dos princípios específicos orçamentários que adiante analisaremos, o Estado deverá pautar-se, também, pelos **princípios genéricos da atividade administrativa**, que expressam os valores do Estado Democrático de Direito, conforme estabelece o art. 37 da Constituição Federal. São eles: a) *legalidade*: na atividade administrativa só se pode fazer o que estiver permitido em lei; b) *impessoalidade*: a Administração Pública tem o dever de tratar a todos que com ela se relacionam, direta ou indiretamente, da mesma maneira; c) *moralidade*: a Administração Pública e seus agentes devem atuar observando os padrões éticos, de probidade e lealdade com a coisa pública, sob pena de se configurar crime de responsabilidade (art. 85, V, CF/1988), possibilitando a propositura, inclusive, de ação popular (art. 5º, LXXIII, CF/1988); d) *publicidade*: é a exigência da ampla divulgação dos atos praticados pela Administração Pública; e) *eficiência*: a Administração Pública deve agir de modo a produzir o melhor resultado com o mínimo de recursos e esforços.

Agora passamos à análise dos **princípios orçamentários específicos ou setoriais**, que garantem efetividade e legitimidade ao orçamento público.

O **princípio orçamentário da legalidade** determina que a Administração Pública realize suas atividades segundo as previsões das *leis orçamentárias*. A Constituição Federal de 1988 prevê expressamente em seu art. 165 que o Poder Executivo terá a iniciativa para estabelecer a lei do plano plurianual, a lei de diretrizes orçamentárias e a lei orçamentária anual.

A Lei nº 4.320/1964, estabelece em seu art. 22 que a proposta orçamentária que o Poder Executivo encaminhará ao Poder Legislativo, nos prazos estabelecidos nas Constituições e nas Leis Orgânicas dos Municípios, compor-se-á de: I – Mensagem, com exposição circunstanciada da situação econômico-financeira; II – Projeto de Lei de Orçamento propriamente dito; III – Tabelas explicativas que apresentam dados comparativos, além das estimativas de

---

[9] Paulo Bonavides nos apresenta a tripartite função dos princípios jurídicos: a) *função fundamentadora da ordem jurídica*, em que as normas que se contraponham aos princípios constitucionais perderão sua vigência ou validade, dotando-os de eficácia diretiva ou derrogatória; b) *função interpretativa*, em que os princípios cumpririam papel diretivo, no sentido de orientar o operador do direito na aplicabilidade das demais normas jurídicas e; c) *função supletiva*, servindo de instrumento para integrar o Direito, suplementando os vazios regulatórios da ordem jurídica (BONAVIDES, Paulo. *Curso de Direito Constitucional*, Op. cit. p. 283).

receita e fixação de despesa; IV – Especificação dos programas, acompanhados de justificação econômica, financeira, social e administrativa.

Já a Lei de Responsabilidade Fiscal (LC 101/2000) estabelece em seu art. 5º que o projeto de lei orçamentária anual, elaborado de forma compatível com o plano plurianual, com a lei de diretrizes orçamentárias e com as normas da própria LRF, conterá: a) demonstrativo da compatibilidade da programação dos orçamentos com os objetivos e metas constantes do Anexo de Metas Fiscais; b) documento demonstrativo regionalizado do efeito, sobre as receitas e despesas, decorrente de isenções, anistias, remissões, subsídios e benefícios de natureza financeira, tributária e creditícia, bem como das medidas de compensação a renúncias de receita e ao aumento de despesas obrigatórias de caráter continuado; c) reserva de contingência, cuja forma de utilização e montante, definido com base na receita corrente líquida, serão estabelecidos na lei de diretrizes orçamentárias, destinada ao atendimento de passivos contingentes e outros riscos e eventos fiscais imprevistos.

Portanto, será sempre a partir das leis orçamentárias – leis ordinárias –, que compreendem as previsões de receitas e autorizações de despesas que a Administração Pública exercerá sua atividade financeira. Nenhum gasto pode ser feito sem que esteja autorizado na lei orçamentária.

Pelo lado das receitas, embora a arrecadação não esteja vinculada à legislação orçamentária como ocorre com a despesa, o indicativo correto do seu volume é fundamental para uma boa gestão, até porque será a partir do montante financeiro de receitas previstas que se poderão fixar as despesas a serem realizadas. Registre-se, desde já, que nem mesmo as receitas tributárias estão vinculadas às leis do orçamento, pois o princípio da anualidade tributária, que condicionava a arrecadação dos tributos a sua previsão anual no orçamento, não vige mais no ordenamento jurídico brasileiro desde a Constituição de 1988.

Já pelo lado das despesas, estas devem ser realizadas de acordo com o que foi previsto e autorizado no orçamento, sob pena de se configurar uma conduta ilícita, prevista no art. 315 do Código Penal, que tipifica o ato de "Dar às verbas ou rendas públicas aplicação diversa da estabelecida em lei". O Código Penal ainda tipifica os *crimes contra as finanças públicas* nos arts. 359-A a 359-H, com destaque para o art. 359-D, que impõe a pena de reclusão, de 1 (um) a 4 (quatro) anos, para quem "ordenar despesa não autorizada por lei". Porém, mais relevante é a limitação prevista no inciso II do art. 167 da Constituição Federal, que veda "a realização de despesas ou a assunção de obrigações diretas que excedam os créditos orçamentários ou adicionais". Temos, também, o art. 15 da Lei de Responsabilidade Fiscal, que considera como "não autorizada, irregular ou lesiva ao patrimônio público" a geração de despesas em desacordo com a lei. Por fim, a Emenda Constitucional nº 128/2022 trouxe a previsão de que a lei não imporá nem transferirá qualquer encargo financeiro decorrente da prestação de serviço público, inclusive despesas de pessoal e seus encargos, para a União, os Estados, o Distrito Federal ou os Municípios, sem a previsão de fonte orçamentária e financeira necessária à realização da despesa ou sem a previsão da correspondente transferência de recursos financeiros necessários ao seu custeio, ressalvadas as obrigações assumidas espontaneamente pelos entes federados e aquelas decorrentes da fixação do salário mínimo.

Entretanto, assistimos a casos em que o princípio da legalidade orçamentária acaba sendo ponderado com outros princípios de igual ou superior valor, dando ensejo ao seu afastamento tópico, sempre de maneira motivada e em casos específicos e excepcionais. Exemplo típico é o do administrador público que tem de realizar uma despesa sem dotação orçamentária por força de uma ordem judicial (p. ex., decisões judiciais para fornecer remédios ou atendimentos médicos). Seu ato deixará de ser ilícito desde que demonstrada a impossibilidade de conduta diversa.

O **princípio orçamentário da anualidade** indica que o prazo de vigência da lei orçamentária será anual, devendo esta ser elaborada, votada e aprovada anualmente. Portanto, este princípio reflete a periodicidade do orçamento.

Assim a Constituição Federal prevê expressamente que os orçamentos serão anuais (art. 165, III). Por sua vez, a Lei nº 4.320/1964 estabelece que o exercício financeiro coincidirá com o ano civil (art. 34) e que a Lei do Orçamento obedecerá, dentre outros princípios, ao da anualidade (art. 2º).

O fundamento deste princípio é o de obrigar o Poder Executivo a rever anualmente a sua programação de prioridades, atividades e investimentos, além de permitir ao Poder Legislativo controlar com maior frequência esta atividade da Administração Pública, o que garante maior legitimidade ao processo como um todo. Neste sentido, afirma João Ricardo Catarino[10] que o princípio da anualidade orçamentária "cumpre a finalidade do controle popular, materializado no desejo confesso dos povos de realizar uma discussão sobre os fins da tributação e as prioridades a satisfazer com os recursos coletivos disponíveis".

Esclareça-se que o *Princípio da Anualidade Orçamentária*, que está em vigor, não se confunde com o extinto *Princípio da Anualidade Tributária*, que condicionava a arrecadação de tributos a sua prévia previsão no orçamento anual, já que em comum possuem apenas o prenome. Sobre este assunto, importante lição nos oferece Hugo de Brito Machado:

> Este princípio [da anualidade tributária] vigorava na Constituição de 1946 (art. 141, § 34). Foi abolido pela Emenda Constitucional nº 18, de 1965, e restaurado pela Constituição de 1967 (art. 150, § 28). Com a Emenda nº 1, de 1969, o princípio foi mais uma vez abolido, e, não obstante seja excelente instrumento de fortalecimento do Poder Legislativo, não foi restabelecido pela Constituição de 1988. Pelo princípio da anualidade, nenhum tributo pode ser cobrado, em cada exercício, sem que esteja prevista a sua cobrança no respectivo orçamento.[11]

Ocorre que, paralelamente ao orçamento anual, deverá ser elaborado um plano plurianual (de quatro anos), para estabelecer, de forma regionalizada, as diretrizes, os objetivos e as metas da Administração Pública para as despesas de capital e outras delas decorrentes e para as relativas aos programas de duração continuada (art. 165, I). Em face do instituto, importante referir o princípio da anualidade apenas à lei orçamentária anual e à lei de diretrizes orçamentárias, ou, então, devemos dar-lhe uma interpretação não literal, englobando no seu conceito a plurianualidade e o valor democrático que representa pela necessidade periódica de revisão do plano de gestão do governo e a necessária aprovação pelo Poder Legislativo. Todavia, entende Regis Fernandes de Oliveira[12] que "tal princípio hoje está ultrapassado, porque, ao lado do orçamento anual, há o plurianual".

Verifica-se que, a partir da Emenda Constitucional nº 102/2019, que inseriu o novo § 14 ao art. 165 da Constituição, a manutenção do princípio da anualidade orçamentária tornou-se ainda mais discutível, já que o referido dispositivo autoriza a previsão de despesas de investimentos para anos subsequentes na própria Lei Orçamentária Anual. E, na mesma linha, o § 12 no artigo 165 passou a prever que integrará à lei de diretrizes orçamentárias, para o exercício a que se refere e, pelo menos, para os 2 (dois) exercícios subsequentes, anexo

---

[10] CATARINO, João Ricardo. *Finanças Públicas e Direito Financeiro*. 3. ed. Coimbra: Almedina, 2016. p. 139.
[11] MACHADO, Hugo de Brito. *Os Princípios Jurídicos na Constituição de 1988*. 3. ed. São Paulo: Revista dos Tribunais, 1994. p. 82.
[12] OLIVEIRA, Regis Fernandes de. *Curso de Direito Financeiro*, Op. cit. p. 99.

com previsão de agregados fiscais e a proporção dos recursos para investimentos que serão alocados na lei orçamentária anual para a continuidade daqueles em andamento.[13]

Portanto, diante dos ideais de continuidade e de planejamento orçamentário que foram reforçados pela referida emenda constitucional, identificamos três motivos para reconsiderar o princípio da anualidade orçamentária: i) pela vigência de 4 anos da lei do plano plurianual (PPA); ii) pela lei de diretrizes orçamentárias contemplar anexo para 2 anos subsequentes; iii) pela lei orçamentária anual não mais contemplar apenas previsões exclusivamente vinculadas ao período do exercício fiscal para o qual foi criada.

Apesar de tudo, não podemos deixar de encarar, ainda nos dias de hoje, o princípio da anualidade orçamentária como representação temporal de um período determinado e limitado de vigência de um ano tanto para a LDO como para a LOA, como também a indicação da necessidade de reavaliação anual das prioridades estabelecidas para os gastos públicos.

O **princípio orçamentário da unidade** determina que a lei orçamentária seja uma só, reunindo todas as receitas e despesas do Estado, a fim de permitir uma análise global, proporcionando um controle mais efetivo. Refere-se, portanto, à forma de um *documento uno*.

Não obstante, a Constituição Federal de 1988 prevê a existência nesse documento de três partes específicas: orçamento fiscal, de investimento e da seguridade social (§ 5º, art. 165). Assim, esclarece Ricardo Lobo Torres[14] que "o princípio da unidade já não significa a existência de um único documento, mas a integração finalística e a harmonização entre os diversos orçamentos".

Entretanto, surgem vozes no sentido de que esse princípio estaria esvaziado a partir do texto constitucional de 1988, dando origem a outro princípio, denominado *princípio da totalidade orçamentária*, segundo o qual admite-se a existência de orçamentos setoriais, desde que, ao final, eles se consolidem num documento que possibilite ao governo ter uma visão geral do conjunto das finanças públicas.[15] Segundo James Giacomoni, a concepção da totalidade orçamentária considera os múltiplos orçamentos elaborados de forma individual

---

[13] Exposição de Motivos. PEC nº 98/2019 – Objetiva-se, ao introduzir os §§ 12 e 14 ao art. 165 da Constituição, criar ferramentas de transparência e controle visando um processo diferenciado para a alocação de recursos a projetos, mais especificamente, investimentos. Às leis de diretrizes orçamentárias é acrescentado um anexo que conterá, para o exercício a que se refere e pelo menos para os dois subsequentes, a previsão de agregados fiscais e a proporção dos recursos para investimentos que serão alocados na lei orçamentária anual para a continuidade daqueles em andamento. No tocante às leis orçamentárias anuais, reforçando o caráter de planejamento do orçamento público, é permitido a elas conter previsões de despesas para exercícios seguintes, com especificação dos investimentos plurianuais e os em andamento. Ressalte-se que esse dispositivo amplia o entendimento do consagrado princípio orçamentário da exclusividade, insculpido no § 8º do art. 165 da Constituição. Ademais, vale notar que, enquanto a lei orçamentária fixa a despesa para o exercício a que se refere, para os dois exercícios financeiros ela trará uma previsão (sem caráter vinculante) de despesas, com detalhamento dos investimentos. Somada a essas iniciativas, há a determinação para que a União organize e mantenha registro centralizado de projetos de investimento contendo, por Estado ou Distrito Federal, pelo menos, análises de viabilidade, estimativas de custos e informações sobre a execução física e financeira. Trata-se de iniciativa louvável, haja vista que esse banco de projetos poderá auxiliar o planejamento de alocação de recursos públicos.

[14] TORRES, Ricardo Lobo. *Curso de Direito Financeiro e Tributário*, Op. cit. p. 118.

[15] MENDES, Gilmar Ferreira; COELHO, Inocêncio Mártires; BRANCO, Paulo Gustavo Gonet. *Curso de Direito Constitucional*. 4. ed. São Paulo: Saraiva, 2009. p. 1402.

– fiscal, de investimentos e de seguridade social –, devendo ser, ao final, consolidados, a fim de permitir o conhecimento do desempenho global das finanças públicas.[16]

O **princípio orçamentário da universalidade** indica que todos os valores, independentemente de sua espécie, natureza, procedência ou destinação, deverão estar contidos no orçamento como sendo um plano financeiro global. Ou seja, o orçamento deverá prever todas as receitas e despesas pelo seu valor total bruto, sem deduções ou exclusões, a fim de oferecer ao Poder Legislativo uma exata demonstração das despesas nele autorizadas. Sua previsão encontra-se não apenas no art. 2º, que expressamente impõe o respeito ao princípio, mas também nos arts. 4º e 6º da Lei nº 4.320/1964, que dispõem que "a Lei de Orçamento compreenderá todas as despesas próprias dos órgãos do Governo e da administração centralizada, ou que, por intermédio deles se devam realizar. Todas as receitas e despesas constarão da Lei de Orçamento pelos seus totais, vedadas quaisquer deduções".

O princípio da universalidade diferencia-se do princípio da unidade. Enquanto este se relaciona com a forma do documento, a universalidade refere-se ao conteúdo do orçamento.

O **princípio orçamentário da exclusividade** veda que a lei orçamentária trate de qualquer outra matéria que não seja referente a receitas e despesas. Diz o § 8º do art. 165 da Constituição que

> a lei orçamentária anual não conterá dispositivo estranho à previsão da receita e à fixação da despesa, não se incluindo na proibição a autorização para abertura de créditos suplementares e contratação de operações de crédito, ainda que por antecipação de receita, nos termos da lei.

Assim, a lei do orçamento anual deverá se prestar, apenas e exclusivamente, para prever as receitas e autorizar as despesas do Estado.

A função desse princípio é meramente pragmática, no sentido de se impossibilitar a inclusão na lei orçamentária de matérias estranhas às receitas e despesas, que muitas vezes acabavam sendo inseridas por manobras políticas para se implementarem práticas populistas ou para atender a pressões do poder. A inclusão desses assuntos estranhos no orçamento, prática que não era exclusivamente brasileira, era comumente conhecida por "caudas orçamentárias" ou, na expressão usada por Rui Barbosa, "orçamentos rabilongos".

O **princípio orçamentário da programação** revela o atributo de instrumento de gestão que o orçamento possui, devendo apresentar programaticamente o plano de ação do governo para o período a que se refere, integrando, de modo harmônico, as previsões da lei orçamentária, da lei do plano plurianual e da lei de diretrizes orçamentárias. Este princípio, também denominado de *princípio do planejamento*, revela as diretrizes, metas e prioridades da Administração Pública, inclusive os programas de duração continuada.

O princípio da programação decorre das disposições introduzidas há mais de 60 anos pela Lei nº 4.320/1964, uma vez que apresentou ao Brasil o modelo orçamentário de orçamento-programa[17] – surgido nos Estados Unidos, na década de 1950, com o nome de *Planning-Programming-Budgeting System* – PPBS –, que contempla, além das informações financeiras sobre as receitas e despesas, os programas de ação do Estado, pela identificação dos projetos, planos,

---

[16] GIACOMONI, James. *Orçamento Público*. 13. ed. São Paulo: Atlas, 2005. p. 73.
[17] Lei nº 4.320/1964, art. 2º A Lei do Orçamento conterá a discriminação da receita e despesa de forma a evidenciar a política econômica financeira e o programa de trabalho do Governo, obedecidos os princípios de unidade, universalidade e anualidade.

objetivos e metas, fundamental para o planejamento governamental.[18] No **orçamento-programa** se relacionam os meios e recursos em função de objetivos e metas específicas a se atingirem num período determinado. Por ele é possível identificar, segmentadamente, os gastos com cada um dos projetos e seus custos, permitindo-se realizar, ao final, o controle quanto à eficiência do planejamento. Já o modelo de orçamento tradicional, anterior à Lei nº 4.320/1964, limitava-se a uma mera relação das receitas e fixação das despesas, e o seu controle visava apenas avaliar a probidade dos agentes públicos e a legalidade no cumprimento do orçamento.

Segundo James Giacomoni,[19] do orçamento-programa constam os seguintes elementos essenciais: a) os objetivos e propósitos perseguidos pela instituição e para cuja consecução são utilizados os recursos orçamentários; b) os programas, isto é, os instrumentos de integração dos esforços governamentais no sentido da concretização dos objetivos; c) os custos dos programas medidos por meio da identificação dos meios ou insumos (pessoal, material, equipamentos, serviços etc.) necessários para a obtenção dos resultados; e d) medidas de desempenho com a finalidade de medir as realizações (produto final) e os esforços despendidos na execução dos programas.

Este autor traça interessante comparação. No *orçamento tradicional*: 1) o processo orçamentário é dissociado dos processos de planejamento e programação; 2) a alocação de recursos visa à aquisição de meios; 3) as decisões orçamentárias são tomadas tendo em vista as necessidades das unidades organizacionais; 4) na elaboração do orçamento são consideradas as necessidades financeiras das unidades organizacionais; 5) a estrutura do orçamento dá ênfase aos aspectos contábeis de gestão; 6) principais critérios classificatórios: unidades administrativas e elementos; 7) inexistem sistemas de acompanhamento e medição do trabalho, assim como dos resultados; 8) o controle visa avaliar a honestidade dos agentes governamentais e a legalidade no cumprimento do orçamento. Por sua vez, no *orçamento-programa*: 1) o orçamento é o elo entre o planejamento e as funções executivas da organização; 2) a alocação de recursos visa à consecução de objetivos e metas; 3) as decisões orçamentárias são tomadas com base em avaliações e análises técnicas das alternativas possíveis; 4) na elaboração do orçamento são considerados todos os custos dos programas, inclusive os que extrapolam o exercício; 5) a estrutura do orçamento está voltada para os aspectos administrativos e de planejamento; 6) principal critério de classificação: funcional-programático; 7) utilização sistemática de indicadores e padrões de medição do trabalho e dos resultados; 8) o controle visa avaliar a eficiência, a eficácia e a efetividade das ações governamentais.[20]

O **princípio orçamentário da não vinculação** de receitas impede a vinculação (ou afetação) do produto da arrecadação dos impostos a uma destinação específica, seja para uma despesa, um órgão ou um fundo.[21] O seu objetivo é permitir que o Estado tenha li-

---

[18] Registre-se que o modelo de orçamento-programa foi expressamente mencionado no Decreto-lei nº 200/1967, no seu art. 7º: "A ação governamental obedecerá a planejamento que vise a promover o desenvolvimento econômico-social do País e a segurança nacional, norteando-se segundo planos e programas elaborados, na forma do Título III, e compreenderá a elaboração e atualização dos seguintes instrumentos básicos: a) plano geral de governo; b) programas gerais, setoriais e regionais, de duração plurianual; c) orçamento-programa anual; d) programação financeira de desembolso."

[19] GIACOMONI, James. *Orçamento Público*. 15. ed. São Paulo: Atlas, 2010. p. 166.

[20] Ibidem. p. 170.

[21] STF. ADI 422, Rel. Min. Luiz Fux, Pleno, julg. 23/08/2019, **DJe** 09/09/2019: "5. O artigo 41 do Ato das Disposições Constitucionais Transitórias do Estado do Espírito Santo determina a destinação anual de percentual da arrecadação do ICMS a programas de financiamento do setor produtivo e de infraestrutura dos Municípios ao norte do Rio Doce e daqueles por ele banhados, consubstanciando afronta ao disposto

berdade e flexibilidade para aplicar os recursos dessa espécie de receita pública onde for mais conveniente e necessário, sem estar adstrito a uma despesa previamente vinculada, garantindo-se, assim, o custeio das despesas que se forem realizando ao longo do exercício financeiro, inclusive as urgentes, imprevistas ou extraordinárias. Evita-se, ademais, a criação de impostos específicos para atender a determinados interesses políticos que demandam financiamento próprio.

Existem, porém, diversas exceções a esse princípio. O texto do inciso IV do art. 167 da Constituição Federal de 1988, com a redação dada pela Emenda Constitucional nº 42/2003, excepciona a não vinculação aos casos da repartição do produto da arrecadação dos impostos, da destinação de recursos para as ações e serviços públicos de saúde, para manutenção e desenvolvimento do ensino e para a realização de atividades da administração tributária, e da prestação de garantias às operações de crédito por antecipação de receita.[22] O § 3º do art. 198 da Constituição traz a exceção para a aplicação anual de recursos mínimos em ações e serviços públicos de saúde (dispositivo regulamentado pela LC nº 141/2012).[23]

Outra exceção encontra-se no § 4º do art. 167 (EC nº 109/2021, com atual redação dada pela EC nº 132/2023), ao estabelecer ser permitida a vinculação das receitas a que se referem os arts. 155, 156, 156-A, 157, 158 e as alíneas "a", "b", "d", "e" e "f" do inc. I e o inc. II do *caput*

---

no artigo 167, IV, da Constituição Federal, que não permite a vinculação da receita de impostos estaduais a programas de desenvolvimento regional". No mesmo sentido: ADI 553, Rel. Min. Cármen Lúcia, Pleno, julg. 13/06/2018, *DJe* 14/02/2019; ADI 4.511, Rel. Min. EDSON FACHIN, Pleno, julg. 06/04/2016, *DJe* 20/04/2016.

[22] STF. ADI 1.374, Rel. Min. Celso de Mello, Pleno, julg. 17/10/2018, *DJe* 15/03/2019: "Ação direta de inconstitucionalidade. Emenda à Constituição do estado do Maranhão (EC nº 13/95). Limitações ao poder constituinte decorrente. Prerrogativa que não se reveste de caráter absoluto. Norma constitucional estadual que determina, no âmbito do estado do Maranhão e dos municípios dessa unidade da federação, a aplicação de parcela (5%) das receitas oriundas de impostos e dos recursos provenientes de transferências a ser destinada à 'produção de alimentos básicos'. Transgressão à cláusula constitucional da não afetação da receita oriunda de impostos (CF, art. 167, IV) (...)".

[23] STF. ADI 6.059, Rel. Min. Alexandre de Moraes, Pleno, julg. 27/09/2019, *DJe* 15/10/2019: "AÇÃO DIRETA DE INCONSTITUCIONALIDADE. ART. 138 DA CONSTITUIÇÃO DO ESTADO DE RORAIMA, COM A REDAÇÃO CONFERIDA PELA EMENDA CONSTITUCIONAL 48/2016. VINCULAÇÃO DE RECURSOS DO ORÇAMENTO AO SISTEMA ESTADUAL DE SAÚDE, NO PATAMAR MÍNIMO DE 18% (DEZOITO POR CENTO). PROPOSTA DE EMENDA À CONSTITUIÇÃO DE INICIATIVA PARLAMENTAR. USURPAÇÃO DE COMPETÊNCIA LEGISLATIVA DA UNIÃO (CF, ART. 198, § 3º, I). VIOLAÇÃO À RESERVA DE INICIATIVA DO CHEFE DO PODER EXECUTIVO (CF, ART. 165). OFENSA AO PRINCÍPIO DA NÃO AFETAÇÃO (CF, ART. 167, IV). OCORRÊNCIA. PROCEDÊNCIA. 1. Compete à União legislar, mediante lei complementar, sobre percentuais de alocação e critérios de rateio de recursos públicos para o financiamento do Sistema de Saúde (CF, art. 198, § 3º, I), o que foi atendido pela edição da Lei Complementar 141/2012. 2. As vinculações previstas no art. 198, § 2º, da CF não poderiam ser disciplinadas pelas Constituições Estaduais ou pelas Leis Orgânicas, sob pena de indesejado engessamento do processo legislativo para aprovação de tais normas, em prejuízo da reavaliação dos índices a cada quinquênio, conforme determina expressamente o art. 198, § 3º, da CF. (...) 4. O art. 138, parágrafo único, da Constituição do Estado de Roraima é materialmente inconstitucional, por violação ao princípio da não afetação (art. 167, IV, da CF), que proíbe a vinculação de receitas a órgão, fundo ou despesa. Além de ampliar a base de cálculo das receitas vinculadas, estendendo-a a todo o orçamento público, e não apenas ao montante de receitas discriminadas no dispositivo constitucional (art. 198, § 2º, II, da CF), o dispositivo elevou o patamar de vinculação ao índice de 18%, contrariando o percentual definido na LC 141/2012. 5. Medida cautelar confirmada e ação direta de inconstitucionalidade julgada procedente". No mesmo sentido: ADI 5.897, Rel. Min. Luiz Fux, Pleno, julg. 24/04/2019, *DJe* 02/08/2019.

do art. 159 da Constituição para pagamento de débitos com a União e para prestar-lhe garantia ou contragarantia.

Por sua vez, o parágrafo único do art. 204 faculta a vinculação de certo percentual das receitas tributárias (o que inclui receita de impostos) a programa de apoio à inclusão e promoção social, proibindo, entretanto, a aplicação desses recursos no pagamento de despesas com pessoal e encargos sociais, serviço da dívida ou de qualquer outra despesa corrente não vinculada diretamente aos investimentos ou ações apoiados. Já o art. 212 determina a aplicação de percentual mínimo da arrecadação de impostos na manutenção e desenvolvimento do ensino. Quando a Emenda Constitucional nº 01/1994 criou o Fundo Social de Emergência, para determinado período, fixou a vinculação ao referido fundo de parcela do Imposto de Renda, do Imposto Territorial Rural, do Imposto sobre Operações Financeiras e de 20% de todos os demais impostos da União.

Importante esclarecer que o princípio da não vinculação se refere apenas aos impostos e não se aplica às taxas e às contribuições, tributos cujo produto da sua arrecadação têm, por sua própria natureza, destinação específica previamente determinada em lei.

No entanto, ainda que as contribuições sejam tributos naturalmente vinculados, a Emenda Constitucional nº 27/2000 introduziu ao Ato das Disposições Constitucionais Transitórias o art. 76, que institui a **DRU – Desvinculação de Recursos da União** (impostos e contribuições), na base de 20% da respectiva arrecadação, que acabou sendo prorrogada por emendas constitucionais posteriores. Hoje, com fundamento nas alterações introduzidas pela Emenda Constitucional nº 93/2016, que alterou o art. 76 do ADCT e introduziu os arts. 76-A e 76-B, as desvinculações de receitas se aplicam à União (DRU), aos Estados e Distrito Federal (DRE) e aos Municípios (DRM), passando a ser de 30% até 31.12.2032 pela EC nº 132/2023 (no caso da União, até 31.12.2024, como estabelecido pela EC nº 126/2022).

Vozes diversas censuraram, na época, a EC nº 27/2000 no que se refere ao comando de desvinculação das receitas das contribuições sociais, uma vez que supostamente violaria a natureza do tributo. Isso porque a destinação da arrecadação seria uma condicionante da sua legitimidade, decorrente da leitura do art. 149 da Constituição ao dispor que as contribuições sociais serão utilizadas "como instrumento de sua atuação nas respectivas áreas". Noutras palavras, as contribuições sociais, diferentemente dos impostos, possuiriam destinação específica, e a DRU desnaturaria aquela parcela – originariamente de 20% e, hoje, na base de 30%, do tributo arrecadado, que estaria desvinculada da respectiva destinação social, incorrendo em possível inconstitucionalidade.

Não concordamos com a crítica, pois, a nosso ver, não é a destinação do produto da arrecadação que caracteriza um tributo, mas sim a sua finalidade, conforme dispõe o art. 4º do Código Tributário Nacional. Entendemos que, se há algum questionamento em relação à DRU, este não estaria em qualquer mácula no plano da natureza jurídica do tributo, mas sim numa possível violação ao princípio do Federalismo Fiscal, pois, com a DRU, haveria um processo de centralização de poder financeiro em mãos da União.[24]

Nesse sentido, explica José Marcos Domingues de Oliveira[25] que "o Federalismo Fiscal é uma técnica que visa garantir o melhor atendimento ao Bem Comum, e nessa medida é

---

[24] ABRAHAM, Marcus. *As Emendas Constitucionais Tributárias e os 20 Anos da Constituição Federal de 1988*. São Paulo: Quartier Latin, 2009.

[25] OLIVEIRA, José Marcos Domingues de. Federalismo Fiscal Brasileiro. *Revista Nomos*, Fortaleza, Universidade Federal do Ceará, v. 26, jan./jun. 2007. p. 137-143.

instrumento de ordenação das finanças públicas de molde a ensejar a realização do federalismo político", e a EC nº 27/2000, ao instituir a DRU, viria exatamente retirar dos entes federativos parcela de recursos necessários para realizar suas atribuições, passando-os às mãos da União.[26]

Como vimos em seção anterior (4.17), o Supremo Tribunal Federal já firmou, de maneira vinculante (tese do Tema nº 277, de 09/12/2015), que "não é inconstitucional a desvinculação, ainda que parcial, do produto da arrecadação das contribuições sociais instituídas pelo art. 76 do ADCT, seja em sua redação original, seja naquela resultante das Emendas Constitucionais 27/2000, 42/2003, 56/2007, 59/2009 e 68/2011".

O **princípio orçamentário da limitação** condiciona a realização de despesas e a utilização de créditos ao montante previsto no orçamento, não podendo excedê-los.

Decorre do art. 167 da Constituição Federal, que veda o início de programas ou projetos não incluídos na lei orçamentária anual, a realização de despesas ou a assunção de obrigações diretas que excedam os créditos orçamentários ou adicionais[27], a realização de operações de créditos que excedam o montante das despesas de capital (ressalvadas as autorizadas mediante créditos suplementares ou especiais com finalidade precisa), a abertura de crédito suplementar ou especial sem prévia autorização legislativa e sem indicação dos recursos correspondentes, a transposição, o remanejamento ou a transferência de recursos de uma categoria de programação para outra ou de um órgão para outro, sem prévia autorização legislativa[28], a concessão ou utilização de créditos ilimitados, a utilização, sem autorização legislativa específica, de recursos dos orçamentos fiscal e da seguridade social para suprir necessidade ou cobrir déficit de empresas, fundações e fundos.

Há, também, sua previsão no § 1º do art. 1º da Lei de Responsabilidade Fiscal, que determina a obediência a limites e condições no que tange a renúncia de receita, geração de despesas com pessoal, da seguridade social e outras, dívidas consolidada e mobiliária, operações de crédito, inclusive por antecipação de receita, concessão de garantia e inscrição em Restos a Pagar.

Excepcionalmente, a Constituição Federal autoriza, através do disposto no § 5º do art. 167 (incluído pela EC nº 85/2015), a transposição, o remanejamento ou a transferência de recursos de uma categoria de programação para outra no âmbito das atividades de ciência, tecnologia e inovação, com o objetivo de viabilizar os resultados de projetos restritos a essas funções, mediante ato do Poder Executivo, sem necessidade da prévia autorização legislativa prevista no inciso VI deste artigo.

---

[26] Nesse sentido é pertinente a dura crítica de José Marcos Domingues de Oliveira, ao entender que: "Em vez de descentralizar tarefas (o que reduziria o seu poder político-administrativo), a União obteve Emendas que represaram recursos de fundos estaduais e municipais (FSE, FEF, DRU) e procurou mais recursos não compartilháveis (aumentando a carga tributária nacional, sobretudo através das contribuições)".

[27] TCU. Acórdão 825/2015, Rel. Min. José Mucio Monteiro, Plenário, julg. 15/04/2015: "A realização de pagamento de dívidas da União no âmbito da Lei 11.977/2009 (Programa Minha Casa Minha Vida) junto ao Fundo de Garantia do Tempo de Serviço (FGTS), sem a devida autorização em lei orçamentária anual ou em lei de créditos adicionais, contraria o que estabelecem o art. 167, inciso II, da Constituição Federal e o art. 5º, § 1º, da LC 101/2000 (Lei de Responsabilidade Fiscal)".

[28] TCU. Acórdão 1.725/2008, Rel. Min. Augusto Sherman, Plenário, julg. 20/08/2008: "A Administração deve evitar o remanejamento de recursos entre programas de trabalho distintos, sem prévia autorização legislativa, bem como, quando houver necessidade de alteração nos seus Programas de Trabalho, deve providenciar tempestivamente as modificações pertinentes na Lei Orçamentária Anual (LOA), tendo em vista a vedação do art. 167, inciso VI, da Constituição Federal".

O **princípio orçamentário da publicidade** determina que, como lei emanada do Poder Legislativo, o orçamento deverá ser divulgado através dos meios oficiais de comunicação, inclusive devendo ser publicado em *Diário Oficial* (art. 166, § 7º, CF/1988). O § 2º do art. 48 da LC 101/2000 (inserido pela LC 156/2016) também estabelece: "A União, os Estados, o Distrito Federal e os Municípios disponibilizarão suas informações e dados contábeis, orçamentários e fiscais conforme periodicidade, formato e sistema estabelecidos pelo órgão central de contabilidade da União, os quais deverão ser divulgados em meio eletrônico de amplo acesso público". A inovação foi reputada tão relevante que mereceu ser transcrita, com mínimas alterações, no atual art. 163-A da Constituição, inserido pela Emenda Constitucional nº 108/2020.[29] A finalidade desse princípio, portanto, é permitir que todo cidadão tenha acesso ao seu conteúdo.

Esse princípio acaba sendo confundido com o da transparência, a seguir exposto. Entretanto, entendemos que o *princípio da publicidade* se refere à divulgação do orçamento pelos meios oficiais, para garantir a todos o livre acesso ao seu teor, enquanto o *princípio da transparência* relaciona-se ao seu conteúdo, para evitar previsões obscuras, despesas camufladas, renúncias fiscais duvidosas, que possam ensejar manobras pelos executores para atender a interesses diversos.

Mas não é apenas o orçamento que deverá ser publicado, já que a Constituição e a Lei de Responsabilidade Fiscal determinam a ampla divulgação de um relatório sobre a sua execução, permitindo um efetivo controle social. Nesse sentido, estabelece o § 3º do art. 165 da Constituição que o Poder Executivo publicará, até trinta dias após o encerramento de cada bimestre, um relatório resumido da execução orçamentária, e será composto, como prevê o art. 52 da LC nº 101/2000, de: I – um balanço orçamentário, que especificará, por categoria econômica, a) as receitas por fonte, informando as realizadas e a realizar, bem como a previsão atualizada; b) despesas por grupo de natureza, discriminando a dotação para o exercício, a despesa liquidada e o saldo; II – demonstrativos da execução das: a) receitas, por categoria econômica e fonte, especificando a previsão inicial, a previsão atualizada para o exercício, a receita realizada no bimestre, a realizada no exercício e a previsão a realizar; b) despesas, por categoria econômica e grupo de natureza da despesa, discriminando dotação inicial, dotação para o exercício, despesas empenhada e liquidada, no bimestre e no exercício; c) despesas, por função e subfunção.

O **princípio orçamentário da tecnicidade** impõe ao orçamento características que permitam ao usuário sua ampla compreensão, resumindo-se em: I – *uniformidade* ou *padronização* na apresentação dos seus dados, possibilitando ao usuário realizar comparações e análises; II – *clareza* na evidenciação do seu conteúdo; III – *especificação* na classificação e na designação das suas informações, preconizando a identificação de todas as rubricas de receitas e despesas, apresentando-as de maneira analítica e detalhada.

Esse princípio se materializa, sobretudo, a partir da adoção das normas estabelecidas pela contabilidade pública, como analisamos anteriormente no capítulo 8. Através dela, podem-se identificar com clareza – para fins de acompanhamento e controle – os registros de receitas e de despesas estimadas e as efetivamente realizadas, bem como as dotações disponíveis para

---

[29] Art. 163-A, CF/1988. A União, os Estados, o Distrito Federal e os Municípios disponibilizarão suas informações e dados contábeis, orçamentários e fiscais, conforme periodicidade, formato e sistema estabelecidos pelo órgão central de contabilidade da União, de forma a garantir a rastreabilidade, a comparabilidade e a publicidade dos dados coletados, os quais deverão ser divulgados em meio eletrônico de amplo acesso público.

a respectiva execução (contabilidade orçamentária), as movimentações de ingressos (receitas) e dispêndios (despesas) de recursos financeiros realizados (contabilidade financeira), e os bens, direitos e obrigações pertencentes aos entes públicos (contabilidade patrimonial).

O **princípio orçamentário da discriminação** visa à identificação precisa e específica das receitas e despesas estabelecidas na lei orçamentária, não sendo possível a adoção de dotações genéricas. É também conhecido por **princípio orçamentário da especificação**.

Sua origem encontra-se no art. 15 da Lei nº 4.320/1964, ao estabelecer que "na Lei de Orçamento a discriminação da despesa far-se-á no mínimo por elementos", entendendo-se por elementos o desdobramento da despesa. Trata-se, ademais, de um reforço ao comando contido no art. 5º da mesma lei, estatuindo que "a Lei de Orçamento não consignará dotações globais", exceto nos casos de certos programas especiais de investimentos que, por sua natureza, poderão ser custeados por dotações globais (art. 20).

Outrossim, a Lei de Responsabilidade Fiscal estabelece que o Relatório Resumido de Execução Orçamentária (RREO) deverá conter: I – balanço orçamentário, que especificará, por categoria econômica, as: a) receitas por fonte, informando as realizadas e a realizar, bem como a previsão atualizada; b) despesas por grupo de natureza, discriminando a dotação para o exercício, a despesa liquidada e o saldo; II – demonstrativos da execução das: a) receitas, por categoria econômica e fonte, especificando a previsão inicial, a previsão atualizada para o exercício, a receita realizada no bimestre, a realizada no exercício e a previsão a realizar; b) despesas, por categoria econômica e grupo de natureza da despesa, discriminando dotação inicial, dotação para o exercício, despesas empenhada e liquidada, no bimestre e no exercício; c) despesas, por função e subfunção.

Ademais, a Portaria Interministerial STN/SOF nº 163/2001, que dispõe sobre normas gerais de consolidação das Contas Públicas no âmbito da União, Estados, Distrito Federal e Municípios, estabelece, em seu art. 3º, que a classificação da despesa, segundo a sua natureza, compõe-se de: I – categoria econômica; II – grupo de natureza da despesa; III – elemento de despesa. Entende-se por grupos de natureza de despesa a agregação de elementos de despesa que apresentam as mesmas características quanto ao objeto de gasto. E o seu art. 6º prevê que, na lei orçamentária, a discriminação da despesa, quanto à sua natureza, far-se-á, no mínimo, por categoria econômica, grupo de natureza de despesa e modalidade de aplicação.

Assim, este princípio permite não apenas uma execução orçamentária mais fidedigna com as previsões constantes da LOA, como também possibilita o acompanhamento e controle dos gastos públicos.

O **princípio orçamentário da transparência** obriga não somente a ampla divulgação do orçamento, mas principalmente que as previsões orçamentárias, tanto de receitas, despesas, renúncias ou programas, sejam dispostas de maneira facilmente compreensível para todos, não apenas para o seu executor, como também para o cidadão interessado, e, inclusive, para os órgãos de controle e fiscalização.

Pretende, principalmente, coibir a existência de despesas obscuras ou a inclusão de verbas, programas, projetos ou benefícios fiscais imprecisos ou inexplicáveis que, por falta de clareza ou transparência, possam induzir a erro ou serem manipulados para atender a objetivos diversos dos originalmente previstos e aprovados.

Neste sentido, o § 6º do art. 165 da Constituição Federal diz que o projeto de lei orçamentária será acompanhado de demonstrativo regionalizado do efeito, sobre as receitas e despesas, decorrente de isenções, anistias, remissões, subsídios e benefícios de natureza financeira, tributária e creditícia. Reforçando ainda mais o princípio da transparência (e respectivo controle das contas públicas), a Emenda Constitucional nº 102/2019 inseriu no artigo 165 o § 15, prevendo que a União organizará e manterá registro centralizado de projetos de investimento contendo, por Estado ou Distrito Federal, pelo menos, análises de viabilidade, estimativas de custos e informações sobre a execução física e financeira. Já a LC nº 178/2021 estabeleceu o Programa de Acompanhamento e Transparência Fiscal, tendo por objetivo reforçar a transparência fiscal dos Estados, do Distrito Federal e dos Municípios e compatibilizar as respectivas políticas fiscais com a da União.

Este princípio visa também coibir a denominada "contabilidade criativa" no orçamento público, em que manobras fiscais ilegítimas e de legalidade duvidosa acabam sendo utilizadas pelo gestor público para maquiar os resultados financeiros e metas fiscais. Uma destas manobras ficou popularmente conhecida por "pedaladas fiscais", um dos fundamentos do processo de *impeachment* de ex-Presidente (2016).[30]

O **princípio da sinceridade orçamentária** visa coibir os orçamentos considerados "peças de ficção", que acabam sendo realizados em desacordo com a realidade econômica e social, com base em receitas "superinfladas" e despesas inexequíveis, motivados por fins eleitoreiros.

Funda-se nos princípios da moralidade, da legalidade, da transparência e do planejamento orçamentário, no ideal de boa-fé daqueles que elaboram, aprovam e executam o orçamento público para com a sociedade, a qual acaba tendo suas expectativas frustradas diante de promessas orçamentárias não realizadas.

No julgamento da ADI 4.663 (15.10.2014), o Ministro Marco Aurélio Mello chega a afirmar em seu voto, em tom de crítica à não exequibilidade do orçamento, que: "A lei orçamentária ganha, então, contornos do *faz de conta*. Faz de conta que a Casa do Povo aprova certas destinações de recursos, visando as políticas públicas, sendo que o Executivo tudo pode, sem dizer a razão".

A propósito, a legislação francesa é expressa em relação ao princípio da sinceridade orçamentária, sendo este, inclusive, o título do capítulo I, Título III, da Lei Orgânica 2001-692, de 01/08/2001 (*"Du principe de sincérité"*), no qual se encontra o art. 32, estabelecendo que: *"As leis financeiras apresentam, de maneira sincera, todos os recursos e despesas do Estado. Sua sinceridade é avaliada à luz das informações disponíveis e das previsões que dela podem ser razoavelmente derivadas"*. Também, no art. 27 da mesma lei de finanças, está previsto que: *"As contas do Estado devem ser regulares, sinceras e dar uma imagem verdadeira de seu patrimônio e da situação financeira"*.[31]

Nessa linha, a doutrina francesa[32] trata deste princípio – *le principe de sincérité budgétaire* –, tanto com uma dimensão jurídica como política, com a finalidade de tornar o *orçamento realista*, tanto na previsão de receitas quanto na fixação de despesas.

O **princípio orçamentário do equilíbrio fiscal** recomenda que para toda despesa haja uma receita a financiá-la, a fim de evitar o surgimento de déficits orçamentários crescentes ou descontrolados, que possam prejudicar as contas públicas presentes e futuras.

---

[30] O procedimento fiscal questionado se baseava na postergação mensal do repasse, para certos bancos públicos, de recursos financeiros destinados ao atendimento de programas sociais e previdenciários (Bolsa Família, abonos, pensões, aposentadorias etc.), gerando ao Governo, como benefício, um temporário aumento no superávit primário das contas públicas e uma aparente maior capacidade de cumprimento das metas fiscais, em afronta ao art. 36 da LRF, dispositivo que proíbe operação de crédito entre uma instituição financeira estatal e o ente da Federação que a controla, na qualidade de beneficiário do empréstimo.

[31] Tradução livre.

[32] PANCRAZI, Laurent. *Le Principe de Sincérité Budgétaire*. Paris: L. Hartmann, 2012.

O equilíbrio fiscal representa a verdadeira estabilidade financeira e é um dos pilares do crescimento sustentado do Estado. Isso porque, antes de ser mera equação financeira em que se busca uma igualdade numérica ou um "empate" entre receitas e despesas, esse princípio deve ser encarado como um conjunto de parâmetros que confiram às contas públicas a necessária e indispensável estabilidade, a fim de permitir ao Estado a realização das suas finalidades.[33]

Mateo Kaufmann,[34] já em 1964, aduzia que "a maioria dos autores contemporâneos reconhece que o princípio do equilíbrio resulta útil na medida em que freia as demandas que o orçamento suscita, e impede aprovar gastos cujo valor econômico ou político resulte duvidoso".

A sua previsão legal já podia ser encontrada nos arts. 7º, § 1º e 48, alínea "b" da Lei nº 4.320/1964. Isso porque o primeiro dispositivo prevê que, em casos de déficit, "a Lei de Orçamento indicará as fontes de recursos que o Poder Executivo fica autorizado a utilizar para atender a sua cobertura". O segundo já autorizava o contingenciamento de despesas ao disciplinar a fixação de cotas trimestrais de despesas. Para tanto, tal regra expressamente estabelecia que deverá "manter, durante o exercício, na medida do possível, o equilíbrio entre a receita arrecadada e a despesa realizada, de modo a reduzir ao mínimo eventuais insuficiências de tesouraria".

Outro importante dispositivo que traduz o princípio do equilíbrio fiscal é o § 1º do art. 1º da Lei de Responsabilidade Fiscal, que estabelece a ação planejada e transparente para a prevenção de riscos e a correção de desvios capazes de afetar o equilíbrio das contas públicas, mediante o cumprimento de metas de resultados entre receitas e despesas e a obediência a limites e condições no que tange à renúncia de receita, geração de despesas com pessoal, da seguridade social e outras, dívidas consolidada e mobiliária, operações de crédito, inclusive por antecipação de receita, concessão de garantia e inscrição em Restos a Pagar. Com igual sentido, o art. 4º, inciso I, alínea *a*, da mesma LC nº 101/2000, determina que a lei de diretrizes orçamentárias disponha sobre o equilíbrio entre receitas e despesas.

Embora previsto o equilíbrio fiscal na legislação infraconstitucional acima citada, a Constituição Federal de 1988 já não apresenta esse princípio de forma expressa, como era previsto na Carta de 1967 (art. 66, § 3º).[35] Se, por um lado, a ideia de equilíbrio fiscal é importante para limitar gastos excessivos e desnecessários e coibir gestões irresponsáveis, por outro, a razão de a Constituição já não contemplar esse princípio é não engessar a função regulatória do orçamento na economia. Isso porque se diz que, em períodos de recessão, se faz necessário o amplo investimento do Estado na economia, em infraestrutura, em empregos e demais áreas relevantes para a sociedade. Portanto, dependendo das circunstâncias da conjuntura econômica, o Estado precisará gastar mais ou menos, e esse instrumento de desenvolvimento econômico não se pode submeter a regras rígidas, sob pena de esvaziar essa relevante função regulatória e desenvolvimentista.

---

[33] FIGUEIREDO, Carlos Mauricio; NÓBREGA, Marcos. *Responsabilidade Fiscal*: Aspectos Polêmicos. Belo Horizonte: Fórum, 2006. p. 138.

[34] KAUFMANN, Mateo. *El equilibro del presupuesto*. Madrid: Derecho Financiero, 1964. p. 17-18.

[35] Constituição Federal de 1967. Art. 66. O montante da despesa autorizada em cada exercício financeiro não poderá ser superior ao total das receitas estimadas para o mesmo período. (...) § 3º Se no curso do exercício financeiro a execução orçamentária demonstrar a probabilidade de déficit superior a dez por cento do total da receita estimada, o Poder Executivo deverá propor ao Poder Legislativo as medidas necessárias para restabelecer o equilíbrio orçamentário.

José Afonso da Silva[36] explica que

> a Constituição não contempla o princípio do equilíbrio orçamentário, pelo que até se pode dizer, hoje, que ele desapareceu. De fato, desde a grande depressão de 1929, a tese do orçamento anualmente equilibrado passou a sofrer vigorosa contestação, até porque se concluiu que conseguir o equilíbrio anual se afigurava coisa impossível, e porque aspirar a ter nivelado o orçamento anualmente, tanto nos anos bons como nos anos maus, originaria grandes flutuações nos programas governamentais de gastos, seguidas de variações muitas vezes perturbadoras nas alíquotas dos tributos, agravando as flutuações da atividade econômica privada, com todas as implicações. A doutrina moderna concebeu outros princípios, com fundamento na análise dos ciclos econômicos, firmando a premissa básica de que não é a economia que deve equilibrar o orçamento, mas o orçamento que deve equilibrar a economia.

Esclarece Marcos Juruena Villela Souto[37] que não seria razoável deixar para a Constituição Federal, como norma que tende a ser permanente, cristalizar o referido princípio, razão pela qual coube à norma infraconstitucional, a saber, a Lei de Responsabilidade Fiscal na Gestão Fiscal – Lei Complementar nº 101/2000 –, a busca do equilíbrio fiscal.

Entendemos que a ideia de manter um equilíbrio fiscal, com o balanceamento entre as receitas e as despesas públicas, é essencial dentro de um sistema financeiro pautado pela responsabilidade. Não observar essa pretensão seria permitir a volta de governantes irresponsáveis que imprimem dinheiro quando precisam, gastando de forma ilimitada e desordenadamente, sem se preocupar com o interesse público. Esse tipo de conduta gera inflação e outros efeitos maléficos na economia interna e prejudica a inserção, a participação e o relacionamento do país na economia mundial.

Desponta em diversos sistemas orçamentários no mundo, sobretudo após a edição em 2012 do Tratado sobre Estabilidade, Coordenação e Governação na União Europeia, o **princípio da sustentabilidade orçamentária**,[38] que busca não só um equilíbrio das contas públicas na relação entre despesas e receitas, mas almeja alcançar resultados eficientes que permitam a protração no tempo deste equilíbrio de modo estável ou sustentável para as presentes e futuras gerações, com a gestão racional e prudente da dívida pública, numa noção de solidariedade e equidade intergeracional. Significa, sucintamente, nas palavras de J. Albano Santos, "a capacidade de o Estado manter a sua solvabilidade".[39]

João Ricardo Catarino[40] ensina que, em sentido mais geral, a sustentabilidade orçamentária pode ser "entendida como a capacidade de satisfazer necessidades atuais sem comprometer a satisfação das necessidades futuras". Por sua vez, Manuel Henrique de Freitas Pereira[41] vincula a sustentabilidade à mantença das políticas públicas, nos seguintes termos:

---

[36] SILVA, José Afonso da. *Curso de Direito Constitucional Positivo*. 9. ed. São Paulo: Malheiros, 1994. p. 719.
[37] SOUTO, Marcos Juruena Villela. *Direito Administrativo da Economia*. 3. ed. Rio de Janeiro: Lumen Juris, 2003. p. 326-327.
[38] Temática objeto da Tese de Pós-Doutoramento do autor realizado em 2017 no Instituto Superior de Ciências Sociais e Políticas da Universidade de Lisboa.
[39] SANTOS, J. Albano. *Finanças Públicas*. 2. ed. Lisboa: INA, 2016. p. 178.
[40] CATARINO, João Ricardo. *Finanças Públicas e Direito Financeiro*. Op. cit. p. 273-274.
[41] PEREIRA, Manuel Henrique de Freitas. Sustentabilidade das Finanças Públicas na União Europeia. In: CATARINO, João Ricardo; TAVARES, José F. F.(Coord.). *Finanças Públicas da União Europeia*. Coimbra: Almedina, 2012. p. 288.

A noção de sustentabilidade pode ser assimilada ao entendimento corrente do que é sustentável e do que não é sustentável, ou seja, do que pode manter-se ou do que não é possível continuar. O que, traduzido em termos de finanças públicas, pode referir-se à possibilidade de manutenção das políticas públicas atuais – serão sustentáveis aquelas que têm a garantia de poderem ser continuadas indefinidamente enquanto que não são sustentáveis aquelas em que isso não se verifica, tendo, por isso, que ser alteradas.

A importância deste princípio tem sido cada vez mais reconhecida. Não à toa a Emenda Constitucional nº 109/2021 introduziu expressamente na Constituição Federal a previsão da sustentabilidade da dívida pública em diversos dispositivos. Para a Lei de Diretrizes Orçamentárias, inseriu o preceito de se garantir a "trajetória sustentável da dívida pública" (art. 165, § 2º). No artigo 163, inciso VIII, acrescentou que lei complementar disporá sobre a sustentabilidade da dívida, especificando: a) indicadores de sua apuração; b) níveis de compatibilidade dos resultados fiscais com a trajetória da dívida; c) trajetória de convergência do montante da dívida com os limites definidos em legislação; d) medidas de ajuste, suspensões e vedações; e) planejamento de alienação de ativos com vistas à redução do montante da dívida. E acrescentou o artigo 164-A para estabelecer que a "União, os Estados, o Distrito Federal e os Municípios devem conduzir suas políticas fiscais de forma a manter a dívida pública em níveis sustentáveis, na forma da lei complementar referida no inciso VIII do caput do art. 163 desta Constituição". E o respectivo parágrafo único contempla que a "elaboração e a execução de planos e orçamentos devem refletir a compatibilidade dos indicadores fiscais com a sustentabilidade da dívida".

A referida Lei Complementar exigida pela Constituição é a LC nº 200/2023, que institui o regime fiscal sustentável. Essa lei estabelece que a política fiscal da União deve ser conduzida de modo a manter a dívida pública em níveis sustentáveis, prevenindo riscos e promovendo medidas de ajuste fiscal em caso de desvios, garantindo a solvência e a sustentabilidade intertemporal das contas públicas, bem como integram o conjunto de medidas de ajuste fiscal a obtenção de resultados fiscais compatíveis com a sustentabilidade da dívida, a adoção de limites ao crescimento da despesa, a aplicação das vedações previstas nos incisos I a X do *caput* do art. 167-A da Constituição Federal, bem como a recuperação e a gestão de receitas públicas.

Inequivocamente, a sustentabilidade da dívida pública integra o conceito maior de sustentabilidade orçamentária, na medida em que este deverá garantir, através dos resultados fiscais (equilibrados e superavitários), a capacidade de gestão no médio e longo prazos, e de adimplemento dos compromissos financeiros assumidos através do endividamento público. Portanto, a sustentabilidade da dívida pública, juntamente com o equilíbrio fiscal, são componentes do princípio da sustentabilidade orçamentária.

Mas não podemos deixar de mencionar que a sustentabilidade orçamentária é um princípio intrinsecamente relacionado com outro, qual seja, o **princípio da equidade intergeracional**, tendo em vista que orçamentos não sustentáveis, executados continuamente, acabam sempre por sobrecarregar as gerações vindouras indevidamente com um ônus futuro decorrente de gastos e dívidas do passado. Neste sentido, podemos dizer que o princípio da equidade intergeracional revela o ideal de não impor às gerações futuras o ônus financeiro da dívida pública contraída no passado, de maneira que haja uma justa e proporcional distribuição entre diferentes gerações dos benefícios obtidos com a atividade estatal e os custos para o seu financiamento.

Há uma questão ética e moral, para além da legal, no princípio da equidade intergeracional, uma vez que cada geração deve viver com os recursos de que dispõe, não hipotecando o bem-estar das gerações futuras.[42] Nas sensatas palavras de Fernando Facury Scaff:[43]

> não se pode deixar o direito das futuras gerações ser violado pelo jogo político do aqui e agora, das lutas políticas do presente. É necessário que sejam adotados limites financeiros para a sustentabilidade econômica dos Estados nacionais a fim de evitar que estas gerações sejam obrigadas a arcar com enormes custos para a manutenção do Estado *latu senso* e desenvolvimento das políticas públicas.

Cabe registrar que a Lei Complementar nº 159/2017, que instituiu o Regime de Recuperação Fiscal para os Estados em grave desequilíbrio financeiro, faz menção expressa, dentre outros, aos princípios da sustentabilidade econômico-financeira, da equidade intergeracional e da solidariedade entre os Poderes e os órgãos da administração pública. Não obstante, a referida lei apenas os cita como ideais, não desenvolvendo o modo e a forma de sua materialização.

Nos dias de hoje, todo modelo de orçamento público, em qualquer nação no mundo que pretenda garantir o bem-estar de seus cidadãos, deverá ter no *equilíbrio orçamentário* e na *sustentabilidade financeira* o que denominamos de "princípios orçamentários estruturantes", de maneira a garantir a estabilidade fiscal e a prudente gestão da dívida pública, a fim de assegurar que haja equidade na distribuição de benefícios e custos pelos vários orçamentos num quadro plurianual entre as gerações.

10.2. AS LEIS ORÇAMENTÁRIAS

A Constituição Federal de 1988 instituiu no sistema orçamentário brasileiro uma estrutura de leis orçamentárias que devem ser elaboradas, aprovadas e executadas de forma integrada e harmônica, permitindo o planejamento e a realização das atividades financeiras do Estado no curto, médio e longo prazos, para todos os Poderes, nos três níveis da federação.

Em face da *simetria das normas constitucionais*, as disposições orçamentárias estabelecidas no texto constitucional aplicam-se, também, aos orçamentos estaduais, municipais e do Distrito Federal, havendo autonomia normativa destes entes apenas para aspectos não substanciais do orçamento público (por exemplo, para a fixação de prazos de apresentação e tramitação dos projetos de leis orçamentárias).

Nesse sentido, diz o art. 25 da Constituição Federal que "os Estados organizam-se e regem-se pelas Constituições e leis que adotarem, observados os princípios desta Constituição".

No mesmo sentido, afirma o art. 29 que

> o Município reger-se-á por lei orgânica, votada em dois turnos, com o interstício mínimo de dez dias, e aprovada por dois terços dos membros da Câmara Municipal, que a promulgará, atendidos os princípios estabelecidos nesta Constituição, na Constituição do respectivo Estado e os seguintes preceitos...

Já o art. 32 prevê que "o Distrito Federal, vedada sua divisão em Municípios, reger-se-á por lei orgânica, votada em dois turnos com interstício mínimo de dez dias, e aprovada por

---

[42] CATARINO, João Ricardo. *Finanças Públicas e Direito Financeiro*. Op. cit. p. 276.
[43] SCAFF, Fernando Facury. Equilíbrio orçamentário, sustentabilidade financeira e justiça intergeracional. *Boletim de Ciências Económicas*, Coimbra, v. 57, t. 3, 2014. p. 3.184.

dois terços da Câmara Legislativa, que a promulgará, atendidos os princípios estabelecidos nesta Constituição".

Determina o art. 165 da Constituição que leis de iniciativa do Poder Executivo estabelecerão: I – o plano plurianual; II – as diretrizes orçamentárias; III – os orçamentos anuais. O primeiro seria um planejamento estratégico de longo prazo. O segundo, um planejamento operacional de curto prazo. E o terceiro, a concretização dos planejamentos em uma lei de realização.

O **Plano Plurianual** é responsável pelo *planejamento estratégico* das ações estatais no longo prazo, influenciando a elaboração da lei de diretrizes orçamentárias (planejamento operacional) e da lei orçamentária anual (execução). Por isso, trata-se de uma lei de quatro anos de duração, iniciando sua vigência no segundo ano do mandato presidencial e encerrando no fim do primeiro ano do mandato seguinte (§ 2º, art. 35, ADCT). Mas ressalve-se que, por ser uma lei de programação de governo, o plano plurianual dependerá, essencialmente, das leis orçamentárias anuais, as quais deverão concretizar as políticas nele previstas.

Diz o § 1º do art. 165 da Constituição que a lei que instituir o plano plurianual estabelecerá, de forma regionalizada, as diretrizes, os objetivos e as metas da Administração Pública Federal para as despesas de capital e outras delas decorrentes e para as relativas aos programas de duração continuada. A citada norma se refere, em primeiro lugar, às despesas de capital, que incluem os investimentos, as inversões financeiras e as transferências de capital.[44] Logo depois, alude aos programas de duração continuada, entendidos como aqueles cujo prazo de duração ultrapasse um exercício financeiro.

Como se vê, trata-se de uma lei formal, cujo objeto é, essencialmente, a programação global de longo prazo para uma integração nacional, voltada ao desenvolvimento nacional e regional. Em se tratando da União, a Constituição Federal estabelece a articulação da sua ação em um mesmo complexo geoeconômico e social, visando o desenvolvimento e a redução das desigualdades regionais (art. 43, CF/1988). E os planos e programas nacionais, regionais e setoriais serão elaborados em consonância com o plano plurianual (§ 4º, art. 165, CF/1988).

Essa característica do plano plurianual de ser uma programação de longo prazo impõe a regra constitucional de que nenhum investimento cuja execução ultrapasse um exercício financeiro poderá ser iniciado sem prévia inclusão no plano plurianual, ou sem lei que autorize a inclusão, sob pena de crime de responsabilidade (§ 1º, art. 167, CF/1988).[45]

---

[44] Os investimentos são as dotações para o planejamento e a execução de obras, inclusive as destinadas à aquisição de imóveis considerados necessários à realização destas últimas, bem como para os programas especiais de trabalho, aquisição de instalações, equipamentos e material permanente e constituição ou aumento do capital de empresas que não sejam de caráter comercial ou financeiro. As inversões financeiras englobam: I – aquisição de imóveis, ou de bens de capital já em utilização; II – aquisição de títulos representativos do capital de empresas ou entidades de qualquer espécie, já constituídas, quando a operação não importe aumento do capital; III – constituição ou aumento do capital de entidades ou empresas que visem a objetivos comerciais ou financeiros, inclusive operações bancárias ou de seguros. As transferências de capital são as dotações para investimentos ou inversões financeiras que outras pessoas de direito público ou privado devam realizar, independentemente de contraprestação direta em bens ou serviços, constituindo essas transferências auxílios ou contribuições, segundo derivem diretamente da Lei de Orçamento ou de lei especialmente anterior, bem como as dotações para amortização da dívida pública (art. 12, Lei nº 4.320/1964).

[45] TCU. Acórdão 738/2017, Rel. Min. Walton Alencar Rodrigues, Plenário, julg. 12/04/2017: "Em contrato de concessão de serviço público, é irregular a celebração de termo aditivo que preveja aportes de recursos públicos para custear obra de grande porte, cuja execução ultrapasse o exercício financeiro, sem inclusão

A **Lei de Diretrizes Orçamentárias**, também de natureza formal, tem o seu conteúdo voltado ao *planejamento operacional* do governo. Assim, enquanto a lei do plano plurianual refere-se ao planejamento estratégico de longo prazo, a lei de diretrizes orçamentárias apresenta o planejamento operacional de curto prazo, para o período de um ano, influenciando diretamente a elaboração da lei orçamentária anual.

Esta lei norteia e conduz a elaboração da lei orçamentária anual, devendo o seu projeto ser encaminhado ao Poder Legislativo até o dia 15 de abril, para viger no exercício financeiro seguinte.

Estabelece o § 2º do art. 165 da Constituição que

> A lei de diretrizes orçamentárias compreenderá as metas e prioridades da administração pública federal, estabelecerá as diretrizes de política fiscal e respectivas metas, em consonância com trajetória sustentável da dívida pública, orientará a elaboração da lei orçamentária anual, disporá sobre as alterações na legislação tributária e estabelecerá a política de aplicação das agências financeiras oficiais de fomento.

Do referido dispositivo, destacamos suas seguintes funções: a) estabelecer as metas e prioridades da Administração Pública federal; b) fixar as diretrizes de política fiscal e respectivas metas em consonância com trajetória de sustentabilidade da dívida pública; c) orientar a elaboração da lei orçamentária anual; d) dispor sobre a legislação tributária; e) estabelecer a política de aplicação das agências financeiras oficiais de fomento. Segundo Ricardo Lobo Torres, a lei de diretrizes orçamentárias "é, em suma, um plano prévio, fundado em considerações econômicas e sociais, para a ulterior elaboração da proposta orçamentária no Executivo, do Legislativo, do Judiciário e do Ministério Público".[46]

Por sua vez, Weder de Oliveira[47] considera a lei de diretrizes orçamentárias um "pré-orçamento", em que se discutem as definições fundamentais de alocação de recursos, ou seja, as grandes prioridades e grandes alocações, servindo de instrumento para "acoplar o orçamento ao planejamento".

A EC nº 102/2019 acrescentou o § 12 ao artigo 165 da CF/1988 para prever que deverá integrar a lei de diretrizes orçamentárias, para o exercício a que se refere e, pelo menos, para os 2 (dois) exercícios subsequentes, anexo com previsão de agregados fiscais e a proporção dos recursos para investimentos que serão alocados na lei orçamentária anual para a continuidade daqueles em andamento.

A Lei de Responsabilidade Fiscal (LC nº 101/2000) acrescentou outras funções à lei de diretrizes orçamentárias. O seu art. 4º estabeleceu que a referida lei irá dispor, também, sobre: a) equilíbrio entre receitas e despesas; b) critérios e forma de limitação de empenho; c) normas relativas ao controle de custos e à avaliação dos resultados dos programas financiados com recursos dos orçamentos; d) demais condições e exigências para transferências de recursos a entidades públicas e privadas.

---

individualizada do empreendimento entre as iniciativas do plano plurianual ou sem lei que autorize a sua inclusão, ante o disposto no art. 167, § 1º, da Constituição Federal". No mesmo sentido, TCU. Acórdão 2.991/2009, Rel. Min. Augusto Nardes, Plenário, julg. 09/12/2009: "Para a contratação de projeto de grande vulto e com duração superior a 1 (um) ano é necessário constituir projeto orçamentário específico e constar do Plano Plurianual".

[46] TORRES, Ricardo Lobo. *Curso de Direito Financeiro e Tributário*, cit. p. 174-175.
[47] OLIVEIRA, Weder de. *Lei de Diretrizes Orçamentárias*: gênese, funcionalidade e constitucionalidade. Belo Horizonte: Fórum, 2017. p. 97.

Ademais, a Lei de Responsabilidade Fiscal determinou, no seu art. 4º, a elaboração de dois anexos que deverão acompanhar a lei de diretrizes orçamentárias: o Anexo de Metas Fiscais e o Anexo de Riscos Fiscais.

No **Anexo de Metas Fiscais** serão estabelecidas metas anuais, em valores correntes e constantes, relativas a receitas, despesas, resultados nominal e primário e montante da dívida pública, para o exercício a que se referirem e para os dois seguintes (§ 1º). Esse anexo conterá, também: I – avaliação do cumprimento das metas relativas ao ano anterior; II – demonstrativo das metas anuais, instruído com memória e metodologia de cálculo que justifiquem os resultados pretendidos, comparando-as com as fixadas nos três exercícios anteriores, e evidenciando a consistência delas com as premissas e os objetivos da política econômica nacional; III – evolução do patrimônio líquido, também nos últimos três exercícios, destacando a origem e a aplicação dos recursos obtidos com a alienação de ativos; IV – avaliação da situação financeira e atuarial: a) dos regimes geral de previdência social e próprio dos servidores públicos e do Fundo de Amparo ao Trabalhador; b) dos demais fundos públicos e programas estatais de natureza atuarial; V – demonstrativo da estimativa e compensação da renúncia de receita e da margem de expansão das despesas obrigatórias de caráter continuado; VI – quadro demonstrativo do cálculo da meta do resultado primário, que evidencie os principais agregados de receitas e despesas, os resultados, comparando-os com os valores programados para o exercício em curso e os realizados nos 2 (dois) exercícios anteriores, e as estimativas para o exercício a que se refere a lei de diretrizes orçamentárias e para os subsequentes (§ 2º).

No caso da União, o Anexo de Metas Fiscais do projeto de lei de diretrizes orçamentárias conterá também (os Estados, o Distrito Federal e os Municípios poderão adotar, total ou parcialmente, tais previsões no que couber): I – as metas anuais para o exercício a que se referir e para os 3 (três) seguintes, com o objetivo de garantir sustentabilidade à trajetória da dívida pública; II – o marco fiscal de médio prazo, com projeções para os principais agregados fiscais que compõem os cenários de referência, distinguindo-se as despesas primárias das financeiras e as obrigatórias daquelas discricionárias; III – o efeito esperado e a compatibilidade, no período de 10 (dez) anos, do cumprimento das metas de resultado primário sobre a trajetória de convergência da dívida pública, evidenciando o nível de resultados fiscais consistentes com a estabilização da Dívida Bruta do Governo Geral (DBGG) em relação ao Produto Interno Bruto (PIB); IV – os intervalos de tolerância para verificação do cumprimento das metas anuais de resultado primário, convertido em valores correntes, de menos 0,25 p.p. (vinte e cinco centésimos ponto percentual) e de mais 0,25 p.p. (vinte e cinco centésimos ponto percentual) do PIB previsto no respectivo projeto de lei de diretrizes orçamentárias; V – os limites e os parâmetros orçamentários dos Poderes e órgãos autônomos compatíveis com as disposições estabelecidas na lei complementar prevista no inciso VIII do *caput* do art. 163 da Constituição Federal e no art. 6º da Emenda Constitucional nº 126, de 21 de dezembro de 2022; VI – a estimativa do impacto fiscal, quando couber, das recomendações resultantes da avaliação das políticas públicas previstas no § 16 do art. 37 da Constituição Federal (§§ 5º e 6º).

Já o **Anexo de Riscos Fiscais** será o documento onde serão avaliados os passivos contingentes e outros riscos capazes de afetar as contas públicas, informando as providências a serem tomadas, caso se concretizem (§ 3º).

Pode-se dizer que *riscos fiscais* são possibilidades de ocorrências de eventos capazes de afetar as contas públicas, prejudicando o alcance dos resultados fiscais estabelecidos como objetivos e metas. Para que esses eventos sejam classificados como riscos fiscais, uma condição necessária é a de que os mesmos não possam ser controlados ou evitados pelo governo. Dessa forma, enquanto gastos imprevistos, decorrentes, por exemplo, de decisões judiciais desfavoráveis ao governo, são considerados riscos fiscais, despesas oriundas de decisões ou políticas governamentais, como, por exemplo, auxílios, não são considerados riscos fiscais, ainda que acarretem desvios das metas fiscais. Podem ser divididos em duas categorias: a) riscos fiscais relacionados a variações em parâmetros macroeconômicos, tais como inflação, atividade econômica, massa salarial, taxas de juros e câmbio. Essas oscilações impactam as receitas e despesas públicas e produzem consequências sobre a trajetória da dívida pública; b) riscos fiscais específicos, que englobam demandas judiciais contra a União, garantias, riscos associados a programas de governo e a haveres da União, riscos derivados do relacionamento com entes subnacionais e empresas estatais, entre outros.

O conhecimento dos riscos e a avaliação de seus possíveis impactos são essenciais para a atuação governamental. Os eventos identificados como de risco, caso venham a se concretizar, podem ameaçar o cumprimento de importantes regras fiscais brasileiras, como o Teto dos Gastos e a Regra de Ouro, além de comprometer as metas e objetivos fiscais definidos em leis orçamentárias. Por isso, é relevante que sejam conhecidas e antecipadas as repercussões dos riscos fiscais a fim de mitigar as suas consequências tanto no âmbito fiscal quanto em seus reflexos sociais.

A **Lei Orçamentária Anual** destina-se a possibilitar a execução dos planejamentos constantes na lei do plano plurianual e na lei de diretrizes orçamentárias, e engloba: I – *o orçamento fiscal* referente aos Poderes da União, seus fundos, órgãos e entidades da administração direta e indireta, inclusive fundações instituídas e mantidas pelo Poder Público; II – *o orçamento de investimento* das empresas em que a União, direta ou indiretamente, detenha a maioria do capital social com direito a voto; III – *o orçamento da seguridade social*, abrangendo todas as entidades e órgãos a ela vinculados, da administração direta ou indireta, bem como os fundos e fundações instituídos e mantidos pelo Poder Público (§ 5º, art. 165, CF/1988).

Trata-se de uma lei anual, cujo projeto deve ser encaminhado ao Poder Legislativo até 31 de agosto de cada ano, para viger no exercício financeiro seguinte.

É o documento básico e fundamental para a realização da atividade financeira do Estado. Nela, temos a previsão de todas as receitas públicas e a fixação de todas as despesas públicas, para os três Poderes, seus órgãos, fundos e entidades da administração direta e indireta, inclusive as fundações públicas, e também todas as despesas relativas à dívida pública, mobiliária ou contratual, e as receitas que as atenderão. Portanto, tudo referente a receitas e despesas constará da lei orçamentária anual.

Estabelece o § 6º do art. 165 da Constituição que o projeto de lei orçamentária será acompanhado de demonstrativo regionalizado do efeito, sobre as receitas e despesas, decorrente de isenções, anistias, remissões, subsídios e benefícios de natureza financeira, tributária e creditícia. Isso porque, sempre que houver uma renúncia fiscal, ela deverá ser compensada com aumento de receita ou redução de despesas.

Por sua vez, o § 14 do art. 165 da Constituição dispõe que a lei orçamentária anual poderá conter previsões de despesas para exercícios seguintes, com a especificação dos investimentos plurianuais e daqueles em andamento.

Já o art. 5º da Lei de Responsabilidade Fiscal prevê que o projeto de lei orçamentária anual, elaborado de forma compatível com o plano plurianual e com a lei de diretrizes orçamentárias, deverá conter em anexo demonstrativo da compatibilidade da programação dos orçamentos com os objetivos e metas constantes do Anexo de Metas Fiscais, bem como demonstrativo dos efeitos de renúncias fiscais, e as medidas de compensação a renúncias de receita e ao aumento de despesas obrigatórias de caráter continuado, incluindo previsão de reserva de contingência, cuja forma de utilização e montante, definido com base na receita corrente líquida, serão estabelecidos na lei de diretrizes orçamentárias, para custear pagamentos imprevistos.

10.3. PROCESSO LEGISLATIVO DAS LEIS ORÇAMENTÁRIAS

Assim como a Constituição Federal de 1988 apresenta as espécies de leis orçamentárias, suas funções e características, ela também indica o rito que deverá ser seguido para a sua elaboração, votação e aprovação. Por razões óbvias, a Carta Magna discorre sobre as leis orçamentárias apenas no âmbito federal. Mas devido ao princípio da simetria das normas constitucionais, suas previsões deverão ser seguidas nas esferas estadual, municipal e distrital.

Portanto, onde encontramos referência ao Presidente da República ou ao Chefe do Poder Executivo, devemos estender a regra aos Governadores e Prefeitos. Do mesmo modo, onde estiver previsto Congresso Nacional, Senado Federal ou Câmara dos Deputados, teremos, por extensão, as Assembleias Legislativas, Câmaras Municipais e Câmara Legislativa.

O art. 165 da Constituição prevê que as leis orçamentárias serão elaboradas por **iniciativa do Poder Executivo**.

Este Poder tem o dever – iniciativa vinculada – de elaborar os projetos das leis orçamentárias, recebendo previamente as propostas dos demais Poderes e órgãos para compatibilização e unificação,[48] tudo conforme estipulado conjuntamente na lei de diretrizes orçamentárias.

Por sua vez, o art. 84 da Constituição estabelece que, no caso da União, competirá privativamente ao Presidente da República enviar ao Congresso Nacional o plano plurianual, o projeto de lei de diretrizes orçamentárias e as propostas de orçamento (inciso XXIII).

De fato, o processo de elaboração do orçamento público em nível federal se inicia efetivamente na Secretaria de Orçamento Federal,[49] que, após divulgar as regras gerais do

---

[48] STF, ADI 7.073, Rel. Min. André Mendonça, Pleno, julg. 26/09/2022, **DJe** 24/10/2022: "Conforme o art. 99, § 1º, da Constituição da República, os limites balizadores das propostas orçamentárias dos Poderes e órgãos autônomos presentes na Lei de Diretrizes Orçamentárias devem ser estipulados conjuntamente. Assim, é direito subjetivo público do Ministério Público a participação efetiva no ciclo orçamentário. 3. É inconstitucional a limitação de despesas da folha complementar do Ministério Público do Estado do Ceará em percentual da despesa anual da folha normal de pagamento, sem a devida participação efetiva do órgão financeiramente autônomo no ato de estipulação em conjunto dessa limitação na Lei de Diretrizes Orçamentárias".

[49] Decreto nº 11.353/2023. Anexo I: Art. 20. À Secretaria de Orçamento Federal compete: I – coordenar, consolidar e supervisionar a elaboração da lei de diretrizes orçamentárias e da proposta orçamentária da União, compreendidos os orçamentos fiscal e da seguridade social; II – estabelecer as normas necessárias à elaboração e à implementação dos orçamentos federais sob sua responsabilidade; III – acompanhar a execução orçamentária, sem prejuízo da competência atribuída a outros órgãos; IV – elaborar estudos e pesquisas concernentes ao desenvolvimento e ao aperfeiçoamento do processo orçamentário federal; V – orientar, coordenar e supervisionar tecnicamente os órgãos setoriais de planejamento e orçamento; VI – exercer a supervisão da Carreira de Planejamento e Orçamento, em articulação com as demais unidades interessadas; VII – estabelecer as classificações orçamentárias da receita e da despesa; VIII – acompanhar e avaliar o andamento da despesa pública e de suas fontes de financiamento e desenvolver e participar de estudos econômico-fiscais destinados ao aperfeiçoamento do processo de alocação de recursos; IX – acompanhar, avaliar e elaborar estudos sobre as políticas públicas e a estrutura do gasto público; X – acompanhar e propor, no âmbito de sua competência, normas reguladoras e disciplinadoras relativas às políticas públicas em suas diferentes modalidades; XI – avaliar o gasto público, os seus impactos sobre indicadores econômicos e sociais e propor medidas para o seu aperfeiçoamento, em articulação com outros órgãos; XII – desenvolver ações destinadas à apuração da eficiência, da eficácia e da efetividade dos gastos públicos diretos da União; XIII – promover a

orçamento, coordenará o sistema orçamentário da União, em conjunto com os demais órgãos dos três Poderes. O projeto de lei orçamentária será elaborado em conformidade com a lei de diretrizes orçamentárias – compreendendo a fixação dos objetivos para o período considerado –, bem como com o cálculo dos recursos humanos, materiais e financeiros necessários à sua execução.[50]

Juntamente com o projeto, o Presidente da República deverá encaminhar mensagem contendo exposição circunstanciada da situação econômico-financeira, documentada com a demonstração da dívida fundada e flutuante, saldos de créditos especiais, restos a pagar e outros compromissos financeiros exigíveis, bem como uma exposição e justificação da política econômica e financeira do Governo e, finalmente, uma justificação das receitas e despesas (art. 22 da Lei nº 4.320/1964).

Essa iniciativa para elaborar os projetos das leis orçamentárias não é igual às demais que conferem a iniciativa para propor um projeto de lei, pois não se trata de uma faculdade conferida a seu titular, mas sim de um dever. Por isso, dizemos que o Poder Executivo possui uma **iniciativa vinculada** de propor os projetos de leis orçamentárias, devendo encaminhá-las ao Poder Legislativo no prazo legal.

Enquanto não for promulgada a lei complementar para estabelecer, dentre outras normas gerais orçamentárias, os prazos para sua elaboração e encaminhamento ao Poder Legislativo, conforme prevê o § 9º do art. 165 Constituição Federal de 1988, aplica-se o disposto no art. 35 do ADCT, o qual define que: I – o projeto do plano plurianual, para vigência até o final do primeiro exercício financeiro do mandato presidencial subsequente, será encaminhado até quatro meses antes do encerramento do primeiro exercício financeiro e devolvido para sanção até o encerramento da sessão legislativa; II – o projeto de lei de diretrizes orçamentárias será encaminhado até oito meses e meio antes do encerramento do exercício financeiro e devolvido para sanção até o encerramento do primeiro período da sessão legislativa; III – o projeto de lei orçamentária da União será encaminhado até quatro meses antes do encerramento do exercício financeiro e devolvido para sanção até o encerramento da sessão legislativa.

E caso não receba a proposta orçamentária no prazo fixado, o Poder Legislativo considerará como proposta a Lei de Orçamento vigente (art. 32, Lei nº 4.320/1964).

Após encaminhar os projetos de leis orçamentárias, é permitido ao Presidente da República enviar mensagem ao Congresso Nacional para propor modificação nos projetos enquanto não iniciada a votação, na Comissão mista, da parte cuja alteração é proposta (§ 5º, art. 166, CF/1988).

Regularmente elaborados pelo Executivo, os projetos de lei relativos ao plano plurianual, às diretrizes orçamentárias, ao orçamento anual e aos créditos adicionais serão apreciados pelas duas Casas do Congresso Nacional, na forma do regimento comum (art. 166, CF/1988).

---

articulação com órgãos públicos, setor privado e entidades não governamentais envolvidos nas competências da Secretaria; XIV – elaborar subsídios para formulação de políticas públicas de longo prazo destinadas ao desenvolvimento sustentável nacional; XV – acompanhar e propor as normas reguladoras e disciplinadoras sobre a participação social na elaboração do orçamento federal; XVI – participar de iniciativas de entidades bilaterais, plurilaterais e da sociedade sobre assuntos orçamentários; e XVII – coordenar e gerir o Sistema de Planejamento e Orçamento Federal, envolvendo a orientação, a coordenação e a supervisão técnica dos órgãos setoriais de orçamento.

[50] VASCONCELLOS, Alexandre. *Orçamento Público*. 2. ed. Rio de Janeiro: Ferreira, 2009. p. 44.

A partir desse momento, a competência para dar seguimento à criação das leis orçamentárias passa a ser do Poder Legislativo. É a concretização da participação popular no orçamento, através dos seus representantes eleitos.

O processo de análise e votação dos projetos orçamentários será realizado ao longo do prazo previsto em lei, que se inicia após o encaminhamento pelo Poder Executivo ao Legislativo, e deverá terminar, preferencialmente, logo antes do início do exercício financeiro em que vigerão as leis orçamentárias devidamente aprovadas, quando então serão executadas.

A apreciação dos projetos ficará a cargo da **Comissão Mista** permanente de Senadores e Deputados a que alude o § 1º do art. 166 da Constituição Federal.

A Resolução nº 01/2006 do Congresso Nacional dispõe sobre a referida comissão, que foi denominada **Comissão Mista de Planos, Orçamentos Públicos e Fiscalização – CMO**, composta de 40 (quarenta) membros titulares, sendo 30 (trinta) Deputados Federais e 10 (dez) Senadores, com igual número de suplentes. A Comissão Mista possui quatro comitês permanentes, assim distribuídos: I – Comitê de Avaliação, Fiscalização e Controle da Execução Orçamentária; II – Comitê de Avaliação da Receita; III – Comitê de Avaliação das Informações sobre Obras e Serviços com Indícios de Irregularidades Graves; IV – Comitê de Exame da Admissibilidade de Emendas. A Comissão Mista tem por competência emitir parecer e deliberar sobre: I – projetos de lei relativos ao plano plurianual, diretrizes orçamentárias, orçamento anual e créditos adicionais, assim como sobre as contas dos Chefes do Poder Executivo, as dos Presidentes dos órgãos dos Poderes Legislativo e Judiciário e do Chefe do Ministério Público, bem como do Tribunal de Contas; II – planos e programas nacionais, regionais e setoriais; III – documentos pertinentes ao acompanhamento e fiscalização da execução orçamentária e financeira e da gestão fiscal.

Durante a análise e apreciação dos projetos, será possível aos congressistas oferecerem **emendas aos projetos de leis orçamentárias**, que serão apresentadas na Comissão mista, que sobre elas emitirá parecer, e apreciadas, na forma regimental, pelo Plenário das duas Casas do Congresso Nacional.

A **emenda parlamentar**, que pode ser apresentada individual ou coletivamente (comissões ou bancadas), nas palavras de Ana Carla Bliacheriene,[51] "é instrumento do qual se servem os membros do Poder Legislativo para interferir no conteúdo material dos projetos de lei que não sejam de sua autoria. Por meio deste instrumento, incluem, alteram ou suprimem proposições".

As emendas parlamentares podem ser classificadas da seguinte maneira: I – quanto ao autor: a) *emenda individual*: apresentada por qualquer parlamentar individualmente (81 senadores e 513 deputados federais), no limite de até 25 emendas no seu mandato; b) *emenda coletiva*: apresentada por bancadas estaduais, de interesse de cada unidade da federação, ou por comissões permanentes, de caráter institucional e de interesse nacional; c) *emenda de relator*: apresentada para corrigir erros e omissões de ordem técnica ou legal; recompor, total ou parcialmente, dotações canceladas, limitada a recomposição ao montante originalmente proposto no projeto; atender às especificações dos Pareceres Preliminares; II – quanto ao objeto: a) *emenda à receita*: é a que tem por finalidade alteração da estimativa da receita, devido a sua reestimativa por variações positivas ou negativas, ou por renúncia de receitas; b) *emenda*

---

[51] BLIACHERIENE, Ana Carla. Orçamento Impositivo à Brasileira. *In:* HORVATH, Estevão; CONTI, José Maurício; SCAFF, Fernando Facury (Org.). *Direito Financeiro, Econômico e Tributário*: Estudos em Homenagem a Regis Fernandes de Oliveira. São Paulo: Quartier Latin, 2014. p. 63.

à *despesa*: pode ser *de remanejamento*, que propõe acréscimo ou inclusão de dotações com a anulação equivalente de outras dotações; *de apropriação*, que propõe acréscimo ou inclusão de dotações com a anulação equivalente de recursos integrantes da Reserva de Recursos ou outras dotações definidas no Parecer Preliminar; ou *de cancelamento* que propõe a redução de dotações constantes do projeto; c) *emenda ao texto*: pode ser aditiva, que acrescenta proposta; modificativa, que altera proposta existente; supressiva, que exclui uma proposta; substitutiva, que substitui proposta principal por outra.[52]

As emendas ao projeto de lei do orçamento anual ou aos projetos que o modifiquem somente podem ser aprovadas caso: I – sejam compatíveis com o plano plurianual e com a lei de diretrizes orçamentárias; II – indiquem os recursos necessários, admitidos apenas os provenientes de anulação de despesa, excluídas as que incidam sobre: a) dotações para pessoal e seus encargos; b) serviço da dívida; c) transferências tributárias constitucionais para Estados, Municípios e Distrito Federal; ou III – sejam relacionadas: a) com a correção de erros ou omissões; ou b) com os dispositivos do texto do projeto de lei (§§ 2º e 3º do art. 166, CF/1988).[53]

Com o objetivo de desburocratizar e dar celeridade na liberação de recursos, sobretudo para municípios, a Emenda Constitucional nº 105/2019 acrescentou o art. 166-A à Constituição Federal, para autorizar que as *emendas individuais impositivas* apresentadas ao projeto de lei orçamentária anual possam alocar recursos a Estados, ao Distrito Federal e a Municípios por meio de transferência especial ou transferência com finalidade definida.

Esses recursos transferidos não integrarão a receita do Estado, do Distrito Federal e dos Municípios para fins de repartição e para o cálculo dos limites da despesa com pessoal ativo e inativo ou de endividamento do ente federado, vedada, em qualquer caso, a aplicação dos recursos recebidos no pagamento de despesas com pessoal e encargos sociais relativas a ativos e inativos, e com pensionistas, ou com encargos referentes ao serviço da dívida (§ 1º do art. 166-A).

No caso de *transferência especial* os recursos serão repassados diretamente ao ente federado beneficiado, independentemente de celebração de convênio ou de instrumento congênere, devendo ser aplicados em programações finalísticas das áreas de competência do respectivo Poder Executivo, sendo que pelo menos 70% (setenta por cento) dessas transferências deverão

---

[52] Conforme Resolução nº 01/2006 do Congresso Nacional, que dispõe sobre a Comissão Mista.

[53] "O poder de emendar projetos de lei – que se reveste de natureza eminentemente constitucional – qualifica-se como prerrogativa de ordem político-jurídica inerente ao exercício da atividade legislativa. Essa prerrogativa institucional, precisamente por não traduzir corolário do poder de iniciar o processo de formação das leis (RTJ 36/382, 385 – RTJ 37/113 – RDA 102/261), pode ser legitimamente exercida pelos membros do Legislativo, ainda que se cuide de proposições constitucionalmente sujeitas à cláusula de reserva de iniciativa (ADI 865/MA, Rel. Min. Celso de Mello), desde que – respeitadas as limitações estabelecidas na Constituição da República – as emendas parlamentares (a) não importem em aumento da despesa prevista no projeto de lei, (b) guardem afinidade lógica (relação de pertinência) com a proposição original e (c) tratando-se de projetos orçamentários (CF, art. 165, I, II e III), observem as restrições fixadas no art. 166, §§ 3º e 4º da Carta Política" (STF. ADI 1.050-MC, Rel. Min. Celso de Mello, Pleno, julg. 21/09/1994, **DJ** 23/04/2004); STF. ADI 4.075 MC, Rel. Min. Joaquim Barbosa, Pleno, julg. 04/06/2008, **DJe** 20/06/2008: "AÇÃO DIRETA DE INCONSTITUCIONALIDADE. MEDIDA CAUTELAR. LEI COMPLEMENTAR ESTADUAL. INICIATIVA DO MINISTÉRIO PÚBLICO ESTADUAL. EMENDA PARLAMENTAR. AUMENTO DE DESPESA. INCONSTITUCIONALIDADE FORMAL. *FUMUS BONI IURIS E PERICULUM IN MORA*. CAUTELAR DEFERIDA. A jurisprudência desta Corte firmou-se no sentido de que gera inconstitucionalidade formal a emenda parlamentar a projeto de lei de iniciativa do Ministério Público Estadual que importa aumento de despesa. Precedentes. Medida cautelar deferida."

ser aplicadas em despesas de capital. Já no caso de *transferência com finalidade definida*, os recursos serão vinculados à programação estabelecida na emenda parlamentar e aplicados nas áreas de competência constitucional da União (§§ 2º a 5º, art. 166-A).

Encerradas as análises, emitido o parecer pela Comissão Mista, os projetos de leis orçamentárias serão votados pelo Plenário do Congresso Nacional.

Aprovado e decretado pelo Poder Legislativo, o projeto será encaminhado ao Presidente da República para a respectiva sanção presidencial, promulgação e publicação no *Diário Oficial*.

É possível, entretanto, que o Presidente da República vete – total ou parcialmente – a proposta orçamentária. Neste caso, o projeto será devolvido ao Congresso Nacional no prazo de 15 dias, com a comunicação das razões do veto, para ser analisado e votado no Legislativo no prazo de 30 dias. Se o veto for rejeitado, será devolvido ao Presidente da República para promulgação final. Se o veto for mantido, o projeto será promulgado pelo Executivo sem a parte que foi vetada.

Se o exercício financeiro se iniciar sem que tenha sido aprovado o projeto de lei orçamentária, embora não haja qualquer previsão legal ou constitucional expressa para disciplinar a situação, entende-se que a lei orçamentária do ano anterior servirá de base provisória para a realização de despesas, na proporção de 1/12 avos (duodécimos), até a sua regular aprovação.

Essa situação de "anomia orçamentária" infelizmente não é rara no Brasil. Temos visto tornar-se comum, ano após ano, a aprovação das leis orçamentárias no âmbito federal nos meses de fevereiro ou março, quando tal fato deveria ocorrer necessariamente ao fim do mês de dezembro do ano anterior. Recorde-se que, em 1994, a lei orçamentária daquele ano (Lei nº 8.933, de 09 de novembro de 1994) veio a ser aprovada somente no mês de novembro, com um atraso de 11 meses.

Como esclarece José Maurício Conti,[54] "eventual início de exercício financeiro sem que tenha sido aprovada a lei orçamentária é questão que causa enormes problemas para o administrador público, dada a impossibilidade de serem realizados gastos públicos, diante da inexistência de lei que autorize".

Por sua vez, José Teixeira Machado e Heraldo da Costa Reis advertem:

> É inconcebível que se deixe de preparar o orçamento, peça base de qualquer Administração. Semelhante ideia jamais poderia ser objeto de um dispositivo legal (tanto que a Constituição de 1988 não a contemplou), pois, com efeito, orçar é dar rumo. [...]
>
> Na prática, porém, pode dar-se a aberração de o Executivo deixar de enviar ao Legislativo, até por questões de política partidária, uma proposta de orçamento dentro do prazo fixado na legislação, ou de o Legislativo deixar de votá-la no prazo legal. Neste caso, a falta de lei complementar, de que trata o art. 165, § 9º, vem dando margem à existência deste comportamento político, causando sérios problemas para a Administração Pública e para as populações em geral. A União, desde a promulgação da Constituição de 1988, vem votando o seu orçamento sempre no exercício em curso, numa clara demonstração de inobservância ao disposto no art. 35, § 2º, III, do Ato das Disposições Constitucionais Transitórias.

A solução para a situação de falta de lei orçamentária decorre da utilização temporária, na proporção mensal de 1/12 avos (duodécimos), da proposta de lei orçamentária ou da prorrogação da lei orçamentária anterior, a partir da interpretação por analogia do art. 32

---

[54] CONTI, José Maurício. *Orçamentos Públicos* – a Lei 4.320/1964 comentada. 2. ed. São Paulo: Revista dos Tribunais, 2010. p. 122.

da Lei nº 4.320/1964, que trata da hipótese de não envio da lei orçamentária pelo Chefe do Executivo no prazo estipulado e que, neste caso, permite a utilização da lei orçamentária então vigente.[55] Há, ainda, quem entenda ser possível, em caso de não aprovação tempestiva do projeto de lei orçamentária pelo Legislativo, que o Poder Executivo possa promulgá-lo.[56]

Sabemos que esta omissão do Chefe do Executivo caracterizaria, em tese, crime de responsabilidade. Não obstante, vige no Direito Financeiro brasileiro o princípio da legalidade orçamentária, segundo o qual não poderá haver nenhuma despesa sem a devida e regular previsão legal que a autorize. Nesse sentido, o inciso I do art. 167 da Constituição Federal de 1988 proíbe o início de programas ou projetos não incluídos na lei orçamentária anual. Igualmente, segundo o art. 6º da Lei nº 4.320/1964, todas as despesas devem constar da lei orçamentária. Por isso, possibilita-se a utilização excepcional do orçamento vigente para suprir temporariamente a omissão legislativa.

Interessante registrar que o mesmo não ocorre nos Estados Unidos da América, onde não há nenhuma norma que excepcione a regra de que sem previsão em lei orçamentária não é possível realizar despesas (art. 1º da Constituição dos EUA e §1.341, a, 1, A, do "U.S. Code"), nem mesmo assumir obrigações de pagamento futuro (§1.341, a, 1, B, do "U.S. Code").[57] Naquele país, leva-se a sério o princípio da legalidade orçamentária, de modo que, não havendo lei orçamentária aprovada até o primeiro dia do exercício fiscal nos EUA (1º de outubro), nem lei específica com caráter provisório liberando gastos (*continuing resolution*), implementa-se imediatamente o denominado "Shutdown" (fechamento) da Administração Pública por falta de recursos financeiros.

De 1976 até hoje (pós-revisão do processo orçamentário pelo *Budget and Accounting Act* de 1974), os EUA já tiveram diversos períodos de "shutdown", com durações chegando a mais de 20 dias; no ano de 2013, ocorreu o terceiro maior *shutdown* da história daquela nação, em que foram suspensos por 16 dias diversos serviços públicos, com a paralisação de cerca de 800 mil funcionários públicos federais, afetando diversas áreas governamentais. De 22 de dezembro de 2018 até 25 de janeiro de 2019, ocorreu o mais longo *shutdown* dos EUA

---

[55] Tribunal de Justiça do Estado de São Paulo (Processo 0001101-10.2012.8.26.0695 – Ação Penal – Procedimento Ordinário – Crimes de Responsabilidade): "S.m.j., em casos de ausência de proposta orçamentária, o artigo 32 da Lei nº 4.320/64 menciona que pode ser adotada a proposta de orçamento vigente. Ou seja, até que fosse formalmente aprovado o orçamento para 2011, poder-se-ia adotar a proposta orçamentária do exercício de 2010. O que não foi feito pela administração municipal. (...) Essa ausência de orçamento até o mês de maio implica em severas falhas na execução orçamentária do município, do envio de dados ao sistema Audesp e da própria análise dos sistemas disponíveis para a realização desta fiscalização". A autoria é certa, na medida em que a responsabilidade pelo envio do projeto de Lei incumbia ao réu que exerce o cargo de Prefeito Municipal de Bom Jesus dos Perdões, devendo obedecer ao prazo previsto em lei".

[56] HARADA, Kiyoshi. Orçamento anual – processo legislativo. *Consulex*, Brasília, n. 118, 2001. p. 26; Ivo, Gabriel. Lei orçamentária anual: não remessa para sanção, no prazo constitucional, do projeto de lei. In: MOREIRA FILHO, Aristóteles; LÔBO, Marcelo Jatobá (Coord.). *Questões controvertidas em matéria tributária*: uma homenagem ao professor Paulo de Barros Carvalho. Belo Horizonte: Forum, 2004. p. 296.

[57] Art. 1º, Seção 9, Cláusula 7, da Constituição dos Estados Unidos da América: "No money shall be drawn from the treasury, but in consequence of appropriations made by law; and a regular statement and account of receipts and expenditures of all public money shall be published from time to time"; §1.341, a, 1, A e B, do "U.S. Code" (previsão oriunda do "Antideficiency Act"): "(a) (1) An officer or employee of the United States Government or of the District of Columbia government may not— (A) make or authorize an expenditure or obligation exceeding an amount available in an appropriation or fund for the expenditure or obligation; (B) involve either government in a contract or obligation for the payment of money before an appropriation is made unless authorized by law".

(35 dias), em razão do impasse entre o Presidente Trump e o Congresso acerca da criação de dotações orçamentárias para a construção de um muro na fronteira entre México e EUA.

10.4. CRÉDITOS ORÇAMENTÁRIOS

Os **créditos orçamentários** são os valores previstos na lei orçamentária para a realização das despesas públicas. São as dotações de gastos.

Uma vez aprovada a lei orçamentária anual, o administrador público irá identificar nos créditos orçamentários o montante financeiro destinado para cada uma das unidades gestoras da Administração Pública, para que estas possam realizar suas atividades regularmente. Assim, é através dos créditos orçamentários que se pagam os salários dos servidores públicos, os fornecedores e prestadores de serviços, as obras etc., constando para cada uma das despesas públicas o valor programado para a sua realização.

Entretanto, durante a execução do orçamento, podem ocorrer situações em que os valores previstos originariamente, constantes na lei orçamentária, não sejam suficientes para a realização dos gastos, e como a atividade financeira se submete ao princípio da legalidade orçamentária, que impede a realização de uma despesa pública sem a sua prévia autorização, serão necessários os créditos adicionais.

Os **créditos adicionais** são os valores concedidos para suprir a falta de recursos orçamentários. Segundo o art. 40 da Lei nº 4.320/1964, os créditos adicionais são as autorizações de despesa não computadas ou insuficientemente dotadas na Lei de Orçamento. Registre-se que o ato que abrir crédito adicional deverá indicar a importância, sua espécie e a classificação da despesa, até onde for possível (art. 46, Lei nº 4.320/1964), e, em regra, terá vigência adstrita ao exercício financeiro em que foram abertos.

Esses créditos adicionais classificam-se em: I – *suplementares*, destinados a reforço de dotação orçamentária; II – *especiais*, destinados a despesas para as quais não haja dotação orçamentária específica; III – *extraordinários*, destinados a despesas urgentes e imprevistas, em caso de guerra, comoção intestina ou calamidade pública (art. 41, Lei nº 4.320/1964).[58]

A própria lei orçamentária anual poderá autorizar a abertura de créditos suplementares, o que normalmente é feito a partir de um percentual da dotação original, e, uma vez concedido, acabará por se incorporar ao orçamento.

Tanto os créditos suplementares como os especiais são sempre autorizados por lei e abertos por decreto executivo (art. 42, Lei nº 4.320/1964), devendo haver indicação dos re-

---

[58] Exemplo de crédito extraordinário previsto no texto constitucional foi aquele inserido pela EC nº 123/2022 no art. 120, parágrafo único, I, "a" do ADCT, para fazer frente a despesas oriundas do reconhecimento, no ano de 2022, do estado de emergência decorrente da elevação extraordinária e imprevisível dos preços do petróleo, combustíveis e seus derivados e dos impactos sociais dela decorrentes. Tal abertura de crédito extraordinário pôde ser feita independentemente da observância dos requisitos exigidos no § 3º do art. 167 da Constituição Federal. Os créditos extraordinários abertos foram da ordem de até vinte e seis bilhões de reais para extensão do Programa Auxílio Brasil; até um bilhão e cinquenta milhões de reais para o auxílio Gás dos Brasileiros; até cinco bilhões e quatrocentos milhões de reais para o auxílio aos Transportadores Autônomos de Cargas; dois bilhões e quinhentos milhões de reais para auxílio no custeio da gratuidade de pessoas idosas nos transportes coletivos urbanos; até três bilhões e oitocentos milhões de reais aos Estados e o Distrito Federal que outorgarem créditos tributários do ICMS aos produtores ou distribuidores de etanol hidratado em seu território, em montante equivalente ao valor recebido; até dois bilhões de reais aos taxistas (art. 5º, I a VI, EC 123/2022).

cursos correspondentes, a fim de que essa medida excepcional não se torne recorrente. Esses recursos correspondentes podem se originar: I – do superávit financeiro apurado em balanço patrimonial do exercício anterior; II – de recursos provenientes de excesso de arrecadação; III – da anulação parcial ou total de dotações orçamentárias ou de créditos adicionais, autorizados em Lei; IV – do produto de operações de crédito autorizadas, em forma que juridicamente possibilite ao Poder Executivo realizá-las.

Entende-se por *superávit financeiro* a diferença positiva entre o ativo financeiro e o passivo financeiro, conjugando-se, ainda, os saldos dos créditos adicionais transferidos e as operações de crédito a eles vinculadas. Já o *excesso de arrecadação* é o saldo positivo das diferenças acumuladas mês a mês entre a arrecadação prevista e a realizada, considerando-se, ainda, a tendência do exercício. A anulação de dotação, total ou parcial, implica o cancelamento de despesa previamente autorizada. E as *operações de créditos* referem-se às assunções de dívidas públicas, como no caso da emissão de títulos.

Os créditos especiais e os extraordinários terão vigência no exercício financeiro em que forem autorizados, salvo se o ato de autorização for promulgado nos últimos quatro meses daquele exercício, caso em que, reabertos nos limites de seus saldos, serão incorporados ao orçamento do exercício financeiro subsequente (§ 2°, art. 167, CF/1988).

É possível a utilização de Medida Provisória para proceder à abertura de crédito extraordinário, o que somente será admitido para atender a despesas imprevisíveis e urgentes, como as decorrentes de guerra, comoção interna ou calamidade pública (§ 2°, art. 167, CF/1988).[59]

10.5. ORÇAMENTO PARTICIPATIVO

Como sabemos, a elaboração do orçamento é de iniciativa do chefe do Poder Executivo em qualquer esfera (União, Estados, DF e Municípios). Sendo ele um representante da coletividade, eleito democraticamente pelo voto popular, é de se indagar qual é o real nível de participação do cidadão na criação do orçamento público. Estaria a coletividade alijada das escolhas e deliberações orçamentárias pela sistemática da representação, ou haveria algum mecanismo formal para influenciar direta ou indiretamente as decisões de onde e como aplicar os recursos públicos?

Vimos anteriormente que a **cidadania ativa** é a designação dada para a efetiva e direta participação do cidadão na vida social e política em determinada sociedade, e a **cidadania fiscal** corresponde a esta participação em assuntos de natureza financeira e, em especial, orçamentária.

Existem diversos mecanismos para a participação popular reconhecidos no Estado de Direito. A principal é a escolha dos seus representantes no Poder Executivo e no Poder Legislativo por meio do voto em eleições diretas. Além dessa forma, temos os processos referentes ao referendo e ao plebiscito na seara legislativa, as denúncias, audiências e representações na esfera administrativa, e a ação popular e demais medidas processuais no campo judicial. E, na área financeira, encontra-se o orçamento participativo.[60]

O **orçamento participativo** indica a ideia de que a população pode ser consultada e oferecer propostas para a elaboração do orçamento público. Assim, além do Executivo, que

---

[59] STF. ADI 4.048-MC, Rel. Min. Gilmar Mendes, Pleno, julg. 14/05/2008, **DJe** 22/08/2008. No mesmo sentido: ADI 4.049-MC, Rel. Min. Carlos Britto, Pleno, julg. 05/11/2008, **DJe** 08/05/2009.

[60] TORRES, Ricardo Lobo. *Tratado de Direito Constitucional Financeiro e Tributário*, v. V: o orçamento na Constituição. 2. ed. Rio de Janeiro: Renovar, 2000. p. 101.

possui o cometido constitucional de propor o projeto de lei orçamentária, e do Legislativo, cuja missão é aprová-lo por meio do debate parlamentar, um novo núcleo de decisão despontaria como instrumento de democracia direta: a *participação direta* do povo. Em busca de uma definição desta modalidade de orçamento, assim se manifestou Brian Wampler:

> O Orçamento Participativo é um processo decisório que se estende por todo o ano fiscal. Em assembleias organizadas com esse fim, os cidadãos se engajam, juntamente com funcionários da administração, em negociações sobre a alocação de gastos que envolvem novos investimentos de capital em projetos tais como clínicas de assistência médica, escolas e pavimentação de vias públicas (ABERS, 2000; BAIOCCHI, 2005; NYLEN, 2003; WAMPLER e AVRITZER, 2004). É um programa inovador, pois suas regras promovem justiça social ao assegurar mais recursos para áreas mais pobres, ao encorajar a participação através da distribuição de recursos para cada uma das regiões do município em função da mobilização dos membros das respectivas comunidades e ao estabelecer novos mecanismos de responsabilização que acabam desvendando e inviabilizando procedimentos orçamentários obscuros. Nos casos em que o programa foi aplicado com mais sucesso, os cidadãos têm autoridade para tomar importantes decisões em relação às políticas públicas, o que realça seu potencial para transformar o processo decisório de base na política brasileira (ABERS, 2000; WAMPLER, 2007).[61]

Nessa linha, temos no **orçamento participativo** a forma de participação popular na elaboração do orçamento público. Seria, a nosso ver, uma espécie de terceiro núcleo deliberativo de questões orçamentárias, que funcionaria paralelamente ao Poder Executivo e ao Legislativo.

A concretização da participação popular na elaboração do orçamento público ocorre através da realização de assembleias locais (municipais, regionais ou de bairros), onde qualquer integrante da coletividade pode participar dos debates, elegendo-se representantes ou delegados para transmitirem e negociarem com o governo as deliberações assembleares. Haveria, assim, uma maior capilarização na identificação das necessidades locais, especialmente nos grandes centros urbanos, onde é comum a Administração Pública se distanciar do cidadão.

Os principais temas de interesse local que são abordados no orçamento participativo são: saneamento básico, habitação, pavimentação, educação, assistência social, saúde, circulação e transporte, esportes e lazer, iluminação pública, turismo, cultura, saneamento ambiental e infância e juventude.

Podemos dizer que através do orçamento participativo criam-se centros de decisões descentralizados e independentes, para que, através de conselhos populares especialmente criados, haja uma efetiva representação da opinião pública local, oferecendo ao cidadão um canal específico para manifestar suas necessidades, gerando, ao fim, uma maior consciência de cidadania ao povo. Nas palavras de Regis Fernandes de Oliveira, o orçamento participativo "dá nascimento a dois focos de poder democrático: um, pelo voto; outro, pelas instituições diretas de participação".[62]

O interesse despertado por este mecanismo de participação popular direta na gestão dos recursos públicos reside também no fato de ter o condão de unir diferentes espectros do cenário político. O orçamento participativo é valorizado tanto como forma de convocar o povo para partilhar do exercício do poder estatal (tradicionalmente identificada como uma

---

[61] WAMPLER, Brian. A difusão do Orçamento Participativo brasileiro: "boas práticas" devem ser promovidas? *Opinião Pública*, Campinas, vol. 14, n. 1, 2008. p. 69.

[62] OLIVEIRA, Regis Fernandes de. *Curso de Direito Financeiro*, Op. cit. p. 359.

posição das esquerdas) como pelo potencial de austeridade fiscal que é capaz de gerar quando os contribuintes passam a ter real noção da destinação dos valores arrecadados (postura relacionada às práticas ditas *neoliberais* de controle do aumento dos gastos públicos).[63]

Ocorre que o fundamento legal para o orçamento participativo é questionável. Isso porque, não obstante a Constituição Federal contenha um dispositivo prevendo a iniciativa popular para a elaboração de leis em geral (art. 61), o art. 165 fixa que, em relação às leis orçamentárias, a iniciativa será do chefe do Poder Executivo.

A norma mais próxima à ideia de orçamento participativo encontra-se no art. 29 da Carta, que contém dispositivos que estabelecem a possibilidade de participação popular nas questões locais. Assim é que o inciso XII prevê a "cooperação das associações representativas no planejamento municipal" e o inciso XIII permite a "iniciativa popular de projetos de lei de interesse específico do Município, da cidade ou de bairros, através de manifestação de, pelo menos, cinco por cento do eleitorado".

Não podemos desconsiderar, também, a previsão contida no parágrafo 1º, inciso I, do art. 48 da Lei de Responsabilidade Fiscal, que dispõe sobre o "incentivo à participação popular e realização de audiências públicas, durante os processos de elaboração e discussão dos planos, lei de diretrizes orçamentárias e orçamentos".

Nas normas constitucionais indicadas não há, porém, qualquer menção à vinculação da atividade de elaboração do orçamento pelo Poder Executivo às propostas populares. Portanto, em regra, o Poder Executivo não está obrigado nem pode ser compelido a levar em consideração as propostas populares quando da elaboração do orçamento, sobretudo em razão de que o art. 165 da Constituição estabelece claramente o *caráter privativo da iniciativa* do Poder Executivo na elaboração do orçamento.[64] Resta-nos, assim, considerá-las como sugestões legitimadas pelo interesse público local, sem implicar obrigação do Poder Executivo na incorporação dos seus termos ao projeto de lei orçamentária.

A implementação do orçamento participativo apresenta vantagens e desvantagens que merecem ser ponderadas. Como vantagens, pode-se dizer que: a) haveria um fortalecimento da cidadania e da democracia deliberativa; b) permitiria escolhas comunitárias conforme suas maiores necessidades; c) traria ao cidadão maior transparência do custo/benefício do orçamento. Já como desvantagens, identificam-se: a) o enfraquecimento da representação política ao demonstrar a sua dispensabilidade; b) uma possível manipulação do conteúdo do orçamento por interesses individuais específicos; c) a exigência de conhecimento técnico para análise das propostas, o que nem sempre se vislumbra nas manifestações populares; d) a inexistência de visão global da peça do orçamento, já que o foco será sempre local.[65]

Podem-se ressaltar os pontos positivos, indicando aquilo que anteriormente já foi dito: diante de um momento de crise do sistema representativo tradicional, a abertura para meios

---

[63] BOTEY, Luis Emilio Cuenca; CÉLÉRIER, Laure. Participatory Budgeting at a community level in Porto Alegre: a Bourdieusian interpretation. *Accounting, Auditing & Accountability Journal*, vol. 28, n. 5, 2015. p. 739-772.

[64] "A aplicação prática dessa forma de controle suplementar também não elimina o binômio conveniência e oportunidade no âmbito governamental, ou seja, continua preservada a discricionariedade dos poderes executivo e legislativo, tendo em vista que deve ser respeitada uma certa margem de ação/decisão tanto do administrador quanto do legislador, no exercício de suas competências constitucionais" (ASSONI FILHO, Sérgio. Democracia e controle social do orçamento público. *Revista Direito Administrativo, Contabilidade e Administração Pública*. São Paulo, IOB, v. 9, n. 11, nov. 2005. p. 17-35).

[65] TORRES, Ricardo Lobo. *Tratado de Direito Constitucional Financeiro e Tributário*, Op. cit. p. 104.

alternativos de exercício do poder estatal, por meio do convite para que o povo tome parte mais ativamente, pode fornecer uma válvula de escape para a crise apontada. A participação na elaboração do orçamento reveste-se de natureza especial, pois se está a decidir o modo pelo qual os recursos públicos angariados junto à sociedade serão gastos. Se o clamor das ruas acusa o Estado de não fornecer serviços básicos com qualidade frente à elevada carga tributária, o chamamento da sociedade civil para participar das decisões de *quanto, onde* e *como* despender os recursos permite não só uma maior transparência (noção dos custos e benefícios de se assumir esta ou aquela política pública), mas também gera uma corresponsabilidade dos participantes.

Ademais, a lógica do orçamento participativo também privilegia *o princípio da subsidiariedade*, visto por muitos como princípio implícito de toda e qualquer estrutura de um Estado federal, o qual se notabiliza pela divisão de atribuições e competências entre entes menores e maiores. Por subsidiariedade entenda-se o princípio pelo qual aquele que está mais próximo da realidade a ser influenciada percebe de modo mais claro quais são as necessidades concretas da situação. Ao revés, à medida que alguém se distancia da situação concreta (por exemplo, as instâncias burocráticas da Administração Pública, distantes das diversas localidades do Município), menos dados terá acerca das reais demandas de uma dada população. Desta maneira, a convocação dos cidadãos em assembleias locais para exporem suas necessidades, escolhendo seus representantes para o fim de elaboração do orçamento participativo perante o Poder Público, pode liberar este potencial de fazer conhecer ao Estado as privações enfrentadas e conduzir a uma melhor alocação de recursos públicos.[66]

Uma outra questão do ponto de vista da democracia participativa está no incremento da *accountability* (prestação de contas) dos agentes políticos envolvidos na aprovação do orçamento. A participação popular nas escolhas orçamentárias torna os atores políticos e seus atos mais expostos à crítica e cobrança. Como salientou Marcia Ribeiro Dias em seu estudo sobre a implantação do orçamento participativo em Porto Alegre desde 1989, por vezes os vereadores sentiam-se constrangidos de contrariar a vontade popular configurada pelo orçamento participativo, temendo uma possível perda de votos em futuras eleições:

> [...] por outro lado, contrariar essa vontade, que se expressa a partir dos segmentos populares do OP, pode significar para muitos vereadores a derrota eleitoral no próximo pleito. Assim, os vereadores de Porto Alegre não se sentem à vontade para alterar os Projetos de Lei encaminhados pelo Executivo com o "carimbo" do Orçamento Participativo. Em primeiro lugar, pelo fato de suas próprias atribuições terem sido colocadas "em xeque" e, em segundo lugar, pela pressão popular exercida pelos membros do OP na hora das votações. A situação de constrangimento levou vereadores, principalmente da oposição, a uma percepção da redução de sua capacidade decisória com relação ao orçamento municipal. A criação do Orçamento Participativo, no entanto, não anulou nenhuma das atribuições da vereança em função de não ter havido nenhuma alteração na legislação municipal que reduzisse sua capacidade legal de intervir, emendando os Projetos de Lei Orçamentárias. O que passou a ocorrer foi uma recusa deliberada dos parlamentares em modificar as planilhas de investimentos através da incorporação de projetos de sua autoria.[67]

---

[66] "Ao ouvir os cidadãos sobre como o governo deve despender seus recursos, acredita-se que a alocação terá maior eficácia no enfrentamento das mazelas sociais. Seriam atacados os pontos de maior carência, já que o povo os indicaria. Reduzem-se os intermediários na gestão pública, acatam-se as demandas da população e diminuem os possíveis problemas da representação de interesses" (CARVALHO, Carlos Eduardo; SILVA, Glauco Peres da. Referenciais teóricos para desenvolver instrumentos de avaliação do Orçamento Participativo. *Nova economia*, Belo Horizonte, v. 16, nº 3, set./dez. 2006. p. 431).

[67] DIAS, Marcia Ribeiro. *Sob o signo da vontade popular*: o orçamento participativo e o dilema da Câmara Municipal de Porto Alegre. Belo Horizonte: UFMG; Rio de Janeiro: IUPERJ, 2002. p. 251.

Não obstante, o reconhecimento do modelo não o torna imune às críticas, tal como já mencionado. A primeira crítica que pode ser formulada é aquela ilustrada no trecho antes citado desde o ponto de vista dos membros do Poder Legislativo. Segundo esta crítica, enquanto a opção institucional estatal e constitucional for por um modelo representativo de democracia, a vontade popular deve se expressar por meio da atuação dos representantes democraticamente eleitos, sendo possível a participação direta da população (que seria a exceção do sistema) somente nas hipóteses expressamente previstas na Constituição, o que não é o caso do orçamento participativo. "Constranger" o parlamentar a atuar seria uma forma indireta de retirar-lhe legitimidade no exercício de seu mandato.

Outra crítica possível seria a de que o orçamento participativo daria azo a manobras populistas de cooptação de grupos locais, movimentos sociais ou econômicos com o fim de influenciar na elaboração do orçamento como forma de avançar interesses particulares ou mesmo de certos grupos partidários.[68] Outro risco seria o de que os conselhos do orçamento participativo fundariam mais uma instância burocrática por analogia àquelas já existentes no âmbito estatal.

Encontra-se também dificuldade quanto à ausência de formação técnica por parte de delegados e conselheiros. Sendo o orçamento uma peça técnica, a preocupação com um grau mínimo de esclarecimento sobre o orçamento público é por vezes negligenciada, o que poderia facilmente conduzir a uma instrumentalização dos votos de conselheiros pouco informados sobre as reais possibilidades e limites do orçamento participativo.[69]

Por fim, presente também a discussão se a análise meramente setorial da alocação de recursos, sem que se tenha uma visão de conjunto do orçamento e das diversas áreas que compõem a cidade (áreas estas que podem estar *sub-representadas* ou *maxi representadas*) nem sempre é capaz de diminuir desigualdades inter-regionais dentro do próprio Município.

Independentemente dos aspectos positivos e negativos, fato é que o orçamento participativo, que já se expandiu para vários estados e municípios brasileiros, foi uma criação tipicamente nacional nos moldes em que praticado hoje, como reconhecido pelo Banco Mundial.[70] Estudos indicam que o número de experiências supera mais de 300 municipalidades (ou entes equivalentes) ao redor do mundo, o que demonstra o sucesso deste modelo.

Nesse sentido, encontramos em diversos países a adoção do mecanismo do orçamento participativo em suas cidades. Assim foi com Rosário, na Argentina; Saint-Denis, na França; Montevidéu, no Uruguai; Barcelona, na Espanha; Toronto, no Canadá; Bruxelas, na Bélgica etc. No Brasil há diversos exemplos, como em Vila Velha, no Espírito Santo; Angra dos Reis, Volta Redonda, Barra Mansa e Niterói, no Rio de Janeiro; Lages, em Santa Catarina; Porto Alegre, no Rio Grande do Sul etc. Neste último exemplo, temos no parágrafo único do art. 116 da Lei Orgânica de Porto Alegre o seguinte dispositivo: "Fica garantida a participação da comunidade, a partir das regiões do Município, nas etapas de elaboração, definição e acompanhamento da execução do plano plurianual, de diretrizes orçamentárias e do orçamento anual".

---

[68] ROMÃO, Wagner de Melo. Conselheiros do Orçamento Participativo nas franjas da sociedade política. *Lua Nova*, São Paulo, nº 84, 2011. p. 221.

[69] NASSUNO, Marianne. *Burocracia e participação*: a experiência do orçamento participativo em Porto Alegre, 2006. 253 f. Tese (Doutorado em Sociologia) – Instituto de Ciências Sociais, Universidade de Brasília, Brasília. 2006. p. 76-77.

[70] WAMPLER, Brian. A guide to participatory budget. *In*: SHAH, Anwar. (Ed.). *Participatory budget*. Washington, D.C.: World Bank, 2007. p. 22.

A experiência de Porto Alegre em organização do orçamento participativo é emblemática, chegando a ser reconhecida pela II Conferência da UN-Habitat em Istambul como uma das 42 melhores práticas mundiais de governança urbana.[71] A metodologia ali aplicada permitiu a articulação entre o microcosmo local, o âmbito regional e a seara mais ampla da cidade como um todo:

> [...] a organização e a metodologia de discussões e de deliberação do orçamento participativo estão assentadas, nas experiências que seguem o modelo de Porto Alegre, em um conjunto de espaços que articulam o local (bairro) com a região e com o contexto municipal mais geral (cidade). Apresenta diferentes níveis de participação, que vai da esfera local e regional, caracterizada pela participação direta (em associações de bairro, conselhos populares, clubes de mães, assembleias regionais) que se articula com a representação dos delegados nos fóruns regionais e, finalmente, com os conselheiros do Conselho do Orçamento Participativo, responsáveis pela discussão do orçamento confrontando o conjunto das demandas regionais.

O orçamento participativo continua, na esfera municipal, fazendo novos adeptos. Recordamos que no ano de 2014, o Município de São Paulo, maior centro urbano do Brasil, adotou o modelo por meio do Decreto nº 54.837, de 13/02/2014, o qual estabeleceu o Conselho Municipal de Planejamento e Orçamento Participativos – CPOP, no âmbito da Secretaria Municipal de Planejamento, Orçamento e Gestão.

As atribuições deste Conselho encontram-se no art. 2º do referido Decreto, e aqui é possível citar algumas: 1) propor diretrizes para a elaboração da proposta do Programa de Metas, do Plano Plurianual (PPA), da Lei de Diretrizes Orçamentárias (LDO) e da Lei Orçamentária Anual (LOA); 2) propor metodologia para o processo de participação da sociedade civil na discussão e elaboração da proposta do Programa de Metas, do Plano Plurianual (PPA), da Lei de Diretrizes Orçamentárias (LDO) e da Lei Orçamentária Anual (LOA); 3) promover a participação popular na elaboração dos instrumentos de planejamento e orçamento da Prefeitura do Município de São Paulo; 4) colaborar com a construção de mecanismos de monitoramento e avaliação da execução do Programa de Metas, do Plano Plurianual e da execução orçamentária anual; 5) acompanhar e monitorar a execução orçamentária anual e o cumprimento do Programa de Metas e do Plano Plurianual, contribuindo para possíveis revisões e manutenção da integração, articulação e compatibilização dos instrumentos de planejamento; 6) propor e participar de audiências públicas, plenárias, oficinas de formação, seminários e outras atividades participativas relacionadas à elaboração e discussão dos instrumentos de planejamento; 7) articular-se de forma contínua e permanente com os Conselhos Participativos Municipais das Subprefeituras e demais instâncias participativas da Administração Pública Municipal; 8) aprovar a constituição de comissões internas temporárias.

Já em nível estadual, citamos o caso da Lei nº 11.179/1998 do Estado do Rio Grande do Sul, que dispõe sobre a consulta direta à população quanto à destinação de parcela do Orçamento do Estado do Rio Grande do Sul voltada a investimentos de interesse regional. Todavia, no julgamento da ADI nº 2.680 (29/05/2020),[72] o STF decidiu ser inconstitucional norma da Constituição do Estado do Rio Grande do Sul que determinava a execução obri-

---

[71] GOLDFRANK, Benjamin. Lessons from Latin America's Experience with Participatory Budgeting. *In:* SHAH, Anwar. (Ed.). *Participatory budget.* Washington, D.C.: World Bank, 2007. p. 93.

[72] STF. ADI 2.680, Rel. Min. Gilmar Mendes, Pleno, julg. 29/05/2020. No mesmo sentido: ADI 2.037, Rel. Min. Nunes Marques, Pleno, julg. 02/10/2023.

gatória de orçamento elaborado com participação popular, em razão de que a vinculação da vontade popular na elaboração de leis orçamentárias contraria a competência exclusiva do chefe do Poder Executivo.

Finalmente, no âmbito federal, o Decreto nº 8.243,[73] de 23 de maio de 2014, da Presidência da República, buscando atender as manifestações populares que espocaram ao redor de várias capitais do país, criava ferramentas de maior influência popular na tomada das decisões governamentais (instituindo a Política Nacional de Participação Social e o Sistema Nacional de Participação Social). Esta tentativa alcançava também o ciclo orçamentário federal: seu art. 4º, inc. V, estatuía ser um de seus objetivos o de "desenvolver mecanismos de participação social nas etapas do ciclo de planejamento e orçamento". Indicava, com isso, a inspiração no modelo de orçamento participativo municipal, querendo agora transplantá-lo para a esfera federal como meio de participação direta do cidadão na definição das políticas públicas e seu viés financeiro em sociedade.

Contudo, o Decreto nº 9.759, de 11 de abril de 2019, revogou o Decreto nº 8.243/2014, extinguindo a Política Nacional de Participação Social (PNPS) e o Sistema Nacional de Participação Social (SNPS) por ele instituídos.

O orçamento participativo, se considerado válido, para cumprir sua finalidade, não pode somente ser mecanismo de chancela das escolhas políticas feitas pelo governante que esteja circunstancialmente detendo o poder, nem podem os conselhos representativos da sociedade serem povoados apenas por movimentos e atores sociais que possuam visão política similar àquela dos ocasionais ocupantes de posições de mando.

O ideal de democratização das políticas públicas é mais do que louvável. Mas, na seara orçamentária, o tema precisa ser tratado com cautela, a fim de se encontrar meios para potencializar os seus benefícios, sem contaminar-se pelas desvantagens.

10.6. ORÇAMENTO IMPOSITIVO E AUTORIZATIVO

Tema que merece destaque é o da *imperatividade* da execução do orçamento público no Brasil.

Os debates envolvem considerar o orçamento **impositivo**, quando a sua execução é *obrigatória* e vinculada às previsões orçamentárias, ou **autorizativo**, quando a sua execução é *facultativa* e permite que o administrador público possa, durante a sua gestão, realizar escolhas discricionárias entre gastar ou não gastar, podendo não executar parcela de suas previsões, através do denominado contingenciamento orçamentário.

Não se devem confundir, contudo, dois momentos distintos no ciclo orçamentário: a elaboração (anterior) e a execução do orçamento (posterior). Isso porque, primeiramente, temos a elaboração da peça orçamentária, em que se fazem escolhas alocativas de recursos públicos, parametrizadas por comandos jurídicos (constitucionais e legais) e por deliberações políticas (discricionárias). Em momento seguinte, temos a execução do orçamento, podendo ser considerada autorizativa ou impositiva, de acordo com a maior ou menor liberdade em executá-lo. Portanto, não se pode confundir a flexibilidade ou rigidez da vinculação a determinados parâ-

---

[73] O referido Decreto instituiu a Política Nacional de Participação Social – PNPS e o Sistema Nacional de Participação Social – SNPS. Entretanto, o Plenário da Câmara dos Deputados aprovou em 28/10/2014 o projeto de decreto legislativo (PDC nº 1.491/2014) que anula o decreto presidencial nº 8.243/2014 que criou a Política Nacional de Participação Social.

metros (escolha dos gastos e políticas públicas) na elaboração do orçamento com a liberdade ou impositividade na sua execução.[74]

Embora ainda haja controvérsias, atualmente podemos afirmar que o orçamento público no Brasil possui natureza eminentemente impositiva, com algumas exceções que permitem afastar o caráter de cumprimento obrigatório das despesas planejadas (parte autorizativa).

Assim, a nosso ver, restam superados os entendimentos que generalizavam e afirmavam ser meramente autorizativo o orçamento público no Brasil.

O seu caráter de orçamento impositivo já vinha se firmando em razão da parcela cada vez maior de despesas obrigatórias não contingenciáveis previstas na Constituição e nas leis.

Todavia, uma série de emendas constitucionais alteraram o panorama jurídico sobre a impositividade orçamentária.

Primeiro, tivemos a **Emenda Constitucional nº 86/2015**, originária da "PEC do orçamento impositivo", que estabeleceu a execução obrigatória das emendas parlamentares ao orçamento até o limite de 1,2% da receita corrente líquida da União (RCL). Em seguida, com o advento da **Emenda Constitucional nº 100/2019**, que alterou os artigos 165 e 166 da Constituição Federal, tornou-se obrigatória a execução orçamentária, ao prever que "a administração tem o dever de executar as programações orçamentárias, adotando os meios e as medidas necessários, com o propósito de garantir a efetiva entrega de bens e serviços à sociedade" (§ 10, art. 165). Já a **Emenda Constitucional nº 102/2019** vem a ser editada para aprimorar o modelo de impositividade orçamentária, ao prever as condições e hipóteses para a execução obrigatória do orçamento público no Brasil: a) devendo-se respeitar as metas fiscais e limites de despesas; b) excetuando-se os casos de impedimentos de ordem técnica devidamente justificados; c) aplicá-la, exclusivamente, às despesas primárias discricionárias (§§ 11, 12 e 13, art. 165, CF/1988). A **Emenda Constitucional nº 105/2019** estabeleceu que as emendas individuais impositivas apresentadas ao projeto de lei orçamentária anual poderão alocar recursos a Estados, ao Distrito Federal e a Municípios por meio de transferência especial ou transferência com finalidade definida. Por fim, a **Emenda Constitucional nº 126/2022** elevou para 2% da receita corrente líquida da União o percentual de execução obrigatória das emendas parlamentares ao orçamento, cabendo 1,55% às emendas de Deputados e 0,45% às emendas de Senadores.

O fato é que nossos autores de finanças públicas e direito financeiro, em sua grande maioria, postulavam a sua natureza exclusivamente autorizativa, pela qual se permitia a realização

---

[74] Sobre o tema da rigidez alocativa orçamentária, Maurício Paz Saraiva Câmara faz o seguinte diagnóstico: "No Brasil, a inflexibilidade dos recursos que deveriam estar à disposição do gestor público é fundada por duas restrições distintas, porém complementares: pelo excessivo grau de vinculação de receitas a gastos específicos e pelo elevado nível de despesas constitucional e legalmente obrigatórias. A primeira refere-se àquelas receitas que não podem ser utilizadas para despesas diferentes para as quais foram criadas (fonte x financia programa y); a segunda é atribuída aos elevados gastos obrigatórios a que qualquer governo é obrigado a honrar – tais como previdência social e despesas com pessoal – e às transferências aos estados e municípios. Essas restrições, no entanto, reduzem a flexibilidade alocativa da política fiscal para atender a outras demandas da sociedade. Foi uma opção do Constituinte de 1988, na medida em que concedeu uma gama de direitos que, não obstante serem legítimos, deram causa a uma série problemas de natureza fiscal, especialmente quanto à maleabilidade orçamentária" (CÂMARA, Maurício Paz Saraiva. *Uma análise sobre algumas causas da rigidez orçamentária após a Constituição de 1988*. Monografia (Especialização) – Instituto Serzedello Corrêa, do Tribunal de Contas da União, Centro de Formação, Treinamento e Aperfeiçoamento (Cefor), da Câmara dos Deputados e Universidade do Legislativo Brasileiro (Unilegis), do Senado Federal, Curso de Especialização em Orçamento Público, Brasília, 2008. p. 11).

das despesas públicas, sem, contudo, obrigar a Administração Pública a cumprir as previsões orçamentárias. Assim, o orçamento apenas autorizaria a atividade financeira, não impondo ou vinculando a seus termos a atuação do Estado, que manteria sua autonomia política em matéria financeira. Noutras palavras, dizia-se que a lei orçamentária trazia em si uma "autorização de gastar" e não uma "obrigação de gastar", permitindo que o Poder Executivo, durante a execução orçamentária, não realizasse algumas das despesas previstas na lei orçamentária, contingenciando-as, sob a justificativa da necessidade de se dotar o Poder Executivo de flexibilidade na execução orçamentária.

Adotando a linha clássica do *orçamento autorizativo* no Brasil, Ricardo Lobo Torres[75] leciona que "a teoria de que o orçamento é lei formal, que apenas prevê as receitas públicas e autoriza os gastos, sem criar direitos subjetivos e sem modificar as leis tributárias e financeiras, é, a nosso ver, a que melhor se adapta ao direito constitucional brasileiro". Por sua vez, Kiyoshi Harada[76] afirma que

> o orçamento anual regulado na Constituição é meramente autorizativo. É verdade que a sua execução é regida pelo princípio da legalidade. Nada pode ser gasto sem prévia fixação da despesa correspondente na LOA. Porém, é importante deixar claro que execução de despesa previamente autorizada pelo Legislativo não significa obrigatoriedade de o Executivo exaurir a verba orçamentária prevista nas diferentes dotações.

E, na mesma esteira, afirma Eduardo Mendonça que "o orçamento no Brasil é autorizativo, do que decorre a conclusão de que as previsões de gasto não são obrigatórias apenas por terem sido nele previstas". E sintetiza: "orçamento autorizativo, no Brasil, significa o poder de não gastar".[77] Entretanto, este mesmo jurista, em obra derivada de sua dissertação de mestrado,[78] dá um feliz passo adiante, e propõe uma impositividade mínima na execução orçamentária. Segundo ele:

> A tese de que o orçamento é meramente autorizativo - que não decorre expressamente de nenhum enunciado normativo - faz com que o Poder Executivo possa liberar as verbas previstas na medida da sua discrição. Algumas despesas são tidas como obrigatórias, mas não por estarem no orçamento, e sim por decorrerem da Constituição ou de outras leis. As decisões efetivamente produzidas no orçamento não decidem de fato, admitindo-se que o Executivo possa redecidir tudo e seguir uma pauta própria de prioridades. E tudo isso sem nem mesmo estar obrigado a motivar as novas escolhas. (...) Assim, o que o orçamento autorizativo permite, na prática, é a inércia. (...) Não se justifica que o Presidente tenha um poder imperial nessa matéria, redefinindo prioridades de forma monocrática e imotivada.
>
> (...) o orçamento deve ser vinculante, em alguma medida. Não se deve assumir como corriqueiro que as decisões produzidas possam ser simplesmente ignoradas, sem qualquer procedimento formal. Nesse ponto, duas modalidades de vinculação foram apresentadas. A primeira é a que se entende verdadeiramente devida, decorrente dos princípios constitucionais analisados. Por isso

---

[75] TORRES, Ricardo Lobo. *Curso de Direito Financeiro e Tributário*. 17. ed. Rio de Janeiro: Renovar, 2010. p. 177.
[76] HARADA, Kiyoshi. *Direito Financeiro e Tributário*. 23. ed. São Paulo: Atlas, 2014. p. 94.
[77] MENDONÇA, Eduardo. Da Faculdade de Gastar ao Dever de Agir: O Esvaziamento Contramajoritário de Políticas Públicas. **In:** SARMENTO, Daniel; SOUZA NETO, Claudio Pereira de. (Coord.). *Direitos sociais:* fundamentos, judicialização e direitos sociais em espécie. Rio de Janeiro: Lumen Juris, 2008. p. 233-234.
[78] MENDONÇA, Eduardo Bastos Furtado de. *A constitucionalização das finanças públicas no Brasil* - devido processo orçamentário e democracia. Rio de Janeiro: Renovar, 2010. p. 392-397.

foi denominada de vinculação autêntica. A segunda consiste apenas no dever de motivar eventuais desvios da rota planejada, uma obrigação de dar satisfações sobre os motivos que justificariam a decisão. Foi denominada vinculação mínima.

A jurisprudência pátria também seguia a posição tradicional de que o orçamento público seria meramente autorizativo, tal como se manifestou o STF nos Recursos Extraordinários nº 34.581-DF e nº 75.908-PR: "O simples fato de ser incluída, no orçamento, uma verba de auxílio a esta ou àquela instituição não gera, de pronto, direito a esse auxílio; (...) a previsão de despesa, em lei orçamentária, não gera direito subjetivo a ser assegurado por via judicial."

Não obstante, assim como a doutrina moderna, a jurisprudência mais atual inicia uma mudança de entendimento, no sentido de conferir impositividade ao orçamento.

Por ocasião de análise em caráter liminar da ADI 4.663, o relator, Ministro Luiz Fux, ao apreciar a impugnação de lei de diretrizes orçamentárias a partir do sistema orçamentário inaugurado pela Constituição de 1988 – que estabelece o convívio harmonioso do plano plurianual, da lei de diretrizes orçamentárias e da lei orçamentária anual, norteados pela busca do planejamento e da programação da atividade financeira do Estado –, adentrou neste debate, ao expressamente afirmar, em sua decisão monocrática liminar, que "as normas orçamentárias ostentam, segundo a lição da moderna doutrina financista, a denominada força vinculante mínima, a ensejar a imposição de um dever *prima facie* de acatamento, ressalvada a motivação administrativa que justifique o descumprimento com amparo no postulado da razoabilidade". De fato, nem os autores citados, nem a jurisprudência apresentada estão integralmente equivocados, pois o nosso orçamento público não deixa de ser, em parte, meramente autorizativo.

A principal norma que fundamenta o modelo orçamentário brasileiro como sendo autorizativo decorre da interpretação do § 8º do art. 165 da Constituição Federal de 1988, o qual diz que "a lei orçamentária anual não conterá dispositivo estranho à **previsão** da receita e à **fixação** da despesa". Entende-se que o termo "fixação" não equivaleria a uma obrigação de realização, mas tão somente ao estabelecimento de um limite para a realização da despesa. Como sabemos, a Constituição traz a regra de que, para se realizar uma despesa pública, esta deverá estar prevista no orçamento, sendo certo que não haveria liberdade para eventual alteração dos seus termos (art. 167). Ou seja, o Estado não pode gastar sem estar previamente autorizado e não pode modificar as previsões estabelecidas.

Ainda, como fundamento complementar para esta compreensão, temos a interpretação de que a Lei nº 4.320/1964 faculta ao Poder Executivo contingenciar despesas autorizadas na lei orçamentária, a partir da previsão no seu art. 48, alínea *b*, de que a fixação das cotas trimestrais da despesa levará em consideração a necessidade de manutenção do equilíbrio fiscal.

Ademais, importante lembrar que a Lei de Responsabilidade Fiscal traz o mecanismo da *limitação de empenho* previsto no seu art. 9º ao determinar que, se verificado, ao final de um bimestre, que a realização da receita poderá não comportar o cumprimento das metas de resultado primário ou nominal estabelecidas no Anexo de Metas Fiscais, os Poderes e o Ministério Público promoverão, por ato próprio e nos montantes necessários, nos trinta dias subsequentes, limitação de empenho e movimentação financeira, segundo os critérios fixados pela lei de diretrizes orçamentárias. Contudo, ficam de fora desse mecanismo as despesas que constituam obrigações constitucionais e legais do ente, inclusive aquelas destinadas ao pagamento do serviço da dívida, as relativas à inovação e ao desenvolvimento científico e tecnológico custeadas por fundo criado para tal finalidade e as ressalvadas pela lei de diretrizes orçamentárias.

Desse modo, o **contingenciamento de despesas** consiste no adiamento ou na não realização de parte da programação de despesa prevista na Lei Orçamentária em função da insuficiência de receitas. Assim, no início de cada ano, o Governo Federal edita um Decreto limitando os valores autorizados na lei orçamentária anual relativos às despesas discricionárias ou não legalmente obrigatórias (investimentos e custeio em geral). O Decreto de Contingenciamento apresenta como anexos limites orçamentários para a movimentação e o empenho de despesas, bem como limites financeiros que impedem pagamento de despesas empenhadas e inscritas em restos a pagar, inclusive de anos anteriores. Tal expediente é adotado para a consecução de metas de ajuste fiscal, adequando-se a execução da despesa ao fluxo de caixa do Tesouro.

Portanto, inegável afirmar que há efetivamente uma parcela do orçamento público que pode não ser executada, sofrendo contingenciamentos a critério do Poder Executivo, especialmente diante do descumprimento de metas fiscais, de eventual desequilíbrio orçamentário por força de uma menor arrecadação, ou devido a uma alteração de prioridades nos investimentos ou no planejamento, cabendo ao administrador público esta avaliação.

Entretanto, destaque-se que, como as despesas *obrigatórias* constitucionais e legais – não são contingenciáveis, quanto a essa parte podemos dizer que sempre se tratou de orçamento impositivo, restando denominar de orçamento autorizativo a sua parcela discricionária ou facultativa. É o que esclarece Edilberto Carlos Pontes Lima:[79]

> Há que se ressaltar que a maior parte do orçamento público já é de execução obrigatória, como as despesas com pessoal, com benefícios previdenciários, com transferências a estados e municípios, com pagamento de juros e amortização da dívida pública. Mesmo a ampla maioria das despesas de custeio é de execução obrigatória, já que não há como se deixar de pagar as contas de água, de luz, de serviços de limpeza, entre outras, inerentes ao funcionamento da máquina pública. Resta, portanto, parte do custeio, principalmente o referente a novos programas ou expansão dos existentes e o investimento público, em que há uma discricionariedade relativa, pois muitos projetos dependem de investimentos realizados ao longo de vários anos, tornando muito difícil interrompê-los.

A partir desta realidade, este autor analisa diferentes versões para um orçamento impositivo:[80]

> Numa versão extrema, trata-se de obrigar o governo a executar integralmente a programação orçamentária definida pelo Congresso Nacional. Numa versão intermediária, para a não execução de parte da programação, exige-se a anuência do Congresso. Versões mais flexíveis determinam a obrigatoriedade de implementar apenas parte do orçamento, deixando alguma margem para o Executivo decidir sobre a implementação ou não. O modelo extremo é improvável, pois, segundo esse modelo, quem detém o poder de autorizar que determinado gasto seja realizado – o Congresso – não detém o poder de autorizar que ele não seja mais feito. A versão intermediária, seguida pelos Estados Unidos desde meados dos anos 1970, parece a mais razoável e permite alguma flexibilidade orçamentária. [...] Um caso ainda menos rígido é a situação que autorizaria o Executivo a não realizar determinadas despesas sempre que fatos supervenientes ocorressem. Caberia ao executor apenas explicar ao Congresso a razão de não ter executado certos créditos incluídos no orçamento. O modelo poderia permitir que o Congresso pudesse impor algum tipo de sanção ao Poder Executivo desde que não se convencesse da real necessidade de anular a despesa prevista.

---

[79] LIMA, Edilberto Carlos Pontes. Algumas Observações sobre Orçamento Impositivo. *Planejamento e Políticas Públicas – PPP*, n. 26, jun./dez. 2003. p. 5.
[80] Ibidem. p. 6.

Tathiane Piscitelli,[81] ainda que mantenha a sua posição clássica e entenda ser autorizativo o orçamento público, reconhece a sua parcela impositiva ao afirmar que

> no Brasil, o orçamento é, via de regra, autorizativo e não impositivo. Desse modo, o que se tem é mera previsão de gastos, que serão realizados de acordo com a disponibilidade das receitas arrecadadas no exercício. A previsão de uma dada despesa não necessariamente implica sua realização, já que o Poder Executivo tem a discricionariedade de ajustar os gastos públicos diante das necessidades que se realizam ao longo do exercício. Contudo, mesmo que o orçamento não seja em geral impositivo, é importante destacar que grande parte das receitas do Estado tem destinação própria e, assim, está vinculada a finalidades específicas. Isso significa que, nesse aspecto, o orçamento é sim impositivo. [...] O orçamento no Brasil, em que pese não impositivo, apresenta pouca margem de liberdade para o administrador, já que uma parte considerável das receitas é vinculada. Não obstante, isso não pode ser visto como uma característica suficiente para alterar os efeitos das leis orçamentárias: mesmo com algumas receitas vinculadas, de um ponto de vista geral o orçamento é autorizativo e não impositivo, embora, reitere-se, haja impositividade em relação a algumas receitas.

Por sua vez, abraçando o caráter impositivo do orçamento, Adilson de Abreu Dallari[82] assevera:

> o orçamento-programa, que é elaborado em função de objetivos e metas a serem atingidas, de projetos e programas a serem executados, dos quais as dotações são a mera representação numérica, não mais pode ser havido como meramente autorizativo, tendo, sim, por determinação constitucional, um caráter impositivo.

A lei orçamentária, uma vez aprovada, obriga o Executivo a lhe dar fiel cumprimento, sob pena de crime de responsabilidade. Em texto intitulado "Rumo ao Orçamento Impositivo", Luis Felipe Valerim Pinheiro afirma que "não há, assim, margem de liberdade para o administrador público decidir se executa, ou não, a ação administrativa prevista na LOA".[83]

Regis Fernandes de Oliveira,[84] caminhando para a aceitação do orçamento como impositivo, afirma que "o verbo *fixar*, utilizado para estabelecer as despesas, não se conforma com o sentido pouco estável da mera previsão de despesas. *Fixar* é mais que lançar provisoriamente no rol de gastos. É séria demonstração de reconhecimento de dívida, só ilidida por motivos relevantes e fundados". Assim, leciona:

> Em regra, as despesas autorizadas obrigam o administrador, salvo se demonstrar a impossibilidade ou séria inconveniência de sua efetivação. [...]
>
> Dessa forma, mais convencidos estamos de que é inviável, diante das premissas assentadas na peça orçamental, que possa o Chefe do Executivo prever receita, para pagamento de serviços públicos

---

[81] PISCITELLI, Tathiane. *Direito Financeiro Esquematizado*. 2. ed. São Paulo: Método, 2012. p. 50-52.

[82] DALLARI, Dilson de Abreu. Orçamento impositivo. **In**: CONTI, José Maurício; SCAFF, Fernando Facury (Coords.). *Orçamentos públicos e direito financeiro*. São Paulo: Revista dos Tribunais, 2011. p. 325.

[83] PINHEIRO, Luís Felipe Valerim. Rumo ao Orçamento Impositivo. **In:** CONTI, José Maurício; SCAFF, Fernando Facury (Coords.). *Orçamentos públicos e direito financeiro*. São Paulo: Revista dos Tribunais, 2011. p. 428.

[84] OLIVEIRA, Regis Fernandes. *Curso de Direito Financeiro*. 6. ed. São Paulo: Revista dos Tribunais, 2014. p. 589-560.

essenciais, menor que o valor sabidamente certo que deve satisfazer. Em sendo assim, o orçamento converte-se em lei real e não de mera previsibilidade. [...]

Não pode o Chefe do Executivo contingenciá-lo, uma vez que apenas poderá fazê-lo no caso de não haver realização das receitas. Se o montante das receitas equivale ao das despesas previstas, o cumprimento exato do orçamento torna-se obrigatório. Apenas poderá haver o contingenciamento na hipótese de não realização das receitas.

A propósito, Hely Lopes Meirelles[85] já dizia que "a execução do orçamento é de ser feita com fiel atendimento do que ele dispõe, quer quanto à arrecadação, quer quanto à despesa. Executar é cumprir o determinado".

Com igual entendimento, para José Marcos Domingues de Oliveira,

> o Poder Executivo, em face da imperatividade da lei emanada do Legislativo, a cujo controle se submete pelo princípio da separação de poderes, não pode pura e simplesmente descumprir a Lei Orçamentária; ao contrário, deve pedir fundamentadamente prévia autorização legislativa que corrija eventuais equívocos de estimativa contábil.[86]

Segundo Francisco Hélio de Souza[87]

> muitos dos que defendem a imposição orçamentária o fazem com base principalmente na experiência norte-americana, por ser uma República Federativa, com regime presidencialista, tal qual o brasileiro. Enumeram as duas figuras de que se pode valer o Chefe do Poder Executivo para deixar de executar determinadas programações: o *deferral* e o *rescission*. No caso do *deferral*, o presidente pode solicitar que dotações aprovadas pelo Congresso sejam tornadas indisponíveis para comprometimento por determinado período de tempo. É algo parecido com o nosso contingenciamento, com a marcante diferença de que, lá, quem na verdade contingencia é o Congresso, quando aprova a solicitação do presidente. Pelo *rescission*, o chefe do Poder Executivo propõe ao Congresso o cancelamento – total ou parcial – de dotações incluídas no orçamento, que se tornaram desnecessárias para o atingimento de certos objetivos ou para viabilização de programas.

Muitas iniciativas surgem no sentido de se tornar o orçamento público impositivo no Brasil, fazendo com que o Estado estivesse obrigado a realizar, no todo ou em parte, suas previsões discricionárias. Já houve proposta (PEC nº 22/2000) de modificar a Constituição no sentido explícito de se tornar obrigatória a programação total constante na lei orçamentária anual, com a inclusão da seguinte proposta de dispositivo: "Art. 165-A. A programação constante da lei orçamentária anual é de execução obrigatória, salvo se aprovada, pelo Congresso Nacional, solicitação, de iniciativa exclusiva do Presidente da República, para cancelamento ou contingenciamento, total ou parcial, de dotação".

Por sua vez, a PEC nº 358/2013, denominada "PEC do Orçamento Impositivo", deu origem à **Emenda Constitucional nº 86/2015**, que alterou os arts. 165, 166 e 198 da Constituição e incluiu no art. 166 o novo § 9º, estabelecendo que "as emendas individuais ao projeto de lei orçamentária serão aprovadas no limite de um inteiro e dois décimos por cento da

---

[85] MEIRELLES, Hely Lopes. *Direito Municipal Brasileiro*. 10. ed. São Paulo: Malheiros, 1998. p. 569.
[86] OLIVEIRA, José Marcos Domingues de. O Desvio de Finalidade das Contribuições e o seu Controle Tributário e Orçamentário..., Op. cit. p. 341.
[87] SOUSA, Francisco Hélio de. *O Caráter Impositivo da Lei Orçamentária Anual e seus Efeitos no Sistema de Planejamento Orçamentário*. Brasília: ESAF, 2008. p. 41.

receita corrente líquida prevista no projeto encaminhado pelo Poder Executivo, sendo que a metade deste percentual será destinada a ações e serviços públicos de saúde"; e o § 11 fixou ser "obrigatória a execução orçamentária e financeira das programações a que se refere o § 9º deste artigo, em montante correspondente a um inteiro e dois décimos por cento da receita corrente líquida realizada no exercício anterior".[88] Deixou-se à época, entretanto, uma margem para contingenciamento parcial em caso de não realização da receita estimada e não atingimento da meta de resultado fiscal, ao dispor no § 17 que "se for verificado que a reestimativa da receita e da despesa poderá resultar no não cumprimento da meta de resultado fiscal estabelecida na lei de diretrizes orçamentárias, o montante previsto no § 11 deste artigo poderá ser reduzido em até a mesma proporção da limitação incidente sobre o conjunto das despesas discricionárias".

Em 26 de junho de 2019, foi promulgada a **Emenda Constitucional nº 100**, que buscou consagrar o modelo constitucional de orçamento impositivo no país. Ela alterou os arts. 165 e 166 da Constituição Federal, para tornar obrigatória a execução da programação orçamentária, inclusive aquelas provenientes de emendas de bancada de parlamentares de Estados ou do Distrito Federal.

Segundo a nova previsão constitucional, a execução obrigatória das emendas de bancadas seguirá as mesmas regras das emendas individuais – as quais já eram impositivas desde a alteração introduzida pela EC nº 86/2015 – e corresponderão a 1,0% (um por cento) da receita corrente líquida (RCL) realizada no exercício anterior. Fica expressamente ressalvado, entretanto, que tais despesas não serão de execução obrigatória nos casos dos impedimentos de ordem técnica. Mas, para o ano de 2020, quando está previsto o início da produção de efeitos da norma, este montante será excepcionalmente de 0,8% (oito décimos percentuais) da RCL.

Apesar de o foco da EC nº 100/2019 ser a execução obrigatória das emendas de bancadas estaduais e distrital (e assim está literalmente ementado no texto publicado no DOU 27/06/2019, página 1), a partir de uma leitura mais atenta à redação desta emenda constitucional, percebe-se que um de seus dispositivos – o novo § 10 do art. 165 – impõe à Administração, sem se limitar às emendas parlamentares (como originariamente proposto na PEC nº 02/2015), o dever de executar obrigatoriamente as programações orçamentárias, para garantir a efetiva entrega de bens e serviços à sociedade.

Não obstante sempre termos nos manifestado pela obrigatoriedade da execução orçamentária na sua integralidade desde o texto original da Constituição Federal de 1988 (exceto nos casos de restrições financeiras, legais, técnicas ou materiais), parece-nos que esta mudança constitucional afasta de vez o caráter meramente "autorizativo" do orçamento público, como muitos sustentavam, e reconhece, de maneira expressa e literal, o modelo de execução obrigatória integral do orçamento público, tradicionalmente conhecido por "orçamento impositivo".

Aliás, isso foi exatamente o que manifestou o presidente do Congresso Nacional, Davi Alcolumbre (DEM-AP), quando da promulgação da EC nº 100/2019, ao afirmar que "o Orçamento é peça fundamental na condução da coisa pública e não pode ser uma mera formalidade ou obra de ficção". Segundo o parlamentar, o orçamento deve refletir as necessidades das unidades federadas e ser definido em debate aberto e transparente no Parlamento.

---

[88] STF. ADI 6.670, Rel. Gilmar Mendes, Pleno, julg. 30/08/2021, **DJe** 27/09/2021: "4. Normas gerais de direito financeiro. Competência da União. 5. Destinação obrigatória de emendas individuais à lei orçamentária. Necessidade de norma de constituição estadual observar o disposto no art. 166 da Constituição Federal". No mesmo sentido: STF. ADI 6.308.

É importante registrar que a primeira proposta que deu origem à EC nº 100/2019 adveio da PEC nº 02/2015 da Câmara dos Deputados, que visava tornar obrigatória apenas a execução da programação orçamentária oriunda de emendas coletivas ao projeto de lei orçamentária no limite de 1% da receita corrente líquida (RCL) prevista no projeto encaminhado pelo Poder Executivo. Essa medida, segundo a justificativa exposta por seus autores, teria o condão de restabelecer o equilíbrio entre os Poderes na definição das políticas públicas, pois o Executivo estaria deixando de priorizar as programações orçamentárias derivadas de emendas, pelo simples fato de serem originadas do Poder Legislativo.

Ocorre que, durante a sua tramitação, a proposta de emenda constitucional sofreu significativas alterações na Comissão Especial encarregada da análise do mérito da matéria, qual seja, a Comissão Especial da Execução Obrigatória das Emendas ao Orçamento. Os dispositivos incluídos no art. 165 ampliaram consideravelmente o escopo de aplicação da norma original, ao expandir o dever de execução aos programas e metas prioritárias do orçamento.

A este respeito, importante justificativa da referida Comissão Especial foi assim apresentada:

> (...) O orçamento impositivo permite ao Legislativo e à sociedade exigir dos órgãos de execução as providências necessárias à viabilização das ações, o que inclui a adoção de cronograma de análise dos projetos e programas, a identificação de impedimentos e demais medidas saneadoras, inclusive remanejamentos (...).
>
> Obviamente, não pode ser exigida do gestor a execução de programações com impedimento de ordem técnica ou legal, ressalvando-se ainda eventual necessidade de limitação fiscal necessária à manutenção da política fiscal. De outra parte, os órgãos de execução passam a ter o ônus de executar o programa de trabalho ou justificar a sua impossibilidade. Esse é o diferencial do novo modelo, fato que valoriza a elaboração e o acompanhamento do orçamento público. No modelo autorizativo o ordenador não se considerava responsável pela execução, tampouco se via obrigado a justificar a inação, cultura que favorece a inércia e a falta de eficiência do setor público (...).
>
> Não faz sentido, portanto, definir responsabilidade ou dever de execução apenas para as programações incluídas por emendas, uma vez que, teoricamente, o interesse público e do próprio Legislativo está na execução de todas as políticas públicas veiculadas pelo orçamento aprovado, e não apenas de subconjunto incluído pelas emendas (...).

Posteriormente, já no Senado Federal, como PEC nº 34/2019, o parecer da Comissão de Constituição e Justiça (CCJ) já observava a característica da impositividade orçamentária da proposta ao dispor o seguinte:

> Como se observa pela tramitação da proposta, o escopo inicial foi modificado de tal forma a ampliar o propósito original. A inclusão das alterações no art. 165 da Constituição Federal transcendem as emendas parlamentares atingindo todo o orçamento público. Parece-nos trazer à pauta mais uma vez a discussão sobre a impositividade integral do orçamento público.

Igual constatação foi reconhecida na Nota Técnica nº 42/2019 da Consultoria de Orçamentos, Fiscalização e Controle do Senado Federal, que assim se manifestou na sua introdução:

> Como será visto adiante, um possível, mas não necessário, desdobramento da proposta é a mudança do modelo orçamentário brasileiro, que passaria de autorizativo para impositivo (se não totalmente, ao menos de parcela relevante, além das programações oriundas das emendas de bancada). Essa possibilidade, por si só, demonstra a relevância da matéria e deixa patente a necessidade de uma discussão aprofundada.

Não obstante, a supramencionada nota técnica optou por não se posicionar de maneira categórica, porém, de maneira implícita indicou entendimento contrário, no sentido de entender que ainda assim o orçamento público no Brasil continuaria a ser meramente autorizativo:

> A definição da natureza jurídica dos orçamentos públicos do Brasil é tema bastante controverso. Na visão majoritária, considera-se que o orçamento público possui caráter autorizativo, ou seja, o Poder Legislativo autoriza as despesas que podem ser realizadas pelos Poderes da República. Portanto, o caráter cogente da lei orçamentária estaria relacionado ao fato de que somente as despesas nela autorizadas poderiam ser executadas. Assim, a lei orçamentária não impõe, salvo no que se refere às despesas obrigatórias, a execução integral das programações, mas estabelece o limite inicial até o qual a despesa poderá ser executada (empenhada, liquidada e paga). Há, no entanto, quem defenda que tal percepção não teria amparo no ordenamento jurídico brasileiro, presente ou passado, uma vez que esse entendimento estaria contrariando dispositivos da Constituição, da Lei 4.320, de 17 de março de 1964, da Lei Complementar 101, de 4 de maio de 2000, e da Lei 8.666, de 21 de junho de 1993, dado que a execução das autorizações orçamentárias seria naturalmente de interesse público e impositiva.

Por sua vez, em 26 de setembro de 2019, foi promulgada a **Emenda Constitucional nº 102,** que altera o § 11 do art. 165 da Constituição, estabelecendo que o cumprimento do § 10 do art. 165 (ou seja, dever de a administração executar as programações orçamentárias): I – subordina-se ao cumprimento de dispositivos constitucionais e legais que estabeleçam metas fiscais ou limites de despesas e não impede o cancelamento necessário à abertura de créditos adicionais; II – não se aplica nos casos de impedimentos de ordem técnica devidamente justificados; III – aplica-se exclusivamente às despesas primárias discricionárias. Portanto, verificam-se aí algumas exceções constitucionais ao orçamento impositivo.

No Parecer sobre a PEC nº 98/2019 (que gerou a EC nº 102/2019) da Comissão de Constituição, Justiça e Cidadania do Senado Federal, afirma-se claramente que a PEC está a "modificar a natureza jurídica de (parte) do orçamento (de autorizativo para impositivo)", e que

> não se pode dizer que a transformação do orçamento em impositivo, ainda que fosse total, violasse o âmago da separação de Poderes; basta lembrar que o país que adotou a mais rígida vertente da teoria de Montesquieu sobre a divisão das funções, os Estados Unidos da América, adotam um orçamento de caráter notadamente impositivo. (...)
>
> Com a promulgação da Emenda Constitucional nº 100, de 2019, fica estabelecido "o dever de executar as programações orçamentárias" (art. 165, § 10, da Constituição). Ao determinar que a Administração tem o dever de executar as programações orçamentárias com o propósito de garantir a efetiva entrega de bens e serviços à sociedade, o texto permite diversas interpretações sobre quais programações geram ou não efetiva entrega de bens e serviços à sociedade. Com o acréscimo do § 11, pretende-se esclarecer o que é a impositividade do orçamento público, definindo de forma objetiva quais programações orçamentárias são objeto do dever de execução.

Já em 12 de dezembro de 2019, nova mudança ocorreu no regime das emendas individuais impositivas com o advento da **Emenda Constitucional nº 105/2019,** que inseriu o art. 166-A no texto constitucional. As emendas individuais impositivas apresentadas ao projeto de lei orçamentária anual passam a poder destinar recursos diretamente a Estados, DF e Municípios, por meio de transferências especiais ou de transferências com finalidade definida, ficando ressalvado que tais recursos não integrarão a receita do ente beneficiado para fins do cálculo de repartição de receitas constitucionais e do limite de despesas com pessoal ativo e inativo, e de endividamento do ente federado, vedada, em qualquer caso, a aplicação dos recursos no pagamento de despesas com pessoal e encargos sociais relativas a ativos e inativos, e com pensionistas; e encargos referentes ao serviço da dívida.

Na *transferência especial,* os recursos serão repassados diretamente ao ente federado beneficiado, independentemente de celebração de convênio ou de instrumento congênere, devendo ser aplicados em programações finalísticas das áreas de competência do Poder Executivo do ente federado beneficiado. Contudo, ao menos 70% (setenta por cento) das transferências especiais deverão ser aplicadas em despesas de capital. Já quanto às *transferências com finalidade definida,* os recursos serão vinculados à programação estabelecida na emenda parlamentar e aplicados nas áreas de competência constitucional da União.

Por fim, a **Emenda Constitucional nº 126**, de 21 de dezembro de 2022, elevou para 2% da receita corrente líquida da União o percentual de execução obrigatória das emendas parlamentares ao orçamento instituídas pela EC nº 86/2015, cabendo 1,55% às emendas de Deputados e 0,45% às emendas de Senadores.

O tema do orçamento impositivo merece algumas reflexões. Primeiro, se, por um lado, essa ideia retiraria a flexibilidade de que o administrador público necessita para conduzir sua atividade, mormente pela impossibilidade fática de identificar e prever com antecedência todas as despesas públicas, por outro, resgataria a credibilidade e a importância do orçamento como documento formal de planejamento do governo, que muitas vezes sofre diante dos recorrentes descumprimentos das suas previsões, chegando a ser considerado de forma pejorativa uma simples "carta de intenções".

Há, ainda, aqueles que criticam o modelo autorizativo do orçamento por entenderem haver uma redução de importância no papel do Poder Legislativo nas questões orçamentárias. Justificam a afirmação ao mencionar que o Poder Executivo, além de possuir o poder de veto no orçamento, pode simplesmente não executar determinadas despesas sem ter de submeter a decisão ao debate.

Outra questão relevante que não se pode perder de vista refere-se ao equilíbrio orçamentário. Se as receitas públicas são apenas prováveis (não são certas e determinadas), já que a arrecadação de recursos financeiros pelo Estado depende de uma série de fatores que podem oscilar em determinados períodos, como se poderia tornar a totalidade da despesa pública obrigatória sem se ter a certeza do seu financiamento? Nesse caso, deve haver um eficiente mecanismo de contingenciamento quando a receita não se realizar exatamente como originariamente prevista.

Outra ponderação que se apresenta é a de que o orçamento impositivo – no modelo parcial ou total –, apesar de possuir elevado valor no processo orçamentário brasileiro, ao ampliar a democracia fiscal por propiciar maior participação dos representantes da sociedade no Poder Legislativo durante a determinação das políticas públicas, no Brasil de hoje, em que prevalece o regime presidencialista de coalizão, veria sua implantação envolvida na superação de uma série de dificuldades políticas a fim de que a aprovação das leis orçamentárias não seja emperrada anualmente, ou não gere um nefasto desequilíbrio fiscal, a partir da prevalência de interesses individuais em detrimento de programas e planos nacionais decorrentes do modelo de federalismo fiscal cooperativo.

Portanto, inegável afirmar que, hoje, o orçamento público no Brasil é preponderantemente impositivo. A regra geral constitucional, prevista no art. 165, § 10 (incluído pela EC nº 100/2019), é a de que a administração tem o dever de executar as programações orçamentárias. Assim, a fatia do orçamento público que pode não ser executada (parcela autorizativa), a partir do contingenciamento motivado pelo Poder Executivo, é cada vez menor, conforme as hipóteses excepcionais previstas no atual § 11 do art. 165 da Constituição (incluído pela EC nº 102/2019).

10.7. CICLO ORÇAMENTÁRIO

Dizemos que o **ciclo orçamentário** compreende o conjunto de etapas que se inicia com a elaboração do projeto de lei, passa pelas análises, debates e votação no Legislativo, envolve sua execução e controle e se encerra com a avaliação do seu cumprimento.

Não podemos considerar o orçamento uma programação financeira de um ano apenas, apesar de ser este o prazo de vigência da lei orçamentária. Isso porque ele é afetado pelo orçamento do ano anterior e influencia o do ano seguinte, criando uma sequência ininterrupta de programas que se ajustam constantemente de acordo com as necessidades públicas e conforme as políticas estabelecidas por cada governante.

Já analisamos as etapas iniciais de elaboração e aprovação do orçamento público no capítulo anterior. Agora passamos à sua execução e avaliação, deixando o controle para o capítulo seguinte.

Uma vez aprovada, sancionada e publicada a lei orçamentária anual, o orçamento passa a ser executado, concretizando-se os programas e as ações nele previstas, realizando-se as despesas fixadas conforme as dotações ali destinadas. Nessa fase, cada um dos órgãos públicos recebe a sua dotação orçamentária, no processo denominado descentralização dos créditos orçamentários, para que cada Unidade Gestora Administrativa realize suas despesas, na forma do cronograma estabelecido para cada rubrica.

As dotações consignadas pelo orçamento anual a uma unidade orçamentária podem ser executadas por meio de aplicações diretas (a própria unidade gasta seus recursos), de transferências (outra unidade é que gastará os recursos) e de movimentação por órgãos centrais de administração geral (na forma indicada pelo art. 66 da Lei 4.320), por intermédio de destaques, de provisões ou da centralização de parte das dotações. Em qualquer dos casos, observar-se-á o procedimento legal do empenho, liquidação e pagamento, dentro dos limites fixados na programação financeira. A forma regular de programação e execução da despesa pública é disciplinada pela Lei nº 4.320/1964, e pelo Decreto-lei nº 200, de 25 de fevereiro de 1967.[89]

Para permitir uma avaliação eficaz da sua execução, o § 3º do art. 165 da Constituição prevê que o Poder Executivo publicará, até trinta dias após o encerramento de cada bimestre, Relatório Resumido da Execução Orçamentária (RREO). Segundo o art. 52 da LRF, este relatório será composto de um *balanço orçamentário*, contendo as receitas e despesas por fonte, realizadas e a realizar, e ainda o respectivo saldo, e de um *demonstrativo da execução* das receitas realizadas e a realizar, e das despesas empenhada e liquidada.

Por sua vez, a Lei de Responsabilidade Fiscal (LC nº 101/2000) estabelece no seu art. 8º que até trinta dias após a publicação dos orçamentos, nos termos em que dispuser a lei de diretrizes orçamentárias, o Poder Executivo estabelecerá a programação financeira e o cronograma de execução mensal de desembolso.

A *programação financeira* compreende um conjunto de atividades com o objetivo de ajustar o ritmo de execução do orçamento ao fluxo provável de recursos financeiros. Logo após a sanção presidencial à Lei Orçamentária aprovada pelo Congresso Nacional, o Poder Executivo, mediante *decreto*, estabelece em até trinta dias a programação financeira e o cronograma de desembolso mensal por órgãos, observadas as metas de resultados fiscais dispostas

---

[89] SANCHES, Osvaldo Maldonado. O ciclo orçamentário: uma reavaliação à luz da Constituição de 1988. *In*: GIACOMONI, James; PAGNUSSAT, José Luiz (Orgs.). *Planejamento e orçamento governamental*. Brasília: ENAP, 2006. p. 207.

na Lei de Diretrizes Orçamentárias. No âmbito federal, o estabelecimento da programação financeira pelo Poder Executivo é materializado por decreto da Presidência da República, com fundamento no uso das atribuições que lhe confere o art. 84, incisos IV e VI, alínea *a*, da Constituição.

E o art. 9º da LRF determina que, se verificado, ao final de um bimestre, que a realização da receita poderá não comportar o cumprimento das metas de resultado primário ou nominal estabelecidas no Anexo de Metas Fiscais do respectivo orçamento, os Poderes e o Ministério Público promoverão, por ato próprio e nos montantes necessários, nos trinta dias subsequentes, limitação de empenho e movimentação financeira, segundo os critérios fixados pela lei de diretrizes orçamentárias.[90]

Assim, a *limitação de empenho* é o mecanismo que se utiliza para impedir a realização de determinada despesa caso a respectiva receita fique prejudicada ao longo do processo de arrecadação. Porém, no caso de restabelecimento da receita prevista, ainda que parcial, a recomposição das dotações cujos empenhos foram limitados dar-se-á de forma proporcional às reduções efetivadas (§ 1º). Ressalve-se que não serão objeto de limitação as despesas que constituam obrigações constitucionais e legais do ente, inclusive aquelas destinadas ao pagamento do serviço da dívida, as relativas à inovação e ao desenvolvimento científico e tecnológico custeadas por fundo criado para tal finalidade e as ressalvadas pela Lei de Diretrizes Orçamentárias (§ 2º). Até o final dos meses de maio, setembro e fevereiro, o Ministro ou Secretário de Estado da Fazenda demonstrará e avaliará o cumprimento das metas fiscais de cada quadrimestre e a trajetória da dívida, em audiência pública na comissão referida no § 1º do art. 166 da Constituição Federal ou conjunta com as comissões temáticas do Congresso Nacional ou equivalente nas Casas Legislativas estaduais e municipais (§ 4º). No prazo de noventa dias após o encerramento de cada semestre, o Banco Central do Brasil apresentará, em reunião conjunta das comissões temáticas pertinentes do Congresso Nacional, avaliação do cumprimento dos objetivos e metas das políticas monetária, creditícia e cambial, evidenciando o impacto e o custo fiscal de suas operações e os resultados demonstrados nos balanços (§ 5º).

---

[90] TCU. Acórdão 2.523/2016, Rel. Min. José Mucio Monteiro, Plenário, julg. 05/10/2016: "A alteração da meta de resultado primário fixada na LDO por lei aprovada ao final do exercício não convalida a edição de decretos de abertura de créditos suplementares incompatíveis com a meta então vigente, descumprindo exigência da respectiva LOA".

Capítulo 11
CONTROLE DO ORÇAMENTO PÚBLICO

Como em qualquer atividade humana, a execução orçamentária precisa ser devidamente acompanhada, fiscalizada e controlada.

Isso porque a concretização da programação orçamentária é feita através de atos da Administração Pública, que, da mesma forma que outros atos, estão sujeitos a equívocos, inobservância de suas normas, desvios de conduta dos agentes e toda a sorte de irregularidades.

Montesquieu, no seu clássico *O espírito das leis*, já alertava que "todo homem que tem em suas mãos o poder é sempre levado a abusar dele, e assim irá seguindo, até que encontre algum limite".

Uma das características dos regimes absolutistas ou autoritários é a ausência de mecanismos de fiscalização e controle, para que não haja limitação de poderes. No Estado Democrático de Direito, porém, o controle representa um fundamental instrumento para garantir a realização do interesse público.

Infelizmente, a malversação do Erário tem sido ao longo dos anos, no Brasil, um fato comum que precisa ser combatido de modo constante. Felizmente, nosso ordenamento jurídico-financeiro possui um eficiente sistema de avaliação, fiscalização e controle. Aplicar essas normas é fundamental para o desenvolvimento da nação.

11.1. ACOMPANHAMENTO, FISCALIZAÇÃO E CONTROLE DO ORÇAMENTO PÚBLICO

O interesse público envolvido nas atividades financeiras do Estado enseja a preocupação de todos na garantia da melhor aplicação dos seus recursos. Para tanto, o Direito Financeiro brasileiro possui um sistema normativo regulamentando a fiscalização e o controle do cumprimento do orçamento.

A Constituição Federal de 1988 dispõe de uma seção específica para estruturar e disciplinar a matéria (arts. 70 a 75). E, na mesma linha, a Lei de Responsabilidade Fiscal (LC nº 101/2000) traz um conjunto de dispositivos sobre a fiscalização e o controle orçamentário (arts. 43 a 59). Como sabemos, esses dispositivos se aplicam na atividade de fiscalização e controle nos três níveis da federação: federal, estadual e municipal.

O **acompanhamento** da execução orçamentária é realizado por todos aqueles interessados no seu objeto, a partir dos relatórios periódicos que a Administração Pública está obrigada a divulgar. A **fiscalização**, por sua vez, refere-se à certificação feita pelos órgãos competentes (Tribunal de Contas, Controladorias etc.) de que na execução do orçamento estejam sendo atendidos os princípios e as regras pertinentes, buscando-se identificar possíveis irregularidades. O **controle** orçamentário envolve a correção de eventuais irregularidades encontradas na sua execução.

A Lei nº 4.320/1964 estabelece no seu art. 75 que o controle da execução orçamentária compreenderá: I – a legalidade dos atos de que resultem a arrecadação da receita ou a realização da despesa, o nascimento ou a extinção de direitos e obrigações; II – a fidelidade funcional dos agentes da administração, responsáveis por bens e valores públicos; III – o cumprimento do programa de trabalho expresso em termos monetários e em termos de realização de obras e prestação de serviços.

Nas palavras de Maria Sylvia Zanella Di Pietro,[1]

> o controle abrange aspectos ora de legalidade, ora de mérito, apresentando-se, por isso mesmo, como de natureza política, já que vai apreciar as decisões administrativas sob o aspecto inclusive da discricionariedade, ou seja, da oportunidade e conveniência diante do interesse público.

Para a citada autora, "a finalidade do controle é a de assegurar que a administração atue em consonância com os princípios que lhe são impostos pelo ordenamento jurídico".

Conforme Licurgo Mourão,[2] o objetivo do controle é que as condutas da Administração Pública sejam pautadas pela conformidade com o ordenamento jurídico e com as exigências da sociedade.

Explica Héctor Villegas[3] que o controle da execução do orçamento público tem uma função técnico-jurídica, vinculada à comprovação sistêmica do cumprimento dos atos de gestão e da adequada utilização dos fundos públicos.

Marçal Justen Filho esclarece que

> o agente estatal é um servo do povo, e seus atos apenas se legitimam quando compatíveis com o direito. Toda a disciplina da atividade administrativa tem de ser permeada pela concepção democrática, que sujeita o administrador à fiscalização popular e à comprovação da realização democrática dos direitos fundamentais.[4]

Ana Carla Bliacheriene[5] destaca que o sistema constitucional de controle de contas é complexo e plurissubjetivo, esclarecendo que:

> Institucionalmente, apoia-se nos pilares dos Tribunais de Contas, Ministério Público, Poder Judiciário e controle interno stricto senso. No entanto, somente alcançará um ponto ótimo de eficiência quando houver uma ação ativa e conjunta dos outros sujeitos de direito, o que faz do controle interno e do controle social verdadeiros vetores de eficácia e efetividade do modelo gerencial do Estado adotado.

Para Rodrigo Pironti, a atividade democrática de controle envolve as seguintes situações: a) aplicação ampla do princípio da publicidade nos atos de controle; b) definição – para os administradores – das repercussões da função de controle nas atividades do

---

[1] DI PIETRO, Maria Sylvia Zanella. *Direito Administrativo*. 4. ed. São Paulo: Atlas, 1994. p. 448-492.
[2] MOURÃO, Licurgo; FERREIRA, Diogo Ribeiro; PIANCASTELLI, Sílvia Motta. *Controle Democrático da Administração Pública*. Belo Horizonte: Fórum, 2017. p. 27.
[3] VILLEGAS, Héctor B. *Curso de Finanzas, Derecho Financiero y Tributario*. Buenos Aires: Depalma, 1975. p. 641.
[4] JUSTEN FILHO, Marçal. *Curso de Direito Administrativo*. São Paulo: Saraiva, 2005. p. 734.
[5] BLIACHERIENE, Ana Carla. *Controle da Eficiência do Gasto Orçamentário*. Belo Horizonte: Fórum, 2016. p. 238.

Estado; c) estabelecimento de mecanismos para que o cidadão comum possa acionar o Estado buscando a efetivação do seu poder de controle; d) proporcionar fácil acesso aos mecanismos de controle.[6]

Um dos principais dispositivos nesta matéria é o art. 70 da Constituição, que, de forma exauriente, nos apresenta as modalidades de fiscalização, seus aspectos, sobre o que recaem e, finalmente, as formas como se realizam. Assim, dispõe a referida norma que a fiscalização contábil, financeira, orçamentária, operacional e patrimonial da União e das entidades da administração direta e indireta, quanto à legalidade, legitimidade, economicidade, aplicação das subvenções e renúncia de receitas, será exercida pelo Congresso Nacional, mediante controle externo, e pelo sistema de controle interno de cada Poder.

11.2. PRINCÍPIOS DA ATIVIDADE DE CONTROLE

Os princípios das atividades de fiscalização e controle nos apresentam os parâmetros que devem ser atendidos durante sua realização, orientando a execução desta atividade e indicando um estado ideal que se pretende atingir. Além dos princípios basilares da Administração Pública (art. 37, CF/1988), temos, também, os princípios específicos na atividade de fiscalização e controle, expostos a seguir.

O **princípio da segregação das funções**, fundado na ideia do *checks and balances*, indica que nenhum servidor ou seção administrativa deve controlar todos os passos-chave de um mesmo ato, operação ou procedimento, recomendando que as funções administrativas sejam segregadas entre vários agentes, órgãos ou entes.[7] Noutras palavras, é a separação e desvinculação funcional entre quem executa e quem fiscaliza e controla.

O **princípio da independência funcional** representa a ideia de que o controlador – interno ou externo – seja dotado de capacitação técnica suficiente para a realização da sua função, não dependendo de outras pessoas ou órgãos (principalmente os fiscalizados) para a formação da sua convicção, até a emissão da sua conclusão e seu juízo de valor.

O **princípio da relação custo-benefício** recomenda que a atividade de fiscalização e controle não se torne mais onerosa que seu próprio objeto de aferição. Nesse sentido, cada caso concreto indicará a forma e os meios mais adequados e compatíveis para a realização da fiscalização e controle, com ponderação, razoabilidade e eficiência.

O **princípio da aderência às normas** impõe, na atividade de fiscalização e controle, a consideração da vinculação dos atos da Administração Pública aos preceitos do ordenamento jurídico (legalidade), levando em consideração, nos atos e condutas do agente avaliado, não apenas as leis, as orientações e pareceres, as instruções normativas, mas também os usos e costumes do local, as condições para a tomada de decisão etc., considerando todos os aspectos que pautaram sua atuação e não apenas um deles de maneira isolada.

O **princípio da oficialidade** apresenta a garantia de que o processo de fiscalização e controle seja instaurado e conduzido segundo os parâmetros objetivos previstos em lei, com obediência às formas e procedimentos oficiais, evitando-se a atipicidade dos subjetivismos inadequados.

---

[6] CASTRO, Rodrigo Pironti Aguirre de. *Sistema de controle interno*: uma perspectiva do modelo de gestão pública gerencial. 2. ed. Belo Horizonte: Fórum, 2008. p. 98.

[7] Ibidem. p. 100.

11.3. ASPECTOS E MODALIDADES DE FISCALIZAÇÃO DO ORÇAMENTO PÚBLICO

Todos aqueles que lidam com o dinheiro público devem se submeter à fiscalização por parte dos órgãos competentes. A fiscalização direciona-se, a princípio, sobre os Poderes que executam o orçamento, com enfoque especial para o Poder Executivo e as entidades da administração direta e indireta. Mas a norma constitucional esculpida no parágrafo único do art. 70 amplia o escopo, ao afirmar que prestará contas qualquer pessoa física ou jurídica, pública ou privada, que utilize, arrecade, guarde, gerencie ou administre dinheiros, bens e valores públicos ou pelos quais a União responda, ou que, em nome desta, assuma obrigações de natureza pecuniária. Esta ideia, aliás, já vinha contida no teor do art. 93 do Decreto nº 200/1967, que prevê que "quem quer que utilize dinheiros públicos terá de justificar seu bom e regular emprego na conformidade das leis, regulamentos e normas emanadas das autoridades administrativas competentes".

Existem **aspectos** específicos a serem fiscalizados que se relacionam não apenas ao atendimento das normas orçamentárias propriamente ditas, como também em relação aos princípios financeiros que garantem a defesa do interesse público. São eles: a) *legalidade*: significa confirmar o atendimento formal das condições previstas na legislação financeira, especialmente no que se refere às receitas e as despesas; b) *legitimidade*: diz respeito à consideração das condições materiais e valorativas decorrentes das necessidades públicas que envolvem os atos administrativo-financeiros (demonstração da motivação dos atos e dos fins que se busca atingir); c) *economicidade*: é a verificação da concretização da máxima eficiência da atividade financeira, no sentido de obter o maior aproveitamento das verbas públicas com o menor ônus possível, tudo dentro de um custo-benefício razoável; d) *desonerações*, renúncias e subvenções: trata-se do controle da destinação de verbas públicas para as entidades sem fins lucrativos subsidiadas pelo Estado que realizam atividades relevantes para a coletividade, como também dos mecanismos de renúncias ou desonerações como medida de política fiscal (isenções, anistias, parcelamentos desonerados, moratórias etc.).[8]

Quanto às **modalidades de fiscalização**, temos: a) *fiscalização contábil*: que se faz através dos registros contábeis, dos balanços, da escrituração sintética, da análise e interpretação dos resultados econômicos e financeiros; b) *fiscalização financeira*: visa a controlar a arrecadação das receitas e a realização das despesas; c) *fiscalização orçamentária*: que tem como objetivo mensurar o nível de concretização das previsões constantes na lei orçamentária; d) *fiscalização operacional*: visa ao controle das operações de crédito e de despesas que não constem da previsão orçamentária; e) *fiscalização patrimonial*: objetiva o controle da situação e das modificações dos bens móveis e imóveis que constituem o patrimônio público.[9]

11.4. ESPÉCIES DE CONTROLE DO ORÇAMENTO PÚBLICO

Podemos identificar as espécies de controle do orçamento público quanto ao *momento* da sua realização e quanto à estrutura *competente* para executá-lo. Em relação ao momento, o controle do orçamento público poderá ser prévio, concomitante ou subsequente. Quanto à estrutura de controle, este poderá ser interno ou externo.

---

[8] NOGUEIRA, Roberto Wagner Lima. *Direito Financeiro e Justiça Tributária*. Rio de Janeiro: Lumen Juris, 2004. p. 52-55.
[9] Ibidem. p. 50-51.

O **controle prévio do orçamento** é feito essencialmente através da edição e observância de medidas que antecedem sua elaboração e execução, que visam a assegurar preventivamente sua regular implementação. Trata-se de normas que disciplinam a matéria direcionando a atuação do administrador público no sentido de atender ao interesse público. Neste caso, se observadas essas normas, evita-se a prática de atos irregulares ou ilegais. Assim, podemos dizer que a própria elaboração dos projetos de lei orçamentária está inserida no controle prévio, já que deverá levar em conta as necessidades da sociedade para justificar sua legitimidade. Conforme afirma Lino Martins da Silva,[10] o controle antecedente "é exercido por intermédio da promulgação de leis, elaboração de contratos, instruções e regulamentos que disciplinam as atividades".

Por sua vez, o **controle concomitante do orçamento** é realizado ao longo da própria execução orçamentária, acompanhando a atuação do administrador público durante sua implementação. É realizado através dos meios de fiscalização e de auditoria pelos órgãos de controle interno e externo.

Finalmente, o **controle subsequente do orçamento público** se verifica a partir da análise dos relatórios e documentos que são expedidos e divulgados periodicamente pela Administração Pública sobre a realização das despesas, programas e ações constantes no orçamento público. Os principais meios a partir dos quais é exercido o controle subsequente do orçamento são: tomada de contas; prestação de contas; relatório de gestão; parecer de auditoria e relatório de resultado.

Quanto às estruturas de controle, identificamos duas no sistema orçamentário brasileiro: o **controle externo** e o **controle interno**. O *controle externo* é exercido pelo Poder Legislativo de cada ente, auxiliado pelo respectivo Tribunal de Contas; e o *controle interno* é desempenhado pelo sistema de controle específico que cada Poder deverá ter dentro da sua própria estrutura. Nesse sentido, a Constituição Federal prevê que "o controle externo, a cargo do Congresso Nacional, será exercido com o auxílio do Tribunal de Contas da União" (art. 71) e "os Poderes Legislativo, Executivo e Judiciário manterão, de forma integrada, sistema de controle interno" (art. 74).

Segundo Hely Lopes Meirelles,[11] o controle externo

> visa comprovar a probidade da Administração e a regularidade da guarda e do emprego dos bens, valores e dinheiros públicos, e a fiel execução do orçamento. É, por excelência, um controle político e de legalidade contábil e financeira, o primeiro aspecto a cargo do Legislativo, o segundo, do Tribunal de Contas.

O Tribunal de Contas exerce sua função auxiliando o Poder Legislativo como órgão técnico, especialmente para: a) apreciar as contas do titular do Poder Executivo; b) desempenhar a auditoria financeira e orçamentária; c) julgar as contas dos administradores públicos e responsáveis por quaisquer bens e direitos do Estado.

Ao controle externo compete: I – apreciar as contas prestadas anualmente pelo Presidente da República, mediante parecer prévio que deverá ser elaborado em sessenta dias a contar de seu recebimento; II – julgar as contas dos administradores e demais responsáveis

---

[10] SILVA, Lino Martins. *Contabilidade Governamental*: um enfoque administrativo. 2. ed. São Paulo: Atlas, 1991. p. 138.
[11] MEIRELLES, Hely Lopes. *Direito Municipal Brasileiro*. 6. ed. São Paulo: Malheiros, 1993. p. 445.

por dinheiros, bens e valores públicos da administração direta e indireta, incluídas as fundações e sociedades instituídas e mantidas pelo Poder Público federal, e as contas daqueles que derem causa à perda, extravio ou outra irregularidade de que resulte prejuízo ao Erário; III – apreciar, para fins de registro, a legalidade dos atos de admissão de pessoal, a qualquer título, na administração direta e indireta, incluídas as fundações instituídas e mantidas pelo Poder Público, excetuadas as nomeações para cargo de provimento em comissão, bem como a das concessões de aposentadorias, reformas e pensões, ressalvadas as melhorias posteriores que não alterem o fundamento legal do ato concessório; IV – realizar, por iniciativa própria, da Câmara dos Deputados, do Senado Federal, de Comissão técnica ou de inquérito, inspeções e auditorias de natureza contábil, financeira, orçamentária, operacional e patrimonial, nas unidades administrativas dos Poderes Legislativo, Executivo e Judiciário, e demais entidades referidas no inciso II; V – fiscalizar as contas nacionais das empresas supranacionais de cujo capital social a União participe, de forma direta ou indireta, nos termos do tratado constitutivo; VI – fiscalizar a aplicação de quaisquer recursos repassados pela União mediante convênio, acordo, ajuste ou outros instrumentos congêneres, a Estado, ao Distrito Federal ou a Município; VII – prestar as informações solicitadas pelo Congresso Nacional, por qualquer de suas Casas, ou por qualquer das respectivas Comissões, sobre a fiscalização contábil, financeira, orçamentária, operacional e patrimonial e sobre resultados de auditorias e inspeções realizadas; VIII – aplicar aos responsáveis, em caso de ilegalidade de despesa ou irregularidade de contas, as sanções previstas em lei, que estabelecerá, entre outras cominações, multa proporcional ao dano causado ao Erário; IX – assinar prazo para que o órgão ou entidade adote as providências necessárias ao exato cumprimento da lei, se verificada ilegalidade; X – sustar, se não atendido, a execução do ato impugnado, comunicando a decisão à Câmara dos Deputados e ao Senado Federal; XI – representar ao Poder competente sobre irregularidades ou abusos apurados.

Já o controle interno dos Poderes Legislativo, Executivo e Judiciário tem como finalidade: I – avaliar o cumprimento das metas previstas no plano plurianual, a execução dos programas de governo e dos orçamentos da União; II – comprovar a legalidade e avaliar os resultados, quanto à eficácia e eficiência, da gestão orçamentária, financeira e patrimonial nos órgãos e entidades da administração federal, bem como da aplicação de recursos públicos por entidades de direito privado; III – exercer o controle das operações de crédito, avais e garantias, bem como dos direitos e haveres da União; IV – apoiar o controle externo no exercício de sua missão institucional (art. 74).

O sistema de controle interno versado no art. 74 da Constituição Federal, sem estrutura formal constitucionalmente definida, é o conjunto de órgãos descentralizados de controle, interligados a uma unidade central, com vistas à fiscalização e avaliação da execução orçamentária, contábil, financeira, patrimonial e operacional, formado por vários subsistemas que devem agir de forma integrada e multidisciplinar.[12]

Esse controle interno é feito a partir da análise e conferência dos registros contábeis e financeiros, dos relatórios emitidos, dos documentos comprobatórios dos atos realizados e das auditorias internas feitas pelos órgãos da Administração Pública em relação aos seus próprios atos. Tem uma função essencialmente preventiva. Trata-se de um relevante instrumento de supervisão da atividade financeira estatal em relação aos seus agentes, instituições e órgãos.

O *American Institute of Certified Public Accountants*, sediado em Nova Iorque, definiu:

---

[12] CASTRO, Rodrigo Pironti Aguirre de. Op. cit. p. 151.

O controle interno compreende o plano geral da organização e o conjunto coordenado dos métodos e medidas adotados dentro de uma empresa para salvaguardar o seu patrimônio, verificar a exatidão e a veracidade das informações contábeis, promover a eficiência das operações e fomentar maior adesão à política prescrita pela gerência.[13]

Esclarece Blênio César Severo Peixe[14] que

> o controle interno é de vital importância para que o titular do órgão tenha conhecimento do que está acontecendo na administração, devendo ser capaz de produzir análise de como está ocorrendo a execução dos programas, servindo de base para permitir às unidades operacionais a correção dos eventuais desvios entre os objetivos e as realizações, ou fazer adaptações necessárias face à análise do custo/benefício.

Para esse autor, o sistema de controle interno de cada Poder será exercido conforme determina a Constituição, observando-se os princípios da legalidade, legitimidade, economicidade, aplicação das subvenções e renúncia de receitas, sobre todas as unidades administrativas dos Poderes Legislativo, Executivo e Judiciário, com as seguintes finalidades: I – criar condições indispensáveis para assegurar eficácia ao controle externo e regularidade à realização da receita e da despesa; II – acompanhar a execução de programas de trabalho e a do orçamento; III – avaliar os resultados alcançados pelos administradores e verificar a execução dos contratos.

Registre-se que os responsáveis pelo controle interno, ao tomarem conhecimento de qualquer irregularidade ou ilegalidade, dela darão ciência ao Tribunal de Contas da União, sob pena de responsabilidade solidária (§ 1º). E qualquer cidadão, partido político, associação ou sindicato é parte legítima para, na forma da lei, denunciar irregularidades ou ilegalidades perante o Tribunal de Contas da União (§ 2º).

Em nível federal, a Lei nº 10.180/2001 organiza e disciplina os Sistemas de Planejamento e de Orçamento Federal e de Controle Interno do Poder Executivo, juntamente com o Decreto nº 3.591/2000, que dispõe sobre o Sistema de Controle Interno do Poder Executivo Federal, composto pela Controladoria-Geral da União, Secretarias de Controle Interno da Casa Civil, da Advocacia-Geral da União, do Ministério das Relações Exteriores e do Ministério da Defesa.

Destacamos o papel da **Controladoria-Geral da União (CGU)**, o órgão responsável por assistir direta e imediatamente ao Presidente da República quanto aos assuntos que, no âmbito do Poder Executivo, sejam relativos à defesa do patrimônio público e ao incremento da transparência da gestão, por meio das atividades de controle interno, auditoria pública, correição, prevenção e combate à corrupção e ouvidoria. A CGU exerce, como órgão central, a supervisão técnica dos órgãos que compõem o Sistema de Controle Interno e o Sistema de Correição e das unidades de ouvidoria do Poder Executivo Federal, prestando a orientação normativa necessária.[15] Está estruturada em cinco unidades finalísticas, que atuam de forma articulada, em ações organizadas entre si: a) Secretaria Federal de Controle Interno; b) Ouvidoria-Geral da União; c) Corregedoria-Geral da União; d)

---

[13] CRUZ, Flávio (Coord.). *Comentários à Lei nº 4.320*. 4. ed. São Paulo: Atlas, 2006. p. 126.
[14] PEIXE, Blênio César Severo. *Finanças Públicas*: Controladoria Governamental. Curitiba: Juruá, 2002. p. 103.
[15] Conforme Lei nº 13.844/2019.

Secretaria de Transparência e Prevenção da Corrupção; e e) Secretaria de Combate à Corrupção.[16]

Nesse sentido, a CGU é o órgão do Poder Executivo Federal responsável, entre outras funções, por fazer auditorias e fiscalizações para verificar como o dinheiro público está sendo aplicado, atribuição exercida por meio da sua Secretaria Federal de Controle Interno, área responsável por avaliar a execução dos orçamentos da União, fiscalizar a implementação dos programas de Governo e fazer auditorias sobre a gestão dos recursos públicos federais sob a responsabilidade de órgãos e entidades públicos e privados, entre outras funções.

No marco da denominada Lei Anticorrupção (Lei nº 12.846/2013), foram criados novos instrumentos de atuação da CGU, que detém competência *concorrente* para instaurar processos administrativos de responsabilização de pessoas jurídicas ou para avocar os processos instaurados para apurar a prática de atos contra a Administração Pública (para exame de sua regularidade ou para corrigir-lhes o andamento) no âmbito desta lei. Quando a ilicitude voltar-se contra a Administração Pública estrangeira, compete à própria CGU o processo e o julgamento dos atos ilícitos, sendo também o órgão competente para celebrar os acordos de leniência no âmbito do Poder Executivo federal, bem como no caso de atos lesivos praticados contra a Administração Pública estrangeira.[17]

Ainda, sobressai, como reflexo da disciplina do controle interno, o poder-dever de *autotutela administrativa* exercida pela própria Administração Pública em relação aos seus atos. Tal capacidade é reconhecida na Súmula nº 473 do Supremo Tribunal Federal:

> A administração pode anular seus próprios atos, quando eivados de vícios que os tornam ilegais, porque deles não se originam direitos; ou revogá-los, por motivo de conveniência ou oportunidade, respeitados os direitos adquiridos, e ressalvada, em todos os casos, a apreciação judicial.

Finalmente, cabe registrar que a Resolução nº 42/2016 do Senado Federal criou a **Instituição Fiscal Independente (IFI)** no âmbito do Senado Federal, com a finalidade de: I - divulgar suas estimativas de parâmetros e variáveis relevantes para a construção de cenários fiscais e orçamentários; II - analisar a aderência do desempenho de indicadores fiscais e orçamentários às metas definidas na legislação pertinente; III - mensurar o impacto de eventos fiscais relevantes, especialmente os decorrentes de decisões dos Poderes da República, incluindo os custos das políticas monetária, creditícia e cambial; IV - projetar a evolução de variáveis fiscais determinantes para o equilíbrio de longo prazo do setor público.

O objetivo principal da IFI é aprimorar os mecanismos de avaliação e controle na condução de políticas públicas e da política fiscal, através do exame minucioso da gestão fiscal do governo federal, visando produzir análises e interpretar dados e projetar o que vai acontecer nos próximos anos. Este órgão produz relatórios, notas técnicas, banco de dados e projeções econômicas, podendo tanto agir por iniciativa própria quanto por demandas específicas de senadores. Pode, ainda, opinar sobre projetos de lei e medidas do governo, de modo a embasar as decisões dos senadores.

---

[16] Decreto nº 9.681/2019.

[17] O Decreto nº 8.420/2015 regulamentou a chamada Lei Anticorrupção (Lei nº 12.846/2013), dispondo sobre a responsabilização administrativa de pessoas jurídicas pela prática de atos contra a administração pública, nacional ou estrangeira.

Trata-se de organismo presente nos Parlamentos de muitos países, a exemplo do Escritório de Orçamento do Congresso Americano e no Reino Unido. Na Europa, sobretudo após a última crise econômica, essas instituições têm sido cada vez mais implementadas, justamente para blindar a política fiscal. No caso brasileiro, a Lei de Responsabilidade Fiscal, em seu art. 67, prevê a criação de um órgão colegiado (Conselho de Gestão Fiscal) com atribuições semelhantes, mas voltado, principalmente, para a harmonização e padronização das contas fiscais no plano federativo. Como visto, este Conselho estaria mais focado no campo contábil. Por isso, fez-se necessário o estabelecimento de uma instituição fiscal independente, distinta do Conselho de Gestão Fiscal, e que foi concebida para a realização de estudos, análises e propostas relacionadas às boas e responsáveis práticas fiscais.

Ressalte-se, por fim, que a IFI não pode regulamentar a política fiscal ou mesmo julgar contas dos governos. Suas atribuições, ao contrário, se dirigem a diagnosticar a qualidade da política fiscal e dos programas governamentais, sobretudo quanto à relação entre os custos e os benefícios trazidos à coletividade, servindo também como órgão de apoio ao Parlamento e seus representantes.

11.5. TRIBUNAL DE CONTAS E CONSELHO DE CONTAS

Relevante papel no controle do orçamento brasileiro tem o Tribunal de Contas de cada ente federativo, que atua no controle externo, auxiliando o Poder Legislativo nesta atividade. Assim, fazem parte do sistema de controle externo do orçamento o Tribunal de Contas da União (TCU), os Tribunais de Contas dos Estados e os Tribunais de Contas dos Municípios ou Conselho de Contas. A estrutura e o funcionamento desses órgãos são similares e decorrem das normas constitucionais que tratam da matéria.

Segundo Luiz Henrique Lima,[18]

> os Tribunais de Contas exercem uma função essencial à democracia, que é o controle externo da Administração Pública. Além de guardiões da responsabilidade fiscal e da probidade e eficiência administrativas, os Tribunais de Contas devem atuar como impulsionadores da transparência na gestão pública, da qualidade na execução de políticas públicas e da criação e aperfeiçoamento de mecanismos de participação da cidadania, inclusive mediante o uso das novas tecnologias de comunicação e informação.

A existência e o funcionamento desse órgão de fiscalização e controle não é uma exclusividade brasileira. Na Itália existe a *Corte dei Conti*, para controlar e julgar os gastos e as contas públicas. Na França há a *Cours des Comptes*, criada por Napoleão I para julgar todos os obrigados a prestar contas.[19] Na Inglaterra existe o *Committee of Public Accounts*, formado por integrantes da Câmara dos Comuns, para verificar as contas, controlar o orçamento e

---

[18] LIMA, Luiz Henrique. O Controle da Responsabilidade Fiscal e os Desafios para os Tribunais de Contas em Tempos de Crise. **In:** LIMA, Luiz Henrique; OLIVEIRA, Weder de; CAMARGO, João Batista (Coord.). *Contas Governamentais e Responsabilidade Fiscal*: desafios para o controle externo. Belo Horizonte: Fórum, 2018. p. 107.

[19] No direito administrativo e financeiro francês, há duas figuras que lidam com as contas públicas: 1. o *ordonnateur* (o ordenador); 2. o *comptable publique* (contador público). O *ordonnateur* não possui competência para lidar diretamente com os recursos públicos, razão pela qual a Corte de Contas francesa julga pessoalmente o *comptable publique*, podendo inclusive aplicar-lhe multa, mas não julga o *ordonnateur* (julga apenas as contas deste).

intervir nos serviços administrativos. Nos Estados Unidos o controle é feito pelo Congresso, através de uma comissão fiscalizadora chamada de *General Accounting Office*, que dispõe de poderes para se opor à ação administrativa, apreciando o mérito e a legalidade da despesa a ser efetuada.[20]

Cabe ao Tribunal de Contas atuar na fiscalização contábil, financeira orçamentária, operacional e patrimonial do Estado, incluindo aí os seus Poderes e as respectivas entidades de administração direta ou indireta, alcançando os administradores e demais responsáveis por dinheiros, bens e valores públicos, além das pessoas físicas ou jurídicas, que, mediante convênios, acordos, ajustes ou outros instrumentos, apliquem auxílios, subvenções ou recursos repassados pelo Poder Público.

A propósito, Emerson Cesar Gomes[21] denomina de **responsabilidade financeira** a espécie de responsabilidade jurídica de natureza subjetiva, presente nos Estados que adotam o Sistema de Tribunal de Contas com função de julgamento das contas dos responsáveis pela gestão de recursos públicos, tendo por funções a reintegratória (reparatória ou compensatória), a sancionatória (punitiva) e a preventiva (educativa), aplicável a todos aqueles – agentes públicos e privados – que lidam com bens e recursos estatais, tendo como finalidade a proteção ao Erário e a regularidade na gestão, e encontrando sua fundamentação no art. 71, VIII, da Constituição.

A Constituição Federal dedica dispositivos específicos para tratar do Tribunal de Contas da União, ressalvando que essas normas aplicam-se, no que couber, à organização, composição e fiscalização dos Tribunais de Contas dos Estados (TCEs) e do Distrito Federal, bem como dos Tribunais e Conselhos de Contas dos Municípios (art. 75), configurando, assim, um parâmetro para a criação e o funcionamento de todos os Tribunais de Contas brasileiros. Registre-se que – em face da vedação constitucional à criação de novas Cortes de Contas municipais – somente os Municípios do Rio de Janeiro e de São Paulo[22] possuem um Tribunal de Contas Municipal próprio.[23] Nos demais Estados, em regra, os seus respectivos TCEs atuam

---

[20] DEODATO, Alberto. Op. cit. p. 371-375.

[21] GOMES, Emerson Cesar da Silva. *Responsabilidade Financeira*: uma teoria sobre a responsabilidade no âmbito dos tribunais de contas. Porto Alegre: Núria Fabris, 2012. p. 334.

[22] STF. ADIs 346 e 4.776, Rel. Min. Gilmar Mendes, Pleno, julg. 03/06/2020, **DJe** 02/10/2020: "3. Disposição referente ao Tribunal de Contas do Município de São Paulo. 4. Razoabilidade da fixação em 5 Conselheiros para Tribunal de Contas de Município, nos termos da Constituição Estadual e Lei Orgânica Municipal. Inexistência de ofensa ao princípio da simetria, que não exige identidade com a Constituição Federal. 5. Art. 151 da Constituição do Estado de São Paulo não incorre em vício de inconstitucionalidade, desde que interpretado de forma a respeitar a competência do Município de São Paulo para a fixação dos subsídios dos Conselheiros do Tribunal de Contas municipal, sendo inconstitucional qualquer interpretação que leve à vinculação dos vencimentos dos Conselheiros do TCM/SP aos dos Conselheiros do TCE/SP ou aos dos Desembargadores do TJ/SP".

[23] STF. ADPF 272, Rel. Min. Cármen Lúcia, Pleno, julg. 25/03/2021, **DJe** 12/04/2021: "1. O Tribunal de Contas do Município de São Paulo é órgão autônomo e independente, com atuação circunscrita à esfera municipal, composto por servidores municipais, com a função de auxiliar a Câmara Municipal no controle externo da fiscalização financeira e orçamentária do respectivo Município. 2. O preceito veiculado pelo art. 75 da Constituição da República aplica-se, no que couber, à organização, composição e fiscalização dos Tribunais de Contas dos Estados e do Distrito Federal e dos Tribunais e Conselhos de Contas dos Municípios, excetuando-se ao princípio da simetria os Tribunais de Contas do Município. Precedentes. 3. O incremento de novo órgão na esfera da competência municipal, sem que se demonstre real necessidade de sua criação, compromete os gastos públicos de acordo com a Lei de Responsabilidade Fiscal e atenta contra a eficiência da Administração Pública. 4. Arguição de descumprimento de preceito fundamental julgada improcedente

tanto na fiscalização da administração estadual como das administrações municipais. Já os Estados da Bahia, Goiás e Pará possuem dois tribunais estaduais de contas: um Tribunal de Contas Municipais para fiscalizar todos os seus municípios, e um outro Tribunal de Contas do Estado, apenas para fiscalizar as contas do Estado-membro.[24]

A história do controle no Brasil remonta ao período colonial. Em 1680, foram criadas as Juntas das Fazendas das Capitanias e a Junta da Fazenda do Rio de Janeiro. Em 1808, na administração de D. João VI, foi instalado o Erário Régio e criado o Conselho da Fazenda, que tinha como atribuição acompanhar a execução da despesa pública. Com a proclamação da independência do Brasil, em 1822, o Erário Régio foi transformado no Tesouro pela Constituição monárquica de 1824, prevendo-se, então, os primeiros orçamentos e balanços gerais. A ideia de criação de um Tribunal de Contas surgiu pela primeira vez no Brasil em 1826, com a iniciativa de Felisberto Caldeira Brandt, Visconde de Barbacena, e de José Inácio Borges, que apresentaram projeto de lei nesse sentido ao Senado do Império. As discussões em torno da criação de um Tribunal de Contas durariam quase um século, polarizadas entre aqueles que defendiam sua necessidade – para quem as contas públicas deviam ser examinadas por um órgão independente – e aqueles que o combatiam, por entenderem que as contas públicas podiam continuar sendo controladas por aqueles mesmos que as realizavam. Somente a queda do Império e as reformas político-administrativas da jovem República tornaram realidade, finalmente, o Tribunal de Contas da União. Em 07 de novembro de 1890, por iniciativa do então Ministro da Fazenda Rui Barbosa, o Decreto nº 966-A criou o Tribunal de Contas da União, norteado pelos princípios da autonomia, fiscalização, julgamento, vigilância e energia. A Constituição de 1891, a primeira republicana, ainda por influência de Rui Barbosa, institucionalizou definitivamente o Tribunal de Contas da União, inscrevendo-o no seu art. 89. A instalação do Tribunal, entretanto, só ocorreu em 17 de janeiro de 1893.[25]

Pela Constituição de 1934, o Tribunal recebeu, entre outras, as seguintes atribuições: proceder ao acompanhamento da execução orçamentária, registrar previamente as despesas e os contratos, julgar as contas dos responsáveis por bens e dinheiros públicos, assim como apresentar parecer prévio sobre as contas do Presidente da República, para posterior encaminhamento à Câmara dos Deputados. Com exceção do parecer prévio sobre as contas presidenciais, todas as demais atribuições do Tribunal foram mantidas pela Carta de 1937. A Constituição de 1946 acresceu um novo encargo às competências da Corte de Contas:

---

por não estar configurada omissão legislativa na criação de Ministério Público especial no Tribunal de Contas do Município de São Paulo".

[24] Constituição Federal – art. 31, § 4º – É vedada a criação de Tribunais, Conselhos ou órgãos de Contas Municipais. Vide STF. ADI 687: "MUNICÍPIOS E TRIBUNAIS DE CONTAS. – A Constituição da República impede que os Municípios criem os seus próprios Tribunais, Conselhos ou órgãos de contas municipais (CF, art. 31, § 4º), mas permite que os Estados-membros, mediante autônoma deliberação, instituam órgão estadual denominado Conselho ou Tribunal de Contas dos Municípios (*RTJ* 135/457, Rel. Min. Octavio Gallotti – ADI 445/DF, Rel. Min. Néri da Silveira), incumbido de auxiliar as Câmaras Municipais no exercício de seu poder de controle externo (CF, art. 31, § 1º). – Esses Conselhos ou Tribunais de Contas dos Municípios – embora qualificados como órgãos estaduais (CF, art. 31, § 1º) – atuam, onde tenham sido instituídos, como órgãos auxiliares e de cooperação técnica das Câmaras de Vereadores. – A prestação de contas desses Tribunais de Contas dos Municípios, que são órgãos estaduais (CF, art. 31, § 1º), há de se fazer, por isso mesmo, perante o Tribunal de Contas do próprio Estado, e não perante a Assembleia Legislativa do Estado-membro. Prevalência, na espécie, da competência genérica do Tribunal de Contas do Estado (CF, art. 71, II, c/c o art. 75)."

[25] Informações extraídas do sítio de Internet do TCU: <www.tcu.gov.br>. Acesso em: 29/09/2024.

julgar a legalidade das concessões de aposentadorias, reformas e pensões. A Constituição de 1967, ratificada pela Emenda Constitucional nº 01, de 1969, retirou do Tribunal o exame e o julgamento prévio dos atos e dos contratos geradores de despesas, sem prejuízo da competência para apontar falhas e irregularidades que, se não sanadas, seriam, então, objeto de representação ao Congresso Nacional. Eliminou-se, também, o julgamento da legalidade de concessões de aposentadorias, reformas e pensões, ficando a cargo do Tribunal, tão somente, a apreciação da legalidade para fins de registro. O processo de fiscalização financeira e orçamentária passou por completa reforma nessa etapa. Como inovação, deu-se incumbência ao Tribunal para o exercício de auditoria financeira e orçamentária sobre as contas das unidades dos três Poderes da União, instituindo, desde então, os sistemas de controle externo, a cargo do Congresso Nacional, com auxílio da Corte de Contas, e de controle interno, este exercido pelo Poder Executivo e destinado a criar condições para um controle externo eficaz.

Finalmente, com a Constituição de 1988, o Tribunal de Contas da União teve a sua jurisdição e competência substancialmente ampliadas. Recebeu poderes para, no auxílio ao Congresso Nacional, exercer a fiscalização contábil, financeira, orçamentária, operacional e patrimonial da União e das entidades da administração direta e indireta, quanto à legalidade, legitimidade e economicidade e a fiscalização da aplicação das subvenções e da renúncia de receitas.[26]

Pode-se dizer que o Tribunal de Contas da União detém as seguintes funções:[27] a) *função fiscalizadora*, relativa à fiscalização de atos de admissão de pessoal e de aposentadorias, de convênios com Estados, Municípios e Distrito Federal, de bens e rendas de autoridades públicas, de subvenções, de renúncias de receitas, de entrega de cotas do FPE, FPM, do IPI-exportações e da Cide-Combustíveis, de contas nacionais de empresas supranacionais, de operações de desestatização, de avaliação de programas, de recursos repassados ao Comitê Olímpico Brasileiro (COB) e ao Comitê Paraolímpico Brasileiro (CPB), das despesas com pessoal, do endividamento público e receita, do alcance de metas da Lei de Diretrizes Orçamentárias, dos limites e condições de operações de crédito, dos recursos de alienação de ativos e dos Relatórios de Gestão Fiscal e Relatório Resumido de Execução Orçamentária – RREO (CF/1988: art. 71, IV, V, VI e XI); b) *função opinativa*, ao apresentar parecer prévio sobre as contas do Presidente da República (CF/1988: art. 71, I), embora o julgamento de suas contas seja feito pelo Poder Legislativo;[28] c) *função julgadora*, ao proceder aos julga-

---

[26] Informações extraídas do sítio de Internet do TCU: <www.tcu.gov.br>. Acesso em: 29/09/2024.

[27] A "PEC do Pacto Federativo" (PEC nº 188/2019), em tramitação no Congresso Nacional, prevê uma nova função para o TCU: a *função uniformizadora*. Caso seja aprovada, o TCU passa a poder editar orientações normativas vinculantes para todos os Tribunais e Conselhos de Contas do país, de modo a uniformizar a interpretação de conceitos constantes na legislação orçamentário-financeira.

[28] Os chefes do Poder Executivo, por força do art. 71, I, da Constituição, não têm suas prestações de contas julgadas pelos Tribunais de Contas, mas meramente apreciadas pelas Cortes de Contas, mediante parecer prévio que será encaminhado ao Poder Legislativo. Será o Poder Legislativo de cada ente a realizar o julgamento das contas apresentadas pelos respectivos chefes do Executivo. Cf. STF. RE 848.826 (repercussão geral), Rel. Min. Roberto Barroso, Rel. p/ Acórdão Min. Ricardo Lewandowski, Pleno, julg. 10/08/2016, *DJe* 24-08-2017: "RECURSO EXTRAORDINÁRIO. PRESTAÇÃO DE CONTAS DO CHEFE DO PODER EXECUTIVO MUNICIPAL. PARECER PRÉVIO DO TRIBUNAL DE CONTAS. EFICÁCIA SUJEITA AO CRIVO PARLAMENTAR. COMPETÊNCIA DA CÂMARA MUNICIPAL PARA O JULGAMENTO DAS CONTAS DE GOVERNO E DE GESTÃO. LEI COMPLEMENTAR 64/1990, ALTERADA PELA LEI COMPLEMENTAR 135/2010. INELEGIBILIDADE. DECISÃO IRRECORRÍVEL. ATRIBUIÇÃO DO LEGISLATIVO LOCAL. RECURSO EXTRAORDINÁRIO CONHECIDO E PROVIDO. I – Compete à

mentos sobre as contas dos administradores (excluídas do julgamento pelo TCU as contas do chefe do Executivo)[29] e demais responsáveis por dinheiros, bens e valores públicos, por prejuízos ao Erário e por infrações decorrentes da não publicação do Relatório de Gestão Fiscal, da elaboração de anteprojeto de Lei de Diretrizes Orçamentárias sem metas fiscais, da inobservância de limitação de empenho ou da falta de medidas para redução das despesas de pessoal (CF/1988: art. 71, II, III); d) *função sancionadora*, na aplicação de multas, na declaração de inidoneidade para licitar ou na inabilitação para exercício de função comissionada, na decretação da indisponibilidade de bens etc. (CF/1988: art. 71, VIII); e) *função corretiva*, na emissão de determinações e recomendações aos órgãos jurisdicionados, na fixação de prazo para adoção de providências, na sustação de atos irregulares e na adoção de medidas cautelares (CF/1988: art. 71, IX e X); f) *função consultiva*, na emissão de pareceres sobre a regularidade de despesas por solicitação da Comissão Mista do Orçamento ou quando da resposta a consulta sobre assuntos de sua competência (Lei Orgânica do TCU: art. 1º, XVII); g) *função informativa*, no fornecimento de informações acerca de trabalhos realizados, cálculos e dados consolidados, elementos e documentos a que tenha tido acesso (CF/1988: art. 71, VII); h) *função ouvidora*, no recebimento e processamento de denúncias feitas por cidadão, partido político, associação civil ou sindicato, ou por representação feita pelo controle interno sobre irregularidades em licitação ou contrato administrativo (CF/1988: art. 74, § 2º); i) *função normativa*, de expedir atos e instruções normativas (Lei Orgânica do TCU: art. 3º).[30]

A função fiscalizadora do TCU é exercida através dos seguintes instrumentos: levantamento, auditoria, inspeção, acompanhamento e monitoramento.

Câmara Municipal o julgamento das contas do chefe do Poder Executivo municipal, com o auxílio dos Tribunais de Contas, que emitirão parecer prévio, cuja eficácia impositiva subsiste e somente deixará de prevalecer por decisão de dois terços dos membros da casa legislativa (CF, art. 31, § 2º). II – O Constituinte de 1988 optou por atribuir, indistintamente, o julgamento de todas as contas de responsabilidade dos prefeitos municipais aos vereadores, em respeito à relação de equilíbrio que deve existir entre os Poderes da República ('checks and balances'). III – A Constituição Federal revela que o órgão competente para lavrar a decisão irrecorrível a que faz referência o art. 1º, I, g, da LC 64/1990, dada pela LC 135/2010, é a Câmara Municipal, e não o Tribunal de Contas".

[29] Com exclusão dos chefes do Poder Executivo, os chefes dos demais Poderes e órgãos autônomos, por não estarem abarcados pela exceção prevista no art. 71, I, CF/1988, têm suas contas julgadas pelos Tribunais de Contas, nos termos do art. 71, II, CF/1988. A esse respeito: "Constituição do Estado do Tocantins. EC 16/2006, que criou a possibilidade de recurso, dotado de efeito suspensivo, para o Plenário da Assembleia Legislativa, das decisões tomadas pelo Tribunal de Contas do Estado com base em sua competência de julgamento de contas [...].No âmbito das competências institucionais do Tribunal de Contas, o STF tem reconhecido a clara distinção entre: a competência para apreciar e emitir parecer prévio sobre as contas prestadas anualmente pelo chefe do Poder Executivo, especificada no art. 71, I, CF/1988; e a competência para julgar as contas dos demais administradores e responsáveis, definida no art. 71, II, CF/1988. [...] Na segunda hipótese, o exercício da competência de julgamento pelo Tribunal de Contas não fica subordinado ao crivo posterior do Poder Legislativo. [...] Ação julgada procedente". (STF. ADI 3.715, Rel. Min. Gilmar Mendes, Pleno, julg. 21/08/2014, *DJe* 30/10/2014).

No mesmo sentido: "Tribunal de contas dos Estados: competência: observância compulsória do modelo federal: inconstitucionalidade de subtração ao tribunal de contas da competência do julgamento das contas da mesa da assembleia legislativa – compreendidas na previsão do art. 71, II, da CF, para submetê-las ao regime do art. 71, c/c o art. 49, IX, que é exclusivo da prestação de contas do chefe do Poder Executivo". (STF. ADI 849, Rel. Min. Sepúlveda Pertence, Pleno, julg. 11/02/1999, *DJ* 23/04/1999).

[30] LIMA, Luiz Henrique. *Controle externo*: teoria, jurisprudência e mais 500 questões. 4. ed. Rio de Janeiro: Elsevier, 2011. p. 111-115.

A abrangência do controle dos Tribunais de Contas vem prevista no parágrafo único do art. 70 da Constituição, o qual estabelece que qualquer pessoa física ou jurídica, pública ou privada, que utilize, arrecade, guarde, gerencie ou administre dinheiros, bens e valores públicos ou pelos quais a União responda, ou que, em nome desta, assuma obrigações de natureza pecuniária, tem o dever de prestar contas ao TCU.[31]

Portanto, em regra, submetem-se à fiscalização e controle dos Tribunais de Contas todas as entidades da Administração Direta ou Indireta, fundos constitucionais de investimento ou de gestão, Entidades Fechadas de Previdência Privada – EFPP,[32] Organizações sociais de interesse público (OSCIP), Conselhos de regulamentação profissional (CREA, CRM, CRO etc.), Serviços sociais autônomos (Sebrae, Sesi, Sesc, Senai, Senat etc.), beneficiários de bolsas de estudo e projetos de pesquisa e beneficiários de renúncias de receitas ou de incentivos fiscais. Na maior parte dos casos, não surge dúvida a respeito da abrangência da competência dos Tribunais de Contas. Entretanto, nas situações que envolvem algumas entidades da Administração Indireta, a controvérsia se demonstra viva.

Por algum tempo, o STF entendeu que o TCU não teria competência para fiscalizar as contas de empresas públicas e as sociedades de economia mista nem para julgar as contas dos seus administradores (vide MS 23.875 e 23.627). Porém, em 2005, revendo o seu entendimento anterior, a Suprema Corte indeferiu os Mandados de Segurança 25.092 (impetrado pela Companhia Hidroelétrica do São Francisco – CHESF) e 25.181 (impetrado pelo Banco do Nordeste – BNB), declarando expressamente que os precedentes dos MS 23.875 e 23.627 deviam ser revistos e reconhecendo a competência do TCU para a fiscalização das estatais e para o julgamento das contas de seus administradores, inclusive por meio de tomada de contas especiais. No julgamento conjunto dos citados mandados de segurança, o relator, Ministro Carlos Velloso, afirmou que "lesão ao patrimônio de uma sociedade de economia mista atinge, sem dúvida, o capital público e, portanto, o erário, além de atingir também o capital privado".

Já em relação aos Conselhos de fiscalização e regulamentação profissional (CREA, CRM, CRO etc.),[33] o entendimento do STF é no sentido de que estes devem se submeter à fiscalização do TCU, uma vez que constituem autarquias federais, cujas cobranças de contribuição possuem natureza tributária, na forma do art. 149 da CF/1988 (MS 21.797-RJ).[34] Registre-se, contudo, a peculiar situação da Ordem dos Advogados do Brasil, que, como entidade *sui generis*, não se submete ao regime de fiscalização e controle do TCU.[35] Sobre os valores

---

[31] Regulamentado no art. 5º da Lei Orgânica do TCU, Lei nº 8.443/1992.
[32] Vide Mandado de Segurança 21.307-DF, de relatoria do Min. Joaquim Barbosa, que entendeu possível e válida a fiscalização pelo TCU.
[33] A Instrução Normativa TCU nº 42/2002 dispensou os Conselhos de apresentação anual de prestação de contas, permanecendo sujeitos às demais iniciativas de fiscalização (IN/TCU 63/2010).
[34] "ENTIDADES FISCALIZADORAS DO EXERCÍCIO PROFISSIONAL. CONSELHO FEDERAL DE ODONTOLOGIA: NATUREZA AUTÁRQUICA. Lei nº 4.234, de 1964, art. 2º. FISCALIZAÇÃO POR PARTE DO TRIBUNAL DE CONTAS DA UNIÃO. I. – Natureza autárquica do Conselho Federal e dos Conselhos Regionais de Odontologia. Obrigatoriedade de prestar contas ao Tribunal de Contas da União. Lei nº 4.234/64, art. 2º C.F., art. 70, parágrafo único, art. 71, II. [...] IV. – As contribuições cobradas pelas autarquias responsáveis pela fiscalização do exercício profissional são contribuições parafiscais, contribuições corporativas, com caráter tributário. C.F., art. 149. RE 138.284-CE, Velloso, Plenário, RTJ 143/313" (STF. MS 21.797, Rel. Min. Carlos Velloso, Pleno, julg. 09/03/2000).
[35] Consagrou-se na jurisprudência, inclusive do STJ (CC 21.255/ES, Rel. Min. José Delgado, **DJU** 03/08/1998) e do STF (ADI 3.026, Rel. Min. Eros Grau, **DJ** 29/09/2006; ADI 1.707, Rel. Min. Moreira

relativos aos Fundos de Participação dos Estados (FPE) e dos Municípios (FPM), tratados no art. 159 da CF/1988, cabe ao TCU fixar os coeficientes individuais de participação, fiscalizar a entrega dos recursos (montante e prazo), acompanhar a classificação das receitas originárias e receber e processar as reclamações de repasses incorretos. Entretanto, quanto ao cálculo dos valores relativos aos fundos, este cabe à Secretaria do Tesouro Nacional.[36]

Quanto às contas do próprio Tribunal de Contas da União, o TCU deve encaminhá-las para análise e parecer conclusivo da Comissão Mista do Orçamento do Congresso Nacional, a ser emitido no prazo de sessenta dias do recebimento, conforme estabelece o § 2º do art. 56 da Lei de Responsabilidade Fiscal (reputado constitucional no julgamento da ADI 2.324).[37]

Contudo, a emissão de parecer sobre as contas do TCU pelo Congresso Nacional não configura julgamento propriamente dito, pois a Constituição Federal de 1988 apenas estabelece expressamente a competência do Poder Legislativo da União para o julgamento das contas do Presidente da República. Nos termos do art. 71, II, CF/1988, o julgamento das contas de todos os demais administradores federais que não sejam o Presidente da República compete ao TCU – e não ao Poder Legislativo –, o que, naturalmente, abarca as contas dos administradores do próprio Tribunal. Trata-se de hipótese em que o TCU julga suas próprias contas, por ausência de previsão constitucional para que estas sejam julgadas por um órgão externo a ele.[38]

Alves, **DJU** 01/07/1988 e ADI 1.717-6, Rel. Min. Sydney Sanches, **DJU** 28/03/2003), o entendimento de ser a OAB uma entidade especial, sui generis, diferenciando-se das demais entidades de fiscalização do exercício de profissões regulamentadas em função de atuar na defesa da Constituição, da Ordem Jurídica e do Estado Democrático de Direito. Por essa razão, não estaria obrigada a prestar contas ao TCU. Contudo, no Acórdão nº 2.573/2018, o TCU entendeu que a OAB deveria prestar-lhe contas, sob os argumentos de que: "i) a OAB constitui autarquia, nos termos do art. 5º, I, do Decreto-Lei 200/1967; ii) as contribuições cobradas de seus inscritos têm natureza de tributo; iii) a OAB não se distingue dos demais conselhos profissionais e por isso deve se sujeitar aos controles públicos; iv) o controle externo exercido pelo TCU não compromete a autonomia ou independência funcional das unidades prestadoras". Contra esta decisão, a OAB impetrou o MS 36.376 perante o STF, tendo obtido liminar, em 7 de junho de 2019, concedida pela Relatora, Min. Rosa Weber, para não se submeter ao controle do TCU. O tema também se encontra pendente de julgamento no RE nº 1.182.189, sob regime de repercussão geral.

36 LIMA, Luiz Henrique. Op. cit. p 77.
37 STF. ADI 2.324. Rel Min. Alexandre de Moraes, Pleno, julg. 22/08/2019: "Em rigor, o § 2º do art. 56 estabelece apenas que o parecer sobre as contas dos Tribunais de Contas será proferido no prazo previsto no art. 57 pela comissão mista permanente referida no § 1º do art. 166 da Constituição ou equivalente das Casas Legislativas estaduais e municipais. Não há nessa disposição qualquer subtração da competência dos Tribunais de Contas para julgar suas próprias contas. Afinal, emissão de parecer é uma atribuição meramente opinativa, não havendo risco de que as contas dos Tribunais de Contas sejam julgadas pelo Poder Legislativo. Além de não haver norma constitucional em sentido diretamente oposto ao § 2º do art. 56, a competência estatuída no inciso II do § 1º do art. 166 pode absorver a emissão de parecer prévio sobre as contas do Tribunal de Contas. Viabiliza-se, assim, a documentação de uma análise minimamente imparcial sobre as contas dos Tribunais de Contas. Trata-se de medida salutar e que corrobora o controle da gestão pública e que vem sendo realizada normalmente desde a edição da LRF [...] Diante do exposto, VOTO pela IMPROCEDÊNCIA da ADI 2324 com relação ao art. 56, § 2º, da LRF".
38 O tema é controvertido, pois o próprio STF parece não ter formado uma opinião definitiva sobre o julgamento das contas dos Tribunais de Contas, como se pode ver de duas afirmações presentes no voto do Relator da ADI 2.324 acima referenciada. A primeira afirmação é a de que a "emissão de parecer é uma atribuição meramente opinativa, não havendo risco de que as contas dos Tribunais de Contas sejam julgadas pelo Poder Legislativo". Contudo, no mesmo voto, foi dito que "em alguns Estados (em

O Tribunal de Contas da União, diz o art. 73 da Constituição, é integrado por nove Ministros, tem sede no Distrito Federal, quadro próprio de pessoal e jurisdição em todo o território nacional. Vincula-se, para efeitos orçamentários e de responsabilidade, ao Poder Legislativo, possuindo, entretanto, total independência em relação ao Congresso e às suas Casas.

A dúvida surge a respeito de ser efetivamente ou não o Tribunal de Contas um órgão integrante do Poder Legislativo. Parte da doutrina entende que se trata de órgão integrante daquele Poder legiferante, embora dotado de autonomia administrativa, sem, todavia, haver uma subordinação política.[39]

No entanto, segundo o Ministro do Supremo Tribunal Federal Carlos Ayres Britto,[40] "o Tribunal de Contas da União não é órgão do Congresso Nacional, não é órgão do Poder Legislativo". E complementa o ministro:

> Diga-se mais: além de não ser órgão do Poder Legislativo, o Tribunal de Contas da União não é órgão auxiliar do Parlamento Nacional, naquele sentido de inferioridade hierárquica ou subalternidade funcional. (...) O TCU se posta como órgão da pessoa jurídica União, diretamente, sem pertencer a nenhum dos três Poderes Federais. Exatamente como sucede com o Ministério Público. (...) De outra banda, não opera essa mesma Corte de Contas como órgão meramente auxiliar do Congresso Nacional. Sua atuação jurídica se dá *a latere* do Congresso, junto dele, mas não do lado de dentro.

Igualmente, explica Rodrigo Valgas dos Santos que "diante das garantias de independências das cortes de contas, não há como caracterizá-lo em subordinação ao Poder Legislativo,

---

virtude de leis próprias), há um rito mais formal nas Assembleias, inclusive com votação em Plenário, tal como ocorre com as contas do Presidente da República". Se os Tribunais de Contas não podem ter suas contas julgadas pelo Legislativo (1ª afirmação), então seria inconstitucional que leis estaduais determinassem à Assembleia Legislativa votar em Plenário as contas do Tribunal de Contas estadual tal como o faz com as contas do chefe do Executivo. A jurisprudência mais recente do STF parece caminhar nesse sentido, ao afirmar categoricamente que o Poder Legislativo somente tem competência constitucional para julgamento das contas do chefe do Executivo, e não de outros administradores públicos: "4. A Constituição do Estado de São Paulo, ao atribuir à Assembleia Legislativa competência exclusiva para a tomada e julgamento das contas prestadas pelos membros da respectiva Mesa, pelo Presidente do Tribunal de Justiça, do Poder Legislativo, do Poder Executivo e do Poder Judiciário, afasta-se do modelo federal, vulnerando os arts. 71, II, e 75, caput, da CF/1988. Em respeito à simetria, a ALESP possui competência para julgar apenas as contas do Governador, respondendo os demais administradores perante o TCE/SP" (STF, ADI 6.981, Rel. Min. Roberto Barroso, Pleno, julg. 13/12/2022, **DJe** 09/01/2023).

[39] E esta discussão se torna ainda mais complexa, porque a Constituição utiliza a expressão "auxílio", quando afirma que "o controle externo, a cargo do Congresso Nacional, será exercido com o auxílio do Tribunal de Contas da União" (art. 71, CF). Nesse sentido afirma Hely Lopes Meirelles que "no controle externo da administração financeira, orçamentária e agora da gestão fiscal, como vimos, é que se inserem as principais atribuições dos nossos Tribunais de Contas, como órgãos independentes, mas auxiliares dos Legislativos e colaboradores dos Executivos" (MEIRELLES, Hely Lopes. *Direito Administrativo Brasileiro*. 31. ed. São Paulo: Malheiros, 2005. p. 669). Em igual linha, leciona Alexandre de Moraes: "O Tribunal de Contas da União é órgão auxiliar e de orientação do Poder Legislativo, embora a ele não subordinado, praticando atos de natureza administrativa, concernentes, basicamente, à fiscalização (MORAES, Alexandre de. *Direito Constitucional Administrativo*. 2. ed. São Paulo: Atlas, 2005. p. 258).

[40] BRITTO, Carlos Ayres. O Regime Constitucional dos Tribunais de Contas. **In:** SANTI, Eurico Marcos Diniz de. (Coord.). *Curso de Direito Tributário e Finanças Públicas*. São Paulo: Saraiva, 2008. p. 173-177.

ou mesmo incluído naquela estrutura".[41] Aliás, como bem coloca Odete Medauar,[42] cada Tribunal de Contas seria uma "instituição estatal independente", não estando subordinado a nenhum dos Poderes.

Embora este órgão detenha a nomenclatura de "tribunal", seus ministros detenham as mesmas garantias, prerrogativas, impedimentos, vencimentos e vantagens dos ministros do STJ (§ 3º, art. 73) e a Constituição utilize o verbo "julgar" para designar uma de suas competências (inciso II, art. 71), entende-se que os Tribunais de Contas não possuem uma função jurisdicional propriamente dita, uma vez que suas decisões produzem apenas a coisa julgada administrativa, que pode ser revista pelo Poder Judiciário, o qual detém o monopólio jurisdicional no ordenamento jurídico brasileiro. A posição majoritária[43] da doutrina e jurisprudência é a de que os *julgamentos* proferidos pelos Tribunais de Contas têm caráter administrativo e não jurisdicional. A esse respeito, José Afonso da Silva explica não se tratar propriamente de função jurisdicional, pois os Tribunais de Contas não julgam pessoas, nem dirimem conflitos de interesses, mas somente emanam um julgamento técnico de contas públicas.[44]

Nesse mesmo sentido, afirma o Ministro Carlos Ayres Britto[45] que

> os Tribunais de Contas não exercem a chamada função jurisdicional do Estado. A função jurisdicional do Estado é exclusiva do Poder Judiciário e é por isso que as Cortes de Contas: a) não fazem parte da relação dos órgãos componentes desse Poder (o Judiciário), como se vê da simples leitura do art. 92 da *Lex Legum*; b) também não se integram no rol das instituições que foram categorizadas como instituições essenciais a tal função (a jurisdicional, a partir do art. 127 do mesmo Código Político de 1988).

Marçal Justen Filho, abordando essa temática, nos apresenta a expressão "quase jurisdicional" para caracterizar a natureza das decisões dos Tribunais de Contas. Segundo ele:

> A opção de não integrar o Tribunal de Contas na estrutura do Poder Judiciário resultou, por certo, da intenção de manter seus atos sujeitos ao controle jurisdicional. Isso não configura qualquer redução da dignidade ou autonomia do Tribunal de Contas, uma vez que os atos próprios dos demais Poderes também estão assujeitados ao controle jurisdicional. No entanto e mais do que em qualquer outro caso, seria possível aludir, a propósito do Tribunal de Contas, a uma atuação quase jurisdicional. Se tal expressão puder merecer algum significado próprio, isso reside na forma processual dos atos e na estrutura autônoma e independente para produzir a instrução e o julgamento. A fórmula quase jurisdicional é interessante não para induzir o leitor a imaginar que a atuação do Tribunal de Contas é idêntica à do Judiciário, mas para destacar como se diferencia

---

[41] SANTOS, Rodrigo Valgas dos. *Procedimento Administrativo nos Tribunais de Contas e Câmaras Municipais*: Contas anuais, princípios e garantias constitucionais. Belo Horizonte: Del Rey, 2006. p. 55.

[42] MEDAUAR, Odete. *O controle da administração pública*. São Paulo: Revista dos Tribunais, 1993. p. 141.

[43] Registre-se o entendimento minoritário da doutrina (capitaneado por Seabra Fagundes e Eliana Calmon), no sentido de que a atribuição dos Tribunais de Contas de julgar contas públicas representaria parcial exercício da função judicante, vez que a Constituição teria conferido parcela de jurisdição aos Tribunais de Contas, com a utilização do termo *julgar* (FAGUNDES, Miguel Seabra. *O Controle dos Atos Administrativos pelo Poder Judiciário*. 4. ed. Rio de Janeiro: Forense, 1967; ALVES, Eliana Calmon. *A Decisão Judicial e a Decisão do Tribunal de Contas*: independência das instâncias administrativas, cível e penal. *Revista Ibero-Americana de Direito Público*, v. 4, n. 11. p. 87-95, 2003.

[44] SILVA, José Afonso da. *Manual da Constituição de 1988*. São Paulo: Malheiros, 2002. p. 136.

[45] BRITTO, Carlos Ayres. Op. cit. p. 179-180.

do restante das atividades administrativas e legislativas. Nenhum outro órgão integrante do Poder Executivo e do Poder Legislativo recebeu da Constituição poderes de julgamento equivalentes, inclusive no tocante à relevância e eficácia, aos assegurados ao Tribunal de Contas.

Este entendimento, aliás, também se revela pelo teor da Súmula nº 6 do STF, que ressalva a competência revisora do Poder Judiciário sobre as decisões dos Tribunais de Contas. Por outro lado, a Súmula nº 347 do STF afirma que "O Tribunal de Contas, no exercício de suas atribuições, pode apreciar a constitucionalidade das leis e dos atos do Poder Público".

Entretanto, cabe ressaltar que compete ao Poder Judiciário apenas verificar os aspectos formais do julgamento, vale dizer, se foi observado o devido processo legal e se não houve nenhuma violação de direito individual, vez que o Judiciário não pode adentrar o mérito e revisar as decisões dos Tribunais de Contas, por exemplo, declarando regulares as contas que haviam sido julgadas irregulares, ou vice-versa.[46]

Entende-se que o TCU não está subordinado à jurisdição do Conselho Nacional de Justiça (CNJ), por não integrar a estrutura do Judiciário, conforme manifestação do próprio CNJ (Conselheiro-Relator Min. Joaquim Falcão) no Pedido de Providências nº 248.

Ressalte-se que os processos no âmbito do TCU devem necessariamente observar o devido processo legal e a ampla defesa do interessado, na forma do que dispõe a Súmula Vinculante nº 3 do STF, *in verbis*:

> Nos processos perante o Tribunal de Contas da União asseguram-se o contraditório e a ampla defesa quando da decisão puder resultar anulação ou revogação de ato administrativo que beneficie o interessado, excetuada a apreciação da legalidade do ato de concessão inicial de aposentadoria, reforma e pensão.

Exercido seu papel, o TCU poderá confirmar a regularidade dos atos e procedimentos praticados por seus fiscalizados, ou poderá rejeitá-los, emitindo recomendações ou determinações de correção e providências, sustá-los temporária ou definitivamente, ou, ainda, adotar medidas cautelares. Além disso, poderá também, dentro do seu papel sancionador, aplicar penalidades aos infratores (Lei Orgânica do TCU, arts. 57 e 58). Assim, quando o responsável for julgado em débito, poderá ainda o Tribunal aplicar-lhe multa de até cem por cento do valor atualizado do dano causado ao Erário. Poderá, também, aplicar multa aos responsáveis por: I – contas julgadas irregulares de que não resulte débito; II – ato praticado com grave infração à norma legal ou regulamentar de natureza contábil, financeira, orçamentária, operacional e patrimonial; III – ato de gestão ilegítimo ou antieconômico de que resulte injustificado dano ao Erário; IV – não atendimento, no prazo fixado, sem causa justificada, a diligência do Relator ou a decisão do Tribunal; V – obstrução ao livre exercício das inspeções e auditorias determinadas; VI – sonegação de processo, documento ou informação, em inspeções ou auditorias realizadas pelo Tribunal; VII – reincidência no descumprimento de determinação do Tribunal.

---

[46] No STF prevalece a jurisprudência no sentido de que os Tribunais de Contas exercem julgamentos técnicos de contas e somente sob esses aspectos devem ser respeitadas suas deliberações pelo Poder Judiciário (*RTJ* 132/1034 e *RTJ* 141/3-791). Neste sentido, veja-se: "No julgamento das contas de responsáveis por haveres públicos, a competência é exclusiva dos Tribunais de Contas, salvo nulidade por irregularidade formal grave ou manifesta ilegalidade" (*RTJ* 43:151); "O Tribunal de Contas da União, quando da tomada de contas dos responsáveis por dinheiros públicos, pratica ato insuscetível de impugnação na via judicial, a não ser quanto ao seu aspecto formal ou ilegalidade manifesta" (STF. MS 6.960, ***DJ*** 27/08/1959).

As decisões do Tribunal de Contas de que resultem imputação de débito ou multa terão eficácia de título executivo (CF/1988: § 3º, art. 71). Contudo, a questão do rito a ser usado em sua cobrança judicial ainda suscita controvérsias.

Existe posição tradicional do STJ de que tais dívidas podem ser cobradas por meio de execução de título executivo extrajudicial regida pelo Código de Processo Civil, caso não tenham sido inscritas em dívida ativa do ente federado. Todavia, como tal título executivo encontra previsão na própria Constituição, caberia à Fazenda Pública optar por realizar ou não a inscrição do débito ou multa em dívida ativa. Caso opte pela inscrição, então a posterior cobrança judicial se dará por meio da respectiva ação de execução fiscal, nos moldes da Lei nº 6.830/1980.[47]

Por outro lado, o STF, no Tema de Repercussão Geral nº 899 (RE 636.886), fixou que "É prescritível a pretensão de ressarcimento ao erário fundada em decisão de Tribunal de Contas", tendo a fundamentação da decisão afirmado textualmente que se aplica a tais cobranças a prescrição intercorrente prevista no art. 40 da Lei nº 6.830/1980. Além disso, a decisão afirma que "a decisão do TCU formalizada em acórdão terá eficácia de título executivo e será executada conforme o rito previsto na Lei de Execução Fiscal (Lei 6.830/1980), por enquadrar-se no conceito de dívida ativa não tributária da União".[48]

Tal execução deve ser proposta pelo ente beneficiário da condenação, uma vez que os próprios Tribunais de Contas não dispõem de legitimidade para executar suas decisões condenatórias.[49]

11.6. NORMAS BRASILEIRAS DE AUDITORIA NO SETOR PÚBLICO

Através da Portaria nº 196, de 27/12/2022, o Tribunal de Contas da União (TCU) aderiu formalmente às Normas Brasileiras de Auditoria no Setor Público (NBASP) editadas e publicadas pelo Instituto Rui Barbosa (IRB).

As Normas Brasileiras de Auditoria no Setor Público (NBASP) são traduções dos Pronunciamentos Profissionais da Organização das Instituições Superiores de Controle (INTOSAI), trabalho conduzido pelo Comitê Técnico de Auditoria do Setor Público do IRB.[50]

A **auditoria do setor público** pode ser descrita como um processo sistemático de obter e avaliar objetivamente evidências para determinar se as informações ou as condições reais de um objeto estão de acordo com critérios aplicáveis. A auditoria do setor público é essencial, pois fornece aos órgãos legislativos e de controle, bem como aos responsáveis pela governança

---

[47] "Consoante a orientação jurisprudencial predominante no STJ, não se aplica a Lei 6.830/1980 à execução de decisão condenatória do Tribunal de Contas da União quando não houver inscrição em dívida ativa. Tal decisão já é título executivo extrajudicial, de modo que prescinde da emissão de Certidão de Dívida Ativa, o que determina a adoção do rito do Código de Processo Civil se o administrador discricionariamente opta pela não inscrição" (STJ. REsp 1.796.937, Rel. Min. Herman Benjamin, 2ª Turma, julg. 23/05/2019, **DJe** 30/05/2019).

[48] STF. RE 636.886 (repercussão geral), Rel. Min. Alexandre de Moraes, Pleno, julg. 20/04/2020, **DJE** 24/06/2020.

[49] "Entendimento firmado no RE 1.003.433/RJ, tema 642 da repercussão geral. Atribuição aos Municípios prejudicados de legitimidade para execução do acórdão do Tribunal de Contas estadual que, identificando prejuízo aos cofres públicos municipais, condena o gestor público a recompor o dano suportado pelo erário, bem como em relação à decisão que, no mesmo contexto e em decorrência do prejuízo causado ao erário, aplica multa proporcional ao servidor público municipal. 7. Legitimidade do Estado para executar crédito decorrente de multas simples aplicadas a gestores municipais, por Tribunais de Contas estadual, sobretudo quando o fundamento da punição residir na inobservância das normas de Direito Financeiro ou, ainda, no descumprimento dos deveres de colaboração impostos pela legislação aos agentes públicos fiscalizados" (STF. ADPF 1.011, Rel. Min. Gilmar Mendes, Pleno, julg. 01/07/2024, **DJe** 05/07/2024).

[50] Conforme www.irbcontas.org.br/nbasp/.

e ao público em geral, informações e avaliações independentes e objetivas acerca da gestão e do desempenho de políticas, programas e operações governamentais.

A auditoria não é um fim em si, mas sim um elemento indispensável de um sistema regulatório cujo objetivo é revelar desvios das normas e violações dos princípios da legalidade, eficiência, efetividade e economicidade na gestão financeira, com a tempestividade necessária para que medidas corretivas possam ser tomadas em casos individuais, para fazer com que os responsáveis por esses desvios assumam essa responsabilidade, para obter o devido ressarcimento ou para tomar medidas para prevenir, ou pelo menos dificultar, a ocorrência dessas violações.

A tarefa tradicional das entidades fiscalizadoras é auditar a legalidade e regularidade da gestão financeira e da contabilidade. Além desse tipo de auditoria, cuja importância se mantém, há um outro tipo de auditoria igualmente importante – a auditoria operacional – cuja finalidade é verificar o desempenho, a economia, a eficiência e a efetividade da administração pública. A auditoria operacional abrange não apenas operações financeiras específicas, mas também todas as atividades governamentais, inclusive seus sistemas organizacionais e administrativos.

As auditorias do setor público têm como principais atores os Tribunais de Contas e, para o sucesso das suas atividades, devem possuir os seguintes aspectos: 1) Previsão legal da independência dos Tribunais de Contas, de seus membros e de seu quadro funcional; 2) Mandato suficientemente amplo e discricionariedade no exercício das funções dos Tribunais de Contas; 3) Acesso irrestrito às informações; 4) Independência dos Tribunais de Contas para o desempenho de suas competências; 5) Prevenção ao conflito de interesses; 6) Adoção de medidas pertinentes no caso de quaisquer questões que possam afetar ou que afetaram sua independência; 7) Direito e obrigação de informar sobre seu trabalho; 8) Liberdade de decidir o conteúdo e o momento oportuno de publicação e divulgação de seus relatórios de auditoria; 9) Utilização de mecanismos eficazes de monitoramento das deliberações; 10) Cooperação interinstitucional sem prejuízo da independência e da autonomia; 11) Autonomia financeira e gerencial/administrativa, e disponibilidade de recursos humanos, materiais e monetários adequados.

Em geral, as auditorias do setor público podem ser classificadas em um ou mais de três tipos principais: auditorias de demonstrações financeiras, de conformidade e operacionais. Os objetivos de cada auditoria irão determinar as normas que lhe são aplicáveis.

Auditoria financeira foca em determinar se a informação financeira de uma entidade é apresentada em conformidade com a estrutura de relatório financeiro e o marco regulatório aplicável. Isso é alcançado obtendo-se evidência de auditoria suficiente e apropriada para permitir ao auditor expressar uma opinião quanto a estarem as informações financeiras livres de distorções relevantes devido à fraude ou erro. O objeto de uma auditoria financeira é a posição financeira, o desempenho, o fluxo de caixa ou outros elementos que são reconhecidos, mensurados e apresentados em demonstrações financeiras.

Em alguns ambientes de auditoria do setor público, as auditorias financeiras são chamadas de *auditorias de execução orçamentária*, que frequentemente incluem o exame de transações no que diz respeito a questões de conformidade e legalidade com relação ao orçamento.

Um conjunto completo de demonstrações financeiras para uma entidade do setor público, quando preparado de acordo com uma estrutura de relatório financeiro para o setor público, normalmente consiste em: i) uma demonstração da posição patrimonial e financeira; ii) uma demonstração do desempenho econômico-financeiro; iii) uma demonstração das mutações do patrimônio líquido; iv) uma demonstração do fluxo de caixa; v) uma comparação entre valores do orçamento e valores realizados; vi) notas explicativas, compreendendo um resumo de políticas contábeis relevantes e outras informações explanatórias; vii) em certos ambientes, um conjunto completo de demonstrações financeiras pode também incluir outros relatórios, tais como relatórios de desempenho e de execução orçamentária.

Os seguintes atributos devem estar presentes para assegurar que a informação fornecida nas demonstrações financeiras tenha valor para os usuários previstos: a) *Relevância*: a informação fornecida nas demonstrações financeiras é relevante para a natureza da entidade auditada e para o propósito das demonstrações financeiras; b) *Integridade*: nenhuma transação, evento, saldo de conta ou divulgação que possa afetar conclusões baseadas nas demonstrações financeiras foi omitida; c) *Confiabilidade*: a informação fornecida nas demonstrações financeiras reflete a essência econômica de eventos e transações, e não meramente sua forma legal, e resulta em avaliação, mensuração, apresentação e divulgação razoavelmente consistentes; d) *Neutralidade e objetividade*: a informação nas demonstrações financeiras é livre de viés; e) *Compreensibilidade*: a informação contida nas demonstrações financeiras é clara e abrangente, e não dá margem a interpretações significantemente diversas.

Auditoria operacional foca em determinar se intervenções, programas e instituições estão operando em conformidade com os princípios de economicidade, eficiência e efetividade, bem como se há espaço para aperfeiçoamento. O desempenho é examinado segundo critérios adequados, e as causas de desvios desses critérios ou outros problemas são analisados. O objetivo é responder a questões-chave de auditoria e apresentar recomendações para aperfeiçoamento. O objeto de uma auditoria operacional pode ser um programa específico, entidade, fundos ou certas atividades (com seus produtos, resultados e impactos), situações existentes (incluindo causas e efeitos), assim como informações financeiras ou não financeiras sobre qualquer um desses elementos.

Auditoria de conformidade foca em determinar se um particular objeto está em conformidade com normas identificadas como critérios, sendo realizada para avaliar se atividades, transações financeiras e informações cumprem, em todos os aspectos relevantes, as normas que regem a entidade auditada. Essas normas podem incluir regras, leis, regulamentos, resoluções orçamentárias, políticas, códigos estabelecidos, acordos ou os princípios gerais que regem a gestão financeira responsável do setor público e a conduta dos agentes públicos.

A auditoria de conformidade promove a *transparência* ao fornecer relatórios confiáveis sobre se os recursos foram administrados, a gestão exercida e os direitos dos cidadãos ao devido processo foram atendidos, conforme exigido pelas normas aplicáveis. Promove a *accountability* ao reportar desvios e violações a normas, de modo que ações corretivas possam ser tomadas e os responsáveis possam ser responsabilizados por suas ações. Promove a *boa governança* tanto ao identificar fragilidades e desvios de leis e regulamentos quanto ao avaliar a legitimidade onde há insuficiência ou inadequação de leis e regulamentos.

As normas de auditoria (NBASP) estão divididas em diversas categorias. Destacamos as seguintes: i) NBASP 100 – estabelece princípios fundamentais que são aplicáveis a todos os trabalhos de auditoria do setor público, independentemente de sua forma ou do seu contexto; ii) NBASP 200 – fornece os princípios fundamentais para uma auditoria de demonstrações financeiras preparadas de acordo com uma estrutura de relatório financeiro; iii) NBASP 300 – aplica-se ao contexto específico da auditoria operacional; iv) NBASP 400 – objetiva fornecer um conjunto abrangente de princípios, normas e diretrizes para a auditoria de conformidade de um objeto de auditoria, tanto qualitativo quanto quantitativo.

Um dos principais documentos que disciplinam a auditoria governamental é conhecido por "Declaração de Lima", assinado em 1977, que estabelece os fundamentos para auditorias e instituições fiscalizadoras. Como princípios fundantes da referida declaração consta a promoção da eficiência, da *accountability*, da efetividade e da transparência da administração pública por meio do fortalecimento das entidades fiscalizadoras superiores.

Como modalidades, identificamos a *auditoria interna* e *auditoria externa*. Os serviços de auditoria interna são estabelecidos dentro dos órgãos e instituições governamentais, enquanto os serviços de auditoria externa não fazem parte da estrutura organizacional das instituições a serem auditadas. As Entidades Fiscalizadoras Superiores prestam serviços de auditoria externa. Já os serviços de auditoria interna são necessariamente subordinados ao chefe do departamento no qual foram estabelecidos. No entanto, eles são, na maior medida possível, funcional e organizacionalmente independentes no âmbito de sua respectiva estrutura constitucional. Como uma instituição de auditoria externa, a Entidade Fiscalizadora Superior tem a tarefa de verificar a efetividade da auditoria interna.

Parte V
Responsabilidade Fiscal

A má gestão do Erário e a aplicação desordenada dos recursos públicos sempre foram uma constante no Brasil. O descrédito com a gestão pública em nosso país era evidente e justificável diante de práticas perniciosas, constantemente implementadas em um passado não muito remoto por nossos governantes e seus administradores.

O excessivo endividamento e o uso do "imposto inflacionário" para financiar os gastos públicos, o aumento ilimitado nas despesas de custeio, sobretudo as relacionadas com o funcionalismo em momentos eleitoreiros e em fins de mandatos, e a falta de racionalidade, de controle e de transparência na gestão do Erário demandavam uma mudança radical na Administração Pública no Brasil.

A Lei de Responsabilidade Fiscal – Lei Complementar nº 101/2000 – foi instituída para estabelecer um código de conduta aos gestores públicos, pautada em padrões internacionais de boa governança. A probidade e a conduta ética do administrador público como deveres jurídicos positivados passam a ser o núcleo da gestão fiscal responsável, voltada para a preservação da coisa pública. Através dela, introduz-se uma nova cultura na Administração Pública brasileira, baseada no planejamento, na transparência, no controle e equilíbrio das contas públicas e na imposição de limites para determinados gastos e para o endividamento.

A partir da lei, busca-se conferir maior efetividade ao ciclo orçamentário, por regular e incorporar novos institutos na lei orçamentária anual e na lei de diretrizes orçamentárias, voltadas para o atingimento das metas estabelecidas no plano plurianual. Impõe-se a cobrança dos tributos constitucionalmente atribuídos aos entes federativos para garantir sua autonomia financeira e estabelecem-se condições na concessão de benefícios, renúncias e desonerações fiscais. Obriga-se a indicar o impacto fiscal e a respectiva fonte de recursos para financiar aumentos de gastos de caráter continuado, especialmente em se tratando de despesas de pessoal. Fixam-se limites para a ampliação do crédito público com vistas ao controle e redução dos níveis de endividamento. E criam-se sanções de diversas naturezas em caso de descumprimento das normas financeiras.

No entanto, mais importante do que instituir toda uma nova metodologia para a gestão financeira dos recursos públicos, a Lei de Responsabilidade Fiscal vem a estimular o exercício da cidadania, através dos mecanismos que incitam participação ativa da sociedade nas questões orçamentárias, desde o processo deliberativo até o acompanhamento e avaliação da sua execução, conferindo maior efetividade à democracia brasileira.

A gestão pública com responsabilidade fiscal, a partir das normas jurídicas financeiras que analisaremos, é um instrumento de fortalecimento dos valores do Estado Democrático de Direito, que beneficia toda a sociedade brasileira.

Trata-se de uma forma de administração que deve ser observada pelo gestor e exigida pelo cidadão.

Capítulo 12
DESENVOLVIMENTO DA RESPONSABILIDADE FISCAL NO BRASIL

As circunstâncias que deram ensejo à criação de uma legislação pautada na responsabilidade fiscal eram mais do que evidentes à época no Brasil e demandavam providências urgentes.

Nas últimas décadas do século XX, o papel do Estado começou a ser redesenhado em boa parte do mundo ocidental, na busca de um melhor desempenho econômico, através de reformas fiscais, orçamentárias e de gestão pública, adotando-se mecanismos rígidos de controle de despesas e do endividamento que levassem a um desejado equilíbrio fiscal. Tais políticas logo se disseminaram e passaram a ser propagadas por instituições internacionais, como o FMI, o Banco Mundial e a OCDE.

As sucessivas crises no mercado financeiro internacional, que geraram a contração do crédito global ao longo da década de 1990; o crescente endividamento do setor público, que alimentava o fantasma da moratória por uma temida impagabilidade das dívidas interna e externa; os elevados índices de inflação existentes no período, que camuflavam a deterioração das contas públicas e que representavam uma forma perversa de financiamento do setor público, ao impor o chamado "imposto inflacionário" às camadas menos favorecidas da população, que não tinham acesso à moeda indexada; e o galopante déficit nas contas previdenciárias, que estava por inviabilizar o pagamento de aposentadorias e pensões – todos estes foram fatores político-econômicos decisivos para a criação de normas para disciplinar o ajuste fiscal tão necessário diante de um iminente esgotamento de recursos financeiros imprescindíveis para a execução das políticas públicas.

A adoção de uma lei de responsabilidade fiscal não foi uma exclusividade brasileira. Diversos países do mundo – como Estados Unidos, Inglaterra, Alemanha, Áustria, Bélgica, Nova Zelândia – passaram por situações que, igualmente, demandaram ações nesse sentido e acabaram por desenvolver e inserir nos seus ordenamentos jurídicos normas dessa natureza.

Na América Latina, Argentina, Brasil, Chile, Colômbia, Equador e México adotaram leis de responsabilidade fiscal, especialmente por pressão do Fundo Monetário Internacional (FMI) e do Banco Internacional de Desenvolvimento (BIRD), como contrapartida aos acordos financeiros firmados.

Compreender os cenários socioeconômico, político e jurídico que levaram o Brasil a adotar uma postura de ajuste fiscal e identificar as circunstâncias e os fatores que influenciaram e delinearam a edição da nossa Lei de Responsabilidade Fiscal é o que passamos a realizar neste capítulo.

12.1. A LEI DE RESPONSABILIDADE FISCAL: LEI COMPLEMENTAR Nº 101/2000

A Lei de Responsabilidade Fiscal – Lei Complementar nº 101, de 04 de maio de 2000 – foi criada, essencialmente, por três motivos: a) para dar efetividade à política de estabilização fiscal;

b) para regulamentar dispositivos da Constituição Federal de 1988 que demandavam uma lei complementar sobre matérias financeiras; e c) para dar um "choque" de gestão à Administração Pública brasileira.

Três normas constitucionais do texto original da redação de 1988 – arts. 163, 165 e 169 – exigiam regulamentação através de uma lei complementar.

O art. 163 da Constituição Federal determina que *Lei Complementar* disponha sobre: I – finanças públicas; II – dívida pública externa e interna, incluída a das autarquias, fundações e demais entidades controladas pelo Poder Público; III – concessão de garantias pelas entidades públicas; IV – emissão e resgate de títulos da dívida pública; V – fiscalização das instituições financeiras; VI – operações de câmbio realizadas por órgãos e entidades da União, dos Estados, do Distrito Federal e dos Municípios; VII – compatibilização das funções das instituições oficiais de crédito da União, resguardadas as características e condições operacionais plenas das voltadas ao desenvolvimento regional.

Já o inciso II do § 9º do art. 165 da Constituição prevê que cabe à *Lei Complementar* estabelecer normas de gestão financeira e patrimonial da administração direta e indireta, bem como condições para a instituição e funcionamento de Fundos.

Finalmente, o art. 169 da Carta Magna demandava a fixação de limites para a realização de despesas com pessoal ativo e inativo da União a partir de *Lei Complementar*.

A partir do fim da década de 1980 e ao longo de toda a década de 1990, o Brasil passou por uma série de programas econômicos e adotou diversas medidas jurídicas para viabilizar a almejada política de ajustes fiscais. Inúmeras leis foram promulgadas nesse sentido e algumas Emendas Constitucionais foram aprovadas no Congresso Nacional para viabilizar esse processo.

Assim, em 15 de abril de 1999, o Governo Federal, presidido à época por Fernando Henrique Cardoso, encaminhou ao Congresso Nacional o Projeto de Lei Complementar nº 18, justificando a necessidade de garantir a solvência fiscal. Estabelecia critérios de prudência para o endividamento público, regras rígidas para o controle dos gastos públicos, limites para o déficit orçamentário e mecanismos disciplinadores para o caso de inobservância das metas e procedimentos.

Na Exposição de Motivos nº 106/1999 do referido projeto de lei, constavam os seguintes termos:

> Este Projeto integra o conjunto de medidas do Programa de Estabilização Fiscal – PEF apresentado à sociedade em outubro de 1998, e que tem como objetivo a drástica e veloz redução do déficit público e a estabilização do montante da dívida pública em relação ao Produto Interno Bruto da economia.

Em 04 de maio de 2000, é promulgada a Lei de Responsabilidade Fiscal (LC nº 101/2000), estabelecendo normas de finanças públicas voltadas para a responsabilidade na gestão fiscal. A referida norma veio a sofrer modificações pela Lei Complementar nº 131/2009, que introduziu dispositivos para determinar a disponibilização, em tempo real, de informações pormenorizadas sobre a execução orçamentária e financeira da União, dos Estados, do Distrito Federal e dos Municípios.

Posteriormente, a Lei Complementar nº 156/2016 inseriu outros mecanismos de transparência,[1] inclusive com previsão de sanção pelo seu descumprimento, impedindo que

---

[1] O § 2º do art. 48 da LRF (inserido pela LC 156/2016) estabelece: "A União, os Estados, o Distrito Federal e os Municípios disponibilizarão suas informações e dados contábeis, orçamentários e fiscais conforme

o ente da Federação receba transferências voluntárias e contrate operações de crédito, exceto as destinadas ao refinanciamento do principal atualizado da dívida mobiliária.

Já a Lei Complementar nº 159/2017 inseriu a previsão de prazo de validade da verificação dos limites e das condições relativos à realização de operações de crédito de cada ente da Federação, inclusive das empresas por eles controladas, direta ou indiretamente, e da análise realizada para a concessão de garantia pela União.

A Lei Complementar nº 164/2018 trouxe novos dispositivos buscando não penalizar ainda mais o Município que sofrer diminuição de recebimento de recursos sem culpa sua, uma vez que este não tem ingerência sobre concessões de isenções pela União que reflitam sobre os repasses do FPM, nem sobre o percentual de recursos decorrentes de royalties e participações especiais na exploração de petróleo e de outros recursos minerais (salvo se o Município estiver gastando irresponsavelmente com pessoal).

A Lei Complementar nº 173/2020, editada para conceder auxílio financeiro aos Estados, DF e Municípios para o enfrentamento da pandemia da COVID-19 em 2020, trouxe também alteração em dois artigos da LRF: o artigo 21, ampliando as restrições ao aumento de gastos de pessoal nos últimos 180 dias do mandato, passando a abranger também as parcelas de aumento a serem suportadas pelo governante sucessor em exercícios fiscais seguintes; e o artigo 65, incrementando-o substancialmente, uma vez que a dimensão da crise sanitária vivida demonstrou que o dispositivo original não era suficientemente capaz, por si só, de oferecer ferramentas adequadas para a atuação rápida e eficaz do poder público.

Por sua vez, dando maior alento à responsabilidade fiscal, a Emenda Constitucional nº 109/2021 trouxe uma série de inovações dignas de nota no campo das despesas públicas.

Em primeiro lugar, inseriu o § 16 no art. 37 da Constituição, prevendo que os órgãos e entidades da administração pública, individual ou conjuntamente, devem realizar avaliação das políticas públicas, inclusive com divulgação do objeto a ser avaliado e dos resultados alcançados, na forma da lei. Trata-se de salutar medida de acompanhamento das metas atingidas e da própria qualidade dos resultados alcançados. Em complemento ao dispositivo citado, o constituinte derivado também inseriu outro § 16, mas desta vez ao artigo 165, ao prescrever que: "As leis [orçamentárias] de que trata este artigo devem observar, no que couber, os resultados do monitoramento e da avaliação das políticas públicas previstos no § 16 do art. 37 desta Constituição".

Para além do imprescindível planejamento, as políticas públicas devem ser avaliadas, tanto em momento anterior a sua realização (*ex ante*), quanto em ocasião posterior (*ex post*), a fim de que se possa aferir se o resultado com elas obtido se coaduna com aquele originalmente pretendido. Se até então a avaliação das políticas públicas no Brasil se encontrava na Constituição Federal apenas de maneira implícita, dentro do ideal do princípio da eficiência, agora a temos a partir de dois comandos expressos: o primeiro, dirigido diretamente ao gestor público (§ 16, art. 37); o segundo, para vincular o conteúdo das leis orçamentárias aos resultados do monitoramento e da avaliação das políticas públicas (§ 16, art. 165).

A EC 109/2021 também incluiu o inc. VIII no *caput* do art. 163, estabelecendo que lei complementar disporá sobre sustentabilidade da dívida, especificando: a) indicadores de sua

---

periodicidade, formato e sistema estabelecidos pelo órgão central de contabilidade da União, os quais deverão ser divulgados em meio eletrônico de amplo acesso público". A inovação foi reputada tão relevante que mereceu ser transcrita, com mínimas alterações, no atual art. 163-A da Constituição, inserido pela Emenda Constitucional nº 108/2020.

apuração; b) níveis de compatibilidade dos resultados fiscais com a trajetória da dívida; c) trajetória de convergência do montante da dívida com os limites definidos em legislação; d) medidas de ajuste, suspensões e vedações; e) planejamento de alienação de ativos com vistas à redução do montante da dívida.

Por sua vez, o novo art. 164-A, inserido também pela EC 109/2021, prevê que todos os entes federados devem conduzir suas políticas fiscais de forma a manter a dívida pública em níveis sustentáveis, na forma da lei complementar referida no inciso VIII do *caput* do art. 163 da Constituição, e que a elaboração e a execução de planos e orçamentos devem refletir a compatibilidade dos indicadores fiscais com a sustentabilidade da dívida. A esse respeito, também alterou o art. 165, § 2º, prevendo agora que a LDO estabelecerá as diretrizes de política fiscal e respectivas metas em consonância com trajetória sustentável da dívida pública.

Uma das maiores inovações da EC 109/2021 está no fato de trazer ao texto da Constituição, por meio do art. 167-A, mecanismos para que os entes federados possam limitar gastos quando o aumento de despesas correntes se aproximar do volume total das receitas correntes.

Segundo este artigo, apurado que, no período de 12 meses, a relação entre despesas correntes e receitas correntes supere 95%, no âmbito dos Estados, do Distrito Federal e dos Municípios, é facultado aos Poderes Executivo, Legislativo e Judiciário, ao Ministério Público, ao Tribunal de Contas e à Defensoria Pública do ente, enquanto permanecer a situação, aplicar o mecanismo de ajuste fiscal de vedação da: I – concessão, a qualquer título, de vantagem, aumento, reajuste ou adequação de remuneração de membros de Poder ou de órgão, de servidores e empregados públicos e de militares, exceto dos derivados de sentença judicial transitada em julgado ou de determinação legal anterior ao início da aplicação das medidas de que trata este artigo; II – criação de cargo, emprego ou função que implique aumento de despesa; III – alteração de estrutura de carreira que implique aumento de despesa; IV – admissão ou contratação de pessoal, a qualquer título, ressalvadas: a) as reposições de cargos de chefia e de direção que não acarretem aumento de despesa; b) as reposições decorrentes de vacâncias de cargos efetivos ou vitalícios; c) as contratações temporárias de que trata o inciso IX do *caput* do art. 37 desta Constituição; e d) as reposições de temporários para prestação de serviço militar e de alunos de órgãos de formação de militares; V – realização de concurso público, exceto para as reposições de vacâncias previstas no inciso IV deste *caput*; VI – criação ou majoração de auxílios, vantagens, bônus, abonos, verbas de representação ou benefícios de qualquer natureza, inclusive os de cunho indenizatório, em favor de membros de Poder, do Ministério Público ou da Defensoria Pública e de servidores e empregados públicos e de militares, ou ainda de seus dependentes, exceto quando derivados de sentença judicial transitada em julgado ou de determinação legal anterior ao início da aplicação das medidas de que trata este artigo; VII – criação de despesa obrigatória; VIII – adoção de medida que implique reajuste de despesa obrigatória acima da variação da inflação, observada a preservação do poder aquisitivo referida no inciso IV do caput do art. 7º da Constituição; IX – criação ou expansão de programas e linhas de financiamento, bem como remissão, renegociação ou refinanciamento de dívidas que impliquem ampliação das despesas com subsídios e subvenções; X – concessão ou ampliação de incentivo ou benefício de natureza tributária.

Apurado que a despesa corrente supera 85% da receita corrente, sem exceder o percentual mencionado no *caput* do art. 167-A, as medidas nele indicadas podem ser, no todo ou em parte, implementadas por atos do chefe do Poder Executivo com vigência imediata, facultado aos demais Poderes e órgãos autônomos implementá-las em seus respectivos âmbitos. Esses atos devem ser submetidos, em regime de urgência, à apreciação do Poder Legislativo, perdendo a eficácia (mas reconhecida a validade dos atos praticados na sua vigência) quando:

I – rejeitado pelo Poder Legislativo; II – transcorrido o prazo de 180 (cento e oitenta) dias sem que se ultime a sua apreciação; ou III – apurado que não mais se verifica a hipótese de superação do limite de 85%, mesmo após a sua aprovação pelo Poder Legislativo. A apuração deve ser realizada bimestralmente (art. 167-A, §§ 1º a 4º).

Contudo, caso ultrapassado o limite de 95% previsto no art. 167-A, *caput*, até que todas as medidas nele previstas tenham sido adotadas por todos os Poderes e órgãos nele mencionados, de acordo com declaração do respectivo Tribunal de Contas, fica vedada: I – a concessão, por qualquer outro ente da Federação, de garantias ao ente envolvido; II – a tomada de operação de crédito por parte do ente envolvido com outro ente da Federação, diretamente ou por intermédio de seus fundos, autarquias, fundações ou empresas estatais dependentes, ainda que sob a forma de novação, refinanciamento ou postergação de dívida contraída anteriormente, ressalvados os financiamentos destinados a projetos específicos celebrados na forma de operações típicas das agências financeiras oficiais de fomento (art. 167-A, § 6º).

Perceba-se a diferença entre o art. 167-A, *caput* e seu § 6º: enquanto no *caput* deste artigo a Constituição confere uma *faculdade* a Estados, Distrito Federal e Municípios de tomar as medidas previstas no *caput*, o § 6º é restritivo, determinando que o ente federado que optar por não tomar tais medidas (quando a relação entre despesas correntes e receitas correntes superar 95%) ficará obrigatoriamente impedido de receber garantia de outro ente e de tomar operações de crédito com outro ente.

Por fim, resumidamente, a EC 109/2021 veda que lei ou ato autorize pagamento retroativo de despesa com pessoal. Suspende a correção pelo IPCA do limite às emendas individuais ao projeto de lei orçamentária, aplicável durante o Novo Regime Fiscal, enquanto vigentes as medidas de ajuste. Determina a reavaliação periódica dos benefícios tributários, creditícios e financeiros. Veda, a partir de 2026, a ampliação de benefícios tributários, caso estes ultrapassem 2% do PIB. Determina a restituição ao Tesouro do saldo financeiro de recursos orçamentários transferidos aos Poderes Legislativo e Judiciário. Condiciona os Poderes Legislativo e Judiciário ao mesmo percentual de limitação de empenho que tenha sido aplicado no Poder Executivo.

Por fim, é importante registrar que a Lei de Responsabilidade Fiscal não substituiu nem revogou a Lei nº 4.320/1964, que permanece há quase seis décadas regulamentando e disciplinando as finanças públicas no Brasil. Os objetivos dos dois diplomas financeiros são distintos e coexistem harmonicamente. Enquanto a Lei nº 4.320/1964 estabelece as normas gerais para a elaboração dos orçamentos e dos balanços dos entes federativos, a LC nº 101/2000 fixa as normas de finanças públicas voltadas para a responsabilidade na gestão fiscal (transparência, planejamento, controle e responsabilidade). Havendo institutos ou normas similares em ambas as leis, aplica-se a regra geral de interpretação que determina prevalecer o dispositivo mais recente (*lex posterior derogat priori*). Exemplos desse fenômeno ocorrem na aplicação de conceitos como os de dívida fundada, empresa estatal dependente, operações de crédito e tratamento aos restos a pagar, que foram disciplinados *in totum* na Lei de Responsabilidade Fiscal, passando a se sobrepor às disposições anteriormente existentes na Lei nº 4.320/1964.

12.2. INFLUÊNCIAS EXTERNAS NA ELABORAÇÃO DA LEI DE RESPONSABILIDADE FISCAL

A legislação brasileira sobre responsabilidade fiscal foi desenvolvida a partir da experiência de diversos países que adotaram rígidos programas de ajuste fiscal na sua história recente, assim como por influência de organismos internacionais, tais como o

Fundo Monetário Internacional (FMI) e o Banco Internacional de Reconstrução e Desenvolvimento (BIRD).

De fato, fomos fortemente influenciados pelas normas financeiras dos Estados Unidos, da Nova Zelândia, da Comunidade Econômica Europeia, Austrália, Dinamarca, Reino Unido, Suécia e outros.

Apesar dessa multiplicidade de fontes de referência, expectativas e pressões do mercado externo, nossa legislação foi elaborada para atender, sobretudo, às necessidades e particularidades da sociedade brasileira, que demandava a implantação de uma nova cultura na gestão pública, baseada na responsabilidade fiscal e no bom uso dos recursos públicos.

Para a elaboração da Lei de Responsabilidade Fiscal brasileira, tomaram-se basicamente quatro modelos: a) o do Fundo Monetário Internacional, organismo do qual o Brasil é Estado-membro e que tem editado e difundido normas de gestão pública (*Fiscal Transparency*); b) a legislação da Nova Zelândia (*Fiscal Responsibility Act*, de 1994); c) as regras para o ingresso e participação na Comunidade Econômica Europeia, a partir do Tratado de Maastricht; d) as normas de gestão fiscal dos Estados Unidos (*Budget Enforcement Act*).

A influência do **Fundo Monetário Internacional (FMI)** na elaboração da legislação brasileira de responsabilidade fiscal baseava-se em normas de transparência fiscal (*Fiscal Transparency*), extraídas do seu "Código de Boas Práticas para a Transparência Fiscal",[2] tendo os seguintes pilares a serem seguidos: a) clara definição e ampla divulgação das funções de política e de gestão pública, especialmente sobre as atividades fiscais passadas, presentes e programadas; b) especificação documentada dos objetivos da política fiscal, da estrutura macroeconômica, das políticas orçamentárias e dos riscos fiscais; c) simplificação das informações orçamentárias, para facilitar a sua análise; d) apresentação periódica das contas fiscais ao Legislativo e ao público.[3]

As normas que disciplinaram a criação e a manutenção da **Comunidade Econômica Europeia** foram extremamente relevantes para nós. Por ser composta de diversos países com realidades econômicas e sociais distintas, suas dificuldades e necessidades para a implementação de um ajuste fiscal se assemelhariam ao de uma federação descentralizada, como o Brasil.

---

[2] Os principais tópicos do Código de Boas Práticas para a Transparência Fiscal do Fundo Monetário Internacional são os seguintes: 1. O setor de governo deve ser distinguido do resto do setor público e do resto da economia e, dentro do setor público, as funções de política e de gestão devem ser bem definidas e divulgadas ao público. 2. A gestão das finanças públicas deve inscrever-se num quadro jurídico, regulatório e administrativo claro e aberto. 3. A elaboração do orçamento deve seguir um cronograma preestabelecido e orientar-se por objetivos de política fiscal e macroeconômica bem definidos. 4. Devem ser instituídos procedimentos claros de execução, monitoramento e declaração de dados do orçamento. 5. O público deve ser plenamente informado sobre as atividades fiscais passadas, presentes e programadas e sobre os principais riscos fiscais. 6. As informações fiscais devem ser apresentadas de uma forma que facilite a análise de política econômica e promova a responsabilização. 7. Deve-se assumir o compromisso de divulgar as informações fiscais tempestivamente. 8. As informações fiscais devem satisfazer normas aceitas de qualidade de informações. 9. As atividades fiscais devem seguir procedimentos internos de supervisão e salvaguarda. 10. As informações fiscais devem ser objeto de escrutínio externo. (Disponível em: <http://www.imf.org/external/np/fad/trans/por/codep.pdf>. Acesso em: 29/09/2024).

[3] Importante apresentarmos o controvertido entendimento de alguns doutrinadores que, sob o aspecto político, afirmam que a influência do FMI na nossa Lei de Responsabilidade Fiscal se deu no sentido de privilegiar os interesses do capital externo, uma vez que o pagamento de juros da dívida pública e sua amortização viriam com prerrogativas em relação a outros gastos públicos.

No Pacto de Estabilidade e Crescimento (1997), firmado através de Resolução do Conselho Europeu, havia um mecanismo denominado "*Early Warning System*" para advertir preventivamente o país signatário que apresentasse uma tendência ao descumprimento das metas estabelecidas de manutenção da estabilidade e equilíbrio orçamentário. Porém, de grande importância para nós foi o Tratado de Maastricht (1992), que estabelecia regras fiscais rígidas para os países que desejassem ingressar na Comunidade Europeia, tais como o estabelecimento de metas de manutenção de uma relação estável entre dívida/PIB, equilíbrio fiscal sustentado e controle do déficit orçamentário. Dentre os diversos parâmetros fiscais previstos no Tratado de Maastricht que impõem metas fiscais, citamos dois que influenciaram sobremaneira nossa legislação: a) a adoção do denominado Anexo de Metas Fiscais (art. 4º, § 1º, LRF);[4] b) a determinação para a fixação por meio de lei de limites rígidos para as dívidas mobiliária e consolidada (arts. 30 e 31, LRF).[5]

A experiência dos **Estados Unidos**, por sua vez, nos inspirou a adotar alguns de seus instrumentos fiscais para a contenção do déficit público. Uma norma norte-americana importante nesse aspecto foi o *Budget Enforcement Act* de 1990, que estabelece mecanismos de controle do déficit público para o Governo Federal, possuindo dois dispositivos que acabaram sendo adotados pela legislação brasileira. O primeiro mecanismo é o *Sequestration*, que na legislação brasileira ficou conhecido por *limitação de empenho* (art. 9º, LRF),[6] impondo uma contenção nos gastos públicos, em despesas consideradas discricionárias, quando a receita correspondente não se realizar como originalmente previsto na proposta orçamentária. Limitam-se, portanto, os gastos "flexíveis" quando as receitas para o seu financiamento não se concretizarem da maneira esperada. O segundo mecanismo decorrente da legislação americana é o *Pay as you go*, aqui conhecido como *compensação* (arts. 14 e 17, LRF),[7] que impõe uma diminuição no montante de despesas discricionárias quando uma redução de receitas se verificar (por concessão de benefícios fiscais ou subsídios, renúncias etc.), ou estabelece que para haver um aumento de despesa obrigatória de caráter continuado esta deverá ser acompanhada pelo aumento de receitas correspondente ou por uma redução de despesas em outra área ou de outra natureza. Simplificadamente, pode-se dizer que o mecanismo brasileiro de compensação prevê que qualquer ato que provoque aumento de despesas deverá ser compensado através da redução em outras despesas ou aumento de receitas.

---

[4] LC nº 101/2000. Art. 4º: "§ 1º Integrará o projeto de lei de diretrizes orçamentárias Anexo de Metas Fiscais, em que serão estabelecidas metas anuais, em valores correntes e constantes, relativas a receitas, despesas, resultados nominal e primário e montante da dívida pública, para o exercício a que se referirem e para os dois seguintes".

[5] LC nº 101/2000. Art. 31: "Se a dívida consolidada de um ente da Federação ultrapassar o respectivo limite ao final de um quadrimestre, deverá ser a ele reconduzida até o término dos três subsequentes, reduzindo o excedente em pelo menos 25% (vinte e cinco por cento) no primeiro".

[6] LC nº 101/2000. Art. 9º: "Se verificado, ao final de um bimestre, que a realização da receita poderá não comportar o cumprimento das metas de resultado primário ou nominal estabelecidas no Anexo de Metas Fiscais, os Poderes e o Ministério Público promoverão, por ato próprio e nos montantes necessários, nos trinta dias subsequentes, limitação de empenho e movimentação financeira, segundo os critérios fixados pela lei de diretrizes orçamentárias".

[7] LC nº 101/2000. Art. 14: "A concessão ou ampliação de incentivo ou benefício de natureza tributária da qual decorra renúncia de receita deverá estar acompanhada de estimativa do impacto orçamentário-financeiro no exercício em que deva iniciar sua vigência e nos dois seguintes, atender ao disposto na lei de diretrizes orçamentárias e a pelo menos uma das seguintes condições: (...) II – estar acompanhada de medidas de compensação, no período mencionado no caput, por meio do aumento de receita, proveniente da elevação de alíquotas, ampliação da base de cálculo, majoração ou criação de tributo ou contribuição".

A legislação da **Nova Zelândia** também foi responsável por diversas características absorvidas pela nossa Lei de Responsabilidade Fiscal, especialmente no tocante à transparência fiscal. Aquele país passou por um longo processo de reestruturação no modelo de administração pública ao longo das décadas de 1980 e 1990, com a adoção de diversas normas específicas,[8] até que em 1994 foi promulgada sua *Fiscal Responsibility Act*. A reorganização neozelandesa do seu setor público teve as seguintes metas que nos serviram de inspiração: a) fixação do parâmetro do custo/benefício para o gasto público e melhora na qualidade dos bens e serviços prestados pelo Estado; b) aumento da transparência do setor público; c) imposição de limites e restrições aos gastos públicos para uma administração fiscal responsável.[9]

12.3. INFLUÊNCIAS INTERNAS NA ELABORAÇÃO DA LEI DE RESPONSABILIDADE FISCAL

Antes da edição da nossa Lei de Responsabilidade Fiscal, foram adotadas aqui no Brasil medidas fiscais importantes durante a década de 1990, que fizeram parte de uma ampla política de ajuste fiscal. Três Emendas Constitucionais foram determinantes nesse sentido: as EC n°s 10/1996, 19/1998 e 20/1998. Programas de ajuste fiscal foram criados e diversas leis foram publicadas com o mesmo espírito.

A Emenda Constitucional nº 10 de 1996[10] criou o Fundo de Estabilização Fiscal, dando continuidade ao Fundo Social de Emergência, que se extinguiria no final do ano de 1995, instituído dois anos antes para sanear financeiramente a Fazenda Pública Federal e estabilizar a economia nacional, destinando seus recursos ao custeio de ações nas áreas de saúde e educação, benefícios previdenciários e auxílios assistenciais de prestação continuada, além de servir para a liquidação de passivos previdenciários e para o custeio de outros programas de relevante interesse econômico e social.

A Emenda Constitucional nº 19/1998 introduziu a denominada "reforma administrativa", modificando o regime e as normas da Administração Pública, dos seus servidores e agentes políticos, além de ampliar o controle de despesas e das finanças públicas, especialmente com pessoal ativo e inativo. Através dessa emenda, extinguiu-se o denominado "regime jurídico único",[11] modificaram-se as regras sobre estabilidade e sobre a remuneração de pessoal no serviço público, descentralizaram-se funções das entidades administrativas e introduziu-se comando para a elaboração de norma sobre a participação do usuário na Administração Pública.

Por sua vez, a Emenda Constitucional nº 20/1998[12] foi instituída com o objetivo de solucionar os problemas do sistema previdenciário brasileiro, repleto de desigualdades e com

---

[8] *The State Owned Enterprises Act* (1986), *The State Sector Act* (1988) e *The Public Finance Act* (1989).

[9] FIGUEIREDO, Carlos Mauricio; NÓBREGA, Marcos. *Responsabilidade Fiscal*: Aspectos Polêmicos. Belo Horizonte: Fórum, 2006. p. 38.

[10] Teve sua origem na PEC nº 163/1995 na Câmara dos Deputados (PEC nº 68 de 1995 no Senado Federal), cuja Exposição de Motivos Interministerial nº 299/1995 assim justificava sua criação: "O Fundo Social de Emergência se fez necessário face à forte rigidez dos gastos da União, provocada, sobretudo, pela excessiva vinculação de receitas, que resulta em expressivas transferências obrigatórias e em destinação de grandes parcelas de recursos para gastos específicos, o que limitava a capacidade do Governo de financiar despesas incomprimíveis".

[11] Registre-se que, no julgamento da Ação Direta de Inconstitucionalidade (ADI) 2135, o Plenário do STF resolveu, no dia 02/08/2007, por maioria, conceder liminar para suspender a vigência do art. 39, *caput*, da Constituição Federal, em sua redação dada pela Emenda Constitucional (EC) 19/1998, restaurando o Regime Jurídico Único dos Servidores Públicos.

[12] Da Mensagem Interministerial nº 306, de 17 de março de 1995, de autoria do Poder Executivo, enviada à Câmara dos Deputados e que deu ensejo à PEC nº 33/1995, apresentando proposta de modificação no

um desequilíbrio financeiro excessivamente elevado, não apenas pelo lado dos benefícios, mas também na sua face do custeio.

Com papel igualmente relevante, as Leis Camata I e II (LC nº 82/1995 e LC nº 96/1999) fixaram limites para os gastos com despesas de pessoal, no patamar de 50% das receitas líquidas para a União e 60% para Estados e Municípios.

Em 1995, o Conselho Monetário Nacional lançou o Programa de Apoio à Reestruturação e ao Ajuste Fiscal de Estados, sendo a Secretaria do Tesouro Nacional o órgão de acompanhamento das metas fiscais assumidas pelos governos estaduais para o refinanciamento de suas dívidas. Esse processo destinava-se a implementar medidas que permitissem aos Estados alcançar o equilíbrio orçamentário sustentável. Para seu sucesso, dependia da assunção de compromissos de ajuste fiscal e financeiro a serem realizados e mantidos pelos Estados durante a vigência do programa. Esses compromissos importavam: a) controle e redução da despesa de pessoal, nos termos da Lei Complementar nº 82 de 1995 – a chamada Lei Camata I; b) privatização, concessão de serviços públicos, reforma patrimonial e controle de empresas estatais estaduais; c) aumento da receita, modernização e melhoria de sistemas de arrecadação, de controle do gasto e de geração de informações fiscais, buscando explorar plenamente a base tributária e desenvolver esforços para incrementar a arrecadação tributária própria; d) compromisso de resultado fiscal mínimo, traduzido nesse caso em metas de resultado primário trimestral; e) redução e controle do endividamento estadual.[13]

Em setembro de 1997, com a edição da Lei nº 9.496, a União ficou autorizada a assumir a dívida pública mobiliária dos Estados e do Distrito Federal, além de outras dívidas autorizadas pelo Senado Federal. Ganhava força, a partir de então, a busca pelo desenvolvimento autossustentável, com o Programa de Reestruturação e de Ajuste Fiscal.

Por sua vez, no ano de 1998, o Governo Federal apresenta seu Programa de Estabilidade Fiscal – PEF, justificando que o Estado brasileiro não poderia mais "viver além de seus limites, gastando mais do que arrecada".

A busca pelo equilíbrio das contas públicas passa, então, a redefinir o modelo econômico brasileiro. Três objetivos se apresentavam ao Estado brasileiro: estabilidade da moeda, crescimento sustentado e melhoria nas condições de vida da população brasileira. Assim, além de atuar na reforma administrativa e na reforma da previdência social, era fundamental instituir uma nova ordem nas contas públicas, o que se concretiza através da Lei de Responsabilidade Fiscal.

12.4. IMPLEMENTAÇÃO DA LEI DE RESPONSABILIDADE FISCAL

A promulgação, em 04 de maio de 2000, da Lei de Responsabilidade Fiscal (LRF) – **Lei Complementar nº 101/2000**, caracterizou um importante **marco regulatório fiscal** no Brasil.

Após um fecundo período de correção de rumos nas finanças públicas nacionais pautado pela busca do equilíbrio fiscal, os últimos anos de aplicação da LRF têm demonstrado

---

sistema previdenciário brasileiro, merece destaque o seguinte trecho: "Trata-se, em primeiro lugar, de avançar no sentido da uniformização dos regimes especiais de previdência, aplicando-se-lhes os mesmos requisitos e critérios fixados para a maioria esmagadora dos cidadãos brasileiros. Em segundo lugar, é necessário resgatar o caráter contributivo da política previdenciária, transferindo para a área de assistência social, os benefícios que lhe são próprios. (...)".

[13] NASCIMENTO, Edson Ronaldo; DEBUS, Ilvo. *Lei Complementar nº 101/2000*: Entendendo a Lei de Responsabilidade Fiscal. 2. ed. Brasília: Editora do Tesouro Nacional, s. d. p. 8.

que a falta do rigor no respeito de suas normas pode trazer sérios riscos para a economia e para a sociedade brasileira, impondo-se uma efetiva mudança de cultura fiscal e postura do gestor público.[14]

O caos e a irresponsabilidade fiscal que assolavam nosso país antes da edição da LRF foram significativamente reduzidos e equacionados nos primeiros anos de sua vigência. O fim das políticas clientelistas e eleitoreiras, das despesas desprovidas de legitimidade, do desequilíbrio entre receitas e despesas públicas (e a consequente geração de *déficits* impagáveis a partir de dívidas sem lastro) foram alguns dos principais objetivos da edição da LRF e que precisam, hoje, ser relembrados pelos nossos governantes. Os erros do passado não podem ser repetidos.

Como afirmou Weder de Oliveira,[15] a razão fundamental que levou à concepção da Lei de Responsabilidade Fiscal foi a necessidade premente e histórica de instituir processos estruturais de controle do endividamento público, direta ou indiretamente. Segundo o Ministro-Substituto do TCU:

> Os objetivos da Lei de Responsabilidade Fiscal qualificam-se como macroeconômicos, financeiros e orçamentários. Visam à prevenção de déficits "imoderados e recorrentes" (na expressão da mensagem ministerial) e ao controle da dívida pública.

Podemos destacar que a LRF tem como elementos principais o planejamento orçamentário, a transparência fiscal e o equilíbrio nas contas públicas, todos com o devido acompanhamento de resultados.

O **planejamento orçamentário** foi devidamente organizado na LRF ao se impor a implementação de um ciclo fiscal caracterizado pela responsabilidade gerencial de longo prazo e pela qualidade do gasto público, com a devida legitimidade conferida pela assim chamada trindade orçamentária: plano plurianual (PPA), a lei de diretrizes orçamentárias (LDO) e a lei orçamentária anual (LOA). Dentro deste escopo, o acompanhamento de resultados do orçamento foi outro grande marco da LRF, já que de nada adiantava um orçamento financeiro bem elaborado e dimensionado, se este não produzisse resultados concretos e visíveis. Associar os números orçamentários às metas propostas e mensurar se estas foram alcançadas é uma das virtudes do novo ciclo orçamentário.

Não planejar adequadamente enseja gastar mal os recursos públicos em prioridades imediatistas e muitas vezes subjetivas ou de conveniência passageira. Quantos empréstimos onerosos precisaram ser feitos por falta de planificação de caixa? Quantas obras foram iniciadas e, depois, paralisadas, por ausência de recursos? Quantos *déficits* se fizeram por superestimativa

---

[14] A grave crise econômica e fiscal que o Brasil vem enfrentando nos últimos anos, não apenas pelo cenário político e financeiro conturbado que o Governo Central vem passando, mas também com a decretação do Estado de Calamidade Fiscal por diversos Estados (Rio de Janeiro, Rio Grande do Sul, Minas Gerais, Roraima, Rio Grande do Norte e Mato Grosso), são fatos que chamam à atenção de todos para a importância do respeito às regras da LRF. Em termos concretos, tem-se visto dezenas de bilhões de reais sendo renunciados por políticas de desoneração fiscal sem o estudo de impacto-orçamentário e a devida compensação financeira, como exige a LRF (art. 14); despesas com pessoal dos entes ultrapassando em muito os limites previstos em lei (art. 19, LRF); o desequilíbrio financeiro e o descumprimento de metas fiscais tornam-se rotina em vilipêndio do normativo fiscal (arts. 1º e 4º da LRF); e o assustador gigantismo da dívida pública passou a afrontar os seus princípios legais (arts. 30 e 31 da LRF).

[15] OLIVEIRA, Weder de. *Curso de Responsabilidade Fiscal*: Direito, Orçamento e Finanças Públicas. Belo Horizonte: Fórum, 2015. v. 1. p. 41 e 48.

de receita orçamentária? Quantos projetos se frustraram por falta de articulação programática com outros empreendimentos governamentais? Quantos servidores foram admitidos em setores não prioritários? Isso tudo era uma realidade originária de um período em que o plano plurianual (PPA), a lei de diretrizes orçamentárias (LDO) e a lei orçamentária anual (LOA) eram tidas como peças de ficção, mas essa realidade vem se alterando paulatinamente com a implantação das normas da LRF.

A **transparência fiscal** na prestação de contas foi desenhada de forma exemplar na LRF, com a obrigação de divulgação em veículos de fácil acesso, inclusive pela Internet, das finanças e dos serviços públicos,[16] possibilitando a qualquer cidadão acompanhar diariamente informações atualizadas sobre a execução do orçamento e obter informações sobre recursos públicos transferidos e sua aplicação direta (origens, valores, favorecidos).

Inequivocamente, o cidadão bem informado possuirá melhores condições para participar ativamente da vida em sociedade, fortalecendo a **cidadania fiscal** brasileira. Afinal, nossa Constituição Federal já dispunha, em seu art. 5º, XXXIII, "que todos têm direito a receber dos órgãos públicos informações do seu interesse particular, ou de interesse coletivo ou geral [...]". Mas a transparência não se expressa, apenas, pela quantidade de informações, mas pela sua qualidade, objetividade, inteligibilidade e, sobretudo, utilidade. Nesse passo, como ressalva Jean Starobinski,[17] a transparência fiscal não pode ser vista apenas, ou simplesmente, sob a ótica do acesso à informação, mas seu conceito deve ser compreendido de maneira abrangente, abarcando outros elementos tais como responsividade, *accountability*, combate à corrupção, prestação de serviços públicos, confiança, clareza e simplicidade.

Ademais, a promulgação da Lei de Acesso à Informação (Lei nº 12.527/2011), além de colocar à disposição todo o tipo de informação, inclusive as de natureza financeira, permite, também, o acesso a informação relativa: a) à implementação, acompanhamento e resultados dos programas, projetos e ações dos órgãos e entidades públicas, bem como metas e indicadores propostos; b) ao resultado de inspeções, auditorias, prestações e tomadas de contas realizadas pelos órgãos de controle interno e externo, incluindo prestações de contas relativas a exercícios anteriores (art. 7º, inciso VII).

Além da disponibilização de informações, a LRF criou novos **controles contábeis e financeiros** aplicáveis isonomicamente aos Poderes Executivo, Legislativo e Judiciário, aos Tribunais de Contas e Ministério Público, os quais são obrigados a publicar suas demonstrações fiscais. Portanto, transparência e controle na gestão passam a ser um binômio constante no texto da LRF.

É indiscutível a contribuição da LRF para a busca do **equilíbrio das finanças públicas** no Brasil nos três níveis da federação, especialmente no que se refere ao saneamento e reorganização da dívida dos Estados e Municípios, providência inevitável, mas até então de difícil implementação se não fossem os mecanismos de limitação de gastos e a criação de metas de *superávit* fiscal, além de estabelecer um novo padrão de relacionamento financeiro entre os

---

[16] O § 2º do art. 48 da LRF (inserido pela LC 156/2016) estabelece: "A União, os Estados, o Distrito Federal e os Municípios disponibilizarão suas informações e dados contábeis, orçamentários e fiscais conforme periodicidade, formato e sistema estabelecidos pelo órgão central de contabilidade da União, os quais deverão ser divulgados em meio eletrônico de amplo acesso público". A inovação foi reputada tão relevante que mereceu ser transcrita, com mínimas alterações, no atual art. 163-A da Constituição, inserido pela Emenda Constitucional nº 108/2020.

[17] STAROBINSKI, Jean. *Jean-Jacques Rousseau. A transparência e o obstáculo*: seguido de sete ensaios de Rousseau. Tradução de Maria Lúcia Machado. São Paulo: Companhia das Letras, 2011. p. 25.

governos federal, estaduais e municipais. Um dos objetivos da LRF, estabelecendo limites de gastos e de endividamento, foi a redução da dívida e do *déficit* públicos, com o consequente equilíbrio e solidez das contas do Estado brasileiro.

O **acompanhamento de resultados** do orçamento é outro grande objetivo e marco da LRF. De nada adianta um orçamento financeiro bem elaborado e dimensionado, se este não produzir resultados concretos e visíveis. Associar os números orçamentários às metas propostas e mensurar se estas foram alcançadas é uma das virtudes do novo ciclo orçamentário constante da LRF.

Mas há muito ainda em que evoluir, para se retomar o ciclo virtuoso de mudanças institucionais, a fim de consolidar a sustentabilidade e estimular o desenvolvimento econômico e social. As reformas política, tributária, administrativa e previdenciária[18] são mais do que emergenciais. Uma atualização e modernização na lei orçamentária geral – a Lei nº 4.320/1964 – é imperiosa, visto tratar-se de norma hoje sexagenária, originária de período anterior à ditadura militar. Há, ainda, mecanismos legais previstos na LRF não regulamentados – tais como o Conselho de Gestão Fiscal[19] (art. 67) e a imposição de limites para a dívida pública federal[20] – e outros que merecem ser revisitados, especialmente aqueles relativos à eficácia das regras das limitações com despesa de pessoal (que, não obstante a LRF, continuam gradativamente a se expandir). Não se olvide também da necessária padronização e harmonização conceitual para se permitir a devida aplicação e efetividade da norma, mormente em razão de que os Tribunais de Contas, sobretudo dos Estados, ainda não têm uma interpretação uniforme de vários dispositivos da LRF, e os ditos "atalhos interpretativos" vêm permitindo a alguns gestores públicos encontrarem caminhos alternativos para superar as limitações e condicionantes da lei e, sobretudo, para não verem aplicadas as sanções pelo seu descumprimento.

Com o propósito de fechar as "brechas normativas" da LRF que permitem a prática de *manobras fiscais* utilizadas principalmente pelos entes subnacionais com o intuito de fugir dos rigores da lei, especialmente quanto aos limites de gastos, alguns pontos merecem atenção e rápido

---

[18] A Emenda Constitucional nº 103/2019 implementou a última reforma previdenciária no país, trazendo uma série de alterações, tendo por norte a busca do equilíbrio fiscal nas contas da previdência social.

[19] Segundo o Projeto de Lei nº 3.744/2000 da Câmara dos Deputados, que ora tramita no Senado sob o nº 3.520/2019, o Conselho de Gestão Fiscal (CGF), previsto no art. 67 da Lei de Responsabilidade Fiscal, terá como função principal estabelecer diretrizes para o acompanhamento e a avaliação permanente da política e da operacionalidade da gestão fiscal e será constituído por representantes de todos os Poderes e esferas de Governo, do Ministério Público e de entidades técnicas representativas da sociedade, que ocuparão o cargo por dois anos. Segundo o referido PL, ao CGF compete: I – harmonizar as interpretações técnicas na aplicação das normas relacionadas à responsabilidade da gestão fiscal, com vistas a garantir sua efetividade; II – disseminar práticas de eficiência na alocação e execução do gasto público, arrecadação, controle do endividamento e transparência da gestão fiscal; III – editar normas gerais de consolidação das contas públicas, com vistas à convergência das normas brasileiras com os padrões internacionais, especialmente quanto aos procedimentos contábeis patrimoniais, orçamentários ou que exijam tratamento específico e diferenciado, bem como a relatórios contábeis e plano de contas padronizado para a federação; IV – editar normas relativas à padronização das prestações de contas e dos relatórios e demonstrativos fiscais previstos na LRF; V – adotar normas e padrões mais simples para os pequenos Municípios (menos de 50.000 habitantes); VI – realizar e divulgar análises, estudos e diagnósticos sobre a gestão fiscal nos três níveis de governo; VII – elaborar e alterar seu regulamento e seu regimento interno.

[20] O PL nº 3.431/2000, de iniciativa do Poder Executivo, foi enviado à Câmara dos Deputados em 03/08/2000. Após aprovado na Câmara, foi enviado ao Senado em 27/04/2009 como PLC nº 54/2009, mas foi arquivado em 26/12/2014. Segundo o projeto, o montante da Dívida Pública Mobiliária Federal não poderia ser superior a 6,5 vezes (ou 650%) a Receita Corrente Líquida da União. Com isso, continua sem regulamentação o limite da dívida pública mobiliária federal.

aperfeiçoamento: a) forma de contabilização de despesas de pessoal, especialmente no que se refere à possibilidade ou não de dedução (para não atingir os limites fixados na lei) dos valores pagos aos terceirizados, aos aposentados e despesas tributárias que incidem nos pagamentos de pessoal (IR e Contribuições); b) definição objetiva das despesas (sobretudo em relação às despesas correntes) que podem ser financiadas com o uso de receitas variáveis como os *royalties*; c) fixação das despesas que devem ser necessariamente quitadas dentro do mesmo mandato, em reforço à vedação (do uso de "restos a pagar") prevista no art. 42; e d) especificação dos limites de empenho que devem ser obrigatoriamente cumpridos por todos os poderes de cada ente.

Na esteira do espírito da LRF, e com o escopo de aprimoramento das normas financeiras e, em especial, da Lei nº 4.320/1964, fala-se no Projeto de Lei Complementar nº 229/2009, que institui a **Nova Lei de Finanças Públicas** (NLFP), já aprovado no Senado Federal e remetido para apreciação na Câmara dos Deputados (PLP nº 295/2016), conhecido também por **Lei de Qualidade Fiscal** (LQF), que vem para estabelecer normas gerais de finanças públicas, especialmente sobre orçamento público, controle e contabilidade pública, voltadas para a responsabilidade no processo orçamentário e na gestão financeira e patrimonial, a fim de fortalecer a gestão fiscal responsável. Tratar-se-á de uma *norma-irmã* da LRF, que criará uma nova geração de regras fiscais orçamentárias, para garantir qualidade ao gasto público, orientando a gestão pública, do seu planejamento ao controle. O texto do art. 1º do projeto de lei prevê:

> Art. 1º – Esta Lei Complementar dispõe sobre o exercício financeiro, a vigência, os prazos, a elaboração e a organização da lei do plano plurianual, da lei de diretrizes orçamentárias, da lei orçamentária anual e de suas alterações e estabelece normas de gestão orçamentária, financeira e patrimonial da administração pública, bem como condições para a instituição e o funcionamento de fundos, com amparo nos arts. 163, incisos I e V, e 165, § 9º, da Constituição Federal.

Como bem salientou Weder de Oliveira,[21] três importantes impactos já puderam ser observados na Administração Pública como decorrência da Lei de Responsabilidade Fiscal: 1. na esteira das discussões sobre a LRF, renovou-se o interesse pelo processo orçamentário, pela contabilidade pública e pela administração tributária. 2. cresceu o interesse pela modernização e aprimoramento dos sistemas e mecanismos de arrecadação tributária e controle de gastos públicos. 3. há intensa mobilização dos Tribunais de Contas, que estão desenvolvendo um trabalho de orientação, manualização, treinamento, regulamentação e fiscalização, imprescindível para viabilizar o alcance dos objetivos da LRF em cada esfera da federação. Mas, segundo aquele Ministro do TCU,

> a LRF não pode ser tida como a legislação que irá garantir o equilíbrio fiscal permanente nem como a lei redentora que irá moralizar a administração pública. Ela representa o ponto culminante, até aqui, de um longo processo institucional e legislativo de melhorias paulatinas na gestão fiscal, que começou em meados dos anos 1980.[22]

Na lição de Diogo de Figueiredo Moreira Neto, a vigência da LRF caracteriza-se como uma mudança de hábitos, marcando a desejável passagem do "patrimonialismo demagógico para o gerenciamento democrático".[23]

---

[21] OLIVEIRA, Weder de. O equilíbrio das finanças públicas e a Lei de Responsabilidade Fiscal. *Revista Técnica dos Tribunais de Contas – RTTC*. Belo Horizonte, 2010. p. 187.
[22] Ibidem. p. 188.
[23] MOREIRA NETO, Diogo de Figueiredo. A Lei de Responsabilidade Fiscal e seus Princípios Jurídicos, *Revista de Direito Administrativo*, nº 221, jul./set. 2000. p. 71-93.

É inegável reconhecer que, graças ao nosso progresso institucional, hoje o Brasil do século XXI pode se apresentar ao mundo como uma nação diferenciada, dotada de um Poder Judiciário forte e ativo, de um Poder Legislativo independente e de um Poder Executivo responsável.

A Lei de Responsabilidade Fiscal é uma obra jurídica dinâmica e inacabada, que exige constante evolução e aperfeiçoamento. Garantir sua efetividade, permitindo a discussão da qualidade e dimensionamento das receitas e das despesas, com o necessário controle das finanças públicas, faz parte de um projeto de desenvolvimento nacional sustentável.

12.5. A LEI DE RESPONSABILIDADE FISCAL E A LEI Nº 4.320/1964

Apesar de ambas as leis – LC nº 101/2000 e Lei nº 4.320/1964 – apresentarem um conjunto de normas gerais sobre Direito Financeiro e regras específicas para a elaboração, execução e controle do orçamento público, seus enfoques e objetivos são distintos, permitindo uma convivência harmônica entre os diplomas e complementaridade de seus dispositivos, sem que ocorra entrechoque de normas.

Enquanto a LRF apresenta normas para melhorar a *qualidade da gestão fiscal*, pautada no planejamento, transparência, controle e responsabilidade, a Lei nº 4.320/1964 destina-se a disciplinar os procedimentos para a elaboração e o controle do orçamento e dos balanços de todas as entidades de direito público, com foco nas informações e demonstrações contábeis orçamentárias, financeiras e patrimoniais.

Importa destacar que a LRF não alterou as regras que tratam da lei que aprova o orçamento anual, mas tão somente acrescentou dispositivos para aperfeiçoá-la, tais como aqueles relativos à *reserva de contingência, dívida mobiliária* e *refinanciamento da dívida*.

Assim, atualmente, de acordo com o inciso III do art. 5º da Lei de Responsabilidade Fiscal, o projeto de Lei de Orçamento Anual (LOA) conterá **Reserva de Contingência** (espécie de dotação orçamentária) cuja forma de utilização e montante, calculados com base na Receita Corrente Líquida, serão estabelecidos na Lei de Diretrizes Orçamentárias, e destinados, em princípio, ao atendimento de passivos contingentes e outros riscos e eventos fiscais imprevistos. Seu objetivo é o de atender a pagamentos inesperados que não puderam ser previstos durante a programação do orçamento. São exemplos de passivos contingentes aqueles decorrentes de ações judiciais trabalhistas, cíveis, previdenciárias, indenizações por desapropriações e outros que poderão causar perdas ou danos ao patrimônio da entidade e desestabilizar a programação orçamentária. E, para dar continuidade e regularidade a esses pagamentos sem interrupção, estabelece-se a constituição de um Fundo Especial Contingencial, na forma do art. 71 da Lei nº 4.320/1964.

Aspecto trazido pela LRF em benefício das disposições da Lei nº 4.320/1964 é o do **planejamento orçamentário**, com destaque para as normas sobre a Lei de Diretrizes Orçamentárias, ampliando seu escopo e mecanismos.

Ao comparar a Lei nº 4.320/1964 com a LC nº 101/2000 no tocante à proposta orçamentária, Heraldo da Costa Reis destaca: "a Lei de Responsabilidade Fiscal impõe uma série de exigências para transformar o orçamento em uma peça de gerência, o que facilita: a) o controle de custos; b) o controle da gestão financeira; c) a avaliação dos resultados".[24]

---

[24] REIS, Heraldo da Costa. *A Lei 4.320 Comentada e a Lei de Responsabilidade Fiscal*. 34. ed. Rio de Janeiro: Lumen Juris, 2012. p. 55.

Em relação às **receitas públicas**, enquanto a Lei nº 4.320/1964 limitava-se a estabelecer sua classificação e o tipo de gestão financeira, a LRF enfatizou os requisitos de responsabilidade fiscal na instituição, previsão e efetivação da arrecadação, especialmente a tributária, além de estabelecer as condições para as renúncias fiscais, tais como a isenção, anistia, remissão, subsídio, crédito presumido etc.

Um dos principais focos da LRF foi a **despesa pública**, estabelecendo limites e condições para a sua realização. Enquanto a Lei nº 4.320/1964 preocupou-se apenas com o *processo de controle* para sua realização no exercício financeiro, percorrendo o empenho, a verificação da certeza e liquidez do crédito, até chegar ao respectivo pagamento, a LRF, por sua vez, para garantir o equilíbrio fiscal e evitar déficit orçamentário, criou mecanismos que consideram a criação ou o aumento da despesa pública exigindo a estimativa de impacto orçamentário e a sua adequação à LOA e compatibilidade com a LDO e com o PPA, sob pena de serem tidas como despesas não autorizadas, irregulares ou lesivas ao patrimônio público. Nesse sentido, segundo o § 1º do art. 16 da LRF, considera-se: I – adequada com a lei orçamentária anual a despesa objeto de dotação específica e suficiente, ou que esteja abrangida por crédito genérico, de forma que somadas todas as despesas da mesma espécie, realizadas e a realizar, previstas no programa de trabalho, não sejam ultrapassados os limites estabelecidos para o exercício; II – compatível com o plano plurianual e a lei de diretrizes orçamentárias a despesa que se conforme com as diretrizes, objetivos, prioridades e metas previstos nesses instrumentos e não infrinja qualquer de suas disposições.

Talvez um dos temas mais sensíveis e importantes tratados pela LRF foi o relativo à dívida pública e o endividamento, estabelecendo limites e condições para a as operações de crédito. De fato, a Lei nº 4.320/1964 pouco dispôs sobre o assunto, talvez porque, à época de sua edição, o endividamento brasileiro não tivesse assumido o volume e o patamar elevado que tivemos quando da promulgação da LRF.

Capítulo 13
LEI DE RESPONSABILIDADE FISCAL

A Lei de Responsabilidade Fiscal brasileira – Lei Complementar nº 101/2000 – é uma norma voltada para a implementação da responsabilidade na gestão fiscal.

Podemos identificar três características que se revelam essenciais à realização do seu objetivo: o planejamento, a transparência e o equilíbrio nas contas públicas.

O planejamento decorre do papel conferido às leis orçamentárias como instrumentos de gestão global, ao aproximar as atividades de programação e execução dos gastos públicos, através do estabelecimento de metas fiscais e do seu acompanhamento periódico.

A transparência fiscal promove o acesso e a participação da sociedade em todos os fatores relacionados com a arrecadação financeira e a realização das despesas públicas. Incentiva a participação popular nas questões orçamentárias, além de facilitar o acesso e dar ampla divulgação aos relatórios, pareceres, contas públicas e demais documentos da gestão fiscal.

O equilíbrio nas contas públicas é considerado a "regra de ouro" da lei. Por ele, busca-se balancear as receitas e as despesas públicas, de maneira a permitir ao Estado dispor de recursos necessários e suficientes à realização de toda a sua atividade, garantindo, assim, seu crescimento sustentado.

Portanto, a forma de gestão imposta pela Lei de Responsabilidade Fiscal traz racionalidade às finanças públicas no Brasil.

13.1. OBJETIVOS E CARACTERÍSTICAS DA LEI DE RESPONSABILIDADE FISCAL

A Lei de Responsabilidade Fiscal indica logo no início de seu texto seu objetivo principal (art. 1º), ao dispor tratar sobre "as normas de finanças públicas voltadas para a responsabilidade na gestão fiscal".

A definição do que se entende por *responsabilidade na gestão fiscal* está consignada no seu parágrafo primeiro, ao afirmar que a responsabilidade na gestão fiscal pressupõe a ação planejada e transparente, em que se previnem riscos e corrigem desvios capazes de afetar o equilíbrio das contas públicas, mediante o cumprimento de metas de resultados entre receitas e despesas e a obediência a limites e condições no que tange a renúncia de receita, geração de despesas com pessoal, da seguridade social e outras, dívidas consolidada e mobiliária, operações de crédito, inclusive por antecipação de receita, concessão de garantia e inscrição em Restos a Pagar.

Extraímos do dispositivo *supra* que o foco da LRF é a **responsabilidade na gestão fiscal**, tendo os seguintes aspectos como parâmetros para o atingimento de seus objetivos: a) planejamento; b) transparência; c) prevenção de riscos e correção de desvios; d) equilíbrio das contas públicas; e) cumprimento de metas de resultados entre receita e despesas; f) fixação de limites e condições para renúncias de receitas e geração de despesas.

O **planejamento** contemplado pela LRF decorre da própria Constituição Federal de 1988, que instituiu as três leis orçamentárias criadas para funcionarem de forma harmônica e integrada (art. 165). Assim, instituiu o Plano Plurianual (PPA), destinado a estabelecer as ações de médio prazo, com prazo de vigência de quatro anos; o Orçamento Anual (LOA), para fixar os gastos do exercício financeiro; e a Lei de Diretrizes Orçamentárias (LDO), que funciona como instrumento de ligação entre aquelas duas leis, sistematizando e conferindo consistência à programação e execução orçamentária.

Nesse sentido, verifica-se que, além de reforçar o papel das leis orçamentárias como instrumento de planejamento global, a LRF aproxima as atividades de programação e execução dos gastos públicos ao estabelecer metas fiscais e dispor sobre mecanismos para seu acompanhamento periódico.

A **transparência** ressaltada pela LRF destina-se a promover o acesso e a participação da sociedade em todos os fatores relacionados com a arrecadação financeira e a realização das despesas públicas, havendo uma seção própria na lei com este objetivo (Seção I do Capítulo IX). Basicamente, podemos destacar os seguintes mecanismos de transparência contidos na lei: a) incentivo à participação popular na discussão e na elaboração das peças orçamentárias, inclusive com a realização de audiências públicas; b) ampla divulgação por diversos mecanismos, até por meios eletrônicos, dos relatórios, pareceres e demais documentos da gestão fiscal; c) disponibilidade e publicidade das contas dos administradores durante todo o exercício; d) emissão de diversos relatórios periódicos de gestão fiscal e de execução orçamentária.

A **prevenção de riscos** e a **correção de desvios** são medidas que se apresentam ao longo de todo o processo financeiro, destinadas a identificar os fatos que possam impactar os resultados fiscais estabelecidos para o período, mantendo-se a estabilidade e o equilíbrio nas contas públicas. Nesse sentido, a LRF introduz determinados mecanismos e impõe sua adoção a fim de neutralizar os riscos e reconduzir os desvios aos padrões esperados.

O *anexo de riscos fiscais*, que deverá fazer parte da lei de diretrizes orçamentárias, demonstrará a avaliação dos passivos contingentes e outros riscos capazes de afetar as contas públicas, informando as providências a serem tomadas, caso se concretizem. O *projeto de lei orçamentária anual* conterá a reserva de contingência, definida com base na receita corrente líquida, destinada ao atendimento de passivos contingentes e outros riscos e eventos fiscais imprevistos, tais como despesas decorrentes de decisões judiciais que determinam um pagamento (p. ex., pagamento de indenização ou devolução de correção monetária de planos econômicos) ou exoneram uma receita (p. ex., declaração de inconstitucionalidade de certo tributo).

Podemos dizer que institutos como os da *compensação* e o da *limitação de empenho* (art. 9º) são exemplos típicos de mecanismos voltados para a prevenção de riscos em situações que possam ensejar o desequilíbrio financeiro nas contas públicas. Na mesma linha, a fixação de limites para as despesas com pessoal e as medidas para a sua recondução aos parâmetros esperados são outros exemplos (arts. 22 e 23, LRF).

O **equilíbrio das contas públicas** é considerado a "regra de ouro" da Lei de Responsabilidade Fiscal, podendo-se sintetizar na ideia de que para cada despesa deverá haver uma receita para financiá-la.

Este parâmetro representa a fórmula para que o Estado possa dispor de recursos necessários e suficientes à realização da sua atividade, sem ter de sacrificar valores tão importantes para a sociedade brasileira como a estabilidade nas contas públicas com o fim da inflação, a credibilidade brasileira no mercado financeiro internacional, pela administração do endividamento público externo. E, principalmente, a efetividade do orçamento, como verdadeiro instrumento de planejamento e não como "peça de promessas fictícias", em que, num passado não muito remoto, se incluíam todas as pretensões governamentais sem a preocupação de se identificarem os recursos para viabilizar a sua realização.

Não se trata de uma equação matemática rígida, em que a diferença numérica entre o montante de receitas e de despesas deva ser sempre igual a zero, mas sim que essa equação contenha valores estáveis e equilibrados, a fim de permitir a identificação dos recursos necessários à realização dos gastos. Representa uma relação balanceada entre meios e fins.

A fixação de **metas de resultados** entre receitas e despesas representa a concretização do planejamento orçamentário. Trata-se da aproximação entre a programação e a execução, que sempre restou desassociada da realidade em tempos anteriores à LRF. A efetividade das peças orçamentárias depende do cumprimento das metas estabelecidas pela Administração Pública. Do contrário, as leis orçamentárias não passariam de "peças fictícias", como já mencionado.

Nesse sentido, temos o *anexo de metas fiscais* (§ 1º, art. 4º, LRF), que integra a Lei de Diretrizes Orçamentárias, onde são estabelecidas metas anuais, em valores correntes e constantes, relativas a receitas, despesas, resultados nominal e primário e montante da dívida pública, para o exercício a que se referirem e para os dois seguintes. O cumprimento das metas deve ser periodicamente avaliado pelo Poder Executivo e demonstrado em audiência pública (§ 4º, art. 9º, LRF). Por sua vez, o atingimento dessas metas será fiscalizado pelo Poder Legislativo, diretamente ou com o auxílio dos Tribunais de Contas, e pelo sistema de controle interno de cada Poder e do Ministério Público (art. 59, *caput* e inciso I, LRF).

A fixação de **limites e condições para renúncias de receitas e geração de despesas** é mais um dos mecanismos instituídos pela LRF para manter o equilíbrio fiscal, retirando do administrador público a liberdade plena e irrestrita que possuía para gastar ilimitadamente ou para conceder incentivos fiscais sem qualquer controle. Se antes bastava a previsão de crédito orçamentário para a realização de uma determinada despesa, a partir da LRF impõem-se limites, prazos e condições para tanto.

As limitações e condições aos gastos e desonerações fiscais se justificam porque a irresponsabilidade do administrador público, aliada às suas pretensões eleitoreiras de cunho populista e ao descaso em relação às gestões subsequentes, ensejava práticas extremamente danosas às contas públicas. Não era incomum, sobretudo em finais de mandatos, os gestores deixarem os chamados "testamentos políticos", oferecendo graciosos aumentos ao funcionalismo, comprometendo a gestão dos seus sucessores.[1] Igualmente, a concessão de incentivos ou renúncias fiscais muitas vezes eram feitas desprovidas de necessidade ou interesse público, com nítido atendimento a interesses particulares.

Assim, a lei passa a impor limites e condições para os gastos com pessoal e previdência social, contração de dívidas e renúncias fiscais, além de restringir a realização de certas despesas nos períodos de final de mandato.

As **despesas de pessoal** foram condicionadas a outros requisitos além daqueles que a Constituição já impunha nos arts. 37 e 169. Sua realização passa a exigir uma *estimativa de impacto orçamentário* e a comprovação de que seu gasto não afetará as metas de resultados

---

[1] FIGUEIREDO, Carlos Mauricio; NÓBREGA, Marcos. Op. cit. p. 68.

fiscais, bem como a demonstração da sua *adequação à lei orçamentária* e *compatibilidade com o plano plurianual e lei de diretrizes orçamentárias*. Foi vedado o aumento da despesa com pessoal expedido nos cento e oitenta dias anteriores ao final do mandato do titular do respectivo Poder ou órgão. Foram criados limites de gastos globais e de gastos por poder ou órgão, fixados com base na receita líquida corrente, cujo atendimento será verificado quadrimestralmente. A partir de tais limites, instituiu-se um mecanismo de limite prévio, na base de 95% dos valores estabelecidos como teto de despesa de pessoal, para resguardar o volume máximo de gastos e não os exceder.

A lei restringiu a realização de certas **despesas no último ano de mandato** dos governantes, buscando acabar com as reiteradas práticas de se deixar uma "herança de dívidas" para seus sucessores, que muitas vezes acabavam por inviabilizar boa parte da gestão. São de três ordens essas restrições: a) vedação ao aumento de despesas de pessoal nos últimos 180 dias do mandato, bem como proibição de aumento da despesa com pessoal que preveja parcelas a serem suportadas pelo governante sucessor em exercícios fiscais seguintes (art. 21 da LRF); b) vedação de realização, no último ano de mandato do governante, das operações de crédito por antecipação de receita, destinadas a atender insuficiência de caixa durante o exercício (art. 38, inciso IV, letra *b*, LRF); c) vedação à assunção de obrigação de despesa, nos dois últimos quadrimestres do mandato, que não possa ser cumprida integralmente dentro dele, ou que tenha parcelas a serem pagas no exercício seguinte sem que haja suficiente disponibilidade de caixa para este efeito (art. 42, LRF).

13.2. DESTINATÁRIOS DA LEI DE RESPONSABILIDADE FISCAL

A aplicação da LRF é ampla em termos de destinatários, objetivando atingir todos aqueles que, de alguma maneira, utilizam, direta ou indiretamente, recursos públicos. Destina-se a todas as autoridades públicas e dirigentes de poderes, órgãos ou entidades públicas que tenham sob a sua competência ou responsabilidade o gerenciamento de recursos financeiros públicos.

Nesse sentido, encontramos a previsão exposta no § 2º do art. 1º, afirmando que as disposições da LRF obrigam a União, os Estados, o Distrito Federal e os Municípios, nestes compreendidos: a) o Poder Executivo, o Poder Legislativo, o Poder Judiciário e o Ministério Público; b) as respectivas administrações diretas, fundos, autarquias, fundações e empresas estatais dependentes; c) os Tribunais de Contas, nestes incluídos o Tribunal de Contas da União, Tribunal de Contas do Estado e, quando houver, Tribunal de Contas dos Municípios e Tribunal de Contas do Município. E mais adiante, no art. 2º da LRF, esclarece-se que, para os efeitos da LRF, entende-se como: I – *ente da Federação*: a União, cada Estado, o Distrito Federal e cada Município; II – *empresa controlada*: sociedade cuja maioria do capital social com direito a voto pertença, direta ou indiretamente, a ente da Federação; III – *empresa estatal dependente*: empresa controlada que receba do ente controlador recursos financeiros para pagamento de despesas com pessoal ou de custeio em geral ou de capital, excluídos, no último caso, aqueles provenientes de aumento de participação acionária.

Extraímos das normas *supra* a concepção de que a LRF se aplica ao gestor público em sentido amplo, conceito este que incluirá também o gestor de pessoas jurídicas de direito privado que recebam ou administrem recursos públicos, numa relação de dependência financeira que ocorre pela transferência financeira a título de subvenção ou subsídio. Por outro lado, uma *sociedade de economia mista* ou *empresa pública* que obtém, ela mesma e através da sua atividade operacional, recursos financeiros necessários e suficientes para o seu custeio, sem receber qualquer recurso do Estado, não se submeterá às regras da LRF.

Portanto, não basta que a empresa pública ou a sociedade de economia mista seja controlada para se submeter à LRF. Deverá haver uma relação de dependência financeira entre ela e o ente controlador, pois a empresa simplesmente controlada e não dependente, que possua receita própria e não receba do ente controlador recursos para pessoal ou custeio, situa-se, em regra, fora do âmbito de abrangência da Lei de Responsabilidade Fiscal.

Ademais, o conceito de empresa estatal dependente deve levar em consideração a relação existente entre as empresas estatais controladas e o Poder Executivo no curso do exercício financeiro. Devem ser avaliadas a periodicidade dos repasses e a real necessidade da transferência de recursos para a empresa controlada. Entende-se que o repasse episódico de recursos, feito pelo Estado, a fim de suprir deficiência momentânea de caixa da empresa controlada, não caracteriza dependência.

Quanto a sua aplicação para as fundações de direito privado criadas por lei pelo Poder Público para o desenvolvimento de atividades próprias do Estado (p. ex., saúde, ensino, pesquisa etc.), explica Regis Fernandes de Oliveira que elas "estão livres de qualquer sujeição à Lei Complementar 101/2000. É que o objetivo é específico e não buscam o atendimento à globalidade de ação do Estado. Ao contrário, têm finalidade própria e submetem-se, no mais, às regras do Código Civil". Entretanto, ressalva o financista que elas sujeitam-se à fiscalização do Ministério Público e à supervisão de Ministério ou Secretaria a que estiverem vinculadas e de que recebam subvenções.[2]

13.3. CIDADANIA E TRANSPARÊNCIA

Um dos grandes méritos da Lei de Responsabilidade Fiscal foi o de estimular o exercício da cidadania na área financeira, através dos mecanismos de transparência que criou e regulamentou. Além de instituir relatórios específicos para a gestão fiscal – Relatório Resumido de Execução Orçamentária, Relatório de Gestão Fiscal e Prestação de Contas – e determinar sua ampla divulgação, inclusive por meios eletrônicos, incentiva a participação popular nas discussões de elaboração das peças orçamentárias e no acompanhamento da execução orçamentária, através de audiência pública.

Afinal, como assevera Vanessa Cerqueira, "no atual estágio de desenvolvimento da sociedade brasileira, é imprescindível para concretização da cidadania participativa que haja transparência nas relações fiscais propostas e efetivadas pelo Estado".[3] E, por sua vez, Ricardo Lobo Torres adverte-nos que o Estado "deve revestir a sua atividade financeira da maior clareza e abertura, tanto na legislação instituidora de impostos, taxas, contribuições e empréstimos, como na feitura do orçamento e no controle da sua execução".[4]

O Ministro do STF Gilmar Mendes[5] lembra que a transparência fiscal decorre da própria Constituição, e está vinculada ao ideal de *segurança orçamentária*:

---

[2]   OLIVEIRA, Regis Fernandes de. *Responsabilidade Fiscal*. São Paulo: Revista dos Tribunais, 2001. p. 25.
[3]   CARVALHO, Vanessa Cerqueira Reis de. Transparência Fiscal. *Revista de Direito da Procuradoria Geral do Estado do Rio de Janeiro*, Rio de Janeiro, nº 54, 2001. p. 88.
[4]   Citação de Ricardo Lobo Torres em conferência realizada em 27/10/2000 no XIV Congresso Brasileiro de Direito Tributário realizado pelo IDEPE/IBET, citado por Carvalho, Vanessa Cerqueira Reis de. Op. cit. p. 103.
[5]   MENDES, Gilmar Ferreira. Comentário ao art. 48. *In:* MARTINS, Ives Gandra da Silva; NASCIMENTO, Carlos Valder (Org.). *Comentários à Lei de Responsabilidade Fiscal*. 6. ed. São Paulo: Saraiva, 2012. Edição eletrônica.

O princípio da transparência ou clareza foi estabelecido pela Constituição de 1988 como pedra de toque do Direito Financeiro. Poderia ser considerado mesmo um princípio constitucional vinculado à ideia de segurança orçamentária. Nesse sentido, a ideia de transparência possui a importante função de fornecer subsídios para o debate acerca das finanças públicas, o que permite uma maior fiscalização das contas públicas por parte dos órgãos competentes e, mais amplamente, da própria sociedade. A busca pela transparência é também a busca pela legitimidade.

Contudo, a transparência não se expressa apenas pela quantidade de informações, mas também pela sua qualidade, objetividade, inteligibilidade e, sobretudo, utilidade. Nesse passo, como ressalva Jean Starobinski,[6] a transparência fiscal não pode ser vista apenas, ou simplesmente, sob a ótica do acesso à informação, mas seu conceito deve ser compreendido de maneira abrangente, abarcando outros elementos tais como responsividade, *accountability*, combate à corrupção, prestação de serviços públicos, confiança, clareza e simplicidade.

Nessa esteira, vimos a promulgação da Lei de Acesso à Informação (Lei nº 12.527/2011) que, além de colocar à disposição todo o tipo de informação, inclusive as de natureza financeira, permite, também, o acesso à informação relativa à implementação, acompanhamento e resultados dos programas, projetos e ações dos órgãos e entidades públicas, bem como metas e indicadores propostos; ao resultado de inspeções, auditorias, prestações e tomadas de contas realizadas pelos órgãos de controle interno e externo, incluindo prestações de contas relativas a exercícios anteriores (art. 7º, inciso VII). E, também, a promulgação da Lei nº 12.741, de 08/12/2012 (Lei de Transparência Tributária), que dispõe sobre as medidas de esclarecimento ao consumidor dos tributos incidentes sobre mercadorias e serviços de que trata o § 5º do art. 150 da Constituição Federal, bem como altera o inciso III do art. 6º e o inciso IV do art. 106 da Lei nº 8.078, de 11 de setembro de 1990 – Código de Defesa do Consumidor.

Segundo o que dispõe o art. 48 da LRF, são instrumentos de transparência na gestão fiscal, aos quais será dada ampla divulgação, inclusive em meios eletrônicos de acesso público: os planos, orçamentos e leis de diretrizes orçamentárias; as prestações de contas e o respectivo parecer prévio; o Relatório Resumido da Execução Orçamentária e o Relatório de Gestão Fiscal; e as versões simplificadas desses documentos.

No § 1º deste artigo, afirma-se que a transparência será assegurada, também, pelo: I – incentivo à participação popular e realização de audiências públicas, durante os processos de elaboração e discussão dos planos, lei de diretrizes orçamentárias e orçamentos; II – liberação ao pleno conhecimento e acompanhamento da sociedade, em tempo real, de informações pormenorizadas sobre a execução orçamentária e financeira, em meios eletrônicos de acesso público; III – adoção de sistema integrado de administração financeira e controle, que atenda a padrão mínimo de qualidade estabelecido pelo Poder Executivo da União.

Já o § 2º do art. 48 (inserido pela LC 156/2016) também estabelece: "A União, os Estados, o Distrito Federal e os Municípios disponibilizarão suas informações e dados contábeis, orçamentários e fiscais conforme periodicidade, formato e sistema estabelecidos pelo órgão central de contabilidade da União, os quais deverão ser divulgados em meio eletrônico de amplo acesso público". A inovação foi reputada tão relevante que mereceu ser transcrita, com mínimas alterações, no atual art. 163-A da Constituição, inserido pela Emenda Constitucional nº 108/2020.[7]

---

[6] STAROBINSKI, Jean. *Jean-Jacques Rousseau. A transparência e o obstáculo*: seguido de sete ensaios de Rousseau. Tradução de Maria Lúcia Machado. São Paulo: Companhia das Letras, 2011. p. 25.

[7] Art. 163-A, CF/1988: "A União, os Estados, o Distrito Federal e os Municípios disponibilizarão suas informações e dados contábeis, orçamentários e fiscais, conforme periodicidade, formato e sistema estabelecidos

Por sua vez, o art. 49 da LRF determina que as contas apresentadas pelo Chefe do Poder Executivo ficarão disponíveis, durante todo o exercício, no respectivo Poder Legislativo e no órgão técnico responsável pela sua elaboração para consulta e apreciação pelos cidadãos e instituições da sociedade. A prestação de contas da União conterá demonstrativos do Tesouro Nacional e das agências financeiras oficiais de fomento, incluído o Banco Nacional de Desenvolvimento Econômico e Social (BNDES), especificando os empréstimos e financiamentos concedidos com recursos oriundos dos orçamentos fiscal e da seguridade social e, no caso das agências financeiras, avaliação circunstanciada do impacto fiscal de suas atividades no exercício.

Ainda, em relação ao conhecimento e acompanhamento da execução orçamentária e financeira, o novo art. 48-A (introduzido pela Lei Complementar nº 131/2009) determina que os entes da Federação disponibilizem a qualquer pessoa física ou jurídica o *acesso a informações*: I – *quanto à despesa*: todos os atos praticados pelas unidades gestoras no decorrer da execução da despesa, no momento de sua realização, com a disponibilização mínima dos dados referentes ao número do correspondente processo, ao bem fornecido ou ao serviço prestado, à pessoa física ou jurídica beneficiária do pagamento e, quando for o caso, ao procedimento licitatório realizado; II – *quanto à receita*: o lançamento e o recebimento de toda a receita das unidades gestoras, inclusive referente a recursos extraordinários.

Outro instrumento tratado pela LRF para oferecer maior efetividade à transparência refere-se à **escrituração e a consolidação das contas**, assunto abordado anteriormente no capítulo dedicado à contabilidade pública.

Aprimorar a técnica de escrituração pública, que é um relevante instrumento de gestão para o administrador público e manancial de informações para o cidadão, é um dos diversos desígnios da LRF (arts. 50 e 51). A integração e a harmonização das normas contábeis federais com a dos Estados, do Distrito Federal e dos Municípios, por meio de normas gerais de consolidação das regras contábeis do setor público, é uma necessidade numa federação como o Brasil.

O conhecimento, a correta observância e a regular aplicação dessas normas são imprescindíveis para uma eficaz e eficiente arrecadação, administração e destinação dos recursos públicos. Conferir à Administração Pública informações adequadas permite uma tomada de decisão mais acurada e em linha com o interesse público.

Nesse sentido, determina a LRF que, além de obedecer às demais normas de contabilidade pública, a escrituração das contas públicas observará as seguintes regras: I – a disponibilidade de caixa constará de registro próprio, de modo que os recursos vinculados a órgão, fundo ou despesa obrigatória fiquem identificados e escriturados de forma individualizada; II – a despesa e a assunção de compromisso serão registradas segundo o regime de competência, apurando--se, em caráter complementar, o resultado dos fluxos financeiros pelo regime de caixa; III – as demonstrações contábeis compreenderão, isolada e conjuntamente, as transações e operações de cada órgão, fundo ou entidade da administração direta, autárquica e fundacional, inclusive empresa estatal dependente; IV – as receitas e despesas previdenciárias serão apresentadas em demonstrativos financeiros e orçamentários específicos; V – as operações de crédito, as inscrições em Restos a Pagar e as demais formas de financiamento ou assunção de compromissos junto a terceiros deverão ser escrituradas de modo a evidenciar o montante e a variação da dívida

---

pelo órgão central de contabilidade da União, de forma a garantir a rastreabilidade, a comparabilidade e a publicidade dos dados coletados, os quais deverão ser divulgados em meio eletrônico de amplo acesso público".

pública no período, detalhando, pelo menos, a natureza e o tipo de credor; VI – a demonstração das variações patrimoniais dará destaque à origem e ao destino dos recursos provenientes da alienação de ativos (art. 50, LRF).

Outrossim, cabe ao Poder Executivo da União promover, até o dia trinta de junho de cada ano, a *consolidação*, nacional e por esfera de governo, das contas dos entes da Federação relativas ao exercício anterior, e a sua divulgação, inclusive por meio eletrônico de acesso público (art. 51, LRF).

Atendendo ao preceito constitucional, a LRF regulamentou a publicação bimestral do **Relatório Resumido da Execução Orçamentária** (RREO), previsto no § 3º do art. 165 da CF/1988. Assim, segundo o art. 52 da LRF, este relatório será composto de: I – *balanço orçamentário*, que especificará, por categoria econômica, as: a) receitas por fonte, informando as realizadas e a realizar, bem como a previsão atualizada; b) despesas por grupo de natureza, discriminando a dotação para o exercício, a despesa liquidada e o saldo; II – *demonstrativos da execução*: a) das receitas, por categoria econômica e fonte, especificando a previsão inicial, a previsão atualizada para o exercício, a receita realizada no bimestre, a realizada no exercício e a previsão a realizar; b) das despesas, por categoria econômica e grupo de natureza da despesa, discriminando dotação inicial, dotação para o exercício, despesas empenhada e liquidada, no bimestre e no exercício; c) despesas, por função e subfunção.

Por sua vez, o art. 53 da LRF estabelece que acompanharão o Relatório Resumido demonstrativos relativos a: I – apuração da receita corrente líquida, sua evolução, assim como a previsão de seu desempenho até o final do exercício; II – receitas e despesas previdenciárias; III – resultados nominal e primário; IV – despesas com juros; V – Restos a Pagar, detalhando, por Poder e órgão, os valores inscritos, os pagamentos realizados e o montante a pagar. E o relatório referente ao último bimestre do exercício será acompanhado também de demonstrativos: I – do atendimento do disposto no inciso III do art. 167 da Constituição (vedação à realização de operações de créditos que excedam o montante das despesas de capital, ressalvadas as autorizadas mediante créditos suplementares ou especiais com finalidade precisa, aprovados pelo Poder Legislativo por maioria absoluta); II – das projeções atuariais dos regimes de previdência social, geral e próprio dos servidores públicos; III – da variação patrimonial, evidenciando a alienação de ativos e a aplicação dos recursos dela decorrentes.

Documento importante que deve acompanhar o RREO é o termo de justificativa que deverá ser apresentado, quando for o caso: I – da limitação de empenho; II – da frustração de receitas, especificando as medidas de combate à sonegação e à evasão fiscal, adotadas e a adotar, e as ações de fiscalização e cobrança (§ 2º, art. 53, LRF).

Outro relatório previsto na LRF é o **Relatório de Gestão Fiscal** (art. 54). Segundo a lei, ao final de cada quadrimestre, será emitido e assinado pelos titulares dos Poderes e órgãos, e conterá (art. 55): I – comparativo com os limites previstos na LRF dos seguintes montantes: a) despesa total com pessoal, distinguindo a com inativos e pensionistas; b) dívidas consolidada e mobiliária; c) concessão de garantias; d) operações de crédito, inclusive por antecipação de receita; II – indicação das medidas corretivas adotadas ou a adotar, se ultrapassado qualquer dos limites; III – demonstrativos, no último quadrimestre: a) do montante das disponibilidades de caixa em trinta e um de dezembro; b) da inscrição em Restos a Pagar, das despesas: 1) liquidadas; 2) empenhadas e não liquidadas; 3) empenhadas e não liquidadas, inscritas até o limite do saldo da disponibilidade de caixa; 4) não inscritas por falta de disponibilidade de caixa e cujos empenhos foram cancelados; c) da liquidação, com juros e outros encargos incidentes, até o dia dez de dezembro de cada ano, das operações de crédito por antecipação de receitas.

Além dos relatórios anteriormente citados, a LRF exige a realização das **prestações de contas**, a serem feitas pelos Chefes do Poder Executivo, que incluirão, além das suas próprias, as dos Presidentes dos órgãos dos Poderes Legislativo e Judiciário e do Chefe do Ministério Público, as quais receberão parecer prévio, separadamente, do respectivo Tribunal de Contas (arts. 56 e 57, LRF).

A prestação de contas evidenciará o desempenho da arrecadação em relação à previsão, destacando as providências adotadas no âmbito da fiscalização das receitas e combate à sonegação, as ações de recuperação de créditos nas instâncias administrativa e judicial, bem como as demais medidas para incremento das receitas tributárias e de contribuições (art. 58, LRF).

Finalmente, como vimos em capítulo inicial desta obra, a participação do cidadão nas finanças públicas se expressa não apenas pelas previsões legais que permitem o conhecimento e o seu envolvimento nas deliberações orçamentárias e no acompanhamento da sua execução, mas também encontra respaldo no comando da lei (art. 73-A, LRF), prevendo que qualquer cidadão, partido político, associação ou sindicato será parte legítima para denunciar ao respectivo Tribunal de Contas e ao órgão competente do Ministério Público o descumprimento das prescrições estabelecidas na LRF.

13.4. EQUILÍBRIO FISCAL

O **equilíbrio das contas públicas** tem sido considerado como a "regra de ouro" da Lei de Responsabilidade Fiscal, e dele decorre a maior parte dos seus preceitos.

O § 1º do art. 1º da LRF estabelece que a responsabilidade na gestão fiscal pressupõe ação planejada e transparente, em que se previnem riscos e corrigem desvios capazes de afetar o equilíbrio das contas públicas mediante o cumprimento de metas de resultados entre receitas e despesas e a obediência a limites e condições no que tange a renúncia de receita, geração de despesas com pessoal, da seguridade social e outras, dívidas consolidada e mobiliária, operações de crédito, inclusive por antecipação de receita, concessão de garantia e inscrição em Restos a Pagar.

Por muito tempo, predominou na Administração Pública brasileira a despreocupação com os gastos públicos, sistematicamente realizados desconsiderando as limitações das receitas públicas, que geravam constantemente déficits fiscais excessivos e muitas vezes incontroláveis. As consequências nefastas de tal cultura se materializam nos elevados níveis de endividamento, na inflação constante e crescente e no engessamento das administrações que muitas vezes passavam a maior parte da sua gestão saneando financeiramente o ente.

A disciplina na gestão fiscal responsável, a partir da compatibilidade entre o volume de receitas e os gastos públicos, é considerada pela LRF uma condição necessária para assegurar a estabilidade econômica e favorecer a retomada do desenvolvimento sustentável. Mas não se trata de uma equação matemática cujo resultado encontra sempre o mesmo valor de receitas e despesas e uma diferença numérica exata, sempre igual a zero, indicando o perfeito equilíbrio. Permite-se a flexibilidade financeira, desde que se tenha a identificação dos recursos necessários à realização dos gastos, de maneira estável e equilibrada, numa relação balanceada entre meios e fins.

Nesse sentido, a LRF prevê uma série de medidas para garantir o equilíbrio fiscal, tais como a fixação de limites para o endividamento e para as despesas de pessoal, condições rígidas para a renúncia de receita e para a criação de despesas de caráter continuado, bem como providências que devem ser adotadas caso as metas fiscais possam ser afetadas e o indesejado desequilíbrio ocorra, como é o exemplo da regra da limitação de empenho prevista no art. 9º da LRF.

Nas palavras de Marcos Nóbrega,

> o grande princípio da Lei de Responsabilidade Fiscal é o princípio do equilíbrio fiscal. Esse princípio é mais amplo e transcende o mero equilíbrio orçamentário. Equilíbrio fiscal significa que o Estado deverá pautar sua gestão pelo equilíbrio entre receitas e despesas. Dessa forma, toda vez que ações ou fatos venham a desviar a gestão da equalização, medidas devem ser tomadas para que a trajetória de equilíbrio seja retomada.[8]

Ao longo de toda a LRF, encontramos regras para garantir o equilíbrio fiscal nas contas públicas como mecanismo de estabilidade financeira, a fim de permitir o crescimento sustentado do Estado. Talvez sua tradução mais básica esteja na ideia de que "para cada despesa deverá haver uma receita a financiá-la".

13.5. PLANEJAMENTO ORÇAMENTÁRIO

Planejamento é o processo permanente, dinâmico e sistematizado de gestão, composto de um conjunto de ações coordenadas e integradas, pelo qual se estabelece antecipadamente o que se pretende realizar e quais metas se busca atingir, com o objetivo de se chegar a um resultado satisfatório e desejado. Procura-se, pelo planejamento, responder as seguintes questões básicas: onde queremos chegar e como atingiremos nossos objetivos?

Em se tratando de patrimônio e recursos financeiros públicos, o orçamento público é o instrumento típico de planejamento utilizado pela União, Estados, Distrito Federal e Municípios. Através dele, os entes federativos deverão projetar e controlar, a curto, médio e longo prazos, suas receitas e despesas, estabelecendo metas e objetivos a serem atingidos.

No ciclo orçamentário brasileiro, integram-se três leis orçamentárias que permitem o planejamento no setor público. No **Plano Plurianual (PPA)**, lei de duração de 4 anos, encontramos a previsão, além do que já está em andamento, do que se pretende realizar no quadriênio em termos de aprimoramento de ação governamental. Já na **Lei de Diretrizes Orçamentárias (LDO)**, temos a orientação para a elaboração do orçamento, definindo as prioridades e metas do PPA para o exercício financeiro subsequente. E, finalmente, na **Lei Orçamentária Anual (LOA)**, que é lei de execução do orçamento para o exercício seguinte, tem-se a estimativa de receita e a autorização das despesas. As duas primeiras planejam e a última executa.

O fato é que, até a promulgação da Lei de Responsabilidade Fiscal, em 4 de maio de 2000, verificava-se uma situação de total ausência de planejamento orçamentário pelos entes públicos. Justificava-se tal estado de coisas, principalmente, pela não edição da lei complementar exigida pela Constituição (art. 165, § 9º, CF/1988), necessária para definir os contornos básicos dos três instrumentos que integram o processo orçamentário nacional: o plano plurianual (PPA), a lei de diretrizes orçamentárias (LDO) e a lei de orçamento anual (LOA). As peças orçamentárias elaboradas pelos entes públicos eram tidas como "fictícias", desprovidas de qualquer relação com a realidade, funcionando como mero indicador de intenções genéricas do governo.

No entanto, apesar de a LRF disciplinar detalhadamente o conteúdo de dois daqueles instrumentos – as diretrizes orçamentárias e a lei orçamentária anual –, percebe-se que a

---

[8] NÓBREGA, Marcos. *Lei de Responsabilidade Fiscal e leis orçamentárias*. São Paulo: Juarez de Oliveira, 2002. p. 32.

LDO é, sem sombra de dúvidas, a peça mais relevante do planejamento no ciclo orçamentário, com destaque para as regras sobre as *metas fiscais*, identificando-se o montante de receitas públicas a ser arrecadado e a sua destinação.

Apesar de o art. 3º do texto original da LRF[9] que foi aprovado no Congresso Nacional veicular regras sobre o **Plano Plurianual**, este dispositivo acabou vetado pela Presidência da República, na forma do § 1º do art. 66 da Constituição Federal. Na Mensagem Presidencial nº 627, de 4 de maio de 2000, consta como razão de veto a alegação de que os prazos eram muito restritos e de que o Anexo de Políticas Fiscais confundia-se com o Anexo de Metas Fiscais, este da Lei de Diretrizes Orçamentárias.[10]

Por sua vez, a **Lei de Diretrizes Orçamentárias**, relevante instrumento de planejamento orçamentário introduzido pela Carta de 1988 (§ 2º, art. 165), deve conter: a) metas e prioridades para o exercício seguinte, funcionando como uma "ponte" entre o plano plurianual e a lei orçamentária anual; b) orientação para a elaboração do orçamento-programa; c) alteração na legislação tributária; d) mudanças na política de pessoal. Porém, indo além do conteúdo previsto pela Constituição, a LRF estabeleceu que a LDO deverá também prever: a) equilíbrio entre receitas e despesas; b) critérios e forma para limitação de empenho, ou seja, contingenciamento de dotações quando a evolução da receita comprometer os resultados orçamentários pretendidos; c) regras para avaliar a eficiência das ações desenvolvidas; d) condições para subvencionar financeiramente instituições privadas e entes da Administração indireta; e) critérios para início de novos projetos; f) percentual da receita corrente líquida que será retido como Reserva de Contingência.

---

[9] Vetado: "Art. 3º O projeto de lei do plano plurianual de cada ente abrangerá os respectivos Poderes e será devolvido para sanção até o encerramento do primeiro período da sessão legislativa. § 1º Integrará o projeto Anexo de Política Fiscal, em que serão estabelecidos os objetivos e metas plurianuais de política fiscal a serem alcançados durante o período de vigência do plano, demonstrando a compatibilidade deles com as premissas e objetivos das políticas econômica nacional e de desenvolvimento social. § 2º O projeto de que trata o *caput* será encaminhado ao Poder Legislativo até o dia trinta de abril do primeiro ano do mandato do Chefe do Poder Executivo."

[10] Trecho da Mensagem Presidencial nº 627/2000: "O *caput* deste artigo estabelece que o projeto de lei do plano plurianual deverá ser devolvido para sanção até o encerramento do primeiro período da sessão legislativa, enquanto o § 2º obriga o seu envio, ao Poder Legislativo, até o dia 30 de abril do primeiro ano do mandato do Chefe do Poder Executivo. Isso representará não só um reduzido período para a elaboração dessa peça, por parte do Poder Executivo, como também para a sua apreciação pelo Poder Legislativo, inviabilizando o aperfeiçoamento metodológico e a seleção criteriosa de programas e ações prioritárias de governo. Ressalte-se que a elaboração do plano plurianual é uma tarefa que se estende muito além dos limites do órgão de planejamento do governo, visto que mobiliza todos os órgãos e unidades do Executivo, do Legislativo e do Judiciário. Além disso, o novo modelo de planejamento e gestão das ações, pelo qual se busca a melhoria de qualidade dos serviços públicos, exige uma estreita integração do plano plurianual com o Orçamento da União e os planos das unidades da Federação. Acrescente-se, ainda, que todo esse trabalho deve ser executado justamente no primeiro ano de mandato do Presidente da República, quando a Administração Pública sofre as naturais dificuldades decorrentes da mudança de governo e a necessidade de formação de equipes com pessoal nem sempre familiarizado com os serviços e sistemas que devem fornecer os elementos essenciais para a elaboração do plano. (...) Por outro lado, o veto dos prazos constantes do dispositivo traz consigo a supressão do Anexo de Política Fiscal, a qual não ocasiona prejuízo aos objetivos da Lei Complementar, considerando-se que a lei de diretrizes orçamentárias já prevê a apresentação de Anexo de Metas Fiscais, contendo, de forma mais precisa, metas para cinco variáveis – receitas, despesas, resultados nominal e primário e dívida pública –, para três anos, especificadas em valores correntes e constantes. Diante do exposto, propõe-se veto ao art. 3º, e respectivos parágrafos, por contrariar o interesse público."

A LRF estabeleceu que a LDO deverá possuir também dois anexos (e uma mensagem de encaminhamento): **I – Anexo de Metas Fiscais**,[11] contendo: I – avaliação do cumprimento das metas relativas ao ano anterior; II – demonstrativo das metas anuais, instruído com memória e metodologia de cálculo que justifiquem os resultados pretendidos, comparando-as com as fixadas nos três exercícios anteriores, e evidenciando a consistência delas com as premissas e os objetivos da política econômica nacional; III – evolução do patrimônio líquido, também nos últimos três exercícios, destacando a origem e a aplicação dos recursos obtidos com a alienação de ativos; IV – avaliação da situação financeira e atuarial: a) dos regimes geral de previdência social e próprio dos servidores públicos e do Fundo de Amparo ao Trabalhador; b) dos demais fundos públicos e programas estatais de natureza atuarial; V – demonstrativo da estimativa e compensação da renúncia de receita e da margem de expansão das despesas obrigatórias de caráter continuado; VI – quadro demonstrativo do cálculo da meta do resultado primário, que evidencie os principais agregados de receitas e despesas, os resultados, comparando-os com os valores programados para o exercício em curso e os realizados nos 2 (dois) exercícios anteriores, e as estimativas para o exercício a que se refere a lei de diretrizes orçamentárias e para os subsequentes; **II – Anexo de Riscos Fiscais**, onde serão avaliados os passivos contingentes e outros riscos capazes de afetar as contas públicas, informando as providências a serem tomadas, caso se concretizem; **III – Mensagem de Encaminhamento do Projeto de LDO**, apresentando os objetivos das políticas monetária, creditícia e cambial, bem como os parâmetros e as projeções para seus principais agregados e variáveis, e ainda as metas de inflação, para o exercício subsequente.

Finalmente, a **Lei Orçamentária Anual (LOA)**, elaborada de forma compatível com o plano plurianual e com a lei de diretrizes orçamentárias, segundo o que dispõe a Constituição, conterá: a) o *orçamento fiscal*, onde se estimam receitas e despesas de toda a Administração Pública, incluindo a indireta; b) o *orçamento de investimento das estatais*, por fonte de financiamento *(Tesouro Central, recursos próprios, bancos)*; c) o *orçamento de seguridade social*, nele incluído a Saúde, a Assistência e a Previdência Social. A LRF, porém, adicionou à LOA as seguintes informações complementares: I – conterá, em anexo, demonstrativo da compatibilidade da programação dos orçamentos com os objetivos e metas constantes do anexo de metas fiscais; II – será acompanhada do documento demonstrativo dos efeitos regionalizados das renúncias fiscais, bem como das medidas de compensação a renúncias de receita e ao aumento de despesas obrigatórias de caráter continuado; III – conterá reserva

---

[11] No caso da União, o Anexo de Metas Fiscais do projeto de lei de diretrizes orçamentárias conterá também (os Estados, o Distrito Federal e os Municípios poderão adotar, total ou parcialmente, tais previsões no que couber): I – as metas anuais para o exercício a que se referir e para os 3 (três) seguintes, com o objetivo de garantir sustentabilidade à trajetória da dívida pública; II – o marco fiscal de médio prazo, com projeções para os principais agregados fiscais que compõem os cenários de referência, distinguindo-se as despesas primárias das financeiras e as obrigatórias daquelas discricionárias; III – o efeito esperado e a compatibilidade, no período de 10 (dez) anos, do cumprimento das metas de resultado primário sobre a trajetória de convergência da dívida pública, evidenciando o nível de resultados fiscais consistentes com a estabilização da Dívida Bruta do Governo Geral (DBGG) em relação ao Produto Interno Bruto (PIB); IV – os intervalos de tolerância para verificação do cumprimento das metas anuais de resultado primário, convertido em valores correntes, de menos 0,25 p.p. (vinte e cinco centésimos ponto percentual) e de mais 0,25 p.p. (vinte e cinco centésimos ponto percentual) do PIB previsto no respectivo projeto de lei de diretrizes orçamentárias; V – os limites e os parâmetros orçamentários dos Poderes e órgãos autônomos compatíveis com as disposições estabelecidas na lei complementar prevista no inciso VIII do *caput* do art. 163 da Constituição Federal e no art. 6º da Emenda Constitucional nº 126, de 21 de dezembro de 2022; VI – a estimativa do impacto fiscal, quando couber, das recomendações resultantes da avaliação das políticas públicas previstas no § 16 do art. 37 da Constituição Federal.

de contingência, cuja forma de utilização e montante, definido com base na receita corrente líquida, serão estabelecidos na lei de diretrizes orçamentárias, destinada ao atendimento de passivos contingentes e outros riscos e eventos fiscais imprevistos.

A utilização dessas três leis orçamentárias, de forma integrada e harmônica, permite ao gestor público uma administração fiscal responsável e zelosa dos recursos públicos, e a Lei de Responsabilidade Fiscal veio aprimorar o planejamento orçamentário (cujo modelo de orçamento-programa fora introduzido pela Lei nº 4.320/1964), instituindo novas funções para a LDO e para a LOA, com o estabelecimento de metas, limites e condições para a gestão das receitas e das despesas.

Um planejamento orçamentário bem elaborado permite uma execução orçamentária eficiente e uma política fiscal de resultados concretos e visíveis para a sociedade.

13.6. EXECUÇÃO ORÇAMENTÁRIA

A execução orçamentária se realiza diariamente, iniciando-se em primeiro de janeiro e se encerrando em trinta e um de dezembro de cada ano. É através dela que se materializa o que foi estabelecido na Lei Orçamentária Anual de cada ente federativo, desde a arrecadação das receitas previstas até a realização das despesas autorizadas. Assim, para garantir o seu fiel cumprimento e resguardar o equilíbrio fiscal, a LRF estabelece regras de **acompanhamento periódico** da execução orçamentária, de maneira mensal, bimestral, quadrimestral e semestral.

Primeiramente, dispõe que, em até trinta dias da publicação dos orçamentos, o Poder Executivo deverá apresentar a programação financeira e o cronograma de *execução mensal* dos desembolsos (art. 8º, LRF). E complementa, impondo rigor na aplicação dos recursos vinculados, ao dispor que estes "serão utilizados exclusivamente para atender ao objeto de sua vinculação, ainda que em exercício diverso daquele em que ocorrer o ingresso" (parágrafo único).

Com a preocupação de buscar a compatibilização entre as receitas e despesas na manutenção do equilíbrio fiscal, a LRF prevê que, se verificado, ao final de um *bimestre*, que a realização da receita poderá não comportar o cumprimento das metas de resultado primário[12] ou nominal[13] estabelecidas no Anexo de Metas Fiscais, os Poderes e o Ministério Público promoverão, por ato próprio e nos montantes necessários, nos trinta dias subsequentes, limitação de empenho e movimentação financeira, segundo os critérios fixados pela lei de diretrizes orçamentárias (art. 9º, LRF).[14]

---

[12] **Resultado orçamentário primário** é a diferença decorrente entre o total de todas as receitas, excluindo-se destas as receitas do recebimento de amortizações dos empréstimos e respectivos juros, menos o total de todas as despesas, excluídas destas todos os pagamentos feitos com as amortizações dos empréstimos tomados e seus respectivos juros.

[13] **Resultado orçamentário nominal** é a diferença entre o somatório de todas as receitas, incluindo-se as receitas decorrentes do recebimento de amortização de empréstimos concedidos e seus respectivos juros, menos o total de despesas, incluindo-se entre estas as despesas com o pagamento de amortização de empréstimos tomados e seus respectivos serviços da dívida (juros).

[14] Cabe registrar que o § 3º do art. 9º da LRF foi julgado inconstitucional pelo STF na ADI 2.238-5. Entendeu a Suprema Corte que a autorização dada pelo referido dispositivo na LRF – para que o Poder Executivo pudesse limitar os valores transferidos ao Legislativo e Judiciário, bem como ao Ministério Público caso estes não promovessem a respectiva limitação de empenho quando necessária – acarretaria uma violação à autonomia dos Poderes e invasão de competência, dado que tal norma viabilizaria uma interferência do Poder Executivo em domínio constitucionalmente reservado à atuação autônoma dos Poderes Legislativo,

A **limitação de empenho** nada mais é do que a suspensão momentânea (até o restabelecimento da receita prevista) da autorização para a realização de determinadas despesas autorizadas na lei orçamentária, quando as receitas efetivamente arrecadadas estiverem abaixo das estimativas previstas, podendo afetar o cumprimento das metas do resultado primário. Mas não são todas as despesas que poderão ser contingenciadas.

Excepcionando a regra, segundo o § 2º do art. 9º, não serão objeto de limitação as despesas que constituam obrigações constitucionais e legais do ente, inclusive aquelas destinadas ao pagamento do serviço da dívida, as relativas à inovação e ao desenvolvimento científico e tecnológico custeadas por fundo criado para tal finalidade e as ressalvadas pela lei de diretrizes orçamentárias. Exemplos que constituem obrigações constitucionais são as despesas para alimentação escolar (Lei nº 11.947/2009), benefícios do regime geral de previdência social (Lei nº 8.213/1991), bolsa de qualificação profissional do trabalhador (MP nº 2.164-41/2001), pagamento de benefício do abono salarial (Lei nº 7.998/1990), pagamento do seguro-desemprego (Lei nº 7.998, de 11/01/1990), transferência de renda diretamente às famílias em condições de pobreza extrema (Lei nº 14.284/2021), despesas de pessoal e encargos sociais, pagamento de sentenças judiciais transitadas em julgado (precatórios), inclusive as consideradas de pequeno valor, pagamento de serviço da dívida, transferências constitucionais ou legais por repartição de receita etc.

Determina também a LRF que, até o final dos meses de maio, setembro e fevereiro de cada ano, o Ministro ou Secretário de Estado da Fazenda demonstrará e avaliará o cumprimento das metas fiscais de cada quadrimestre e a trajetória da dívida, em audiência pública na comissão referida no § 1º do art. 166 da Constituição Federal ou conjunta com as comissões temáticas do Congresso Nacional ou equivalente nas Casas Legislativas estaduais e municipais (§ 4º, art. 9º, LRF).

E, no prazo de noventa dias após o encerramento de cada *semestre*, o Banco Central do Brasil apresentará, em reunião conjunta das comissões temáticas pertinentes do Congresso Nacional, avaliação do cumprimento dos objetivos e metas das políticas monetária, creditícia e cambial, evidenciando o impacto e o custo fiscal de suas operações e os resultados demonstrados nos balanços (§ 5º, art. 9º, LRF).

Finalmente, para que não se comprometa a programação financeira dos entes federativos, a LRF demonstra cuidado com o cumprimento no pagamento dos precatórios e seu cronograma de desembolso com estrita observância da ordem cronológica prevista na Constituição (art. 100), ao determinar que a execução orçamentária e financeira deverá identificar os beneficiários de pagamento de sentenças judiciais, por meio de sistema de contabilidade e administração financeira (art. 10, LRF).

13.7. DAS RECEITAS E DESPESAS EM GERAL

Preocupada com a gestão fiscal e a manutenção do equilíbrio nas contas públicas, a LRF trouxe algumas diretrizes gerais, conceitos e comandos aplicados às receitas e despesas públicas, complementando e aprimorando as previsões da Lei nº 4.320/1964.

Judiciário e órgãos autônomos como o Ministério Público. Para o Ministro Alexandre de Moraes, a solução para o descumprimento do limite de empenho não pode ser a imposição deste limite pelo Poder Executivo aos outros Poderes e órgãos autônomos, mas sim a submissão dos gestores dos Poderes, do Ministério Público e das Defensorias a inúmeros controles internos e externos, bem como à responsabilização no âmbito penal, civil e administrativo no caso de descumprimento da LRF.

Nesse sentido, quanto às **receitas**, a LRF afirma que constituem requisitos essenciais da responsabilidade na gestão fiscal a instituição, previsão e efetiva arrecadação de todos os tributos da competência constitucional do ente da Federação, vedando-se a realização de transferências voluntárias para o ente que não observar tal norma (art. 11, LRF). Entende-se por *transferência voluntária* a entrega de recursos correntes ou de capital a outro ente da Federação, a título de cooperação, auxílio ou assistência financeira, que não decorra de determinação constitucional, legal ou os destinados ao Sistema Único de Saúde (art. 25, LRF), sendo que esta não se confunde com a *transferência obrigatória*, que decorre de previsão constitucional e não pode ser restringida ou limitada.

Essa determinação para a *efetiva arrecadação* de todos os tributos prevista na LRF busca estimular uma autonomia e independência financeira dos entes federativos a partir da competência constitucional tributária que lhes é conferida, pois é comum que muitos municípios, especialmente os pequenos e do interior, por comodidade, excesso de arrecadação ou mesmo por populismo de seus governantes, deixem de exercer sua competência tributária plena, apoiando-se, muitas vezes, no financiamento originário dos recursos advindos da repartição constitucional das receitas tributárias. Criticamos severamente essa postura municipal, pois acreditamos não ser possível realizar adequadamente as políticas públicas e atender às necessidades públicas constitucionalmente asseguradas sem a totalidade dos recursos financeiros que seriam oriundos de uma competência tributária que acaba por não ser exercida a partir de uma suposta facultatividade do ente federativo. Não nos parece aceitável caracterizar como sendo plenamente facultativo o exercício da competência tributária se isso puder comprometer o cumprimento das obrigações estatais, prejudicando, ao final, a própria sociedade. Portanto, embora não haja qualquer ilegalidade propriamente dita à luz do nosso ordenamento jurídico, esse comportamento seria inadequado e enfraqueceria a ideia da autonomia financeira dos entes federativos (parte do ideário do federalismo fiscal), além de contrariar o objetivo principal da Lei de Responsabilidade Fiscal (LC nº 101/2000), qual seja, o da *gestão fiscal responsável*.

Conceito relevantíssimo apresentado pela LRF, especialmente no que se refere à fixação dos limites legais para despesas de pessoal, gastos com serviços de terceiros e para o endividamento, é o de *receita corrente líquida*, apurada somando-se as receitas arrecadadas no mês em referência e nos onze anteriores (período de apuração de um ano), excluídas as duplicidades.

A finalidade da lei em fixar o conceito está, primeiramente, na padronização necessária como instrumento de gestão e planejamento, além de possibilitar ao administrador conhecer a real situação financeira do seu ente, identificando sua efetiva disponibilidade financeira. Outrossim, ao levar em consideração o período de 12 meses, neutralizam-se os efeitos da sazonalidade da arrecadação e das despesas.

Cabe registrar que o conceito de *receita corrente* já vinha previsto na Lei nº 4.320/1964,[15] sendo certo que a LRF acrescentou ao conceito clássico o conceito de *liquidez*, visando adequá-lo ao objetivo central da LRF que é a busca do equilíbrio fiscal.

---

[15] O conceito clássico de "receita corrente" está contido no art. 11 da Lei nº 4.320/1964, segundo o qual "a receita classificar-se-á nas seguintes categorias econômicas: Receitas Correntes e Receitas de Capital. § 1º São Receitas Correntes as receitas tributária, patrimonial, industrial e diversas e, ainda as provenientes de recursos financeiros recebidos de outras pessoas de direito público ou privado, quando destinadas a atender despesas classificáveis em despesas correntes. § 2º São receitas de capital as provenientes da realização de recursos financeiros oriundos de constituição de dívidas; da conversão em espécie, de bens de direitos; os recursos recebidos de outras pessoas de direito público ou privado destinados a atender despesas classificáveis em despesas de capital e, ainda, o superávit do Orçamento Corrente".

Segundo a lei (art. 2º, inciso IV), **receita corrente líquida (RCL)** é o somatório das receitas tributárias, de contribuições, patrimoniais, industriais, agropecuárias, de serviços, transferências correntes e outras receitas também correntes, deduzidos: a) na União, os valores transferidos aos Estados e Municípios por determinação constitucional ou legal,[16] e as contribuições mencionadas na alínea *a* do inciso I e no inciso II do art. 195, e no art. 239 da Constituição; b) nos Estados, as parcelas entregues aos Municípios por determinação constitucional; c) na União, nos Estados e nos Municípios, a contribuição dos servidores para o custeio do seu sistema de previdência e assistência social e as receitas provenientes da compensação financeira citada no § 9º do art. 201 da Constituição.

Importante destacar que, dentro do conceito da receita corrente líquida, conforme lembra Pedro Lino,[17] não se consideram os recebimentos esporádicos e episódicos, tais como os decorrentes das receitas de capital (operações de crédito, alienação de bens, amortização de empréstimos e transferências de capital).

Portanto, integram o conceito de receita corrente líquida os seguintes valores: a) *a receita tributária*: oriunda da cobrança de impostos, taxas e contribuição de melhoria (art. 11 da Lei nº 4.320/1964 e seus parágrafos), acrescida das contribuições sociais e econômicas; b) *a receita patrimonial*: decorrente do resultado financeiro obtido do patrimônio público, isto é, de bens móveis e imóveis ou advinda de participação societária ou de *superávits* apurados das operações de alienações de bens patrimoniais; c) *a receita industrial*: decorrente de atividades industriais exploradas pelo ente público; d) *as receitas agropecuárias*: provenientes das atividades ou explorações agropecuárias (produção vegetal e animal e derivados, beneficiamento ou transformações desses produtos, em instalações nos próprios estabelecimentos); e) *a receita de serviços*: que provém da prestação de serviços de comércio, transporte, serviços hospitalares e congêneres; f) *as transferências correntes*: recebidas de outras pessoas de direito público, de origem obrigatória (constitucional) ou voluntária (convênios e acordos), ou, ainda, as advindas de pessoas privadas para determinados fins; g) *outras receitas correntes*: são as provenientes de multas, juros de mora, indenizações e restituições, da cobrança da dívida ativa e outras. E, desse somatório, deduzem-se: *I – no caso da União*: a) os valores transferidos aos Estados e Municípios, por determinação constitucional ou legal, como os Fundos de Participação e os recursos do SUS; b) as contribuições mencionadas na alínea *a* do inciso I e inciso II do art. 195 e do art. 239 da Constituição Federal; *II – no caso dos Estados*: as parcelas entregues aos Municípios por determinação constitucional; *III – no caso da União, Estados e Municípios*: a) a contribuição dos servidores públicos para custeio de seus respectivos sistemas de previdência social; b) as receitas da compensação financeira entre os diversos regimes de previdência dos referidos entes públicos e o regime geral de previdência social administrado pelo INSS; IV – o cancelamento de Restos a Pagar; V – as duplicidades.

Procurando conferir maior efetividade e aproximá-la da realidade social e econômica, a LRF ressalta que a **previsão das receitas**, além de observar as normas técnicas e legais e a

---

[16] "Inconstitucionalidade formal. O conceito de receita corrente líquida previsto no art. 2º, IV e alíneas b e c, da Lei de Responsabilidade Fiscal não exclui o imposto de renda retido na fonte incidente sobre a folha de pagamento de servidores do Estado e dos Municípios. Ademais, o art. 18, § 3º, estabelece que, na apuração da despesa total com pessoal, será observada a remuneração bruta do servidor, sem qualquer dedução ou retenção. Por fim, o art. 19, § 1º, prevê um rol taxativo de deduções do limite de despesa com pessoal, em que não se insere o imposto de renda retido na fonte incidente sobre a folha de pagamento dos servidores dos entes" (STF. ADI 3.889, Rel. Min. Roberto Barroso, Pleno, julg. 03/07/2023, *DJE* 15/08/2023).

[17] LINO, Pedro. *Comentários à Lei de Responsabilidade Fiscal*. São Paulo: Atlas, 2001. p. 24.

respectiva metodologia de cálculo, deverá considerar os efeitos das alterações na legislação, a variação de índice de preços, do crescimento econômico e demais fatores relevantes, sendo que suas estimativas devem ser acompanhadas por demonstrativo da sua evolução, nos três anos anteriores e nos dois seguintes àquele a que se referirem (art. 12, LRF).

A respeito da utilização de metodologia na estimativa e previsão de receitas, ensina Heilio Kohama[18] que, com o advento de novas técnicas de elaboração orçamentária, preconizando a integração do planejamento ao orçamento, a receita que era feita através de planejamento empírico começou a sofrer alterações com a introdução de métodos e processos, calcados em bases técnicas e independentes, todavia autônomas, cujo significado moderno é precisamente ligar os sistemas de planejamento e finanças na expressão quantitativa financeira e física aos objetivos e metas governamentais. Contrariamente ao que muitos pensam, a previsão da receita orçamentária tem um significado importante na elaboração dos programas de governo, pois a viabilização deles dependerá de certa forma da existência de recursos que a máquina arrecadadora de receita for capaz de produzir.

Ainda, é determinado pela lei que a cada bimestre seja feita uma verificação da evolução das receitas, e caso sua realização não comporte o cumprimento das metas de resultado primário ou nominal estabelecidas no Anexo de Metas Fiscais, os Poderes e o Ministério Público promoverão, por ato próprio e nos montantes necessários, nos trinta dias subsequentes, **limitação de empenho** e movimentação financeira, segundo os critérios fixados pela Lei de Diretrizes Orçamentárias. No caso de restabelecimento da receita prevista, ainda que parcial, a recomposição das dotações cujos empenhos foram limitados dar-se-á de forma proporcional às reduções efetivadas. Ressalva-se que não serão objeto de limitação as despesas que constituam obrigações constitucionais e legais do ente, inclusive aquelas destinadas ao pagamento do serviço da dívida, as relativas à inovação e ao desenvolvimento científico e tecnológico custeadas por fundo criado para tal finalidade e as ressalvadas pela lei de diretrizes orçamentárias (art. 9º).

A lei prevê a fixação de **metas bimestrais de arrecadação**, ao estabelecer que o Poder Executivo, até trinta dias após a publicação do orçamento anual, deverá efetuar o desdobramento das receitas em metas bimestrais de arrecadação, informando quais medidas serão adotadas para o combate à sonegação, para a cobrança da dívida ativa e dos créditos executáveis pela via administrativa (art. 13, LRF).

A LRF preocupou-se sobremaneira com o tratamento dado à realização da despesa pública, que, combinado com as restrições impostas às concessões de renúncias e benefícios fiscais (tratadas na seção 13.8 adiante), visam a garantir o almejado equilíbrio fiscal nas contas públicas.

Assim, sob o enfoque da **despesa**, a LRF inicia de maneira categórica enfatizando que serão consideradas não autorizadas, irregulares e lesivas ao patrimônio público a geração de despesa ou assunção de obrigação que não atenda às suas disposições (art. 15). Segundo ela, qualquer despesa que não esteja acompanhada de *estimativa do impacto orçamentário- -financeiro* nos três primeiros exercícios de sua vigência, da sua *adequação orçamentária e financeira com a LOA, o PPA e a LDO* e, no caso de despesa obrigatória de caráter continuado, de suas medidas compensatórias, será considerada como despesa **não autorizada, irregular e lesiva ao patrimônio público**. Portanto, a inobservância dos preceitos da LRF ensejará, além desses graves efeitos da lei sobre a própria despesa, aplicação de sanção civil, penal ou administrativa ao gestor público responsável pela despesa (ordenador de despesa), sujeito,

---

[18] KOHAMA, Heilio. *Contabilidade Pública* – Teoria e Prática. 6. ed. São Paulo: Atlas, 1998. p. 85.

inclusive, ao tipo penal descrito no art. 359-D do Código Penal ("ordenação de despesa não autorizada", com pena de reclusão de um a quatro anos).

Determina a LRF que a criação, expansão ou aperfeiçoamento de ação governamental que acarrete aumento da despesa será acompanhado de: I – estimativa do impacto orçamentário-financeiro no exercício em que deva entrar em vigor e nos dois subsequentes; II – declaração do ordenador da despesa de que o aumento tem adequação orçamentária e financeira com a lei orçamentária anual e compatibilidade com o plano plurianual e com a lei de diretrizes orçamentárias. Considera-se adequada com a lei orçamentária anual a despesa objeto de dotação específica e suficiente, ou que esteja abrangida por crédito genérico, de forma que somadas todas as despesas da mesma espécie, realizadas e a realizar, previstas no programa de trabalho, não sejam ultrapassados os limites estabelecidos para o exercício. E considera-se compatível com o plano plurianual e a lei de diretrizes orçamentárias a despesa que se conforme com as diretrizes, objetivos, prioridades e metas previstos nesses instrumentos e não infrinja qualquer de suas disposições (art. 16).[19]

A **estimativa de impacto orçamentário-financeiro** constitui a apuração do valor a ser gasto no período, decorrente da criação, expansão ou aperfeiçoamento de ação governamental que acarrete aumento da despesa, com vistas à manutenção do equilíbrio financeiro. Por ela, visa-se: a) comprovar que o crédito constante do orçamento é suficiente para cobertura da despesa que se está pretendendo realizar; b) na execução do orçamento do exercício em que a despesa está sendo criada ou aumentada, verificar se as condicionalidades estabelecidas estão sendo atendidas, visando à manutenção do equilíbrio fiscal; c) permitir o acompanhamento sistemático das informações contidas nos impactos, mediante manutenção de uma memória do que já foi decidido em termos de comprometimento para os períodos seguintes, de forma a subsidiar a elaboração dos orçamentos posteriores e permitir melhor dimensionamento quanto à inclusão de novos investimentos. A estimativa será demonstrada através de documento próprio, com as seguintes informações: I – descrição da despesa: especificação detalhada e sua correlação com os programas previstos na LOA, levando em conta a obrigatoriedade da existência de dotação específica e suficiente para aquilo a que se propõe a criação ou o aumento de despesa; II – especificação dos itens que compõem a despesa, sempre que for o caso, demonstrando as quantidades e os respectivos valores; III – programação de pagamento para o exercício em que a despesa entrar em vigor e para os dois exercícios subsequentes; IV – fonte de recurso que irá financiar a despesa; V – tipo de ação governamental: criação, expansão ou aperfeiçoamento de ação governamental ou despesa corrente obrigatória de caráter continuado decorrente de lei ou ato administrativo normativo; VI – especificação dos mecanismos de compensação da despesa, sempre que for o caso.

Por sua vez, a **declaração de ordenador de despesas** é um documento formal através do qual se afirma expressamente que a despesa cumpre as exigências constantes na LRF. Visa a confirmar que o gasto foi previamente planejado e que as premissas e metodologia de cálculo utilizadas demonstram a consistência dos dados apresentados. Consideram-se ordenadores de despesas aqueles gestores públicos titulares das Unidades Gestoras responsáveis pela

---

[19] Para o Plenário do TCU, a necessidade de estimativa do impacto orçamentário-financeiro e de declaração do ordenador da despesa de que o aumento do gasto público tem adequação e compatibilidade com as leis orçamentárias (art. 16 da Lei Complementar 101/2000) só se aplica às ações classificadas como "projeto", das quais resulta um produto que concorre para *expansão* ou *aperfeiçoamento* da ação governamental. Não se estende, portanto, às ações classificadas como "atividade", cujo produto visa meramente à *manutenção* da ação de governo (TCU. Acórdão 713/2019, Rel. Min. Bruno Dantas, Plenário, julg. 27/03/2019).

autorização de empenhos e pagamentos das despesas. Sempre que for o caso, deverão ser ouvidas também as respectivas Secretaria de Planejamento e Desenvolvimento Econômico e Secretaria da Fazenda.

A LRF define como **despesa obrigatória de caráter continuado** a despesa corrente derivada de lei, medida provisória ou ato administrativo normativo que fixe para o ente a obrigação legal de sua execução por um período superior a dois exercícios. Essa despesa deverá, também, ser acompanhada de estimativa de impacto orçamentário-financeiro e da demonstração de origem dos recursos para o seu custeio. Ademais, o ato será acompanhado de comprovação de que a despesa criada ou aumentada não afetará as metas de resultados fiscais previstas no Anexo de Metas Fiscais, devendo seus efeitos financeiros, nos períodos seguintes, ser compensados pelo aumento permanente de receita ou pela redução permanente de despesa (art. 17).

Percebe-se claramente a preocupação da LRF com aquelas despesas fixas que independam da própria lei orçamentária, ou seja, que se repitam e se protraiam no tempo e que, por isso, possam afetar o planejamento orçamentário e comprometer a manutenção do equilíbrio fiscal, razão pela qual se exige a sua estimativa trienal, a indicação da origem dos recursos que as suportarão, a comprovação de que não afetarão as metas fiscais e um plano de compensação mediante aumento permanente de receitas ou diminuição de despesas. Essas despesas obrigatórias de caráter continuado caracterizam-se por: a) terem natureza de despesa corrente, ou seja, que concorrem para a manutenção e o funcionamento dos serviços públicos em geral; b) decorrem de ato normativo ou lei específica; c) prolongam-se por pelo menos dois anos, sejam elas despesas novas ou a prorrogação de anteriores criadas por prazo determinado. São, tipicamente, as despesas com o preenchimento de novas funções ou cargos públicos, novas gratificações remuneratórias, concessão de aumento salarial real ao funcionalismo etc. Registre-se que tais condições não se aplicam às despesas destinadas ao serviço da dívida (juros), nem à revisão anual de remuneração de pessoal de que trata o inciso X do art. 37 da Constituição (mero reajustamento ou recomposição inflacionária).

Registre-se o entendimento de que as substituições de pessoal em decorrência de aposentadoria, falecimento ou exoneração não acarretam criação ou aumento de despesa, mas apenas a reposição do servidor, não se aplicando o disposto no art. 17 da LRF.[20]

Finalmente, quanto às despesas classificadas como "**restos a pagar**", assim conceituadas as despesas empenhadas mas não pagas até o dia 31 de dezembro (art. 36, Lei nº 4.320/1964), é vedado ao titular de Poder ou órgão público, nos últimos dois quadrimestres do seu mandato, contrair obrigação de despesa que não possa ser cumprida integralmente dentro dele, ou que tenha parcelas a serem pagas no exercício seguinte sem que haja suficiente disponibilidade de caixa, sendo para tanto considerados os encargos e despesas compromissadas a pagar até o final do exercício (art. 42, LRF).

13.8. DAS RENÚNCIAS DE RECEITAS E OS INCENTIVOS FISCAIS

Com razão e propriedade, fundada nas ideias de transparência e de controle, a Lei de Responsabilidade Fiscal confere às renúncias de receitas similar importância e tratamento dados aos gastos públicos. Na realidade, o efeito financeiro entre uma renúncia de receita e um gasto é o mesmo, já que aquele determinado recurso financeiro cujo ingresso era esperado

---

[20] SILVA, Moacir Marques da; AMORIM, Francisco Antonio; SILVA, Valmir Leôncio da. *Lei de Responsabilidade Fiscal para os Municípios*. 2. ed. São Paulo: Atlas, 2007. p. 40.

nos cofres públicos deixa de ser arrecadado por força de alguma espécie de renúncia fiscal. O termo usual atribuído a esses benefícios é "Tax Expenditure" ou gasto tributário.

As renúncias de receitas concedidas a título de incentivos fiscais se operacionalizam, em regra, através de anistias, remissões, subsídios, créditos fiscais, isenções, redução de alíquotas ou base de cálculo.

Anistia é a exclusão do crédito fiscal a partir do perdão da infração e das penalidades correspondentes, com a dispensa do pagamento de multa e juros de mora (já a dispensa do pagamento do valor principal devido é feito apenas pela *remissão*). Hoje em dia, a anistia não é mais vista como um favorecimento subjetivo e individual desprovido de fundamento e de interesse público, mas sim como uma forma de beneficiar toda a sociedade dentro de programas que incentivam o pagamento de dívidas e a recuperação de créditos.

Remissão é a dispensa do pagamento total ou parcial do próprio crédito fiscal, concedida a partir da consideração: I – da situação econômica do sujeito passivo; II – do erro ou ignorância escusáveis do sujeito passivo, quanto a matéria de fato; III – da diminuta importância do crédito tributário; IV – de considerações de equidade, em relação com as características pessoais ou materiais do caso; V – das condições peculiares a determinada região do território da entidade tributante.

Subsídio é a diferença entre o preço real de um produto e o preço pelo qual ele acaba sendo oferecido ao mercado (abaixo do real), a partir da concessão deste benefício pelo Estado ao particular (produtor ou comerciante), como medida para corrigir distorções de preço no mercado, ou para equilibrar a concorrência, ou mesmo para incentivar a produção e consumo de determinados bens, desde que considerados de interesse público. O vocábulo deriva da palavra latina *subsidium*, que traduz a ideia de reforço, auxílio. Trata-se de instrumento de intervenção no domínio econômico pelo Estado e decorre das dotações orçamentárias classificadas como "subvenções econômicas".

Crédito presumido representa uma maneira indireta de redução do montante do tributo a ser pago, mediante a permissão de um ressarcimento ou compensação correspondente à parcela ou total do valor devido do próprio tributo a ser apurado, incidente sobre determinadas operações.

Isenção é a dispensa do pagamento de determinado tributo ou obrigação fiscal a partir de norma específica que impede a ocorrência do fato gerador, por retirar da hipótese de incidência uma parte do seu campo de ocorrência. Assim, apesar de a previsão geral do tributo permitir sua incidência genérica, para determinados fatos, circunstâncias ou pessoas abrangidas pela norma isentiva, a obrigação fiscal não se materializará (diferente da *remissão*, que é o perdão de um débito oriundo de uma obrigação já ocorrida).

Redução de alíquota ou base de cálculo é a modificação dos critérios quantitativos de incidência dos tributos, afetando a forma de calcular a obrigação tributária e reduzindo, ao final, a carga fiscal em determinada operação.

Os efeitos concretos dessas renúncias fiscais são: a) redução na arrecadação potencial; b) aumento da disponibilidade econômica e financeira do contribuinte; c) exceção à regra jurídica impositiva geral. E o seu efeito esperado é o incentivo à adoção de uma determinada prática ou conduta do beneficiário do incentivo que ofereça e gere um ganho à comunidade diretamente relacionada ou à sociedade em geral.

Todavia, apesar da justificativa para a adoção de tais medidas – favorecimento a determinados setores, atividades, regiões[21] ou agentes – ter sempre como finalidade o interesse

---

[21] É o caso da Zona Franca de Manaus. Segundo o art. 40 do ADCT, "é mantida a Zona Franca de Manaus, com suas características de área livre de comércio, de exportação e importação, e de incentivos fiscais, pelo

público, na linha de uma determinada política econômica ou social, o ideal do federalismo cooperativo acaba, na prática, desvirtuado e gerando uma competição horizontal entre os entes da Federação, fenômeno comumente conhecido por "guerra fiscal".

Questiona-se, porém, se os incentivos fiscais concedidos através de renúncias às receitas públicas são mais ou menos eficientes em relação aos subsídios ou transferências financeiras diretas, na busca do fomento e do desenvolvimento de determinadas atividades, regiões ou de setores econômicos ou sociais.[22] Nesse sentido, deve-se ponderar se o custo dos incentivos fiscais concedidos gera em contrapartida os resultados esperados (custo/benefício) e se esses resultados são equivalentes aos da aplicação direta dos subsídios ou transferências financeiras.

O debate, entretanto, acaba ganhando um viés político, na medida em que o direcionamento dos recursos públicos oferecidos ao setor privado criaria uma imagem de Estado interventor e diretivo, se comparado à imagem de Estado liberal, no caso de este, ao invés de vincular a aplicação de recursos, simplesmente transferir para o setor privado a decisão de alocação de recursos originários das renúncias fiscais nas áreas que indicar como prioritárias.

Sem desconsiderar a necessidade de otimização dos resultados por uma ou outra via, o fato é que, enquanto os subsídios ou transferências diretas de recursos financeiros são obrigatoriamente registrados nos orçamentos pelo valor efetivamente despendido, como espécie de despesa pública – o que demanda uma reavaliação anual da sua conveniência e interesse da sua manutenção –, os montantes financeiros dos incentivos fiscais concedidos através de renúncias não são quantificados e, por consequência, não são registrados nas peças orçamentárias, dificultando seu controle e percepção do resultado, não apenas pelo gestor público, como também, e principalmente, pela sociedade.[23]

Assim, para conferir maior racionalidade, controle e transparência, a LRF determinou que a concessão ou ampliação de incentivo ou benefício de natureza tributária da qual decorra renúncia de receita deverá estar acompanhada de estimativa do impacto orçamentário-financeiro no exercício em que deva iniciar sua vigência e nos dois seguintes, atender ao disposto na lei de diretrizes orçamentárias, bem como observar pelo menos uma das seguintes condições: I – demonstração pelo proponente de que a renúncia foi considerada na estimativa de receita da lei orçamentária, e de que não afetará as metas de resultados fiscais previstas no anexo próprio da lei de diretrizes orçamentárias; II – estar acompanhada de medidas de compensação, por meio do aumento de receita, proveniente da elevação de alíquotas, ampliação da base de cálculo, majoração ou criação de tributo ou contribuição (art. 14).

---

prazo de vinte e cinco anos, a partir da promulgação da Constituição." A EC nº 42/2003 inseriu o art. 92 do ADCT, acrescentando mais 10 anos ao prazo original do art. 40 do ADCT. Por sua vez, a EC nº 83/2014 inseriu o art. 92-A do ADCT, acrescendo 50 anos ao prazo fixado pelo art. 92 do ADCT.

[22] NEUMARK, Fritz. *Problemas Económicos y Financieros del Estado Intervencionista*. Madrid: Editorial de Derecho Financiero, 1964.

[23] O art. 3º, II, LC nº 160/2017 prevê que a documentação comprobatória correspondente aos atos concessivos das isenções, dos incentivos e dos benefícios fiscais ou financeiro-fiscais de ICMS concedidos irregularmente deveriam ser publicados no Portal Nacional da Transparência Tributária, a ser instituído pelo Conselho Nacional de Política Fazendária (CONFAZ) e disponibilizado em seu sítio eletrônico. Contudo, o CONFAZ apenas disponibiliza ao público, em seu sítio eletrônico, certificados indicando que o Estado-membro entregou planilha contendo a relação de todos os benefícios fiscais irregularmente concedidos. Não obstante, não divulga ao público os dados de tais planilhas, conduta criticável da perspectiva do princípio da transparência.

A LRF faz, no § 3º do art. 14, a ressalva de que essa regra não se aplica às alterações das alíquotas dos impostos previstos nos incisos I, II, IV e V do art. 153 da Constituição Federal de 1988 (II, IE, IPI e IOF). Isso porque, por terem natureza extrafiscal, faz parte da própria metodologia e estrutura daqueles tributos a alternância e variabilidade da carga fiscal na sua incidência, não caracterizando a eventual redução de alíquota uma renúncia fiscal. Igualmente, a ressalva é feita quanto ao cancelamento de débito cujo montante seja inferior ao dos respectivos custos de cobrança, por força do princípio da eficiência.[24]

Essas exigências, aliás, acompanham a previsão do art. 165, § 6º, da Constituição, o qual impõe que o projeto de Lei Orçamentária Anual seja acompanhado de demonstrativo regionalizado do efeito, sobre as receitas e despesas, decorrente de isenções, anistias, remissões, subsídios e benefícios de natureza financeira, tributária e creditícia. Da mesma forma, a Emenda Constitucional nº 95/2016 inseriu o art. 113 ao ADCT, prevendo que a "proposição legislativa que crie ou altere despesa obrigatória ou renúncia de receita deverá ser acompanhada da estimativa do seu impacto orçamentário e financeiro".

Por sua vez, a "Reforma Tributária" introduzida pela EC nº 132/2023 estabeleceu ampla restrição à concessão de benefícios fiscais, ao dispor no inciso X do § 1º do art. 156-A que o novo Imposto sobre Bens e Consumo (IBS) não será objeto de concessão de incentivos e benefícios financeiros ou fiscais relativos ao imposto ou de regimes específicos, diferenciados ou favorecidos de tributação, excetuadas as hipóteses previstas na própria Constituição.

13.9. DAS DESPESAS DE PESSOAL

Dentre as despesas públicas em geral, as despesas de pessoal são consideradas pela Lei de Responsabilidade Fiscal como um dos aspectos mais relevantes dos gastos estatais, dedicando um capítulo específico à matéria.

Algumas circunstâncias justificam a LRF disciplinar as despesas de pessoal com tanta rigidez e minudência. Em primeiro lugar, devemos considerar que a Constituição Federal de 1988, ao entrar em vigor, incorporou e estabilizou um número expressivo de trabalhadores que não haviam sido admitidos por concurso público, mas que já estavam em exercício há pelo menos 5 anos antes da promulgação da Carta (art. 19, ADCT),[25] estendendo a eles todos os direitos e benefícios dos demais servidores públicos. E, com o incremento do contingente de servidores públicos, a política salarial do funcionalismo, que sempre foi objeto de críticas – especialmente pela forma irresponsável na sua condução, sendo, inclusive, mecanismo de manobra eleitoreira – tornou-se poderoso instrumento de influência de massas, gerando um aumento expressivo desses gastos ao longo dos anos. Essas despesas, que consumiam signi-

---

[24] Registre-se que a regra do art. 14 da LRF tampouco se aplica à regularização de incentivos fiscais de ICMS concedidos no passado sem a aprovação do Conselho Nacional de Política Fazendária (CONFAZ), em violação ao art. 155, § 2º, inciso XII, alínea "g", da Constituição. Mas, neste caso, a ressalva se encontra em outra lei complementar: a LC nº 160/2017, a qual, em seu art. 4º, prevê serem "afastadas as restrições decorrentes da aplicação do art. 14 da Lei Complementar nº 101, de 4 de maio de 2000, que possam comprometer a implementação das disposições desta Lei Complementar". Assim, será possível convalidar benefícios fiscais de ICMS irregulares celebrados anteriormente ao advento da LC nº 160/2017 sem necessidade de atender aos ditames do art. 14 da LRF.

[25] ADCT – Art. 19. Os servidores públicos civis da União, dos Estados, do Distrito Federal e dos Municípios, da administração direta, autárquica e das fundações públicas, em exercício na data da promulgação da Constituição, há pelo menos cinco anos continuados, e que não tenham sido admitidos na forma regulada no art. 37, da Constituição, são considerados estáveis no serviço público.

ficativo percentual das receitas públicas totais, ainda provocavam um reflexo considerável nas despesas previdenciárias – com aposentadorias e pensões – pagas pelo setor público.

Mesmo antes de a LRF tratar do tema, a Constituição Federal de 1988 já impunha algumas condições para a realização das despesas com pessoal: a) possuir prévia dotação orçamentária e não exceder os limites estabelecidos em lei complementar (art. 169, CF/1988)[26]; b) ser vedada a vinculação ou equiparação de quaisquer espécies remuneratórias para o efeito de remuneração de pessoal do serviço público (art. 37, XIII, CF/1988); c) os acréscimos pecuniários percebidos por servidor público não serão computados nem acumulados para fins de concessão de acréscimos ulteriores (art. 37, XIII e IV, CF/1988).

Para a LRF, a **despesa total com pessoal** é considerada pelo somatório dos gastos do ente da Federação com os ativos, os inativos e os pensionistas, relativos a mandatos eletivos, cargos, funções ou empregos, civis, militares e de membros de Poder, com quaisquer espécies remuneratórias, tais como vencimentos e vantagens, fixas e variáveis, subsídios, proventos da aposentadoria, reformas e pensões, inclusive adicionais, gratificações, horas extras e vantagens pessoais de qualquer natureza, bem como encargos sociais e contribuições recolhidas pelo ente às entidades de previdência (art. 18, LRF). Ficam de fora do rol das despesas com pessoal, e não devem ser computadas, além daquelas parcelas de cunho indenizatório, tais como diárias e ajudas de custo, as seguintes despesas (§ 1º do art. 19, LRF): a) de indenização por demissão de servidores ou empregados; b) relativas a incentivos à demissão voluntária; c) derivadas da aplicação do disposto no inciso II do § 6º do art. 57 da Constituição, uma vez que a retribuição pecuniária a que têm direito os membros do Congresso Nacional, quando convocados para atuar na sessão legislativa extraordinária, terá cunho indenizatório.[27]

Outrossim, para que não ocorra burla à regra, determina a LRF que a despesa relativa aos contratos de terceirização de mão de obra que se referem à substituição de servidores e empregados públicos deve se enquadrar em um subitem da despesa de pessoal e deve ser considerada para fins de inclusão no limite de gastos previsto na lei. Tal imposição se aplica desde que se refira, exclusiva e especificamente, aos contratos de terceirização para a substituição de servidores ou de empregados públicos integrantes das categorias funcionais abrangidas por plano de cargos do quadro de pessoal do órgão ou ente, e não para todo e qualquer contrato de terceirização de mão de obra (independentemente da legalidade ou validade destes con-

---

[26] STF. RE 905.357 (repercussão geral), Rel. Min. Alexandre de Moraes, Pleno, julg. 29/11/2019, *DJe* 18/12/2019: "[...] SERVIDOR PÚBLICO. REVISÃO GERAL ANUAL. PREVISÃO NA LEI DE DIRETRIZES ORÇAMENTÁRIAS – LDO. AUSÊNCIA DE DOTAÇÃO NA LEI ORÇAMENTÁRIA ANUAL. INVIABILIDADE DE CONCESSÃO DO REAJUSTE. [...] 3. Segundo dispõe o art. 169, § 1º, da Constituição, para a concessão de vantagens ou aumento de remuneração aos agentes públicos, exige-se o preenchimento de dois requisitos cumulativos: (I) dotação na Lei Orçamentária Anual e (II) autorização na Lei de Diretrizes Orçamentárias. 4. Assim sendo, não há direito à revisão geral anual da remuneração dos servidores públicos, quando se encontra prevista unicamente na Lei de Diretrizes Orçamentárias, pois é necessária, também, a dotação na Lei Orçamentária Anual. [...] Proposta a seguinte tese de repercussão geral: A revisão geral anual da remuneração dos servidores públicos depende, cumulativamente, de dotação na Lei Orçamentária Anual e de previsão na Lei de Diretrizes Orçamentárias".

[27] A LRF, por ter sido publicada em 2001, ainda prevê o pagamento de retribuição, com caráter indenizatório, aos membros do Congresso Nacional, quando convocados para atuar na sessão legislativa extraordinária. Contudo, o § 7º do art. 57 da Constituição, com redação dada pela EC nº 50/2006 (portanto, posterior à LRF), veda o pagamento de parcela indenizatória aos parlamentares em razão da convocação extraordinária. Em razão disto, por colidir com o disposto na Constituição, resta inaplicável a alínea "III", § 1º do art. 19 da LRF.

tratos). Isso porque há outros contratos de terceirização que normalmente não se relacionam às atividades-fim do órgão ou ente estatal, mas, sim, a certas atividades-meio, tais como, por exemplo, a conservação, limpeza, segurança, vigilância, transportes etc., e que, por isso, não são objeto da norma e não se enquadram nos respectivos limites fixados pela LRF.

A apuração da despesa total com pessoal será feita somando-se aquela realizada no mês em referência com aquelas dos onze meses imediatamente anteriores, adotando-se o *regime de competência* (§ 2º). De acordo com esse regime, nos termos do inciso II do art. 35 da Lei nº 4.320/1964, somente pertencem a um determinado exercício financeiro as despesas nele legalmente empenhadas.

E, para dar efetividade às previsões constitucionais, a LRF apresenta os seguintes requisitos que deverão ser observados para a criação, majoração ou prorrogação de despesas de pessoal: a) como despesa de natureza continuada, deverá ser precedida de uma estimativa de impacto orçamentário e de comprovação de que não afetará as metas de resultados fiscais, demonstrando-se sua adequação à lei orçamentária e compatibilidade com o plano plurianual e lei de diretrizes orçamentárias (arts. 16 e 17, §§ 1º e 2º, LRF); b) será vedado ato de que resulte aumento da despesa com pessoal expedido nos cento e oitenta dias anteriores ao final do mandato do titular do respectivo Poder ou órgão (parágrafo único do art. 21, LRF); c) deverá ser verificado quadrimestralmente o atendimento aos limites previstos na lei (art. 22, LRF); d) observância às consequências no atingimento do chamado "limite prudencial",[28] no percentual de 95% dos valores estabelecidos como teto de despesa de pessoal (parágrafo único do art. 22, LRF).

Atendendo ao disposto no art. 169 da Constituição, que estabelece a necessidade de fixação por lei complementar de **limites máximos para as despesas de pessoal** ativo e inativo de todos os Poderes e entes federativos, os arts. 19 e 20 da LRF preveem que: a) a **despesa total com pessoal** (limites globais), não se computando aquelas excetuadas nos §§ 1º e 2º do art. 19, em cada período de apuração e em cada ente da Federação, não poderá exceder os percentuais da receita corrente líquida, conforme os a seguir discriminados: I – União: 50% (cinquenta por cento); II – Estados: 60% (sessenta por cento); III – Municípios: 60% (sessenta por cento); b) a repartição dos limites globais anteriormente citados não poderá exceder os seguintes percentuais de **limites por poder, órgão e ente federativo**: I – na esfera federal: a) 2,5% (dois inteiros e cinco décimos por cento) para o Legislativo, incluído o Tribunal de Contas da União; b) 6% (seis por cento) para o Judiciário; c) 40,9% (quarenta inteiros e nove décimos por cento) para o Executivo;[29] d) 0,6% (seis décimos por cento) para o Ministério Público da União; II – na esfera estadual: a) 3% (três por cento) para o Legislativo, incluído o Tribunal de Contas do Estado; b) 6% (seis por cento) para o Judiciário; c) 49% (quarenta e nove por cento) para o Executivo; d) 2% (dois por cento) para o Ministério Público dos Estados; III – na esfera municipal: a) 6% (seis por cento) para o Legislativo, incluído o Tribunal de Contas do Município, quando houver; b) 54% (cinquenta e quatro por cento) para o Executivo.

Se esses limites específicos para os Poderes, órgãos e entes federativos forem ultrapassados, o percentual excedente terá de ser eliminado nos dois quadrimestres seguintes, sendo pelo menos um terço no primeiro (art. 23, *caput*). Não sendo alcançada a redução no

---

[28] FIGUEIREDO, Carlos Mauricio; NÓBREGA, Marcos. Op. cit. p. 76.

[29] Deste percentual, deverá ser destacado 3% (três por cento) para as despesas com pessoal decorrentes do que dispõem os incisos XIII e XIV do art. 21 da Constituição e o art. 31 da Emenda Constitucional nº 19, repartidos de forma proporcional à média das despesas relativas a cada um destes dispositivos, em percentual da receita corrente líquida, verificadas nos três exercícios financeiros imediatamente anteriores ao da publicação desta Lei Complementar. (Vide Decreto nº 3.917, de 2001.)

prazo estabelecido, e enquanto perdurar o excesso, o Poder ou órgão não poderá (art. 23, § 3º): I – receber transferências voluntárias; II – obter garantia, direta ou indireta, de outro ente; III – contratar operações de crédito, ressalvadas as destinadas ao pagamento da dívida mobiliária e as que visem à redução das despesas com pessoal.[30]

Por meio da LC nº 164/2018, foi inserido o § 5º ao art. 23, mitigando-se o rigor do § 3º em relação aos Municípios em caso de queda de receita real superior a 10% (dez por cento), em comparação ao correspondente quadrimestre do exercício financeiro anterior, devido a: I – diminuição das transferências recebidas do Fundo de Participação dos Municípios decorrente de concessão de isenções tributárias pela União; II – diminuição das receitas recebidas de royalties e participações especiais. Mas o disposto nesse § 5º apenas se aplica caso a despesa total com pessoal do quadrimestre vigente não ultrapasse o limite percentual previsto no art. 19 da LRF, considerada, para este cálculo, a receita corrente líquida do quadrimestre correspondente do ano anterior atualizada monetariamente (art. 23, § 6º).

Entretanto, mesmo antes de se chegar aos valores máximos para as despesas de pessoal, a LRF instituiu um valor prévio, considerado como sendo um "limite prudencial", no percentual de 95% dos montantes máximos previstos na lei para, quando atingido, gerar efeito acautelatório e preventivo, vedando-se ao Poder ou órgão que houver incorrido no excesso: I – conceder vantagem, aumento, reajuste ou adequação de remuneração a qualquer título, salvo os derivados de sentença judicial ou de determinação legal ou contratual, ressalvada a revisão prevista no inciso X do art. 37 da Constituição; II – criar cargo, emprego ou função; III – alterar estrutura de carreira que implique aumento de despesa; IV – prover cargo público, admitir ou contratar pessoal a qualquer título, ressalvada a reposição decorrente de aposentadoria ou falecimento de servidores das áreas de educação, saúde e segurança; V – contratar hora extra, salvo no caso do disposto no inciso II do § 6º do art. 57 da Constituição e as situações previstas na Lei de Diretrizes Orçamentárias (art. 22, LRF).

Assim, esse mecanismo funciona como um "sinal de perigo", não apenas para alertar o poder público da aproximação dos limites máximos quando se chegar a 95% deles, mas, principalmente, por impor ao gestor restrições de gastos que evitam seu atingimento.

13.10. DAS DESPESAS COM A SEGURIDADE SOCIAL

Outra despesa relevante para a manutenção das contas públicas e que ganhou destaque em capítulo próprio na LRF foi aquela com a **seguridade social**. Segundo o art. 194 da

---

[30] O § 1º do art. 23 estabelecia que o objetivo de limitação com gastos de pessoal também poderia ser alcançado tanto pela extinção de cargos e funções quanto pela redução dos valores a eles atribuídos. E o § 2º facultava a redução temporária da jornada de trabalho com adequação dos vencimentos à nova carga horária. Entretanto, no julgamento da medida cautelar na ADI 2.238-5, foi deferida a medida para suspender até o julgamento final a parte final do § 1º, no que se refere à expressão "quanto pela redução dos valores a eles atribuídos", por violar o princípio da irredutibilidade dos vencimentos (art. 37, XV, da CF), bem como para suspender todo o texto do § 2º, por falta de previsão legal que autorizasse a redução da jornada de trabalho, e, por consequência, pela violação ao mesmo princípio já citado da irredutibilidade dos vencimentos. Em sessão do Plenário do STF de 24/06/2020, o Ministro Celso de Mello encerrou a votação da ADI 2.238-5, proferindo voto de desempate sobre esse tema, dissentindo do Ministro Alexandre de Moraes (Relator). Acompanhou o voto divergente vencedor da Ministra Rosa Weber, confirmando a medida cautelar originariamente concedida pelas razões anteriormente expostas. Assim, o STF, por maioria de 6 votos a 5, declarou a inconstitucionalidade da expressão normativa "quanto pela redução dos valores a eles atribuídos", inscrita no § 1º, bem como do inteiro teor do § 2º do art. 23.

Constituição, a seguridade social compreende um conjunto integrado de ações de iniciativa dos Poderes Públicos e da sociedade, destinadas a assegurar os direitos relativos à saúde, à previdência e à assistência social.

Os valores e benefícios pagos à população em geral relativos à saúde (Lei nº 8.080/1990), à previdência social (Lei nº 8.213/1991) e à assistência social (Lei nº 8.743/1993) deverão possuir uma fonte de custeio própria, pois a seguridade social será, nos termos do art. 195 da Constituição, financiada por toda a sociedade, de forma direta e indireta, mediante recursos provenientes dos orçamentos da União, dos Estados, do Distrito Federal e dos Municípios, e das seguintes contribuições sociais: I – do empregador, da empresa e da entidade a ela equiparada na forma da lei, incidentes sobre: a) a folha de salários e demais rendimentos do trabalho pagos ou creditados, a qualquer título, à pessoa física que lhe preste serviço, mesmo sem vínculo empregatício; b) a receita ou o faturamento; c) o lucro; II – do trabalhador e dos demais segurados da previdência social, não incidindo contribuição sobre aposentadoria e pensão concedidas pelo regime geral de previdência social de que trata o art. 201; III – sobre a receita de concursos de prognósticos; IV – do importador de bens ou serviços do exterior, ou de quem a lei a ele equiparar.

Conforme estabelece a LRF (art. 24), nenhum benefício ou serviço relativo à seguridade social poderá ser criado, majorado ou estendido sem a indicação da fonte de custeio total, nos termos do § 5º do art. 195 da Constituição, atendidas ainda as exigências do art. 17, ou seja, deverão ser acompanhados de estimativa de impacto orçamentário-financeiro trienal, da indicação da origem dos recursos que a suportarão, da comprovação de que não afetarão as metas fiscais e de um plano de compensação mediante aumento permanente de receitas ou diminuição de despesas. Entretanto, é dispensado da referida compensação o aumento de despesa decorrente de: I – concessão de benefício a quem satisfaça as condições de habilitação prevista na legislação pertinente; II – expansão quantitativa do atendimento e dos serviços prestados; III – reajustamento de valor do benefício ou serviço, a fim de preservar seu valor real.

13.11. TRANSFERÊNCIAS VOLUNTÁRIAS E DESTINAÇÃO DE RECURSOS PARA O SETOR PRIVADO

Duas espécies de repasses de recursos públicos – para as entidades da Federação e para o setor privado – também são cuidadosamente disciplinadas pela LRF nos arts. 25 a 28, com o objetivo de zelar pelo Erário.

As **transferências voluntárias** são os recursos financeiros, classificados como despesas correntes ou despesas de capital, repassados pela União aos Estados, Distrito Federal e Municípios ou dos Estados para os Municípios em decorrência da celebração de convênios, acordos, ajustes ou outros instrumentos similares cuja finalidade é a realização de obras, serviços, programas ou atividades de interesse comum. Nos termos do art. 25 da LRF, entende-se por transferência voluntária a entrega de recursos correntes ou de capital a outro ente da Federação, a título de cooperação, auxílio ou assistência financeira, que não decorra de determinação constitucional[31],

---

[31] *Transferências constitucionais:* São transferências, previstas na Constituição Federal, de parcelas das receitas federais arrecadadas pela União que devem ser repassadas aos Estados, ao Distrito Federal e aos Municípios, bem como de parcelas das receitas estaduais para os Municípios. O objetivo do repasse é amenizar as desigualdades regionais e promover o equilíbrio socioeconômico entre Estados e Municípios. Dentre as principais transferências da União para os Estados, o DF e os Municípios, previstas na Constituição, destacam-se: o Fundo de Participação dos Estados e do Distrito Federal (FPE); o Fundo de Participação

legal[32] ou os destinados ao Sistema Único de Saúde (SUS).[33] Portanto, tais repasses não decorrem de normas cogentes, mas sim se originam da vontade dos entes federativos para a realização de uma atividade em colaboração mútua, tendo em vista fins comuns. A Lei nº 4.320/1964 também disciplina as transferências de recursos da União em sentido amplo, incluindo, também, as entidades privadas sem fins lucrativos como possíveis destinatárias de repasses.

Existem três instrumentos típicos para a formalização das transferências voluntárias: o termo de convênio, o contrato de repasse e o termo de parceria. *Convênio* é qualquer instrumento que discipline a transferência de recursos públicos e tenha como partícipes órgãos da Administração Pública direta, autárquica ou fundacional, empresa pública ou sociedade de economia mista que estejam gerindo recursos repassados dos orçamentos por algum dos entes federativos, visando à execução de programas de trabalho, projeto, atividade ou evento de interesse recíproco com duração certa, em regime de mútua cooperação. Por sua vez, *contrato de repasse* é o instrumento utilizado para a transferência, entre os entes federativos, por intermédio de instituições ou agências financeiras oficiais, de recursos destinados à execução de programas governamentais, onde constarão os direitos e obrigações das partes, inclusive quanto à obrigatoriedade de prestação de contas perante o Ministério ou Secretaria competente para a execução do programa ou projeto. Nesse caso, as agências financeiras oficiais atuam como mandatárias para execução e fiscalização das transferências. Para operacionalizar esse instrumento, o Ministério ou Secretaria concedente firma termo de cooperação com a instituição ou agência financeira oficial escolhida, que passa a atuar como mandatária. Em nível federal, esse instrumento vem sendo utilizado pelo Governo predominantemente para execução de programas sociais nas áreas de habitação, saneamento e infraestrutura urbana, esporte, bem como nos programas relacionados à agricultura. *Termo de parceria* é o instrumento jurídico que tem sido utilizado para transferência de recursos a entidades qualificadas como Organizações da Sociedade Civil de Interesse Público – OSCIP, para o fomento e a execução das atividades de interesse público como assistência social, cultura, saúde, educação, entre outras.

---

dos Municípios (FPM); o Fundo de Manutenção e Desenvolvimento da Educação Básica e de Valorização dos Profissionais da Educação (FUNDEB); e o Imposto sobre a Propriedade Territorial Rural (ITR). Cabe registrar que a EC nº 105/2019 possibilitou que as emendas individuais impositivas destinem recursos para Estados, DF e Municípios através de transferência especial e de transferência com finalidade definida, cujos recursos são repassados diretamente ao ente federado beneficiado, independentemente de celebração de convênio ou de instrumento congênere (art. 166-A, CF/1988).

[32] ***Transferências Legais:*** São as parcelas das receitas federais arrecadadas pela União, repassadas aos Estados, ao Distrito Federal e aos Municípios, previstas em leis específicas. Essas leis determinam a forma de habilitação, a transferência, a aplicação dos recursos e como deverá ocorrer a respectiva prestação de contas. Dentre as principais transferências da União para os Estados, o DF e os Municípios, previstas em leis, destacam-se: o Programa Nacional de Alimentação Escolar (PNAE), o Programa Nacional de Apoio ao Transporte do Escolar (PNATE), o Programa Dinheiro Direto na Escola (PDDE), o Programa de Apoio aos Sistemas de Ensino para Atendimento à Educação de Jovens e Adultos (PEJA), entre outros.

[33] ***Transferências destinadas ao Sistema Único de Saúde (SUS):*** São transferências tratadas separadamente por conta da relevância do assunto, por meio da celebração de convênios, de contratos de repasses e, principalmente, de transferências fundo a fundo. O SUS compreende todas as ações e serviços de saúde estatais das esferas federal, estadual, municipal e distrital, bem como os serviços privados de saúde contratados ou conveniados. Os valores são depositados diretamente do Fundo Nacional de Saúde aos fundos de saúde estaduais, municipais e do Distrito Federal. Os depósitos são feitos em contas individualizadas, isto é, específicas dos fundos.

Segundo o administrativista paranaense Romeu Bacellar,[34] as transferências voluntárias retratam a materialização do princípio federativo. Nas suas palavras, "a união indissolúvel dos Estados, Municípios e do Distrito Federal pressupõe, seguramente, o intercâmbio entre tais entidades da Federação e o repasse de recursos para a realização das atividades conjuntas".

Há diversos exemplos e justificativas para a implementação desse tipo de transferência, tais como a realização de um evento cultural ou esportivo, a construção de uma escola, hospital ou prédio público. Mas, talvez, a principal justificativa seja a realização das transferências voluntárias como instrumento de redistribuição de renda para atender às necessidades regionais ou locais, em que os governos subnacionais funcionariam como agentes do ente concedente (especialmente do governo central), recebendo recursos e encarregando-se da implantação de políticas sociais redistributivas em âmbito local. Mas, para coibir o uso político das transferências voluntárias, a Lei nº 9.504/1997 (denominada Lei Eleitoral) vedou aos agentes públicos, servidores ou não, condutas tendentes a afetar a igualdade de oportunidades entre candidatos nos pleitos eleitorais, como aquela de, nos três meses que antecedem o pleito, realizar transferência voluntária de recursos da União aos Estados e Municípios, e dos Estados aos Municípios, sob pena de nulidade de pleno direito (do ato que gerou as respectivas transferências), ressalvados os recursos destinados a cumprir obrigação formal preexistente para execução de obra ou serviço em andamento e com cronograma prefixado, e os destinados a atender situações de emergência e de calamidade pública (inciso VI, art. 73).

Segundo a LRF, além da vedação para a utilização de recursos transferidos em finalidade diversa da pactuada (§ 2º, art. 25), são exigências para a realização de transferência voluntária, além das estabelecidas na lei de diretrizes orçamentárias (§ 1º, art. 25): I – existência de dotação específica; II – observância do disposto no inciso X do art. 167 da Constituição (vedação para pagamento de despesas com pessoal ativo, inativo e pensionista, dos Estados, do Distrito Federal e dos Municípios); III – comprovação, por parte do beneficiário, de: a) que se acha em dia quanto ao pagamento de tributos, empréstimos e financiamentos devidos ao ente transferidor, bem como quanto à prestação de contas de recursos anteriormente dele recebidos; b) cumprimento dos limites constitucionais relativos à educação e à saúde; c) observância dos limites das dívidas consolidada e mobiliária, de operações de crédito, inclusive por antecipação de receita, de inscrição em Restos a Pagar e de despesa total com pessoal; d) previsão orçamentária de contrapartida.

Como mecanismo de controle das contas públicas e equilíbrio fiscal, a LRF estabelece uma série de medidas restritivas – de natureza indutiva e sancionadora – ao recebimento das transferências voluntárias. Assim, a LRF veda a realização de transferências voluntárias para o ente que não exercer plenamente a sua competência tributária – efetiva arrecadação – no que se refere aos impostos (parágrafo único, art. 11, LRF). Ademais, enquanto o ente federativo não reduzir, no prazo legal, a despesa total com pessoal que ultrapassar os limites definidos no art. 20 da LRF, este não poderá receber transferências voluntárias (art. 23, LRF). Igualmente, se a dívida consolidada de um ente da Federação ultrapassar o respectivo limite e não for reconduzida ao limite legal no prazo fixado, ficará o ente também impedido de receber transferências voluntárias da União ou do Estado (art. 31, LRF). Ademais, se as operações de crédito realizadas pelo ente federativo não atenderem às condições e limites

---

[34] BACELLAR FILHO, Romeu Felipe. Transferências Voluntárias na Lei de Responsabilidade Fiscal: Limites à Responsabilização Pessoal do Ordenador de Despesas por Danos Decorrentes da Execução de Convênio. *In:* CASTRO, Rodrigo Pironti Aguirre de (Coord.). *Lei de Responsabilidade Fiscal*: ensaios em comemoração aos 10 anos da Lei Complementar nº 101/2000. Belo Horizonte: Fórum, 2010. p. 343.

previstos na lei, além de serem consideradas nulas, este ente não poderá receber transferência voluntária enquanto não for efetuado seu cancelamento (art. 33, LRF). Igualmente, caso os Estados e Municípios não encaminhem no prazo suas contas ao Poder Executivo da União para consolidação e divulgação, estes ficarão impedidos de receber transferências voluntárias até que a situação seja regularizada (art. 51, LRF). Na mesma linha, se não publicarem o Relatório Resumido da Execução Orçamentária (RREO) e o Relatório de Gestão Fiscal (RGF) nos prazos e na periodicidade prevista na LRF, também não poderão ser destinatários de transferências voluntárias (arts. 53 e 55, LRF).

Já os **repasses financeiros para o setor privado** têm a base da sua disciplina nos arts. 26 a 28 da LRF, que visam também a resguardar o uso indevido de recursos públicos no setor privado, principalmente quando tal providência é feita para socorrer pessoas físicas em suas carências financeiras ou para cobrir déficits de pessoas jurídicas privadas. Exemplos típicos de destinação de recursos públicos para as pessoas físicas são os auxílios de caráter assistencial para pessoas carentes, com o pagamento de tratamento de saúde, distribuição de medicamentos ou de alimentos; para pessoas jurídicas, temos os repasses para entidades privadas assistenciais sem fins lucrativos, tais como as santas casas, hospitais ou escolas. Outra forma de destinação de recursos públicos para o setor privado se dá através das atividades desenvolvidas pelo BNDES, pela Caixa Econômica Federal ou pelo Banco do Brasil, quando financiam, por exemplo, projetos habitacionais ou rurais, ou para o desenvolvimento e ampliação de micro e pequenas empresas.

A medida principal determinada pela LRF é a de que tais repasses decorram sempre de lei específica[35] e que estejam em linha com a LDO e previstos na LOA. Nesse sentido, os referidos dispositivos da Lei estabelecem que a destinação de recursos realizada por qualquer ente público, inclusive a Administração indireta, fundações públicas e empresas estatais (exceto as instituições financeiras e o Banco Central do Brasil no exercício de suas atribuições precípuas), para a finalidade de cobrir necessidades de pessoas físicas ou déficits de pessoas jurídicas, através da concessão de empréstimos, financiamentos e refinanciamentos, suas prorrogações e a composição de dívidas, a concessão de subvenções e a participação em constituição ou aumento de capital, deverá ser autorizada por lei específica, atender às condições estabelecidas na lei de diretrizes orçamentárias e estar prevista no orçamento ou em seus créditos adicionais, sendo certo que os encargos financeiros, comissões e despesas congêneres não serão inferiores aos definidos em lei ou ao custo de captação, e tais recursos não poderão ser utilizados para socorrer instituições do Sistema Financeiro Nacional (exceto mediante lei específica).

13.12. DÍVIDA PÚBLICA, ENDIVIDAMENTO E OPERAÇÕES DE CRÉDITO

Como sabemos, o crédito público na sua face de receita pública é um dos instrumentos do Estado moderno para se autofinanciar, sobretudo quando as receitas financeiras originárias

---

[35] "O prefeito realizou doações a pessoas físicas de medicamentos obtidos mediante recursos públicos no valor de um mil duzentos e sessenta reais sem que houvesse previsão legal para tanto, o que constitui, em tese, crime de responsabilidade por infringência ao art. 26 da LC nº 101/2000. Sucede que é impossível aplicar o princípio da insignificância, visto que não se pode ter por insignificante o desvio de bens públicos por prefeito, que deve obediência aos mandamentos legais e constitucionais, principalmente ao princípio da moralidade pública. Isso posto, a Turma deu provimento ao recurso para receber a denúncia nos termos da Súm. nº 709-STF. Precedentes citados: Pet 1.301-MS, *DJ* 19/3/2001, e REsp 617.491-PE, *DJ* 16/11/2004" (STJ. REsp 677.159, Rel. Min. José Arnaldo da Fonseca, julg. 22/02/2005).

dos recursos próprios – transferências financeiras e receitas tributárias – não são suficientes para atender às despesas públicas.

Um dos grandes objetivos da Lei de Responsabilidade Fiscal era o de administrar o crescente e desproporcional passivo da dívida pública existente no momento da sua edição, bem como controlar o endividamento público futuro, de maneira a permitir o crescimento sustentado do Estado brasileiro.

Na segunda metade do século XX, a redução e o controle do déficit público se tornaram os principais focos de preocupação econômica das nações ocidentais, decorrente dos gastos e investimentos de recuperação no pós-guerra, seguido da crise do petróleo na década de 1970, das crises financeiras da década de 1990 (Ásia, Rússia, México etc.) e da década de 2000 (estouro da bolha NASDAQ, atentados terroristas de 11 de setembro, crise europeia em 2008 etc.). Esses fatores geraram, ao longo dos anos, elevados índices de inflação, altas taxas de desemprego e significante redução do PIB mundial, demandando vultosos investimentos públicos para reaquecer a economia e o desenvolvimento social, tendo no endividamento estatal seu mecanismo de financiamento.

No Brasil, a dívida líquida do setor público havia dobrado nos cinco anos anteriores à promulgação da Lei de Responsabilidade Fiscal (entre os anos de 1995 e 2000, saltou de 24% para 50% do PIB), por força dos programas de saneamento financeiro dos Estados e dos Municípios, fortalecimento das instituições financeiras federais (Banco do Brasil, Caixa Econômica Federal etc.), reconhecimento de "esqueletos" financeiros, elevação dos juros nominais, desvalorização cambial, programas de governo e outros fatores circunstanciais.[36]

Diante desse cenário, passou-se a buscar um comportamento moderado, equilibrando-se as contas públicas sem descartar o endividamento e o déficit, instrumentos importantes para garantir o fluxo de investimentos, estimular a criação de empregos, o crescimento da renda e o desenvolvimento social e econômico. Nas palavras de Maria Rita Loureiro.[37]

---

[36] As causas do crescimento da dívida pública encontram-se bem descritas no relato a seguir: "1 – O principal fator de aumento da dívida foram os programas de saneamento financeiro de Estados e Municípios. Inclui-se aqui também o apoio à reestruturação e privatização dos bancos estaduais. 2 – O programa de fortalecimento dos bancos públicos federais, iniciado com a capitalização do Banco do Brasil, em 1996, foi posteriormente complementado, em 2001, com medidas de saneamento, incluindo a capitalização da Caixa Econômica Federal, Banco do Nordeste e Banco da Amazônia. 3 – O reconhecimento dos chamados 'esqueletos' – passivos que, embora já existissem, eram antes ocultados das estatísticas da dívida pública. Parte dos desequilíbrios encontrados nos bancos públicos federais poderia perfeitamente ser classificada como 'esqueletos'. Apesar do impacto financeiro, o reconhecimento dos 'esqueletos' contribuiu para conferir maior transparência e confiabilidade aos números da dívida pública, o que se traduz em menores custos de rolagem e maiores prazos de vencimento. 4 – Os juros nominais, juntamente com a desvalorização cambial, decorrente da existência de títulos públicos denominados em reais, mas atrelados à variação da taxa de câmbio, foram responsáveis também pela elevação da dívida. 5 – Os programas e ações de governo que implicaram a emissão de títulos também contribuíram para o aumento da dívida. Entre esses programas, destacam-se a Lei Complementar nº 87/1996, chamada 'Lei Kandir', o Programa de Financiamento às Exportações – Proex, o refinanciamento das dívidas dos produtores rurais e o programa de Reforma Agrária" (NASCIMENTO, Edson Ronaldo; DEBUS, Ilvo. *Lei Complementar* nº 101/2000: Entendendo a Lei de Responsabilidade Fiscal. 2. ed. Brasília: Editora do Tesouro Nacional, s. d. p. 45-48).

[37] LOUREIRO, Maria Rita. *O Controle do Endividamento Público no Brasil*: uma Perspectiva Comparada com os Estados Unidos. Rio de Janeiro: FGV – Núcleo de Pesquisas e Publicações, 2003. p. 8.

O que se espera dos governos de hoje é a capacidade de manter déficits moderados, evitando tanto os custos elevados do serviço da dívida, quanto controles extremados do orçamento, que geram recessão e desemprego e, com eles, mais déficit.

Constou da Exposição de Motivos[38] da LRF que esta lei, dentre outros propósitos, "tem como objetivo a drástica e veloz redução do déficit público e a estabilização do montante da dívida pública em relação ao Produto Interno Bruto da economia". Dentro desse espírito, a LRF estabeleceu inúmeras regras fiscais que sobremaneira impactaram a gestão da dívida pública nos três níveis de governo: federal, estadual e municipal. Iniciou fixando conceitos básicos de dívida pública. Em seguida, determinou rígidos limites para endividamento e operações de crédito, prevendo regras para a recondução da dívida aos limites de endividamento, na busca do equilíbrio fiscal. Foi sistemática nas normas para a realização das operações de crédito, inclusive das conduzidas pelo Banco Central, além de prever normas sobre garantias das operações.

Segundo Diogo de Figueiredo Moreira Neto, "a *dívida pública* tem um conceito amplíssimo, entendida como a totalidade dos compromissos assumidos pelo Estado, com os respectivos acréscimos pactuados".[39]

Para se garantir a efetividade dos princípios de transparência, controle e responsabilidade pregados pela LRF, e, sobretudo, poder-se dimensionar o seu real peso no orçamento, a Dívida Pública precisa ser identificada e registrada de forma detalhada, clara e precisa, destacando-se individualmente o tipo de dívida contraída, seu montante, o prazo de vencimento, os encargos incidentes e as garantias oferecidas.

Com esse objetivo, a LRF inicia o capítulo VII intitulado "Da Dívida e do Endividamento" apresentando os seguintes **conceitos e definições** pertinentes à **dívida pública** (art. 29): I – *dívida pública consolidada ou fundada*: montante total, apurado sem duplicidade, das obrigações financeiras do ente da Federação, assumidas em virtude de leis, contratos, convênios ou tratados e da realização de operações de crédito, para amortização em prazo superior a doze meses; II – *dívida pública mobiliária*: dívida pública representada por títulos emitidos pela União, inclusive os do Banco Central do Brasil, Estados e Municípios; III – *operação de crédito*: compromisso financeiro assumido em razão de mútuo, abertura de crédito, emissão e aceite de título, aquisição financiada de bens, recebimento antecipado de valores provenientes da venda a termo de bens e serviços, arrendamento mercantil e outras operações assemelhadas, inclusive com o uso de derivativos financeiros; IV – *concessão de garantia*: compromisso de adimplência de obrigação financeira ou contratual assumida por ente da Federação ou entidade a ele vinculada; V – *refinanciamento da dívida mobiliária*: emissão de títulos para pagamento do principal acrescido da atualização monetária. Ainda, firmou o entendimento de que se equipara à operação de crédito a assunção, o reconhecimento ou a confissão de dívidas pelo ente da Federação. Integram, ademais, a dívida pública consolidada da União as relativas à emissão de títulos de responsabilidade do Banco Central do Brasil e as referentes às operações de crédito de prazo inferior a doze meses cujas receitas tenham constado do orçamento.

A LRF determina que o **refinanciamento do principal da dívida mobiliária** não poderá exceder, ao término de cada exercício financeiro, o montante do final do exercício

---

[38] E.M. Interministerial n.106/MOG/MF/MPAS (13/04/1999).

[39] MOREIRA NETO, Diogo de Figueiredo. *Considerações sobre a Lei de Responsabilidade Fiscal.* Op. cit. p. 204.

anterior, somado ao das operações de crédito autorizadas no orçamento para este efeito e efetivamente realizadas, acrescido de atualização monetária (§ 4º, art. 29, LRF).

A ideia-chave da LRF em relação à dívida pública é a de respeitar o equilíbrio da relação financeira entre a constituição da dívida e sua capacidade de pagamento, atendendo ao disposto no inciso III do art. 167 da Constituição Federal, que proíbe que sejam realizadas operações de crédito que excedam o montante das despesas de capital, ressalvadas as autorizadas mediante créditos suplementares ou especiais com finalidade precisa, aprovados pelo Poder Legislativo por maioria absoluta. Essa "regra de ouro", que vem também consignada no art. 12, § 2º, da LRF, ao estabelecer que o montante previsto para as receitas de operações de crédito não poderá ser superior ao das despesas de capital constantes do projeto de lei orçamentária,[40] tem por objetivo evitar o pagamento de despesas correntes com recursos decorrentes de emissão ou contratação de novo endividamento, impondo-se que os empréstimos públicos somente deverão ser destinados a gastos com investimentos e não para financiar as despesas correntes. Nessa linha, importante medida existente na LRF é a fixação de **limites para a dívida pública** e para as **operações de crédito**.

Assim, atendendo à determinação prevista no art. 30, inciso I, da LRF para a fixação de limites globais para o montante da dívida consolidada da União, Estados e Municípios, o Senado Federal editou as Resoluções nºs 40/2001,[41] 43/2001[42] e 48/2007.[43] As duas primeiras fixaram os limites globais para o montante da dívida pública consolidada e da dívida pública mobiliária e das operações de crédito interno e externo dos Estados, Distrito Federal e Municípios, ao passo que a última fixou os limites globais para as operações de crédito externo e interno da União, suas autarquias e demais entidades federais. Sempre que editadas ou alteradas essas normas, as respectivas propostas deverão ser acompanhadas de: I – demonstração de que os limites e condições guardam coerência com as normas estabelecidas na LRF e com os objetivos da política fiscal; II – estimativas do impacto da aplicação dos limites a cada uma das três esferas de governo; III – razões de eventual proposição de limites diferenciados por esfera de governo; IV – metodologia de apuração dos resultados primário e nominal (§ 1º, art. 30, LRF). Esses limites máximos são estabelecidos a partir de um determinado percentual incidente sobre as receitas correntes

---

[40] Registre-se que o STF, na ADI 2.238, conferiu interpretação ao § 2º do art. 12 conforme ao inciso III do art. 167 da Constituição Federal, em ordem a explicitar que a proibição ali prevista não abrange operações de crédito autorizadas mediante créditos suplementares ou especiais com finalidade precisa, aprovados pelo Poder Legislativo por maioria absoluta. Considerou-se que, ao primeiro exame, a Lei Complementar não pode editar norma absoluta, desprezando a ressalva da Constituição Federal, uma vez que ela teria estabelecido regra bem mais restritiva que o texto constitucional. (STF. Informativo nº 948, publ. 28/08/2019).

[41] Resolução nº 40/2001 do Senado Federal – Dispõe sobre os limites globais para o montante da dívida pública consolidada e da dívida pública mobiliária dos Estados, do Distrito Federal e dos Municípios, em atendimento ao disposto no art. 52, VI e IX, da Constituição Federal.

[42] Resolução nº 43/2001 do Senado Federal – Dispõe sobre as operações de crédito interno e externo dos Estados, do Distrito Federal e dos Municípios, inclusive concessão de garantias, seus limites e condições de autorização, e dá outras providências.

[43] Resolução nº 48/2007 do Senado Federal – Dispõe sobre os limites globais para as operações de crédito externo e interno da União, de suas autarquias e demais entidades controladas pelo poder público federal e estabelece limites e condições para a concessão de garantia da União em operações de crédito externo e interno.

líquidas de cada um dos três entes federativos, a serem verificados quadrimestralmente (§§ 3º e 4º, art. 30, LRF).[44]

Registre-se que, na forma do art. 3º da Resolução 40/2001, ao final do décimo quinto exercício financeiro contado a partir do encerramento do ano de publicação da Resolução (ou seja, até o final de 2016), a dívida consolidada líquida dos Estados, do Distrito Federal e dos Municípios não poderá exceder, respectivamente, a: I – para Estados e Distrito Federal: duas vezes a receita corrente líquida; II – para os Municípios: 1,2 vezes a receita corrente líquida. Após o referido prazo de adequação aos limites de endividamento, caso estes não sejam observados, terão início todas as sanções previstas no art. 31 da LRF.

Para garantir a efetividade das imposições vistas, a LRF estabelece no seu art. 31 as regras para a **recondução da dívida aos limites** estabelecidos. Assim, se porventura a dívida consolidada de um ente da Federação ultrapassar o respectivo limite ao final de um quadrimestre, deverá ser a ele reconduzida até o término dos três subsequentes, reduzindo o excedente em pelo menos 25% (vinte e cinco por cento) no primeiro. E, enquanto perdurar o excesso, o ente que nele houver incorrido: I – estará proibido de realizar operação de crédito interna ou externa, inclusive por antecipação de receita, ressalvadas as para pagamento de dívidas mobiliárias; II – obterá resultado primário necessário à recondução da dívida ao limite, promovendo, entre outras medidas, limitação de empenho. Vencido o prazo para retorno da dívida ao limite, e enquanto perdurar o excesso, o ente ficará também impedido de receber transferências voluntárias da União ou do Estado. Caberá ao Ministério da Fazenda divulgar mensalmente a relação dos entes que tenham ultrapassado os limites das dívidas consolidada e mobiliária (art. 31, § 4º, LRF).

Importante registrar que a LC nº 148/2014, em seu art. 5º, autorizou a União a firmar *Programas de Acompanhamento Fiscal*, sob a gestão do Ministério da Fazenda, com os Municípios das capitais e com os Estados que não estão obrigados a manter Programa de Reestruturação e de Ajuste Fiscal. Trata-se de programas de acompanhamento com o escopo de que tais entes cumpram as metas fiscais, devendo conter objetivos específicos para cada unidade da Federação e metas ou compromissos quanto à dívida consolidada; ao superávit primário; à despesa com pessoal; às receitas de arrecadação própria; à gestão pública e à disponibilidade de caixa. Tais entes, ao aderirem ao Programa, poderão realizar novas operações de crédito, desde que incluídos no programa de acompanhamento. Para se vincular ao programa, o ente da Federação deverá obter autorização por lei específica de seu respectivo Legislativo.

Especificamente em relação às **operações de crédito**, assim considerados os compromissos financeiros assumidos em razão de mútuo, abertura de crédito, emissão e aceite de título, aquisição financiada de bens, recebimento antecipado de valores provenientes da venda a termo

---

[44] As referidas resoluções preveem que a meta para a dívida consolidada líquida dos Estados, do Distrito Federal e dos Municípios, ao final de 15 anos da sua publicação, será de: I – no caso dos Estados e do Distrito Federal, 2 (duas) vezes a receita corrente líquida; e II – no caso dos Municípios, 1,2 (um inteiro e dois décimos) vez a receita corrente líquida. As operações de crédito interno e externo dos Estados, do Distrito Federal e dos Municípios observarão, ainda, os seguintes limites: a) o percentual limite para as operações de crédito ao ano é de 16% da receita líquida corrente; b) o percentual limite para o serviço da dívida (amortizações, juros etc.) é de 11,5% da receita líquida corrente; c) o percentual limite para as operações de garantia é de 22% da receita líquida corrente, podendo chegar a 32% em determinadas condições; d) o percentual limite para as operações de crédito por antecipação de receita orçamentária é de 7% da receita líquida corrente. E, em relação à União, o montante global das operações de crédito realizadas em um exercício financeiro não poderá ser superior a 60% (sessenta por cento) da receita corrente líquida, e o montante das garantias concedidas não poderá exceder a 60% (sessenta por cento) da receita corrente líquida.

de bens e serviços, arrendamento mercantil e outras operações assemelhadas, inclusive com o uso de derivativos financeiros, cabia ao então Ministério da Fazenda, nos termos originais do art. 32, LRF, verificar o cumprimento dos limites e condições relativos à realização destas operações por cada ente da Federação, inclusive das empresas por eles controladas, direta ou indiretamente, mantendo um registro eletrônico centralizado e atualizado das dívidas públicas interna e externa, garantido o acesso público às informações, que incluirão os encargos e condições de contratação e os saldos atualizados e limites relativos às dívidas consolidada e mobiliária, operações de crédito e concessão de garantias.

Contudo, o art. 10, *caput*, da LC nº 148/2014, alterando a atribuição originalmente prevista no art. 32, LRF, estabeleceu que o então Ministério da Fazenda não seria mais o responsável por esta verificação de limites e condições, devendo, mediante ato normativo, meramente estabelecer os critérios para a verificação prevista no art. 32 da LRF, a ser agora realizada *diretamente* pela instituição financeira de que trata o art. 33 da LRF (isto é, aquela que contratar operação de crédito com ente da Federação), levando em consideração o valor da operação de crédito e a situação econômico-financeira do ente federativo, de maneira a atender aos princípios da eficiência e da economicidade.

Estabelece a LRF que, para realizar uma operação de crédito, o ente interessado deverá formalizar seu pleito, fundamentando-o em parecer de seus órgãos técnicos e jurídicos, demonstrando a relação custo-benefício, o interesse econômico e social da operação e o atendimento das seguintes condições: I – existência de prévia e expressa autorização para a contratação, no texto da lei orçamentária, em créditos adicionais ou lei específica; II – inclusão no orçamento ou em créditos adicionais dos recursos provenientes da operação, exceto no caso de operações por antecipação de receita; III – observância dos limites e condições fixados pelo Senado Federal; IV – autorização específica do Senado Federal, quando se tratar de operação de crédito externo; V – atendimento ao disposto no inciso III do art. 167 da Constituição; VI – observância das demais restrições estabelecidas na LRF.

Ressalte-se que qualquer operação de crédito, independente do seu valor ou natureza, interna ou externa, deve sempre ser autorizada por lei específica, sob pena de incidir no tipo previsto no art. 359-A[45] do Código Penal.

Na operacionalização da operação de crédito, a instituição financeira responsável pela contratação com ente da Federação deverá exigir comprovação de que este atende às condições e limites estabelecidos. O parágrafo único do art. 10 da LC nº 148/2014 estabelece também que, para que a instituição financeira possa realizar a verificação de limites e condições de operações de crédito, deverá o Poder Executivo do ente da Federação formalizar o pleito à instituição financeira, acompanhado de demonstração da existência de margens da operação de crédito nos limites de endividamento e de certidão do Tribunal de Contas de sua jurisdição sobre o cumprimento das condições nos termos definidos pelo Senado Federal.

A operação de crédito realizada com infração do disposto na LRF será considerada nula, procedendo-se ao seu cancelamento, mediante a devolução do principal, vedados o pagamento de juros e demais encargos financeiros. Se a devolução não for efetuada no exercício de ingresso

---

[45] CP – Art. 359-A: "*Ordenar, autorizar ou realizar operação de crédito, interno ou externo, sem prévia autorização legislativa: Pena – reclusão, de 1 (um) a 2 (dois) anos. Parágrafo único. Incide na mesma pena quem ordena, autoriza ou realiza operação de crédito, interno ou externo: I – com inobservância de limite, condição ou montante estabelecido em lei ou em resolução do Senado Federal; II – quando o montante da dívida consolidada ultrapassa o limite máximo autorizado por lei. (Incluído pela Lei nº 10.028, de 2000)*".

dos recursos, será consignada reserva específica na lei orçamentária para o exercício seguinte. Enquanto não efetuado o cancelamento, ficará o ente proibido de receber transferências voluntárias, de obter garantia, direta ou indireta, de outro ente e de contratar operações de crédito, ressalvadas as destinadas ao pagamento da dívida mobiliária e as que visem à redução das despesas com pessoal (art. 33, LRF).

A LRF vedou ao **Banco Central do Brasil** emitir títulos da dívida pública a partir de dois anos após a sua publicação (art. 34, LRF). Portanto, desde maio de 2002, o BCB não mais emite títulos de sua responsabilidade para fins de política monetária. A partir de então, o BCB passou a utilizar, em suas operações de mercado aberto, exclusivamente títulos de emissão do Tesouro Nacional. E, em novembro de 2006, o BCB resgatou os últimos títulos da dívida pública emitidos pela instituição que estavam circulando no mercado financeiro. Além disso, nas suas relações com qualquer ente da Federação, o Banco Central do Brasil está sujeito às vedações relativas às operações de crédito entre um e outro ente da Federação previstas no art. 35 da LRF, e mais às seguintes: I – compra de título da dívida, na data de sua colocação no mercado, ressalvada a compra direta de títulos emitidos pela União para refinanciar a dívida mobiliária federal que estiver vencendo na sua carteira; II – permuta, ainda que temporária, por intermédio de instituição financeira ou não, de título da dívida de ente da Federação por título da dívida pública federal, bem como a operação de compra e venda, a termo, daquele título, cujo efeito final seja semelhante à permuta; III – concessão de garantia (art. 39, LRF).

É vedada a realização de operação de crédito entre um e outro ente da Federação, diretamente ou por intermédio de fundo, autarquia, fundação ou empresa estatal dependente, inclusive suas entidades da Administração indireta, ainda que sob a forma de novação, refinanciamento ou postergação de dívida contraída anteriormente. Excetuam-se da vedação as operações entre instituição financeira estatal e outro ente da Federação, inclusive suas entidades da administração indireta, que não se destinem a: I – financiar, direta ou indiretamente, despesas correntes (ressalvadas as operações destinadas a financiar a estruturação de projetos ou a garantir contraprestações em contratos de parceria público-privada ou de concessão para o ente da Federação afetado pelo estado de calamidade pública reconhecido pelo Congresso Nacional); II – refinanciar dívidas não contraídas junto à própria instituição concedente. Tal restrição, entretanto, não impede Estados e Municípios de comprar títulos da dívida da União como aplicação de suas disponibilidades (art. 35, LRF). Também é proibida a operação de crédito entre uma instituição financeira estatal e o ente da Federação que a controle, na qualidade de beneficiário do empréstimo (art. 36, LRF).

Equiparam-se a operações de crédito e estão vedados: I – captação de recursos a título de antecipação de receita de tributo ou contribuição cujo fato gerador ainda não tenha ocorrido, sem prejuízo do disposto no § 7º do art. 150 da Constituição; II – recebimento antecipado de valores de empresa em que o Poder Público detenha, direta ou indiretamente, a maioria do capital social com direito a voto, salvo lucros e dividendos, na forma da legislação; III – assunção direta de compromisso, confissão de dívida ou operação assemelhada, com fornecedor de bens, mercadorias ou serviços, mediante emissão, aceite ou aval de título de crédito, não se aplicando esta vedação a empresas estatais dependentes; IV – assunção de obrigação, sem autorização orçamentária, com fornecedores para pagamento *a posteriori* de bens e serviços (art. 37, LRF).

Já as **operações de crédito por antecipação de receita orçamentária (ARO)** destinam-se a atender insuficiência de caixa durante o exercício financeiro. É o processo pelo qual o tesouro público está autorizado a contrair uma dívida por "antecipação de uma receita prevista", a qual será liquidada quando efetivada a entrada do respectivo numerário.

A realização dessas operações cumprirá as exigências mencionadas no art. 32 e mais as seguintes: I – realizar-se-á somente a partir do décimo dia do início do exercício; II – deverá ser liquidada, com juros e outros encargos incidentes, até o dia dez de dezembro de cada ano; III – não será autorizada se forem cobrados outros encargos que não a taxa de juros da operação, obrigatoriamente prefixada ou indexada à taxa básica financeira, ou a que vier a esta substituir; IV – estará proibida: a) enquanto existir operação anterior da mesma natureza não integralmente resgatada; b) no último ano de mandato do Presidente, Governador ou Prefeito Municipal. Estas operações não serão computadas para efeito dos limites fixados no inciso III do art. 167 da Constituição, desde que liquidadas no prazo definido no inciso II do *caput* (art. 38, LRF).

Quanto às **garantias em operações de crédito** internas ou externas, os entes federativos poderão concedê-las, desde que observadas as regras previstas na LRF (arts. 32 e 40, LRF) e, no caso da União, também os limites e as condições estabelecidos pelo Senado Federal e as normas emitidas pelo Ministério da Fazenda acerca da classificação de capacidade de pagamento dos mutuários.

Primeiramente, a LRF estabelece que a concessão de garantia estará condicionada ao oferecimento de *contragarantia*, em valor igual ou superior ao da garantia a ser concedida, e à adimplência da entidade que a pleitear relativamente a suas obrigações junto ao garantidor e às entidades por este controladas, observado o seguinte: I – não será exigida contragarantia de órgãos e entidades do próprio ente; II – a contragarantia exigida pela União a Estado ou Município, ou pelos Estados aos Municípios, poderá consistir na vinculação de receitas tributárias diretamente arrecadadas e provenientes de transferências constitucionais, com outorga de poderes ao garantidor para retê-las e empregar o respectivo valor na liquidação da dívida vencida. No caso de operação de crédito junto a organismo financeiro internacional, ou a instituição federal de crédito e fomento para o repasse de recursos externos, a União só prestará garantia a ente que atenda, além das regras anteriores mencionadas, as exigências legais para o recebimento de transferências voluntárias. Outrossim, é vedado às entidades da Administração indireta, inclusive suas empresas controladas e subsidiárias, conceder garantia, ainda que com recursos de fundos, exceto a concessão de garantia por: I – empresa controlada a subsidiária ou controlada sua, ou a prestação de contragarantia nas mesmas condições; II – instituição financeira a empresa nacional, nos termos da lei. Ressalvam-se das restrições da LRF as garantias prestadas por instituições financeiras estatais que se submetam às normas aplicáveis às instituições financeiras privadas e, pela União, as empresas de natureza financeira por ela controladas, direta e indiretamente, quanto às operações de seguro de crédito à exportação. Ademais, quando honrarem dívida de outro ente, em razão de garantia prestada, a União e os Estados poderão condicionar as transferências constitucionais ao ressarcimento daquele pagamento, sendo que o ente devedor terá suspenso seu acesso a novos créditos ou financiamentos até a total liquidação da mencionada dívida. Finalmente, será nula a garantia concedida acima dos limites fixados pelo Senado Federal.

Registre-se que, em função dos elevados encargos e crescentes dívidas de Estados e Municípios com a União, que sobrecarregam as contas públicas daqueles entes, e em diante de uma nova conjuntura econômica, foi editada a Lei Complementar nº 148/2014, dispondo sobre novos critérios de indexação de juros nos contratos de refinanciamento da dívida pública celebrados entre a União, Estados, Distrito Federal e Municípios. A União foi autorizada, desde que por meio de aditivos contratuais, a reduzir os juros de tais contratos para até 4% ao ano, mais atualização monetária com base no IPCA, podendo também ser utilizada a SELIC como limite para os encargos, caso isso seja mais vantajoso para o devedor. Anteriormente à LC nº 148/2014, tais encargos eram calculados com fundamento no IGP-DI (Índice Geral de

Preços – Disponibilidade Interna), acompanhados de juros de até 9% ao ano, o que onerava sobremaneira Estados e Municípios.

13.13. REGIME DE RECUPERAÇÃO FISCAL

Diante da grave crise financeira vivida por inúmeros Estados brasileiros, apresentando acentuado desequilíbrio financeiro em suas contas, foi instituído o **Regime de Recuperação Fiscal (RRF)** por meio da Lei Complementar nº 159/2017, tendo a sua regulamentação sido feita por diversos decretos e portarias que se sucederam ao longo dos anos até hoje, sendo o mais recente o Decreto nº 10.681/2021.

A LC nº 159/2017, ao oferecer instrumentos jurídico-fiscais para que os Estados possam implementar um ajuste efetivo nas suas finanças e superar a referida situação de desequilíbrio fiscal, complementa as disposições da Lei de Responsabilidade Fiscal, já que esta não contemplava medidas extraordinárias e emergenciais para situações de elevada gravidade financeira como a vivenciada nos últimos anos por algumas unidades da federação. Assim, o objetivo final do RRF é assegurar que, ao término do Plano de Recuperação apresentado, o Estado tenha suas contas equilibradas, com resultados nominais capazes de estabilizar sua dívida líquida.

O Regime de Recuperação Fiscal envolve a ação planejada, coordenada e transparente de todos os Poderes, órgãos, entidades e fundos dos Estados e do Distrito Federal para corrigir os desvios que afetaram o equilíbrio das contas públicas, por meio da implementação das medidas emergenciais e de reformas institucionais, sendo orientado segundo os seguintes princípios financeiro-orçamentários: a) sustentabilidade econômico-financeira; b) equidade intergeracional; c) transparência das contas públicas; d) confiança nas demonstrações financeiras; e) celeridade das decisões; f) solidariedade entre os Poderes e os órgãos da administração pública.

Para se configurar o *desequilíbrio financeiro grave*, objeto e motivo do plano de recuperação fiscal, é necessário que o Estado ou o DF apresente as seguintes situações fiscais, cumulativamente: a) a receita corrente líquida (RCL) anual do Estado for menor do que a dívida consolidada ao final do último exercício; b) despesas correntes superiores a 95% da receita corrente líquida aferida no exercício financeiro anterior ao do pedido de adesão ao Regime de Recuperação Fiscal (ou despesas com pessoal, de acordo com os arts. 18 e 19 da LRF, que representem, no mínimo, 60% da receita corrente líquida aferida no exercício financeiro anterior ao do pedido de adesão ao Regime de Recuperação Fiscal); c) o valor total de obrigações for superior às disponibilidades de caixa.

Assim, o Estado que tenha interesse em ingressar no RRF deve apresentar ao Ministério da Fazenda um Plano de Recuperação Fiscal, que se materializará em leis ou atos normativos do próprio ente, em que se reconhece a situação de desequilíbrio financeiro, por metas e compromissos e pelo detalhamento das medidas de ajuste, com os impactos esperados e os prazos para a sua adoção. De tais leis ou atos normativos deverá decorrer, observados os termos de regulamento, a implementação das seguintes medidas: I – a alienação total ou parcial de participação societária, com ou sem perda do controle, de empresas públicas ou sociedades de economia mista, ou a concessão de serviços e ativos, ou a liquidação ou extinção dessas empresas, para quitação de passivos com os recursos arrecadados; II – a adoção pelo Regime Próprio de Previdência Social, no que couber, das regras previdenciárias aplicáveis aos servidores públicos da União; III – a redução de pelo menos 20% dos incentivos e benefícios fiscais ou financeiro-fiscais dos quais decorram renúncias de receitas; IV – a revisão dos regimes jurídicos de servidores da administração pública direta, autárquica e fundacional para reduzir benefícios ou vantagens não previstos no regime jurídico único dos servidores públicos da União; V – a instituição de regras e mecanismos para limitar o crescimento anual das despesas primárias à variação do Índice Nacional de Preços ao Consumidor Amplo (IPCA); VI – a realização de leilões de pagamento, nos quais será adotado o critério de julgamento por maior desconto, para fins de prioridade na quitação de obrigações inscritas em restos a pagar ou inadimplidas, e a autorização para o pagamento parcelado destas obrigações; VII – a adoção de gestão financeira centralizada no âmbito do Poder Executivo do ente, cabendo a este estabelecer para a administração direta, indireta e fundacional e empresas estatais dependentes as condições para o recebimento e a movimentação dos recursos financeiros, inclusive a destinação dos saldos não utilizados quando do encerramento do exercício, observadas as restrições a essa centralização estabelecidas em regras e leis federais e em instrumentos contratuais preexistentes; VIII – a instituição do regime de previdência complementar a que se referem os §§ 14, 15 e 16 do art. 40 da Constituição Federal.

O prazo originalmente previsto de vigência do Plano de Recuperação era fixado na lei que o instituía, conforme estimativa recomendada pelo Conselho de Supervisão, e seria limitado a 36 (trinta e seis) meses, admitida 1 (uma) prorrogação, se necessário, por período não superior àquele originalmente fixado.

Com as inovações trazidas pela Lei Complementar nº 178/2021, o prazo de vigência passou a ser de até 9 (nove) exercícios financeiros, podendo se encerrar quando as condições estabelecidas no Plano de Recuperação Fiscal forem satisfeitas; quando a vigência do Plano de Recuperação Fiscal terminar; ou a pedido do ente federado.

O Plano se extingue, nos termos de regulamento: I – quando o Estado for considerado inadimplente por 2 (dois) exercícios; ou II – em caso de propositura, pelo Estado, de ação judicial para discutir a dívida ou os contratos de refinanciamento da dívida. No caso de extinção do Regime, fica vedada a concessão de garantias pela União ao Estado por 5 (cinco) anos, ressalvada a hipótese de calamidade pública.

Após manifestação favorável do Ministro de Estado da Fazenda, ato do Presidente da República homologará e estabelecerá a vigência do Regime de Recuperação Fiscal. A manifestação do Ministro da Fazenda deverá ser acompanhada de pareceres: I – da Secretaria do Tesouro Nacional, a respeito do reequilíbrio das contas estaduais durante a vigência do Regime; II – da Procuradoria-Geral da Fazenda Nacional, sobre a adequação das leis apresentadas pelo Estado à previsão das medidas de ajuste; III – do Conselho de Supervisão do Regime de Recuperação Fiscal, no tocante ao cumprimento das obrigações do Plano.

Durante a vigência do Regime de Recuperação Fiscal, ficará assegurada ao Estado a suspensão de determinadas restrições e limitações impostas pelos seguintes artigos da Lei de Responsabilidade Fiscal: I – artigo 23 (não se aplicam as limitações por ultrapassagem de despesa total com pessoal); II – artigo 25, § 1º, IV, "a" e "c" (não se aplicam as limitações para transferências voluntárias quanto ao ente que não se acha em dia quanto ao pagamento de tributos, empréstimos e financiamentos devidos ao ente transferidor, bem como quanto à prestação de contas de recursos anteriormente dele recebidos; e não se aplica a limitação quanto ao ente que não está observando os limites das dívidas consolidada e mobiliária, de operações de crédito, inclusive por antecipação de receita, de inscrição em Restos a Pagar e de despesa total com pessoal); III – artigo 31 (não se aplicam as limitações decorrentes da ultrapassagem da dívida consolidada).

Também o Estado poderá ter acesso a instrumentos de Recuperação Fiscal, tais como: a) redução extraordinária integral das prestações relativas aos contratos de dívidas administrados pelo Tesouro Nacional; b) a União poderá pagar em nome do Estado, na data de seu vencimento, as prestações de operações de crédito com o sistema financeiro e instituições multilaterais, garantidas pela União, contempladas no pedido de adesão ao Regime de Recuperação Fiscal e contratadas em data anterior ao protocolo do referido pedido, sem executar as contragarantias correspondentes; c) suspensão temporária dos requisitos legais exigidos para a contratação de operações de crédito e para a concessão de garantia; d) possibilidade de contratação de operações de crédito com garantia da União voltadas para: d.1) financiamento de programa de desligamento voluntário de pessoal; d.2) financiamento de auditoria do sistema de processamento da folha de pagamento de ativos e inativos; d.3) financiamento dos leilões de pagamento; d.4) reestruturação de dívidas ou pagamento de passivos; d.5) modernização da administração fazendária e, no âmbito de programa proposto pelo Poder Executivo federal, da gestão fiscal, financeira e patrimonial; d.6) antecipação de receita da alienação total da participação societária em empresas públicas ou sociedades de economia mista; d.7) financiamento de ações de enfrentamento e mitigação dos danos decorrentes de calamidade pública reconhecida pelo Congresso Nacional, mediante proposta do Poder Executivo federal, em parte ou na integralidade do território nacional, e de suas consequências sociais e econômicas, enquanto perdurar a calamidade pública. Entretanto, o volume de operações que poderá ser contratado dessa forma será limitado pela Secretaria do Tesouro Nacional e deverá observar as Resoluções do Senado Federal que tratam da limitação da oferta de garantias por parte da União.

São vedados ao Estado durante a vigência do Regime de Recuperação Fiscal: I – a concessão, a qualquer título, de vantagem, aumento, reajuste ou adequação de remuneração de membros dos Poderes ou de órgãos, de servidores e empregados públicos e de militares, exceto aqueles provenientes de sentença judicial transitada em julgado, ressalvado o disposto no inciso X do *caput* do art. 37 da Constituição Federal; II – a criação de cargo, emprego ou função que implique aumento de despesa; III – a alteração de estrutura de carreira que implique aumento de despesa; IV – a admissão ou a contratação de pessoal, a qualquer título, ressalvadas as reposições de cargos de chefia e de direção e assessoramento que não acarretem aumento de despesa e aquelas decorrentes de contratação temporária; V – a realização de concurso público; VI – a criação, majoração, reajuste ou adequação de auxílios, vantagens, bônus, abonos, verbas de representação ou benefícios remuneratórios de qualquer natureza, inclusive indenizatória, em favor de membros dos Poderes, do Ministério Público ou da Defensoria Pública, de servidores e empregados públicos e de militares; VII – a criação de despesa obrigatória de caráter continuado; VIII – a adoção de medida que implique reajuste de despesa obrigatória; IX – a concessão, a prorrogação, a renovação ou a ampliação de incentivo ou benefício de natureza tributária da qual decorra renúncia de receita, ressalvados os concedidos nos termos da alínea "g" do inciso XII do § 2º do art. 155 da Constituição Federal; X – o empenho ou a contratação de despesas com publicidade e propaganda, exceto para as áreas de saúde, segurança, educação e outras de demonstrada utilidade pública; XI – a celebração de convênio, acordo, ajuste ou outros tipos de instrumentos que envolvam a transferência de recursos para outros entes federativos ou para organizações da sociedade civil, ressalvados: a) aqueles necessários para a efetiva recuperação fiscal; b) as renovações de instrumentos já vigentes no momento da adesão ao Regime de Recuperação Fiscal; c) aqueles decorrentes de parcerias com organizações sociais e que impliquem redução de despesa, comprovada pelo Conselho de Supervisão; d) aqueles destinados a serviços essenciais, a situações emergenciais, a atividades de assistência social relativas a ações voltadas para pessoas com deficiência, idosos e mulheres jovens em situação de risco e, suplementarmente, ao cumprimento de limites constitucionais; XII – a contratação de operações de crédito e o recebimento ou a concessão de garantia, ressalvadas aquelas autorizadas no âmbito do Regime de Recuperação Fiscal; XIII – a alteração de alíquotas ou bases de cálculo de tributos que implique redução da arrecadação; XIV – a criação ou majoração de vinculação de receitas públicas de qualquer natureza; XV – a propositura de ação judicial para discutir a dívida ou o contrato de refinanciamento; XVI – a vinculação de receitas de impostos em áreas diversas das previstas na Constituição Federal.

13.14. CALAMIDADE PÚBLICA E SEUS EFEITOS NA APLICAÇÃO DA LRF

Da mesma maneira que se reconheceu que os casos de *desequilíbrio financeiro grave* demandavam uma medida legislativa específica para o saneamento das contas, tal como materializado na Lei Complementar nº 159/2017, que instituiu o Regime de Recuperação Fiscal (RRF) para os Estados e DF, tema que foi detidamente analisado na seção anterior, a LRF também não ignora que determinadas circunstâncias excepcionais e extremadas podem autorizar o afastamento de algumas de suas regras e condicionantes, sobretudo no que tange ao cumprimento dos limites de gastos e de endividamento. E a pandemia da COVID-19 de 2020 deixou clara a necessidade de se ter uma "válvula de escape" normativa.

Desde a sua redação original, as situações consideradas como de *calamidade pública* já encontravam disciplina no art. 65 da LRF. Todavia, esse dispositivo foi substancialmente ampliado pela Lei Complementar nº 173, de 27 de maio de 2020, que criou o "Programa Federativo de Enfrentamento ao Coronavírus (COVID-19)", para conferir apoio financeiro aos Estados, DF e Municípios brasileiros no combate à pandemia que acometeu a humanidade.

Porém, questões fiscais decorrentes de calamidade pública passaram a ter, também, guarida na Constituição Federal, por meio da Emenda Constitucional nº 106/2020.

A **calamidade pública** é a situação reconhecida pelo poder público decorrente de uma circunstância extraordinária provocada por desastre natural, humano ou misto, que causa sérios danos à comunidade afetada, inclusive à incolumidade e à vida de seus integrantes.

Uma calamidade pública, seja de que espécie for – terremotos, enchentes, epidemias etc. – tem o condão de afetar as contas públicas negativamente, impondo aumento de gastos para o seu enfrentamento e trazendo como consequência a redução na arrecadação de receitas públicas decorrente da queda no consumo e produção.

Neste sentido, o **artigo 65 da LRF** (LC nº 101/2000)[46] considera a *calamidade pública* circunstância excepcional que permite afastar temporariamente algumas das regras da lei. Assim, diante da sua decretação, devidamente chancelada pelo Poder Legislativo (Congresso Nacional, no caso da União; ou pelas Assembleias Legislativas, na hipótese dos Estados e Municípios), esse artigo autoriza a suspensão temporária (enquanto se mantiver esta situação): a) da contagem dos prazos de controle para adequação e recondução das despesas de pessoal (arts. 23 e 70) e dos limites do endividamento (art. 31); b) do atingimento das metas de resultados fiscais e; c) da utilização do mecanismo da limitação de empenho (art. 9º).

Além disso, a partir das alterações pela LC nº 173/2020 introduzidas ao referido art. 65, também se estabeleceu que, durante a situação de calamidade pública, ficam dispensados os limites, condições e demais restrições aplicáveis à União, aos Estados, ao Distrito Federal e aos Municípios, bem como sua verificação, para: a) contratação e aditamento de operações de crédito; b) concessão de garantias; c) contratação entre entes da Federação; e d) recebimento de transferências voluntárias. Igualmente, ficam desobrigados o respeito aos limites e afastadas as vedações e sanções previstas e decorrentes do art. 35 (operações de crédito entre entes da federação, direta ou indiretamente, mesmo que sob a forma de novação, refinanciamento ou postergação de dívida), do art. 37 (outras equiparações às operações de crédito) e do art. 42 (restos a pagar), bem como será liberada a destinação específica de recursos vinculados,

---

[46] Com a redação dada pela LC 173/2020. Registre-se que no texto original do artigo 65 da LRF, se consideravam também como situações extraordinárias o Estado de Defesa e o Estado de Sítio. Todavia, estas hipóteses foram suprimidas pela LC 173/2020.

desde que os recursos arrecadados sejam destinados ao combate à calamidade pública, tal como é exigido no parágrafo único do artigo 8º da LRF. Outrossim, também são afastadas as condições e as vedações previstas no art. 14 (estimativa de impacto orçamentário e medidas de compensação para a concessão de benefícios tributários), no art. 16 (estimativa de impacto orçamentário e declaração de compatibilidade orçamentária para o aumento de despesas) e no art. 17 (estimativa de impacto orçamentário e indicação de recursos para a criação ou aumento de despesas de caráter continuado), desde que o incentivo ou benefício e a criação ou o aumento da despesa sejam destinados ao combate à calamidade pública.

É importante destacar que, apesar das inúmeras exceções contempladas na norma, não se afastam as disposições da LRF relativas à transparência, controle e fiscalização dos atos de gestão e das contas públicas durante a calamidade pública.

Vimos a declaração de estado de calamidade pública em nível federal em março de 2020, para enfrentar a pandemia da COVID-19, formalizada no Decreto Legislativo nº 06/2020, que reconheceu

> exclusivamente para os fins do art. 65 da Lei Complementar nº 101, de 4 de maio de 2000, notadamente para as dispensas do atingimento dos resultados fiscais previstos no art. 2º da Lei nº 13.898, de 11 de novembro de 2019, e da limitação de empenho de que trata o art. 9º da Lei Complementar nº 101, de 4 de maio de 2000, a ocorrência do estado de calamidade pública, com efeitos até 31 de dezembro de 2020, nos termos da solicitação do Presidente da República encaminhada por meio da Mensagem nº 93, de 18 de março de 2020.

E, na esteira da União, inúmeros Estados e Municípios também declararam "Estado de Calamidade Pública" durante a pandemia da COVID-19 no ano de 2020. Mas não podemos deixar de lembrar que alguns Estados brasileiros já haviam utilizado medida similar em anos anteriores. Com fundamento na grave crise financeira enfrentada no ano de 2016, agravada pelo desequilíbrio fiscal decorrente da queda de arrecadação e do aumento de gastos, os Estados do Rio de Janeiro (Decreto 45.692, de 17 de junho de 2016), do Rio Grande do Sul (Decreto 53.303, de 21 de novembro de 2016) e de Minas Gerais (Decreto 47.101, de 5 de dezembro de 2016) decretaram o "Estado de Calamidade Financeira" – equiparando-o ao estado de calamidade pública –, visando obter os benefícios do art. 65 da LRF.

Ainda dentro da circunstância do estado de calamidade pública decorrente da pandemia da COVID-19 vivida no ano 2020, e antes mesmo das alterações feitas pela LC nº 173/2020 no artigo 65 da LRF que ampliaram o seu escopo, o Governo Federal buscou junto ao STF a flexibilização das regras da Lei de Responsabilidade Fiscal. Na Medida Cautelar na ADI 6.357, o Ministro do STF Alexandre de Moraes, embora entendendo e registrando que "*a responsabilidade fiscal é um conceito indispensável*", ressalvou que a pandemia representava uma condição superveniente absolutamente imprevisível e de consequências gravíssimas, exigindo atuação urgente, duradoura e coordenada de todas as autoridades federais, estaduais e municipais em defesa da vida, da saúde e da própria subsistência econômica. Concluiu que se tornava impossível o cumprimento de determinados requisitos legais compatíveis com momentos de normalidade, sob pena de violação da dignidade da pessoa humana (art. 1º, III, CF/1988), da garantia do direito à saúde (arts. 6º, *caput*, e 196, CF/1988) e dos valores sociais do trabalho e da garantia da ordem econômica (arts. 1º, I, 6º, *caput*, 170, *caput*, e 193, CF/1988), razão pela qual deferiu medida cautelar, *ad referendum* do Plenário, para:

> conceder interpretação conforme à Constituição Federal aos artigos 14, 16, 17 e 24 da Lei de Responsabilidade Fiscal e 114, *caput*, *in fine* e § 14, da Lei de Diretrizes Orçamentárias/2020, para,

durante a emergência em Saúde Pública de importância nacional e o estado de calamidade pública decorrente de COVID-19, afastar a exigência de demonstração de adequação e compensação orçamentárias em relação à criação/expansão de programas públicos destinados ao enfrentamento do contexto de calamidade gerado pela disseminação de COVID-19.

Com aquela decisão, referendada pelo Plenário do STF em 13/05/2020[47], todas as medidas financeiras que se relacionavam com o combate à COVID-19 ficaram dispensadas da demonstração de que os gastos não afetariam as metas de resultados fiscais previstas na LDO, da necessidade de compensação por meio de redução de outras despesas ou de criação ou majoração de tributos ou fonte de arrecadação, assim como dispensou-se a apresentação de estimativa do impacto orçamentário-financeiro e declaração do ordenador da despesa de que aqueles gastos têm adequação orçamentária e financeira com a lei orçamentária anual e compatibilidade com o plano plurianual e com a lei de diretrizes orçamentárias, todas estas exigências previstas na LRF.

Por sua vez, promulgada em 07/05/2020,[48] a **Emenda Constitucional nº 106/2020** instituiu o regime extraordinário fiscal, financeiro e de contratações para o enfrentamento da calamidade pública nacional decorrente da pandemia da COVID-19, originária da PEC nº 10/2020, conhecida por "PEC do Orçamento de Guerra"[49]. A medida se justificava pela necessidade de ampliação de gastos para o enfrentamento da crise sanitária sem as limitações e travas legais orçamentárias que são impostas pela Constituição Federal e pela LRF aos gastos ordinários, sobretudo no que se refere ao uso de endividamento para financiamento de despesas correntes. Criou-se uma espécie de "orçamento paralelo" mais flexível e que facilitava as contratações, o aumento de gastos e de endividamento, tudo de maneira mais transparente a permitir o controle das despesas destinadas ao combate da pandemia.

Esta EC nº 106/2020 foi editada – de maneira atípica – para ter uma vigência temporária, tal como prescrito em seu artigo 11:

> Esta Emenda Constitucional entra em vigor na data de sua publicação e ficará automaticamente revogada na data do encerramento do estado de calamidade pública reconhecido pelo Congresso Nacional.

Especificamente em relação às questões fiscais, a Emenda Constitucional afastou temporariamente a aplicabilidade da conhecida "regra de ouro", prevista no inciso III do artigo 167 da Constituição – que veda o endividamento para o pagamento de despesas correntes – apenas durante o período em que vigorasse o estado de calamidade pública; permitiu que operações de crédito realizadas para o refinanciamento da dívida mobiliária pudessem ser utilizadas também para o pagamento de seus juros e encargos; concedeu poderes ao Banco Central do Brasil para comprar e vender títulos e valores mobiliários no mercado secundário, desde que possuíssem avaliação de risco positiva; e dispensou o cumprimento das restrições constitucionais e legais quanto à criação, expansão ou aperfeiçoamento de ação governamental

---

[47] O STF, por maioria, referendou a medida cautelar deferida e extinguiu a ação por perda superveniente de objeto, nos termos do voto do Relator, vencidos o Ministro Marco Aurélio, que não referendava a medida cautelar deferida, e o Ministro Edson Fachin, que não extinguia a ação.

[48] Diário Oficial da União: 08/05/2020, Edição 87, Seção 1, Página 1.

[49] Proposta de autoria do Deputado Rodrigo Maia (DEM/RJ), Presidente da Câmara dos Deputados, com apoio do Ministério da Economia.

que acarretasse aumento da despesa e a concessão ou ampliação de incentivo ou benefício de natureza tributária da qual decorresse renúncia de receita, desde que não se tratasse de despesa permanente, tendo como propósito exclusivo o enfrentamento do contexto da calamidade pública decretada e seus efeitos sociais e econômicos, com vigência e efeitos restritos ao período de duração da situação excepcional.

Em adição à EC nº 106/2020, o Congresso Nacional editou a **Lei Complementar nº 173/2020**, originária do PLP 39/2020, que criou o "Programa Federativo de Enfrentamento da COVID-19" e alterou alguns dispositivos da LRF (arts. 21 e 65), estabelecendo para o ano de 2020 a suspensão do pagamento de dívidas dos Estados, DF e Municípios para com a União, a reestruturação de operações de crédito interno e externo e a entrega de recursos da União aos entes subnacionais, na forma de auxílio financeiro, no montante de R$ 60 bilhões.

As alterações implementadas pela LC nº 173/2000 atingiram o artigo 21 da LRF, ampliando as restrições ao aumento de gastos de pessoal nos últimos 180 dias do mandato, passando a abranger também as parcelas de aumento a serem suportadas pelo governante sucessor em exercícios fiscais seguintes, visando acabar com a prática de se deixar passivos financeiros decorrentes de aumentos salariais parcelados, também conhecidos por "esqueletos fiscais", que muitas vezes inviabilizam a gestão subsequente; e alterou o artigo 65 da LRF, ampliando-o substancialmente, por força da pandemia da COVID-19 em 2020, uma vez que a dimensão da crise demonstrou que o dispositivo original não era suficientemente capaz, por si só, de oferecer ferramentas adequadas para a atuação rápida e eficaz do poder público.

Ainda por força da pandemia da Covid-19, foi editada a **Lei Complementar nº 195/2022** (popularmente conhecida como "Lei Paulo Gustavo", em homenagem ao famoso ator falecido em decorrência da Covid),[50] dispondo sobre o apoio financeiro da União aos Estados, ao Distrito Federal e aos Municípios para garantir ações emergenciais direcionadas ao setor cultural, além de alterar a Lei de Responsabilidade Fiscal para não contabilizar na meta de resultado primário as transferências federais aos demais entes da Federação para enfrentamento das consequências sociais e econômicas no setor cultural decorrentes de calamidades públicas ou pandemias.

Nesse sentido, foi incluído **o artigo 65-A** na LRF, estabelecendo que:

> Não serão contabilizadas na meta de resultado primário, para efeito do disposto no art. 9º desta Lei Complementar, as transferências federais aos demais entes da Federação, devidamente identificadas, para enfrentamento das consequências sociais e econômicas no setor cultural decorrentes de calamidades públicas ou pandemias, desde que sejam autorizadas em acréscimo aos valores inicialmente previstos pelo Congresso Nacional na lei orçamentária anual.

Por sua vez, a **Emenda Constitucional nº 123/2022** inseriu no Ato das Disposições Constitucionais Transitórias o artigo 120, reconhecendo no ano de 2022 o **estado de emergência** decorrente da elevação extraordinária e imprevisível dos preços do petróleo, combustíveis e seus derivados. Para o enfrentamento ou mitigação dos impactos decorrentes desse estado de emergência, estabeleceu-se que: I – quanto às despesas: a) serão atendidas por meio de crédito extraordinário; b) não serão consideradas para fins de apuração da meta de resultado primário estabelecida na LDO de 2021 (para a execução da Lei Orçamentária de 2022), e do

---

[50] A Lei Complementar nº 202, de 15 de dezembro de 2023, alterou a LC nº 195/2022 para prorrogar até 31 de dezembro de 2024 o prazo de execução dos recursos da Lei Paulo Gustavo por Estados, Distrito Federal e Municípios.

limite estabelecido para as despesas primárias, conforme o inciso I do *caput* do art. 107 do ADCT; e c) ficarão ressalvadas do disposto no inciso III do caput do art. 167 da Constituição Federal; II – a abertura do crédito extraordinário para seu atendimento dar-se-á independentemente da observância dos requisitos exigidos no § 3º do art. 167 da Constituição Federal; e III – a dispensa das limitações legais, inclusive quanto à necessidade de compensação: a) à criação, à expansão ou ao aperfeiçoamento de ação governamental que acarrete aumento de despesa; e b) à renúncia de receita que possa ocorrer.

Já a **Lei Complementar nº 206/2024** – motivada pelas fortíssimas chuvas que causaram enorme tragédia humanitária no Estado do Rio Grande do Sul em 2024 – autorizou a União a postergar o pagamento da dívida de entes federativos afetados por estado de calamidade pública decorrente de eventos climáticos extremos reconhecido pelo Congresso Nacional, mediante proposta do Poder Executivo federal, e a reduzir a taxa de juros dos contratos de dívida dos referidos entes com a União.

A Lei traz diversos critérios para que tal postergação ocorra, bem como, nessas situações de calamidade pública por eventos climáticos, cria exceções à aplicação de normas mais restritivas da LRF, sendo afastadas as vedações e dispensados os requisitos legais exigidos para a contratação com a União e a verificação dos requisitos exigidos, inclusive os previstos na LRF, para a realização de operações de crédito e equiparadas e para a assinatura de termos aditivos aos contratos de refinanciamento de que trata a LC nº 206/2024.

Também prevê nova redação para o art. 35, § 1º, I, da LRF, permitindo realização de operações entre instituição financeira estatal e outro ente da Federação destinadas a financiar a estruturação de projetos ou a garantir contraprestações em contratos de parceria público-privada ou de concessão para o ente da Federação afetado pelo estado de calamidade pública reconhecido pelo Congresso Nacional de acordo com o art. 65 da LRF.

Embora reconhecendo a necessidade de regras de salvaguarda para momentos de crise que imponham o aumento da despesa pública sem que haja violação da lei ou da Constituição, não podemos nos furtar a propor uma reflexão sobre os efeitos destes gastos e endividamento extraordinários, elevada conta que será paga no futuro, quando da quitação dos empréstimos públicos contraídos, o que de alguma maneira afeta o *princípio fundamental da equidade intergeracional*, ao transferir para gerações vindouras o custo financeiro de despesas realizadas e consumidas no presente.

Ao menos, pensamos que se deve utilizar da oportunidade da autorização legal para a realização dos gastos extraordinários para se deixar um legado positivo após a superação da crise, com a criação de uma sociedade melhor, investindo-se em saúde, educação e segurança para os nossos porvindouros.

Capítulo 14
SANÇÕES DE RESPONSABILIDADE FISCAL

A administração de bens e recursos públicos exige um comportamento inquestionável do seu gestor. Suas ações devem ser compatíveis com a responsabilidade que lhe é imposta no exercício do seu cargo e de suas funções, devendo ter o cuidado e a diligência que todo homem probo e zeloso emprega na administração dos seus próprios bens, recursos e negócios.

Porém, mais do que agir com zelo e responsabilidade, devem ser atendidas as prescrições da lei, cujo espírito é sempre a defesa do interesse público.

Ocorre que o cumprimento espontâneo dos comandos da lei não é, na prática, o que se vê acontecer em nosso país, especialmente se estamos falando do setor público, onde o gestor administra recursos de terceiros (do Estado) e nem sempre o faz com a mesma preocupação e disciplina com que faria caso se tratasse de seu próprio patrimônio.

De nada adiantariam as inúmeras prescrições jurídicas se não houvesse consequências pelo seu descumprimento.

Assim, a Lei de Responsabilidade Fiscal estabelece uma série de compromissos de resultados, limites de gastos, condições e prazos para a realização de despesas e endividamento, exigências para as renúncias de receitas etc., tudo com o objetivo de manter o equilíbrio das contas públicas e garantir o atingimento das metas de receitas e despesas, no sentido de se permitir um crescimento sustentado do Estado brasileiro.

E, para dar efetividade a suas regras, a lei prevê **sanções *institucionais* e *pessoais*** pelo descumprimento de suas normas.

As *sanções institucionais* são de natureza financeira e atingem o próprio ente federativo, órgão ou poder que descumprir uma regra que lhe foi imposta. Essas punições consistem na suspensão das transferências voluntárias (exceto para a saúde, assistência social e educação), contratação de operações de crédito e obtenção de garantias.

As *sanções pessoais* punem o agente público que deu causa ao ato violador das regras da LRF, com sanções de natureza política (como a suspensão dos direitos políticos e a perda de cargo eletivo), administrativa (como a proibição de contratar com o Poder Público) e civil (como o pagamento de multas e restituição ao Erário), bem como penas de natureza criminal, que podem ensejar a restrição à liberdade.

As infrações das regras da Lei de Responsabilidade Fiscal não decorrem diretamente do seu texto, mas são punidas, por expressa remissão do art. 73 da LRF, por vários diplomas legais, tais como o Decreto-Lei nº 2.848/1940 (Código Penal), a Lei nº 1.079, de 10 de abril de 1950 (Lei de Crimes de Responsabilidade das autoridades da União e dos Estados e que regula o respectivo processo de julgamento), o Decreto-Lei nº 201/1967 (que dispõe sobre a responsabilidade dos prefeitos e vereadores) e a Lei nº 8.429/1992 (que dispõe sobre as sanções aplicáveis aos agentes públicos nos casos de improbidade administrativa).

No entanto, dentre estes diversos diplomas legais sobre a matéria, grande relevância teve a Lei nº 10.028/2000, que introduziu no Código Penal brasileiro os *crimes contra as finanças públicas* (arts. 359-A até 359-H).

Assim, a Lei de Responsabilidade Fiscal, ao impor ao administrador público um conjunto de regras comportamentais que incorporam à norma jurídica fiscal a ética, a moralidade e a proteção ao interesse público, pautada no binômio "dever-ser e sanção", garante efetividade às prescrições e objetivos do Direito Financeiro brasileiro, sinalizando ao cidadão que a coisa pública terá o seu devido tratamento a partir de uma gestão eficiente e responsável, e não mais estará dotada, como outrora já se viu, apenas de uma aparente proteção. Adaptando a célebre frase do imperador Caio Júlio César sobre sua esposa Pompeia, diria que "o gestor público não basta parecer honesto, tem de ser honesto".

14.1. SANÇÕES INSTITUCIONAIS NA LEI DE RESPONSABILIDADE FISCAL

Uma das consequências do descumprimento das normas constantes da Lei de Responsabilidade Fiscal é a aplicação das sanções institucionais, que atingem diretamente o ente federativo, o Poder ou o órgão. Essas sanções se materializam basicamente através do impedimento ao recebimento pelo ente federativo, órgão ou poder, de recursos financeiros originários de transferências voluntárias (excetuadas aquelas relativas às ações de educação, saúde e assistência social), obtenção de garantias e contratação de operações de crédito.

A restrição ao acesso a recursos financeiros vindos dessas operações pode ocasionar o descumprimento das obrigações assumidas pelo ente federativo punido, o que lhe impõe a adoção de uma conduta que atenda aos ditames legais. Entretanto, percebemos que, apesar do caráter educativo da norma, o maior prejudicado quando da aplicação dessa espécie de sanção é o cidadão, que poderá não receber os bens e serviços que deveriam ser prestados pelo Estado, se este não mais dispuser dos recursos necessários a partir das restrições mencionadas.

A primeira sanção institucional decorre do **não exercício da competência tributária**, conforme a previsão do **art. 11** da LRF, que determina ao ente federativo o dever de instituir, prever e arrecadar os impostos de sua competência, tendo como punição a suspensão das transferências voluntárias.

Em relação aos **limites de despesa de pessoal**, o § 3º **do art. 23** da LRF estabelece que, se o ente não reduzir o excesso de despesa de pessoal previsto no art. 20 no prazo legal (em dois quadrimestres, sendo pelo menos 1/3 no primeiro), este não poderá: I – receber transferências voluntárias; II – obter garantia, direta ou indireta, de outro ente; III – contratar operações de crédito, ressalvadas as destinadas ao pagamento da dívida mobiliária e as que visem à redução das despesas com pessoal. Já o § 4º **do art. 23** da LRF prevê que essas restrições se aplicarão imediatamente se a despesa total com pessoal exceder o limite no primeiro quadrimestre do último ano do mandato dos titulares daquele Poder ou órgão.

Observe-se que, para a jurisprudência pacífica e consolidada do STF, as sanções previstas no § 3º não podem ser aplicadas de modo indistinto ao ente quando o responsável pelo descumprimento é um órgão ou Poder dotado de autonomia constitucional, em razão do princípio da separação de poderes. Assim, por exemplo, se o Ministério Público ou o Poder Legislativo de um determinado ente federativo descumprir os limites de despesa total com pessoal, o Poder Executivo não será sancionado nos termos do art. 23, § 3º, pois não detém meios constitucionais de compelir um órgão autônomo a cumprir as metas, não podendo ser responsabilizado pelo descumprimento de outrem (*princípio da intranscendência da pena*).[1]

O **§ 5º do art. 23**, inserido pela LC 164/2018, excepciona a aplicação das restrições previstas no § 3º sempre que o Município sofra queda de receita real superior a 10% (dez por cento), em comparação ao correspondente quadrimestre do exercício financeiro anterior, devido a: I – diminuição das transferências recebidas do Fundo de Participação dos Municípios (FPM) decorrente de concessão de isenções tributárias pela União; e II – diminuição das receitas recebidas de royalties e participações especiais. O desiderato da nova norma é não penalizar ainda mais o Município que sofrer diminuição de recebimento de recursos sem culpa sua, uma vez que este não tem ingerência sobre concessões de isenções pela União que reflitam sobre os repasses do FPM, nem sobre o percentual de recursos decorrentes de royalties e participações especiais na exploração de petróleo e de outros recursos minerais.

Contudo, o **§ 6º do art. 23**, também inserido pela LC 164/2018, faz uma ressalva: o benefício do § 5º acima comentado somente se aplica caso a despesa total com pessoal do quadrimestre vigente não ultrapasse o limite percentual previsto no art. 19 da LRF, considerada, para este cálculo, a receita corrente líquida do quadrimestre correspondente do ano anterior atualizada monetariamente. O desgoverno nas despesas municipais de pessoal fará com que as restrições do § 3º se apliquem ao Município, ainda que tenha ocorrido queda de receita municipal por diminuição das transferências recebidas do FPM decorrente de concessão de isenções tributárias pela União ou por diminuição das receitas recebidas de *royalties* e participações especiais. A lógica é simples: se ao Município não se pode imputar culpa por essa queda, pode-se sim imputá-la pelo fato de não limitar os gastos com pessoal. Assim, o Município não poderia ser beneficiado com a exceção do § 5º para continuar gastando irresponsavelmente com pessoal.

Por sua vez, o **art. 25** da LRF impõe a suspensão das transferências voluntárias se o ente não comprovar: a) que se acha em dia quanto ao pagamento de tributos, empréstimos e financiamentos devidos ao ente transferidor, bem como quanto à prestação de contas de recursos anteriormente dele recebidos; b) a destinação obrigatória de recursos financeiros nos limites mínimos constitucionais previstos para aplicação na educação (art. 212, CF/1988) e na saúde (§ 2º, art. 198, CF/1988); c) a observância dos limites das dívidas consolidada e mobiliária, de operações de crédito, inclusive por antecipação de receita, de inscrição em Restos a Pagar e de despesa total com pessoal; d) a previsão orçamentária de contrapartida.

Ademais, **ultrapassar os limites da dívida consolidada** gera mais um outro caso de sanção institucional, prevista no **art. 31** da LRF. A punição ocorrerá quando a dívida consolidada de um ente da Federação ultrapassar o respectivo limite e não for reconduzida na forma e no prazo assinalado na lei. Enquanto perdurar o excesso, o ente que nele houver incorrido estará proibido de realizar operação de crédito interna ou externa, inclusive por antecipação de receita, ressalvadas as para pagamento de dívidas mobiliárias. Vencido o prazo para retorno da dívida ao limite, e enquanto perdurar o excesso, o ente ficará também impedido de receber transferências voluntárias da União ou do Estado.

A **pendência de quitação de dívida** honrada por um ente em favor de outro enseja mais uma sanção institucional. Assim, estabelece o **§ 1º do art. 40** da LRF que, caso um ente

---

[1] STF: ACO 3.133 AgR, Pleno, Rel. Min. Gilmar Mendes, julg. 30/08/2019, *DJe* 16/09/2019. No mesmo sentido: ACO 2.888 AgR; ACO 2.835 AgR; ACO 3.047 AgR.

da Federação cuja dívida tenha sido honrada pela União ou por Estado, em decorrência de garantia prestada em operação de crédito, estiver inadimplente, este terá suspenso o acesso a novos créditos ou financiamentos até a total liquidação da mencionada dívida.

O **descumprimento dos prazos para a divulgação de relatórios fiscais** (RREO e RGF) previstos na LRF também impõe a aplicação de sanções institucionais. Nesse sentido, dará ensejo à aplicação de sanção institucional quando os Estados ou os Municípios deixarem de encaminhar suas contas ao Poder Executivo da União para consolidação anual nos prazos fixados em lei (os Estados e os Municípios encaminharão suas contas ao Poder Executivo da União até 30 de abril, conforme o art. 51, § 1º, LRF). O descumprimento dos prazos impedirá, até que a situação seja regularizada, que o ente da Federação receba transferências voluntárias e contrate operações de crédito, exceto as destinadas ao pagamento da dívida mobiliária (art. 51, § 2º, LRF). Outrossim, não sendo publicado o Relatório Resumido da Execução Orçamentária (RREO), previsto no § 3º do art. 165 da Constituição, que abrange todos os Poderes e o Ministério Público, em até 30 dias após o encerramento de cada bimestre, será impedido, até que a situação seja regularizada, que o ente da Federação receba transferências voluntárias e contrate operações de crédito, exceto as destinadas ao pagamento da dívida mobiliária (art. 52, LRF). A mesma sanção será imposta se o Relatório de Gestão Fiscal quadrimestral não for publicado no prazo de até trinta dias após o encerramento do período a que corresponder (art. 55, LRF).

14.2. SANÇÕES PESSOAIS DE NATUREZA POLÍTICA, ADMINISTRATIVA OU PENAL

Em paralelo às sanções institucionais, encontramos as **sanções pessoais** que se aplicam diretamente ao **agente público** que cometer o ato de infração à legislação fiscal. Essas sanções pessoais podem ser de diversas naturezas, e aplicadas separada ou cumulativamente, conforme a infração.

As sanções de **natureza política** ensejam a suspensão dos direitos políticos e a perda de cargo eletivo ou função pública.

A suspensão dos direitos políticos, que pode chegar até a 14 anos, dependendo da gravidade da infração, está prevista nos incisos I e II do art. 12 da Lei de Improbidade Administrativa (Lei nº 8.429/1992) como sanção por atos ímprobos, dentre os quais se encontram tipificados alguns de natureza financeira, como o de perceber vantagem econômica para intermediar a liberação ou aplicação de verba pública de qualquer natureza (art. 9º, IX); realizar operação financeira sem observância das normas legais e regulamentares ou aceitar garantia insuficiente ou inidônea (art. 10, VI); conceder benefício fiscal sem a observância das formalidades legais ou regulamentares aplicáveis à espécie (art. 10, VII); ordenar ou permitir a realização de despesas não autorizadas em lei ou regulamento (art. 10, IX); agir ilicitamente na arrecadação de tributo ou de renda (art. 10, X); liberar verba pública sem a estrita observância das normas pertinentes ou influir de qualquer forma para a sua aplicação irregular (art. 10, XI); a concessão de isenções, incentivos ou benefícios tributários ou financeiros, inclusive de redução de base de cálculo ou de crédito presumido ou outorgado, ou sob qualquer outra forma que resulte, direta ou indiretamente, em carga tributária menor que a decorrente da aplicação da alíquota mínima de 2% de ISS (art. 10, XXII); deixar de prestar contas quando esteja obrigado a fazê-lo, desde que disponha das condições para isso, com vistas a ocultar irregularidades (art. 11, VI); descumprir as normas relativas à celebração, fiscalização e aprovação de contas de parcerias firmadas pela administração pública com entidades privadas (art. 11, VIII).

Por sua vez, a perda do cargo eletivo ou da função pública por meio de **julgamento político** encontra previsão nos seguintes diplomas que definem os "crimes" de responsabilidade das respectivas autoridades públicas neles previstas: a) **Decreto-Lei nº 201/1967** para prefeitos e vereadores; b) **Lei nº 1.079/1950** para Presidente da República, Ministros de Estado, Procurador-Geral da República, Advogado-Geral da União e seus respectivos equivalentes estaduais; Ministros do STF e Presidentes de todos os Tribunais, inclusive os Presidentes dos Tribunais de Contas, bem como juízes diretores de foro; Procuradores-Gerais do Trabalho, Eleitoral e Militar e membros do Ministério Público da União e dos Estados, da Advocacia-Geral da União, das Procuradorias dos Estados e do Distrito Federal, quando no exercício de função de chefia das unidades regionais ou locais das respectivas instituições. A Constituição prevê também que os crimes de responsabilidade possam ser cometidos pelo Vice-Presidente da República e os Comandantes da Marinha, do Exército e da Aeronáutica (art. 52, I, CF/1988), bem como pelos membros do Conselho Nacional de Justiça e do Conselho Nacional do Ministério Público (art. 52, II, CF/1988).

Embora impropriamente denominados "crimes", os atos que importam responsabilidade política e que podem conduzir à perda do cargo após um julgamento político (não jurisdicional) não ostentam natureza penal, e sim de infração político-administrativa, como já assentou o STF.[2]

Exemplo recente de aplicação da sanção de perda de cargo eletivo se deu no julgamento do processo de *impeachment* da ex-Presidente da República Dilma Rousseff. Iniciado em 02/12/2015 com o recebimento e autuação, pelo Presidente da Câmara dos Deputados, da denúncia por Crime de Responsabilidade (DRC nº 1/2015), fundado em violações às normas do Direito Financeiro e Orçamentário – despesas não autorizadas no orçamento, pedaladas fiscais etc. –, o pedido teve a sua admissibilidade acolhida pelo Plenário daquela Casa.[3] Encaminhado ao Senado para julgamento, sob a presidência do Ministro do STF Ricardo Lewandowski (processo com cerca de 27 mil páginas em 72 volumes), no dia 31 de agosto de 2016, o Senado Federal entendeu que a Presidente da República Dilma Vana Rousseff cometeu os crimes de responsabilidade consistentes em contratar operações de crédito com instituição financeira controlada pela União e editar decretos de crédito suplementar sem autorização do Congresso Nacional, previstos no art. 85, inciso VI e art. 167, V, da Constituição Federal, bem como no art. 10, itens 4, 6 e 7, e art. 11, itens 2 e 3 da Lei nº 1.079/1950, ficando assim condenada à perda do cargo de Presidente da República Federativa do Brasil. Nestas sanções políticas encontra-se também a possibilidade de inabilitação, por até cinco anos, para o exercício de qualquer função pública imposta pelo Senado Federal (art. 2º, Lei nº 1.079/1950). Por expressa disposição legal, tal sanção também pode ser aplicada no âmbito estadual (art. 78, Lei nº 1.079/1950). Contudo, o prazo de cinco anos previsto originalmente na Lei nº 1.079/1950 foi suplantado pelo advento da Constituição de 1988, que permite a inabilitação para o exercício de função pública por **oito anos** para as autoridades federais nela previstas (art. 52, parágrafo único). No caso do processo

---

[2] "HABEAS CORPUS. IMPETRAÇÃO CONTRA DECISÃO PROFERIDA PELO SENADO FEDERAL EM PROCESSO DE IMPEACHMENT. PENA DE INABILITAÇÃO, POR OITO ANOS, PARA O EXERCÍCIO DE FUNÇÃO PÚBLICA. É inidônea a via do *habeas corpus* para defesa de direitos desvinculados da liberdade de locomoção, como é o caso do processo de impeachment pela prática de crime de responsabilidade, que configura sanção de índole político-administrativa, não pondo em risco a liberdade de ir, vir e permanecer do Presidente da República. Agravo regimental improvido" (STF, HC-AgR 70.055, Rel. Ilmar Galvão, Pleno, julg. 04/03/1993, *DJ* 16/04/1993)

[3] Sessão realizada em 17 de abril de 2016, com 367 votos favoráveis à abertura do processo.

de *impeachment* da ex-Presidente da República Dilma Rousseff, em votação subsequente àquela que a condenou à perda do cargo, decidiu-se afastar a aplicação da pena de inabilitação para o exercício de função pública.

No meio do caminho entre sanção política e administrativa, encontra-se a situação de perda da função pública por ato de improbidade administrativa como pena prevista nos incisos I e II do art. 12 da Lei de Improbidade Administrativa (Lei nº 8.429/1992). Neste caso, a perda da função é decretada por decisão de natureza **jurisdicional** e não por juízo político feito pelas Casas Legislativas. Ademais, nos termos da Lei de Improbidade, não apenas detentores de mandato eletivo ou de cargos em comissão podem ser condenados a perder a função pública, mas também os servidores e empregados públicos. Neste último caso, a sanção toma contornos mais nitidamente administrativos, pois a relação que une um servidor ou empregado público à Administração é de natureza administrativa e estável, distinta da relação transitória de caráter político do chefe do Executivo ou de um Ministro de Estado.

As sanções de **natureza administrativa e cível**, além da anteriormente indicada perda da função pública por decisão judicial contra servidores e empregados públicos que não sejam agentes políticos, podem ser: a) perda dos bens ou valores acrescidos ilicitamente ao patrimônio, pagamento de multa civil equivalente ao valor do acréscimo patrimonial e proibição de contratar com o poder público ou de receber benefícios ou incentivos fiscais ou creditícios, direta ou indiretamente, ainda que por intermédio de pessoa jurídica da qual seja sócio majoritário, pelo prazo não superior a 14 anos (art. 12, I, Lei nº 8.429/1992); b) perda dos bens ou valores acrescidos ilicitamente ao patrimônio, se concorrer esta circunstância, pagamento de multa civil equivalente ao valor do dano e proibição de contratar com o poder público ou de receber benefícios ou incentivos fiscais ou creditícios, direta ou indiretamente, ainda que por intermédio de pessoa jurídica da qual seja sócio majoritário, pelo prazo não superior a 12 anos (art. 12, II, Lei nº 8.429/1992); c) pagamento de multa civil de até 24 vezes o valor da remuneração percebida pelo agente e proibição de contratar com o poder público ou de receber benefícios ou incentivos fiscais ou creditícios, direta ou indiretamente, ainda que por intermédio de pessoa jurídica da qual seja sócio majoritário, pelo prazo não superior a 4 anos (art. 12, III, Lei nº 8.429/1992).

A **Lei nº 10.028/2000**, em seu art. 5º, prevê ainda uma multa de 30% dos vencimentos anuais do agente que der causa a violações contra as leis de finanças públicas nas hipóteses previstas em seus quatro incisos. Tal infração administrativa será processada e julgada pelos Tribunais de Contas.

Finalmente, as sanções de **natureza penal**, que podem chegar a impor penas restritivas de liberdade ao infrator (ou, nos casos em que admitidas, as penas restritivas de direito ou penas de multa), encontram fundamento no **Código Penal**, que sofreu relevantes alterações pela **Lei nº 10.028/2000**, ao inserir um capítulo específico para os **Crimes Contra as Finanças Públicas**, instituindo oito tipos penais próprios (art. 359-A até art. 359-H do Código Penal).

Sob a ótica preventiva e educativa, acreditamos que as sanções pessoais possivelmente produzem efeitos mais concretos, na medida em que, ao atingir diretamente o agente público e lhe impor sérios gravames pessoais, faz com que suas decisões passem a considerar essas consequências.

Importante esclarecer que a Lei de Responsabilidade Fiscal não cria nenhuma espécie de sanção pessoal nem estabelece um tipo de infração e a respectiva penalidade. Ao contrário, a LRF apenas prescreve as condutas tidas como regulares, lícitas e exigíveis do agente público, remetendo-nos a outros diplomas legais para apuração das irregularidades e ilicitudes. Essas outras leis é que indicarão a infração e seu tipo, bem como as penalidades aplicáveis.

Nesse sentido, dispõe o art. 73 da LRF que as infrações aos seus dispositivos serão punidas segundo o Decreto-Lei nº 2.848/1940 (Código Penal), a Lei nº 1.079, de 10 de abril de 1950 (Lei de Crimes de Responsabilidade das autoridades da União e dos Estados e que regula o respectivo processo de julgamento), o Decreto-Lei nº 201/1967 (que dispõe sobre a responsabilidade dos prefeitos e vereadores) e a Lei nº 8.429/1992 (que dispõe sobre as sanções aplicáveis aos agentes públicos nos casos de improbidade administrativa), bem como demais normas da legislação pertinente.

14.3. CRIMES CONTRA AS FINANÇAS PÚBLICAS

Os crimes contra as finanças públicas estão previstos no **Código Penal** e decorrem das alterações produzidas a partir da edição da **Lei nº 10.028/2000**.

Concomitantemente ao encaminhamento do projeto de lei da LRF, foi enviado ao Congresso Nacional o Projeto de Lei nº 621, de 1999, para acrescentar ao Código Penal novos tipos penais que configuram crimes contra a Administração Pública. O referido projeto de lei deu origem à Lei nº 10.028, de 19/10/2000. Esta lei, além de alterar a redação original do art. 339, inseriu os arts. 359-A a 359-H no Código Penal brasileiro (Decreto-Lei nº 2.848/1940), em novo capítulo denominado "Dos Crimes Contra as Finanças Públicas".

Assim, o Código Penal brasileiro passou a contar com quatro capítulos relacionados com os crimes contra a Administração Pública, que se inserem no Título XI (arts. 312 a 359). O Capítulo I refere-se aos crimes praticados por funcionários públicos contra a Administração em geral. O Capítulo II trata dos crimes praticados por particular contra a Administração em geral. O Capítulo III dispõe sobre os crimes contra a Administração da Justiça. Finalmente, o novo Capítulo IV elenca os **crimes contra as finanças públicas**. Em 2002, a Lei nº 10.467 inseriu também o capítulo II-A, versando sobre crimes praticados por particular contra a Administração Pública estrangeira, elevando para cinco o número de capítulos neste Título.

São oito condutas tipificadas como crimes contra as finanças públicas pelo Código Penal, todas originárias das inovações introduzidas pela **Lei nº 10.028/2000**, com previsão de penas privativas de liberdade para o infrator de detenção (cumprida em regime semiaberto ou aberto) ou reclusão (cumprida em regime fechado, semiaberto ou aberto), podendo ser substituídas por penas restritivas de direitos ou multa nos casos autorizados pelo art. 44 do Código Penal. São todos *crimes dolosos* e, em sua maioria, independem da produção de resultado danoso, classificando-se como *crimes formais*. Antes da promulgação dessa lei, as condutas reputadas como criminalmente atentatórias às finanças públicas eram punidas com base no art. 315 do Código Penal (*emprego irregular de verbas ou rendas públicas*) ou em legislação penal especial (Decreto-Lei nº 201/1967: crimes praticados por prefeitos e vereadores).

Apesar de considerarmos a tipificação desses crimes feita pela Lei nº 10.028/2000 uma positiva evolução legislativa, conferindo uma importante função preventiva e educativa, criticamos a adoção pelo legislador da orientação do direito penal mínimo, ao fixar penas brandas ao infrator, viabilizando a aplicação de medidas alternativas à prisão. Isso porque, como a cominação máxima de pena nesses crimes é de quatro anos, na forma do art. 44, I, do Código Penal, será possível aplicar ao infrator uma pena alternativa, em substituição à pena privativa de liberdade, ou, na forma do art. 44, § 2º, até mesmo a substituição por uma multa. Outrossim, por possuírem penas mínimas iguais ou inferiores a 1 (um) ano, também estão sujeitos à *suspensão condicional do processo* (art. 89, Lei nº 9.099/1995), em que o Ministério Público, ao oferecer a denúncia, poderá propor a suspensão do processo, por dois a quatro anos, desde que o acusado não esteja sendo processado ou não tenha sido condenado por outro crime, presentes os demais requisitos que autorizariam a suspensão condicional do processo.

Importante, ainda, registrar que se exige do **sujeito ativo**, nos crimes tipificados nesse novo capítulo do Código Penal, uma qualificação especial, qual seja, deve ele ostentar a qualidade de funcionário público, e que este tenha, dentro de suas atribuições funcionais, a destinação de verbas ou rendas públicas, as quais constituirão o objeto material do delito (trata-se de *crime próprio*). Considera-se **funcionário público**, para os efeitos penais, quem, embora transitoriamente ou sem remuneração, exerce cargo, emprego ou função pública. Equipara-se a funcionário público quem exerce cargo, emprego ou função em entidade paraestatal, e quem trabalha para empresa prestadora de serviço contratada ou conveniada para a execução de atividade típica da Administração Pública (art. 327, Código Penal). Se, porventura, o sujeito ativo não tiver disponibilidade sobre a verba ou renda, mas delas se apropriar ou desviar, a hipótese seria de peculato ou de um outro crime qualquer.

O **art. 359-A** do Código Penal trata da **contratação de operação de crédito**, que está descrita no art. 29, inciso III, da LRF.[4] Nele, está tipificada a conduta de ordenar, autorizar ou realizar operação de crédito, interno ou externo, sem prévia autorização legislativa. A penalidade é a de reclusão, de 1 (um) a 2 (dois) anos. Incide na mesma pena quem ordena, autoriza ou realiza operação de crédito, interno ou externo: I – com inobservância de limite, condição ou montante estabelecido em lei ou em resolução do Senado Federal; II – quando o montante da dívida consolidada ultrapassa o limite máximo autorizado por lei.

Configura uma norma penal em branco, que impõe o confronto entre as condutas descritas no tipo – autorizar, ordenar ou realizar – e a lei orçamentária, a fim de verificar se havia autorização legislativa ou não para a operação de crédito e para que se possa caracterizar a tipicidade.

As ações típicas desse crime são ordenar, autorizar ou realizar. *Ordena* aquele que determina que outrem realize a operação de crédito. *Autoriza* aquele que é solicitado por outrem a viabilizar a realização da operação de crédito. *Realiza* aquele que, com disponibilidade jurídica sobre a operação de crédito, por si próprio, a implementa ou dá ensejo a sua implementação desautorizada. As duas primeiras constituem condutas que caracterizam o *crime formal*, ou seja, este estará consumado tendo ou não sido efetivada a operação de crédito, mas se essa vier a ser efetivamente realizada, a hipótese será de exaurimento de conduta. Já na última modalidade – realizar –, teremos o *crime material*, e o momento consumativo ocorrerá quando da efetiva realização da operação de crédito, ao passo que, se a operação não se concretizar, apesar de já iniciado o ato executório, a hipótese será de mera tentativa.

Como a ausência de autorização legislativa compõe o tipo objetivo deste crime, o dolo do agente público deve incluir seu conhecimento de que não havia autorização expressa da lei orçamentária para a realização da operação de crédito. Se ele supuser a operação autorizada (através de um parecer jurídico, por exemplo), a hipótese passa a ser de erro de tipo, o que exclui o dolo, não podendo ser processado pelo crime na medida em que não se pune a modalidade culposa.

---

[4] LRF – Art. 29-III *"Operação de crédito: compromisso financeiro assumido em razão de mútuo, abertura de crédito, emissão e aceite de título, aquisição financiada de bens, recebimento antecipado de valores provenientes da venda a termo de bens e serviços, arrendamento mercantil e outras operações assemelhadas, inclusive com o uso de derivativos financeiros".*

Ressalve-se que, entretanto, se este sujeito ativo praticar uma dessas ações em benefício próprio, com a finalidade de aumentar indevidamente seu patrimônio, a hipótese será de peculato (na modalidade peculato-desvio), ocorrendo a absorção do crime contra as finanças públicas, uma vez que este crime será meio para se alcançar o crime de peculato-desvio.

O **art. 359-B** do Código Penal dispõe sobre a **inscrição de despesas não empenhadas em restos a pagar**, regulada no art. 42 da LRF.[5] Assim, segundo a referida norma penal, o ato de ordenar ou autorizar a inscrição em restos a pagar de despesa que não tenha sido previamente empenhada ou que exceda limite estabelecido em lei será punido com privação de liberdade, na modalidade de detenção, de 6 (seis) meses a 2 (dois) anos.

Neste crime, o bem jurídico protegido é o controle dos gastos públicos, e as ações típicas são *ordenar* ou *autorizar* a realização de uma despesa em restos a pagar (art. 36, Lei nº 4.320/1964), desde que tais atos não decorram de uma nota de empenho (art. 61, Lei nº 4.320/1964) ou que excedam os limites estabelecidos em lei. Essas ações configuram um *crime formal*, pois a simples autorização ou ordenamento da inscrição será suficiente para a sua consumação, independente do efetivo pagamento daquela despesa. Ocorrendo a realização do pagamento, teremos um dano ao patrimônio público, que, neste caso, representará mero exaurimento da conduta.

O **art. 359-C** do Código Penal tipifica a **assunção de obrigação no último ano do mandato ou legislatura**, ao prescrever que ordenar ou autorizar a assunção de obrigação, nos dois últimos quadrimestres do último ano do mandato ou legislatura, cuja despesa não possa ser paga no mesmo exercício financeiro ou, caso reste parcela a ser paga no exercício seguinte, que não tenha contrapartida suficiente de disponibilidade de caixa, será punida com reclusão, de 1 (um) a 4 (quatro) anos.

Neste tipo, o sujeito ativo é a pessoa que disponha de mandato eletivo, seja no Poder Legislativo ou na Administração Pública, tendo como ações típicas as condutas de ordenar e autorizar, as quais configuram *crime formal*, com sua consumação no momento da ordenação ou autorização.

Entretanto, estas ações devem ser conjugadas com o elemento temporal descrito que compõe o tipo penal objetivo, ou seja, elas têm que ser realizadas no último ano do mandato e dentro dos dois últimos quadrimestres. Registre-se que o tipo aqui descrito não abrange as despesas a serem efetivamente pagas dentro do período mencionado (se autorizadas fora do período), mas sim o ato de ordenação ou autorização de pagamento. O pagamento das despesas deste tipo não ensejará qualquer ilícito e a pessoa que pagar não poderá ser responsabilizada, pois responderá apenas quem autorizar ou ordenar.

Mas há ainda outro elemento que compõe o tipo e que deve ser também conjugado, qual seja, a circunstância de que tais despesas ordenadas ou autorizadas não possam ser pagas no mesmo exercício financeiro, deixando o detentor do mandato eletivo uma despesa para o seu sucessor, comprometendo o orçamento subsequente.

Igual crime ocorrerá na hipótese de ordenação de despesa cujo pagamento é iniciado no mesmo exercício financeiro (conduta atípica), mas com o comprometimento do exercício seguinte, pois restarão parcelas a serem pagas por seu sucessor.

---

[5] LRF – Art. 42 "É vedado ao titular de Poder ou órgão referido no art. 20, nos últimos dois quadrimestres do seu mandato, contrair obrigação de despesa que não possa ser cumprida integralmente dentro dele, ou que tenha parcelas a serem pagas no exercício seguinte sem que haja suficiente disponibilidade de caixa para este efeito".

O **art. 359-D** do Código Penal estabelece que a **ordenação de despesa não autorizada por lei** será considerada crime e apenada com reclusão, de 1 (um) a 4 (quatro) anos.

Neste tipo, temos mais uma norma penal em branco, cuja conduta descrita deve ser conjugada com a lei orçamentária autorizativa de despesas. Assim, qualquer um que detenha o poder para realizar a ação típica de ordenar despesa, e se esta for desprovida da respectiva autorização em lei orçamentária, cometerá o crime, de *natureza formal*, que independe do resultado, vale dizer, não se considera o pagamento daquela despesa ordenada.

O **art. 359-E** do Código Penal trata da **prestação de garantia graciosa**, já que a LRF exige, no seu art. 40, que a concessão de garantia deva estar condicionada ao oferecimento de contragarantia. Assim, segundo o dispositivo penal, considera-se crime o ato de prestar garantia em operação de crédito sem que tenha sido constituída contragarantia em valor igual ou superior ao valor da garantia prestada, na forma da lei, o que é punido com detenção, de 3 (três) meses a 1 (um) ano.

É comum haver interesse público do Estado em conferir credibilidade e segurança financeira na realização de uma operação de crédito. Para tanto, este pode intervir no ato, garantindo-o. Ao fazê-lo, porém, assumirá a obrigação de terceiros em caso de inadimplência, colocando em risco recursos públicos caso não consiga recuperar o valor pago em substituição ao devedor. Para tanto, deve exigir no ato da garantia uma medida de contracautela, que é a contragarantia em valor no mínimo igual à importância garantida.

A ação típica deste crime é realizada pelo agente público que prestar garantia graciosa a uma operação de crédito, ou seja, conceder uma garantia sem que haja uma contragarantia necessária a proteger as finanças públicas, caso o Estado tenha que cumprir a obrigação no lugar do devedor principal. Trata-se de *crime formal*, que se aperfeiçoa com a mera prestação da garantia, independentemente de ser o Estado chamado a adimplir aquela obrigação garantida em nome de terceiro. Teremos a hipótese de crime de dano contra a Administração Pública caso os recursos públicos desembolsados para o pagamento da garantia não possam ser recuperados.

O **art. 359-F** do Código Penal dispõe sobre o **não cancelamento de restos a pagar**, segundo o qual deixar de ordenar, de autorizar ou de promover o cancelamento do montante de restos a pagar inscrito em valor superior ao permitido em lei é crime sujeito a pena de detenção, de 6 (seis) meses a 2 (dois) anos.

Este é um caso de *crime omissivo*, que se materializa quando o agente público responsável pelo ato verifica a situação descrita – valor superior ao permitido em lei inscrito em restos a pagar – e deixa de cancelá-lo. Para tanto, previamente deverá ter necessariamente ocorrido o tipo do art. 359-B, ou seja, a irregular inscrição em despesas não empenhadas em restos a pagar, pois, em sequência, surgirá para o sucessor daquele que cometeu o crime do art. 359-B a obrigação de cancelar o pagamento desautorizado para o exercício seguinte.

O **art. 359-G** do Código Penal tipifica o **aumento de despesa total com pessoal no último ano do mandato ou legislatura**. Segundo a LRF (art. 21, parágrafo único), é nulo de pleno direito o ato de que resulte aumento da despesa com pessoal expedido nos cento e oitenta dias anteriores ao final do mandato do titular do respectivo Poder ou órgão. Assim, enquanto a LRF fulmina de nulidade o ato administrativo, a legislação penal considera crime o ato de ordenar, autorizar ou executar ato que acarrete aumento de despesa total com pessoal, nos cento e oitenta dias anteriores ao final do mandato ou da legislatura, o que é punido com pena de reclusão, de 1 (um) a 4 (quatro) anos.

Este crime, tal qual o do art. 359-C, também só será cometido por aquele que detiver mandato eletivo, seja no Poder Legislativo ou na Administração Pública. Trata-se de *crime formal*, uma vez que as condutas tipificadas – ordenar, autorizar ou executar – consumam-se no ato da sua realização, independentemente da efetiva realização da despesa, bastando a demonstração de que elas detenham a potencialidade de acarretar um aumento da despesa total com pessoal. Mas, para configurar o crime ora descrito, o ato deve ser conjugado com o elemento temporal do tipo penal, ou seja, este deverá ocorrer dentro dos cento e oitenta dias anteriores ao final do mandato ou legislatura do agente.

O **art. 359-H** do Código Penal trata da **oferta pública ou colocação de títulos no mercado**, segundo o qual ordenar, autorizar ou promover a oferta pública ou a colocação no mercado financeiro de títulos da dívida pública sem que tenham sido criados por lei ou sem que estejam registrados em sistema centralizado de liquidação e de custódia será considerado crime, sujeito a pena de reclusão, de 1 (um) a 4 (quatro) anos.

Neste caso, a norma busca proteger a estabilidade do mercado financeiro e a credibilidade dos títulos públicos. As condutas descritas são realizadas pelo agente público detentor do poder ou da competência legal de ordenar, autorizar ou promover a oferta ou a colocação de títulos públicos no mercado (objeto material do crime), e devem ser conjugadas com a ausência de lei ou de registro no órgão competente para se configurarem como ilícitas. Por ser um *crime formal*, o momento da consumação é a ocorrência da oferta pública ou a efetiva colocação dos títulos no mercado, independentemente de prejuízo ao Erário.

Finalmente, registramos que a Lei nº 10.028/2000 também alterou a redação do **art. 339** do Código Penal, que tipifica o crime de denunciação caluniosa, acrescentando, às condutas tradicionais de dar causa à instauração de investigação policial e de processo judicial, aquelas condutas de instauração de investigação administrativa, inquérito civil e ação de improbidade administrativa, imputando crime contra alguém que sabe inocente.

14.4. DOS CRIMES DE RESPONSABILIDADE

Os chamados "crimes" de responsabilidade (em verdade, *infrações político-administrativas* sem natureza penal) são realizados por agentes políticos – típicas autoridades com foro por prerrogativa de função – e ensejam, igualmente, uma sanção de natureza política, como a perda do cargo, ainda que eletivo, e a inabilitação para o exercício de função pública.

Importante registrar que o sujeito ativo destas condutas é o **agente político**, que difere dos demais servidores públicos, a partir da forma de acesso ao cargo (eleição ou livre nomeação para os mais elevados cargos político-hierárquicos, como o de Ministro de Estado) e porque se situa dentro da esfera de poder político do Estado. Nesse sentido, explica Celso Antônio Bandeira de Mello:

> *Agentes políticos* são os titulares dos cargos estruturais à organização política do País, ou seja, ocupantes dos que integram o arcabouço constitucional do Estado, o esquema fundamental do Poder. (...) O vínculo que tais agentes entretêm com o Estado *não é de natureza profissional*, mas de *natureza política*.[6]

---

[6] MELLO, Celso Antônio Bandeira. *Curso de Direito Administrativo*. 26. ed. São Paulo: Malheiros, 2009. p. 246-247.

A **Lei nº 1.079/1950**, que define os **crimes de responsabilidade** do Presidente da República, Ministros de Estado, Ministros do Supremo Tribunal Federal e Procurador-Geral da República, foi mais uma norma modificada pela Lei nº 10.028/2000. Esta lei regula o respectivo processo de julgamento, apresentando a sanção imposta pelo Senado Federal, de natureza política, de perda do cargo e inabilitação por até cinco anos para o exercício de qualquer função pública, não excluindo o processo e julgamento do acusado por crime comum, na justiça ordinária, nos termos das leis de processo penal. O prazo de cinco anos previsto originalmente na Lei nº 1.079/1950 foi ampliado pela Constituição de 1988, que permite a inabilitação para o exercício de função pública por **oito anos** para as autoridades constitucionalmente elencadas (art. 52, parágrafo único, CF/1988). Para as demais autoridades não previstas na Constituição, inclusive estaduais, o prazo continua sendo de cinco anos, conforme decidiu o STF na ADI 1.628-8.[7]

O **art. 10** da lei, que trata dos **crimes de responsabilidade contra as leis orçamentárias**, recebeu da Lei nº 10.028/2000 a inclusão de oito novas modalidades de condutas ilícitas, a seguir transcritas: a) deixar de ordenar a redução do montante da dívida consolidada, nos prazos estabelecidos em lei, quando o montante ultrapassar o valor resultante da aplicação do limite máximo fixado pelo Senado Federal; b) ordenar ou autorizar a abertura de crédito em desacordo com os limites estabelecidos pelo Senado Federal, sem fundamento na lei orçamentária ou na de crédito adicional ou com inobservância de prescrição legal; c) deixar de promover ou de ordenar, na forma da lei, o cancelamento, a amortização ou a constituição de reserva para anular os efeitos de operação de crédito realizada com inobservância de limite, condição ou montante estabelecido em lei; d) deixar de promover ou de ordenar a liquidação integral de operação de crédito por antecipação de receita orçamentária, inclusive os respectivos juros e demais encargos, até o encerramento do exercício financeiro; e) ordenar ou autorizar, em desacordo com a lei, a realização de operação de crédito com qualquer um dos demais entes da Federação, inclusive suas entidades da administração indireta, ainda que na forma de novação, refinanciamento ou postergação de dívida contraída anteriormente; f) captar recursos a título de antecipação de receita de tributo ou contribuição cujo fato gerador ainda não tenha ocorrido; g) ordenar ou autorizar a destinação de recursos provenientes da emissão de títulos para finalidade diversa da prevista na lei que a autorizou; h) realizar ou receber transferência voluntária em desacordo com limite ou condição estabelecida em lei.

Ressalte-se que foram estendidas ao Presidente do Supremo Tribunal Federal ou a seu substituto, quando no exercício da Presidência, as condutas previstas como crimes de responsabilidade contra as leis orçamentárias, quando por eles ordenadas ou praticadas. A norma se aplica, também, aos Presidentes e respectivos substitutos, quando no exercício da Presidência dos Tribunais Superiores, dos Tribunais de Contas, dos Tribunais Regionais Federais, do Trabalho e Eleitorais, dos Tribunais de Justiça e de Alçada dos Estados e do Distrito Federal e aos Juízes Diretores de Foro ou função equivalente no primeiro grau de jurisdição (art. 39-A).

---

[7] "[...] 4. A CB/88 elevou o prazo de inabilitação de 5 (cinco) para 8 (oito) anos em relação às autoridades apontadas. Artigo 2º da Lei n. 1.079 revogado, no que contraria a Constituição do Brasil. 5. A Constituição não cuidou da matéria no que respeita às autoridades estaduais. O disposto no artigo 78 da Lei n. 1.079 permanece hígido – o prazo de inabilitação das autoridades estaduais não foi alterado. O Estado-membro carece de competência legislativa para majorar o prazo de cinco anos – artigos 22, inciso I, e parágrafo único do artigo 85, da CB/88, que tratam de matéria cuja competência para legislar é da União" (STF. ADI 1.628, Rel. Min. Eros Grau, Pleno, julg. 10/08/2006, *DJ* 24/11/2006).

E, na mesma linha, o art. 40-A dispôs que constituem crimes de responsabilidade as condutas previstas na lei como crimes contra as leis orçamentárias, quando ordenadas ou praticadas pelas seguintes autoridades: I – pelo Procurador-Geral da República, ou seu substituto, quando no exercício da chefia do Ministério Público da União; II – pelo Advogado-Geral da União; III – pelos Procuradores-Gerais do Trabalho, Eleitoral e Militar, Procuradores-Gerais de Justiça dos Estados e do Distrito Federal, Procuradores-Gerais dos Estados e do Distrito Federal, e membros do Ministério Público da União e dos Estados, da Advocacia-Geral da União, das Procuradorias dos Estados e do Distrito Federal, quando no exercício de função de chefia das unidades regionais ou locais das respectivas instituições.

A Lei nº 10.028/2000 alterou, também, o art. 1º do **Decreto-Lei nº 201/1967**, que trata dos chamados **crimes de responsabilidade dos prefeitos e vereadores**. Aqui se deve fazer uma observação: as novas condutas referentes às finanças públicas inseridas neste art. 1º não constituem infrações político-administrativas a serem julgadas em juízo político pela Câmara de Vereadores, mas sim verdadeiros crimes de natureza penal, de ação penal pública, processados e julgados pelo Poder Judiciário e punidos com pena de detenção, de três meses a três anos, perda do cargo e inabilitação, pelo prazo de cinco anos, para o exercício de cargo ou função pública, eletivo ou de nomeação, sem prejuízo da reparação civil do dano causado ao patrimônio público ou particular, como expressamente estabelece o art. 1º, *caput* e § 2º. Por sua vez, é o art. 4º do Decreto-lei nº 201/1967 que veicula as "infrações político-administrativas dos Prefeitos Municipais sujeitas ao julgamento pela Câmara dos Vereadores e sancionadas com a cassação do mandato".

A nomenclatura desejável é aquela consagrada no Decreto-lei nº 201/1967, que reserva a denominação de "crime de responsabilidade" apenas para **condutas delituosas penais**, a serem julgadas pelo Judiciário, em contraposição às infrações político-administrativas dos Prefeitos Municipais, sujeitas a *julgamento político* pela Câmara de Vereadores e com pena política, isto é, a cassação do mandato. Como o Decreto-lei nº 201/1967 é 17 anos posterior à Lei nº 1.079/1950, pôde corrigir a equivocidade da denominação da década de 1950, a qual chama de *crime de responsabilidade* aquilo que não é propriamente crime, mas sim infração político-administrativa, com pena também política.

Os crimes do Prefeito relacionados às finanças públicas encontram-se previstos nos incisos XVI a XXIII, assim redigidos: XVI – deixar de ordenar a redução do montante da dívida consolidada, nos prazos estabelecidos em lei, quando o montante ultrapassar o valor resultante da aplicação do limite máximo fixado pelo Senado Federal; XVII – ordenar ou autorizar a abertura de crédito em desacordo com os limites estabelecidos pelo Senado Federal, sem fundamento na lei orçamentária ou na de crédito adicional ou com inobservância de prescrição legal; XVIII – deixar de promover ou de ordenar, na forma da lei, o cancelamento, a amortização ou a constituição de reserva para anular os efeitos de operação de crédito realizada com inobservância de limite, condição ou montante estabelecido em lei; XIX – deixar de promover ou de ordenar a liquidação integral de operação de crédito por antecipação de receita orçamentária, inclusive os respectivos juros e demais encargos, até o encerramento do exercício financeiro; XX – ordenar ou autorizar, em desacordo com a lei, a realização de operação de crédito com qualquer um dos demais entes da Federação, inclusive suas entidades da administração indireta, ainda que na forma de novação, refinanciamento ou postergação de dívida contraída anteriormente; XXI – captar recursos a título de antecipação de receita de tributo ou contribuição cujo fato gerador ainda não tenha ocorrido; XXII – ordenar ou autorizar a destinação de recursos provenientes da emissão de títulos para finalidade diversa da prevista na lei que a autorizou; XXIII – realizar ou receber transferência voluntária em desacordo com limite ou condição estabelecida em lei.

Importante esclarecer que, em determinados casos, encontramos um aparente conflito de normas penais entre as previsões do Código Penal e as do Decreto-Lei nº 201/1967. Assim é que o art. 359-D do Código Penal tipifica como crime o *ato de ordenar despesa não autorizada em lei*, o que também é feito pelo inciso V do art. 1º do Decreto-Lei nº 201/1967, havendo, entretanto, punições distintas para a mesma infração nos referidos diplomas. Neste caso, resolve-se o pseudoconflito através do princípio da especialidade, que impõe a aplicação da norma específica ao caso, independentemente de as punições serem diversas, mais ou menos brandas. Portanto, como o Decreto-Lei nº 201/1967 é uma norma específica para Prefeitos, a norma aplicável a eles será esta e não as disposições do Código Penal, que é norma geral.[8]

14.5. DOS ATOS DE IMPROBIDADE ADMINISTRATIVA

Improbidade é a ausência da qualidade de probidade, que deságua na desonestidade. Pode-se conceituar o ato de improbidade administrativa como sendo aquele praticado por agente público responsável por recursos públicos, em violação à lei, aos bons costumes, à ética e à moral, capaz de gerar seu enriquecimento ilícito, lesão ao erário ou violação aos deveres de honestidade, imparcialidade, legalidade e lealdade às instituições. O princípio da moralidade administrativa e a probidade administrativa se relacionam. Aquele é gênero, do qual a probidade administrativa é espécie.[9]

A **Lei nº 8.429/1992** (alterada pela Lei nº 14.230/2021), referida no art. 73 da LRF, apresenta as sanções pessoais ao agente público por atos de **improbidade administrativa**. Esta lei dispõe sobre as sanções aplicáveis aos agentes públicos nos casos de **enriquecimento ilícito**, de **dano ao erário** e de **atentado contra os princípios da Administração Pública** que violam a probidade na organização do Estado e no exercício de suas funções e a integridade do patrimônio público e social dos Poderes Executivo, Legislativo e Judiciário, bem como da administração direta e indireta, no âmbito da União, dos Estados, dos Municípios e do Distrito Federal. Estão, também, sujeitos às penalidades desta lei os atos de improbidade praticados contra o patrimônio de entidade privada que receba subvenção, benefício ou incentivo, fiscal ou creditício, de entes públicos ou governamentais, bem como praticados contra o patrimônio de entidade privada para cuja criação ou custeio o erário haja concorrido ou concorra no seu patrimônio ou receita atual, limitado o ressarcimento de prejuízos, nesse caso, à repercussão do ilícito sobre a contribuição dos cofres públicos.

Para esta norma, consideram-se **agente público**, o agente político, o servidor público e todo aquele que exerce, ainda que transitoriamente ou sem remuneração, por eleição, nomeação, designação, contratação ou qualquer outra forma de investidura ou vínculo, mandato, cargo, emprego ou função em qualquer das entidades mencionadas no diploma legal, sendo, inclusive, aplicável àquele que, mesmo não sendo agente público, induza ou concorra dolosamente para a prática do ato de improbidade.

Segundo a referida lei, há três gêneros de atos de improbidade administrativa: a) os que importam enriquecimento ilícito (art. 9º); b) os que causam prejuízo ao erário (art. 10); c) os que atentam contra os princípios da Administração Pública (art. 11).

---

[8] SANTANA, Eduardo Jair. *Os Crimes de Responsabilidade Fiscal Tipificados pela Lei nº 10.028/2000 e a Responsabilidade Pessoal do Administrador Público*. São Paulo: NDJ, 2001. p. 45.

[9] ROCHA, César Asfor. *Breves Reflexões Críticas sobre a Ação de Improbidade Administrativa*. Ribeirão Preto: Migalhas, 2012. p. 7.

Independentemente das sanções políticas, penais, civis e administrativas previstas na legislação específica, o responsável pelo ato de improbidade ficará sujeito às sanções previstas na própria Lei nº 8.429/1992, que podem ser aplicadas, isolada ou cumulativamente, de acordo com a gravidade do fato.

Os **atos de improbidade administrativa que importam enriquecimento ilícito** descritos nos incisos I a XII do art. 9º da lei são punidos, independentemente das sanções penais, civis e administrativas, com a perda dos bens ou valores acrescidos ilicitamente ao patrimônio, perda da função pública, suspensão dos direitos políticos até 14 (catorze) anos, pagamento de multa civil equivalente ao valor do acréscimo patrimonial e proibição de contratar com o poder público ou de receber benefícios ou incentivos fiscais ou creditícios, direta ou indiretamente, ainda que por intermédio de pessoa jurídica da qual seja sócio majoritário, pelo prazo não superior a 14 (catorze) anos (art. 12, inciso I).

Os **atos de improbidade administrativa que causam prejuízo ao erário** descritos nos incisos I a XXII do art. 10 da lei (com revogação dos incisos XXI pela Lei nº 14.230/2021) são punidos, independentemente das sanções penais, civis e administrativas, com a perda dos bens ou valores acrescidos ilicitamente ao patrimônio, se concorrer esta circunstância, perda da função pública, suspensão dos direitos políticos até 12 (doze) anos, pagamento de multa civil equivalente ao valor do dano e proibição de contratar com o poder público ou de receber benefícios ou incentivos fiscais ou creditícios, direta ou indiretamente, ainda que por intermédio de pessoa jurídica da qual seja sócio majoritário, pelo prazo não superior a 12 (doze) anos (art. 12, inciso II).

Os **atos de improbidade administrativa que atentam contra os princípios da Administração Pública** descritos nos incisos I a XII do art. 11 (com revogação dos incisos I, II, IX e X pela Lei nº 14.230/2021) da lei são punidos, independentemente das sanções penais, civis e administrativas, com pagamento de multa civil de até 24 (vinte e quatro) vezes o valor da remuneração percebida pelo agente e proibição de contratar com o poder público ou de receber benefícios ou incentivos fiscais ou creditícios, direta ou indiretamente, ainda que por intermédio de pessoa jurídica da qual seja sócio majoritário, pelo prazo não superior a 4 (quatro) anos (art. 12, inciso III).

Finalmente, a ressalva feita pelo art. 21 dispõe que a aplicação das sanções previstas na lei independe: I – da efetiva ocorrência de dano ao patrimônio público, salvo quanto à pena de ressarcimento e às condutas previstas no art. 10 da Lei de Improbidade (atos de improbidade administrativa que causam prejuízo ao erário); II – da aprovação ou rejeição das contas pelo órgão de controle interno ou pelo Tribunal ou Conselho de Contas.

14.6. DAS INFRAÇÕES ADMINISTRATIVAS

A Lei nº 10.028/2000, além de alterar o Código Penal, para inserir os crimes contra as finanças públicas e alterar a Lei de Crimes de Responsabilidade (Lei nº 1.079/1950 e Decreto-Lei nº 201/1967), ainda estabelece genericamente a infração administrativa contra as leis de finanças públicas, que é processada e julgada pelo Tribunal de Contas a que competir a fiscalização contábil, financeira e orçamentária da pessoa jurídica de direito público envolvida.

Neste sentido, dispõe o art. 5º da Lei nº 10.028/2000 que a infração administrativa contra as leis de finanças públicas, punida com multa de responsabilidade pessoal de 30% dos vencimentos anuais do agente que lhe der causa, contempla as seguintes condutas: I – deixar de divulgar ou de enviar ao Poder Legislativo e ao Tribunal de Contas o relatório de gestão fiscal, nos prazos e condições estabelecidos em lei; II – propor lei de diretrizes orçamentárias anual que não contenha as metas fiscais na forma da lei; III – deixar de expedir ato determinando limitação de empenho e movimentação financeira, nos casos e condições estabelecidos em lei; IV – deixar de ordenar ou de promover, na forma e nos prazos da lei, a execução de medida para a redução do montante da despesa total com pessoal que houver excedido a repartição por Poder do limite máximo.

BIBLIOGRAFIA

ABRAHAM, Marcus. *Lei de Responsabilidade Fiscal comentada.* 2. ed. Rio de Janeiro: Forense, 2017.

ABRAHAM, Marcus. *As emendas constitucionais tributárias e os 20 anos da Constituição Federal de 1988.* São Paulo: Quartier Latin, 2009.

ABRAHAM, Marcus. *Common Law* e os precedentes vinculantes na jurisprudência tributária. *Revista Nomos*, v. 34, n. 1, jan./jun. 2014.

ABRAHAM, Marcus. *O planejamento tributário e o direito privado.* São Paulo: Quartier Latin, 2007.

ABRAHAM, Marcus; PEREIRA, Vítor Pimentel (Org.). *Orçamento Público no Direito Comparado.* São Paulo: Quartier Latin, 2015.

ADAMS, Charles. *For Good and Evil*: the impact of taxes in the course of civilization. New York: Madison Books, 1993.

AFONSO, José Roberto Rodrigues; NÓBREGA, Marcos. Comentários ao art. 48, incisos I e II. *In:* CANOTILHO, J. J. Gomes [et al.]. *Comentários à Constituição do Brasil.* São Paulo: Saraiva/Almedina, 2013. Edição eletrônica.

ALEXANDRE, Ricardo. *Direito tributário esquematizado.* 3. ed. São Paulo: Método, 2009.

ALEXY, Robert. *Teoría de los derechos fundamentales.* Madrid: Centro de Estudios Políticos y Constitucionales, 2001.

ALEXY, Robert. Sistema jurídico, principios jurídicos y razón práctica. *Doxa*, nº 5, 1988.

ALMEIDA, Fernanda Dias Menezes de. Comentários à Constituição. *In:* CANOTILHO, J. J. Gomes [et al.] (Org.).*Comentários à Constituição do Brasil.* São Paulo: Saraiva/Almedina, 2013. Edição eletrônica.

ALMIRO, Affonso. *Questões de técnica e de direito financeiro.* Rio de Janeiro: Edições Financeiras, 1957.

ALVES, Benedito Antonio; GOMES, Sebastião Edilson; AFFONSO, Antonio Geraldo. *Lei de Responsabilidade Fiscal comentada e anotada.* 4. ed. São Paulo: Juarez de Oliveira, 2002.

ALVES, Eliana Calmon. A Decisão Judicial e a Decisão do Tribunal de Contas: independência das instâncias administrativas, cível e penal. *Revista Ibero-Americana de Direito Público*, v. 4, n. 11, 2003.

ALTAMIRANO, Alejandro C. *Derecho Tributario*: parte general. Buenos Aires: Marcial Pons Argentina, 2012.

AMARO, Luciano. *Direito tributário brasileiro.* 14. ed. São Paulo: Saraiva, 2008.

AMATUCCI, Andrea; GARCIA, Eusebio González. El Concepto de Tributo. *In:* AMATUCCI, Andrea (Dir.). *Tratado de Derecho Tributario.* T. II. Bogotá: Temis, 2001.

AMED, Fernando José; NEGREIROS, Plínio José Labriola de Campos. *História dos Tributos no Brasil*. São Paulo: Sinafresp, 2000.

ARDANT, Gabriel. *Histoire de l'impôt*. França: Fayard, 1972.

ARENDT, Hannah. *O sistema totalitário*. Trad. Roberto Raposo. Lisboa: Dom Quixote, 1978.

ARISTÓTELES. *Ética a Nicômaco*. São Paulo: Martin Claret, 2002.

ASSONI FILHO, Sérgio. Democracia e controle social do orçamento público. *Revista Direito Administrativo, Contabilidade e Administração Pública*, São Paulo: IOB, v. 9, n. 11, nov. 2005.

ATALIBA, Geraldo. *Hipótese de Incidência Tributária*. 2. ed. São Paulo: Revista dos Tribunais, 1975.

ATALIBA, Geraldo. *Apontamentos de Ciência das Finanças*. Direito Financeiro e Tributário. São Paulo: Revista dos Tribunais, 1969.

ATALIBA, Geraldo. *Natureza Jurídica da Contribuição de Melhoria*. São Paulo: Revista dos Tribunais, 1964.

ÁVILA, Humberto. *Teoria dos princípios*. São Paulo: Malheiros, 2003.

BACELLAR FILHO, Romeu Felipe. Transferências Voluntárias na Lei de Responsabilidade Fiscal: Limites à Responsabilização Pessoal do Ordenador de Despesas por Danos Decorrentes da Execução de Convênio. *In:* CASTRO, Rodrigo Pironti Aguirre de (Coord.). *Lei de Responsabilidade Fiscal*: ensaios em comemoração aos 10 anos da Lei Complementar nº 101/2000. Belo Horizonte: Fórum, 2010.

BALEEIRO, Aliomar. *Uma introdução à ciência das finanças*. 15. ed. Rio de Janeiro: Forense, 1997.

BARBOSA, Rui. *Comentários à Constituição Federal brasileira*. São Paulo: Saraiva, 1933.

BARCELLOS, Ana Paula de. *A eficácia jurídica dos princípios constitucionais*: o princípio da dignidade da pessoa humana. Rio de Janeiro: Renovar, 2002.

BARCELLOS, Ana Paula de. Neoconstitucionalismo, direitos fundamentais e controle das políticas públicas. *In:* QUARESMA, Regina; OLIVEIRA, Maria Lucia de Paula; OLIVEIRA, Farlei Martins Riccio de (Orgs.). *Neoconstitucionalismo*. Rio de Janeiro: Forense, 2009.

BARCELLOS, Ana Paula de. Constitucionalização das políticas públicas em matéria de direitos fundamentais: o controle político-social e o controle jurídico no espaço democrático. *Revista de Direito do Estado*, n. 3, Rio de Janeiro, jul./set. 2006.

BARCELLOS, Ana Paula de. O mínimo existencial e algumas fundamentações: John Rawls, Michael Walzer e Robert Alexy. *In:* TORRES, Ricardo Lobo (Org.). *Legitimação dos Direitos Humanos*. Rio de Janeiro: Renovar, 2002.

BARROSO, Luís Roberto. *Curso de direito constitucional contemporâneo*: os conceitos fundamentais e a construção do novo modelo. São Paulo: Saraiva, 2009.

BARROSO, Luís Roberto. Da falta de efetividade à judicialização excessiva: direito à saúde, fornecimento gratuito de medicamentos e parâmetros para atuação judicial. *In:* SARMENTO, Daniel; SOUZA NETO, Claudio Pereira de (Coord.). *Direitos sociais*: fundamentos, judicialização e direitos sociais em espécie. Rio de Janeiro: Lumen Juris, 2008.

BARROSO, Luís Roberto. *Interpretação e aplicação da Constituição*: fundamentos de uma dogmática constitucional transformadora. 5. ed. São Paulo: Saraiva, 2003.

BARROSO, Luís Roberto. *O direito constitucional e a efetividade de suas normas*. 7. ed. Rio de Janeiro: Renovar, 1990.

BARROSO, Luís Roberto; BARCELLOS, Ana Paula de. O começo da história. A nova interpretação constitucional e o papel dos princípios no direito brasileiro. *Revista Interesse Público*, v. 5, nº 19, 2003, p. 51-80.

BASTOS, Celso. *Curso de direito financeiro e de direito tributário*. 5. ed. São Paulo: Saraiva, 1997.

BASTOS, Celso. *Por uma Nova Federação*. São Paulo: Revista dos Tribunais, 1995.

BELSUNCE, Horacio A. García. *La ciencia de las finanzas públicas y la actividad financiera del Estado*. *In:* BELSUNCE, Horacio A. García (Coord.). *Tratado de Tributación*, Tomo I. Derecho Tributario, vol. I. Buenos Aires: Astrea, 2003.

BIRD, Richard. *The Growth of Government Spending in Canada*. Canadian Tax Papers. Toronto: Canadian Tax Foundation, v. 51, 1970. p. 70.

BLIACHERIENE, Ana Carla. Orçamento Impositivo à Brasileira. *In:* HORVATH, Estevão; CONTI, José Maurício; SCAFF, Fernando Facury (Org.). *Direito Financeiro, Econômico e Tributário*: Estudos em Homenagem a Regis Fernandes de Oliveira. São Paulo: Quartier Latin, 2014.

BLIACHERIENE, Ana Carla. *Controle da Eficiência do Gasto Orçamentário*. Belo Horizonte: Fórum, 2016.

BLUNTSCHLI, Johann Kaspar. *The theory of the State*. Oxford: Clarendon Press, 1895.

BONAVIDES, Paulo. *Curso de direito constitucional*. 13. ed. São Paulo: Malheiros, 2003.

BONAVIDES, Paulo. *Do Estado liberal ao Estado social*. São Paulo: Malheiros, 1996.

BONAVIDES, Paulo; MIRANDA, Jorge; AGRA, Walber de Moura. *Comentários à Constituição Federal de 1988*. Rio de Janeiro: Forense, 2009.

BORGES, José Souto Maior. *Introdução ao direito financeiro*. São Paulo: Max Limonad, 1998.

BOTEY, Luis Emilio Cuenca; CÉLÉRIER, Laure. Participatory Budgeting at a community level in Porto Alegre: a Bourdieusian interpretation. *Accounting, Auditing & Accountability Journal*, vol. 28, n. 5, 2015.

BRASIL. Câmara dos Deputados e Comissão de fiscalização e controle. *Cartilha de fiscalização financeira e controle*: um manual de exercício da cidadania. 8. ed. Brasília: Câmara dos Deputados, 2017.

BRASIL. *Decretos do Governo Provisório da República dos Estados Unidos do Brazil*. Primeiro fascículo (de 1 a 31 de janeiro de 1891). Decreto nº 1.232-H, de 2 de janeiro de 1891. Rio de Janeiro: Imprensa Nacional, 1891.

BRASIL. Ministério da Educação. Portaria nº 1.886/94. Disponível em: <http://www.oab.org.br/visualizador/20/legislacao-sobre-ensino-juridico>. Acesso em: 15/12/2022.

BRASIL. Ministério da Fazenda. Escola de Administração Fazendária. *Educação fiscal no contexto social*: Programa Nacional de Educação Fiscal. 4. ed. Brasília: ESAF, 2009.

BRASIL. Ministério da Fazenda. Secretaria do Tesouro Nacional. *Receitas públicas*: manual de procedimentos: aplicado à União, Estados, Distrito Federal e Municípios. Brasília: Secretaria do Tesouro Nacional, Coordenação-Geral de Contabilidade, 2004.

BRASIL. Ministério da Economia. Secretaria de Orçamento Federal. *Manual técnico de orçamento MTO 2023*. Brasília, 2022.

BRASIL. Secretaria da Receita Federal. *Um perfil da Administração Tributária*. Resp. Andréa Teixeira Lemgruber. Brasília: Escola da Administração Fazendária, 1995.

BRITTO, Carlos Ayres. O regime constitucional dos Tribunais de Contas. *In:* SANTI, Eurico Marcos Diniz de (Coord.). *Curso de direito tributário e finanças públicas.* São Paulo: Saraiva, 2008.

BUCHANAN, James. *Public finance in democratic process:* fiscal institutions and individual choice. Indianapolis: Liberty Fund, 1999.

BUCHANAN. *The limits of liberty.* Chicago: The University of Chicago Press, 1975.

BUJANDA, Fernando Sainz de. *Hacienda y derecho.* Madrid: Instituto de Estudios Políticos, 1962, v. 1.

CALIENDO, Paulo. Comentários ao art. 150, V. *In:* CANOTILHO, J. J. Gomes [et al.] (Org.). *Comentários à Constituição do Brasil.* São Paulo: Saraiva/Almedina, 2013. Edição eletrônica.

CÂMARA, Maurício Paz Saraiva. *Uma análise sobre algumas causas da rigidez orçamentária após a Constituição de 1988.* Monografia (Especialização) – Instituto Serzedello Corrêa, do Tribunal de Contas da União, Centro de Formação, Treinamento e Aperfeiçoamento (Cefor), da Câmara dos Deputados e Universidade do Legislativo Brasileiro (Unilegis), do Senado Federal, Curso de Especialização em Orçamento Público, Brasília, 2008.

CAMARGO, Guilherme Bueno de. A Guerra Fiscal e seus efeitos: Autonomia *x* Centralização. *In:* CONTI, José Maurício (Org.). *Federalismo Fiscal.* Barueri: Manole, 2004.

CAMPOS, Carlos Alexandre de Azevedo. *Estado de coisas inconstitucional.* Salvador: JusPodivm, 2016.

CAMPOS, Dejalma de. *Direito financeiro e orçamentário.* 3. ed. São Paulo: Atlas, 2005.

CAMPOS, Diogo Leite de. Por uma Evolução Fiscal na Conjuntura: Direito Português. *In:* MARTINS, Ives Gandra da Silva; POSIN, João Bosco Coelho (Org.). *Direito Financeiro e Tributário Comparado.* Estudos em Homenagem a Eusebio Gonzáles García. São Paulo: Saraiva, 2014.

CANOTILHO, José Joaquim Gomes. *Direito constitucional e teoria da Constituição.* 5. ed. Coimbra: Almedina, 1998.

CANOTILHO, José Joaquim Gomes. A lei do orçamento na teoria da lei. *Boletim da Faculdade de Direito* – Estudos em homenagem ao Prof. Dr. J. J. Teixeira Ribeiro. Coimbra: Universidade de Coimbra, 1979.

CARVALHO, Carlos Eduardo; SILVA, Glauco Peres da. Referenciais teóricos para desenvolver instrumentos de avaliação do Orçamento Participativo. *Nova economia,* Belo Horizonte, v. 16, n. 3, set./dez. 2006.

CARVALHO, Paulo de Barros. *Curso de direito tributário.* 16. ed. São Paulo: Saraiva, 2004.

CARVALHO, Vanessa Cerqueira Reis de. Transparência Fiscal. *Revista de Direito da Procuradoria Geral do Estado do Rio de Janeiro,* n. 54, Rio de Janeiro, 2001.

CASTRO, Rodrigo Pironti Aguirre de. *Sistema de controle interno:* uma perspectiva do modelo de gestão pública gerencial. 2. ed. Belo Horizonte: Fórum, 2008.

CATARINO, João Ricardo. *Finanças Públicas e Direito Financeiro.* 3. ed. Coimbra: Almedina, 2016.

CATARINO, João Ricardo. *Redistribuição Tributária:* Estado Social e Escolha Individual. Coimbra: Almedina, 2008.

CATARINO, João Ricardo. *Lições de Fiscalidade.* Vol. I. 4. ed. Coimbra: Almedina, 2015.

CAVALCANTI, Márcio Novaes. *Fundamentos da Lei de Responsabilidade Fiscal.* São Paulo: Dialética, 2011.

COÊLHO, Sacha Calmon Navarro. *Curso de Direito Tributário Brasileiro*. 7. ed. Rio de Janeiro: Forense, 2004.

COÊLHO, Sacha Calmon Navarro. *Comentários à Constituição de 1988*. 7. ed. Rio de Janeiro: Forense, 1998.

CONTI, José Maurício. *Levando o Direito Financeiro a sério*. São Paulo: Blucher, 2016.

CONTI, José Maurício. *Orçamentos Públicos* – a Lei 4.320/1964 comentada. 2. ed. São Paulo: Revista dos Tribunais, 2010.

CONTI, José Maurício; PINTO, Élida Graziane. Lei dos orçamentos públicos completa 50 anos de vigência. *Revista Consultor Jurídico*, 17 de março de 2014. Disponível em: <http://www.conjur.com.br/2014-mar-17/lei-orcamentos-publicos-completa-50-anos-vigencia> Acesso em: 15/12/2022.

CONTI, José Maurício. *Federalismo Fiscal*. Barueri: Manole, 2004.

CONTI, José Maurício. *Federalismo fiscal e fundos de participação*. São Paulo: Juarez de Oliveira, 2001.

COSTA, José Manuel M. Cardoso da. *Curso de Direito Fiscal*. Coimbra: Almedina, 1970.

CRUZ, Flávio. Comentários sobre a reforma orçamentária de 1988. *Revista de Contabilidade "Vista & Revista"*, v. 4, n. 1, fev. 1992.

CRUZ, Flávio (Coord.). *Comentários à Lei nº 4.320*. 4. ed. São Paulo: Atlas, 2006.

DALLARI, Adilson de Abreu. Orçamento impositivo. *In:* CONTI, José Maurício; SCAFF, Fernando Facury (Coords.). *Orçamentos públicos e direito financeiro*. São Paulo: Revista dos Tribunais, 2011.

DALLARI, Dalmo de Abreu. *Direitos humanos e cidadania*. São Paulo: Moderna, 1998.

D'AMATI, Nicola. El Derecho Tributario. *In:* AMATUCCI, Andrea (Dir.). *Tratado de Derecho Tributario*. T. I. Bogotá: Temis, 2001.

DEL VECCHIO, Giorgio. *Lições de Filosofia do Direito*. 5. ed. Coimbra: Arménio Amado, 1979.

DEODATO, Alberto. *Manual de ciência das finanças*. 10. ed. São Paulo: Saraiva, 1967.

DIAS, Marcia Ribeiro. *Sob o signo da vontade popular*: o orçamento participativo e o dilema da Câmara Municipal de Porto Alegre. Belo Horizonte: UFMG; Rio de Janeiro: IUPERJ, 2002.

DÍAZ, Vicente Oscar. El carácter extrafiscal de la tributación y la imposición medioambiental. *In:* DÍAZ, Vicente O. (Coord.). *Tratado de Tributación*. Tomo II. Política y Economía Tributaria. Vol. I. Buenos Aires: Astrea, 2004.

DI PIETRO, Maria Sylvia Zanella. *Direito administrativo*. 4. ed. São Paulo: Atlas, 1994.

DÓRIA, Antônio Roberto Sampaio. *Direito constitucional tributário e o due process of law*. 2. ed. Rio de Janeiro: Forense, 1986.

DÓRIA, Antônio Roberto Sampaio. *Discriminação de Rendas Tributárias*. São Paulo: José Bushatsky, 1972.

DÓRIA, Antônio Roberto Sampaio. *Da Lei Tributária no tempo*. São Paulo: Obelisco, 1968.

DUARTE, Tiago. *A lei por detrás do orçamento*: a questão constitucional da lei do orçamento. Coimbra: Almedina, 2007.

DUPÂQUIER, Jacques; LACHIVER, Marcel. *Les temps modernes*. 4. ed. Paris: Bordas, 1970.

DUVERGER, Maurice. *Institutions financières*. Paris: Presses Universitaires de France, 1960.

DWORKIN, Ronald. *Taking rights seriously*. Cambridge: Massachusetts: Harvard University, 1978.

DWORKIN, Ronald. *The model of rules*. Chicago: University of Chicago Law Review, 1967.

ESPÍNDOLA, Ruy Samuel. *Conceito de princípios constitucionais*: elementos teóricos para uma formulação dogmática constitucionalmente adequada. 1. ed. 2. tir. São Paulo: Revista dos Tribunais, 1999.

FABRETTI, Láudio Camargo. *Contabilidade tributária*. 5. ed. São Paulo: Atlas, 1999.

FAGUNDES, Miguel Seabra. *O Controle dos Atos Administrativos pelo Poder Judiciário*. 4. ed. Rio de Janeiro: Forense, 1967.

FARIAS, Lindbergh. *Royalties do Petróleo*: as regras do jogo. Rio de Janeiro: Agir, 2011.

FAVEIRO, Vítor António Duarte. *O Estatuto do Contribuinte: a pessoa do contribuinte no Estado Social de Direito*. Coimbra: Coimbra Editora, 2002.

FERRAZ JR., Tércio Sampaio. Guerra Fiscal, Fomento e Incentivo na Constituição Federal. *In:* SCHOUERI, Luis Eduardo (Coord.). *Direito tributário*: estudos em Homenagem a Brandão Machado. São Paulo: Dialética, 1998.

FERREIRA, Aurélio Buarque de Holanda. *Novo Dicionário Aurélio da Língua Portuguesa*. 3. ed. Curitiba: Positivo, 2004

FERREIRA, Sérgio Guimarães. Guerra Fiscal ou Corrida ao Fundo do Tacho? *INFORME – Boletim da Secretaria de Assuntos Fiscais do BNDES*, n. 4, Rio de Janeiro, jan. 2000.

FERREIRA FILHO, Manoel Gonçalves. *Curso de Direito Constitucional*. 31. ed. São Paulo: Saraiva, 2005.

FERREIRA FILHO, Manoel Gonçalves. *Direitos Humanos Fundamentais*. 5. ed. rev. São Paulo: Saraiva, 2002.

FIGUEIREDO, Carlos Mauricio; NÓBREGA, Marcos. *Responsabilidade fiscal*: Aspectos polêmicos. Belo Horizonte: Fórum, 2006.

FONROUGE, Carlos María Giuliani. *Derecho financiero*. 3. ed. Buenos Aires: Depalma, 1976.

FRIEDMAN, Milton. *Capitalism and freedom*. Chicago: the University of Chicago, 2002.

GALDINO, Flávio. *Introdução à Teoria dos Custos dos Direitos*: direitos não nascem em árvores. Rio de Janeiro: Lumen Juris, 2005.

GASPARINI, Diógenes. *Direito Administrativo*. 4. ed. São Paulo: Saraiva, 1995.

GIACOMONI, James. *Orçamento público*. 13. ed. São Paulo: Atlas, 2005.

GIANNINI, Achile Donato. *Istituzioni di diritto tributario*. 8. ed. Milano: Giuffrè, 1960.

GODOY, Arnaldo Sampaio de Moraes. *História da Tributação no Período Joanino* (Brasil – 1808-1821). Brasília: Esaf, 2008.

GOLDFRANK, Benjamin. Lessons from Latin America's Experience with Participatory Budgeting. *In:* SHAH, Anwar. (Ed.). *Participatory budget*. Washington, D.C.: World Bank, 2007.

GOMES, Emerson Cesar da Silva. Fundamentos das Transferências Intergovernamentais. *Direito Público*, v. 1, n. 27, mai./jun. 2009.

GOMES, Emerson Cesar da Silva. *Responsabilidade financeira*: uma teoria sobre a responsabilidade no âmbito dos tribunais de contas. Porto Alegre: Núria Fabris, 2012.

GRECO, Marco Aurélio. *Contribuições*: uma figura *sui generis*. São Paulo: Dialética, 2000.

GRIZIOTTI, Benvenuto. *Principios de ciencia de las finanzas*. Trad. Dino Jarach. Buenos Aires: Depalma, 1950.

HABERMAS, Jürgen. *Democracia e direito*: entre facticidade e validade. Rio de Janeiro: Tempo Brasileiro, 1997.

HANSEN, Alvin H. *Business cycles and fiscal policy*. New York: W.W. Norton & Company, 1941.

HARADA, Kiyoshi. *Direito financeiro e tributário*. 9. ed. São Paulo: Atlas, 2002.

HARADA, Kiyoshi. Orçamento anual – processo legislativo. *Consulex*, Brasília, n. 118, 2001.

HAYEK, Friedrich A. *The Pure Theory of Capital*. Auburn: Ludwig von Mises Institute, 2009.

HAYEK, Friedrich A. Individualism and economic order. Chicago: The University of Chicago, 1958.

HELLER, Herman. *Teoría del Estado*. Trad. Luis Tobío. México D.F.: Fondo de Cultura Económica, 1971.

HOLMES, Stephen; SUNSTEIN, Cass R. *The Cost of Rights*: Why Liberty Depends on Taxes. Nova Iorque: W. W. Norton & Company, 1999.

HORTA, Raul Machado. *Estudos de Direito Constitucional*. Belo Horizonte: Del Rey, 1995.

HORVATH, Estevão. Direito Financeiro versus Direito Tributário. Uma Dicotomia Desnecessária e Contraproducente. *In:* HORVATH, Estevão; CONTI, José Maurício; SCAFF, Fernando Facury (Org.). *Direito Financeiro, Econômico e Tributário*: Estudos em Homenagem a Regis Fernandes de Oliveira. São Paulo: Quartier Latin, 2014.

IVO, Gabriel. Lei orçamentária anual: não remessa para sanção, no prazo constitucional, do projeto de lei. *In:* MOREIRA FILHO, Aristóteles; LÔBO, Marcelo Jatobá (Coord.). *Questões controvertidas em matéria tributária*: uma homenagem ao professor Paulo de Barros Carvalho. Belo Horizonte: Fórum, 2004.

JARACH, Dino. *El hecho imponible*. Buenos Aires: Abeledo-Perrot, 1971.

JELLINEK, Georg. *Teoría general del Estado*. Trad. Fernando de los Ríos. Buenos Aires: Albatros, 1981.

JOINT ASSOCIATION OF CLASSICAL TEACHERS. *The World of Athens*. Cambrigde: Cambridge University, 2003.

JUANO, Manoel de. Tributación sobre el valor agregado. Buenos Aires: Victor P. Zavalia, 1975, apud Meirelles, José Ricardo. *Impostos indiretos no Mercosul e integração*. São Paulo: LTr, 2000.

JUSTEN FILHO, Marçal. *Curso de Direito Administrativo*. São Paulo: Saraiva, 2005.

KANAYAMA, Rodrigo Luís. *Orçamento Público*: Execução da despesa pública, transparência e responsabilidade fiscal. Rio de Janeiro: Lumen Juris, 2016.

KAUFMANN, Mateo. *El equilibro del presupuesto*. Madrid: Derecho Financiero, 1964.

KELSEN, Hans. *Teoria Geral do Direito e do Estado*. Trad. Luís Carlos Borges. São Paulo: Martins Fontes, 2000.

KELSEN, Hans. *O que é justiça?* São Paulo: Martins Fontes, 1998.

KELSEN, Hans. *A democracia*. São Paulo: Martins Fontes, 1993.

KELSEN, Hans. *O problema da justiça*. São Paulo: Martins Fontes, 1993.

KEYNES, John Maynard. *The General Theory of Employment, Interest and Money*. San Diego: Harcourt, Brace, Jovanovich, 1964.

KOHAMA, Heilio. *Contabilidade Pública* – Teoria e Prática. 6. ed. São Paulo: Atlas, 1998.

LEWANDOWSKI, Enrique Ricardo. Comentários ao art. 34. *In:* CANOTILHO, J. J. Gomes [et al.]. *Comentários à Constituição do Brasil*. São Paulo: Saraiva/Almedina, 2013. Edição eletrônica.

LEWANDOWSKI, Enrique Ricardo. *Pressupostos materiais e formais da intervenção federal no Brasil*. São Paulo: Revista dos Tribunais, 1994.

LIMA, Edilberto Carlos Pontes. *Curso de finanças públicas*: uma abordagem contemporânea. São Paulo: Atlas, 2015.

LIMA, Edilberto Carlos Pontes. Algumas Observações sobre Orçamento Impositivo. *Planejamento e Políticas Públicas* – PPP, n. 26, jun./dez. 2003.

LIMA, Luiz Henrique. *Controle externo*: teoria, jurisprudência e mais 500 questões. 4. ed. Rio de Janeiro: Elsevier, 2011.

LIMA, Luiz Henrique. O Controle da Responsabilidade Fiscal e os Desafios para os Tribunais de Contas em Tempos de Crise. *In:* LIMA, Luiz Henrique; OLIVEIRA, Weder de; CAMARGO, João Batista (Coord.). *Contas Governamentais e Responsabilidade Fiscal*: Desafios para o Controle Externo. Belo Horizonte: Fórum, 2018.

LINO, Pedro. *Comentários à Lei de Responsabilidade Fiscal*. São Paulo: Atlas, 2001.

LOBO, Rogério Leite. *Federalismo Fiscal Brasileiro*: discriminação das rendas tributárias e centralidade normativa. Rio de Janeiro: Lumen Juris, 2006.

LOUREIRO, Maria Rita. *O Controle do Endividamento Público no Brasil*: uma Perspectiva Comparada com os Estados Unidos. Rio de Janeiro: FGV – Núcleo de Pesquisas e Publicações, 2003.

MACHADO, Hugo de Brito. *Curso de Direito Tributário*. 29. ed. São Paulo: Malheiros, 2008.

MACHADO, Hugo de Brito. *Os princípios jurídicos da tributação na Constituição de 1988*. 3. ed. São Paulo: Revista dos Tribunais, 1994.

MAGNETTE, Paul. *Citizenship*: The History of an Idea. Colchester: ECPR, 2005.

MALBERG, R. Carré de. *Contribution à la théorie générale de l'État*. Tome Premier. Paris: Recueil Sirey, 1920.

MALUF, Sahid. *Teoria geral do Estado*. 23. ed. São Paulo: Saraiva, 1995.

MARTÍNEZ, Pedro Soares. *Direito Fiscal*. 10. ed. Coimbra: Almedina, 2003.

MARTÍNEZ, Pedro Soares. *Elementos para um Curso de Direito Fiscal*. Lisboa: Centro de Estudos da Direcção-Geral das Contribuições e Impostos do Ministério das Finanças, 1971.

MARX, Karl. *O Capital*: crítica da economia política. Vol. 1. Tomo 1. Trad. Regis Barbosa e Flávio Kothe. 2. ed. São Paulo: Nova Cultural, 1985.

MARTINS, Ives Gandra da Silva. *Teoria da imposição tributária*. 2. ed. São Paulo: LTr, 1998.

MARTINS, Ives Gandra da Silva. Teoria da Imposição Tributária. *In:* MARTINS, Ives Gandra da Silva (Coord.). *Curso de Direito Tributário*. 2. ed. Belém: CEJUP, 1993.

MEDAUAR, Odete. *O controle da administração pública*. São Paulo: Revista dos Tribunais, 1993.

MEIRELLES, Hely Lopes. *Direito Municipal Brasileiro*. 6. ed. São Paulo: Malheiros, 1993.

MEIRELLES, Hely Lopes. *Direito Administrativo Brasileiro*. 14. ed. São Paulo: Revista dos Tribunais, 1989.

MEIRELLES, Hely Lopes. *Finanças municipais*. São Paulo: Revista dos Tribunais, 1979.

MELLO, Celso Antônio Bandeira de. *Curso de Direito Administrativo*. 26. ed. São Paulo: Malheiros, 2009.

MENDES, Gilmar Ferreira. Comentário ao art. 48. *In:* MARTINS, Ives Gandra da Silva; NASCIMENTO, Carlos Valder (Org.). *Comentários à Lei de Responsabilidade Fiscal*. 6. ed. São Paulo: Saraiva, 2012. Edição eletrônica.

MENDES, Gilmar Ferreira; COELHO, Inocêncio Mártires; BRANCO, Paulo Gustavo Gonet. *Curso de direito constitucional*. 4. ed. São Paulo: Saraiva, 2009.

MENDONÇA, Eduardo. *A constitucionalização das finanças públicas no Brasil* – devido processo orçamentário e democracia. Rio de Janeiro: Renovar, 2010.

MENDONÇA, Eduardo. Da faculdade de gastar ao dever de agir: o esvaziamento contramajoritário de políticas públicas. *In:* SARMENTO, Daniel; SOUZA NETO, Claudio Pereira de (Coords.). *Direitos sociais*: fundamentos, judicialização e direitos sociais em espécie. Rio de Janeiro: Lumen Juris, 2008.

MILL, John Stuart. *Principles of Political Economy with some of their Applications to Social Philosophy*. London: Longmans, Green and Co., 1848.

MIRANDA, Francisco Cavalcanti Pontes de. *Comentários à Constituição de 1967 com a Emenda n. 1 de 1969*. Tomo III. Rio de Janeiro: Forense, 1987.

MIRANDA, Gustavo Senna. *Princípio do juiz natural e sua aplicação na lei de improbidade administrativa*. São Paulo: Revista dos Tribunais, 2007.

MISES, Ludwig von. *A Critique of Interventionism*. Auburn: Ludwig von Mises Institute, 2011.

MISES, Ludwig von. *Ação humana*: um tratado de economia. São Paulo: Instituto Ludwig von Mises Brasil, 2010.

MORAES, Alexandre de. *Direito constitucional*. 15. ed. São Paulo: Atlas, 2004.

MORAES, Bernardo Ribeiro de. *Curso de direito tributário*: sistema tributário da Constituição de 1969. São Paulo: Revista dos Tribunais, 1973. v. 1.

MORAES, Bernardo Ribeiro de. *Doutrina e prática do imposto de indústrias e profissões*. São Paulo: Max Limonad, 1964.

MOREIRA NETO, Diogo de Figueiredo. *Curso de direito administrativo*. 14. ed. Rio de Janeiro: Forense, 2005.

MOREIRA NETO, Diogo de Figueiredo. Poder, organização política e Constituição: as relações de poder em evolução e seu controle. *In:* TORRES, Heleno Taveira (Coord.). *Direito e poder nas instituições e nos valores do público e do privado contemporâneos*. São Paulo: Manole, 2005.

MOREIRA NETO, Diogo de Figueiredo. *Considerações sobre a Lei de Responsabilidade Fiscal*. Rio de Janeiro: Renovar, 2001.

MOREIRA NETO, Diogo de Figueiredo. A Lei de Responsabilidade Fiscal e seus Princípios Jurídicos, *Revista de Direito Administrativo*, n. 221, jul./set. 2000.

MOREIRA NETO, Diogo de Figueiredo. Princípios da Licitação. *Boletim de Licitações e Contratos*, São Paulo, nº 9, 1995.

MOREIRA NETO, Diogo de Figueiredo. Repartição das Receitas Tributárias. *In:* MARTINS, Ives Gandra da Silva (Coord.). *A Constituição brasileira de 1988*: interpretações. Rio de Janeiro: Forense Universitária, 1988.

MOREIRA, Egon Bockmann; GRUPENMACHER, Betina Treiger; KANAYAMA, Rodrigo Luís; AGOTTANI, Diogo Zelak. *Precatórios*: o seu novo regime jurídico. São Paulo: Revista dos Tribunais, 2017.

MOURÃO, Licurgo; FERREIRA, Diogo Ribeiro; PIANCASTELLI, Sílvia Motta. *Controle Democrático da Administração Pública*. Belo Horizonte: Fórum, 2017.

MUSGRAVE, Richard; MUSGRAVE, Peggy. *Public finance in theory and practice*. 5th ed. New York: McGraw-Hill, 1989.

MUSGRAVE, Richard A. *The theory of public finance*. New York: McGrawHill, 1959, *apud* REZENDE, Fernando. *Finanças públicas*. São Paulo: Atlas, 1978.

NABAIS, José Casalta. *O dever fundamental de pagar impostos*. Coimbra: Almedina, 2004.

NABAIS, José Casalta. A face oculta dos direitos fundamentais: os deveres e os custos dos direitos. *Por uma Liberdade com Responsabilidade* – Estudos sobre Direitos e Deveres Fundamentais. Coimbra: Coimbra Editora, 2007.

NABAIS, José Casalta. *Direito Fiscal*. 7. ed. Coimbra: Almedina, 2012.

NADER, Paulo. *Filosofia do direito*. 5. ed. Rio de Janeiro: Forense, 1996.

NASCIMENTO, A. Theodoro. Preços, Taxas e Parafiscalidade. *In:* BALEEIRO, Aliomar (Coord.). *Tratado de Direito Tributário Brasileiro*. Volume VII. Rio de Janeiro: Forense, 1977.

NASCIMENTO, Carlos Valder do. *Curso de direito financeiro*. Rio de Janeiro: Forense, 1999.

NASCIMENTO, Edson Ronaldo; DEBUS, Ilvo. *Lei Complementar nº 101/2000*: entendendo a Lei de Responsabilidade Fiscal. 2. ed. Brasília: Editora do Tesouro Nacional, 2001.

NASCIMENTO, Leonardo do; CHERMAN, Bernardo. *Contabilidade pública*. Rio de Janeiro: Ferreira, 2007.

NASSUNO, Marianne. *Burocracia e participação*: a experiência do orçamento participativo em Porto Alegre, 2006. 253 f. Tese (Doutorado em Sociologia) – Instituto de Ciências Sociais, Universidade de Brasília, Brasília. 2006.

NEUMARK, Fritz. *Problemas económicos y financieros del Estado intervencionista*. Madrid: Editorial de Derecho Financiero, 1964.

NÓBREGA, Marcos. *Lei de Responsabilidade Fiscal e leis orçamentárias*. São Paulo: Juarez de Oliveira, 2002.

NOGUEIRA, Paulo Roberto Cabral. *Do Imposto sobre Produtos Industrializados*. São Paulo: Saraiva, 1981, p. 7-8, *apud* HARADA, Kiyoshi. *Direito financeiro e tributário*. 4. ed. São Paulo: Atlas, 1998.

NOGUEIRA, Roberto Wagner Lima. *Direito financeiro e justiça tributária*. Rio de Janeiro: Lumen Juris, 2004.

NOGUEIRA, Ruy Barbosa. *Direito Financeiro. Curso de Direito Tributário*. 3. ed. São Paulo: José Bushatsky, 1971.

NOVOA, César García. *El Concepto de Tributo*. Buenos Aires: Marcial Pons Argentina, 2012.

OLIVEIRA, José Marcos Domingues de. *Direito tributário e capacidade contributiva*. 2. ed. Rio de Janeiro: Renovar, 1988.

OLIVEIRA, José Marcos Domingues de. Contribuições sociais, desvio de finalidade e a dita reforma da previdência social brasileira. *Revista Dialética de Direito Tributário*, nº 108, São Paulo, setembro 2004.

OLIVEIRA, José Marcos Domingues de. O conteúdo da extrafiscalidade e o papel das Cides. Efeitos decorrentes da não utilização dos recursos arrecadados ou da aplicação em finalidade diversa. *Revista Dialética de Direito Tributário*, nº 131, São Paulo, agosto 2006.

OLIVEIRA, José Marcos Domingues de. *Direito tributário e meio ambiente*. 3. ed. Rio de Janeiro: Forense, 2007.

OLIVEIRA, José Marcos Domingues de. Federalismo fiscal brasileiro. *Revista Nomos*, Fortaleza, Universidade Federal do Ceará, v. 26, jan./jun. 2007.

OLIVEIRA, José Marcos Domingues de. O desvio de finalidade das contribuições e o seu controle tributário e orçamentário no direito brasileiro. *In:* OLIVEIRA, José Marcos Domingues de (Coord.). *Direito tributário e políticas públicas*. São Paulo: MP, 2008.

OLIVEIRA, Regis Fernandes de. *Curso de Direito Financeiro*. 6. ed. São Paulo: Revista dos Tribunais, 2014.

OLIVEIRA, Regis Fernandes de. *Curso de direito financeiro*. 2. ed. São Paulo: Revista dos Tribunais, 2008.

OLIVEIRA, Regis Fernandes de. *Responsabilidade Fiscal*. São Paulo: Revista dos Tribunais, 2001.

OLIVEIRA, Weder de. O equilíbrio das finanças públicas e a Lei de Responsabilidade Fiscal. *Revista Técnica dos Tribunais de Contas – RTTC*, Belo Horizonte, Fórum, 2010.

OLIVEIRA, Weder de. *Lei de Diretrizes* Orçamentárias: Gênese, Funcionalidade e Constitucionalidade. Belo Horizonte: Fórum, 2017.

OLIVEIRA, Weder de. *Curso de Responsabilidade Fiscal*: Direito, Orçamento e Finanças Públicas. Volume 1. Belo Horizonte: Fórum, 2015.

OPPENHEIMER, Franz. *L'État, ses origines, son évolution et son avenir*. Trad. M. W. Horn. Paris: M. Giard et E. Brière, 1913.

PANCRAZI, Laurent. *Le Principe de Sincérité Budgétaire*. Paris: L. Hartmann, 2012.

PAULSEN, Leandro. *Direito Tributário*: Constituição e Código Tributário à luz da doutrina e jurisprudência. 16. ed. Porto Alegre: Livraria do Advogado, 2014.

PEIXE, Blênio César Severo. *Finanças públicas*: controladoria governamental. Curitiba: Juruá, 2002.

PEREIRA, Caio Mário da Silva. *Instituições de direito civil*: direito das sucessões. v. 6. 20. ed. Rio de Janeiro: Forense, 2013.

PEREIRA, Manuel Henrique de Freitas. *Sustentabilidade das Finanças Públicas na União Europeia*. *In:* CATARINO, João Ricardo; TAVARES, José F. F.(Coord.). Finanças Públicas da União Europeia. Coimbra: Almedina, 2012.

PERELMAN, Chaïm. *Ética e direito*. São Paulo: Martins Fontes, 1996.

PERELMAN, Chaïm. *La lógica jurídica y la nueva retórica*. Madrid: Civitas, 1979.

PERELMAN, Chaïm. *Tratado da argumentação*: a nova retórica. São Paulo: Martins Fontes, 1996.

PERLINGEIRO, Ricardo. É a reserva do possível um limite à intervenção jurisdicional nas políticas públicas sociais? *Revista de Direito Administrativo Contemporâneo*, ano 1, v. 2, set./out. 2010.

PETTER, Lafayete Josué. *Direito Financeiro*. 6. ed. Porto Alegre: Verbo Jurídico, 2011.

PINHEIRO, Luís Felipe Valerim. Rumo ao Orçamento Impositivo. *In:* CONTI, José Maurício; SCAFF, Fernando Facury (Coords.). *Orçamentos públicos e direito financeiro*. São Paulo: Revista dos Tribunais, 2011.

PIRES, José Santo Dal Bem; MOTTA, Walmir Francelino. A evolução histórica do orçamento público e sua importância para a sociedade. *Revista Enfoque – Reflexão Contábil*, nº 2, v. 25, maio/ago. 2006.

PISCITELLI, Tathiane. *Direito Financeiro Esquematizado*. 2. ed. São Paulo: Método, 2012.

PLATÃO. *A República*. Trad. Leonel Vallandro. Porto Alegre: Globo, 1965.

PUGLIESE, Mario. *Corso di scienza delle finanze*. Padova, 1938, *apud* VILLEGAS, Héctor B. *Curso de finanzas, derecho financiero y tributario*. Buenos Aires: Depalma, 1975.

RAWLS, John. *Uma teoria da justiça*. Trad. Almiro Pisetta e Lenita Esteves. São Paulo: Martins Fontes, 1997.

REALE, Miguel. *Teoria do Direito e do Estado*. 5. ed. São Paulo: Saraiva, 2000.

REIS, Heraldo da Costa. *A Lei 4.320 Comentada e a Lei de Responsabilidade Fiscal*. 34. ed. Rio de Janeiro: Lumen Juris, 2012.

REZENDE, Fernando. *Finanças públicas*. São Paulo: Atlas, 1983.

RICARDO, David. On the principles of political economy and taxation. *In:* SRAFFA, Piero (Ed.). *The Works and correspondence of David Ricardo*. Vol. 1. Cambridge: Cambridge University, 1951.

ROCHA, César Asfor. *Breves Reflexões Críticas sobre a Ação de Improbidade Administrativa*. Ribeirão Preto: Migalhas, 2012.

RODRIGUES, Horácio Wanderley. *Novo currículo mínimo dos cursos jurídicos*. São Paulo: Revista dos Tribunais, 1995.

ROMÃO, Wagner de Melo. Conselheiros do Orçamento Participativo nas franjas da sociedade política. *Lua Nova*, São Paulo, n. 84, 2011.

SABBAG, Eduardo. *Manual de direito tributário*. São Paulo: Saraiva, 2009.

SALDANHA, Nelson. *O Jardim e a Praça*: ensaio sobre o lado privado e o lado público da vida social e histórica. Porto Alegre: Sergio Antonio Fabris, 1986.

SANCHES, José Luís Saldanha. *Justiça Fiscal*. Lisboa: Fundação Francisco Manuel dos Santos, 2010.

SANCHES, Osvaldo Maldonado. O ciclo orçamentário: uma reavaliação à luz da Constituição de 1988. *In:* GIACOMONI, James; PAGNUSSAT, José Luiz (Orgs.). *Planejamento e orçamento governamental*. Brasília: ENAP, 2006.

SANTANA, Eduardo Jair. *Os crimes de responsabilidade fiscal tipificados pela Lei nº 10.028/2000 e a responsabilidade pessoal do administrador público*. São Paulo: NDJ, 2001.

SANTI, Eurico Marcos Diniz de (Coord.). *Curso de direito tributário e finanças públicas*. São Paulo: Saraiva, 2008.

SANTOS, J. Albano. *Finanças Públicas*. 2. ed. Lisboa: INA, 2016.

SANTOS, Rodrigo Valgas dos. *Procedimento Administrativo nos Tribunais de Contas e Câmaras Municipais*: Contas anuais, princípios e garantias constitucionais. Belo Horizonte: Del Rey, 2006.

SARMENTO, Joaquim Miranda. O tratado orçamental, semestre europeu, "six-pack" e "two--pack": a arquitectura orçamental da União Europeia. *Revista de Finanças Públicas e Direito Fiscal*, Coimbra, ano 8, n. 2 (verão 2015).

SAY, Jean Baptiste. *Traité d'économie politique*. Paris: Guillaumin, 1841.

SCAFF, Fernando Facury. *Crônicas de Direito Financeiro*. Tributação, Guerra Fiscal e Políticas Públicas. São Paulo: Conjur, 2016.

SCAFF, Fernando Facury. Federalismo Fiscal Patrimonial e Fundos de Equalização. O Rateio dos Royalties do Petróleo no Brasil. *In:* HORVATH, Estevão; CONTI, José Maurício; SCAFF, Fernando Facury (Orgs.). *Direito Financeiro, Econômico e Tributário*: Estudos em Homenagem a Regis Fernandes de Oliveira. São Paulo: Quartier Latin, 2014.

SCAFF, Fernando Facury. *Royalties do Petróleo, Minério e Energia*: aspectos constitucionais, financeiros e tributários. São Paulo: Revista dos Tribunais, 2014.

SCAFF, Fernando Facury. Equilíbrio orçamentário, sustentabilidade financeira e justiça intergeracional. *Boletim de Ciências Económicas*, Coimbra, v. 57, t. 3, 2014. p. 3179-3202.

SCAFF, Fernando Facury. *Orçamento Republicano e Liberdade Igual*: Direito Financeiro, República e Direitos Fundamentais. 2017. Tese de Titularidade (Direito Financeiro) – Faculdade de Direito, Universidade de São Paulo, São Paulo, 2017 (não publicada).

SCAFF, Fernando Facury; SCAFF, Luma Cavaleiro de Macedo. Comentários aos arts. 70, 71 e 74. *In:* CANOTILHO, J. J. Gomes [et al.]. *Comentários à Constituição do Brasil*. São Paulo: Saraiva/Almedina, 2013. Edição eletrônica.

SEN, Amartya. *Collective choice and social welfare*. 2nd ed. New York: North-Holland, 1984.

SILVA, Almiro do Couto e. Comentários ao art. 20 da Constituição Federal. *In:* CANOTILHO, J. J. Gomes [et al.] (Org.). *Comentários à Constituição do Brasil*. São Paulo: Saraiva/Almedina, 2013. Edição eletrônica.

SILVA, José Afonso da. *Curso de Direito Constitucional Positivo*. 35. ed. São Paulo: Malheiros, 2012.

SCAFF, Fernando Facury. *Manual da Constituição de 1988*. São Paulo: Malheiros, 2002.

SCAFF, Fernando Facury. *Aplicabilidade das normas constitucionais*. 3. ed. São Paulo: Malheiros, 1998.

SILVA, Lino Martins. *Contabilidade governamental*: um enfoque administrativo. 2. ed. São Paulo: Atlas, 1991.

SILVA, Moacir Marques da; AMORIM, Francisco Antonio; SILVA, Valmir Leôncio da. *Lei de Responsabilidade Fiscal para os Municípios*. 2. ed. São Paulo: Atlas, 2007.

SMITH, Adam. *Riqueza de las naciones*. Trad. José Alonso Ortiz. Barcelona: Bosch, 1955. 3 vols.

SOUSA, Francisco Hélio de. *O Caráter Impositivo da Lei Orçamentária Anual e seus Efeitos no Sistema de Planejamento Orçamentário*. Brasília: ESAF, 2008.

SOUTO, Marcos Juruena Villela. *Direito administrativo da economia*. 3. ed. Rio de Janeiro: Lumen Juris, 2003.

SOUSA, Rubens Gomes de. As modernas tendências do direito tributário. *Revista de Direito Tributário*, v. 74, Rio de Janeiro, out./dez. 1963.

SOUSA, Rubens Gomes de. *Compêndio de legislação tributária*. 2. ed. Rio de Janeiro: Edições Financeiras, 1954.

STAROBINSKI, Jean. *Jean-Jacques Rousseau. A transparência e o obstáculo*: seguido de sete ensaios de Rousseau. Tradução de Maria Lúcia Machado. São Paulo: Companhia das Letras, 2011.

STIGLITZ, Joseph E. *Economics of the public sector*. 3rd ed. New York: W.W. Norton & Company, 2000.

TEMER, Michel. *Elementos de direito constitucional*. 13. ed. São Paulo: Malheiros, 1997.

THEODOULOU, Stella Z. The Contemporary Language of Public Policy: A Starting Point. *In:* THEODOULOU, Stella Z.; CAHN, Matthew A. (Orgs.). *Public Policy*: The Essential Readings. New Jersey: Prentice Hall, 1995.

TIPKE, Klaus. La ordenanza tributaria alemana de 1977. *Revista Española de Derecho Financiero*, no 14, p. 360, apud BOTELHO, Werther. *Da tributação e sua destinação*. Belo Horizonte: Del Rey, 1994.

TIPKE, Klaus; YAMASHITA, Douglas. *Justiça fiscal e princípio da capacidade contributiva*. São Paulo: Malheiros, 2002.

TORRES, Heleno Taveira. *Direito Constitucional Financeiro* – Teoria da Constituição Financeira. São Paulo: Revista dos Tribunais, 2014.

TORRES, Heleno Taveira. Fundos especiais para prestação de serviços públicos e os limites da competência reservada em matéria financeira. *In:* PIRES, Adilson Rodrigues; TÔRRES, Heleno Taveira. *Princípios de direito financeiro e tributário*: estudos em homenagem ao professor Ricardo Lobo Torres. Rio de Janeiro: Renovar, 2006.

TORRES, Ricardo Lobo. *Curso de direito financeiro e tributário*. 18. ed. Rio de Janeiro: Renovar, 2011.

TORRES, Ricardo Lobo. A legitimação da capacidade contributiva e dos direitos fundamentais do contribuinte. *In:* SCHOUERI, Luis Eduardo (Coord.). *Direito tributário*: homenagem a Alcides Jorge Costa. São Paulo: Quartier Latin, 2003.

TORRES, Ricardo Lobo. A legitimação dos direitos humanos e os princípios da ponderação e da razoabilidade. *In:* TORRES, Ricardo Lobo (Org.). *Legitimação dos direitos humanos*. Rio de Janeiro: Renovar, 2002.

TORRES, Ricardo Lobo. *Tratado de direito constitucional financeiro e tributário*. v. v: o orçamento na Constituição. 2. ed. Rio de Janeiro: Renovar, 2000.

TORRES, Ricardo Lobo. Ética e justiça tributária. *In:* SCHOUERI, Luis Eduardo (Coord.) *Direito tributário:* estudos em Homenagem a Brandão Machado. São Paulo: Dialética, 1998.

TORRES, Ricardo Lobo. O IPI e o princípio da seletividade. *Revista Dialética de Direito Tributário*, n. 18. São Paulo, 1998.

TORRES, Ricardo Lobo. *Os direitos humanos e a tributação*: imunidades e isonomia. Rio de Janeiro: Renovar, 1995.

TORRES, Ricardo Lobo. *A ideia de liberdade no estado patrimonial e no Estado fiscal*. Rio de Janeiro: Renovar, 1991.

TORRES, Ricardo Lobo. O mínimo existencial e os direitos fundamentais. *RDA* 177, Rio de Janeiro, jul./set. 1989.

TORRES, Ricardo Lobo. Sistemas constitucionais tributários. *In:* BALEEIRO, Aliomar (Org.). *Tratado de direito tributário brasileiro*, t. II, v. II. Rio de Janeiro: Forense, 1986.

TORRES, Silvia Faber. *O princípio da subsidiariedade no direito público contemporâneo.* Rio de Janeiro: Renovar, 2001.

URBINATI, Nadia. Representative democracy and its critics. *In:* ALONSO, Sonia et alii (Ed.). *The future of representative democracy.* Cambridge: Cambridge University, 2011.

VANONI, Ezio. *Natureza e interpretação das leis tributárias.* Trad. Rubens Gomes de Sousa. Rio de Janeiro: Financeiras, 1932.

VARIAN, Hal. R. *Microeconomia* – Princípios Básicos. 7. ed. Rio de Janeiro: Elsevier, 2006.

VASCONCELLOS, Alexandre. *Orçamento público.* 2. ed. Rio de Janeiro: Ferreira, 2009.

VELJANOVSKI, Cento. *The Economics of Law.* 2. ed. London: The Institute of Economic Affairs, 2006.

VIEHWEG, Theodor. *Tópica e jurisprudência.* Trad. Tércio Sampaio Ferraz Junior. Brasília: UnB/Ministério da Justiça, 1970.

VILLEGAS, Héctor B. *Curso de finanzas, derecho financiero y tributario.* Buenos Aires: Depalma, 1975.

VITALE, Denise. Democracia direta e poder local: a experiência brasileira do orçamento participativo. *In:* COELHO, Vera Schattan; NOBRE, Marcos (Orgs.). *Participação e deliberação*: teoria democrática e experiências institucionais no Brasil contemporâneo. São Paulo: Editora 34, 2004.

WAGNER, Adolph. *Les fondements de l'économie politique.* Trad. Léon Polack. Paris: V. Giard et E. Brière, 1904-1914. 5 vols.

WALD, Arnoldo. Da natureza jurídica do fundo imobiliário. *Revista de Direito Mercantil, Industrial, Econômico e Financeiro* nº 80, out./dez. 1990.

WALZER, Michael. *Spheres of justice*: A defense of pluralism and equality. New York: Basic Book, 1983.

WAMPLER, Brian. A difusão do Orçamento Participativo brasileiro: "boas práticas" devem ser promovidas? *Opinião Pública*, Campinas, v. 14, n. 1, 2008.

WAMPLER, Brian. A guide to participatory budget. *In:* SHAH, Anwar. (Ed.). *Participatory budget.* Washington, D.C.: World Bank, 2007.

WESSELS, Bernhard. Performance and deficits of present-day representation. *In:* ALONSO, Sonia et alii (Ed.). *The future of representative democracy.* Cambridge: Cambridge University, 2011.

ZAGREBELSKY, Gustavo. *El derecho dúctil*: ley, derechos, justicia. Madrid: Trotta, 1995.

ZIMMERMANN, Augusto. *Teoria Geral do Federalismo Democrático.* Rio de Janeiro: Lumen Juris, 2005.

ZIPPELIUS, Reinhold. *Teoría General del Estado.* Traducción directa del alemán por Héctor Fix-Fierro. Ciudad Universitaria: Universidad Nacional Autónoma de México, 1985.